To Ledig Rowohlt
D. Levine 1970

# Rowohlt Almanach [2] 1963-1983

Zum 75jährigen Jubiläum
des Verlages
herausgegeben von
Heinrich Maria Ledig-Rowohlt
und Hans Georg Heepe

Mit einem Vorwort von
Otto F. Walter
und der vollständigen Bibliographie
aller Veröffentlichungen
von 1963–1983

Rowohlt

Redaktionsschluß 1. November 1982 / Frühjahrsprogramm 1983
Frontispiz:
H. M. Ledig-Rowohlt von David Levine,
der auch die Autorenporträts zeichnete.
Die Bibliographie erarbeitete Heidi Hensel.
Dieser Almanach setzt den 1962 als *Rowohlt Paperback 9*
erschienenen *Rowohlt Almanach 1908–1962* fort.
Beide sind im Buchhandel erhältlich.
Umschlaggestaltung Hans Hillmann



1. Auflage Januar 1983

Gesamtherstellung Clausen & Bosse, Leck
Printed in Germany
ISBN 3 498 05698 0

# Rowohlt Almanach
# 1963-1983

Ein halbes Jahrhundert habe ich für den Rowohlt Verlag und noch länger für den Buchhandel gelebt. Denn schon der Schüler war der Literatur verfallen. Was es mit den Büchern und ihren Lesern auf sich hat, erfuhr ich während meiner Lehrjahre in Berliner, Kölner und Londoner Buchhandlungen.

Als ich 1931 in den Rowohlt Verlag eintrat, krachten die deutschen Banken zusammen, und der deutschen Wirtschaft drohte der Kollaps. Der Verlag konnte diese Krisenzeit gerade noch überstehen. Eine Million Umsatz war das Traumziel. Fünf Mark täglich waren mein Lohn (Sonn- und Feiertage zählten nicht).

Bald wurden Bücher verbrannt, ein Großteil der Rowohlt-Autoren verboten. Der Verlagschef verschwand nach Brasilien, und ich brachte den Verlag als Tochtergesellschaft der Deutschen Verlags-Anstalt in Sicherheit. Dann mußte ich den Stahlhelm aufsetzen und kehrte bald als Schwerverwundeter von der Ostfront zurück.

In Deutschland fielen die Bomben und vernichteten die eben gedruckten Bücher. Der Verlag wurde schließlich für die Machthaber untragbar und kurzerhand geschlossen.

Auf den Trümmern errichteten wir einen neuen Rowohlt Verlag. Die Mittel für richtige Bücher fehlten, und wir fanden einen Ausweg: Die Rowohlt-Rotations-Romane im Zeitungsformat. Als es wieder bergauf ging, entwickelten wir daraus konsequent die Taschenbücher, die sich gegen anfänglichen Widerstand Buchhandel und Leser eroberten.

Wir ahnten damals nicht, daß sich aus dieser zeitgeborenen Nebenlinie des Buchverlages ein Taschenbuch-Verlag entwickeln würde, der mit etwa vierhundert Titeln pro Jahr nahezu keine Sparte des Buchhandels unberücksichtigt gelassen hat.

Der leidenschaftliche Jungbuchhändler von einst sieht sich ein bißchen erschrocken als Patron eines kleinen Konzerns.

Stürmische Zeiten liegen hinter mir und sind vergessen. Verglichen mit den Umbrüchen von gestern vermag mich das Krisengerede von heute nicht zu erschrecken. Ein Verlag, der 75 Jahre besteht und mit vielen dynamischen Talenten besetzt ist, braucht auch die Zukunft nicht zu scheuen. Aber ich selbst bin in Kürze auch 75, und da gilt es, sein Haus zu bestellen. Wie anders als mit bewährten Mitstreitern!

So werde ich künftig etwas mehr meinen persönlichen literarischen Neigungen nachgehen und es Jüngeren überlassen, das Verlagsschiff durch die Turbulenzen der Zukunft zu steuern.

Daß ich mich bis zuletzt mit an Bord fühlen werde, hängt mit der Magie des Buches zusammen. Über alle neuen Medien hinweg wird es diese seine Magie ewig ausstrahlen.

So beklage ich nur mit Vladimir Nabokov, «that there are no readers in paradise».

H. M. Ledig-Rowohlt

Otto F. Walter

## *Glückwunsch für Rowohlt*

Wir Autoren wollen alles. Und wir wollen es jetzt. Alles als Inbegriff aller Wünsche. Schrieben wir sonst? Noch im schwärzesten Text blitzt der Widerschein davon auf. Nein, gerecht können wir nicht sein. Zwischen unseren Schreibtischen und der Öffentlichkeit steht, immer neu Balance suchend, der Verleger, der Verlag. Mittler zwischen Welten. Wie anstrengend das sein kann, beweisen jene Verlage, die schon nach einem Jahr Geburtstag feiern, mit gutem Grund. Rowohlt nun weist in aller Gelassenheit heute ganze 75 Jahre vor – Anlässe zur Feier, zum Gedenken, zum Glückwunsch zuhauf.

Und Glückwunsch gleich noch ein zweites, ein drittes Mal. Er gilt dem Verleger, gilt Heinrich Maria Ledig-Rowohlt, gilt *seinem* 75. Geburtstag. Wer vom ersten, vom zweiten Rowohlt Verlag spricht, muß vom «Alten» reden, von Ernst Rowohlt, dem Gründer. Im *Almanach 1908–1962* hat Kurt Pinthus die legendenträchtige Geschichte bewegend erzählt. Die Jahre seit 1946 aber hat verlegerisch mehr und mehr der Jüngere geprägt, weiterbauend, aber auch in Tiefe, Höhe und Breite entwickelnd, was zunächst nur großes Erbe war. Von ihm wäre, ginge es hier auch um Hagiographie, zu berichten, von seinem Bekenntnis zur Weltliteratur, der angelsächsischen, der französischen zumal in diesem Jahrhundert. Von seinem Mut zur je gegenwärtigen Literatur deutscher Sprache. Vor allem: von seiner integren Liberalität. Von seiner Vorliebe immer auch dem Querschädeligen gegenüber. Von seiner Fähigkeit, auch mit dem Herzen zu denken. Großmut – ein Wort, das anschaulich wird, wenn er da ist.

Ein Vorfrühlingstag am Genfer See. Zwei Jahre lang hatte mir ein kleiner Roman zu schaffen gemacht. Zu Anfang Februar 1979 fuhr ich, das Manuskript in der Tasche, zu Heinrich und Jane Ledig-Rowohlt ins schöne Lavigny, Kanton Waadt, keine zwei Autostunden von meinem Dorf entfernt. Ich legte die Arbeit auf den Tisch. Das wär' denn also geschafft. Doch nichts da, der Verleger bat mich, den Anfang zu lesen, vorzulesen. Ich sehe ihn, sehe seinen jungen Bruder

Harry, wie sie mir intensiv zuhörend gegenübersitzen. Die Sonne stieg mählich über dem Montblanc auf Mittag. Doch bei jedem meiner Versuche, die Lesung abzubrechen, schenkte der Hausherr vom herben Waadtländer nach, fragte aber unerbittlich: Ja, und weiter? Ich faßte erzählend Kapitel zusammen, doch ich mußte weiter vorlesen. Ab und zu diskutierten wir Fragen, Einwände. Ich kürzte ab durch Überleitungen, las weiter. Selbst mein Hinweis, es war ein Uhr geworden, soviel Leserei müsse den Appetit verderben, wurde lächelnd weggeschoben. Selbst nach dem köstlichen Lunch ging die harte Arbeit weiter, erbarmungslos bis zur letzten Seite.

Gewiß, das Erlebnis von Zustimmung. Der Verleger stand auf. Er streckte mir die Hand entgegen. Ich begriff, das war ein Vertrag. Das Außerordentliche, das Allgemeinere der ganzen Szene lag in der spielerischen Herzlichkeit, mit der es dem Gastgeber gelang, sich und mich in diesem schier feudalistischen Ritual zu souveränen, sozusagen reichsfreien Partnern im Pakt über ein Buch zu machen. Ist dort, an jenem Tag, noch mal, vielleicht zum letztenmal in der Verlagsgeschichte, dieses Verhältnis wirklich geworden, worin ein Verleger dem Autor bedeutet: Als Person und Individuum bin ich die Garantie. Ich hafte.

Beinah wäre unserem Verleger, der sich jetzt mehr und mehr «nur» noch den Autoren, Manuskripten und seiner Übersetzungskunst, wenig aber den Geschäften widmen will, beinah wäre ihm, dem Heutigen, dem Rebellischen, wider Willen gelungen, mich die Hierarchie, die souverän gelebte, preisen zu lassen. Ich brauchte Tage, um zurückzufinden zur alten Überzeugung, wonach keine Macht für niemand sei.

Wo leben wir. Vertraute Strukturen auch im Markt für Bücher brechen weg. Besessenheit, Leidenschaft, Kompetenz werden auch heute – und mit ihnen Kapital – und künftig bei Rowohlt und anderswo Bedingung sein der eigenständigen Verlegerei. Aber, auch wenn die Prozessoren zu Miniprozessoren werden, die Verlagsmaschinen wachsen. Sie wachsen, sofern sie nicht in Nischen in Deckung gehen, ins Imperiale. Wie sollen ausgerechnet sie dem kapitalentsprechenden Zwang zur – vorsichtig ausgedrückt – Quantität entgehen? Dem Zwang zur immer noch größeren Serie, dem Zwang zur Strukturbereinigung – so heißt das doch? –, zur marktgerechten, also affirmativen Literatur? Doch was für industrielle Betriebe schlechthin gilt, ist wohl nur mit Vorsicht übertragbar auf die selten heitere Kunst des Büchermachens. Da sind Gegentendenzen eingebaut. Der Vertrieb und seine Gesetze sind das eine. Auf der anderen, auf der Input-Seite, leben, atmen, schreiben auch Menschen. Unanpaßbare. Auch wenn sie, wie alle Menschen, den reibungslosen Betrieb fast nur noch stören, Autoren sind unvermeidbar, noch.

Gerade an diesem Punkt kommen die Riesen häufig ins Stolpern. Das Gesetz, das sie so schön in Schwung hält, ist die Verdummungsmechanik der Kulturindustrie. Geben sie den kostbaren Anspruch, auch Kritisches zu verlegen, auf, nun gut. Oder schlecht. Dann scheitern sie, auch wenn sie versuchen, sich durch den einen oder anderen Tupfer kritischer Literatur Profil zu verschaffen. Die nicht anpaßbaren Urheber solcher Literaturen spüren und wittern ziemlich rasch, ob der Anspruch gedeckt ist durch Menschen, die ihre Bündnispartner sind. Und ob im Verlag neben den Mechanismen der industriellen Buchproduktion auch simultan noch Strukturen da sind, die ernsthaft Literarisches und Wissenschaftliches verlegerisch ermöglichen.

Da ist, unter den heutigen Riesen, Rowohlt schon fast ein Unikum. Dieser Verlag hat die Schritte in die Großdimension getan, ohne die Linie preiszugeben, die sein bedeutendes Erbe zeichnet. Schlagen wir nach: Allein schon zwischen dem Gründungsjahr 1908 und 1920 sind bei Rowohlt Autoren von so querem Kaliber erschienen wie: Paul Scheerbart, Max Dauthendey, Georg Heym, Arnold Zweig, Franz Kafka, Walter Hasenclever, Johannes R. Becher.

Die vollständige Liste der Namen, die bei Rowohlt für oppositionelle Literatur in weiter Auslegung stehen, zeichnet diese Linie fort bis in die Gegenwart. Dennoch muß die Frage erlaubt sein, wie solche nicht irritierbare Kontinuität durchzuhalten ist im Sinn des bedeutenden Erbes. Der Druck vom Markt her ist bekanntlich ungeheuerlich, dieser Druck hin zur alles überwuchernden Ökonomisierung, auch im Kulturellen, auch in den Köpfen und Psychen. Eine Frage auch an uns Autoren: Ist das durchzuhalten? Wie sehr die Mühle zwickt, ist offensichtlich. Nicht allein, daß literarisch und wissenschaftlich Unerprobtes zu verlegen Geld kostet, ist das Problem. Diese Art von Buchproduktion ist angewiesen auf ihre eigene Art verlegerischer Qualität, sie erfordert ein ganzes Ensemble von unternehmerischen Entscheiden. Es genügt je länger je weniger, daß ein Großverlag die Auseinandersetzung mit der Gegenwartsliteratur ganz nebenbei als Hobby einiger unbelehrbarer Lektoratsmenschen erlaubt und im übrigen bei seiner anders strukturierten Tagesordnung bleibt. Es genügt nicht, weil es schiefgeht. Es geht schief, weil es nicht genügt.

Die Jahresringe der Rowohltschen Produktionen seit 1908 machen überaus deutlich, wie sensibel dieser Verlag reagierte, wie sehr seine Geschichte gezeichnet ist von der deutschen, der allgemeinen Geschichte, spürbar selbst oder gerade in den Jahren, da ihm Büchermachen unmöglich gemacht wurde. Ablesbar ist da ein ganzes System von wacher Zeitgenossenschaft in Kontinuität und Glaubwürdigkeit, mit den Schreibenden. Wo leben wir?

Die Jubiläen, zu deren Anlaß dieser Almanach erscheint, markieren auch Schwellen. Wohin? Hier kann nicht die Rede sein von Welt und Geschichte schlechthin. Wir müssen nur wissen, sie sind halt da, nicht nur als Background, sind da zusammen mit ihren derzeit dunklen, reaktionären, verheerenden Tendenzen. Und zusammen mit den Bewegungen, die dagegen anlaufen. Ob Literatur, dieses Früh- und Spätwarnsystem, vom beschädigten Leben einzelner spricht oder, zum Beispiel, von der Logik der Aggression in der heutigen Verteidigung der schrecklichen alten Männermuster, verstummen wird sie erst mit den letzten Menschen.

Wie gesagt, die störenden Autoren wollen alles. Was schließlich, wenn nicht alles, geben sie? Unser Schreiben ist ja immerhin eine Tätigkeit auf unser Leben und geistigen Tod. Wir wollen, wir brauchen Verbündete, gerade im Management, gerade in dieser Zeit der öffentlichen und verlegerischen Krisenlagen. Herausgeber und Lektoren, die in definierten Departementen selbständige Partner nicht nur sein wollen, sondern sein können. Der und die Nachfolger in der Verlagsspitze wissen das. Matthias Wegner weiß, der gewichtigste Posten in der Kosten-Nutzen-Rechnung ist, eng mit der Kontinuität verbunden, die Glaubwürdigkeit, die sich personifizieren läßt. Er und sie brauchen jetzt unser Vertrauen.

Diese so seltene Rowohltsche Sondermischung! Triviales *und* Malcolm Lowry, D. H. Lawrence *und* Eric Malpass, Sartre, Konrad Bayer, Peter Rühmkorf *und* der Kriminalreißer, das sich einmischende politische Dokument, die fundierte feministische Literatur und das intelligente Sachbuch, im Programm dieses Verlags haben sie je ihren Raum und ihre Position. Nein, ein Orchester dieser Vielfalt von Stimmen hat kein Verlag in Deutschland bisher zum konzertanten Klingen, manchmal auch Dröhnen, gebracht.

Dieser Almanach stellt nicht ohne Stolz das Werk seit 1963 vor, das Œuvre von Autoren im Text verlegerischer Originalleistung. Daß da ungerechte Beschränkung herrscht auf den wohl doch verletzlichsten, den literarischen Teil, drückt aus, so jedenfalls will ich's verstehen, die Sorge des Verlages für die Gefährdeten. Sie stehen hier für alle.

Und alle, das kann nicht nur Autorinnen und Autoren heißen und längst nicht Verleger, längst nicht die Kapitalseite allein. Die Qualitäten der Männer und Frauen in *allen* einzelnen Räumen des winkelreichen Verlagsbaus und auf *allen* Etagen haben das Werk geschaffen. Ohne sie, ohne ihre Initiative, ohne ihre alltäglichen Kämpfe wären die Rowohlt Verlage eine schöne Idee im Kopf des Einzelläufers durch die Geschichte.

Das Wort Glückwunsch meint beides: das, was geworden ist. Und das, was jetzt wird.

Oberbipp, Mai 1982

# Kleine Verlagsgeschichte

1908 «Gedruckt für Ernst Rowohlt – München 1908» heißt es in dem schmalen Gedichtheftchen, das der junge Verleger – eben 21 Jahre alt – publiziert, noch bevor er im gleichen Jahr in Leipzig, im Vorderhaus der Drugulin-Buchdruckerei, Königstraße 10, den Ernst Rowohlt Verlag gründet. Ernst Rowohlt ist gleichzeitig Geschäftsführer der *Zeitschrift für Bücherfreunde*. Ende des Jahres tritt Kurt Wolff als stiller Teilhaber in den Ernst Rowohlt Verlag ein.

1909 In Rowohlts Stammlokal «Wilhelms Weinstuben» lernt der Verleger Kurt Pinthus kennen, der Lektor des Verlages wird. Erste Autoren: Paul Scheerbart, Herbert Eulenberg, Max Dauthendey.
Ein Bühnenvertrieb wird angegliedert.

1910 Die ersten Drugulin-Drucke erscheinen.

1912 Kurt Wolff trennt sich von Ernst Rowohlt und erwirbt für 15 000 Mark die Autoren-Verlagsrechte, darunter Johannes R. Becher, Max Brod, Georg Heym, Franz Kafka, Mechthild Lichnowsky, Arnold Zweig.

1913 Ernst Rowohlt wird Prokurist im S. Fischer Verlag, Berlin, und Geschäftsführer im Hyperion-Verlag, beides auf Betreiben von Hans von Weber, Ernst Rowohlts Freund und Herausgeber des *Zwiebelfisch*.

1918 Ernst Rowohlt kommt aus dem Krieg nach Berlin zurück und betätigt sich zunächst wieder als Bühnenverleger mit dem Drama *Der Sohn* seines Freundes Walter Hasenclever.

1919 1. Februar: Der zweite Ernst Rowohlt Verlag etabliert sich an der Potsdamer Brücke. Geldgeber: Kommerzienrat Bettenhausen und Hans Thieme (Sohn des Leipziger Verlegers). Lektoren: Dr. Paul Mayer, Franz Hessel. Flugschriften-Serie *Umsturz und Aufbau*.
*Im folgenden werden nur noch einige ausgewählte Neuerscheinungen genannt. Ein vollständiges Verlagsverzeichnis – über 2200 Publikationen (ohne Titel des Taschenbuch-*

*und Theater-Verlages) – enthalten die beiden Rowohlt Almanache 1908–1962, 2. Auflage, und 1963–1983.*

1920 Zwei Erfolge: Alfons Goldschmidt, *Moskau 1920*; Kurt Pinthus, *Menschheitsdämmerung. Symphonie jüngster Dichtung.*
Erster Handpressendruck der Officina Serpentis: Kant, *Zwei Schriften über die grundlegenden Begriffe der Naturwissenschaften. Das Tagebuch*, Wochenschrift. Herausgeber: Stefan Grossmann (ab 1922 Mitherausgeber Leopold Schwarzschild). Prozeß wegen Gotteslästerung (Carl Einstein, *Die schlimme Botschaft*), der mit einem Freispruch endet.

1921 Der erste Bestseller: Carl Ludwig Schleich, *Besonnte Vergangenheit. Lebenserinnerungen 1859–1919.*

1922 Franz Blei, *Das große Bestiarium der modernen Literatur.*
Leo Slezak, *Meine sämtlichen Werke* (1927 folgt *Der Wortbruch*, 1940 *Der Rückfall*).

1923 Honoré de Balzac, *Gesammelte Werke.* Taschenausgabe in 44 Bänden. Die ersten neun Titel erscheinen.
Emil Ludwig wird zum Erfolgsautor der nächsten Jahre. Große Auflagen, u. a. *Wilhelm der Zweite* (1925: 200 000 Ex.), *Napoleon* (1925: 189 000 Ex.), *Juli 14* (1929: 120 000 Ex.)

1924 *Vers und Prosa.* Eine Monatsschrift, herausgegeben von Franz Hessel. Ein Jahrgang.
Bruno Frank, *Tage des Königs.*

1925 Giacomo Casanova, *Erinnerungen.* Taschenausgabe in zehn Bänden.
*Die Literarische Welt.* Wochenschrift. Herausgeber: Willy Haas.

1926 Alfred Polgar, *Ja und Nein.* Schriften des Kritikers, Bd. 1–4.

1927 Joachim Ringelnatz, *Reisebriefe eines Artisten.* Bis zu seinem Tode 1934 erscheinen alle seine Gedicht- und Prosabände bei Rowohlt.

1928 Rowohlt entdeckt die amerikanische Literatur für seinen Verlag: Sinclair Lewis (*Elmer Gantry*) und Ernest Hemingway (*Fiesta*). Walter Benjamin, *Ursprung des deutschen Trauerspiels.*
Kurt Tucholsky veröffentlicht *Mit 5 PS* (es folgen 1929 *Das Lächeln der Mona Lisa*, 1931 *Lerne lachen ohne zu weinen* und *Schloß Gripsholm.* 1960/61 *Gesammelte*

Werke, Bd. I–III, 1975 *Gesammelte Werke*, zehnbändige Taschenbuch-Kassette).

1929 Arnolt Bronnen, *O. S.* Rowohlt veröffentlicht ganz bewußt Autoren unterschiedlicher politischer Richtung.

1930 Robert Musil, *Der Mann ohne Eigenschaften*, Bd. 1 (Bd. 2 erscheint 1933).
Ernst von Salomon, *Die Geächteten*.
Walter Oehme und Kurt Caro, *Kommt «Das Dritte Reich»?*.
Sinclair Lewis erhält den Nobelpreis. In seiner Stockholmer Festrede feiert er den jungen Thomas Wolfe. Rowohlt erwirbt dessen Roman *Schau heimwärts, Engel!*.
Ein vergessener Autor expressionistischer Romane wird Angestellter des Verlages: Hans Fallada. Er schreibt wieder, diesmal sehr erfolgreich. Der Roman *Bauern, Bonzen und Bomben* wird in der *Kölner Illustrierten* vorabgedruckt; Honorar: 9000 Mark.

1931 Zu aktuellen Problemen der Zeit erscheinen u. a. die Reportagen von H. R. Knickerbocker, *Der rote Handel droht!* und *Der rote Handel lockt*. Weigand von Miltenberg, *Adolf Hitler – Wilhelm III*. Josef Kastein, *Eine Geschichte der Juden*. Erik Reger, *Union der festen Hand* (Kleist-Preis). Ludwig Bauer, *Morgen wieder Krieg*.
H. M. Ledig wird Angestellter des Verlages und übernimmt von Hans Fallada die Leitung der Rezensionsabteilung. Der Verlag gerät in diesem Jahr in finanzielle Schwierigkeiten, Ullstein erwirbt zwei Drittel der Anteile.

1932 Das Verlagsschiff wird wieder flott durch Hans Falladas nachhaltigsten Erfolg *Kleiner Mann – was nun?*. Vorabdruck in der *Vossischen Zeitung*, Verfilmung in Deutschland und in den USA.
Konrad Heiden, *Geschichte des Nationalsozialismus*.
Bernard von Brentano, *Der Beginn der Barbarei in Deutschland*.
H. R. Knickerbocker, *Deutschland – so oder so?* und *Kommt Europa wieder hoch?*.
Ulrich Becher, *Männer machen Fehler*.
Thomas Wolfe, *Schau heimwärts, Engel!*.

1933 25 Jahre Rowohlt – Beginn der nationalsozialistischen Diktatur. Nach der «Machtergreifung» werden 50 Prozent der Bücher des Verlages beschlagnahmt, verboten, verbrannt.
Mascha Kaléko, *Das lyrische Stenogrammheft*.

1934 Neue Lektoren: Ernst von Salomon und Friedo Lampe.

1935 William Faulkner, *Licht im August.*
H. R. Knickerbocker, *Rote Wirtschaft und weißer Wohlstand.*
Joachim Ringelnatz, *Der Nachlaß.*
1936 Thomas Wolfe in Berlin. Freundschaft mit H. M. Ledig.
Urban Roedl, *Adalbert Stifter.* Dieses Werk führt
1938 zum Berufsverbot für Ernst Rowohlt wegen Tarnung jüdischer Schriftsteller. Paul Mayer und Franz Hessel gehen in die Emigration. Auch Ernst Rowohlt verläßt Deutschland und läßt sich
1939 in Rio Grande, Brasilien, nieder.
1940 Der verwaiste Verlag wird der Deutschen Verlags-Anstalt in Stuttgart als Tochtergesellschaft angeschlossen. H. M. Ledig übernimmt die Leitung. Er gewinnt den Ullstein-Redakteur Kurt Kusenberg als Autor. Erste Publikation *La Botella und andere seltsame Geschichten.* Schon Ende des Jahres kehrt Ernst Rowohlt nach Deutschland zurück. Er wird sofort zum Militärdienst eingezogen.
1943 Der Verlag in Stuttgart wird von Reichsleiter Max Amann geschlossen.
1945 9. November: H. M. Ledig erhält von den Amerikanern die Lizenz für die Wiedereröffnung des Verlages in Stuttgart.
1946 Engster Mitarbeiter ist Gustav Kilpper jun.; sein Einfluß trägt viel zum Gedeihen des Unternehmens bei.
Zweigstelle im «französischen» Baden-Baden. Leitung Kurt Kusenberg. Diese Lizenz schafft bald die wichtige Verbindung zu den Autoren Sartre, Beauvoir, Camus, Prévert und anderen sowie zu den Zeichnern Peynet und Effel.
27. März: Ernst Rowohlt erhält in Hamburg die englische Verlags-Lizenz. Anfang Februar hatte er bereits Kurt W. Marek als Lektor engagiert. Notquartier des Hamburger Verlages im zerbombten Haus der Druckerei Broschek.
In Stuttgart erste Neuausgaben von Kästner, Ringelnatz, Tucholsky; die Zeitschriften *Pinguin.* Für junge Leute (Herausgeber Erich Kästner, Chefredakteurin Cläre With) und *story.* Erzähler des Auslands (Herausgeber H. M. Ledig) beginnen dort zu erscheinen, gedruckt auf Zeitungspapier. *story* wurde das Vorbild für die ersten *RO-RO-RO*-(Rowohlt-Rotations-Romane)Hefte. Auflage je 100 000, Preis 50 Pfennig. Erste Titel:
Alain-Fournier, *Der große Kamerad*

Joseph Conrad, *Taifun*
Ernest Hemingway, *In einem andern Land*
Kurt Tucholsky, *Schloß Gripsholm.*
«Ein Unternehmen, das an revolutionierender Kühnheit in der Geschichte des Deutschen Buchwesens nicht seinesgleichen hat» (Kurt Marek).

1947 Wolfgang Borchert, *Draußen vor der Tür*, Hörspielsendung NDR und Uraufführung am 21. November in den Hamburger Kammerspielen, einen Tag vor dem Tod des Dichters.

1948 James Thurber, *Rette sich, wer kann!*.
26. Juni: Währungsreform, die das Hamburger Unternehmen bald in eine Finanzkrise stürzt. Vier Mitgesellschafter treten neu hinzu: Friedrich Kaesebier jr., Hans Surenbrock, Erich Müller-Stinnes und Dr. Johann Joeden. Rowohlt beruft seinen früheren Frontvorgesetzten, Oberstleutnant Kurt Busch, als kaufmännischen Bürochef in den Verlag.

1949 Edgar Friederichsen übernimmt die Herstellung, Karl Hans Hintermeier den Vertrieb.
Im November erscheint unter dem Autorennamen C. W. Ceram der «Roman der Archäologie» von Cheflektor Kurt W. Marek unter dem Titel *Götter, Gräber und Gelehrte* in einer Erstauflage von 12000 Exemplaren und wird der größte Bucherfolg des Verlages. Einband und Umschlag von Werner Rebhuhn, dessen Entwürfe in den folgenden Jahren viel zur charakteristischen Ausstattung der Rowohlt-Bücher beitragen.
Jean-Paul Sartre, *Der Ekel.*
Arno Schmidt, *Leviathan.*
H. M. Ledig-Rowohlt studiert in New York die Massenproduktion amerikanischer Pocket Books.

1950 Die vier 1948 eingetretenen Mitgesellschafter scheiden wieder aus. Fürst zu Salm-Salm gibt ein Darlehen von 100000 DM als Startkapital für die Taschenbuch-Unternehmung. Dann erscheinen erstmalig in Deutschland Taschenbücher. Die ersten vier *rororo*-Bände
Hans Fallada, *Kleiner Mann – was nun?*
Graham Greene, *Am Abgrund des Lebens*
Rudyard Kipling, *Das Dschungelbuch*
Kurt Tucholsky, *Schloß Gripsholm*
werden am 17. Juni ausgeliefert. Edgar Friederichsen er-

möglicht die technische Realisierung, das Künstler-Ehepaar Karl Gröning und Gisela Pferdmenges übernimmt die Ausstattung.
Die beiden Verlagsunternehmen werden nach Übersiedlung des Stuttgarter Hauses nach Hamburg zusammengelegt.

1951 Wieder ein Bestseller: Ernst von Salomon, *Der Fragebogen*. Das Buch löst scharfe Kritik und begeisterte Zustimmung aus.
Jacques Prévert, *Gedichte und Chansons*.
Kurt W. Marek, Lektor in den schweren Zeiten des Wiederaufbaus, scheidet nach fünf Jahren aus dem Verlag aus, um sich als freier Autor niederzulassen. Die jungen Autoren Wolfgang Borchert, Walter Jens, Dieter Meichsner, Gregor von Rezzori und Arno Schmidt fanden durch ihn den Weg zum Verlag.
Walter Mehring, *Arche Noah SOS*.
Bis jetzt sind eine Million *rororo* gedruckt.
Am 3. April erleidet Ernst Rowohlt seinen ersten Herzinfarkt.

1952 Ernest Hemingway, *Der alte Mann und das Meer*.
Nelson Algren, *Der Mann mit dem goldenen Arm*.
Im März erscheint der 50. *rororo*-Band, eine Tucholsky-Auswahl.
Nun sind bereits drei Millionen Exemplare gedruckt.
Edmond und Rita Lutrand übernehmen die Leitung des Pariser Büros des Rowohlt Verlages.

1953 Albert Camus, *Der Mensch in der Revolte*.
Der Rowohlt Taschenbuch Verlag wird als hundertprozentige Tochter der Rowohlt Verlag GmbH gegründet.

1954 Ernest Hemingway erhält den Nobelpreis. (Weitere Nobelpreisträger des Verlages: 1930 Sinclair Lewis, 1949 William Faulkner, 1955 Halldór Laxness, 1957 Albert Camus, 1964 Jean-Paul Sartre, der den Preis ablehnt, 1977 Vicente Aleixandre, 1978 Isaac Bashevis Singer.)
Henry Miller, *Schwarzer Frühling*.
Saul Steinberg *Steinberg's Umgang mit Menschen*.
Siegfried Buchenau tritt als Geschäftsführer in den Verlag ein und widmet sich vornehmlich der Herstellung und Ausstattung der Rowohlt-Bücher. Nachlassen der Sehkraft und Herzbeschwerden beeinträchtigen Ernst Rowohlts Arbeitskraft. H. M. Ledig-Rowohlt übernimmt mehr und mehr die Verlagsgeschäfte. Neue Autoren u. a.: Lawrence Durrell,

Halldór Laxness, Vladimir Nabokov.
Zehn Millionen *rororo* sind erschienen.

1955 Jean Genet, *Querelle.*
George Grosz, *Ein kleines Ja und ein großes Nein.*
Eine neue Taschenbuchreihe, von Professor Ernesto Grassi inspiriert und herausgegeben, erscheint: *rowohlts deutsche enzyklopädie* (rde). Das Wissen des XX. Jahrhunderts im Taschenbuch. Die ersten vier Bände:
Hans Sedlmayr, *Die Revolution der modernen Kunst*
Helmut Schelsky, *Soziologie der Sexualität. Über die Beziehung zwischen Geschlecht, Moral und Gesellschaft*
Günter Schmölders, *Konjunkturen und Krisen*
Werner Kemper, *Der Traum und seine Be-Deutung.*
Insgesamt erschienen 396 Titel.

1957 1. Februar: Klaus Juncker baut den Theater-Verlag auf und führt ihn in den folgenden Jahren zu großen Erfolgen (s. S. 563).
Eine weitere Taschenbuch-Reihe: *Rowohlts Klassiker der Literatur und der Wissenschaft* (rk), herausgegeben von Ernesto Grassi unter Mitarbeit von Walter Hess. Die ersten vier Bände:
Platon, *Sämtliche Werke*, Bd. 1
Gracián, *Criticón oder Über die allgemeinen Laster des Menschen*
Vigny, *Glanz und Elend des Militärs*
Shakespeare, *Romeo und Julia* (Englisch / Deutsch).
Insgesamt erschienen 202 Titel.
Ernst Rowohlt erhält das Große Bundesverdienstkreuz und die Ehrendoktorwürde der Universität Leipzig.

1958 Fünfzig Jahre Rowohlt Verlag.
*rowohlts monographien.* Große Persönlichkeiten in Selbstzeugnissen und Bilddokumenten (rm). Herausgegeben von Kurt Kusenberg. Die ersten vier Bände:
*Heinrich von Kleist* (Kurt Hohoff)
*William Shakespeare* (Jean Paris)
*Knut Hamsun* (Martin Beheim-Schwarzbach)
*Antoine de Saint-Exupéry* (Luc Estang).
Bisher erschienen 311 Bände.
Peter Rühmkorf wird Lektor des Verlages, Renate Gerhardt Leiterin der Übersetzungsabteilung, bis sie 1961 in Berlin einen eigenen Verlag gründet.
Louis-Ferdinand Céline, *Reise ans Ende der Nacht.*

1959 Ein eigenes Verlagshaus entsteht in Reinbek bei Hamburg. Architekt Prof. Fritz Trautwein.
Vladimir Nabokov, *Lolita.*
Italo Svevo, *Zeno Cosini.*
Peter Rühmkorf, *Irdisches Vergnügen in g.*

1960 Einweihung des neuen Verlagsgebäudes. Zehn Jahre Taschenbuch. 1. Dezember: Ernst Rowohlt stirbt im Alter von 73 Jahren an den Folgen eines zweiten Herzinfarkts. Er vermacht seine Anteile seinem Sohn Harry Rowohlt, überträgt aber gleichzeitig H. M. Ledig-Rowohlt 3 ⅓ %, so daß dieser nun mit 51,7 % Mehrheitsgesellschafter wird.
Fritz J. Raddatz tritt in das Lektorat ein. Siegfried Buchenau scheidet aus dem Verlag aus.
Der Rowohlt Taschenbuch Verlag beteiligt sich mit 40 Prozent an der Hamburger Druckerei-Betriebs-GmbH, die ihrerseits 60 Prozent des Kommanditkapitals der Druckerei Clausen & Bosse erwirbt. Dieses Druckunternehmen entwickelt sich in den folgenden Jahren zum leistungsfähigen Gesamtherstellungsbetrieb für Bücher und Taschenbücher.
D. H. Lawrence, *Lady Chatterley.*

1961 Kurt Tucholsky, *Gesammelte Werke.* Herausgegeben von Mary Gerold-Tucholsky und Fritz J. Raddatz.
Die *Rowohlt-Paperback*-Bände beginnen zu erscheinen.
Die ersten vier Titel:
Ernst Toller, *Prosa, Briefe, Dramen, Gedichte*
*Ein Henry Miller Lesebuch.* Hg. Lawrence Durrell
Ödön von Horvath, *Stücke.* Hg. Traugott Krischke. Mit einem Nachwort von Ulrich Becher.
Claude Eatherly / Günther Anders, *Off Limits für das Gewissen. Der Briefwechsel mit dem Hiroshima-Piloten.* Hg. Robert Jungk.
Insgesamt erschienen 86 Titel.
Die Reihe *rororo-aktuell* wird mit dem von Martin Walser herausgegebenen Band *Die Alternative oder Brauchen wir eine neue Regierung?* begründet. Herausgeber der Reihe ist Fritz J. Raddatz.
Henry Miller lebt und arbeitet in Reinbek.

1962 Richard K. Flesch übernimmt als Herausgeber die von Willi Wolfradt begründete Reihe der *rororo thriller.* Bisher erschienen 611 Titel.
Hanns Grössel übernimmt die Leitung der Übersetzungsabteilung (bis Ende 1965).

Jaroslav Hašek, *Die Abenteuer des braven Soldaten Schwejk.*
Hans Mayer, *Ansichten. Zur Literatur der Zeit.*

1963 Peter Rühmkorf scheidet aus dem Lektorat des Verlages aus, um sich auf seine schriftstellerische Arbeit zu konzentrieren.
James Baldwin, *Giovannis Zimmer* und *Schwarz und Weiß oder Was es heißt ein Amerikaner zu sein.*
Malcolm Lowry, *Unter dem Vulkan.*
Katherine Anne Porter, *Das Narrenschiff.*

1964 Gisela Elsner, *Die Riesenzwerge* (Prix Formentor).
Marcel Jouhandeau, *Gesammelte Werke in Einzelausgaben*, herausgegeben von Friedhelm Kemp, beginnen zu erscheinen. Bd. 1: *Chaminadour.*
Jürgen Becker wird Lektor des Verlages (bis Oktober 1965).

1965 Zur «Buchpremiere» der Dokumentation *Happenings* (herausgegeben von Jürgen Becker und Wolf Vostell) Happening in Reinbek mit Wolf Vostell und Joseph Beuys.
Jean Genet, *Querelle* (erste allgemein zugängliche Buchhandelsausgabe, eine einmalige beschränkte und numerierte Auflage mußte 1955 nach einer Anklage durch die Staatsanwaltschaft eingezogen werden).
Jean-Paul Sartre, *Die Wörter.*

1966 Konrad Bayer, *Der sechste Sinn.*
Betty Friedan, *Der Weiblichkeitswahn.*
Pierre Klossowski, *Die Gesetze der Gastfreundschaft.*
Die Reihe *rororo-handbuch* wird begründet.
Hermann Peter Piwitt wird Rowohlt-Lektor (bis März 1968; und erneut von April bis Oktober 1969). Auch Peter O. Chotjewitz (bis März 1967) und Manfred Delling treten in das Lektorat ein.

1967 Helmut Frielinghaus tritt als Leiter der Übersetzungsabteilung und Lektor in den Verlag ein.
Peter Rühmkorf übernimmt für ein weiteres Jahr Lektoratsaufgaben im Verlag.
Die Reihe *rororo-sachbuch* wird begründet.
Time Inc., New York, erwirbt einen Anteil von 33 ⅓ Prozent am Rowohlt Taschenbuch Verlag. Diese Transaktion bietet dem Taschenbuch-Verlag die Möglichkeit, die restlichen 60 Prozent Anteile am Kapital der Hamburger Druckerei-Betriebs-GmbH zu übernehmen, diese erhöht ihre Beteiligung am Kommanditkapital von Clausen & Bosse auf 80 Prozent.

Eric Berne, *Spiele der Erwachsenen.*
Peter Rühmkorf, *Über das Volksvermögen.*
Jean-Paul Sartre, *Kritik der dialektischen Vernunft.*
Isaac Bashevis Singer, *Der Zauberer von Lublin.*
Wiener Gruppe. Achleitner, Artmann, Bayer, Rühm, Wiener, *Texte, Gemeinschaftsarbeiten, Aktionen.*

1968 Hermann Gieselbusch wird Sachbuch-Lektor des Verlages.
Hubert Fichte, *Die Palette.*
Vladimir Nabokov, *Fahles Feuer.*
Hubert Selby, *Letzte Ausfahrt Brooklyn.*
Professor Hans Giese, Inhaber des ersten deutschen Lehrstuhls für Sexualforschung, begründet die Reihe *rororo-sexologie.* Insgesamt erschienen 42 Titel.

1969 Dr. Fritz J. Raddatz, Cheflektor und Geschäftsführer, und Karl Hans Hintermeier, Geschäftsführer und Vertriebsleiter, scheiden (nach der sogenannten «Ballonaffäre») aus dem Verlag aus. Dr. Matthias Wegner tritt als Geschäftsführer ein.
Horst Varrelmann, bisher Stellvertreter von Karl Hans Hintermeier, wird Geschäftsführer für den Bereich Vertrieb.
Hans Georg Heepe, Mitarbeiter des Theater-Verlages seit 1961, wird stellvertretender Verlagsleiter des Buchverlages.
Ulrich Becher, *Murmeljagd.*
Kurt Hiller, *Leben gegen die Zeit.*
Reiner Kunze, *Sensible Wege.*
James D. Watson, *Die Doppel-Helix.*
Oswald Wiener, *Die Verbesserung von Mitteleuropa.*
Gerhard Szczesny gibt die Reihe *rororo-tele* heraus, die farbigen *LIFE-Bildsachbücher* beginnen zu erscheinen, ebenso die *Texte des Sozialismus und Anarchismus*, herausgegeben von Günther Hillmann.
Einen der größten Taschenbuch-Erfolge aller Zeiten erzielt der Rowohlt Taschenbuch Verlag mit A. S. Neill, *Theorie und Praxis der antiautoritären Erziehung.* Daraus entwikkelt sich in den folgenden Jahren ein umfangreiches Pädagogik-Programm, das von Wolfgang Müller betreut wird.

1970 John Barth, *Der Tabakhändler.*
Elfriede Jelinek, *wir sind lockvögel, baby!.*
Horst-Eberhard Richter, *Patient Familie.*
Freimut Duve wird Herausgeber der Taschenbuch-Reihe *rororo-aktuell* (er wird später auch Lektor für politische Literatur im Buchverlag), inzwischen erschienen 369 Titel.

1971 Matthias Wegner übernimmt die Leitung des Taschenbuch-

Verlages. Die Verlagsgruppe Georg von Holtzbrinck, Stuttgart, erwirbt 26 Prozent am Rowohlt Verlag.
Sanford J. Greenburger, der seit den zwanziger Jahren den Verlag in New York vertreten hat, stirbt. Sein Sohn Francis übernimmt die US-Repräsentanz.

1972 C. W. Ceram, *Der erste Amerikaner.*
Otto F. Walter, *Die ersten Unruhen.*
Im Taschenbuch-Verlag erscheinen drei neue Reihen:
*das neue buch,* herausgegeben von Jürgen Manthey.
Die ersten vier Titel:
Peter Rühmkorf, *Die Jahre, die Ihr kennt*
*Das Mädchen aus der Volkskommune. Chinesische Comics*
Sergej Tretjakov, *Die Arbeit des Schriftstellers*
Hans Christoph Buch, *Kritische Wälder.*
*rororo rotfuchs,* herausgegeben von Uwe Wandrey.
Die ersten vier Titel:
Angela Hopf, *Die große Elefanten-Olympiade*
F. K. Waechter, *Tischlein deck dich und Knüppel aus dem Sack*
Ulrich Greiwe, *Die letzten Hunde von Babbelbeckie*
Hansjörg Martin, *Überfall am Okeechobee.*
*rororo studium,* herausgegeben von Ernesto Grassi.
Die ersten vier Titel:
Niklas Luhmann, *Rechtssoziologie*
Erwin Grochla, *Unternehmensorganisation*
Hermann Argelander, *Gruppenprozesse*
Melanie Klein, *Das Seelenleben des Kleinkindes.*
Edgar Friederichsen, Geschäftsführer und Leiter der Herstellung, scheidet aus Gesundheitsgründen aus dem Verlag aus und wird Mitglied des Verwaltungsrats.

1973 Das *Literatur-Magazin 1* erscheint.

1974 Vladimir Nabokov, *Ada oder Das Verlangen.*
Rolf Dieter Brinkmann, *Westwärts 1 + 2.*
H. M. Ledig-Rowohlt wird mit dem Großen Verdienstkreuz des Verdienstordens der Bundesrepublik Deutschland ausgezeichnet.

1975 Ivan Illich, *Die Enteignung der Gesundheit* und *Selbstbegrenzung.*
Doris Lessing, *Der Sommer vor der Dunkelheit.*
H. M. Ledig-Rowohlt erhält für seine Verdienste um die amerikanische Literatur den Degree of Doctor of Humane Letters der Washington University, St. Louis.

1976 E. L. Doctorow, *Ragtime.*
Robert Musil, *Tagebücher*, herausgegeben von Adolf Frisé.
1977 Ernest Hemingway, *Gesammelte Werke* (sechsbändige Leinenausgabe und Taschenbuch-Kassette).
Jean-Paul Sartre, *Der Idiot der Familie* (in der Übersetzung von Traugott König, die mit dem Helmut M. Braem-Übersetzerpreis ausgezeichnet wird).
Hans Joachim Schädlich, *Versuchte Nähe.*
E. F. Schumacher, *Die Rückkehr zum menschlichen Maß* («Small is Beautiful»).
Die Reihen *rororo-neue frau*, herausgegeben von Angela Praesent, und *rororo-sport*, betreut von Burkhard König, beginnen zu erscheinen.
1978 Claire Bretécher, *Die Frustrierten.*
Marilyn French, *Frauen.*
Rolf Hochhuth, *Eine Liebe in Deutschland.*
Die Neu-Edition der Werke von Robert Musil, herausgegeben von Adolf Frisé.
Jürg Willi, *Therapie der Zweierbeziehung.*
Im Dezember stirbt Nicolas Born im Alter von 42 Jahren nach der Vollendung seines Romans *Die Fälschung*. H. M. Ledig-Rowohlt sagt an seinem Grabe: «Seit der ersten Lektüre seiner Gedichte haben mich Borns Redlichkeit, seine Geradheit, seine ernste Trauer über die Verelendung unseres inneren und äußeren Lebens tief bewegt. Seine liebenswerte Menschlichkeit hat mich bei jeder Begegnung angerührt. Es schmerzt, von ihm Abschied nehmen zu müssen, Abschied auch von seiner großen Zukunft.»
1979 Nicolas Born, *Die Fälschung.*
*rororo-panther*, eine neue Taschenbuchreihe für junge Leser «zwischen den Generationen», wird begründet; die ersten Bände werden von Uwe Wandrey herausgegeben, später übergibt dieser die Herausgeberschaft an Jutta Lieck.
H. M. Ledig-Rowohlt wird das Österreichische Ehrenkreuz für Wissenschaft und Kunst I. Klasse verliehen.
1980 Barbara Beuys, *Familienleben in Deutschland.*
Robert Musil, *Briefe*, herausgegeben von Adolf Frisé.
Die vom Nachrichtenmagazin DER SPIEGEL herausgegebenen *SPIEGEL-Bücher* erscheinen im Rowohlt Taschenbuch Verlag. Eine weitere neue Reihe: *rororo-Anders-Reisen* (Konzept Ludwig Moos).
Zum Jahresende erscheint ohne jede Vorankündigung trotz

des immer noch bestehenden Verbots durch den Bundesgerichtshof eine Taschenbuch-Ausgabe von Klaus Manns *Mephisto*. Das Erscheinen der Ausgabe wird nicht behindert und das Buch wird zu einem der größten Taschenbuch-Erfolge der Nachkriegszeit (bisher fast eine halbe Million Exemplare).

1981 Bruce Chatwin, *In Patagonien.*
Friedrich Christian Delius, *Ein Held der inneren Sicherheit.*
Thomas Pynchon, *Die Enden der Parabel. Gravity's Rainbow.*
In Zusammenarbeit mit dem Bühnen- und Musikverlag Ricordi erscheinen die ersten *rororo-opernbücher*, herausgegeben von Attila Csampai und Dietmar Holland. Unter dem neuen Signet *rororo-Katalog* veröffentlicht der Taschenbuchverlag im Auftrag der Berliner Festspiele GmbH die fünfbändige Katalog-Kassette zur großen Berliner Ausstellung «Preußen – Versuch einer Bilanz».

1982 H. M. Ledig-Rowohlt zieht sich aus der täglichen Verlagsarbeit zurück, bleibt aber als Vorsitzender der Geschäftsführung dem Verlag verbunden. Dr. Matthias Wegner übernimmt nun auch die verlegerische Leitung des Buchverlages. Kurt Busch scheidet nach 36 Jahren aus der Geschäftsführung aus und wird in den Verwaltungsrat berufen. Sein Nachfolger als Leiter der Abteilung Verwaltung und Finanzen wird Götz Reese. Erwin Steen, Leiter der Herstellung, wird Geschäftsführer. Angela Praesent, bereits Herausgeberin der Taschenbuchreihe *neue frau*, tritt in das Belletristik-Lektorat des Buchverlages ein.

# Leseproben

# 1963

Vicente Aleixandre

*Nackt wie der glühende Stein*

Der Tod

Ah! Du bist es, bist es, ewiger Name, undatiert,
des Meeres unbändiger Kampf mit dem Durst,
Klippe ganz aus Wasser, die du zu versinken drohst,
über meiner ebenen Form, Fläche erinnerungslos.

Du bist es, Schatten des machtvollen Meeres,
grüner naturgeborener Groll, wo alle Fische wie Steine sind in der Luft,
Niedergeschlagenheit oder Kümmernis, die du mein Leben bedrohst
wie eine Liebe, die mit dem Tode endigt.

Töte mich, wenn du willst, Meer aus mitleidlosem Blei,
unermeßlicher Tropfen, den die Erde birgt,
zerstörerisches Feuer meines gottlosen Daseins
hier am Strand, wo sich das Licht entlangschleppt.

Töte mich, als ob du ein Dolch, eine goldene oder prächtige Sonne,
der spitze Blick eines unverletzbaren Auges,
ein übermächtiger Arm, in dem die Nacktheit Kälte sein könnte,
ein Blitz, der suchen könnte meine Brust oder ihre Bestimmung …

Ah, bald, bald; sterben will ich, dir gegenüber, Meer,
vor dir, vertikales Meer, dessen Schäume die Himmel berühren,
vor dir, dessen himmlische Fische zwischen Wolken
wie Vögel sind, von der Tiefe vergessen.

Mögen zu mir deine brechenden Schäume, kristallinischen, kommen,
mögen die grünen niedersinkenden Arme kommen,
mag das Ersticken kommen, wenn der Leib sich zusammenkrampft,
unterworfen den schwarzen Lippen, die fallen.

Mag die maulbeerfarbene Sonne leuchten über dem gleichförmigen Tod.
Möge der Tod, der totale, kommen, am Strand, den ich behaupte,
an diesem sandigen Strand, der auf meiner Brust lastet,
auf dem ein Paar behende Füße zu fliehen scheinen.

Ich will die Rosenfarbe oder das Leben,
ich will das Rot oder sein rasendes Gelb,
ich will diesen Tunnel, in dem die Farbe sich auflöst
in das trügerische Schwarz, mit dem der Tod im Munde lacht.

Ich will das Elfenbein küssen der vorletzten Stummheit,
wenn das Meer eilig sich zurückzieht,
wenn auf dem Sand nur ein paar Muscheln bleiben,
kalte Schuppen von sich liebenden Fischen.

Tod wie diese Handvoll Sand,
wie das Wasser, das in der Gruft einsam zurückbleibt,
wie die Möwe, die mitten in der Nacht
eine Blutfarbe über das Meer trägt, das nicht da ist.

### Den Menschen gibt es nicht

Nur der Mond ahnt die Wahrheit.
Und diese ist, den Menschen gibt es nicht.

Der Mond durchforscht die Ebenen, quert die Ströme,
dringt in die Wälder.
Er formt die noch warmen Gebirge.
Entdeckt die Hitze der aufgerichteten Städte.
Schmiedet einen Schatten, tötet eine dunkle Ecke,
überflutet mit funkelnden Rosen
das Geheimnis der Höhlen, in denen es nach nichts riecht.

Der Mond zieht dahin, begreift, singt, rückt vor, rückt weiter rastlos vor.
Ein Meer ist kein Bett, wo eines Menschen Leib sich ganz allein hinlegen kann.
Das Meer ist kein Grabtuch für einen glänzenden Tod.
Weiter zieht der Mond, schleicht sich ein, ergründet, bestrahlt die tiefen Sande.
Fantastisch bewegt er das grüne besänftigte Geräusch.
Ein Leichnam, aufrecht, schwankt einen Augenblick lang,
zweifelt, rückt vor nun, verharrt unbeweglich grün.
Der Mond täuscht seine gebrochenen Arme,
seinen mächtigen Blick, in dem Fische nisten.
Er entzündet die versunkenen Städte, wo man noch immer

(wie süß) die gelebten Glocken vernehmen kann;
wo die letzten Wellen noch immer auf die geschlechtlosen Brüste prallen, die weichen Brüste, die irgendein Polyp angebetet hat.

Der Mond aber ist rein, ist trocken immer.
Er steigt aus einem Meer, das immer eine Gruft,
das ein Block mit Grenzen ist, die keiner, keiner einengt,
das kein Stein auf einem ausstrahlenden Berge ist.
Er geht auf und verfolgt alles, was früher Knochen war,
was einst Venen eines Menschen waren,
was einst sein klingendes Blut, sein melodiöser Kerker,
seine unsichtbare Hüfte, die das Leben teilt, war
oder sein Kopf, leicht über einem Windhauch gen Osten.

Den Menschen aber gibt es nicht.
Nie hat es ihn gegeben, nie.
Aber der Mensch lebt nicht, wie der Tag nicht lebt.
Aber der Mond erfindet seine wütenden Metalle.

Übersetzung: Erich Arendt

## Malcolm Lowry
## *Unter dem Vulkan*

### Die Identität eines Schriftstellers

Der Konsul nahm seine dunkle Brille ab. Der Chef der öffentlichen Anlagen hielt ihm stumm und höhnisch zwischen Daumen und Zeigefinger die Karte hin: *Federación Anarquista Ibéria*, stand darauf, *Sr. Hugo Firmin.*

«*No compredo.*» Der Konsul nahm die Karte und drehte sie um. «Mein Name ist Blackstone. Ich bin Schriftsteller, kein Anarchist.»

«Schreiber? Du *anticrista. Sí*, du *anticrista*-Schwein.» Der Propagandachef riß ihm die Karte aus der Hand und steckte sie ein. «Und Juden», setzte er hinzu. Er nahm das Gummiband von Yvonnes Briefen, feuchtete den Daumen an und durchblätterte sie, wieder mit Seitenblicken auf die Umschläge. «*Chingar*. Für was du lügen?» sagte er fast bekümmert. «*Cabrón*. Für was du lügen? Hier steht auch: dein

Name ist Firmin.» Dem Konsul fiel auf, daß der Legionär Weber, der etwas weiter weg an der Theke stand, ihn mit abwesend-grüblerischem Blick anstarrte, aber dann sah er wieder fort. Der Chef der Stadtverwaltung betrachtete die Uhr des Konsuls, die er in der verstümmelten Hand hielt, während er sich mit der anderen wütend zwischen den Schenkeln kratze. «Hier, *oiga*.» Der Propagandachef nahm einen Zehnpesoschein aus der Brieftasche des Konsuls, ließ ihn zwischen den Fingern knistern und warf ihn auf die Theke. «*Chingao*.» Diosdado zublinzelnd steckte er die Brieftasche mit den anderen Sachen des Konsuls in seine Tasche. Dann richtete Sanabria zum erstenmal das Wort an den Konsul.

«Ich fürchte, Sie müssen ins Gefängnis mitkommen», sagte er schlicht auf englisch. Er ging wieder zum Telefon.

Der Chef der Stadtverwaltung rollte die Hüften und packte den Konsul beim Arm. Der Konsul brüllte Diosdado auf spanisch an und riß sich los. Es gelang ihm, die Hand über die Theke zu strecken, aber Diosdado schlug sie fort. ‹Eine Handvoll Flöhe› begann zu zetern. Ein plötzliches Geräusch aus der Ecke ließ alle herumfahren: vielleicht endlich Hugh und Yvonne. Er wandte sich rasch um, noch war sein Arm frei: da war nur die unkontrollierbare Fläche des Fußbodens und das Kaninchen, das in einem nervösen Krampf am ganzen Körper zitterte, die Nase rümpfte und mißbilligend mit den Läufen scharrte. Der Konsul gewahrte die alte Frau mit dem Rebozo: sie war anständigerweise nicht gegangen. Sie sah ihn kopfschüttelnd mit traurig gerunzelter Stirn an, und jetzt merkte er, daß sie die alte Frau mit den Dominosteinen war.

«Für was du lügen?» wiederholte der Propagandachef in drohendem Ton. «Du sagen, dein Name ist Black. *No es Black*.» Er schob ihn rückwärts zur Tür. «Du sagen, du sind Schreiber.» Er schob ihn weiter. «Du keine Schreiber.» Er versetzte dem Konsul einen heftigen Stoß, aber der gab nicht nach. «Du keine Schreiber, du sind Spitzel, und in Méjico werden Spitzel erschossen.» Ein paar Militärpolizisten sahen interessiert zu. Die Neuankömmlinge brachen auf. Zwei Straßenköter liefen durch die Kneipe. Eine Frau drückte erschrocken ihr Kind an sich. «Du keine Schreiber.» Der Propagandachef packte ihn bei der Kehle. «Du Al Capón. Du Juden-*Chingao*.» Der Konsul riß sich wieder los. «Du sind Spitzel.»

Das Radio, das Diosdado auf volle Lautstärke gestellt hatte, nachdem Sanabria mit Telefonieren fertig war, brüllte plötzlich etwas Spanisches, das der Konsul sich blitzschnell übersetzte, wie Befehle bei Sturm, die einzigen Befehle, die das Schiff retten können: «Unermeßlich ist der Segen, den die Zivilisation uns gebracht hat, unabsehbar

Malcolm Lowry

die produktive Kraft des mannigfachen Reichtums, den wir den Erfindungen und Entdeckungen der Wissenschaft verdanken. Unfaßbar die Wunder, die das Menschengeschlecht vollbracht hat, um den Menschen glücklicher, freier und vollkommener zu machen. Ohnegleichen die kristallklaren, fruchtbaren Brunnen des neuen Lebens, die für die dürstenden Lippen derjenigen, die unter tierischer Fronarbeit stöhnen, noch immer verschlossen sind.»

Plötzlich glaubte der Konsul einen riesigen, krähenden Hahn mit gespreizten Klauen vor sich flattern zu sehen. Er hob die Hände, und der Hahn schiß ihm ins Gesicht. Er traf den zurückkommenden Jefe de Jardineros direkt zwischen die Augen. «Gib mir meine Briefe wieder!» hörte er sich den Propagandachef anschreien, aber seine Stimme ertrank im Radiogebrüll, und dann ertrank das Radiogebrüll im Rollen des Donners. «Ihr Drecksäcke. Ihr Arschlöcher. Ihr habt diesen Indio umgebracht. Ihr habt ihn getötet und versucht, es als Unfall zu frisieren», brüllte er. «Ihr steckt alle unter einer Decke. Und dann haben andere von euch sein Pferd geholt. Gib mir meine Papiere wieder.»

«Papiere. *Cabrón*. Du hast keine Papiere.» Sich aufrichtend sah der Konsul im Gesicht des Propagandachefs einen Ausdruck, der ihn an M. Laruelle erinnerte, und er schlug danach. Dann nahm er wieder den Chef der öffentlichen Anlagen wahr und schlug auch nach dessen Gesicht; dann erkannte er den Chef der Stadtverwaltung als jenen Polizisten, den Hugh nachmittags nicht geschlagen hatte, und er schlug auch ihn. Die Uhr draußen schlug rasch siebenmal. Der Hahn flatterte vor seinen Augen und machte ihn blind. Der Propagandachef packte ihn am Jackett. Jemand anders ergriff ihn von hinten. Obwohl er sich wütend wehrte, wurde er zur Tür gezerrt. Der blonde Mann, der wieder aufgetaucht war, half schiebend nach, ebenso Diosdado, der mit schwerem Sprung über die Theke gesetzt war, und ‹Eine Handvoll Flöhe›, der ihn gehässig in die Schienbeine trat. Der Konsul bekam eine Machete zu fassen, die auf einem Tisch neben dem Eingang lag, und fuchtelte wild damit herum. «Gib mir die Briefe wieder!» schrie er. Wo war dieser verfluchte Hahn? Er wollte ihm den Kopf abhacken. Er stolperte rückwärts auf die Straße hinaus. Leute, die mit Gaseosaflaschen beladene Tische vor dem Gewitter ins Haus trugen, blieben glotzend stehen. Die Bettler wandten träge den Kopf. Der Posten vor der Kaserne rührte sich nicht. Der Konsul wußte nicht, was er sagte: «Nur die Armen, nur durch Gott, nur die Leute, an denen ihr euch die Füße abwischt, die geistig Armen, alte Männer, die ihre Väter schleppen, und Philosophen, die weinend im Staub liegen, vielleicht Amerika, Don Quijote …» Noch immer schwang er sein Schwert, in Wirklichkeit war es der Säbel aus Marías Zimmer, dachte er. «... wenn ihr nur aufhören würdet, euch einzumischen, im Schlaf zu wandeln, mit meiner Frau zu schlafen, nur die Bettler und die Verfluchten.» Die Machete fiel rasselnd zu Boden. Der Konsul fühlte, wie er rückwärts stolperte, bis er über ein Grasbüschel fiel. «Ihr habt das Pferd gestohlen», wiederholte er.

Der Propagandachef blickte auf ihn nieder. Sanabria stand schweigend daneben und rieb sich wütend die Wange. «*Norteamericano, eh?*» sagte der Propagandachef. «*Inglés*. Du Jude.» Seine Augen wurden schmale Schlitze. «Was zum Teufel hast du hier zu suchen? Du *pelado*, eh? Nix gut für deine Gesundheit. Ich hab zwanzig Leute erschossen.» Es war halb Drohung, halb Bekenntnis. «Wir haben rausgekriegt – am Telefon – stimmt's? – daß du sind Verbrecher. Du willst Polizist sein? Ich mache dich Polizist in Mexiko.»

Der Konsul kam langsam und schwankend auf die Beine. Er bemerkte neben sich das festgemachte Pferd. Erst jetzt sah er es, wie elektrisiert, als ein lebendiges Ganzes: das Maul mit der Kandare, den abgeschabten hölzernen Sattelknopf, an dem Papierstreifen hingen, die Satteltaschen, die Matten unter dem Gurt, die Wunde und die blankgescheuerte Stelle an der Hüfte, die in die Kruppe eingebrannte Nummer 7, den Metallbeschlag des Sattels, der im Licht der Cantina wie ein Topas glitzerte. Er stolperte darauf zu.

«Ich schieß dir ein Loch in Bauch, von den Knien aufwärts, du Juden-*Chingao*», rief der Propagandachef warnend und packte ihn beim Kragen, und der Chef der öffentlichen Anlagen stand gewichtig nickend daneben. Der Konsul riß sich los und zerrte verzweifelt am Zügel des Pferdes. Der Propagandachef trat beiseite, die Hand an der Pistolentasche. Er zog die Pistole. Mit der freien Hand scheuchte er einige Zuschauer fort. «Ich schieß dir ein Loch in Bauch, von den Knien aufwärts, du *cabrón*», sagte er, «du *pelado*.»

«Nein», sagte der Konsul ruhig, «das würde ich nicht tun. Das ist doch ein Colt '17, nicht wahr? Der streut massenhaft Stahlspäne.»

Der Propagandachef stieß den Konsul aus dem Lichtschein heraus, trat zwei Schritte vor und schoß. Ein Blitz lief wie eine sich krümmende Raupe den Himmel herunter, und der taumelnde Konsul sah einen Augenblick die Masse des Popocatepetl über sich, von Glanz durchtränkt und mit smaragdgrünem Schnee gekrönt. Der Propagandachef gab in bedächtigem Abstand noch zwei Schüsse ab. Donnerschläge krachten in den Bergen und dann unmittelbar neben ihnen. Das Pferd stieg hoch und riß sich los. Es drehte sich, den Kopf hin und her werfend, um sich selbst und galoppierte dann wiehernd in den Wald.

Zuerst empfand der Konsul eine wunderliche Erleichterung. Sie hatten ihn erschossen, das wußte er jetzt. Er ging auf die Knie nieder, dann fiel er stöhnend flach aufs Gesicht ins Gras. «Mein Gott», bemerkte er verdutzt, «was für eine schäbige Art zu sterben.»

Eine Glocke schlug an:

*Dolente ... dolore!*

Es regnete sacht. Gestalten geisterten um ihn und hielten seine Hand – vielleicht noch immer, um ihn auszurauben oder um ihm zu helfen oder auch nur aus Neugier. Er fühlte sein Leben entgleiten wie ein Stück glitschige Leber und im zärtlich-weichen Grase versickern. Er war allein. Wo waren sie alle? Oder war niemand dagewesen? Dann schimmerte ein Gesicht aus dem Dunkel, eine Maske des Mitleids. Es war der alte Fiedler, der sich über ihn beugte. «*Compañero*», begann er. Dann war er wieder weg.

Gleich darauf war sein ganzes Bewußtsein von dem Wort ‹*pelado*› erfüllt. Hugh hatte den Dieb so genannt; jetzt hatte jemand ihm das Schimpfwort ins Gesicht geschleudert. Und es war, als wäre er für einen Augenblick der *pelado*, der Spitzbube, geworden – ja, der Dieb unbedeutender, wirrer Ideen, aus denen seine Lebensverneinung erwachsen war; mit seinen zwei bis drei steifen Hütchen hatte er diese Abstraktionen kaschiert – jetzt war die realste von ihnen ganz nahe gerückt. Aber dann hatte jemand ihn ‹*compañero*› genannt, und das klang besser, viel besser. Es machte ihn glücklich. Diese Gedanken, die vage durch seinen Kopf zogen, waren von einer Musik begleitet, die nur zu hören war, wenn er sehr aufmerksam lauschte. War es nicht Mozart? Die *Siciliana*. Das Finale des d-moll-Quartetts von Moses. Nein, es war eine Trauermusik, vielleicht von Gluck, aus *Alceste*. Und doch klang sie irgendwie nach Bach. Bach? Ein Klavichord von weither, aus dem England des siebzehnten Jahrhunderts. England. Auch Gitarrenakkorde, halb verweht, vermischt mit dem fernen Rauschen eines Wasserfalles und Lauten, die wie Liebesschreie klangen.

Er wußte, er war in Kaschmir, er lag auf einer Wiese zwischen Veilchen und Klee neben einem rieselnden Wasser, und hinten der Himalaja, was um so bemerkenswerter war, als er plötzlich mit Hugh und Yvonne zur Besteigung des Popocatepetl aufbrechen sollte. Schon waren sie ein Stück voraus. ‹Kannst du Bougainvillea pflücken?› hörte er Hugh fragen, und Yvonne erwiderte: ‹Vorsicht, da sind Stacheln daran, und man muß überall nachsehen, ob keine Spinnen daran sind.› – «In Mexiko werden Spinntzel erschossen», raunte eine andere Stimme. Und damit waren Hugh und Yvonne verschwunden. Er hatte den Verdacht, daß sie nicht nur den Popocatepetl bestiegen hatten, sondern inzwischen viel weiter gegangen waren. Mühselig quälte er sich den Abhang des Vorgebirges nach Amecameca hinauf, allein. Das Gewicht der mit Luftlöchern versehenen Schneebrille, des Bergstockes, der Fausthandschuhe und der über die Ohren gezogenen Wollmütze, der Backpflaumen, Rosinen und Nüsse in seinen Taschen, der Dose Reis in der einen und des vom Hotel *‹Fausto›* entliehenen Führers in der anderen Manteltasche erdrückte ihn. Er konnte nicht weiter und sank in hilfloser Erschöpfung zu Boden. Kein Mensch, selbst wenn er könnte, würde ihm helfen. Jetzt war er der Sterbende am Wegrand, und kein barmherziger Samariter würde stehenbleiben. Verblüffend allerdings waren diese Stimmen, dieses Gelächter in seinen Ohren – ah, jetzt kamen sie ihm endlich zu Hilfe. Er lag in einem Krankenwagen, der kreischend durch den Dschungel raste, immer bergauf, über die Baumgrenze hinaus dem Gipfel entgegen – gewiß, das war auch eine Möglichkeit, hinaufzukommen! Die Stimmen um ihn – Jacques und Vigil waren es – klangen freundschaftlich, sie würden Nachsicht üben, würden Hugh und Yvonne seinetwegen beruhigen. *«No se puede vivir sin amar»*, würden sie sagen, das erklärte alles, und er wiederholte es laut. Wie hatte er von der Welt so schlecht denken können, wenn doch die Hilfe allezeit nahe war? Und jetzt hatte er den Gipfel erreicht. Ach, Yvonne, Liebste, vergib mir! Starke Hände hoben ihn hoch. Er schlug die Augen auf und blickte hinunter. Er erwartete unter sich den herrlichen Dschungel zu sehen, die Höhen des Pico de Orizabe, des Malinche, des Cofre de Perote – wie jene Gipfel seines Lebens, die er Stück für Stück bezwungen hatte, bis er diesen großartigsten aller Aufstiege – wenn auch auf ungewöhnliche Art – geschafft hatte. Aber dort unten war nichts – keine Gipfel, kein Leben, kein Aufstieg. Und dieser Gipfel war auch eigentlich kein Gipfel: er hatte keine Substanz, keine feste Grundlage. Was er auch sein mochte – er zerbröckelte, er brach zusammen, während er selbst fiel und fiel, in den Vulkan. Er mußte ihn also doch erklommen haben, obwohl jetzt das Geräusch sich heranwälzender Lava an seine Ohren schlug. Entsetzlich, das war ein Ausbruch – doch nein, das war nicht der Vulkan, die Welt selbst zerbarst, zerbarst in schwarze Lavaspritzer von Dörfern, die in den Raum geschleudert wurden, während er durch alles hindurchfiel, durch die unbegreifliche Hölle von einer Million Tanks, durch das Flammenmeer von zehn Millionen brennenden Leibern, in einen Wald – und fiel und fiel …

Plötzlich schrie er auf, und es war, als würden Hall und Widerhall seines Schreies von Baum zu Baum geworfen, als rückten dann die Bäume selbst immer näher, immer dichter um ihn zusammen, um sich mitleidsvoll über ihm zu schließen …

Jemand warf einen toten Hund ihm nach in die Schlucht.

Katherine Anne Porter
*Das Narrenschiff*

Eine lästige Kabinengenossin

Mrs. Treadwell war in angenehm selbstgenügsamer Stimmung gewesen, als sie die Langeweile des oberen Decks mit dem scheinbar vernünftigen Entschluß verlassen hatte, einen Abend still und zurückgezogen mit ihren eigenen Gedanken zu verbringen und zeitig schlafen zu gehen. Lizzis Gewohnheiten waren einigermaßen verläßlich. Für gewöhnlich sah man sie bis nach Mitternacht mit diesem gräßlichen, dicken kleinen Mann unter viel Gekicher, Gequietsche und ziemlich offenkundigem Getätschel in dunklen Winkeln herumstehen. Später kam Lizzi dann mit glühenden Wangen in die Kabine und stieß rechts und links an, weil sie zu ungeschickt war, um sich rechtzeitig dem beschränkten Raum anzupassen; sie knipste das Licht an, und Mrs. Treadwell sah mit Abscheu ihr wie elektrisiert abstehendes Haar und ihre wie bei einer läufigen Katze glitzernden Pupillen mit der perfide aussehenden kleinen Iris. Sie feuerte ihr Schuhe in eine Ecke, ließ das fludderige Kleid fallen und stand da mit langen, knochigen Beinen in kurzen rosa Schlüpfern und fleischfarbenen Strümpfen. Sie ließ ihre Bürste fallen und hob sie wieder auf und sagte dabei unweigerlich in ihrem unverschämten, pseudohöflichen Ton: «Oh, Verzeihung. Hoffentlich habe ich Sie nicht geweckt.» Ihre Stimme ging Mrs. Treadwell auf die Nerven wie das Geräusch einer Feile auf Metall. Es wäre albern gewesen, sich danach wieder schlafend zu stellen.

Mrs. Treadwell hatte noch nie ein so gänzlich reizloses Geschöpf gesehen wie diese Frau. Unbekleidet war sie einfach abschreckend häßlich. Aber wenn sie vor dem fleckigen kleinen Spiegel saß und sich mit zuckenden Mundwinkeln tief in die Augen sah, schien sie von der rätselhaften Illusion besessen, daß sie eine Schönheit wäre. Sie schminkte und puderte sich ein halbes dutzendmal am Tag und machte so genau und sorgfältig Maske wie eine Schauspielerin vor dem Auftritt. Sie goß sich aus einer großen viereckigen Flasche ihr moschusduftendes Kölnischwasser über den Kopf wie bei einer Taufe, wusch ihre Unterarme so reichlich damit, daß die Flüssigkeit an ihren mageren Rippen herunterlief, und dabei flackerte in ihrem Gesicht ein selbstvergessenes Lächeln, und ihre Nüstern schnupperten wie die eines Kaninchens. Ihre Erzählungen drehten sich ausschließlich um Parfum, Kleidung, ihr Geschäft und Männer, die sie als «Freunde» bezeichnete. «Ein Bekannter von mir in Hamburg, wirklich ein Gentleman, sehr reich – ein Freund», pflegte sie etwa zu sagen und dabei den zu kleinen Kopf auf dem langen, flechsigen Hals kokett zurückzuwerfen. «Beinahe hätte ich ihn geheiratet, aber jetzt bin ich froh, daß ich es nicht getan habe», denn es stellte sich heraus, daß er sein Geld verloren hatte.

Aber nicht all ihre Freunde hatten dieses Pech gehabt, es gab welche, die sie mit den kostspieligsten Aufmerksamkeiten überschütteten, ihr die phantastischsten Komplimente machten und ihr jederzeit zur Verfügung standen. Das Schwierige war nur, daß ihrer so viele waren. «Einmal muß man sich ja entscheiden, nicht wahr? Leider kann man sie nicht alle heiraten!» Nach und nach sickerte jedoch die Wahrheit durch; die meisten von ihnen waren schon verheiratet, obgleich das kein Hinderungsgrund gewesen wäre, denn alle waren bereit, ihre häuslichen Bindungen zu lösen, sobald sie ihr Jawort gab. Aber sie liebte ihre Freiheit zu sehr, das war das Schlimmste bei ihr. «Als ich meinen Mann verließ, warf er mir vor, ich ginge zu einem anderen Mann. ‹Ha!›, sagte ich zu ihm, ‹wofür hälst du mich? Ich habe fünf zur Auswahl!›» Bei solchen Geständnissen krümmte sie sich vor Lachen und wedelte mit den Händen. «Na ja, das stimmte natürlich nicht ganz, es waren nur drei oder vier, wissen Sie, und keiner von ihnen kam in Frage. Aber glauben Sie mir, ich habe genug von der Ehe. Ich will mich amüsieren, aber heiraten – nein!»

Mrs. Treadwell sammelte ihre Spielkarten ein und steckte sie ins Etui. Sie klappte das Schachbrett zusammen und legte es beiseite, strich das ein wenig zerknüllte Laken und die leichte Decke glatt. Die Luft hatte sich abgekühlt; sie schloß fröstelnd die Augen. Warum vergaß sie immer wieder, wie das Reisen in diesen abgelegenen Gegenden und auf diesen grauenhaften kleinen Schiffen war? Warum war sie nicht so vernünftig, das ganze Jahr über in Paris zu bleiben, ja, sogar im August – Paris war köstlich im August –, wo sie sich so sicher fühlte vor der Menschensorte, die ihr sonst auf Schritt und Tritt über den Weg lief? Die Gesichter und Gestalten ihrer sogenannten Mitpassagiere kamen ihr ständig durcheinander, und mit jedem verband sie den falschen Namen. Allein der Gedanke an sie war verwirrend und deprimierend. Lizzi mit ihrer gräßlichen Reibeisenstimme und ihrer affektiert überlegenen Miene klatschte unaufhörlich über die Mitreisenden.

«Also, stellen Sie sich vor – diese spanische Condesa, die Gefangene, Sie kennen sie doch? – ja, man sagt, sie schläft abwechselnd mit all diesen Studenten. Sie sind fortwährend in ihrer Kabine, manchmal zu zweit oder zu dritt, und es soll da einfach sagenhaft zugehen. Der Kapitän soll darüber empört sein, aber was kann er machen? Soll er ihr einen Spion unters Bett legen? ... Und dann etwas Unglaubliches: Sie kennen doch diesen kranken Mann im Rollstuhl? Also, wenn man nicht gut aufpaßt, dann greift er nach einem und faßt einen an und streichelt einen – das heißt, nur die Frauen. Angeblich will er einen von irgendwelchen Leiden heilen. Der alte Heuchler, in seinem Alter, schon mit einem Fuß im Grabe! Und kennen Sie diesen jämmerlichen kleinen Juden, den sie aus Versehen zu Herrn Rieber in die Kabine gelegt haben? Also, neulich hat er Herrn Rieber gefragt: ‹Wie spät ist es? Meine Uhr ist stehengeblieben›, und Herr Rieber hat gesagt: ‹Wird Zeit, daß alle Judenuhren stehenbleiben.› Herr Rieber ist sehr witzig. ‹Das Gesicht, das der Jude gemacht hat, war einfach unbezahlbar›, sagt Herr Rieber.»

Mrs. Treadwell verscheuchte das Echo dieses Furiengeschwätzes, stand plötzlich auf, schüttelte ihr langes Nachtgewand aus und ging zur Luke. Die reine, kühle Luft umspülte ihr Gesicht, sie öffnete den Mund, um freier atmen zu können, so beschmutzt fühlte sie sich von dem, was sie in dieser Kabine mit angehört hatte. Meer und Himmel flossen in der grenzenlosen Dunkelheit ineinander, unter ihr schlugen die Wogen ans Schiff und brachen sich weiß schäumend im Widerschein der Lichter. Was soll ich tun, fragte sie sich, wo soll ich hin? Leben, Tod, dachte sie in unbestimmter Furcht, denn sie war nicht imstande, den kleinen Augenblickssituationen ins Auge zu sehen, die einen Entschluß, eine Aktion, ein Ja oder Nein erforderten, wenn auch noch so vorläufig. Gerade die Unbestimmtheit ihrer Furcht erschreckte sie, denn Leben und Tod waren, recht verstanden, drohende, schreckliche Worte, und sie würde sie nie verstehen. Das Leben hatte angenehm, gütig und einfach zu sein, so hatte man sie es in ihrer Jugend gelehrt. Die Zukunft war ein freier Raum von klarem, silbrigem Blau wie der Himmel über Paris bei schönem Wetter, mit spielerisch eilenden, purzelnden Federwölkchen in den unteren Luftschichten, alles sauber und frisch wie das blaue Seidenpapier, in das all die weißen Sachen ihrer Kindheit eingeschlagen wurden, damit sie weiß blieben, noch weißer wurden, ein eisig-blaues Weiß. Später, wenn sie von Kindermädchen und Schule befreit war, würde sie immer froh und frei sein, und stets würde Liebe um sie sein – immer Liebe.

Jaja, sagte sie, den Kopf zurückziehend, tatsächlich ist das Leben reichlich unangenehm, stellenweise sogar niederträchtig gewesen. Wenn mich jemand eine Vagabundin nennen sollte, werde ich mich hoffentlich nicht verletzt fühlen. Mir sind oft widerliche Dinge passiert, und an allen war ich selber schuld. Ich habe mich ihnen in den Weg gestellt, anfangs ohne zu wissen, daß es sie gibt. Und später, als ich es wußte, dachte ich immer: aber das ist natürlich nichts Wirkliches. Das kann nicht das Leben sein. Das ist nur ein Unglücksfall, als ob man von einem Lastwagen angefahren wird oder in einem brennenden Haus gefangensitzt oder überfallen und ausgeraubt oder vielleicht sogar ermordet wird – kein normales Schicksal für jemanden wie mich. War ich wirklich mit einem Mann verheiratet, der mich aus lauter Eifersucht so schlug, daß ich Nasenbluten bekam? Nein, das glaube ich nicht. So einen Mann habe ich nie gekannt – er ist noch nicht geboren. Wahrscheinlich habe ich das in der Zeitung gelesen ... Aber wenn ich mich sehr erschrecke, bekomme ich immer noch Nasenbluten. Ob es mir wohl wirklich vorkommen würde, wenn mich jemand ermordete? Oder würde ich einfach sagen: O nein, das kann in Wirklichkeit nicht passieren – mir nicht!

Und doch sitze ich hier in einer schäbigen kleinen Kabine, zusammengepfercht mit einer vulgären Frauensperson, die gleich hereinkommen und anfangen wird, von ihren ‹Affären› zu sprechen. So eine Frau könnte ich nie im Hause haben, höchstens als Friseuse oder Schneiderin; und nun muß ich ihr grauenhaftes Parfum riechen und mit ihr in einem Raum schlafen, und ich habe zuviel Wein getrunken und dreißig Patiencen gelegt, und keine ist aufgegangen. Warum? Weil das Leben – dieses Leben, dies ist das Leben, dieses ekelhaft schäbige Dasein hier und jetzt – sonst zu trübselig und widerlich wäre, um es noch einen Augenblick ertragen zu können ...

Sie schlug die Decken zurück, glättete sie noch einmal und ging zu Bett; sie zog ihr Nachthemd um die Beine, schüttelte die Ärmel in hübsche Falten und goß sich noch ein Glas Wein ein, alles mit den ruhigen und ordentlichen Bewegungen einer Klosterschülerin. Vielleicht war ihre verwöhnte Kindheit an allem schuld. Ein Arzt hatte ihr vor Jahren einmal gesagt, manchmal sei zuviel Liebe für ein Kind genauso unheilvoll wie zuwenig. Wie konnte ein Kind zuviel Liebe geben oder empfangen? Sie fand den Arzt albern. Zweifellos war ihre Kindheit im ganzen sehr schlecht für sie gewesen – und sehr schön. Die Erinnerung daran schien in ihrem Blut zu leben und zu atmen. Wie schön und weitläufig das alte Haus in Murray Hill gewesen war, wurde ihr erst später klar; damals war es einfach ihr Elternhaus gewesen. Noch spürte sie jene Jahre der sanften, warmen Geborgenheit in ihrem Blut, den Reigen ungetrübter Tage, den Luxus, den sie nie als Luxus empfunden hatte, weil jeder, den sie kannte, genauso lebte. Und die gütigen Stimmen und Hände, die täglich um sie waren – die Stimme ihres Kindermädchens: «Ich muß schon sagen, das Kind ist wirklich *zu* brav!» und die Antwort ihrer Mutter: «Nein, gar nicht brav – nur sehr gutartig.»

Später lernte sie viele Frauen kennen, die sie darum beneideten, daß sie als Kind jedes Jahr nach Frankreich und Italien gereist und als junges Mädchen in französischen und Schweizer Pensionaten erzogen war. Sie hatte das gar nicht so großartig gefunden – am deutlichsten erinnerte sie sich an die unangenehmen Seiten dieser Pensionate – die altmodischen Lehrerinnen, das kalte Wasser, das fade Essen, die kleinlichen Vorschriften, die ewigen Andachten, die Schrecken der Prüfungsarbeiten; und dann das seltsame Vergnügen, zusammen mit ihrer Zimmergenossin über die Briefe und kleinen Geschenke von daheim zu weinen oder zu jubeln. Jede von ihnen konnte die Nachrichten und Geschenke der anderen genauso genießen oder beweinen wie die eigenen. Wie hatte das Mädchen noch geheißen? Der Name ihrer Zimmergenossin? Als ob es darauf ankäme. Als ob sie auch nur so tun könnte, als trauerte sie einer Verbindung nach, die nicht mehr Substanz hatte als ein Wölkchen Zigarettenrauch. Sie drehte das Licht aus, nahm sich eine Zigarette und versuchte, die sinnlose Melancholie ihrer Gedanken zu durchbrechen.

All diese Gesellschaften und Diners und Bälle und Blumen ihrer ersten Gesellschaftssaison waren zu einem sanft schimmernden Wirbel verschmolzen. Konnten sie auch nur annähernd so fröhlich gewesen sein, wie sie jetzt in der Erinnerung glaubte? Kein Mensch hatte an Krieg, an irgendeine Veränderung gedacht. Ihre Erinnerungen an jenes Leben – an ihr Kindermädchen, das mit der Zeit ihre Jungfer geworden und immer ihre enge Freundin und Vertraute geblieben war, wieviel mehr wußte dieses alte Mädchen von ihr als Eltern oder Verwandte! – verschwammen in ihrem Kopf zu einem warmen, beruhigenden Nebel, einer rosigen Wolke. Sie hatte sich schon lange daran gewöhnt, sich damit einzuschläfern; in dieser Erinnerung fand sie das Glück, das sie von der ersten Liebe erwartet, zu erwarten gelernt hatte.

Die Zeit hatte alles verfälscht, die Zeit war ein Lügner und Betrüger, aber dem, was vor der ersten Liebe lag, konnte sie nichts anhaben; diese erste Liebe hatte ihr Leben entzweigeschnitten; alles, was vorher lag, war als etwas Unveränderliches eingekapselt – und auch als etwas Wahres, nach allem, was sie sehen konnte und gelernt hatte. Bewahre es, bewahre es, sagte ihr Herz, es ist dein, ob es wahr ist oder nicht. Wenn ihre Eltern sie nun gar nicht erkennen würden, wenn sie sie sehen könnten? Sie ruhten still in ihrem Fleisch, liebend und geliebt, nicht als Erinnerung an ihre Gesichter oder an eine fixierte Bewegung oder Haltung, sondern im sanften Strömen des Blutes in ihren Adern, in jedem Herzschlag und jedem Atemzug. Das alles war wirklich, war geschehen, es gehörte ihr. Bis zu ihrem zwanzigsten Lebensjahr war das Leben – Leben, was für ein Wort! – glaubhaft gewesen, denn je größer das Wunder, um so gläubiger hatte sie es hingenommen; o ja, es war fest verankert, und doch immer leicht bewegt gewesen wie ein Schiff im Hafen. Sie hatte sich in den falschen Mann verliebt – wie falsch, hatten ihre Eltern nie erfahren, denn sie hatten ihn nie gesehen, und sie war danach nie wieder zu Hause gewesen –, und damit hatte der lange Alptraum begonnen. Zehn Jahre sogenannter Ehe und zehn Jahre Scheidung, anrüchig und schäbig, einsam und heimatlos. Ihr halbes Leben hatte sie in Cafés und Hotels, auf Schiffen und Eisenbahnzügen, in Theatern und fremden Häusern zugebracht mit anderen, die ebenso heimatlos waren wie sie – ihr halbes Leben, und nichts davon war wirklich gewesen. Nur etwas Wirkliches war in dieser ganzen Zeit geschehen – ihre Eltern waren bei einem Autounfall zusammen ums Leben gekommen, und sie war zur Beerdigung nicht nach Hause gefahren. Alles übrige verleugnete sie, es war einfach nicht wahr.

Kein Wort davon ist wahr. Wenn es wahr wäre, könnte ich es nicht ertragen, dachte sie und setzte sich wieder auf. Ich *kann* es nicht ertragen. Ich erinnere mich an nichts. Ach, meine Lieben, sagte sie zu ihren Eltern, als wären sie hier bei ihr, wenn ihr das gewußt hättet, ihr hättet es nicht zugelassen. Oh, warum bin ich nicht nach Hause gefahren? Warum habe ich euch nichts gesagt?

Sie langte nach der Weinflasche und hielt sie ans Licht. Sie war noch fast halb voll. Wenn ich es schnell trinke, wird es genügen, sagte sie sich. Lächelnd, mit ruhiger Hand füllte sie ihr Glas. Bald würde sie in Paris sein. In Paris würde sie jemanden haben – ein Dutzend Namen und Gesichter zogen langsam an ihr vorüber –, jemanden, mit dem sie im *Flore* sitzen konnte, oder wir werden in die *Cosmetics Queen's Husband's Polite Gambling Hell* gehen und Roulette spielen. Wir können unser Geld verspielen, alles, was wir haben, bis es Zeit wird, zur Zwiebelsuppe in die *Halles* zu gehen. Wir können nach Mitternacht durch Paris fahren, wenn das Klappern der Pferdehufe zwischen den dunklen Häusern widerhallt, und können zusehen, wie die altmodische kleine Eisenbahn, die wie ein Kinderspielzeug mitten durch die Stadt fährt, das Gemüse bringt. Wir werden wieder – endlich wieder – zu den Blumenständen gehen und eine von diesen giftig aussehenden Blumen finden – wie heißen sie noch? –, die wie eine blutende Zunge an einem Spieß wirken. Und wir werden wieder heimfahren, wenn die Sonne gerade den Himmel opalen färbt, wenn alle Wolken und Häuser in rosigem Grau schimmern und in den Cafés die ersten Arbeiter schnell einen Kaffee und Cognac trinken.

Wir werden auch schnell auf einen Kaffee und Cognac hineingehen, und wir werden uns küssen, weil wir uns so gut amüsiert haben und so gute Freunde sind – wer wohl der erste sein wird? Und wir werden die Sonne aufgehen sehen, als hätten wir das noch nie erlebt, und werden schwören, jeden Morgen früh aufzustehen oder die ganze Nacht aufzubleiben, um es zu sehen, weil der Sonnenaufgang mit das Hübscheste auf der Welt ist. Das sind die einfachen menschlichen Freuden, die ich liebe, die Art Freuden, die ich gebrauchen kann, die Dinge, die man als Dauergast in Paris ganz natürlich tun kann. Ich lebe ja nicht mehr richtig dort, ich bin wirklich um nichts besser als die betrunkenen Amerikaner im *Dôme*, über die ich mich früher mit meinen französischen Freunden mokiert habe.

Ich möchte wieder dort leben. Ich möchte in dieser dunklen Gasse wohnen, die *Impasse des Deux Anges* heißt, ich möchte mir im *Cluny* diese mit Edelsteinen besetzten, kleinen, spitzen blauen Samtschuhe kopieren lassen und meine Parfums bei Molinard kaufen, ich möchte zur Frühjahrsmodenschau bei Schiaparelli gehen und die häßlichen Mannequins sehen, die sich so ruckweise bewegen, als wären sie aufgezogen, und bei jeder Drehung hinten den Gürtel zurechtrücken und einander mit harten, theatralischen Lesbierinnenblicken anstarren. Ich möchte Notre Dame de Paris eine halbmeterhohe Kerze anzünden zum Dank dafür, daß sie mich zurückgeholt hat, und nach Chantilly hinausfahren und nachsehen, ob sie im Stundenbuch des Herzogs wieder eine Seite umgeblättert haben. Ich würde gern wieder in dieser kleinen *guinguette* in der Rue Denfert Rochereau mit dem gutaussehenden jungen Marquis tanzen – wie heißt er noch? –, der von Jeanne d'Arcs Bruder abstammt. Ich möchte wieder zur *Bagatelle* gehen und beim Öffnen der Moosröschen helfen; wenn der Frühling kalt ist, blühen sie nur halb auf, die armen Dinger – man braucht weiter nichts zu tun, als ein äußeres Blütenblatt zu lockern, und schon kann man zusehen, wie sie aufgehen! Das möchte ich gern wieder tun. Ich werde wieder nach Rambouillet fahren durch diesen Wald, der wirklich genauso ist, wie Watteau und Fragonard ihn gesehen haben. Und nach St. Denis, um die schönen weißen Marmorfüße der Könige und Königinnen auf ihren Sarkophagen wiederzusehen, die feierlich Seite an Seite aufgebahrten Gestalten mit den zierlich hochstehenden, unbeschuhten Zehen.

Ich habe nie solche Regenbogen gesehen wie über der Stadt Paris, ich habe auch nie solchen Regen gesehen ... Ob es wohl in Montparnasse noch diesen katholischen Verein gibt, der Mitgiften an arme, aber ehrliche Mädchen der Gemeinde verteilt? Ob wohl die kleinen Novizinnen, die in dem alten Klostergarten unter meinem Fenster auf

Leitern hoch in die Apfelbäume kletterten und Äpfel abnahmen – oh, ob sie wohl bei ihrem Leben von Grünzeug, Äpfeln und Gebeten ernst und traurig geworden sind? ... Nächsten Mai werde ich wieder nach St. Cloud fahren und die ersten Maiglöckchen blühen sehen ... O Gott, ich habe Heimweh. Ich werde nie wieder von Paris fortgehen, das verspreche ich dir, wenn du mich dieses eine Mal noch hinkommen läßt. Und wenn eines Tages alle Menschen die Stadt verlassen und auf dem Pflaster Gras wächst – es würde für mich immer noch Paris sein, ich würde immer noch dort leben wollen. Ich fände es herrlich, Paris ganz für mich allein zu haben, und wäre es nur für einen Tag. Während hinter ihren geschlossenen Lidern seltsam beglückende Tränen aufstiegen, glitt sie langsam auf ihrem Wachtraum in ruhigen Schlaf.

«Ich verstehe nicht ganz, wieso es hier drin so stickig wird», sagte Lizzi, während sie ihre Haarbürste fallen ließ und wieder aufhob. «Oh, Verzeihung. Habe ich Sie gestört? Wo doch draußen ein ganzes Meer von göttlicher Luft ist.»

Mrs. Treadwell schlug die Augen auf, machte sie gequält wieder zu und drehte sich zur Wand. «So werden Schiffe eben gebaut», sagte sie verschlafen. «Kleine Kämmerchen mit kleinen Löchern drin und allen möglichen Gerüchen ... Manchmal werden Häuser auch so gebaut», sagte sie, sich sehr vernünftig und überlegen vorkommend. «Sehr wenige Häuser sind so, daß man drin leben kann, die Welt macht das so, wußten Sie das nicht? Wer sind Sie?»

«Sie hatten das Licht brennen lassen», sagte Lizzi mit einem scharfen Blick auf Glas und Weinflasche, die am Boden standen. Mit etwas gedämpfter Stimme fuhr sie vertraulich fort: «Ich habe mit Herrn Rieber köstlichen Schaumwein getrunken. Sind Sie wach? Es hörte sich irgendwie an, als schliefen Sie noch. Ich erfahre täglich Neues über ihn. Stellen Sie sich vor, er gibt eine Zeitschrift heraus. Ich hatte keine Ahnung davon!»

«Wie interessant», murmelte Mrs. Treadwell aus der Tiefe ihres Kopfkissens.

«Ja, in Berlin. Eine neue Wochenschrift, ein Fachblatt für das Konfektionsgewerbe, aber es bringt auch literarische und intellektuelle Artikel. Eine Spalte heißt ‹Die neue Welt von morgen›, und da schreiben die allerbesten Schriftsteller, alle über ein Thema, das von allen Seiten her beleuchtet wird. Die Idee ist folgende: wenn wir Mittel und Wege finden, alle Juden aus Deutschland zu vertreiben, wird unsere großartige Nation sich behaupten, und wir werden morgen eine freie Welt haben. Ist das nicht wundervoll?»

Mrs. Treadwell hütete sich zu antworten. Das Schlimmste an ihrer lästigen Kabinengenossin war vielleicht ihr außerordentlich vulgäres Geschwätz über die Juden. Um welches Thema es sich auch handeln mochte, sie kam unweigerlich auf die Juden zu sprechen – eine sehr unangenehme fixe Idee –, in einem so ekelhaften Ton, daß es Mrs. Treadwell jedesmal kalt überlief.

«Herr Rieber ist ein sehr intellektueller Typ», sagte Lizzi süßlich lächelnd, während sie sich zum Spiegel vorbeugte und ihr Haar wütend mit der Bürste bearbeitete, «obwohl er zeitweise sehr verspielt ist. Er gehört der Bewegung zur Erneuerung des deutschen Schrifttums an, speziell in den Berufs- und Fachzeitschriften, das die Juden fast totgemacht haben. Sie vergiften das deutsche Denken, sagt Herr Rieber. Und dem kann ich nur zustimmen, ich weiß ja, wie sie sich in meiner Branche, der Wäschekonfektion, überall breitmachen; sie machen die Preise, setzen die Preise herunter, sie bestimmen heimlich die Mode, sie schachern und betrügen und versuchen alles und jeden in die Hand zu kriegen. Sie wissen nicht, wie das ist, wenn man mit ihnen geschäftlich zu tun hat. Kein Trick ist ihnen zu gemein.»

«Ist nicht das ganze Geschäftsleben etwas Gemeines?» fragte Mrs. Treadwell gähnend und drehte sich wieder um. «Wird da nicht überall betrogen?»

«Oh, Mrs. Treadwell, so reden die altmodischen Sozialisten: das ganze Geschäftsleben ist Profitgier und Korruption. Nein, das stimmt nicht! In Deutschland wenigstens sind es nur die Juden. Das ist der Zustand im deutschen Geschäfts- und Finanzleben, hat Herr Rieber erst heute abend beim Essen gesagt.»

«Es muß herrlich sein, sich in so intellektueller Gesellschaft zu bewegen», sagte Mrs. Treadwell zuckersüß auf deutsch.

Lizzi wandte sich etwas unsicher zu ihr um, in ihrem Blick keimte Mißtrauen. Mrs. Treadwell lag mit geschlossenen Augen und ganz unschuldigem Gesicht da.

«O ja, selbstverständlich», sagte Lizzi nach einer steifen Pause. «Sie haben wirklich einen so amerikanischen Akzent, daß ich Sie erst kaum verstehen konnte. Das beste Deutsch wird natürlich in meiner Heimatstadt Hannover gesprochen. Sie waren wohl nie in Hannover?»

«Nein, nur in Berlin», sagte Mrs. Treadwell geduldig.

«Oh, in Berlin werden Sie nie ein gutes Deutsch lernen», sagte Lizzi, während sie ihre Hände reichlich einölte und ein Paar weite, schmutzige Baumwollhandschuhe überstreifte. «Vielleicht hören Sie den Unterschied nicht so, aber Frau Rittersdorf zum Beispiel, trotz all ihrem vornehmen Getue, spricht ein abscheuliches Münchnerisch; der Kapitän spricht berlinerisch, ganz verheerend; der Zahlmeister spricht plattdeutsch, das ist das Allerschlimmste, abgesehen von ein paar Matrosen, die irgendwo in der Königsberger Gegend zu Hause sind, die sprechen wie richtige ostpreußische Bauern.»

Mrs. Treadwells Kopf begann sich zu drehen, in der Dunkelheit hinter ihren Lidern tanzten feurige Funken. Was sie hören wollte – Gott geb's, daß sie es bald wieder hörte –, war Pariserisch in jeder Straße und Gasse, jedem Platz und Park und auf jeder Terrasse von Paris, überall, vom Montmartre bis zur Rue St. Honoré, von St. Germain des Prés bis Ménilmontant, von den Studenten auf der Montagne-Sainte-Geneviève bis zu den Kindern im Luxembourg – die Sprache von Paris und alle französischen Dialekte von Haute Savoie und dem Midi bis Rouen und Marseille. Wenn sie doch die Zeit bis zur Ankunft in Paris in Bewußtlosigkeit verbringen könnte, wenn sie doch die ganze Reise verschlafen oder stockbetrunken sein könnte! Würde diese grauenhafte Stimme denn nie aufhören?

«Sogar Herr Rieber», sagte die Stimme jetzt aus dem oberen Bett, «sogar er stammt aus Mannheim, und seine Aussprache ist ein bißchen provinziell – nur ein bißchen.»

Die Stimme näherte sich, und als Mrs. Treadwell die Augen aufschlug, sah sie schattenhaft den knubbeligen kleinen Kopf wie ein Schlangenhaupt neben sich in der Luft pendeln, während das verschwommene Gesicht in hochfeinem Hannoverisch auf sie einredete. «Was diesen großmächtigen Herrn Wilhelm Freytag angeht, der protzt zwar mit seinem Oxford-Englisch, aber sein Deutsch – ja, das ist schwer zu erklären, aber er hat solche komischen kleinen Redensarten, kein richtiges Deutsch. Also, verstehen Sie, die Worte sind dem Sinne nach vollkommen richtig, aber in einem schrecklichen Dialekt ... Herr Rieber hält es für Jiddisch, können Sie sich das vorstellen? Und es ist ja wahr, er ißt kein Schweinefleisch, in keiner Form, und auch keine Austern ... Wir haben bemerkt, daß er einen ganz bestimmten Gesichtsausdruck bekommt, wenn wir über die Juden sprechen. Nicht der Ausdruck, den ein guter Deutscher haben sollte. Mit einem Wort: Herr Rieber und ich glauben – und wir sind nicht die einzigen –, daß er Jude ist. *Und das am Kapitänstisch!* Kann es etwas Skandalöseres geben?»

«Doch», sagte Mrs. Treadwell, «vieles. Ich könnte mir eine ganze Menge denken.» Sie tauchte aus dem Labyrinth von Wein, Schlaf und Langeweile auf und war plötzlich hellwach; sie fühlte sich dazu imstande, wenigstens einen kleinen Bereich in dem von Konfusion geschlagenen Hirn dieser Frau zu klären, diesem Geist, der so ruhe- und vernunftlos herumturnte wie ein Affe im Käfig. «Sie befinden sich im Irrtum», erklärte sie. «Nicht Herr Freytag ist jüdisch, sondern seine

Frau. Er hat es mir selbst gesagt. Er liebt sie innig. Sie sehen also», sagte sie zuckersüß und befriedigt, «es besteht keine Ansteckungsgefahr.»

«Er selbst hat Ihnen das gesagt?» flüsterte Lizzi heiser vor Entsetzen. «Kennen Sie ihn denn so gut? Na, also! – Darf ich Sie noch eine Kleinigkeit fragen? Mögen Sie Juden?»

«Nicht besonders», sagte Mrs. Treadwell, die Luke betrachtend, die gleich einer mit dem dunklen, hypnotischen Himmel gefüllten, blauen Kugel in der Nacht schwamm. «Sollte ich? Haben sie etwas Liebenswertes?»

«Ob Sie *sollten*? Oh, meine liebe Frau Treadwell, Sie können so amüsant sein, wie ein kleines Kind», rief Lizzi, und zum Beweis ihrer Amüsiertheit rang sie sich zwei nervöse Schluckser ab. «Ach, ihr Amerikaner, ihr geht durch die Welt, ohne etwas zu begreifen! Ob Sie sollten? Was meinen Sie eigentlich?» Sie wartete mit schiefem Kopf auf eine Antwort, bekam aber schließlich aus dem unteren Bett nur einen müde resignierten Seufzer zu hören. Dann wurde es still bis zum Morgen.

# 1964

Gisela Elsner

## *Die Riesenzwerge*

### Der Knopf

«Jeden Morgen das gleiche!» ruft mein Vater jeden Morgen. Und während er durch den Korridor eilt, stopft er sich das Oberhemd in die Hose, knöpft er sich seine Kleider zu von unten herauf, indem er erst die Knöpfe des Hosenschlitzes einerseits in die Knopflöcher des Hosenschlitzes andererseits schiebt bis hinauf zum Hosenbund und dessen Knopf in dessen Loch, indem er dann die Hemdsknöpfe in die Knopflöcher des Hemds schiebt von unten herauf dem Kragen zu. Und immer beim Zuknöpfen, wenn er beim obersten, beim Kragenknopf angelangt ist, und meine Mutter dabei, durch das Sieb auf seinem Napf den Kaffee zu gießen, will ihm dieser Knopf nicht ins Knopfloch hinein, und er ruft: «Das mindeste, was der Mensch von einem Knopf verlangen kann ist: daß er durch das Knopfloch paßt!», und meine Mutter, die Kaffeekanne in der Hand haltend, ruft: «Laß mich lieber machen!», und er ruft: «Damit du mir den siedendheißen Kaffee über's Hemd schüttest!», und meine Mutter, indem sie die Kaffeekanne auf den Tisch stellt, ruft: «Jetzt habe ich die Hände frei!», doch er, mein Vater, und dies, indem er reißt und zerrt an diesem Knopf, ruft: «Laß deine Finger fort», und gleich darauf: «Jetzt ist er ab!»

«Ich nähe ihn wieder an», murmelt meine Mutter, nun schon im Korridor. Sie hebt den Nähkasten unter der Konsole unter dem Garderobenspiegel hoch, trägt ihn am Henkel ins Eßzimmer. «Iß du nur in Ruhe», sagt sie. «Laß du nur dein Hemd an. Ich kann ihn auch so annähen.»

Ich sage es nun, wie sie sitzen, meine Eltern, wie ich sie sitzen sah, beim Frühstück, bis eines Morgens meine Mutter, als der Faden riß und ich im Eßzimmer ihnen zusah, meine Mutter also sagte: «Lothar, du machst mich vollkommen! Mach, daß du hinauskommst! Sonst kann ich mich nicht mehr!», bis mein Vater rief: «Wenn du dich morgens noch einmal blicken läßt, dann!», sage es nun, weil ich weiß, daß sie sitzen wie ich sie sitzen sah, immer noch.

Mein Vater sitzt auf seinem Stuhl. Er führt mit der rechten Hand den Zuckerlöffel voll Zucker von der Zuckerdose zu seinem Napf. Er kippt den Zucker in den Kaffee. Er rührt mit dem Zuckerlöffel im

Napf herum. Dann hebt er den Löffel aus dem Napf, leckt er ihn ab. Dann schlägt er mit dem Löffel auf das Ei ein. Er löffelt das Ei aus. Und zwischen zwei Löffeln Ei beißt er in seine Stulle hinein. Wenn er das Ei ausgelöffelt hat, wenn er die eine Stullenhälfte gegessen hat, wenn er die andere Stullenhälfte beschmiert hat, gießt er den ganzen Kaffeenapf mit weit in den Nacken gelegten Kopf in sich hinein. Er setzt die Tasse auf die Untertasse, er räuspert sich, mein Vater, hält den abgerissenen Knopf hoch in der linken Hand, hebt und senkt diese linke Hand voll Ungeduld, als sei das Gewicht des Knopfes eine unzumutbare Last. Zwischendurch redet er mit vollem Munde, bereitet er sich vor auf seinen Unterricht.

Meine Mutter indessen hat ihren Stuhl neben seinen Stuhl gerückt, den Nähkasten neben ihren Stuhl gerückt. Meine Mutter setzt sich. Sie kramt mit gekrümmtem Rücken im Nähkasten. Sie findet zwischen vielfarbiger Nähseide, Stopfgarn, Twist eine weiße Zwirnrolle. Und die Zwirnrolle zwischen dem Daumen und dem Zeigefinger der rechten Hand haltend, faßt sie mit dem Daumen und dem Zeigefinger der linken Hand das Fadenende der Rolle, und rollt einen Faden ab, indem sie von der linken Hand die rechte Hand, indem sie von der rechten Hand die linke Hand entfernt, so weit, bis sie mit der Rolle rechts gegen meinen Vater stößt, bis es links die Länge ihres Armes mit ihrer Hand mit ihren Fingern mit dem Fadenende nicht weiter zuläßt. Dann läßt sie das Fadenende fallen aus der linken Hand und reißt mit dieser leeren linken Hand den Faden ab von der Rolle in der rechten Hand.

«Was ist!» sagt mein Vater. «Bin ich ein staatlich angestellter Knopfhalter oder bin ich ein staatlich angestellter Oberlehrer!» Und er hebt und er senkt dabei die Hand mit dem Knopf so heftig, daß sie Glück haben, meine Eltern, wenn ihm der Knopf nicht entfällt. Denn dann müssen sie herumkriechen, meine Mutter erst, mein Vater dann, weil sie den Knopf nicht finden kann auf dem gemusterten Teppich. Denn dann verheddert sich der Faden, den meine Mutter kriechend hinter sich herzieht. Denn dann muß meine Mutter auf die beschriebene Weise einen zweiten Faden abreißen, einen dritten und so fort. Wenn aber das Geschick es will, daß mein Vater den Knopf nicht fallen läßt, sagt meine Mutter: «Sofort, sofort!»

Sie wirft die Rolle zurück in den Nähkasten. Sie legt den Faden lang auf dem Schoß, in der Weise, daß beide Fadenenden rechts und links des Schoßes auf den Teppich herabhängen. Dann kramt sie mit gekrümmtem Rücken im Nähkasten nach dem Nadelkissen. Aufseufzend hebt sie das mit Nadeln gespickte Nadelkissen aus dem Nähkasten, legt es auf den Schoß. Nadeln stecken darin jeder Länge und Stärke, Nadeln mit Öhren jeder Weite und Enge. Meine Mutter sucht, die zehn Finger gespreizt über das Nadelkissen haltend, jene Nadel, die durch die zwei Löcher des Hemdsknopfes meines Vaters paßt. Sie zieht sie heraus aus dem Nadelkissen mit der linken Hand. Sie hält sie bereit, die Spitze zwischen Daumen und Zeigefinger, das Öhr über die Finger herausragend. Sie fährt mit der rechten Hand herum auf dem Teppich, sucht nach dem Fadenende. Wenn sie es gefunden hat, hebt sie es mit dem Daumen, mit dem Zeigefinger an die Lippen, näßt sie es mit Speichel, zieht es aus dem Mund heraus.

Und während sie das nasse Fadenende dem Nadelöhr nähert, sagt mein Vater: «Ich kann auch ohne Knopf, auch ohne Hemd, was glaubst du denn: nackt, splitternackt kann ich ja auch zum Unterricht oder überhaupt hierbleiben!»

Und während meine Mutter nun den Kopf der Nadel so sehr nähert, als sei es nicht der Faden, sondern ihr Kopf, der durch das Nadelöhr hindurchmüsse, fährt sie mit dem Fadenende geradewegs am Nadelöhr vorbei.

Der Faden rechts in den Fingern meiner Mutter fängt zu zucken an. Die Nadel links in den Fingern meiner Mutter fängt zu zucken an. Meine Mutter näßt nach diesem ersten Versuch, einen Faden einzufädeln, das Fadenende von neuem. Sie schiebt ihre Unterlippe ein Stück nach vorn.

«Ich kann warten», sagt mein Vater, «stundenlang!» Dann fährt er fort, sich essend vorzubereiten auf seinen Unterricht. Meine Mutter nähert nun das Fadenende dem Nadelöhr zum zweitenmal, näßt es, nähert es zum drittenmal und so fort. Mit jedem Versuch, den Faden einzufädeln, entfernen sich das auf und nieder zuckende Nadelöhr, das hin und her zuckende Fadenende weiter voneinander. Mit jedem Versuch schiebt meine Mutter ihre Unterlippe um ein Stück weiter nach vorn, fährt sich meine Mutter mit ihrer fahrigen rechten Hand mit dem Faden über ihr feuchtes, ihr rotweißgescheckte Gesicht. Mit jedem Versuch kommt ihr der Kopf meines Vaters um ein Stück näher. Er, mein Vater, der das Essen unterbricht, der das, was er im Munde hat, nicht einmal hinunterkaut, er, mein Vater, der solches Mißlingen nicht nur ganz genau mitansehen will, der es auch bewirken hilft, indem er, noch ehe meine Mutter mit dem Fadenende das Nadelöhr erreicht hat, ausruft: «Daneben!» Er ruft dadurch fingerdicke, ja faustdicke Abweichungen hervor zwischen dem Fadenende und dem Nadelöhr.

«Ich gehe nun zur Nachbarin», sagt meine Mutter, sagt es so, als trete sie ihren letzten Gang an. Sie läßt die Haustür offen, läutet nebenan. «Ich komme schon wieder», sagt sie, «ich weiß, es ist jeden Morgen das gleiche, es ist eine Zumutung, aber ich bin vollkommen und keinesfalls beleidigt, wenn Sie mir die Tür vor der Nase.»

«Aber Frau Leinlein!» ruft die Nachbarin durch das Treppenhaus, «wegen so einer Lächerlichkeit, so einer Lappalie!»

«Keinen Faden einfädeln können!» rufen die Mieter über uns die Treppe hinab. «Aber von anderen verlangen, daß sie durch die Wohnung fliegen!»

«So», ruft die Nachbarin, «durch ist er!»

«Ich weiß wirklich nicht wie ich mich», sagt meine Mutter.

«Aber ich bitte Sie», ruft die Nachbarin, «böse bin ich nur, wenn Sie nicht wiederkommen!»

Meine Mutter trägt die eingefädelte Nadel durch den Korridor, das Öhr zwischen den Fingern haltend, die Spitze nach oben, den Zwirnsfaden herabhängend, ins Eßzimmer. Sie setzt sich neben meinen Vater. Der fährt fort zu essen, sich vorzubereiten auf seinen Unterricht, der unterbricht sich nur, um auszurufen, daß er gottseidank noch ein halbes Menschenleben zur Verfügung habe, diesen Knopf zu halten und zu warten bis er säß am rechten Fleck.

Meine Mutter nimmt den Faden doppelt. «Vierfach», sagt sie, «wäre besser.» Sie verknotet die Fadenenden. Und während sie die Nadel einsticht, herauszieht, den Faden mit dem Knoten befestigt an jenem Fleck, darauf der Knopf festsitzen soll, und sei es nur für einen Tag, ißt mein Vater weiter. Und weil er eben beim Essen mit der Hand vom Teller zum Munde muß, und weil sie eben beim Knopfannähen mit der Hand mit der Nadel ins Hemd hinein, vom Hemd fort mit dem Faden, ins Hemd hinein muß mit der Nadel, geraten meine Eltern mit den Armen, mit den Händen, und dem, was sie darin halten aneinander. Es hindert meine Mutter meinen Vater beim Essen. Es hindert mein Vater meine Mutter beim Nähen. Und es ist eben so, daß meine Mutter, die Nadel im Hemd, so lange warten muß, bis mein Vater die Hand auf dem Teller hat. Und es ist eben so, daß mein Vater, die Hand am Mund, so lange warten muß, bis meine Mutter den Faden aus dem Hemd gezogen hat. Dabei gerät, nicht immer, aber fast, die Stulle meines Vaters an den Faden meiner Mutter. Der Faden wird dann fettig, bestenfalls, schlimmstenfalls aber reißt er ab.

Und meine Mutter muß einen neuen Faden abreißen erst, versuchen dann, das Fadenende durch das Nadelöhr zu fädeln, zur Nachbarin hinübergehen, als sei dies ihr letzter, ihr allerletzter Gang, sich einfädeln lassen von der Nachbarin, einer Frau, gottseidank, von ruhiger Gemütsart, die Fadenenden verknoten, den Faden befestigen.

Erst wenn meine Mutter den Faden befestigt hat, stellt es sich heraus, ob sie die richtige Nadel oder ob sie die falsche Nadel ausgewählt hat, eine Nadel nämlich, die zu dick ist für die beiden Löcher im Hemdsknopf meines Vaters.

Ich schaue weg, ich wende mich ab, ich kann es nicht mit ansehen, wie es dann weitergeht, das heißt: wie es dann wieder von vorn anfängt.

Wenn mein Vater meiner Mutter den Knopf überreicht hat, wenn das Geschick es will, daß sie ihn nicht fallen läßt, denn dann müssen sie kriechen, meine Eltern, und so fort, wenn meine Mutter die Nadel mit dem Faden zwei-, dreimal, manchmal auch mehr, durch die zwei Löcher des Hemdsknopfs und durch den Hemdstoff darunter gezogen hat, klopft erst, klingelt gleich nach dem Klopfen die Nachbarin.

Meine Mutter läßt meinen Vater mit dem halbangenähten Knopf mit dem herabhängenden Faden mit der Nadel im Stich, rennt zur Tür.

«Ich wollte nur fragen», sagt die Nachbarin und sie reibt sich ihre hilfsbereiten Hände, «ob ich vielleicht eben den Knopf annähen soll? Oder störe ich eben?»

«Das ist wirklich aber danke denn er ist schon», sagt meine Mutter und sie versucht, die Tür zu schließen. Aber die Nachbarin stemmt ihre hilfsbereiten Hände dagegen.

«Treten Sie ein!» ruft mein Vater. «Ich flehe Sie an! Meine Frau versagt immer dann, wenn es darauf ankommt!»

Da läßt meine Mutter die Nachbarin ein. Die geht voraus durch den Korridor. Die großen Rundungen ihres Rumpfes schwabbeln hinten und vorn. Die Beine hat sie weit auseinander unter ihrem Rock. Mit sicheren Schritten geht sie, als sei sie die Wohnungsinhaberin, während meine Mutter mit gesenktem Kopf hinterdrein tappt, sich tastet die Wände lang, als sei sie nur, oder nicht einmal, geduldet hier.

«Nur herein!» ruft mein Vater. Nun ist er mit dem Frühstück fertig.

«Aber Frau Leinlein», sagt die Nachbarin und sie stellt sich neben meinen Vater, «so können Sie Ihren Mann als Frau nicht laufen lassen! Wäre er ein ganz gewöhnlicher Lehrer, bitte sehr! Aber als Oberlehrer muß einer korrekter noch sein als der Direktor! Dieses Gepatze geht nicht!» Sie zieht aus der Rocktasche die Schere, faßt den Knopf, schneidet ihn ab. Meine Mutter, währenddessen mit gekrümmtem Rücken gegen die Wand neben der Tür gepreßt, die Arme abwehrend von sich gestreckt, zuckt zusammen unter leisem Aufschrei, als schneide die Nachbarin nicht den Faden zwischen Knopf und Hemdsstoff durch, sondern ihr in die eigene Haut.

Darauf reißt die Nachbarin einen Faden ab, fädelt ihn ein, verknotet die Enden, befestigt ihn am Stoff, sticht mit der Nadel ins eine Loch des Knopfes und den Hemdsstoff darunter, sticht ein Stückchen weiter weg ein in den Hemdsstoff und das zweite Loch des Knopfes, zieht den Faden heraus und so fort. Sie näht den Knopf des Vaters an, die Nachbarin, summt vor sich hin, die Nachbarin, und meine Mutter sieht ihr staunend zu, und mein Vater sieht ihr wohlwollend zu, sagt: «Patent! Patent!» mein Vater, wenn die Nachbarin sich, meinen Vater, meine Mutter, ehemals auch mich überzeugt hat, daß der Knopf festsitzt, indem sie zieht am Knopf, wiederholt: «Patent! Patent!» mein Vater, wenn die Nachbarin den Faden abreißt und die Fadenenden hinten verknotet.

Sie geht aus dem Eßzimmer, aus dem Korridor ins Treppenhaus. Die großen Rundungen ihres Rumpfes schwabbeln hinten und vorn. Die Beine hat sie weit, weiter als beim Hineingehen auseinander unter ihrem Rock.

Und während meine Mutter mit gesenktem Kopf, mit ausgestreckten Armen hinter ihr her tappt durch den Korridor, murmelt: «Ich weiß nicht wie ich mich», winkt sie ab, die Nachbarin, läßt sich ihre hilfsbereiten Hände nicht schütteln, sagt: «Wegen so einer Lappalie, so einer Lächerlichkeit!» und verschwindet hinter ihrer Haustür.

Mein Vater schiebt den Kragenknopf durch das Knopfloch. Er stößt sich und seinen Stuhl mit den Füßen ab vom Tisch, reißt seinen Rock von der Stuhllehne, schlüpft mit den Armen in die Ärmel, eilt durch den Korridor, hebt seine Aktenmappe hoch von der Konsole unter dem Garderobenspiegel.

«Höchste Zeit!» ruft er meiner Mutter zu, die ihm die Haustür aufhält. «Ich muß zum Unterricht!»

Marcel Jouhandeau

## *Chaminadour*

### Meine Reinheit

Auf jeder Etage eines Hauses ist eine Tür, drei Türen und hinter jeder Tür eine Tragödie, mehrere Tragödien.

Manchmal bleibt man auf einem Treppenabsatz stehen, der einen stärker anspricht, man weiß nicht warum; das liegt gewiß an Kleinigkeiten. Der Griff des kupfernen Türklopfers ist glanzloser, die Strohmatte ist seit Wochen weder ausgeschüttelt noch gebürstet worden. Dicker Staub sitzt in den Ritzen des Getäfels und hat sich auf den Wandleisten abgelagert.

Ich wunderte mich, warum ich in diesem Hause mit seinen sieben

Stockwerken, in dem ich aus und ein ging, immer so wenig Leute auf der Treppe antraf. Ich kannte deren höchstens zehn vom Ansehen, die ich auf die verschiedenen Etagen verteilen konnte, doch auf insgesamt vierundzwanzig Wohnungen; das war wenig.

Im dritten Stock regte sich bisweilen das Sicherheitsschloß, wenn ich vorbeikam, und lange Zeit hörte ich dieses kleine Geräusch eines Schlüssels, der sich umdreht, und eines Tages endlich gewahrte ich eine alte Dame, die den Kopf durch den Türspalt beugte, ohne doch ganz zu öffnen. Ich dachte, die Wohnung ginge wohl auf den Hof hinaus, und die arme Frau, die nichts von der Welt sah, wollte wenigstens einen Blick auf die Besucher der andern im Treppenhaus werfen. Es kam auch vor, daß sie sich nicht mehr blicken ließ, dann aber zählte ich die Brote, die sich die Wand entlang reihten, und die Zeitungen, die sich auf dem Schuhabstreifer häuften, und eines Tages war sie wieder da.

Da ich zu festen Zeiten hinauf- und herabstieg, lauerte die alte Dame mir wohl auf, und weil sie mich immer mit einer Aktentasche unterm Arm sah, glaubte sie vielleicht, ich sei ein Mann, dem man einen Brief anvertrauen könne. Fast jeden Freitag hinfort trat sie regelmäßig heraus, sehr verhuscht und mit etwas umständlichem Getue des sich Zeigens und zugleich sich Versteckens; sie übergab mir einen geschlossenen, frankierten Briefumschlag, entschuldigte sich und bat mich, ihn liebenswürdigerweise in den Kasten zu werfen.

Eines Tages, aschfahl im Gesicht, bat sie mich, ihr die Hausmeisterin heraufzuschicken. Sie fühle einen Schwächeanfall nahen. Da die Hausmeisterin nicht in ihrer Loge war, schien es mir menschlicher, selber wieder hinaufzusteigen, und so trat ich bei ihr ein.

Der Salon, in dem ich mich befand, war überaus spärlich möbliert. Die winzigen Stiche auf den riesigen Wänden, wie ein Weinblatt hie und da, schienen nur vorhanden, weil es unmöglich oder unschicklich gewesen wäre, alles ganz nackt zu lassen; ebenso schienen die Sessel und das Kanapee darunter ihre Arme nur zu öffnen, um die allzu große Leere zu verbergen. Ein kümmerliches Feuer sandte einen letzten matten Schein durch das Kamingitter. Nachdem die alte Dame sich in ihrer verschlissenen Bergère zurechtgesetzt hatte, neben einem Tischchen, auf dem ein Glas Wasser und ein Rest Gebäck zu erkennen gaben, daß man sich von Brosamen ernährte, ließ sie ihren Blick in die Runde schweifen, als seien da unsichtbare Gäste anwesend, und sprach:

«Da sehen Sie, Monsieur, wie ich lebe, bei Tag und bei Nacht. Mein Feuer ist niemals sehr viel wärmer, meine Mahlzeiten niemals reichlicher, und seit einem Jahr, seit ich hier so eingeschlossen lebe, sind Sie der erste Besucher.»

Ich fragte, ob sie etwas brauche.

«Nein», sagte sie. «Ihre Anwesenheit tut mir gut. Meine Einsamkeit war unerträglich geworden.»

Den folgenden Freitag klopfte ich, und ich fand sie an der gleichen Stelle, vor den gleichen Resten. Bei meinem fünften Besuche sprach sie:

«Sie sehen mich hier sitzen, Monsieur, wie ich so dahinlebe zwischen ‹zwei Geschichten›, die mein ganzes Dasein ausmachen, eine zu meiner Linken, die andere zu meiner Rechten. Jede besteht aus zahlreichen Personen, die ich eifersüchtig hüte, wie eine wunderbare und zugleich schreckliche Herde, und ich überwache sie alle, ich zähle sie wieder und wieder. Bisweilen erhalte ich einen Brief von einer dieser Personen. Ich weiß, ich könnte hinausgehen, ich brauchte nur aufzustehen, um bei ihnen zu sein, nur diesen Vorhang hochheben, um sie leibhaftig eintreten zu sehen, aber ich kann nicht mehr, Monsieur, ich konnte nicht mehr. Ich habe zuviel gelitten.

Ach, ich wußte wohl, was ich tat, weiß Gott, als ich diese beiden Türen hinter mir zuschloß: daß ich mich in das Schweigen meiner Gruft vermauerte, daß dieses Zimmer mein Grab sein würde, gleichsam die Falle des Schicksals, aber ich will auch lieber in meinem Grab sein.»

## I

«Die Geschichte hier zu meiner Rechten, Monsieur, ist die Geschichte meines Sohnes, und die zu meiner Linken ist die Geschichte meiner Tochter. Ich habe nur diese beiden Kinder gehabt. Ach, Monsieur, das ist wirklich keine lustige Geschichte, die Sie nun hören werden, die meiner Tocher.

Mein Mann starb kurz vor Ausbruch des Krieges. Mein Mann war ein Spieler, der nichts als das Spiel liebte, Monsieur. Seine beiden Kinder und ich, wir existierten überhaupt nicht für ihn. Nichts existierte für ihn außer dem Spiel, und so hat er uns denn auch nichts als Schulden hinterlassen. Als ich dann Anfang 1915 diese Wohnung hier bezog, wußte ich nicht, ob es nur für drei Monate war, oder ob ich hier nach langen Jahren der Mühsal sterben würde. Ich hatte keinen blanken Heller, aber meine Kinder waren gut erzogen. Das war mir jedes Opfer wert gewesen. Sie waren gescheit, fanden eine Stellung, und wir genossen einen bescheidenen Wohlstand. Meine Tochter arbeitete als Redakteurin in einem Büro der Pariser Militärregierung. Eines Abends kam sie ganz verstört nach Hause: ‹Mama›, sagte sie, ‹ich bin sehr unglücklich. Man hat mich heute auf einen neuen Posten versetzt, der an sich sehr ehrenvoll ist, der mir aber gar nicht gefällt, weil ich in dem neuen Büro den ganzen Tag über mit einem kleinen häßlichen Schwächling zusammen sein muß, krummbeinig, bucklig, zum Fürchten, sag ich dir, halb wie ein Jesuit sieht er aus, und halb wie ein Jude von der schlimmsten Sorte. Sein Blick und seine Hände schleichen wie Schlangen die Tische entlang. Ich bin sicher, er hat mir nicht ein einziges Mal ins Gesicht gesehen. Freilich, sobald er näher kommt, überfällt mich ein solcher Abscheu, daß ich am ganzen Leibe zittere, und das hat er wohl bemerkt. Er hat befohlen, daß die Fenster den ganzen Tag geschlossen bleiben, und er muß krank sein, denn er verbreitet einen üblen Geruch um sich.› Ich redete ihr zu, Geduld zu haben, zu warten und auch das Opfer in Anschlag zu bringen, das sie doch immerhin darbrachte, indem sie in ihrem Alter mit solchen Arbeitsbedingungen in einem abgelegenen Büro in ungesunder Umgebung sich abfand.

Ergab sie sich in ihr Los? Von Zeit zu Zeit ließ sie wohl eine Bemerkung über ihren Vorgesetzten fallen, aber hinfort lauteten diese immer zu seinen Gunsten: ‹Weißt du, Mama, der Herr ist nicht der erste beste. Er ist der Sohn des berühmten Doktor Babillol, der ihm ein Riesenvermögen vermacht hat.› Oder auch: ‹Weißt du, Monsieur Babillol ist ganz reizend zu mir, er ist sehr wohlerzogen.›

Einige Wochen später, was denken Sie? zeigt sie mir einen Smaragd, den er ihr geschenkt hat. Endlich, nach drei Monaten, rückt sie mit der Sprache heraus und kündet mir für den nächsten Tag den Besuch von Monsieur Babillol an, der um ihre Hand anhalten werde.

So sollte meine Tochter denn diesen mißgestalteten Menschen heiraten, dieses kranke, launige Scheusal, das sie selber mir so abstoßend geschildert hatte? Tat sie es nur seines Reichtums wegen? Ich beschwor sie, keinen unüberlegten Schritt zu unternehmen, aber als ich merkte, daß sie der Zukunft gefaßt entgegensah und nur bedauerte, mir die ersten Empfindungen anvertraut zu haben, die dieser unerwartete Bräutigam ihr eingeflößt hatte, gab ich meinen Widerstand auf, ohne übrigens weitere Vermutungen anzustellen oder mir noch Klarheit verschaffen zu wollen.

Als der Mensch des Abends kam, sah er in meinen Augen genauso aus, wie meine Tochter ihn gesehen hatte, als sie noch nichts von ihm wußte, genauso, wie sie ihn beschrieben hatte und wie er eben war: häßlich, krank, verwachsen, krummbeinig, bucklig, leichenblaß, mit einem widerwärtig zusammengeschnurrten Gesicht, wie bei einer alten Jungfer. Der schwarze Cut, mit dem er sich aus diesem Anlaß herausgeputzt hatte, sah wie ein Gehrock aus, und dieser Gehrock hing wie eine Soutane um ihn herum. Da saß er, genau dort, Monsieur, auf demselben blauen Kanapee, wo Sie sitzen, und meine Tochter hatte neben ihm Platz genommen, wie neben Ihnen. Ich sehe sie jetzt noch. Ich verglich die beiden miteinander. Nein, Monsieur, noch nie war sie so schön gewesen wie an diesem Abend, meine Tochter, und bei der bloßen Vorstellung, daß dieses Ausnahmewesen, das sie war, dieses mein Meisterwerk, diesem Scheusal gehören sollte, das ich da vor mir sah, das ich trotz meines Alters um keinen Preis für mich selber hätte haben wollen, da kam mir mein Leben so verpfuscht vor, daß mir die Haare auf dem Kopf zu Berg standen und meine Augen sich vor ihnen mit Tränen füllten. Zum Glück setzte meine Tochter sich bald ans Klavier, und ich durfte in Ohnmacht sinken, um unbemerkt meine Enttäuschung zu vergessen. Ach, Monsieur, es hat mir niemals an Mut gefehlt, und sehen Sie, wenn ich die Wahl hätte zwischen meiner Schwiegertochter, deren Geschichte Sie noch hören werden, und meiner Tochter, weiß Gott, ich wollte lieber meine Schwiegertochter sein. Was soll denn alles andere, wenn man nicht liebt. Nun, dann fand die Hochzeit statt, eine Millionärshochzeit, Monsieur, mein Schwiegersohn besitzt Millionen, und auch ich wurde mit einemmal, von heut auf morgen, eine Person von Wichtigkeit, aber die Person, die ich lieber nicht gewesen wäre, eine Person, die mir ganz und gar nicht gefiel. Allzu deutlich sah ich das Unglück nahen, ‹das Unglück, das auf der Lauer lag›. Das Äußere meines Schwiegersohns hatte uns wenig Gutes verheißen, und dieses Äußere hatte uns nicht getrogen. Er war genau der Mensch, als der er uns am ersten Tag erschienen war, ihr und mir.

Anderntags schon, nach der Hochzeit, als ich meine Tochter besuchen kam, hatte der Herr seine Weisungen erteilt. Nicht mit Worten hatte man sich gegen mich verbündet wie bei meiner Schwiegertochter; was mir hier begegnete, war eine Verschwörung des Schweigens. Tat ich den Mund auf, gab niemand eine Antwort, und wie hätte ich mich ein zweites Mal dem aussetzen sollen, daß ich alleine den Mund auftat, ohne daß eine Antwort kam? Wenn ich mich manchmal vergaß, und mir ein Wort entfuhr, so wirbelte es durch den Saal und vollführte einen solchen Lärm, ehe es wieder zu mir zurückkam, daß ich wie betäubt, wie taub dasaß. Niemals sah ich meine Tochter, ohne daß mein Schwiegersohn dabei war, wie eine unerbittliche Mauer zwischen uns. Bei meinem Eintreffen (denn er empfing mich) sagte er mit der größten Liebenswürdigkeit von der Welt: ‹Guten Tag, Mama, wie geht es Ihnen?› Nichts ahnend zählte ich meine kleinen Übel auf, da schnitt er mir denn, unweigerlich, mit dieser Entgegnung die Rede ab: ‹Das sind die Leiden der Leute, denen es zu gut geht›, und das war alles, bis ich wieder aufbrach. Ich konnte gleich die Hoffnung aufgeben, auch nur ein Silbe mehr von ihm zu hören. Als sie dann ein Kind bekamen, glaubte ich zuversichtlich, nun werde sich alles ändern; erst war es freilich stumm, doch als es dann zu reden begann, gehorchte es wie die übrigen der Weisung seines Vaters, bis zu dem Tag, an dem es sich selber vorwagte und mich beim Nachtisch wie ein getreuliches Schnarrwerk fragte, wie alt ich sei und auf meine Antwort hin mit kindlicher Grausamkeit anmerkte: ‹Aber da müßtest du ja eigentlich schon längst gestorben sein, Großmutter!› Die Dienerschaft wurde angehalten, mich zu verfolgen. Wenn ich bei meiner Tochter weilte, waren die Mahlzeiten so kümmerlich, daß meine Tagesration hier reichlicher und besser ist, und wenn ich das Haus verließ, führte man mich mit abgefeimter Absichtlichkeit, die zu schildern unmöglich ist, durch die Anrichte, damit ich sehen sollte, welche üppigen Vorräte für den nächsten Tag bereitlagen. Das vorletzte Mal, als ich es über mich brachte, meine Tochter aufzusuchen, mußte ich einer mittelalterlichen Folterszene beiwohnen, die mich fast um den Verstand gebracht hat. Die Hausangestellten hatten durchblicken lassen, mein Schwiegersohn martere meinen Enkel; niemals zum Beispiel gäbe es eine bloße Ohrfeige oder sonst eine ehrliche Strafe, vielmehr werde er gekniffen oder gebissen. Ich dachte, man wollte mir nur das Herz noch schwerer machen, doch am gleichen Tage noch, als mein Enkel einen Füllfederhalter, den er entwendet hatte, ungeschickt behandelte, floß die Tinte über einen Sessel; da sah ich seinen Vater aufspringen und, bebend vor Zorn, die Nägel von Daumen und Zeigefinger mit peinlicher Behutsamkeit in die zarte Fleischwand zwischen den Nüstern des Kindes einbohren und so heftig daran zerren, daß ein Blutstrahl hervorschoß und der Kleine leichenblaß in einer Ohnmacht hinausgetragen werden mußte. Das Ärgste war, daß meine Tochter, die unmittelbar daneben auf einer Chaiselongue lag und las, nicht einmal die Augen von ihrem Buch hob, um zu sehen, was denn ein solches Geschrei verursachte. Mehr tot als lebendig, ließ ich hilfloses Geschöpf, als ich allein war, meinen Tränen freien Lauf. Hatte das Kind meine Verzweiflung bemerkt? Als ich abends mein Zimmer aufsuchte, war er auf dem Flur und fiel mir um den Hals; aber ich fragte mich, ob ich diesen Kuß nicht vor allem dem Umstand verdanke, daß es ihm Vergnügen bereitete, sich durch Ungehorsam an seinem Vater zu rächen. Anderntags in der Frühe, als ich noch mit halbgeschlossenen Augen im Bett lag und auf das Frühstück wartete, da sah ich meinen Enkel verstohlen ins Zimmer schleichen, mit einem Küchenmesser bewaffnet, und da meine eine Hand aus dem Bett hing, ergriff er sie und, obwohl ich mich seiner zu erwehren suchte, begann er an meinem Gelenk herumzusäbeln, ein Zehnjähriger! mit der Kaltblütigkeit eines abgebrühten Verbrechers. Dann machte er Anstalten, auf den Nachttisch zu klettern, Monsieur, um mich, wer weiß? ins Gesicht oder ins Herz zu treffen. Da kam Gott sei Dank das Zimmermädchen und befreite mich von ihm. ‹Schade!› schrie das gräßliche Kind, ‹daß ich Großmutter nicht umbringen konnte; Papa hätte sich gefreut. Blut für Tinte, da hätte er mir verziehen.›»

«Aber, Madame», rief ich aus, «wie erklären Sie sich die Haltung Ihrer Tochter, ihr Einverständnis, ihre Gleichgültigkeit? Sie hätte doch wenigstens Einspruch erheben können gegen so viel Roheit!»

«Ach, Monsieur, Sie haben wohl recht, mich zu mahnen, daß auch von ihr die Rede sein soll. Heute, wo ich sie alle drei begreife, heute, wo ich auch ihr Geheimnis, das meiner Tochter, als letztes durchschaue, wird es mir ein leichtes sein, Ihnen zu willfahren, Monsieur. Genauso, wie wir drei für ihren Vater nicht vorhanden waren, sie, ihr Bruder und ich, sind wir nun für sie nicht vorhanden, weder ihr Mann, ihr Sohn noch ich. Selbst wenn sie sich ihrem Mann zu fügen scheint, wenn sie alle Wünsche befolgt, so geschieht dies doch nur, um Auseinandersetzungen aus dem Wege zu gehen, um sein Vorhandensein nicht einräumen zu müssen, und wenn wir in Blickweite sind, ihr Sohn oder ich, spielt sie die Teilnahmslose, die nichts von dem zu bemerken geruht, was unsere Anwesenheit verrät, um uns derart durch Nichtbeachtung für sie aus der Welt zu schaffen, und daran hindert sie nichts mehr, ausschließlich ihrer Chimäre nachzujagen, ihrer einzigen fixen Idee. Welcher?»

Ich fiel der alten Dame ins Wort, um sie zu fragen, ob Monsieur Babillol ihrer Meinung nach ein intelligenter Mann sei. «Das ist nicht so leicht auszumachen», entgegnete sie. «Jedenfalls legt er keinen Wert darauf, für einen solchen zu gelten. Im Gegenteil, er möchte eher, daß man ihn für einen Dummkopf hält, oder wenigstens für dümmer, als er ist. Wenn ich ihn gelegentlich Leuten vorstellte, deren Bekanntschaft zu machen für ihn eine Ehre war, benahm er sich gewöhnlich wie ein Trottel, als wollte er uns vor unseren Freunden demütigen, meine Tochter und mich, und damit man sagte, was zu sagen man denn beim Abschied auch nicht verfehlte: ‹Dieser Mensch ist ja ein Schwachkopf.› Aber etwas zutiefst in mir ist vom Gegenteil überzeugt. Mein Schwiegersohn besitzt einen ungemein scharfsinnigen Geist, aber er versteckt seine Gaben, weil ihm nichts daran liegt, sie zur Schau zu stellen. Das ist seine Stärke. Er stellt sich dumm, um seine Ruhe zu haben, und insgeheim muß all seine Begabung seinem Haß und Ehrgeiz zu Diensten sein. Sein Haß gilt mir und seiner einzigen Schwester. Heißt es nicht gar, er habe sich nur vermählt, um seinen Neffen, zum größten Leidwesen seiner Schwester, die königliche

Hälfte des großväterlichen Erbes zu entwenden? Jedenfalls hat seit seiner Heirat die Feindschaft zwischen den beiden Familien derartige Formen angenommen, daß, wie die Dienstboten erzählen, die beiden Schwäger, deren Häuser sich gegenüberliegen, häufig nach zwei Uhr nachts ihre Betten verlassen, um, wenn sie sicher sein dürfen, daß die Straßen menschenleer sind, gegenseitig vom Fenster aus die Terrasse des anderen mit Flaschenscherben oder Steinen bewerfen. Eines Nachts sollen sie sich unversehens Auge in Auge gegenübergestanden haben, in Hemdsärmeln, jeder sein Wurfgeschoß in der Hand; die sie sich dann unverzüglich ins Gesicht schleuderten, wovon dem einen eine Schramme auf der Stirn blieb und der andere einen gebrochenen Finger davontrug. Und der einzige Ehrgeiz dieses Menschen ist nicht etwa der, daß sein Sohn ein kluger Mensch sei, daß er reich sei, sondern daß sein Sohn reicher sei als die Kinder seiner Schwester, und so verbringt er sein ganzes Leben damit, sein ungeheures Vermögen zu verwalten, überall etwas abzuknappen und Pfennig auf Pfennig zu stapeln. In dieser Hinsicht übertrifft er alle und jeden. Er ist Ihnen vielleicht als ein Machiavelli erschienen, aber mein Schwiegersohn ist ‹der Fürst› selber, der Fürst aller Habgier, aller Raubsucht. Er feilt den ganzen Tag lang seine Kupfergroschen, und abends sammelt er Goldstaub ein. Und meine Tochter ist, im ganz entgegengesetzten Sinne, ‹die Fürstin›, und ich glaube, sie in ihrem Weiberunglück ist sogar stärker als er in seiner Kraft, und unterderhand wird sie uns alle mit einem Schlag an diesem Menschen rächen. Mein Schwiegersohn hat mir in der Tat vor vierzehn Monaten einen hochbedeutsamen Besuch abgestattet, den einzigen, den er sich in Abwesenheit meiner Tochter erlaubt hat, und das geschah, um insgeheim mit mir sich von ihr zu unterreden. Das war auch das letzte Mal, daß ich ihn gesehen habe, ehe ich mit ihnen brach, und da erfuhr ich denn, Monsieur, da erfuhr ich, was mehr als alles andere danach angetan war, mir Genugtuung zu verschaffen, folgendes nämlich: daß meine Tochter eine besessene Spielerin ist und ihn zugrunde richtet. Da hob sich der Schleier, da mit einemmal war mir alles klar. Am Grunde ihrer Stummheit, auf ihre Chaiselongue hingelagert, wortlos, scheinbar teilnahmslos, überwacht und beobachtet meine Tochter alles, was um sie her vorgeht. Nichts entgeht ihr. Ohne einen Finger zu rühren, wohnt sie der Folter bei, die ich erleide, der Folter, die ihr Sohn erleidet – sie aber markiert ihre Punkte. Sie haßt diesen Mann, unseren Henker und den ihren. Nur sehr lange hat sie suchen müssen, Jahre hindurch vielleicht, bis sie seine schwache Stelle ausfindig gemacht hatte, um ihn desto sicherer, desto tödlicher zu treffen. Wenn sie in ihrem Schweigen verharrte, beobachtete sie ihn. Nun ‹spielt› sie wie eine Verzweifelte. Sie ruiniert sich, indem sie ihn ruiniert, aber sie ruiniert ihn. Sie hat es ausfindig gemacht, sie weiß nun, daß er nur so verwundbar ist, und während sie sich der Spielwut überläßt, hat sie nur die Armut im Sinne, ist die Armut ihr letztes Ziel, und durch die Armut kehrt sie zu mir zurück, aus der Armut reckt sie mir die Arme entgegen, und in der Armut fordert sie, findet sie ‹ihre Reinheit› wieder, ‹die Reinheit› ihres Bruders, ‹meine Reinheit›, ebenso wie die Bestrafung dieses Scheusals.»

## II

«Und nun, Monsieur, will ich Ihnen die andere Geschichte erzählen, deren Personen hier zu meiner Rechten beisammen stehen. Das ist die Geschichte meines Sohnes. Mein Sohn hätte etwas ganz Besonderes werden können, Monsieur. Er hatte das Zeug dazu; warum aber mußte er, der die École Centrale durch das Portal betreten hatte, sie freiwillig durch das Fenster verlassen? Er hätte ebensogut das Konservatorium besuchen können, Monsieur, wie die Technische Hochschule. Ohne sich ausschließlich dem Klavier zu widmen, erregte er die Verwunderung seiner Lehrer, und die Kunst des Komponierens hatte keine Geheimnisse für ihn. Aber nein, unerachtet all seiner Gaben wollte er nur ein gewöhnlicher Handelsreisender sein, der ein bißchen Musik trieb und sich für die Wissenschaften interessierte, und das ist er denn auch: Handelsreisender, mit einem Gehalt von einhunderttausend Franken jährlich. Sie werden mir entgegenhalten, daß er mit solchen Verdiensten allenthalben ein glücklicher Mensch sein könnte. Gewiß, Monsieur, aber er hat die Tochter eines Theaterdirektors in Lyon geheiratet. Als ich das dritte oder vierte Mal bei ihnen war, wurde ich schließlich gewahr, daß sie aus tieferen Gründen, die, wie mir schien, wohl in die Medizin gehörten, nie glücklich miteinander sein würden: ein unüberwindlicher, sofortiger, rein physischer Widerwille trennt meine Schwiegertochter von meinem Sohn. Solange mein Sohn nämlich auf Reisen weilte, war sie die sanfteste, die umgänglichste aller Frauen; durchaus verständig, hatte sie immer ein Einsehen, sie betrug sich wie ein Engel, die Briefe, die sie ihm schrieb, flossen über von Zärtlichkeit, und wenn sie von ihm sprach, geschah dies jedesmal mit einer Art frommer Ergebenheit; kaum aber meldete er seine Heimkunft und diese rückte immer näher, verfiel sie in eine ungewöhnliche Erregung und Nervosität, leichte Wahnvorstellungen traten auf, und nach und nach ließ sie sich zu unerklärlichen Heftigkeiten hinreißen, bis sie zuletzt in dumpfe Erstarrung versank. Ich erriet sehr rasch, daß es nur die Furcht vor den ‹Annäherungen› meines Sohnes war, die sie in diesen Zustand versetzte, und obwohl ich alles tat, um dieses Drama verborgen zu halten, sprach es sich bald im ganzen Haus herum. Es war auch allzu offenkundig. Und hätte sie selber sich ihren Zustand verheimlichen wollen, sie konnte es nicht. Näherte sie sich einem Spiegel, beschlug er sich, als teilte ihr Fieber sich den Dingen mit und als genügte ihr bloßer Anblick, die Gegenstände zu erschrecken, die sie nicht einmal berührte; kaum betrat sie ein Zimmer, so zersprangen die Kristallgegenstände in den Vitrinen. Ihr schönes Gesicht wurde aschfahl, und ihre Züge verzerrten sich zu immer gräßlicheren Fratzen. Rührten ihre Hände einen Stoff an, so zerrissen sie ihn; sprach sie, so überfielen ihre Worte einen wie ein Wirbelsturm, und man fühlte sich wie von einer rasenden Naturkraft bedroht. Man geriet ganz durcheinander, wenn man sie so sah, wie bei plötzlichen Wetterstürzen oder jenem Wechsel von Tosen und Stille, wie er Katastrophen vorauszugehen pflegt. Allerdings muß ich sagen, daß sich, nachdem mehrere solche Gewitter über uns hinweggegangen waren, eine Art Beruhigung einzustellen schien. Hatte meine Schwiegertochter ein Linderungsmittel, ein Heilmittel gefunden? Vor dem Abendessen, das bald nach dem Eintreffen ihres Mannes gerichtet wurde, schien sie zwar immer noch verstört, aber bis zu dem Augenblick, da sie sich mit ihm zurückzog, wurde sie zusehends kälter, und wenn sie mir, ehe wir uns trennten, den Gutenachtkuß gab, fühlte ich, daß ihr Gesicht wie Eis war. Eines Tages begriff ich, daß sie ein Rauschgift nahm, um der drohenden Qual zu entrinnen. Wenn dann mein Sohn sich in sein Bett legte, Monsieur, so fand er bei ihr kein Entgegenkommen, auch keinen sonderlichen Widerstand, sondern eine Tote, weniger eine Frau als ein Marmorbild. Die Betäubungsmittel enthoben sie zumindest der Nötigung, ihn zu sehen, ihn atmen zu hören, und so entrann sie seiner verhaßten Berührung. Dank dieser wunderbaren List fand das Haus eine Zeitlang ein wenig Ruhe, aber ob nun eines Abends das Rauschmittel nicht zur Hand war oder ob mit einemmal, weil es sich durch die Gewohnheit verbraucht hatte, die Wirkung ausblieb – kurzum, der Orkan, der uns mitten in der Nacht überraschte, war nur desto schrecklicher. Gräßliche Schreie drangen aus dem ehelichen Schlafzimmer zu mir herauf, und von meinem Fenster aus sah ich alsbald meinen Sohn, der unbekleidet durch den Garten irrte. Anderntags war sein Gesicht von Kratzwunden bedeckt, und sein Verhalten ließ noch andere, tiefere Wunden vermuten, die man nicht sah. Indessen beklagte er sich nicht, weder bei mir noch bei jemand anderem; nur daß er unseren Fragen, ja unseren Blicken auswich. Und an diesem Tage endlich lieferte mir ein Brief, den man in einem Autographen-Album vergessen hatte, den

Schlüssel zu diesem Geheimnis. Ich wußte, daß der Schwiegervater meines Sohnes, der Theaterdirektor in Lyon, von dem ich Ihnen schon erzählt habe, drei Jahre, bevor er seine einzige Tochter meinem Sohn gab, eine Zigeunerin geheiratet hatte, die ihrerseits einen einzigen Sohn mit in die Ehe brachte, und man hatte mir wohl auch gesagt, daß die beiden Kinder zu diesem Zeitpunkt ungefähr gleichaltrig waren, jedes fünfzehn Jahre alt, wenn ich mich nicht täusche. Der Brief, der mir da in die Hände fiel, behob bei mir jeden Zweifel über die Natur der Beziehungen, die sehr rasch zwischen dem jungen Mädchen und dem Sohn der Zigeunerin eintraten, und es wurde mir mehr und mehr zur Gewißheit, daß nur die Glut, die Heimlichkeit dieser frühreifen Liebe das Glück meines Sohnes vereitelten. Ob nun die Zigeunerin auf ein Ehebündnis aus war, das der Vater verhindert hatte, ob etwa Hexerei dem natürlichen Zauber zu Hilfe kam, um den Spruch des Schicksals noch unerbittlicher zu machen – jedenfalls konnte meine Schwiegertochter, selbst wenn sie es anders gewollt hätte, auf ewig nur dem Manne angehören, der sie zur Frau gemacht hatte, und dieser Mann würde niemals mein Sohn sein, der dennoch ihr Gatte war. Die Treue des Fleisches ist die größte Treue. Gleichviel welche Gründe man ihr entgegenhält, blind weicht sie zurück und verweigert sich unwiderruflich dem, was sie nicht erwählt hat. Die Annäherung dessen, was ihr mißfällt, macht sie krank, tötet sie, und zuletzt verwirrt auch der Geist sich nur, weil das Fleisch zuvor sich empört hat. Derart also, allem und jedem zum Trotz, gleichviel ob mein Sohn zu seinem Unglück zwischen die beiden getreten ist, und ob auch meine Schwiegertochter ihrem Gatten vielleicht die Treue halten möchte, weil das ihre Pflicht ist, kann sie doch nicht anders: vor allem muß sie ihrem ersten Geliebten die Treue halten, denn ihn hatten ihre Sinne erkoren, in einer ersten, unabwendbaren Wahl, und die beiden jungen Menschen bleiben vereint, vielleicht ohne daß sie es wissen. Wie gut ich das verstehe: daß die ältere Treue den Sieg behält über die jüngere, selbst wenn diese die Pflicht darstellt! Eine Treue, die auf einer vorausgegangenen Untreue beruht, kann nicht die ‹absolute Treue› sein, und so kann denn auch ich nicht anders: ich muß meiner Schwiegertochter vergeben, obwohl sie das Wesen leiden macht, das ich am meisten liebe auf dieser Welt. Wie sollte ich sie verachten und nicht zugleich beklagen, selbst wenn der Abscheu, den mein Sohn ihr einflößt, sich schließlich auch auf mich übertragen hat? Genauso wie bei meiner Tochter nämlich hatte ich bei meinem Sohn seit langem das Recht verloren, den Mund aufzutun. Um mich daran zu hindern, sprach meine Schwiegertochter unaufhörlich mit der Zungenfertigkeit des Wahnsinns, und es gab da gewisse Worte, die mir verboten waren. Eines Abends zum Beispiel entschlüpfte mir zufällig das Wort ‹Liebe›, während meine Schwiegertochter die roten und weißen Scheiben eines Tomaten- und Zwiebelsalats untereinander mengte – im Handumdrehn war der Tisch umgestoßen, und alles lag am Boden; ein andermal löste das Wort ‹Ersparnisse› den Kristallüster von der Decke, daß er auf mein Gesicht zustürzte. Blutüberströmt suchte ich das Weite und irrte durch die Straßen Lyons, bis ich ein Hotel fand, wo man mich pflegte und wo mein Sohn mich zwei Tage später als Genesende auffand. Seither bin ich nicht mehr zu ihnen zurückgekehrt. Nun werden Sie mich fragen, Monsieur, wie mein Sohn es fertigbringt, eine solche Hölle zu ertragen? Vielleicht liebt er diese Frau leidenschaftlich, und vielleicht liebt er sie gar noch mehr, eben wegen dieses Widerstandes, den sie ihm entgegensetzt, wegen dieser unwandelbaren Treue zu einem Anderen, dessen Vorhandensein, dessen Name ihm gewiß verborgen sind und dessen Schatten er doch unweigerlich angeistern fühlt in ihrer Nähe. Als er mich jedoch das letzte Mal besucht hat, war in allem, was er sagte, nur von mir die Rede. Mein Sohn ist ein außergewöhnlicher Mensch, ein Mensch, der sein Geheimnis hat und der es zu hüten weiß, sollte es ihn auch das Leben kosten. Ich bewundere ihn, ich bewundere sie alle beide, und wie sollte ich ihnen ihres Unglücks wegen zürnen?»

## III

«So sehen Sie mich denn hier sitzen, Monsieur, in meinem kleinen Sessel, zwischen diesen beiden schrecklichen Geschichten, die allein mit mir im Winkel dieses Hauses wohnen. Meine einzigen Nachbarn sind der Oberst Pélissier und seine Frau, die beide achtzigjährig und taub sind. Da sie beide krank sind, höre ich sie die ganze Nacht jammern und husten; aber wenn ich einmal krank bin, können sie mich nicht hören. Manchmal bin ich so schwach, daß ich meinen armen Kopf nicht vom Kissen heben kann. Da häufen sich dann die Brote, die Zeitungen, der Staub vor meiner Tür. Es herrscht eine seltsame Stille in diesem Haus; das kommt daher, daß es nur von alten Leuten bewohnt wird und von den Gespenstern, deren Herde jeder von uns als ein heimwehkranker Hirte an seiner Feuerstelle hütet. Ach, wenn ich Ihnen die Tür zu dem Oberst Pélissier auftäte, Monsieur, Sie fänden meine beiden Geschichten noch sehr harmlos. Wie aber, nach allem, was Sie vernommen haben, wie habe ich es fertiggebracht, nicht mit dem Gesicht nach vorn an den Boden zu stürzen? Monsieur, das habe ich ‹meiner Reinheit› zu verdanken; die hält mich aufrecht.

Als ich das Kloster verließ, wo ich aufgewachsen bin, um in die Welt hinauszutreten, gab die Oberin mir die Ermahnung mit auf den Weg, mich ‹rein› zu halten, und auf seinem Totenbett hat mein Gatte mir dieses Zeugnis ausgestellt: ‹Du hast ein Wunder an unseren Kindern vollbracht, und ich habe keinen Teil an deinem Werk. Dank deiner allein darf ich getröstet sterben.› Niemals aber, Monsieur, niemals habe ich ihm den geringsten Vorwurf gemacht. Weil ich ihn liebte, Monsieur, das war ‹meine Reinheit›. Und Sie haben nun ja gesehen, was das Leben aus ‹diesen Kindern› gemacht hat, an denen ich ein Wunder vollbracht hatte! Und mein einziger Lohn für dies alles? Daß ihr Vater sie nur in ihrer ‹Herrlichkeit› gekannt hat und daß ich noch lebe, damit es auf Erden noch einen Menschen gibt, der Erbarmen hat mit ihrem Elend.»

# 1965

Hermann Peter Piwitt
*Herdenreiche Landschaften*

Sieben Wochen bis Pfingsten

Das Fenster geht auf den Balkon hinaus, von hier aus sieht man über den Hinterhof weg durch die Zweige der noch kahlen Kastanie auf die Hausmauer gegenüber, auf weiße Fensterrahmen und Kreuze und eine ocker verputzte Hauswand, deren oberster Sims unter der eben aufgehenden Sonne rötlich aufleuchtet. Ich sehe den Schatten des gegenüberliegenden Hauses, des Hauses, in dem ich wohne, langsam auf ihr hinabwandern an diesem Morgen, in dem Maße, wie die Sonne steigt. Ich höre die Stimmen den Hinterhof heraufhallen, ich höre das trockene Knallen der Teppichklopfer auf den Teppichen, um diese Zeit sind die Vögel schon wieder still, Schwalbe und Haubenlerche, die hier die ersten sind, die Amseln, für sie ist die Vogeluhr abgelaufen, nur das Gurren der Tauben ist eine sanfte Erscheinung am Ohr, nicht auszumachen an einem Himmel, der dunstig bleibt, Zirruswolken fasern verblassend über das Blau.

Auch muß ich nun wohl sagen, daß ich daheim bin, daheim, ich sage, es ist das Haus meiner Mutter, und nehmen wir an, es sei das Haus meiner Mutter, die Kastanie treibt Knospen, braun und lackglänzend, wie damals aus den Zweigen, sie würden an den Fingern kleben wie damals, als ich von hier wegging, es war Frühjahr, noch einmal, wir aßen den Brotvogel, das in Brot gebackene Geflügelfleisch, es sollte ein symbolischer Hinweis auf die Himmelfahrt Christi sein, sagte Rasha, und Bazi fand im Garten ein vergessenes Ei von Ostern her, aber die Farben hatte der Regen verwaschen, es war Jaibo, der sagte: die Tauben, es ist von den Tauben.

Genug. Ich ging. Ich lief. Ich blieb weg bis in den Winter hinein und trieb mich herum, ich traf das Mädchen mit den Astern und verlor sie gegen das Frühjahr hin, dort, wo die Stadt zwischen ihren Äckern, Sandgruben und Ziegeleien verebbte. Da ist es und da: Flache Hänge, grau von altem Gras, mit Obstbäumen, Bretterverschlägen, kleine eingezäunte Streifen bebauten Landes dazwischen, das Gemüse vom Vorjahr, Sellerie und Lauch, erfroren sind Kohlköpfe und faulen glasig grün, auch hat man hier das Gelände schon aufgeschlossen, die frisch geteerte Straße zielt hinein, Baugruben, der Untergrund ist lehmig, auch Letten, das heißt, im Sommer ist der Boden steinhart, und schuppig zerreißt er nach dem Sprengen; dann geht die Straße in den Feldweg über, hier wendet der Raupenschlepper, genoppte Kettenspuren durchfurchen den Boden, schneiden steile Grate aus, in Lachen steht das Wasser – und so sah ich den Jungen, erzähle! einen Jungen, eine Menschenseele gegen den Horizont heraufkommen, er kommt den Weg herunter, der an den Neubauten vorbeiführt, er springt über die Pfützen weg, lange Hosen in Gummistiefeln, er trägt eine Jacke aus Lodenfilz mit Hornknöpfen, das Gesicht ist ein Jungsgesicht mit einer Pudelmütze drüber, an der die Troddeln baumeln.

– Sie wollen zu Onkel Asam, sagt er.

– Ja, sage ich.

Der Schuppen Onkel Asams. Das Haus meiner Mutter. Ich bin hier oft hinausgelaufen, wenn ich nicht mehr weiter wußte. Mir ist auch hier nicht viel Neues eingefallen, aber ich lernte, was es heißt, wenn Onkel Asam sich am Wochenende von seinem *Tagwerk erholte,* den Obsthang hinaufgrub, im Frühjahr, gekrümmt unter den herunterhängenden Ästen grub, nach Quecken suchte und Beete anlegte, so weit das Grundstück reichte. Wir säten nach der Leine, Radieschen und Spinat, wir tauchten, bevor wir sie legten, die Erbsen in Mennige gegen die Tauben, wir warteten mit den Bohnen bis nach dem neunten Mai, Eisheilige ließen auf sich warten, aber den Stangenbohnen nahm Jahr um Jahr das Obst mehr Himmel weg, Natur, sagte Asam, der Daseinskampf; ich sagte: Besser als gar nichts.

Genug, wir wühlten gemeinsam herum, er fand, daß ich groß geworden sei, seitdem wir uns das letzte Mal gesehen hatten, Mal um Mal fand er es, obwohl ich seit der Firmung nicht mehr wuchs. Du bist groß geworden, sagte er, die reinste Bohnenstange! und dabei reckt er sich an dem Fichtenstämmchen hoch, eh er es mir, trocken und geschält, herüberreicht, damit ich es, groß wie ich seiner Meinung nach geworden bin, den schräg gegeneinandergestellten Stangen über die Gabeln lege.

Diese, nur diese Episode, keine andere, während wir herumwühlten, flache Ringe um die Stangen in die Erde scharrten und die Bohnen hineinlegten, immer vier auf einmal von den großen perlmuttschimmernden Bohnen, Bohnen müssen die Glocken läuten hören, sagte Onkel Asam, das wußte ich, es war der neunte Mai, Bohnen würden Pfingstglocken hören, vielleicht, Bohnen der Ausgießung des Heiligen Geistes beiwohnen – während wir herumwühlten, ich drehte Stange um Stange in den Lehm, band sie an den Schnittpunkten mit der Querlatte zusammen, Asam war irgendwo in der Tiefe des Gartens zugange, irgendwo in der Tiefe des Gartens mochte er jetzt Ungeziefer bekämpfen, zündeln, brenzlig roch es und war Mist, diese Schubkarre voll Stallmist schaukelte vor ihm her, roter Schnurrbart und die Brauen buschig: so kam er heran, aber wieso Mist für Bohnen? Stickstoff! rief Asam. – Was Stickstoff! (ich), Thomasmehl, Kali! – und er: Nichts da, oder lehr du mich Noten.

So war es. Seitdem ich die Geige hatte. Ich lief hierher hinaus und grub herum, bis ich eines Tages, als wir ein neues Loch für den Komposthaufen aushoben, merkte, wie ich dabei war, mich selbst einzugraben. Ich grub tiefer und tiefer, und währenddessen saß Onkel Asam neben mir, spaltete kleine Stöcke, er klemmte die leeren Samentüten hinein, um die Beete zu bezeichnen, und erklärte mir den Düngestern, den Kreislauf des Stickstoffs, und was es heißt: Bodengare; was es heißt, *die Werre frißt einen Laib Brot,* erfuhr ich, und was ich sonst schon wußte: Bäume und Weinstöcke pflanzen, solange der Mond im Stier steht! – und ich denke mir, ich hörte dies alles, oder besser: irgend etwas an mir hörte es, ohne daß ich selbst es richtig wahrnahm, genauso wie irgend etwas an mir grub, bewußtlos, sich eingrub, weggrub von dem Gerede. Bis das Spatenblatt auf das Metall stieß, kreischend glitt es auf Metall aus, als ob du mit dem Bogenholz statt mit dem Haar über die Saiten fährst, ich grub nach rechts und links hinüber, aber die durchgerostete Wölbung schien sich über Meter in die Breite auszudehnen, ich schlug einen Eisenkeil hindurch, nur ein Schlitz; Tauben fielen ein – Tauben! rief Onkel Asam, Brüder ihr! – der Tag war dunstig und hatte keinen Bestand.

Zum letztenmal, ich bin hier oft hinausgelaufen, es hätte jede andere Gegend sein können, Zufall, daß Frau Korbes mich hier zur Welt brachte, wenngleich nicht in Asams Gartenhaus, sondern in dem Wohnhaus dahinter, das später abbrannte, wir zogen in die Stadt, und es dauerte Jahre, bis ich wiederkam.

An diesen Tag aber erinnere ich mich genau: ich kam vom Fluß herauf, es hatte sich wenig verändert, sie hatten den Fluß reguliert, das Bett verbreitert, Gebüsch und Schilfstände hatten sie eingeschnitten, aber die Höhlen, die wir in die lehmigen Uferschroffen am Drallhang gegraben hatten, spuckten Gören aus wie damals, darüber das Weißdorndickicht, Weißdorn und Schlehen, von wo sich die Obsthänge dann hinüberzogen bis zu den Schieferbrüchen, den Schurfstellen des Tagbaus, hinauf zu den waldigen Schöpfen der Vorberge, in die Kräne und Bagger die Siedlungen hinauftrieben. – So sah ich mich vom Fluß heraufkommen, ein Junge, eine Menschenseele, die Hosen in Gummistiefeln, die Jacke aus Lodenfilz mit Hornknöpfen, das Gesicht ist ein Jungsgesicht mit einer Pudelmütze drüber, an der die Troddeln baumeln – und ich spürte, wie ich mit jedem Schritt, der mich näherbrachte, die Jahre hinabstieg in eine puppige zwergenhafte Landschaft, deren geringe Ausmessungen, deren winzige Höhenunterschiede nicht mehr das Bild hielten, das ich von Kind an davon gehabt hatte, obschon ich jeden Wurzelstock, jede Böschung und Bodenwelle wiederzuerkennen glaubte, so sehr war alles in mir aufgeteilt.

So sehr war alles in uns aufgeteilt, schrieb Onkel Rasha ins Blaue, die Konturen des Geländes, Ausschweifungen und die Hinterlist der Seele darin, so wie sie sich wiedererkennt im Gelände, nur geprägt und übersetzt in ein Medium anderer Dichte – so muß es sein, schrieb er, wir starrten müßig in den Himmel, wo Tauben aufeinander losgingen, der Tauber steigt auf die Taube, auf schmalem First balanciert sie ihn, sie hält mit zeternden Beinchen den Stößen stand; dann kippen beide, kollern flügelklatschend die Dachschräge hinab und sind auseinander, bevor sie an der Dachrinne aufschlagen, so war es, als sie das Gelände aufschlossen, den Landvermessern folgten die Bagger, Schnüre mit roten und weißen Wimpeln überzogen im Herbst die abgeernteten Felder, das Land war verplant und verkauft, nur Asam prozessierte noch, aber er prozessierte immer, seitdem ich denken konnte, und gleich gegen wen, die Laufgräben der Rohrleger, wohlabgestützt, zielten schon auf sein Grundstück, das Grundwasser lief in den Baugruben auf, er erntete die letzten Quitten, es war besser als gar nichts.

## Jean-Paul Sartre
## *Die Wörter*

### Das Kind als Schauspieler

Meine Wahrheit, meinen Charakter und meinen Namen hatten die Erwachsenen in der Hand; ich hatte gelernt, mich mit ihren Augen zu sehen; ich war ein Kind, ein Monstrum, das sie mit Hilfe ihrer eigenen Sorgen fabrizierten. Waren sie nicht da, so hinterließen sie ihren Blick, der eins wurde mit dem Licht; ich lief und hüpfte herum unter diesem Blick, der mir meine Natur eines vorbildlichen Enkels aufzwang, der mir meine Spielsachen und das Universum schenkte. In meiner hübschen Glaskugel, meiner Seele, zogen meine Gedanken höchst übersichtlich ihre Bahn: da gab es kein schattiges Eckchen. Jedoch: ohne daß ein Wort gesprochen wurde, formlos und undicht, verborgen hinter jener unschuldigen Transparenz, machte eine transparente Gewißheit alles zunichte: ich war ein Schwindler. Wie soll man Theater spielen, wenn man nicht weiß, daß man Theater spielt? Der klare und sonnige Anschein, der meine Persönlichkeit komponiert hatte, verriet sich selbst: durch einen Fehler im Sein, den ich weder richtig verstand noch jemals zu vergessen vermochte. Ich ging zu den Erwachsenen, ich verlangte von ihnen, sie sollten meine Verdienste garantieren: dadurch geriet ich nur tiefer ins Schwindeln. Da ich dazu verurteilt war, Wohlgefallen zu erregen, spielte ich eine Grazie, die auf der Stelle verwelkte; überall schleppte ich meine falsche Herzlichkeit, meine müßige Wichtigtuerei mit mir herum, stets auf der Lauer nach einer neuen Chance. Ich glaubte sie erwischt zu haben, warf mich in eine Attitüde – und fand abermals die Substanzlosigkeit, der ich entrinnen wollte. Mein Großvater schlief, in sein Plaid gewickelt; unter seinem struppigen Bart entdeckte ich die rosige Nacktheit seiner Lippen, es war unerträglich: glücklicherweise fiel seine Brille herunter, ich stürzte hin, um sie aufzuheben. Er wachte auf, hob mich hoch, wir spielten abermals unsere große Liebesszene; aber es war nicht mehr das, was ich gewollt hatte. Was hatte ich gewollt? Ich vergaß alles, ich nistete mich ein im Gestrüpp seines Bartes. Ich kam in die Küche und erklärte, ich wolle den Salat umschwenken; großes Geschrei, helles Gelächter: «Nein, Liebling, so nicht! Du mußt mit deiner kleinen Hand ganz festhalten: so ist es richtig! Marie, helfen Sie ihm doch! Aber er macht es prächtig.» Ich war ein unechtes Kind, ich hielt eine unechte Salatschüssel; ich spürte, wie sich meine Handlungen in Gebärden verwandelten. Das Theater entzog mich der Welt und den Menschen: ich sah bloß Rollen und Versatzstücke; da ich als Clown an den Unternehmungen der Erwachsenen teilnahm, konnte ich doch ihre Sorgen nicht ernst nehmen. Ich diente voll tugendhaften Eifers ihren Plänen, ohne ihre Ziele zu teilen. Da mir die Bedürfnisse, die Hoffnungen, die Vergnügungen der Menschengattung fremd waren, vergeudete ich mich kalten Herzens, um sie zu bezaubern; sie war mein Publikum, die Rampenlichter trennten mich von ihr und verwiesen mich in ein stolzes Exil, das sich rasch in Angst verwandelte.

Das schlimmste war, daß ich die Erwachsenen im Verdacht hatte, ihrerseits zu heucheln. Die Wörter, mit denen sie mich anredeten, waren Bonbons: unter sich sprachen sie ganz anders. Und dann kam es bei ihnen gelegentlich vor, daß sie die geheiligten Verträge brachen: ich schmollte in meiner niedlichsten und wirkungsvollsten Weise, und man sagte mir mit echter Stimme: «Geh und spiel draußen, Kleiner, wir unterhalten uns.» Bei anderen Gelegenheiten hatte ich das Emp-

Jean-Paul Sartre

finden, man benutze mich als Mittel. Meine Mutter ging mit mir in den Luxembourg-Garten, plötzlich tauchte Onkel Émile auf, der mit der ganzen Familie zerfallen war; mürrisch sah er seine Schwester an und sagte unfreundlich: «Ich bin nicht deinetwegen gekommen. Ich wollte den Kleinen sehen.» Worauf er erklärte, ich allein in der ganzen Familie sei unschuldig, ich allein hätte ihn niemals bewußt beleidigt oder auf Grund falscher Behauptungen verurteilt. Ich lächelte und war geniert durch meine Macht und durch die Liebe, die ich im Herzen dieses düsteren Mannes entzündet hatte. Aber Bruder und Schwester waren schon dabei, ihre Angelegenheiten zu erörtern und sich gegenseitig Vorwürfe zu machen; Émile schimpfte über Charles, den Anne-Marie verteidigte, wenngleich nicht ohne Vorbehalte; dann sprachen sie über Louise, ich stand zwischen ihren eisernen Gartenstühlen und war vergessen. Ich war dazu vorgebildet – wäre ich nur alt genug gewesen, sie zu verstehen –, alle rechtsgerichteten Lebensregeln anzuerkennen, die mir ein linksgerichteter alter Mann durch sein Verhalten beibrachte: daß die Wahrheit und die Fiktion ein und dasselbe bedeuten, daß man die Leidenschaft spielen muß, um sie zu empfinden, daß der Mensch ein Wesen ist, das mit Hilfe von Zeremonien lebt. Man hatte mir beigebracht, wir seien auf der Welt, um voreinander Theater zu spielen; mit dem Theater war ich einverstanden, verlangte jedoch, dabei die Hauptrolle zu spielen. Allein in blitzartigen Augenblicken, die mich niederschmetterten, entdeckte ich, daß ich eine «unechte Hauptrolle» spielte. Ich hatte zwar viel Text, auch viele Auftritte, aber keine eigene große Szene; mit einem Wort: ich war nur der Stichwortgeber für die Erwachsenen. Charles schmeichelte mir, um sich den Tod zu versüßen; in meiner Lebhaftigkeit erblickte Louise die Rechtfertigung ihrer Übelnehmereien und Anne-Marie die Rechtfertigung ihrer Unterwürfigkeit. Und trotzdem wäre meine Mutter auch ohne mich von ihren Eltern aufgenommen worden, wäre sie mit ihrer Empfindsamkeit hilflos der Mami ausgeliefert gewesen; auch ohne mich hätte Louise übelgenommen, und Charles hätte sich dann für das Matterhorn begeistert, für Meteore und die Kinder anderer Leute. Ich war die zufällige Ursache ihrer Zwistigkeiten und Versöhnungen; die tiefen Ursachen waren anderswo zu finden: in Mâcon, in Günsbach, in Thiviers, in einem verfetteten alten Herzen, in einer Vergangenheit lange vor meiner Geburt. Ich reflektierte für sie die Einheit der Familie und die uralten Gegensätze; sie bedienten sich meiner göttlichen Kindheit, um zu werden, was sie waren. Ich lebte im Unbehagen: im gleichen Augenblick, da ihre Zeremonien mich erkennen ließen, daß nichts ohne Grund existiert und daß jeder, der Größte wie der Kleinste, seinen festen Platz im Universum besitzt, verflüchtigte sich meine eigene

Daseinsberechtigung; plötzlich entdeckte ich, daß ich überhaupt nicht mitzählte, und schämte mich meiner aus dem Rahmen fallenden Gegenwart in dieser geordneten Welt.

Ein Vater hätte mich mit einigen dauerhaften Zwangsvorstellungen belastet; seine Launen wären für mich zu Grundsätzen geworden, seine Unwissenheit hätte mein Wissen, sein Groll meinen Stolz bedeutet, seine Manien hätten sich für mich in Gesetze verwandelt. Er hätte mich bewohnt. Dieser geachtete Mieter hätte mir Achtung vor mir selbst gegeben. Auf diese Achtung hätte ich meine Daseinsberechtigung gegründet. Mein Erzeuger hätte über meine Zukunft entschieden: von Geburt an wäre ich für die Technische Hochschule bestimmt und damit ein für allemal in Sicherheit gewesen. Aber wenn Jean-Baptiste sich über mein Geschick jemals Gedanken gemacht haben sollte, so hatte er das Geheimnis mit ins Grab genommen; meine Mutter erinnerte sich nur daran, daß er gesagt hatte: «Mein Sohn soll nicht zur Marine gehen.» Mangels genauer Auskünfte wußte niemand, angefangen bei mir selbst, wozu ich mich eigentlich auf der Erde herumtrieb. Hätte mir der Vater ein Vermögen hinterlassen, meine Kindheit wäre anders gewesen: ich wäre nicht Schriftsteller geworden, weil ich ein Anderer gewesen wäre. Felder und ein Haus verleihen dem jungen Erben ein stabiles Bild seiner selbst; wenn er *seinen* Kies berührt oder die Fensterrauten *seiner* Veranda, berührt er sich und bildet mit Hilfe ihrer Dinglichkeit die unsterbliche Substanz seiner Seele. Vor einigen Tagen schrie im Restaurant ein kleiner Junge von sieben Jahren, der Sohn des Inhabers, die Kassiererin an: «Wenn mein Vater nicht da ist, bin ich der Chef.» Das ist ein richtiger Mann! Als ich so alt war wie er, war ich niemandes Chef, und nichts gehörte mir. In meinen seltenen Augenblicken der Unbefangenheit flüsterte mir meine Mutter zu: «Sei vorsichtig! Wir sind nicht bei uns zu Hause!» Wir waren niemals bei uns zu Hause: weder in der rue Le Goff noch später, als sich meine Mutter wieder verheiratet hatte. Ich litt nicht darunter, denn man bot mir alles; aber ich blieb abstrakt. Einem Eigentümer spiegeln die Güter dieser Welt das eigene Dasein wider; mich lehrten sie erkennen, was ich nicht war: *ich war nicht* substantiell und dauerhaft; *ich war nicht* die künftige Fortsetzung des väterlichen Werks; *ich war nicht* nötig für die Stahlproduktion. Mit einem Wort: ich hatte keine Seele.

Trotzdem wäre alles sehr gut gegangen, hätte ich mich gut mit meinem Körper vertragen. Aber wir beide bildeten ein sonderbares Paar. Ein Kind, das Not leidet, stellt sich keine Fragen: wenn es *körperlich* von Not und Krankheit betroffen wird, rechtfertigt die nicht zu rechtfertigende Lage seine Existenz. Hunger und dauernde Todesgefahr begründen seine Daseinsberechtigung: es lebt, um nicht zu sterben. Ich hingegen war nicht reich genug, um mich für prädestiniert zu halten, und nicht arm genug, um meine Gelüste für Ansprüche zu halten. Ich erfüllte meine Pflicht zur Nahrungsaufnahme, und Gott gewährte mir manchmal – selten – jene Gnade, die es gestattet, ohne Widerwillen zu essen, den Appetit. Ich atmete, verdaute, entleerte mich voller Gleichgültigkeit, ich lebte, weil ich angefangen hatte zu leben. Mein Körper, dieser verhätschelte Gefährte, ließ mich weder Ungestüm noch wilde Begierden kennen: er machte sich bemerkbar durch eine Folge von leichten Unpäßlichkeiten, die von den Erwachsenen sehr ernst genommen wurden. Zu jener Zeit war eine angesehene Familie es sich schuldig, wenigstens ein Kind von zarter Gesundheit zu haben. Ich war dazu sehr geeignet, denn bei meiner Geburt wäre ich beinahe gestorben. Man beobachtete mich, fühlte mir den Puls, maß meine Temperatur, ließ mich die Zunge herausstrecken. «Findest du nicht, daß er ein bißchen blaß aussieht?» – «Das liegt an der Beleuchtung.» – «Er hat bestimmt abgenommen.» – «Aber Papa, wir haben ihn erst gestern gewogen.» Unter diesen prüfenden Blicken fühlte ich, wie ich ein Gegenstand wurde, eine Topfblume. Schließlich steckte man mich ins Bett. Ich erstickte vor Wärme, kochte langsam unter meinen Bettüchern und verwechselte meinen Körper und sein Unbehagen. Schließlich wußte ich nicht mehr, wer von den beiden eigentlich unerwünscht war.

Isaac Bashevis Singer

## *Jakob der Knecht*

### Gebet im Stall

Der Tag begann mit einem vereinzelten Vogelruf. Tag um Tag der gleiche Vogel, der gleiche Ruf. Es war, als wolle jenes gefiederte Wesen seine Brut vom Anbruch der Frühdämmerung verständigen. Jakob schlug die Augen auf. Die vier Kühe ruhten auf ihrer Matte aus Stroh und Dung. Mitten auf dem Boden der Scheune lagen aufeinandergeschichtet ein paar geschwärzte Steine und verkohlte Äste – die Feuerstätte. Hier buk Jakob die Roggen- und Buchweizenkuchen, die, zusammen mit frischer Milch, einen Teil seiner Nahrung bildeten. Jakobs Lager bestand aus Stroh und Heu, und des Nachts bedeckte er sich mit einem rauhen Leinentuch, das er tagsüber dazu benutzte,

Gräser und Kräuter für das Vieh einzusammeln. Es war zwar Sommer, aber im Gebirge waren die Nächte kalt. Mehr als einmal pflegte Jakob mitten in der Nacht aufzustehen und sich Hände und Füße am Leib der schlafenden Tiere zu wärmen.

In der Scheune war es noch dunkel, aber durch einen Spalt in der Tür drang bereits Morgenrot. Jakob richtete sich auf und schüttelte ab, was ihm zuletzt noch an Schlaf beschieden gewesen war. Er hatte geträumt, er befände sich wieder im Lehrhaus von Jozefow, wo er seinen jungen Schülern den Talmud erläuterte.

Blind streckte er die Hand nach dem Wasserkrug aus. Dreimal wusch er sich die Hände, die linke zuerst, dann die rechte und so wechselweise weiter, wie das Gesetz es befahl. Vor dieser Reinigung hatte er sogar noch gemurmelt: «Ich danke Dir» – ein Gebetsspruch, der Gottes Namen nicht erwähnte und darum jetzt zulässig war. Eine der Kühe hob sich auf die Beine. Sie drehte den gehörnten Kopf zu ihm herum, als reize es sie, festzustellen, wie ein menschliches Wesen den Tag begann. Die großen Augen des Tieres, die fast nur Pupille waren, spiegelten den Purpurschein der Frühdämmerung.

«Guten Morgen, Kwiatula», sagte Jakob. «Du hast doch wohl gut geschlafen, wie?»

Um sein Jiddisch nicht zu verlernen, hatte er es sich zur Gewohnheit gemacht, laute Gespräche mit den Kühen, ja, mit sich selbst zu führen. Er stieß das Scheunentor auf und sah, daß die Berge sich weithin in die Ferne erstreckten. Einige von ihnen, die bewaldete Abhänge hatten, schienen ganz nahe, Riesen mit grünem Bart. Der wie zartes Gelock aus den Wäldern sich hebende Nebel rief bei Jakob den Gedanken an Samson wach. Die im Aufstieg befindliche Sonne, eine himmlische Leuchte, übergoß alles mit einem glutroten Schein. Hie und da wallte von irgendeinem Gipfel Rauch empor, als lodere im Innern der Berge ein Feuer. Die Flügel weit ausgespannt, vollführte ein Habicht in seltsamer, allen menschlichen Ängsten entrückter Gelassenheit seine Kreise – es war Jakob, als habe der Vogel seit Anbeginn der Schöpfung nichts anderes getan.

Die etwas fernergelegenen Berge hatten eine bläuliche Färbung, und wieder andere, die fernsten von allen, waren kaum mehr sichtbar, waren fast stofflos. Jene weit entrückte Region war stets in einen Dämmerschleier gehüllt. Wolkenkappen bedeckten die Stirn der unirdischen Titanen, Wächter am äußersten Rande der Erde, dort, wo kein Mensch mehr den Fuß hinsetzte, keine Kuh mehr weidete. Wanda, Jan Bziks Tochter, meinte, daß dort Baba Jaga hause, die Hexe, die in einem gewaltigen Mörser durch die Lüfte kutschierte und dieses Fahrzeug mit einem entsprechenden Stößel in Bewegung setzte, in

Bewegung hielt. Baba Jagas Besen war länger als der höchste Fichtenstamm hoch war, und sie war es, die damit allabendlich das Licht aus der Welt fegte.

Eine ganze Weile betrachtete Jakob die Berge – ein hoch- und geradegewachsener Mann mit langem braunem Haar und braunem Bart. Er trug Leinenhosen, die ihm nicht ganz bis zu den Knöcheln reichten, und einen riesigen, mehrfach geflickten Rock. Auf dem Kopf hatte er eine Mütze aus Lammfell, aber seine Füße waren unbeschuht. Obwohl er sich so oft und so lange an der frischen Luft aufhielt, war er blaß wie ein Stadtbewohner. Seine Haut nahm niemals eine bräunliche Tönung an, und Wanda behauptete, er gliche den Männern auf den Heiligenbildern, die drunten im Tal an der Wand der Kapelle hingen. Die anderen Bauersfrauen stimmten Wanda zu. Die Gazdas, wie die Bergbewohner genannt wurden, hatten ihn mit einer ihrer Töchter verheiraten, ihm eine Hütte bauen und ihn in die Dorfgemeinschaft aufnehmen wollen, aber Jakob hatte sich geweigert, den jüdischen Glauben abzulegen, und auf Geheiß des Jan Bzik, seines Herrn, mußte er den ganzen Sommer bis zum späten Herbst in der hoch am Berg gelegenen Scheune bleiben, wo das Vieh nicht selbst Nahrung fand, sondern mit Gras gefüttert werden mußte, das man fast täglich aus dem steinigen Boden herauszurupfen hatte. Das Dorf lag in beträchtlicher Höhe und ermangelte einer ausreichenden Weidefläche.

Bevor er die Kühe molk, sprach Jakob sein Frühgebet. Als er aber zu dem Satz gelangte: «Du hast mich nicht zum Knecht gemacht», hielt er inne. Durften solche Worte aus seinem Munde kommen? Er war ja der Knecht des Jan Bzik. Gewiß, nach dem polnischen Gesetz hatte nicht einmal der Adel das Recht, einem Juden das Joch der Knechtschaft aufzuzwingen. Aber wer in diesem abgelegenen Dorfe hielt sich schon an das Gesetz des Landes? Und wer hatte schon vor der Zeit des von dem Kosakenhetman Chmielnicki angerichteten Blutbads das Verhalten des Adels je als maßgeblich betrachtet? Jakob aus Jozefow nahm die ihm von der Vorsehung zubestimmten Entbehrungen ohne Bitterkeit hin. In anderen Gegenden hatten die Kosaken viele ehrbare Juden geköpft, gehängt, erdrosselt oder gepfählt. Keusche Frauen waren vergewaltigt und zerfleischt worden. Er, Jakob, hatte sich nicht zum Märtyrertum berufen gefühlt. Er war vor den Mördern geflohen, und polnische Räuber hatten ihn irgendwohin in die Berge verschleppt und ihn dann als Knecht an den Jan Bzik verschachert. Hier hauste er nun seit vier Jahren. Er wußte nicht, ob seine Frau und seine Kinder noch am Leben waren. Er verfügte über keinen Gebetsmantel und keine Gebetsriemen, kein Quastengewand, kein heiliges Buch. Lediglich die Tatsache seines Beschnittenseins zeugte von seiner jüdischen Herkunft. Aber, dem Himmel sei Dank, er kannte seine Gebete auswendig und ebenso ein paar Kapitel der Mischna, einige Seiten der Gemara, eine beträchtliche Anzahl von Psalmen sowie einzelne Stellen aus verschiedenen Teilen der Bibel. Mitten in der Nacht wachte er bisweilen auf, weil bestimmte Zeilen der Gemara ihm durch den Kopf gingen, und er hatte nicht einmal gewußt, daß er sie überhaupt kannte. Sein Gedächtnis spielte Verstekken mit ihm. Hätte er Feder und Papier gehabt, so würde er aufgezeichnet haben, was ihm gerade in den Sinn kam, aber wo war so etwas hier aufzutreiben?

Er wandte sein Antlitz gen Osten, blickte starr geradeaus und sprach die heiligen Worte. Die Felsenspitzen glühten im Schein der Frühsonne auf. Ganz in der Nähe jodelte ein Kuhhirt, dessen Stimme auf jedem Ton wie schmachtend verweilte: es war, als werde auch er in Gefangenschaft gehalten und als verlange ihn danach, sich wieder in das Abenteuer der Freiheit zu stürzen. Schwierig, sich vorzustellen, daß eine Weise wie diese im Munde von Männern ertönte, die sich vom Fleisch der Hunde, Katzen und Feldmäuse nährten und sich in jeder Art verwerflichen Tuns ergingen. Hier hatten sich die Bauern noch nicht einmal zum Rang von Christen erhoben. Noch immer hielten sie an den Gebräuchen der alten Heiden fest.

Es hatte eine Zeit gegeben, da hatte Jakob vorgehabt, das Weite zu suchen, aber nichts war aus seinen Plänen geworden. Er kannte die Berge nicht, und die Wälder wimmelten von allerhand Raubtieren. Selbst zur Sommerszeit fiel Schnee. Die Bauern ließen ihn nicht aus dem Auge, gestatteten ihm nicht einmal, die Brücke im Dorf zu überschreiten. Sie hatten untereinander verabredet, daß jeder, der ihn auf der anderen Seite des Flusses erblickte, ihn ohne weitere Umstände niedermachen sollte. Es gab unter den Bauern auch solche, die ihn ohnehin niedermachen wollten. Jakob war womöglich ein Zauberer oder einer, der den Dorfbewohnern allerhand Haarkrankheiten anhexte. Aber Zagajek, der Verwalter, Stellvertreter des Grafen, hatte angeordnet, daß des Fremden Leben zu schonen sei. Jakob sammelte nicht nur mehr Gras als jeder andere Kuhhirte, sondern seine Rinder waren stets wohlgepflegt, gaben überreichlich Milch und brachten gesunde Kälber zur Welt. Solange das Dorf nicht unter Hungersnot, Seuchen oder Feuersbrunst litt, sollte der Jude ungeschoren bleiben.

Es war nun Zeit zu melken, und Jakob beschleunigte seine Gebete. In die Scheune zurückkehrend, gab er dem Gras im Trog ein Gemisch aus Häcksel und Rüben bei, das er am vorhergegangenen Tage vorbereitet hatte. Auf einem Holzgestell in der Scheune standen die Melkeimer und ein paar große irdene Töpfe. In einer Ecke befand sich das Faß zum Buttern. Täglich am späten Nachmittag kam Wanda zu Jakob herauf, um ihm das Essen zu bringen. Sie trug zwei mächtige Krüge, in denen sie später die Milch ins Dorf hinunterschaffte.

Jakob molk die Kühe und summte dabei eine Weise, die er noch aus Jozefow kannte. Die Sonne klomm hinter den Bergen hervor, und das Nebelgelock löste sich auf. Jakob weilte hier nun schon so lange und war so vertraut mit der Pflanzenwelt, daß er den Duft jeder einzelnen Blume, jeder einzelnen Grasart unterscheiden konnte. Wenn von draußen die vielfältigen Gerüche pflanzlichen Wachstums durch das offene Tor in die Scheune wehten, atmete er sie tief in sich ein. Jeder Sonnenaufgang im Gebirge war wie ein Wunder. Man konnte zwischen den flammenden Wolken deutlich Gottes schützende oder drohende Hand gewahren. Gott hatte Sein Volk heimgesucht und Sein Antlitz vor ihm verhüllt. Aber noch immer überwachte Er die Welt. In Erinnerung an den nach der Sintflut von Ihm mit der Menschheit geschlossenen Bunde hatte Er den Regenbogen ans Firmament geheftet – ein Sinnbild dafür, daß Tag und Nacht, Sommer und Winter, Säen und Ernten niemals aufhören würden.

# 1966

konrad bayer
*der sechste sinn*

die party

franz goldenberg kam zur tür herein und gab mir die hand. ich gab dr. ertel die hand. dr. ertel gab marion bembe die hand. marion bembe gab dr. aust die hand. dr. aust gab dr. herbert krech die hand. dr. herbert krech gab fräulein gisela lietz die hand. fräulein gisela lietz gab ernst günther hansig die hand. ernst günther hansig gab dr. karl linfort die hand. dr. karl linfort gab herrn joseph lembrock die hand. herr joseph lembrock gab herrn dieter honisch die hand. herr dieter honisch gab doris ottlitz die hand. doris ottlitz gab margarete reichhardt die hand. margarete reichhardt gab walter meister die hand. walter meister gab sergio pereldi die hand. sergio pereldi gab prof. arthur b. gottlieb die hand. nachdenklich gab professor arthur b. gottlieb herrn wildenstein die hand. herr wildenstein gab vera fugger die hand. vera fugger gab gillo dorfles die hand. gillo dorfles gab ives acker die hand. ives acker gab bruno buzek die hand. bruno buzek gab felix heybach die hand. felix heybach gab dr. jirgal die hand. dr. jirgal gab dr. lehmann die hand. dr. lehmann gab rudi mayer die hand. rudi mayer gab roger salmona die hand. roger salmona gab charles kahn die hand. bedächtig, wie es seine art, gab charles kahn mac greenfield die hand. mac greenfield gab neda sestan die hand. neda sestan gab luther allan die hand. luther allan gab neda sestan die hand. neda sestan gab wieder luther allan die hand. jetzt gab luther allan felix rüegg die hand. felix rüegg gab doris ottlitz die hand. doris ottlitz gab ives acker die hand. ives acker wollte sergio cohen die hand geben. endlich nahm sergio cohen die hand von ives acker und gab sie vera kovar. vera kovar gab willi prucker die hand. willi prucker gab joe plaskett die hand. joe plaskett gab dr. grossblatt die hand. dr. grossblatt gab zitternd jerome reich die hand. jerome reich gab tullio mazotti die hand. tullio mazotti gab paul melin die hand. paul melin schwitzte. er gab hans schär die hand. hans schär gab gusti sieler die hand. gusti sieler lachte und gab michel damase die hand. michel damase gab petroff die hand. petroff sagte: «mein lieber damase», und gab konsul ganz die hand. konsul ganz gab hellmuth von der höh die hand. hellmuth von der höh gab paolo farkas die hand. paolo farkas

Aus: George Grosz, Ecce Homo

gab aage olsen die hand. aage olsen gab phoebe schmidt die hand. phoebe schmidt gab peter szervansky die hand. peter szervansky gab robert mc. bride die hand. robert mc. bride gab fra stefano die hand. fra stefano gab sören friis die hand. sören friis gab xenia davis die hand. schweigend gab xenia davis massimo benazzo die hand. massimo benazzo gab fridolin koch die hand. fridolin koch gab gustav treiber die hand. gustav treiber gab herrn dieter honisch die hand. herr dieter honisch gab nun wieder doris ottlitz die hand. erbost schmiß doris ottlitz die hand auf den boden. goldenberg wurde dringend aufgefordert den empfang sofort zu verlassen.

Betty Friedan

## *Der Weiblichkeitswahn*

Ein neuer Lebensplan für Frauen

Für einen Pädagogen ist es natürlich keineswegs leichter als für ein einzelnes Mädchen oder eine einzelne Frau, zum Weiblichkeitswahn «Nein» zu sagen. Selbst die fortschrittlichsten Erzieher, die sich über die Verzweiflung der Hausfrauen darüber, was sie mit ihrem restlichen Leben anfangen sollen, ernstlich Gedanken machen, zögern, sich gegen die Flut der Frühehen zu stemmen. Sie sind eingeschüchtert durch die Orakel der popularisierten Psychoanalyse und zittern vor Schuldbewußtsein bei dem Gedanken, sie könnten die sexuelle Erfüllung einer Frau gefährden. Diese Orakel argumentieren in einer Art Nachhutgefecht, daß eine Frau schließlich in erster Linie über Ehe und Mutterschaft zu Identität gelange und deshalb ernsthafte Bildungsinteressen oder Bindungen, die Konflikte mit ihrer Rolle als Ehefrau verursachen könnten, hinausgeschoben werden sollten, bis die Zeit des Kinderkriegens vorbei ist.

[...]

Angesichts des Weiblichkeitswahns und seiner machtvollen, verborgenen Abschreckungsmittel müssen sich die Pädagogen darüber klar sein, daß sie junge Frauen nicht dazu ermutigen können, sich ernsthaft ihrer Ausbildung zu widmen, wenn nicht außergewöhnliche Maßnahmen ergriffen werden. Die bisher unternommenen Versuche werden dem Problem kaum gerecht. Vor allem ist es wesentlich, daß die Pädagogen selbst «Nein» zum Weiblichkeitswahn sagen und erkennen, daß es bei der Erziehung von Frauen allein darauf ankommt, ihre vollen Fähigkeiten zu wecken. Frauen brauchen keine Kurse in ‹Ehe und Familie›, um zu heiraten und Kinder aufzuziehen; sie brauchen keine Haushaltskurse, um einen Haushalt zu führen. Aber sie müssen Naturwissenschaften studieren, um wissenschaftliche Entdeckungen zu machen; sie müssen das Geistesleben der Vergangenheit studieren, um neue Gedanken hervorzubringen; sie müssen die Gesellschaft studieren, um in der Gesellschaft bahnbrechend zu wirken.

Auch müssen die Pädagogen ihre Kompromißmethode «jedes Ding zu seiner Zeit» aufgeben. Die getrennte Behandlung von ‹Erziehung›, ‹Sexualität›, ‹Ehe›, ‹Mutterschaft›, ‹Interessen für das letzte Lebensdrittel› wird die Rollenkrise nicht beseitigen. Die Frauen müssen zu einer neuen Integration der Rollen erzogen werden. Je mehr man sie dazu ermutigt, diesen neuen Lebensplan aufzustellen – nämlich ein ernsthaftes, lebenslängliches Engagement in der Gesellschaft mit Ehe und Mutterschaft zu verbinden –, um so weniger Konflikte und unnötige Frustrationen werden sie als Ehefrauen und Mütter erleben, und um so geringer ist die Gefahr, daß ihre Töchter eine Fehlentscheidung treffen, weil es ihnen an einem Vorbild weiblicher Identität mangelt.

Die Erziehung kann dazu beitragen, dieses neue Leitbild zu schaffen, sobald sie aufhört, mit dem alten Leitbild der ‹Frauenrolle› Kompromisse zu schließen. Für Frauen ist Bildung ebenso wie für Männer der Nährboden ihres menschlichen Erwachsenwerdens. Wenn heute die Amerikanerinnen auf der Suche nach einer neuen Identität aus dem Hausfrauengefängnis ausbrechen, so einfach darum, weil so viele von ihnen schon einen Vorgeschmack von höherer Bildung bekommen hatten. Nun kommt es darauf an, die durch den Weiblichkeitswahn getäuschten oder betrogenen Frauen umzuerziehen. Viele von ihnen, die sich als Hausfrauen ‹eingesperrt› fühlen, haben in den letzten Jahren den Weg in die Freiheit gefunden. Ebenso vielen anderen ist das nicht gelungen, weil sie nicht rechtzeitig herausgefunden haben, was sie machen wollten und wie es sich einrichten ließ. Denn aus zeitlichen und finanziellen Gründen können sich nur wenige Hausfrauen ein volles Studium leisten. Deshalb wäre ein nationales Erziehungsprogramm für Frauen in der Art der Kriegsteilnehmergesetze nach dem Zweiten Weltkrieg nötig, wenn Frauen ihre Ausbildung entweder fortsetzen oder wiederaufnehmen möchten, wenn sie bereit sind, sich zur Berufsausübung zu verpflichten. Das dringende Bedürfnis der Frauen nach Bildung und die dringende Notwendigkeit für das amerikanische Volk, sich die Reserven an weiblicher Intelligenz für alle Berufe zu erschließen, würden diese Maßnahmen rechtfertigen. Der Begriff ‹Fortbildung› ist für Männer auf vielen Gebieten eine Realität. Warum nicht auch für Frauen? Nicht Berufsausbildung statt

Mutterschaft, nicht Ausbildung für kurzfristige Berufstätigkeit vor der Mutterschaft, nicht eine Ausbildung, um ‹bessere Ehefrauen und Mütter› aus ihnen zu machen, sondern eine Ausbildung, die sie als vollgültige Mitglieder der Gesellschaft brauchen.

Die Erziehung und Umerziehung der Frauen zu ernster Zielstrebigkeit kann nicht nur von ein oder zwei weitblickenden Instituten bewerkstelligt werden, sondern muß in einem viel breiteren Rahmen vor sich gehen. Und niemand dient diesem Ziel, der aus Gründen der Zweckmäßigkeit oder des Takts die Klischees des Weiblichkeitswahns wiederholt. Es ist absolut falsch, wenn man, wie einige der führenden Erzieherinnen, heute sagt, daß Frauen natürlich von ihrer Bildung Gebrauch machen sollten, aber Gott behüte nicht in Berufen, in denen sie den Männern Konkurrenz machen. Wenn Frauen ihre Erziehung und ihre Fähigkeiten ernst nehmen und zum Einsatz bringen, müssen sie letztlich mit Männern konkurrieren. Es ist für eine Frau besser, genau wie ein Mann unpersönlich in der Gesellschaft den Wettbewerb mit anderen aufzunehmen, als im eigenen Hause mit dem Ehemann um Dominanz zu wetteifern, mit den Nachbarn um hohlen Status zu wetteifern und ihren Sohn derart zu unterdrücken, daß er überhaupt keinen Wettbewerb mehr aufnehmen kann. Denn eins ist gewiß: wenn eine befähigte Frau ihre Energie und Tüchtigkeit nicht für einen sinnvollen Zweck einsetzt (was unweigerlich Wettbewerb bedeutet, denn bei jedem ernsthaften Unterfangen in unserer Gesellschaft ist Konkurrenz im Spiel), dann wird sie ihre Energien in neurotischen Symptomen, unproduktiven Spielereien oder destruktiver ‹Liebe› abreagieren.

Es ist auch höchste Zeit, der Idee nicht weiter Vorschub zu leisten, daß es für die Frauen keine Schlachten mehr zu schlagen gäbe, weil doch die Frauenrechte bereits errungen seien. Es ist lächerlich, den Mädchen zu sagen, sie sollten sich in einem für Frauen neuen oder alten Berufszweig zurückhaltend benehmen, damit die Männer nicht merkten, daß sie da sind. Auf fast jedem Gebiet, in der Wirtschaft wie in der Kunst und Wissenschaft, werden Frauen immer noch als zweitklassige Bürger behandelt. Es wäre eine gute Sache, den Mädchen, die arbeiten wollen, zu sagen, sie müßten auf diese unmerkliche, unerfreuliche Diskriminierung gefaßt sein, aber sie sollten sie nicht so einfach hinnehmen in der Hoffnung, es würde schon mal besser werden, sondern sie sollten sich zur Wehr setzen. Ein Mädchen sollte keine besonderen Vorrechte auf Grund ihrer Geschlechtszugehörigkeit erwarten, aber genausowenig sollte sie sich Vorurteilen und Diskriminierung ‹anpassen›.

Sie muß lernen, sich am Wettbewerb zu beteiligen, aber nicht als Frau, sondern als Mensch. Jede Frau, die gegen die noch vorhandenen Hindernisse auf dem Weg zu voller Gleichheit ankämpft, macht es der nächsten Frau leichter. Auch in der Politik müssen die Frauen ihren Beitrag als Bürger und nicht als ‹Hausfrauen› leisten. Und selbst in den großen Parteiapparaten der Städte können die Frauen die heimtückischen, ungeschriebenen Gesetze ändern, wonach sie den politischen ‹Hausputz› erledigen dürfen, während die Männer die Entscheidungen treffen.

Wenn genug Frauen einen Lebensplan aufstellen, dann brauchen sie ebensowenig auf das Recht auf fairen Wettbewerb wie auf Ehe und Mutterschaft zu verzichten. Gewiß ist eine Frau durch ihr Geschlecht behindert, aber sie behindert auch die Gesellschaft, wenn sie die Notwendigkeit des sozialen Wandels nicht erkennt und entweder sklavisch die männlichen Methoden im Berufsleben kopiert oder es ablehnt, mit den Männern überhaupt zu konkurrieren.

Es gab Frauen, die sich trotz der unheilverheißenden Warnungen des Weiblichkeitswahns einen eigenen Lebensplan aufgestellt und sich gleichermaßen ernsthaft einem Beruf oder der Politik und der Ehe und Mutterschaft verschrieben haben; sie sind sozusagen ‹Mutationen›, die Verkörperung dessen, was die Amerikanerin sein kann. Wenn sie nicht zum Broterwerb ganztags arbeiten konnten oder wollten, so verbrachten sie wenigstens einige Stunden mit einer Arbeit, die sie wirklich interessierte. Da Zeit ein wesentliches Element war, setzten sie sich oft über die zeitraubenden, im Grunde genommen unnötigen Kleinigkeiten in Haushalt und Beruf einfach hinweg.

Sie befolgten, ob es ihnen bewußt war oder nicht, einen Lebensplan. Sie bekamen ihre Kinder vor oder nach der Pflichtassistentenzeit oder in der Zeit zwischen zwei Forschungsaufträgen. Wenn sie, solange die Kinder klein waren, keine brauchbare Haushaltshilfe fanden, gaben sie ihre Posten auf und übernahmen Halbtagsstellungen, die vielleicht nicht sehr gut bezahlt waren, ihnen aber die Möglichkeit gaben, in ihrem Beruf auf dem laufenden zu bleiben. Sie empfanden es nicht als ein ‹Glück›, Hausfrau zu sein; sie wußten, daß Ehe und Mutterschaft ein wesentlicher Teil ihres Lebens war, aber nicht sein ganzer Inhalt.

Diese ‹Mutationen› litten auch unter der ‹kulturellen Diskontinuität der Rollenkonditionierung›, der ‹Rollenkrise› und der Identitätskrise, aber sie überwanden sie. Natürlich hatten sie auch Probleme, schwere sogar – sie mußten sich Notlösungen während der Schwangerschaften ausdenken, Kinderschwestern und Haushälterinnen finden, gute Stellungen aufgeben, wenn der Ehemann versetzt wurde. Auch mußten sie sich mit der beträchtlichen Feindseligkeit anderer Frauen abfinden – und viele mußten auch in Kauf nehmen, daß ihre Ehemänner mit ihrer Arbeit nicht einverstanden waren. Und dank dem Weiblichkeitswahn quälten sich viele mit unnötigen Schuldgefühlen. Es bedurfte – und bedarf noch heute – einer ungewöhnlichen Zielstrebigkeit, wenn Frauen ihren Lebensplan verfolgen wollen, was die Gesellschaft gar nicht von ihnen erwartet. Während indes die Probleme der eingesperrten Hausfrau sich mit den Jahren vervielfachen, haben diese Frauen ihre Probleme gemeistert. Sie haben den Massenverführungen und Manipulationen widerstanden und ihre eigenen, oft schmerzlich errungenen Werte nicht für die Bequemlichkeiten der Konformität aufgegeben. Sie haben sich nicht in die Intimsphäre zurückgezogen, sondern die Herausforderungen der realen Welt angenommen. Und sie wissen jetzt ganz genau, wer sie sind.

Ohne es vielleicht klar zu erkennen, taten sie, was nun jeder Mann und jede Frau tun muß, um mit dem immer schnelleren Vormarsch der Geschichte Schritt zu halten und in unserer Massengesellschaft individuelle Identität zu erwerben oder zu bewahren. Die Identitätskrise bei Männern und Frauen kann nicht von einer Generation für die nächste gelöst werden; in unserer sich rapide wandelnden Gesellschaft muß man sich ihr ständig stellen, und auch wer sie erfolgreich löst, wird sich im Laufe seines Lebens erneut mit ihr auseinandersetzen müssen. Ein Lebensplan muß wandlungsfahig sein und offen für neue Möglichkeiten, die sich in der Gesellschaft und in einem selbst auftun. Keine Frau weiß heute genau, wohin ihre Suche nach Identität sie führen wird. Keiner Frau bleibt heute bei dieser Suche Kampf und Konflikte erspart, und sie braucht all ihren Mut. Aber die Frauen, die auf dieser ins Unbekannte führenden Straße voranschritten, reute es nicht, daß sie Mühsal, Anstrengungen und Gefahren auf sich genommen hatten.

Im Lichte des lang währenden Kampfes um die Emanzipation der Frauen war die neueste sexuelle Gegenrevolution in Amerika vielleicht eine letzte Krise, eine Atempause, ehe die Larve die Hülle abstreift und ins Reifestadium eintritt – eine Art Stillhalteabkommen, währenddessen sich viele Millionen Frauen auf Eis legten und ihren Wachstumsprozeß unterbrachen. In letzter Zeit haben die amerikanischen Frauen die Männer um viele Jahre überlebt – aber ihr restliches Leben haben sie wie lebende Leichname verbracht. Vielleicht könnten die Männer in Amerika länger leben, wenn die Frauen einen größeren Teil der Last des Kampfes mit der Welt tragen, statt selbst eine Last zu sein. Ihre ungenutzte Energie wird sich, glaube ich, so lange lähmend auf ihre Männer, ihre Kinder und sie selbst auswirken, als sie nicht für ihren eigenen Kampf mit der Welt eingesetzt wird. Aber wenn die Frauen ebenso wie die Männer über das biologische Leben hinauswachsen, dann können jene restlichen Lebenshälften die Jahre ihrer größten Erfüllung werden.

Dann wird der Riß im Leitbild geheilt sein, und die Töchter werden nicht mit einundzwanzig oder einundvierzig jene Torschlußpanik erleben. Wenn die Erfüllung ihrer Mütter es den Mädchen erstrebenswert erscheinen läßt, Frauen zu sein, dann brauchen sie sich nicht ‹selbst zu erniedrigen›, um weiblich zu sein; sie können sich recken und strecken, bis ihre eigenen Leistungen ihnen sagen, wer sie sind. Sie werden nicht den Blick eines Jungen oder eines Mannes brauchen, um sich lebendig zu fühlen. Und wenn Frauen es nicht mehr nötig haben, durch ihre Männer und Kinder zu leben, dann werden sich die Männer nicht mehr vor der Liebe und Kraft der Frauen fürchten und nicht mehr auf die Schwäche eines anderen angewiesen sein, um ihre eigene Männlichkeit zu beweisen. Sie werden einander schließlich so sehen können, wie sie sind. Und das mag der nächste Schritt in der menschlichen Evolution sein.

Wer weiß, was Frauen zu sein vermögen, wenn sie endlich sie selbst werden können? Wer weiß, was die Intelligenz der Frauen leisten wird, wenn sie sich frei entfalten kann, ohne die Liebe verleugnen zu müssen? Wer weiß um die Möglichkeiten der Liebe, wenn Männer und Frauen nicht nur Kinder, Heim und Garten teilen, nicht nur die Erfüllung ihrer biologischen Rollen, sondern auch die Verantwortung und Leidenschaft der die Zukunft gestaltenden Arbeit und die volle menschliche Erkenntnis, was sie sind? Die Suche der Frauen nach sich selbst hat kaum begonnen. Aber jetzt ist die Zeit gekommen, da die Stimmen des Weiblichkeitswahns nicht länger die innere Stimme übertönen können, die die Frauen dazu treibt, sich zu vollenden.

Friederike Mayröcker

## *Tod durch Musen*

Hammerklaviere

Hammerklaviere
Frau Bogunke
Hammerklaviere
gibt es nicht viele in Wien.
Aber im Elbesandsteingebirge
gibt es davon eine Menge.

Ich plärrte eben eine Stelle
aus Benjamin Brittens Serenade
da flocht er mir Rosen ins Haar
tatsächlich Rosen ins Haar
und Frau Bogunke sah zu.

Es gab in ihrer Gegend viel Mond
eine Fülle von Mond jeden Abend
die Gardinen flogen in den Garten hinaus
aber ich war verhext
und sie sagte zu mir:
Isz mein Kind!

Über Brieg stand der Mond Nacht für Nacht
ich bekam Briefe und Röteln
ich las Wallensteins Lager
ging Äpfel stehlen
preszte mich gegen die warme Herdplatte
und nahm winters Stunden im Skilauf.
Die Soldaten sangen das Lied vom Wagen
der wieder rollt.
Ich notierte auf einem grünseidenen Kanapee
mein erstes Gedicht.

## Gesponnener Zucker

Braut und Bräutigam mit dem Eiffelturm nach Chagall
auf der Bank auf der Vogelbank auf der Federbank
mit dem maszlosen vierbeinigen Eiffelturm
Weichteile aus Stahl
und die Rollfähre in die stimmungsvollen Lüfte
jenseits der Seine
wir wissen schon wo
denn der Frühling kann aus den Büschen kommen
mit den Baszgeigen mit den Luren mit den Lieblingsglöcknern
an gewöhnlichen Häusern läuten wie an einer Sturmglocke
durch die Dachglasblase Glasblase mit dem Stachel
der einmal ein Wetterhahn war
der Wetterhahn ist zur Wetterhenne geflogen
und der schwarze Bräutigam fragt die weisze Braut:
willst du das Hühnerei des Wetterhahns ausbrüten

das Entenei mit dem Reiherschnabel mit dem Wollhut und
Lappenbart
das uns so hübsch befördert

so weisz vom Brautschleier bis zu den Fuszsohlen
in der einen Hand einen Strausz Salbei wie einen Fächer aufgebunden
den Fächer Salbei mit der Hand auf den Schenkel gedrückt
die andere Hand ist verkürzt und unter der Mitte
dorthin legt der Bräutigam seine Hand
was für liebe Ohren du hast sagt der Bräutigam

und alle Musik aus den Käferbäumen
den Singvögelchen-Kehlen
den Brautfeldern und den Kirchenstämmen
die sich im Westwind biegen
wird zu einer Flüssigkeit
und mit einem groszen Trichter
gieszen sie diese Flüssigkeit
in den Kopf der weiszen Braut
jetzt bin ich nur in meinem Kopf sagt sie
denn ich kann alle Musik in meinem Kopf rinnen hören
auch die gelben Blumen von der Wiese
und die Pappelkätzchen

dann stelzen sie vorüber
drei Wippvögel oder Schwiegerschwestern
stark parfümiert und auf Wurmsuche
auch mit der Anfertigung von kritischen Aufsätzen beschäftigt
über die letzte Harfenmusik im Schlehdorn
sie haben braune Augen und erschlaffte Gesichtsmuskel
aber von einigen Wangenfedern verdeckt
und grosze Zähne
und herrliche Beine
und sie lachen drollig
und über die Kieselwege davon

# 1967

Eric Malpass
*Morgens um sieben ist die Welt noch in Ordnung*

Die Glaskugel

In Chester unterbrachen sie die Reise. Gaylord, der seine zehn Shilling Feriengeld noch nicht ausgegeben hatte, starrte sehnsüchtig in die Schaufenster. Der Wunsch, diese zehn Shilling auszugeben, war überwältigend. Aber hier gab es keine interessanten Läden, nur Damenbekleidung und alte Möbel.

Und plötzlich, in einem dieser Geschäfte mit alten Möbeln, entdeckte er es – und traute seinen Augen nicht. Mummi, Paps und Tante Rose, die zum Wagen zurückgehen wollten, waren ungehalten, daß Gaylord mit weitaufgerissenen Augen in das Schaufenster eines Antiquitätenladens starrte. «Los, Gaylord, komm schon», rief Mummi.

Aber Gaylord hatte es, ausnahmsweise, die Sprache verschlagen. Er konnte seinen Blick nicht losreißen.

«Das tut er nur, um uns zu ärgern», sagte Paps. «In einem solchen Geschäft kann es doch nichts geben, was ihn interessieren könnte.»

Aber letzten Endes mußte der Berg zum Propheten zurückkehren. Paps sagte: «Gaylord, wir müssen noch hundert Meilen ...»

«Schaut doch bloß mal», sagte Gaylord und stieß mit dem Finger gegen die Scheibe.

Und sie schauten. «Ach, du großer Gott», sagte Paps, «ein gläserner Briefbeschwerer.»

«Ich wußte gar nicht, daß man sie im Laden kaufen kann», sagte Gaylord. Es war, als sei hier ein Regenbogen zu verkaufen.

Aber Mummis Gehirn funktionierte wieder einmal hervorragend. Plötzlich formten sich einzelne Mosaiksteine zu einem Bild. «Wolltest du etwa so einen zu Weihnachten haben?» fragte sie.

Aber Gaylord marschierte bereits in den Laden. «Wieviel ... wieviel kostet bitte der Briefbeschwerer?» fragte er, vor Aufregung ganz außer Atem.

«Zehn Shilling», sagte der Verkäufer. Und krönte den großen Tag, indem er hinzufügte: «Mein Herr.» So ein feiner Laden war das.

Gaylord kramte in seinen Hosentaschen herum und breitete auf dem eleganten Verkaufstisch eine Sammlung von Muscheln, Bindfadenenden, Münzen, Bonbonpapier und Steinen aus. Mit dem Verkäufer suchte er zehn Shilling zusammen. Den Rest stopfte er wieder in die Tasche. Der Mann legte den Briefbeschwerer in ein kleines Kästchen, wickelte es umständlich ein und öffnete Gaylord die Tür, der wie ein König hinaussegelte. «Er hat mich ‹Herr› genannt», berichtete er seinen erstaunten Eltern.

Im Wagen öffnete er das Kästchen und blickte verzaubert hinein. Statt des Rathauses von Leeds zeigte sich in der Glaskugel ein Fluß mit Schwänen und Weiden, aber sonst war die Kugel genauso glatt, rund und schimmernd. Gaylord besah sie sich von allen Seiten und fand sie von allen Seiten gleich wunderschön. Und dann flüsterte eine böse listige Stimme in ihm: «Der wäre was für Willie.»

Gaylord tat so, als hätte er nichts gehört, aber er fing an, sich ungemütlich zu fühlen. Da sagte Mummi: «Zeig doch mal her, Gaylord.»

Er reichte Mummi die Glaskugel. Sie hielt sie vorsichtig in ihren schlanken Händen. «Das ist aber auch wirklich hübsch», sagte sie.

«Ja», sagte Gaylord. Und wieder wisperte die böse, geheime Stimme: «Der wäre was für Willie.»

«Er bekommt ihn aber nicht», sagte Gaylord und zog einen Flunsch.

«Aber Willie hat sonst kein Spielzeug», beharrte die Stimme. «Und du hast soviel. Und der arme Willie hat nicht alle Tassen im Schrank.»

«Er bekommt ihn nicht», wiederholte Gaylord, aggressiver, aber schon weniger überzeugt.

Die Stimme schwieg. Kurz ehe sie zu Hause ankamen, sagte sie plötzlich: «Denk mal, wie nett und großzügig Willie es finden würde, wenn du sie ihm schenktest.»

Ein Erwachsener hat jahrelange Erfahrung, wie man mit einem aufdringlichen Gewissen fertig wird; er hat Hunderte von Argumenten zur Verfügung. Aber Gaylord besaß solche Erfahrung noch nicht. Er bohrte beide Hände in die Hosentaschen, lümmelte sich unglücklich auf dem Hintersitz und versprach, darüber nachzudenken.

Aber der Gedanke an Willie hatte andere Gedanken verstärkt, die nicht einmal die frische Seeluft aus seinem Gedächtnis hatte vertreiben können. Wenn er jetzt nach Hause kam, würden Willies Brüder ihm noch immer auflauern. Er hatte Angst. Er wünschte sehnlichst, sie wären doch noch an der See geblieben. Dort war man sicher. Denn eines Tages, so sehr er sich auch in acht nähme, eines Tages würde er um eine Ecke biegen, und dann würden sie schweigend, die Hände in den Taschen, dastehen und ihn anstarren. Und dann würden Todesangst und Schmerz über ihn hereinbrechen.

«Dir selbst wird es Freude machen, wenn du ihn Willie gibst», sagte die Stimme. «Er wäre bestimmt so dankbar, daß du dir wie der liebe Gott vorkämst.»

Das war alles schön und gut. Aber die Drohung der jungen Foggertys lag wie Mehltau über dem ganzen herrlichen Land. Gaylord traute sich nicht allein aus dem Haus. Er fing an, die friedlichen Wege zu hassen und die lauernde Stille der Felder zu fürchten.

Andererseits war das Haus voller Menschen, und keiner schien von ihm viel Notiz zu nehmen. Es gab ungezählte Gelegenheiten, sich unbemerkt davonzustehlen. Und sein Gewissen hatte dafür gesorgt, daß der Briefbeschwerer ihm nur noch Freude bereitete, wenn er ihn jetzt seinem Freund schenkte.

Also ging er los und fand Willie, wie immer, in dem alten Steinbruch. «Warst du an der See?» fragte Willie.

«Ja», sagte Gaylord. «Ich hab dir was mitgebracht.» Er gab Willie das Kästchen und wartete, wobei er neugierig das blasse Mondgesicht beobachtete.

Es sah fast so aus, als sei die Aufregung über das Geschenk für Willie zuviel. Er wurde krebsrot im Gesicht. Sein Atem ging schwer. Seine Finger zitterten, als sie das Papier zerrissen. Endlich hatte er es geschafft – und starrte mit grenzenloser Enttäuschung darauf. «Wofür ist das?» fragte er.

Gaylords Herz sank. «Das ist ein Briefbeschwerer», sagte er. «Wie der, den du verloren hast.»

Willies Augen wurden eng. «Den du mir geklaut hast, meinst du.»

«Das hab ich doch nicht getan, Willie. Aber ich hab dir einen anderen mitgebracht, um ... na ja, damit alles wieder gut ist.»

Willie betrachtete das Glas widerwillig. «Mit dem ist gar nichts los. Den Fluß kann ich immer sehen. In dem andern war eine Stadt und Straßen und so.»

Das kommt davon, wenn man auf sein Gewissen hört. Gaylord fühlte sich überhaupt nicht wie der liebe Gott. Und Willie hatte es auch nichts geholfen. Gaylord sagte: «Also gut, dann gib's wieder her, wenn du's nicht magst.»

Willie machte ein verschlagenes Gesicht. Schützend schloß er seine Hände um die Kugel. Gaylord wollte sie ihm entreißen; dann sah er etwas, das seine Knie weich werden ließ. Schweigend kamen Willies Brüder hintereinander in den Steinbruch. Und sie sahen ganz so aus, als ob sie ernst machen wollten.

Die Stille in dem alten Steinbruch war lähmend. Willies Brüder umzingelten schweigend Gaylord.

Der stand da, in der stechenden Sonne, und wartete auf das, was kommen sollte. Sein Blick verfolgte jede Bewegung von ihnen. Und ihre Augen starrten ihn unverwandt an. Klein, hilflos, aber trotzig stand er da, mit gespreizten Beinen, verzweifelt aufrecht, mit vorgestrecktem Kinn. Sie waren ihm ganz dicht auf den Leib gerückt. Der trockene, muffige Geruch alter Kleider, der scharfe Geruch dieser schwitzenden Körper schien den ganzen Steinbruch anzufüllen. Flucht war unmöglich. Er konnte sich keinen Fußbreit rühren.

Berts Gesicht hing über Gaylord. Seine Lippen verzerrten sich, ehe er sprach. «Dein Vater ist ein Schwein», sagte er dann.

Gaylord stand unbeweglich wie ein Denkmal. Der Schweiß lief ihm in die Augen, aber er traute sich nicht zu zwinkern, weil sie dann gedacht hätten, er heule.

Bert sagte: «Sprich mir nach: ‹Mein Vater ist ein verdammtes Schwein.› Los, sag's.» Gaylord schwieg.

Langsam hob Bert den Fuß. Dann trat er Gaylord mit aller Wucht vors Schienbein. «‹Mein Vater ist ein verdammtes Schwein›», wiederholte er.

Gaylord wurde schwarz vor Augen. Der Steinbruch begann sich ganz langsam wie ein Karussell zu drehen. Der Schmerz durchzuckte seinen ganzen Körper. Aber er schwieg.

Bert verlor die Beherrschung. «Sag's», schrie er. «Los, sag's. Sag, ‹Mein Vater ...›» Er schlug Gaylord mitten zwischen die Augen.

Gaylord brach zusammen, und Bert trat ihn, wild, viehisch, böse, bis seine Brüder selber Angst bekamen und ihn fortzerrten. Und Gaylord blieb in der glühenden Sonne blutüberströmt liegen, und dicke Fliegen krabbelten gierig auf ihm herum.

## Peter Rühmkorf
## *Über das Volksvermögen*

### Respektspersonen

Der Kindervers dreht sich weder von selbst noch um sich selbst. Es ist nicht zuletzt der Aggressionstrieb, der ihn in Marsch setzt und in Bewegung hält, und überall, wo sich die Interessen der Kinder gefährdet sehen, da haut er zu und stichelt, schmäht und stellt bloß, plappert die Wahrheit aus und stellt die als ungerecht empfundenen Verhältnisse auf den Kopf.

Mit solchem Verhalten steht er freilich nicht allein. Auch hier ist er nur ein Zweig, eine besondere Pflanzenart im großen Reich der populären Kreationen; nur daß sich eben bei ihm der rebellische Impetus am ersten zeigt, und daß eine ganz besonders beschaffene Umwelt auch ganz besondere Reaktionen und Verwahrungen heraufruft. Man darf nämlich nicht vergessen, daß Umwelt für das Kind immer auch Überwelt bedeutet. Neben den lieben Großen, oder hinter ihnen, stehen die überlebensgroßen Stellvertreter, die die Unart strafen und die Tugend eintreiben sollen. Neben wortwörtlichen Ermahnungen und Verweisen gibt es noch jene personifizierten Kinderscheuchen, die mit Säbel, Besen und Rute über das Gesetz wachen, und die, mit wahrhaft gespenstischen Kopfbedeckungen versehen, bereits von weitem als Respektspersonen erkennbar sind. Ob Tschako, Zylinder oder Zipfelmütze, ob Uniformrock, schwarze Kluft oder roter Mantel, ob Polizist, ob Schornsteinfeger oder Weihnachtsmann, schon das exotische Äußere signalisiert Gefahr; und wo dem Kind das Beten beigebracht wird, da sieht sich dieses unversehens selber ins Gebet genommen:

Lieber guter Weihnachtsmann
Schau mich nicht so böse an
Stecke deine Rute ein
Ich will auch immer artig sein.

Aber der Kindervers, ich meine der Vers, der nicht erst durch die Hände der Eltern gegangen ist, bevor er das Kind erreicht, oder auch der Vers, den die Kinder den Erwachsenen aus der Hand genommen haben, läßt sich auf Bangemacherei partout nicht ein. Das ist an sich nicht selbstverständlich. Gemeinhin, wo man über die kindliche Seele sich klar zu werden sucht, läßt man ja wahre Zauberblumen aus dem grünen Tisch der Theorie schießen, und dämonisiert die kleine Primitivperson zu einem in magische Vorstellungen rettungslos verstrickten Naturwesen. Das ist zwar in gewisser Hinsicht richtig – zumindest in dem Sinne, wie auch der erwachsene Mensch der Neuzeit, und selbst der aufgeklärteste, immer wieder gern zu magischen Praktiken und magischen Bewältigungsversuchen regrediert –, die andere Seite der vertrackten Wahrheit sieht aber so aus, daß gerade der Kinderreim sich ungern etwas vormachen läßt. Statt auf bloßen Gegenzauber, treffen wir auf eine rabiate Lust an Entzauberung. An Stelle ängstlichen oder erwartungsvollen Wunderglaubens bietet sich uns Neugier dar, Kritik, Entlarvungsfreude, Wißbegierde, Enthüllungslust – all solche Eigenschaften, die man beim Kind vermutlich weniger gern entwickelt sieht, als eben Dämonenfurcht und Autoritätsbänglichkeit.

1 Wenn de Nigge-nagge
An de Häuser kagge
Kimmt de Schutzmann
Schreibt se uff
Seggt de Niggenagge:
Laß misch woiderkagge
Wann isch ferdisch bin
Her isch uff

2 Links links
Hinterm Schutzmann stinkts
Hinterm Schutzmann steht ein Mann
Läßt ein' Wind und läuft davon

3 Schiffe ruhig weiter
Bis der Schutzmann spricht
Geh ein Stückchen weiter
Hier wird nicht geschifft

4 Meine Oma fährt Motorrad
Ohne Bremse ohne Licht
Und der Schutzmann an der Ecke
Dieser Döskopp sieht es nicht

5 Laura, der Schutzmann kommt
Nimm dich wohl in acht
Sonst wirst du eingesperrt
Eine ganze Nacht

6 Griet, dun de Memmen erus
Es küt ne feine Heer
Griet dun de Memmen erin
Es küt ne Kommissär

7 Udel Udel Udel
Üm de Eck door kummt en Schudel
Nu loopt wie fix
Sonst hett he uns glieks
Bi de Büx

8 Kommt der Polizist
Schreibt dich auf die List

Kommt die Polizei
Macht dich wieder frei

9 Schuh – Po – Hals – Maul

10 Schornsteinfeger
Schwarzer Neger
Sitzt auf'm Dach
Flickt sein' Jack

11 Schosteenfeger sitt op'n Dack
Flickt sien Jack mit Priemtabak

12 Schornsteinfeger Litterbär
Schieb die Kugel hin und her
Schieb sie nicht zu weit
Sonst kriegst 'n altes Weib

13 Schornsteinfeger Klante
Geht zu seiner Tante
Läßt sich 'n Stückel Kuchen geben
Sagt noch nicht mal: danke

14 Schornsteinfeger Lampe
Geht nach seiner Tante
Frißt den ganzen Kuchen auf
Sagt noch nicht mal: danke

15 Kindlkiara
Hubbf aaf Dhäich
Hosd an Bugl
Fola Fläich

16 Kindlkiara
Raachaafdschiara
Boanabeissa
Hosnscheissa

17 Lieber guter Weihnachtsmann
Schau mich nicht so böse an
Gib die Geschenke her
Dann scher

18 Die Kerzen brennen am Weihnachtsbaum
Und die Geschenke sieht man kaum

19 Rupprecht Rupprecht guter Gast
Hast du mir was mitgebracht?
Hast du was dann setz dich nieder
Hast du nix dann geh man wieder

20 O Tannenbaum O Tannenbaum
Der Weihnachtsmann will Äpfel klaun
Er zieht sich grüne Kleidung an
Damit er sich besser tarnen kann

21 O Tannenbaum O Tannenbaum
Der Weihnachtsmann will Äpfel klaun
Er zieht sich die Pantoffeln an
Damit er besser schleichen kann

Was steckt an Absicht hinter solchen Versen? Ich meine, was läßt sich möglicherweise als eine verbindende Moral herausstellen, als ein gemeinsames fabula docet? Nun, wenn wir einmal über die immer präsente Anrüchigkeit hinwegzusehen vermögen, dann erkennen wir einen übergreifenden Nenner vor allem in dem furchtlosen Umgang mit den Gespenstern einer Horrorpädagogik. Der Polizist, so lernen wir, so belehren die Kinder sich untereinander, ist keineswegs der uniformierte Liebegott, der alles sieht und alles ahndet; viel eher ein Dummkopf als ein Alleswisser, ist er im Grunde leicht zu hintergehen, man sollte sich nur nicht gerade auf frischer Tat von ihm ertappen lassen. Der schwarze Mann und Schornsteinfeger hat vollends nicht das Zeug zu einem Tugendwächter; man kann ihn daher auch ungestraft verhöhnen und ihm die Läuse in den Pelz wünschen. Und wo sich diese Drohmänner schon so leicht als Strohmänner entlarven lassen, da hat auch der Weihnachtsmann seine Recht verloren. Wofern er nicht selbst das Verbotene tut und also mit schlimmem Beispiel vorangeht, zu lohnen und zu prügeln, ist er in keinem Fall ermächtigt, und was man allenfalls von ihm erwartet, ist, daß er die Geschenke herausrückt und sich dann schleunigst wieder trollt.

# 1968

Peter O. Chotjewitz

*Die Insel*
*Erzählungen auf dem Bärenauge*

Frau Hübscher geht vorbei und herein weht ein Hauch von Sodomie

Kein Zweifel und was es wirklich heißt, zweifellos zu sagen, wo ohne Zweifel, natürlich, selbstverständlich, eigentlich, wirklich, gewiß nur gesagt wird, wenn Zweifel an Gewißheit, Wirklichkeit, Selbstverständlichkeit, Natürlichkeit und dem, was eigentlich ist, bestehen, die man zu faul ist auszuräumen oder die sich nicht ausräumen lassen wollen, weil sie zu Recht bestehen, so wird also ohne Zweifel, natürlich, selbstverständlich, eigentlich, wirklich, gewiß gesagt, um die Unsicherheit der eigenen Stellung zu verbergen, was nur ein Beispiel für andere, ähnliche Fälle ist, hat es am schwersten von allen Frauen im Hause Frau Hübscher. Es war zunächst nicht zu erkennen. Am Tage, wenn ihr Mann, an dessen Amtszimmertür, wie jeder weiß, ein Schild mit der Aufschrift hängt: «Hübscher Gerichtsvollzieher», außer Hause ist, sieht man Frau Hübscher ihren Hund aus der dritten Etage herabtragen. Sähe man nicht den Hübscher'schen Hund von Zeit zu Zeit, man wüßte doch, daß es ihn gibt. Das Haus ist voll von seinem Körpergeruch und nachts dringt sein dunkles Bellen durch Decken und Fußböden und macht die Unmutsäußerungen des zweifellos zu Recht mit seinem Leben unzufriedenen Hundes deutlich wahrnehmbar. Schon an der Wahl des Wortes Körpergeruch sieht man, daß es nicht Speisen noch verwertete Speisereste des Hundes sind, die den Weg über den Podest vor den Türen des dritten Stockwerkes zu einer Zumutung für die Nasen machen oder wenn man die Treppe heraufkommt und Frau Hübscher kommt mit ihm die Treppe herauf, man überholt sie, sie drückt den Hund an die Wand und spricht freundlich zu ihm dumme Worte, die ihre Verlegenheit verbergen sollen, oder herab, sie nennt ihn ihr Baby oder behauptet, er habe dort drüben, wer weiß wo, eine kleine Freundin, wenn man die Treppe herabgeht und Frau Hübscher geht mit ihm die Treppe herab und behauptet, man habe die Sachen nicht gestohlen, die man gerade bei sich trägt, er sei ein guter Hund, der immer stets glaube, man habe bei Frauchen gestohlen, oder kommt mit ihm die Treppe herauf, während ich entgegenkomme, aber das Schlimmste ist nicht einmal, daß man auch ein Pferd nicht auf dem Dachboden unterstellt und auch nicht der Körpergeruch des Tieres, der bei offenen Fenstern bis an meinen Arbeitstisch dringt, sondern das Hüftleiden des Hundes, die Art wie er natürlich über die Straße geht, daß man meinen muß, er werde sich kürzlich einen Knoten ins Hintergefüß schlingern, diese Art von Verlangsamungen und jähen Accelerationen, die alles wieder nachzuholen scheinen, was die Phase der Verlangsamung verschenkt hat, mag für die uneigenwillige Bewegung aufs Rad Geflochtener typisch gewesen sein, wie dieser Hund, soll man's Gehen nennen, wenn er über das große Trümmerfeld kommt, das unserem Balkon fast genau gegenüber liegt, oder sich über die Bismarckstraße in Richtung Oper entfernt, das sehe ich von meinem Fenster aus am Arbeitstisch auf Anstand sitzend mit Blick auf Krumme Straße und Deutsche Oper, da ist mir auch dieser Hund Waidwerk doch ohne Flinte und Armbrust, denn er hat laut Tierschutzverordnung immer Schonzeit und Euthanasie ist nur für Menschen systembedingt entschuldbar, indes, Frau Hübscher versichert uns, ihr Tier sei noch jung und werde folglich noch viele Jahre sommertags ihren Balkon bevölkern, den es hinreichend ausfüllt, um sich nicht drehen und wenden zu können und wintertags die Hübscher'sche Diele, wo die betrunken heimkehrenden Hübscher'schen Aftermieter wahlweise über den jagdtrophäenfellähnlich über den ganzen Dielenraum ausgebreiteten Hund stolpern und von ihm mittels schwarz ausgefranst ekelerregender Hundeschnauze gebissen werden, was jeweils zu leichten Mietsnachlässen führt, man sieht schon, ich liebe den Hund nicht halb so sehr wie sein Frauchen, das seinerseits freilich schon allein seines Hundegeruches wegen überaus abstoßend ist und auch oft genug an warmen Tagen mit dem seitwärts gelagerten die Beine weit von sich streckenden Hund, das Krüppelchen, auf dem gegenüberliegenden Trümmerfeldwiesenrasen in enger Umarmung befindlich gesehen worden ist, wobei sie in das vierbeinige Gewirr der ausgestreckten Hundeläufe förmlich hineinkroch und sich auch ihr Rock dermaßen hochschob, daß sie nur deshalb von allen Verdachtsmomenten freiblieben, weil sie es ja schließlich genausogut bei sich daheim treiben können, aber, das alles ist ohne Zweifel nicht ausreichend Beweis für die Behauptung, ohne Zweifel und was es wirklich heißt, zweifellos zu sagen, hat es am schwersten von allen Frauen im Hause Frau Hübscher, was zunächst nicht zu erkennen war.

Sie trug den halb selbst gehenden Hund morgens, ich würde sagen, so gegen halb acht hinab wo er mit den Vorderfüßen offenbar normal gehend sofort mit den Hinterbeinen ein nun aber wirklich beängstigendes Geschlenkere begann und redete dem Hund, der stehenblieb, sobald er bemerkt hatte, so könnte es sein, in welche nun aber wirklich lebensgefährliche Situation seine Hinterläufe gebracht hatten und wenn er stand, stand er, dann hätten ihn keine drei Doggen mehr von der Stelle gebracht, gut zu, so, wie ich meinen Söhnen gut zurede, wenn sie vor nun aber wirklich jedem Auto stehenbleiben, dann noch einmal so um die Mittagszeit und schließlich früh am Abend. Nun habe ich sie einige Male auch schon in der Zeit um Mitternacht auf der Treppe gesehen.

Doch traf ich sie letzte Nacht, als ich fast volltrunken gegen vier Uhr heimkehrte, einem Sysiphus gleich und trug einen gewaltigen Doggenhund zur Hälfte mit Liebe und verlegenen Worten, die, wie ich weiß, für die Öffentlichkeit bestimmt sind, denn in ihrer Wohnung hört man sie oft ihrem Tier Vorwürfe darüber machen, daß viele Hunde in seinem Alter schon laufen können und erfuhr auf Befragen, daß dieser des Menschen bester Freund es zwar tagsüber sechs Stunden lang aushalte und folglich nur dreimal Gassi, jedoch nachts alle vier Stunden, zwischen Mitternacht und Morgendämmerung mithin noch einmal, so, also, daß, kein Zweifel hat es am schwersten von allen Frauen im Hause Frau Hübscher und so verhält es sich ganz allgemein mit der Tierliebe, die hier ein weitverbreitetes Übel ist auf dem Bärenauge.

Hubert Fichte

## *Die Palette*

DREIZEHNTER BESUCH:
WIEDERERKENNEN. KEIN KALEIDOSKOP MEHR:

Jäcki zählt die Stufen nicht mehr beim Hinuntersteigen. Jäcki bemerkt nicht, daß er die Stufen nicht mehr zählt. Jäcki stößt nicht mehr an die Music-Box. Sie steht neben dem Eingang im ersten Raum der Palette. Jäcki hört Elvis nicht, als er an dem Lautsprecher im zweiten Raum vorbeigeht. Elvis singt King Creole. Jäcki sieht, daß im dritten Raum kein Platz ist.
Er wird erkannt. Einer hebt seinen Dufflecoatarm.
– Ich habe ihn schon mal gesehen.
Einer ruft:
– Hallo, Jäcki!

– Ich erinnere mich nicht an seinen Namen.
Jäcki dreht sich um, nachdem er die eine Hand zur Begrüßung hochgehoben hat,
– Hallo! gerufen hat und geht in den zweiten Raum zurück, setzt sich in das erste Séparée neben den Flipperkasten.
Lausi kommt.
– Das ist Lausi.
– Hast du Egon gesehen?
– Nein.
– Er wollte mit mir nach Berlin fahren. Er hatte mich eingeladen.
– Vielleicht ist er ein Spitzel.
– Der ist kein Spitzel. Der da ist ein Spitzel.
Lausi zeigt mit dem Kinn auf Melchior.
– Das ist Melchior. Er hat wieder seinen Fischgrätmantel an. Er war mit an der Ostsee.
– Woher weißt du das?
– Egon ist nicht gekommen zum Flughafenbus.
– Egon würde nie für jemanden was ausgeben.
– Das glaub ich nicht.
– Warst du beim Doktor?
– Ich geh auch nicht zum Doktor.
Im dritten Raum fassen sie Do you know Basel an, kriegt er ein Paar vor den Latz, vor die Nuß, hauen sie ihm mal ordentlich in die Fresse.
– Das ist Do you know Basel, mit den blonden Locken, der einen halben Liter Bier im Stehen austrinkt, ohne die gelbe Flüssigkeit zurückschwappen zu lassen.
Er heult. In der weißen Kellnerjacke trampelt er am Kachelofen vorbei und trocknet sich mit dem Serviertuch die Augen ab. Er schimpft beim Naseputzen. Rotz und Tränen und Speichel tropfen auf seine Kellnerjacke.
Hammed lehnt sich an die Sperrholzwand zwischen erstem und zweitem Séparée und sagt zu Jäcki:
– Tu vas à la chasse?
In Pierrevert jagen die Bauern, wenn im Regen nicht gearbeitet werden kann und wenn der Schnee die Weiden der Schafe verdeckt, Eichhörnchen, sie jagen Rotkehlchen, Finken, wahrscheinlich auch Nachtigallen, ziehen sie auf eine Schnur und tragen sie zum Markt. Die Eulen setzen sich nachts auf die Chausseebäume. Sie erkennen die Mäuse im Scheinwerferlicht auf dem Asphalt. Die Eulen werden, wenn sie die geblendeten Mäuse greifen wollen, von den Autos plattgefahren. In einem Film über Alligatoren schwimmt der Alliga-

tor lautlos zwischen den Pflanzen auf das Wasserhuhn zu. Der Vater lauert auf die Jungen, wenn sie aus den Eierschalen zum Fluß wandern.

– Hammed fragt mich zum zweiten Mal, ob ich auf Jagd gehe.
– Comment va Irma?
– Elle va bien.
– Elle ne s'ennuie pas?
– Non.
– Tu es alors bisexuel?
– Si tu veux.
– Das ist Arnim. Ich kann mir sein Gesicht vorstellen, wenn ich nicht in der Palette bin. Ich weiß, was für ein Braun er in den Augen hat, wie eng seine Jeans sind, daß er sich bucklich hält und seine Schultern etwas abfallen. Er hat hellblonde Haare zu seinen braunen Augen, das gilt als besonders hübsch. Ich finde ihn hübsch. Ich finde, daß er intelligent aussieht. Er bewegt die Augen sehr schnell und wenn er abstaubt, dann macht er es brutaler als Do you know Basel und er nimmt sich nicht so ernst dabei.
– Los, gib ein Bier aus.
– Hast du eine Miese für Musik?
– Ich muß nach Pinneberg. Los, eine Aktei, Fahrgeld. Wird es bald.

Reimar Renaissancefürstchen ist wieder da.

Jürgen wohnte in Farmsen und arbeitete im Hafen. Jürgen wohnte bei Liana Pozzi und arbeitete im Hafen. Jürgen wohnte bei seinem Vater und arbeitete in der Stadtbäckerei. Wo wird Jürgen das nächste Mal wohnen? Und arbeiten? Jürgen steigt wieder in Jäckis Pritschenwagen, wo er mit Liana Pozzi lag, ehe er sich in die Galionsfigur von vorne und hinten, in den Frühlingswind und die Schneeflokke verwandelte.

Jäcki macht noch mal ein bißchen mit Jürgen und Jürgen hat aus Gewohnheit nichts mehr dagegen.

Jäcki bemerkt, daß die Personen, nachdem er angefangen hat, sie mit einer Gruppe von Wörtern oder einem ganzen Satz oder mehreren Sätzen in sich zu bezeichnen, dicker werden von Besuch zu Besuch, wie die Weißbuchen im Laufe von Jahrhunderten um die Bergerie von St. Étienne-les-Orgues oder wie Baumkuchen bei jeder Umdrehung des Spießes, daß sie mit jedem Besuch weniger in einem Blick unterkommen mit allem, was sie für Jäcki bedeuten, sich die Vorstellung von ihnen bei geschlossenen Augen aus mehreren Bildern zusammensetzen, Bilder vor und hinter den Bildern und daneben.

Anne ist auch da. Die bleich wurde vor Wilfried, zu der Wilfried vor

lauter Blättern in dem Wittgenstein nicht rübersehen konnte. Französisch redet sie Jäcki an.
Hallelujas goldene Zigarettenspitze erkennt Jäcki wieder und das weiße Leder an den Pantoffeln des zweiliterrülpsenden Igors. Barbara lächelt wieder ihr Lächeln aus der griechischen Kunstgeschichte.
Im Zug an der spanischen Grenze oder auf dem Mittsommernachtshügel von Tuna, auf Dampfern, wo immer bildet sich das Gefühl von:
Das war schon einmal.
Es ist falsch. Es stimmt nicht. Der Ort, an dem dies Gefühl gefühlt wird, ist neu. Der Fremdarbeiter an der Tür stieg eben ein. Der Seeoffizier macht seine erste Fahrt auf dieser Fähre über den Sund.
– Geträumt habe ich es auch nicht.
– Ich kann es nicht genau so geträumt haben.
Jäcki fühlt jetzt nicht: Das war schon einmal – und muß sich überzeugen, daß es noch nie gewesen sein kann, sondern er fühlt: Den hab ich schon einmal gesehen. Das habe ich schon einmal gemacht. Diesen Namen habe ich schon einmal ausgesprochen – und er merkt bei seinem zwölften Besuch, daß es stimmt, daß er elf Mal schon hier war, daß die Gesichter und Handlungen Spuren in seinem Gedächtnis zurückgelassen haben, die so ähnlich sind wie die Erlebnisse bei seinen elf vorhergehenden Besuchen.
– Diese Anne ist die Anne von vor drei Wochen?
Er empfindet das Wiedererkennen so wie das Wiedererkennen des Seeoffiziers und des Fremdarbeiters, von dem er wußte, daß es kein Wiedererkennen war, sondern eine Einbildung.
Reimar Renaissancefürstchen,
– Hätte ich ihn doch noch nie gesehen und bildete ich mir nur ein, ich wäre ihm schon einmal begegnet!
der einen fuchsroten Manchesteranzug trägt und aussieht mit dem Vollbart wie ein Renaissancefürstchen, setzt sich zu Jäcki und Jürgen.
Er löst sich auf ein Wort oder einen ganzen Satz hin von dem Brokathintergrund, Jürgen hat sowieso keine Zeit mehr. Jäcki und Reimar fahren zusammen zu Jäcki an die Elbchaussee.
– Warum sollte ich denn nicht, wenn ich ein bißchen Geld damit verdienen kann.
– Wieviel muß ich dir denn anbieten.
– Von dir will ich doch keine Mäuse. Es ist gemütlich bei dir.
Jäcki denkt:
– Also nur, weil er nicht weiß, wo er schlafen soll. Manchmal ist es

eine Art Kompliment, wenn man dafür bezahlen darf. Andre wären sicher doppelt befriedigt, wenn sie nicht dafür zu bezahlen brauchten. Jäcki lädt Reimar Renaissancefürstchen am nächsten Mittag in die Dammtorgaststätten erster Klasse ein.
– So dufte habe ich noch nicht wieder gegessen, seit ich aus dem Knast bin.

Hubert Selby
*Letzte Ausfahrt Brooklyn*

Die Taufe

Das Kind wurde 4 Stunden nach der Hochzeit getauft. Na wenn schon, schließlich hatten sie ja vorher geheiratet. Mann, da war schwer was los! Ich meine nachher. Ihr Alter zogn großes Fest auf. Und Spook mit seinem verdammten Motorrad. Tommy hatte eine 76cr Indian. Er war es, der heiratete. Er hatte also diese Indian – du weißt schon, eine von den kleineren Dingern. Aber keine 1-Zylinder-Maschine. Die hätte keiner von den Jungs gewollt. Schnell sind sie ja und überhaupt, aber zu klein. Besser, man hat eine, die man sich selber aufdonnert. Du weißt schon: so richtig scharf trimmen, mit Wimpeln und Kram und sonem Pfundssoziussitz mit Chrom dran. Mann, da kommen die Weiber vielleicht gerannt. Du ahnst es nicht! Na ja. Jedenfalls hatte er diese 76er und Tommy is son langer magerer Hecht und irgendwie sah es aus, als ob er mit dem Ding verwachsen wäre, als hätte er ein Motorrad zwischen den Beinen statt nem Riemen. Wenn er das Ding startete, saß er da, als ob er sich ausruhte oder wasweißdennich, trat bloß ganz leicht aufn Kickstarter und BRRRUUUUUMM. Die anderen Jungs hingen über ihren Maschinen und traten und traten wie wild und das Scheißding hustet und furzt, aber Tommy hockt auf seinem Schwanz mit Rädern und der Motor donnert und wenn er die Zündung verstellte, klangs wien Maschinengewehr und dann fuhr er langsam im Kreis rum und wartete, bis die anderen ihre Kisten in Schwung gebracht hatten.

Aber Tommy war in Ordnung, n bißchen still vielleicht. Besonders im Vergleich zu den anderen. Und er arbeitete. Meistens jedenfalls. Ab und zu führte er Suzy aus. Manchmal ins Kino (glaub ich) oder er fuhr sie auf seinem Motorrad herum oder sie gingen in irgendein Bierbums in der Nähe.

Aber wir wußten nicht, daß er sie angebufft hatte, bis sie ungefähr schon im 7. Monat war, vielleicht auch schon im 8. Sie war eine breithüftige Polackin und sogar ihr Alter wußte nich, daß sie den Bauch voll hatte, bis sie im Krankenhaus lag. Wahrscheinlich hat er nich so genau hingekuckt. Außerdem soff er ziemlich, du weißt schon. Als seine Alte ihm sagte, warum Suzy ins Spital mußte, haute es ihn erstmal um. Doch nachdem er sich ein paar Tage die Hucke vollgesoffen hatte, latschte er ins Krankenhaus und weinte und sabberte, daß er ja alles für sein kleines Mädchen tun wolle (sie war nurn paar Zentimeter kleiner wie Tommy und 40 Pfund schwerer) und warum sie ihm nicht gesagt hätte, dasse in Schwierigkeiten is und sie sah ihn bloß an und wollte ne Zigarette und sagte, sie wüßte von keinen Schwierigkeiten und ungefähr ne Woche später studierte er wieder wie immer seinen Wettanzeiger und kippte Bier und wartete, bis jemand kommt, der vielleicht einen ausgibt. Aber eins muß man ihm lassen: das Fest, das er nach der Taufe gab, da war alles dran. Es fing nach der Hochzeit an, kam aber erst nach der Taufe so richtig auf Touren. Spook hatte schon n paar Biere inhaliert und mußte nun unbedingt Motorrad fahren. Spook war schon monatelang ganz verrückt nach nem Motorrad. 6 Monate, bevor er überhaupt eins hatte, trug er schon einen Sturzhelm. Natürlich trugen alle Jungs mitm Motorrad einen. Keine Stiefel oder Lederjacken mit Adlern drauf oder son Mist, aber einen Helm braucht man, damit die Haare einem nich in die Augen flattern. Na schön. Spook hatte also diesen Sturzhelm, aber keine Maschine. Meist hockte er die ganze Nacht beim Griechen herum, den Sturzhelm wie festgewachsen aufm Kopf. Mann, du hättest bloß versuchen sollen, ihm das Ding abzunehmen – dann sah er rot. Na schön. Ab und zu ließ Tommy ihn mit seiner Kiste fahren und Spook wurde ganz verrückt vor Freude. Er trat wien Wilder aufn Starter und ließ das Ding knallen und heulen und brüllte und schrie und rückte seinen blöden Sturzhelm zurecht und brauste die 2nd Avenue runter und machte soviel Krach wies eben ging. Dann winkte Tommy ihn zurück, Spook wendete langsam in einem großen Bogen und kam mit knallendem Auspuff auf Tommy zugefahren, jagte den Motor nochmal hoch, trat den Standbügel herunter, drehte den Motor ab, stieg vorsichtig runter und klopfte dem Ding die Flanken, sozusagen, und sagte, es wär ein prima Motorrad. Wirklich prima. Und am nächsten Tag klappert Spook alle Motorradgeschäfte in der Innenstadt ab und starrt in die Auslagen und das Wasser läuft ihm im Mund zusammen und dann geht er rein und fragt was sie kosten und der Kerl drin sagt immer noch 1500 Dollar, genau wie vor 2 Tagen und Spook fragt, ob sie nich vielleicht wiedern paar gebrauchte reinbekommen hätten und der Kerl schüttelt den Kopf und kümmert sich weiter um seinen Kram und Spook sieht all die Scheinwerfer Sitze Windschützer Wimpel Stiefel und wird halbverrückt und kommt zurück zum Griechen und labert über die große Harley-Davidson, die er gesehen hätte – das allerneueste Modell und er wußte Bescheid über jeden verdammten Chrombeschlag und über jede Schraube und Mutter an dem Scheißding und alle lachten und einer schlich sich durch den Nebeneingang von hinten an ihn ran und riß ihm den Sturzhelm runter und warf ihn in die Gegend und Spook rannte rum wie vom Affen gebissen und versuchte ihn wiederzukriegen und dann stülpte jemand ihm das Ding wieder aufn Kopf und wir lachten und er sagte, wir wüßten nicht wie das ist, wenn man auf ein Motorrad steht. 50mal am Tage das gleiche. Ihr wißt nicht wie das ist, wenn man auf ein Motorrad steht. Dann sagte meistens jemand, er könne mit ihm fahren, wenn er ihm Kaffee mitspendiere und Spook brach zusammen, riß sich dann aber doch 10 Cents vom Herzen (es war ziemlich schwierig, ihn dazu zu kriegen, sich von irgend etwas zu trennen, besonders von Geld. Ich glaub er steckte seinen Zaster heimlich innen Sparschwein und hoffte, irgendwann genug fürn Motorrad zu haben), rückte sich seine Melone zurecht und sie fuhren los und er brüllte HINEIEIEIN! und sie sausten bis zum Belt Parkway und schlängelten sich irgendwie durch den Verkehr und Spook war außer Rand und Band und schrie und brüllte und dann kamen sie wieder zum Griechen zurück und er sagte ich mußn Motorrad haben verdammtnochmal. Mann, du weißt nich wie das is wenn man aufn Motorrad steht, und am nächsten Tag zog er wieder los, in die Innenstadt.

Na schön. Als Suzy ihm sagte, daß sien Braten in der Röhre hätte, war Tommy wohl ziemlich überrascht. Ich weiß es nicht, er hat nichts darüber gesagt, aber ich nehm es doch an. Also sie sagte es ihm und sie machten ne Fahrt, den Belt Parkway lang und auf dem Rückweg machten sie in Coney Island halt und aßen bei *Nathans* ein paar Würstchen und ich nehm an er sagte ihr, er würde sie heiraten. Jedenfalls glaub ich nicht, daß er sagte, er würde es nicht tun. Es war auch wirklich ziemlich egal, ob sie heirateten oder nicht. Ich meine, er hatte ja sein Motorrad, es war abgezahlt und hergerichtet, wie er das wollte und sie konnten bei ihren Eltern wohnen. Unten. Also warum nicht. Und ich glaub, irgendwie wollte sie ganz gern verheiratet sein. Du weißt schon. Aber ich glaub nicht, daß sie ihn darum bat. Sie hätte ja das Kind ohne allzuviel Mühe wegmachen lassen können. Da gibts Leute genug, die sowas vermitteln. Aber Tommy war in Ordnung. Er suchte mit niemand Streit und hatte sie nie geprügelt und darum glaub ich sie wollte ihn gern heiraten. Dann brauchte sie auch nicht mehr zu arbeiten. Bloß das Kind füttern und son Kram. So war eigentlich alles bestens. Na schön, Tommy taucht eines Abends beim Griechen auf und erzählt uns, daß er Vater wird und Alex spendiert ihm einen Kaffee und Tommy leiht Spook sein Motorrad für ne Runde.

Als ihr Alter grad mal nich besoffen war (sie kam mit dem Kind ausm Krankenhaus und sagt das is Opa und der Alte fängt gleich wieder an zu flennen), sagt er ihr, er würdn richtiges Fest für sie geben und er geht in die Kneipe und spricht mit Murphy und sagt ihm, daß er den oberen Saal für ne Hochzeit mieten möchte. Und als Murphy fragt wann, sagt er, er wüßte es noch nicht, aber bald und Murphy sagt ihm, daß *Die Raben*, son Automobilklub, bald bei ihmn Ringelpietz veranstalten, also sagt der Alte in 2 Wochen und läßt ne Anzahlung da und schlurft nach Hause und erzählt es ihnen und sie rufen nach Tommy und er sagt okay und putzt weiter an seiner Karre rum, also setzen sie das Datum fest und kümmern sich um den ganzen Taufkram. Natürlich schummelten sie ein bißchen, du weißt schon, aber die alte Dame meinte, es wäre besser, ein bißchen zu lügen als daß die nachher das arme Wurm überhaupt nich taufen. Sie bekamen also ihre Papiere und ein paar von den Jungs gingen mit und das Ganze war in ein paar Minuten überstanden und dann zogen wir zu Murphy und warteten, bis es Zeit für die Taufe war und knobelten aus, wer die Paten sein sollten. Ich glaub sie haben schließlich irgendnen Onkel und ne Tante zu dem Zweck aufgerissen, ich weiß nich genau, aber jedenfalls kam von diesem Zeitpunkt an Schwung in die Bude. Murphys Saal isn großer Raum über dem Lokal, im ersten Stock, in der Ecke war ne kleine Bar mit Whiskyflaschen und Bierfäßchen und dann eine lange Tafel voll mit allen möglichen Sandwiches. Wir griffen uns also jeder ein volles Bierglas und fingen an die Sandwiches in uns reinzumampfen, als Spook reinkommt und verkündet, daß ern Motorrad hat. Du hättest ihn sehen sollen. Die Augen fielen ihm zum Kopf raus. Ich dachte erst, er wäre in Fahrt von Marihuana oder so, aber es war nur das Motorrad. Er hatte irgendwo fürn paar Dollar ein altes Polizeimotorrad aufgegabelt und es selbst aufgemöbelt. Du weißt schon, n bißchen Farbe draufgeknallt, sich einen dollen pelzbezogenen Soziussitz organisiert und war scharf wien Rasiermesser drauf loszubrausen. Wir sagten ihm nu mach mal halblang und trink einen, zur Feier von Tommys Hochzeit. Jemand drückte ihm ein Bier in die Hand, doch als einer versuchte, ihm diesen blöden Sturzhelm von der Rübe zu nehmen, wurde er wild und so sagten wir also okay, wir kommen runter und sehen uns dein Motorrad an. Das taten wir. Na, ich kann dir flüstern. Wenn die Bullen mit sonem Ding fertig sind, is nicht mehr viel davon übrig. Aber es war ein Motorrad und es fuhr. Ich glaub der Dussel hätte es gekauft, auch wenn er es hätte schieben oder Pedale treten müssen wie bei nem Kinderauto. Er tritt also 5 Minuten auf dem Starter rum und das Ding will nich und hustet und spuckt und Spook hält sich mit einem beschissenen Grinsen dran und wir gingen wieder rauf und ein paar Minuten später kommt er nach, grinst übers ganze Gesicht und rennt rum mit dem Helmriemen unterm Kinn. Es war zum Einscheißen sag ich dir. Aber was solls, schließlich feierten wir ein Fest und wußten ja auch nich, was es heißt, wenn man aufn Motorrad steht und es dauerte nich lange, dann quatschte er an Suzys alte Dame hin, über sein Motorrad und sie goß sich den Kanal voll wie verrückt und bald fängt sie an zu plärren und erzählt Spook, wie ihr armes kleines Töchterchen aussah, als es geboren wurde und es ist, als wäre es erst gestern gewesen und jetzt isse erwachsen und verheiratet und selbst schon Mutter und Spook nickt dazu und sagt ja ja, so kanns einem gehen, aber ich brauch bloß die Zündkerzen zu putzen und das Ding orntlich abzuschmieren – was er abends tun könnte und es würde so gut wie nichts kosten – und dann läuft es genausogut wie jedes andere Motorrad und wenn man sich überlegt, daß es nur 100 Eier gekostet hat, so war das kein schlechter Kauf ... Suzy hatte sich schon längst von ihren alten Herrschaften abgesetzt und stopfte Salamibrötchen in sich rein wie verrückt und es war schwer was los. Natürlich kamen auchn paar Knilche aus der Bar unten raufgekrochen und gratulierten und schütteten in sich hinein was eben ging und als die Taufe vorüber war und sie mit dem Balg wiederkamen, sagte jeder den Alten, daß es ihnen aufs Haar ähnelt (Und Mann! die Alte sieht aus wie meine älteste Hose) und sie hatten den Schluckauf und schlugen uns auf die Schultern und sagten wir sollten austrinken und einer hatte einen Fotoapparat und Blitzlicht und dann wurden die Birnen an die Wand geschmissen. Das Balg fing natürlich an zu brüllen und sie schleppten es weg und dann gings erst so richtig los. Sie hatten auch ein Grammophon da und nen ganzen Haufen wirklich prima Platten mit Illinois Jacquet und Kenton und Roberta, sone irre Fummeltrine aus der Nachbarschaft, tauchte auf und fing an zu tanzen und wackelte mitm Hintern und ein paar von den Jungs waren blau wie Veilchen und tanzten mit ihr – *die* hat sich vielleicht amüsiert! Natürlich steckte sie bis zum Hals voll mit Tabletten wie immer (wenn sie nich an Marihuana rankam) und einer von den Jungs fragte sie, ob sie die Braut wäre und sie sagte nein, sie wäre für Geburtenbeschränkung und dann fing sie an mit Suzys alten Herrschaften zu tanzen. Da war alles dran Mann. Die Alte heulte immer noch Rotz und Wasser und schwenkte ihren fetten Arsch hin und her und wir pißten uns in die Hosen vor Lachen. Mann, da war schwer was los!

Tommy trank nicht viel. Ich meine, nicht, weil er jetzt verheiratet war. Das spielte dabei keine Rolle. Er trank nie viel. Ab und zu ein paar Biere, das war alles. Du weißt schon. Aber irgendwie war auch er ganz aufgekratzt. Für seine Verhältnisse jedenfalls. Und dann hätte die Alte beinah das ganze Fest geschmissen, weil sie ne Platte rausgrub, auf der irgendson Weib *Because I Love You* singt und dann torkelt sie zu Suzy rüber und fängt an sie zu betatschen und abzulecken und Suzy is gerade dabei, ein Salamibrötchen zu inhalieren und kommt nich dazu, weil die Alte keine Ruh gibt. Aber das Schärfste war Roberta. Sie stand in einer Ecke und tat als ob sie sang und da war alles dran Mann; sie klimperte mit den Wimpern (sie hatte son glitzerndes Zeug auf den Augendekkeln), wackelte mit den Hüften, schob den Unterleib vor und so, du weißt schon. Aber die Alte sah sie nicht (ich glaub die war schon so hinüber, dasse überhaupt nichts mehr sah) und wollte unbedingt mit Suzy tanzen und so walzen sie also rum und die Alte stolpert immerzu und Suzy hat immer noch ihr Salamibrötchen in der Hand, aber die Platte war zu Ende und Roberta beeilte sich, eine mit Dinah Washington aufzulegen und Suzy war die Alte inzwischen losgeworden und wir hauten alle wieder orntlich auf die Pauke. Es dauerte nich lange, dann fiel die alte Dame um und sie legten sie hinten auf eine Pritsche und wir standen zum Schluß in einer Ecke und sprangen im Takt zur Musik in die Höhe und soffen wie die Pferde und sogar Spook warn bißchen knille. Tony kam inzwischen der Whisky schon zun Ohren raus und er steckte einer Dame den Finger hinten rein und es gabn bißchen Ärger mit ihrem Mann, aber nich schlimm und wir schubsten Tony in die Ecke und ließen ihn pennen. Natürlich fingen son paar alte Iren an aufeinander loszudreschen, aber sie schmissen nich allzuviel um und solange sie nich zu nah an die Bar rankamen, ließ man sie und bald waren sie sowieso hinüber.

Aber Spook konnte nich so lange stillsitzen. Er wollte natürlich Motorrad fahren. Jeder sagte ihm, daß ers doch tun solle, aber allein wollte er nich und alle, außer Tommy, waren so voll, dasse sofort von dem Scheißding runtergefallen wären. Also sagte Suzy zu Tommy, *er* solle doch mitfahren. Was solls denn. Heute nacht wird das doch nichts mit uns. Du weißt schon, so rasch nach der Geburt und überhaupt. Und sie meinte, sie würde nachsehen, wo sie den Kleinen hingetan hätten und ihn nach Hause bringen und schlafen gehen. Sie sagte, daß sie sowieso schon Blei im Hintern hätte vor Müdigkeit. Es war ja erst 2 Wochen her oder so, daß sie das Kind bekam. Und es war ein ziemlich großes Kind. 8 Pfund ungefähr. Genau weiß ichs nich, aber irgendsowas wars. Sie sagte, es wäre, als ob man Wassermelonen scheißen müßte. Ein Kind zu kriegen. Sie rannte also durch die Gegend und fand das Balg und verdrückte sich. Und Tommy dachte sich, er könnte ja schließlich genausogut mit Spook ne kleine Spritztour machen. Die Nacht war wirklich schön, genau das Richtige zum Rumfahren. Und wahrscheinlich würde er morgen den ganzen Tag zu Hause bleiben und allerlei erledigen. Du weißt schon, dies hierher stellen und das dorthin, sich um das Kind kümmern und son Kram. Als Roberta sieht, daß Tommy dabei is abzuhauen, kommt sie gleich angeschissen und maunzt herum, Tommy soll sie mitnehmen, sie wäre so deprimiert, wenn eine andere Frau ein Kind hätte und die Flitterwochen vor sich und sie klappert mit den Augen und alle brüllen vor Lachen und Tommy lacht auch und sagt okay und Roberta kichert und winkt bye bye und Spook is schon halb die Treppe runter und hat seinen Helm schon festgemacht und sie hauen ab.

Wir anderen blieben natürlich, bis sie uns am nächsten Morgen rausschmissen. Ich meine, wieso denn auch nich. Der Alte hatte ja schließlich teures Geld für den Laden bezahlt und überhaupt. Es hatte ja keinen Sinn, irgendwas umkommen zu lassen.

Oswald Wiener

## *Die Verbesserung von Mitteleuropa*

*der bio-adapter*
(für w. pichler)

*(prospekt 1965/66)*
*(nicht überarbeitet)*
*a. philosophische ansätze nebst vorgriffen auf die systembeschreibung.*
*der bio-adapter bietet in seinen grundzügen die m. e. erste diskutable skizze einer vollständigen lösung aller welt-probleme. er ist die chance unseres jahrhunderts: befreiung von philosophie durch technik*. sein zweck ist es nämlich, die welt zu ersetzen, d. h. die bislang völlig ungenügende funktion der «vorgefundenen umwelt» als sender und empfänger lebenswichtiger nachrichten (nahrung und unterhaltung,*

* (dazu auch: sprache als argument gegen den solipsismus)

*stoff- und geistwechsel) in eigene regie zu übernehmen – und seiner individualisierten aufgabe besser zu entsprechen, als dies die «allen» gemeinsame, nunmehr veraltete sog. natürliche umwelt vermag.*
*in seiner wirkung kann der bio-adapter mit der eines äusserst hochgezüchteten, durch laufende anpassung auch den differenziertesten bedürfnissen höchstorganisierter lebewesen gewachsenen uterus' verglichen werden («glücks-anzug»). er kann als die sich ins zunächst noch «ausserleibliche» erstreckende hypertrophie der organmoduln sowie der nervösen baukomplexe seines inhabers interpretiert werden, und ist in dieser betrachtungsweise ein konverter der vom menschen in dessen umgebung projizierten lustimpulse (servo-narziss).*
*es ist die auffassung des designers des bio-adapters, dass erst die einheit mensch-adapter den anforderungen einer verantwortungsbewussten anthropologischen kritik standhalten kann – aber daneben auch dem gesund-heroischen ideal eines den kosmos regierenden homo sapiens erstmalig genügt, und zwar durch trockenlegung des kosmos einerseits, und zum andern durch liquidation des homo sapiens.*
*der mensch, ausserhalb seines adapters ein preisgegebener, nervös aktivierter und miserabel ausgerüsteter (sprache, logik, denkkraft, sinnesorgane, werkzeug) schleimklumpen, geschüttelt von lebensangst und todesfurcht versteinert, wird nach anlegen seines bio-komplements zu einer souveränen einheit, die des kosmos und dessen bewältigung nicht mehr bedarf, weil sie auf eklatante weise in der hierarchie denkbarer wertigkeiten über ihm rangiert.*
*der mensch bedarf des adapters, weil er im zuge seiner geschichte (welche eben im adapter abhanden kommt) durch hervorbildung seines bewusstseins in einen gegensatz zu seiner immer verbaler apperzipierten (d. h. im verlauf der progressiven verbalisierung überhaupt erst «wahrgenommenen») umwelt gerät, diese geradezu erst herausfordert, vorhersagt, materialisiert, erzeugt. er vereinzelt sich ... sein bewusstsein, dem er sich immer verzweifelter überlässt, drängt ihm unter bildung und zuhilfenahme kränklicher begriffe individualität, polarität gegenüber einer vexierbildhaften umgebung, welcher er in überanstrengung seiner sinne bestandteile anzuerkennen bemüht ist, gegenüber einer erfundenen, gleichwohl erlittenen, ihn blindwütig mit nachrichten befetzenden objektwelt, und neurotischanankistische organisierung derselben zu kategorien und methodisch angehauchten hierarchien auf. der mensch wurde schutzlos durch das bewusstsein seiner symbolischen singularität, dieser seiner lyrischen hoffnung, und seiner ergo fiktiven gegnerschaft zum alsbald bedrohlich empfundenen all. hier setzt nun der bio-adapter an, und reduziert das all auf den status einer unterhaltsamen ... fabel.*

*der adapter legt sich – von «aussen» betrachtet – zwischen den ungenügenden kosmos und den unbefriedigten menschen. er schliesst diesen hermetisch von der herkömmlichen umwelt ab und greift nur in den ersten stadien der adaption auf zu diesem zweck gespeicherte eigene informationen und auf solche seines inhalts zurück. der mensch geniesst dabei zunächst eine aufbereitete, therapeutisch angereicherte wahrnehmung ausgewählter aspekte des erinnerten kosmos. in der ersten adaptions-stufe vertritt der adapter förmlich das «aussen», er simuliert wechselbeziehungen, indem er sich als partner versteht. der sich von seiner umwelt auf attraktive weise ausgeeinzelt fühlende mensch weiss sich inmitten einer konversation, in einem spiel-ähnlichen dialog mit einer wohlwollenden instanz begriffen. die tatsächliche aktivität des bio-adapters in dieser phase besteht jedoch in der simulation eines kommunikations-schildes, einer membran zwischen den verschiedenen strukturen des bewusstseins seines inhalts. er simuliert einen verkehr mit dem «aussen», indem er, ständig umfassenden lernprozessen unterworfen, im verlaufe seiner exploration des inkorporierten menschen sämtliche nachrichten desselben an das nunmehr hypothetische all analysiert (auch die produkte des metabolismus), und ausgewählte portionen davon durchkombiniert wieder zurückbietet, wobei der nachdruck stets auf dem kriterium der glückhaftigkeit zu liegen käme. der bio-adapter funktioniert also, um es kurz zu sagen, als ein makro-instruktionen einer nicht mehr vorhandenen äusseren nachrichtenquelle simulierender informationsspiegel: die impulse der bio-einheit werden analysiert, nach massgabe der zunächst mutmasslichen lustbetonung neugruppiert, transkodifiziert, und eingespiegelt.*

*der zu adaptierende mensch wird pausenlos nach seinen bedürfnissen abgetastet, solange bis dieselben zum zwecke erhöhten lustgewinns vom adapter selbst erzeugt werden können. die lernstrukturen des adapters führen nämlich die komplette einheit behutsam aus dem ausgangsstadium, welches unmittelbar nach inbetriebnahme gegeben ist, in aufeinanderfolgende phasen immer umfassenderer sinnlicher und intellektueller genussfähigkeit, die schliesslich in einer erweiterung des bewusstseins gipfeln, wie sie durch eine hinsichtlich ihres grades variable koppelung der anfänglich noch als objektwelt empfundenen strukturen des adapters mit dem nervensystem seines inhalts erreicht werden kann – eine koppelung, die als um so effektiver gelten wird, je weniger transkodifikationen der informationsabtausch zu durchlaufen hat.*

*dazu ist es nötig, die einheit mit grosszügigst angelegten feedbackkreisen auszustatten, um ihr programm-modifikationen jeder erfor-*

*derlichen grössenordnung zu ermöglichen, auch müssen die grundinstruktionen (monitoren) selbstverständlich den grössten teil des zeitgenössischen wissens umfassen; weiter muss der adapter jedenfalls imstande sein, alle möglichen operationen am zunächst ja noch menschlichen leib durchzuführen (amputationen; organverpflanzungen; neurochirurgie), sowie die regeneration eigener etwa gestörter funktionen bzwse. den entwurf und den einbau von ersatz-moduln und überhaupt eigener neu-entwicklungen bewerkstelligen können. er modifiziert also nicht nur seine programme, die ja als anordnungsabfolgen von «materie-zuständen» interpretiert werden müssen, sondern im rahmen der selbst-adaptierung auch seine stofflichen moduln, die als programmträger sequentielle steuerung erst ermöglichen. sohin sind diese in keiner weise mehr passive medien des ablaufs, sondern eben bestimmende zustände; die unterscheidung von hardware und software ist ja bloss eine didaktische, und an sich ohne sachliche berechtigung: der einbau eines gelenks zwischen schulter und ellenbogen wird eine neue ära des rückenwaschens einleiten.*

# 1969

Ulrich Becher

## *Murmeljagd*

### Das Billard-Kazet

Von seiner Gehstörung noch nicht befreit, war Großpapa vom Söller hereingetaumelt, hatte mit flatternder Hand nach dem Haustelefon gelangt, mit einem zum Schnauben gedämpften Schrei: Potzdonner! er werde den Ungarn sofort veranlassen, das Plattenspielergetöse einzustellen. Die Barkarole, von Tauber vorgetragen, war gleich nach des Valentins Eintritt durch die Betondecke niedergebrandet, hochgeschraubt zu einer das holde Moderato in ein krachendes Furioso verfälschenden Lautstärke: für Sekunden, dann nahm der Radiobastler den Ton zurück. Von meiner neuen Atemnot im Sprechen behindert, bat ich Großpapa, Szabo nicht zu behelligen. Der späte Gast, vom Hausherrn in wenigen stoßhaften Sätzen (als sei er gleichfalls von Asthma befallen) über Szabos Experimente orientiert, stimmte mir bei. Da sackte Kujath in seinen Ledersessel, und ich schwappte drei weitere Ephedrintabletten mit einem Champagnerrest hinunter und fragte den späten Gast, was er zu essen, zu trinken wünsche.

Der Valentin sagte: «Bloß ein Bier mag i.»

Im Kühlschrank fand ich mehrere Flaschen echten Pilsners vor und servierte ihm eine nebst einem Glas auf der Billardkante, und er stülpte die Flasche über den Mund wie ein Bauarbeiter und saugte sie halbleer. Dann sprach Kujath. Er brachte stoßhaft hervor, die Hiobsbotschaft sei nicht für uns allein ein harter Schlag; ein Blitz aus unheiterem Himmel; sondern für Europa und die Welt; für die Welt des Lachens. Ein Fanal dafür, ja, daß die Welt in den nächsten Jahren nichts zu lachen haben werde, nein. Dann entschuldigte er sich: weil er mir zwar Würzburger Schlangengrube und dennoch keinen reinen Wein eingeschenkt habe. «Natürlich schwante mir Unheil. Aber ich wußte nichts Definitives. Und als mich der Valentin – nachdem er in die Schweiz getürmt war – aus einer Rorschacher Telefonzelle anrief, fragte ich ihn. Weil mir bekannt war, daß die Brüder ihn – nach seiner eigenen Verhaftung – zuerst nach Wien gebracht hatten. Fragte ich S-i-e – nich wahr, Tiefenbrucker? –, ob Sie zufällig – zufällig was Definitives – über Dchjaksa wüßten. Und Sie – Sie antworteten nach kleiner Pause – leider – leider wüßten Sie was De-fi-ni-ti-ves. Stimmt's?»

Der späte Gast, der ganze Mann ein mattes Schillern, stand an die Billardkante gelehnt und senkte den Kopf.

Kujath: «Ich konnte mich nich am Telefon mit dem Valentin ausquatschen. Zu riskant für ihn. Auch für mich. Nich wegen der Nazozen vom Deutschen Kriegerkurhaus Davos, die vielleicht mal wieder die Luzienburger Leitung abhören. Sondern wegen der Bundespolizei, die auch ihre Stichproben macht, in letzter Zeit besonders bei ‹Papierlischweizern› deutscher oder italienischer Provenienz. Ungeachtet daß ich der helvetischen Abwehr gelegentlich 'n tadellosen Tip zukommen lasse. Nebensache. Alles. Alles Ne- … Nebensache.»

Großpapa verstummte wie eine große graugelbe Sprechpuppe, die abgelaufen ist.

«Mir schwante das Schlimmste», fuhr er, wieder ‹aufgedreht›, fort. «Aber wie der Mensch nun mal ist, man hofft. Bis man das Gegenteil in die Fresse geschlagen kriegt. Außerdem wollte ich vermeiden, daß du lediglich auf meine schlimmsten Ahnungen hin zu Xane runterzischst, sie weckst … Nun wirst du's ihr schonend beibringen müssen-müs- … sen.» Wieder war die Sprechpuppe abgeschnappt.

Aufs Wachstuch des Billard klatschend forderte der späte Gast den Hausherrn zu einem Mitternachtsstrauß auf. Kujath schlug's aus: in letzter Zeit hätten seine Hände die Zitteritis. Oha, machte der Valentin, ob ich mittun wolle; solch eine Billardpartie beruhige die Nerven, was wir alle nötig haben würden. Ich sei kein Billardspieler, bedauerte ich. Oha, ob wir in dem Fall etwas dagegen hätten, wenn er mit sich selber eine Partie Französisches spiele, und Kujath sagte: Loslos, und ob er in Russischem Billard gleichfalls brilliere, und der Valentin erwiderte, Russisches sei uninteressant im Vergleich zu Französischem und er habe sich, so saudumm das klingen möge, fast täglich danach gesehnt, auf einem Französischen eine Karambolagenserie ‹herunterzuradeln›, seit sie ihn in Eisenstadt in Fesseln gelegt … Beflissen wie ein Kaffeehauskellner in Erwartung eines Trinkgelds rollte ich die dunkelgrüne Wachstuchdecke zusammen; das hellere Grün des Billardtuchs kam zum Vorschein; der späte Gast deponierte die weißen Kugeln, darauf die rote.

Er hob ein Queue aus dem Regal, stach durch die Luft damit, so, als erprobe er eine Stichwaffe. Rieb den Lederkopf mit blauer Kreide ein. Er trat zum Billard zurück, beugte sich vor, stützte die Linke auf, legte das Queue zwischen deren Knöcheln an. Unvermittelt alles andre als tapsig, stieß er zu und richtete sich blitzschnell auf und blickte aus kleinen dunklen Augen in pfiffigem Lauern aufs grüne Spielfeld hinab, und das Doppelklicken der roten Kugel, die die beiden weißen traf.

Am letzten Dienstag bemüht sich Schutzhaftlagerführer SS-Standartenführer Giselher Liebhenschl höchstpersönlich zum Appell. Ein ganz besonders notiger Spagatscheißer, das. (So drückte der Solo-Billardspieler sich aus, ohne die Stimme zu heben.) Ein üblerer Machtprotz als der Dachauer Lagerkommandant, der sich zur Zeit in der Berliner Prinz-Albrecht-Straße Instruktionen holt, ist dieser sein Stellvertreter, ein Gigerl, Herrenreiter, Zierblumenzüchter und Schöngeist, der sich eigenhändig an Impromptus von Chopin ergötzt, d'Annunzio zitiert und Helgoländer Hummer Schweinsbraten mit Knödeln vorzieht. Mit einem – von ihm selbst geprägten – Wort, ‹ein neugermanischer Mensch von alter abendländischer Kultur, verpflichtet dem Gedanken des Ewigen Römischen Reiches Deutscher Nation, gegen dessen Feinde unnachsichtig bis in den Tod›.

Schon hier war ich drauf und dran, den Valentin mit der Bitte, sich kürzer zu fassen, zu unterbrechen. Allein die Konzentration, mit der er eine lange Serie spielte, hielt mich davor zurück.

Über dreitausend geschorene Schädel der im Karree strammstehenden Lagerhäftlinge hin (der größere Teil ist auf ‹Außenkommandos›) schneidet Standartenführer Liebhenschls forcierte Brüllstimme, mehr ein bombastisches Quäken: ‹Mit dem Orientexpress von Wien – selbstverständlich im Schlafwagen Erster Klasse – trifft morgen vormittag eine bekannte Persönlichkeit zu einem Kuraufenthalt bei uns ein! Eine Persönlichkeit, die sich zu ihren Glanzzeiten vor aller Welt für Geld hat sehn lassen – und die wohl auch diesem oder jenem von den hier versammelten Herrschaften eine vergnügliche Stunde bereitet haben wird!› Zu den humorigen Kapricen des Schutzhaftlagerführers gehört es, die Häftlinge einmal Rübenschweine, zum andernmal Herrschaften zu titulieren. ‹Großdeutschland›, läßt Giselher Liebhenschl, eine Reitpeitsche schwingend, sein Fistelgebrüll erschallen, ‹ist keine Manege mehr für senile Possenreißer, die den völkischen Wehrwillen zersetzen! Patenterweise haben wir noch ein paar andre berufsmäßige Spaßmacher hier, obzwar von kleinerem Kaliber! Die dem hohen Besuch, der uns morgen früh beehrt, einen standesgemäßen Empfang bereiten werden!› – Der SS-Scharführer Märzhas verliest fünf Namen und läßt die Aufgerufenen vortreten, alle fünf Wiener, drei davon mosaischen Glaubens: der Charakterkomiker Neugröschl vom Deutschen Volkstheater; der Kabarettist Grünzweig vom *Simpl*; Paul Astor – eigentlich Askenasy –, der sich zu Zeiten der Weimarer Republik in Berlins *Kabarett der Komiker* als Conférencier einen Namen gemacht. (Astor fand im Lager als Leichenträger Verwendung, bemerkte der Serienspieler zwischen zwei Klicktönen.) Der vierte, Leopold Habinger, Operetteninspizient vom Theater an der

Wien, hat das Pech gehabt, zur Vereinigung Ernster Bibelforscher zu gehören, und Jan Kejrschik, ein Zirkusdiener tschechischer Abkunft, als Kommunist denunziert worden zu sein. ‹Sieh mal einer an!› quäkt der Schutzhaftlagerführer. ‹Drei Judenrübenschweine, ein Bolschewistenrübenschwein und ein Ernstes Bibelforscherrübenschwein als Empfangskomitee für unsern Ehrengast, das gibt eine Gaudi!› – Gegen Abend werden die fünf in Liebhenschls Dienstwohnung beordert. Alsbald hört man ihn auf seinem Bechstein-Flügel die berühmte Kantate aus dem 3. Akt der Komischen Oper *Zar und Zimmermann* von Lortzing intonieren, unsicherer Chor setzt ein ... In dieser Nacht geht hinter dem Rücken der Kapos ein Wispern um, ein Rätselraten von Barackenpritsche zu -pritsche: Wer wird der Neue sein, der sich vor aller Welt für Geld hat sehn lassen? Das Wort Manege wird nicht für bare Münze genommen. Man tippt auf einen Filmschauspieler. Von der ‹Opernprobe› werden vier auf ihre Schlafpritschen entlassen, dem fünften, Neugröschl, ist ein Mißgeschick passiert. Der Exkomiker verrichtet Dienst bei der ‹Kolonne 4711›. Diese nach der Kölnischwasser-Marke betitelte Mannschaft hat Jauche aus der Kläranlage zur Gärtnerei zu transportieren: in ausgedienten Konservenbüchsen und Marmeladeneimerchen. Nun ist Neugröschl während der Gesangsprobe seines Odeurs wegen dem Schutzhaftlagerführer unliebsam aufgefallen, was mit einer Nächtigung im Bunker bestraft wird. Die übrigen vier versichern bedrückt wispernd, keinen blassen Dunst davon zu haben, *wen* sie morgen mit A-capella-Gesang empfangen sollen.

Für den nächsten Vormittag – vergangenen Mittwoch also – werden die meisten Außenkommandos sistiert. Alles hat zum Sonderappell anzutreten. Nach einigen Schlechtwettertagen hellt es sich zögernd auf. Den Mittwochmorgen lagern kältelose Nebelschwaden überm Dachauer Moor. Die in Reih und Glied auf dem Appellplatz Wartenden, Tausende graugestreifte Leiber, kahlgeschorene Köpfe, durchs Gehege des doppelten, mit Starkstrom geladenen Stacheldrahtzauns erblickten sie erstmals seit Tagen wieder den Spagatscheißer auf seinem Morgenritt. Verkrampften Sitzes auf seinen Isabellhengst Mjöllnir geklemmt, zergeht der Reiter im blassen Dunst.

Zwei Stunden läßt man die Wartenden warten, und keiner hat einen blassen Dunst, wer hier zur hämischen Gaudi erwartet wird. Das Kazet hat zwei Einfahrten; eine hinter dem Krematorium gelegene, das mit der Devise ARBEIT MACHT FREI geschmückte Hauptportal der Stadt zugewandt.

«Arbeit – macht – frei», wiederholte der Billardspieler wie tiefer vertieft in sein Solospiel. Klick – klick.

Schließlich kehrt der Schutzhaftlagerführer vom Morgenritt zurück. Er läßt sich – offenbar als ein Requisit zur geplanten Gaudi – seinen leicht rosafarbenen, mit Eichenlaub bestickten Galauniformrock bringen und postiert sich inmitten des zur Lindenallee offenen Karrees der Häftlinge als sein eigenes Reiterstandbild.

Scharführer Märzhas, ein baumlanger Klachl, der wegen seiner Ungeschlachtheit von den Vorgesetzten gehänselt wird und sich hierfür an den Häftlingen zu rächen pflegt, läßt Grünzweig, Astor, Kejrschik und den aus dem Bunker entlassenen Neugröschl in einer Reihe dicht vorm Bug des kostbaren Trakehnerhengstes Mjöllnir Aufstellung nehmen. (Würd er sie gleich dicht *hinter* dem Gaul placieren, wär's wahrscheinlich ihr Tod.) Der Exoperetteninspizient Habinger hat den vieren zugewandt strammzustehn. Märzhas drückt ihm einen Gummiknüppel in die Hand.

Man hört Habinger fragen: ‹Verzeihung, mit einem Gummiknüppel soll ich – ?› Die Antwort ein Stiefeltritt gegen sein Schienbein.

Da ist die lange Barackenstraße; der weite Appellplatz; die Lindenallee wie die idyllische Auffahrt zu einem Gutshof (aus einem solchen ist das Lager entstanden). Am Ende der Allee verschwimmt das Hauptportal im blassen Dunst. Jetzt öffnet sich's. Man gewahrt zunächst Schattenhaftes: die Posten vor dem Tor, darauf fünf Sturmmänner mit übergehängtem Gewehr, die drei Zivilisten hereinführen.

Durch die Allee rücken die acht näher. Bis sich erkennen läßt: zwei der Neueingelieferten tragen Handschellen, der dritte nicht.

(Das Schwirren der Billardbälle. Klick – klick.)

Die Allee aus hohen Lindenbäumen mißt einige hundert Meter. Mit den beiden Gefesselten biegen die Sturmmänner hinter einen Bunker ab, außer Sicht. Der ohne Handschellen verbleibt allein in der Allee. Da leistet es sich ein Schmunzeln, Totenkopf-SS-Standartenführer Liebhenschls halbgebackenes niederbayrisches Semmelgesicht. (Der Akzent lag auf nieder-, hier schwang wohl beim Valentin ein bißchen oberbayrischer Regionalstolz mit.) Ein Schmunzeln, das besagt: Tadellos, wie die Regie klappt. Sein schwitzender Isabellhengst glitzert in der die Schwaden durchbrechenden schnell wärmenden Junisonne wie Gold; wiederkäut seinen Schaum, der dem untersetzten ‹Schutzhaftjuden› Grünzweig auf die Schulter trenzt. Doch wagt der nicht, sich vom Fleck zu rühren.

Und das im Karree aufgestellte Heer der Geschundenen, das in die Tausende geht, samt seinen wenigen hundert Schindern, selbst die MG-Posten auf den Wachttürmen, alles starrt dem Einen entgegen. Er promeniert, ja promeniert ganz allein durch die Lindenallee heran. Ein zierlicher Mann – vielleicht wirkte er nur so zierlich zwischen den hohen Linden –, nicht untersetzt, eben mittelgroß, schlank, barhaupt, ohne Krawatte, in einem verwaschenen blauen Steirerjanker, Breeches, Reitstiefeletten aus grauem Wildleder – –

Der Valentin kreidete die Queuespitze ein:

Der Neue hat sich dem ‹Empfangskomitee› bis auf 20 Schritt genähert, und noch hat ihn keiner der Lagerhäftlinge erkannt. Er kann Mitte 50 oder Mitte 60 sein mit der jugendlichen Figur, dem zerfurchten Gesicht. Wiewohl kleiner und drahtiger, erinnert er an Bismarck mit seiner runden Nase, dem scharfblickenden Auge, den zausigen Brauenbüscheln. Die Gesichtshaut wie gegerbt –

Statt den Valentin anzufauchen: ‹Bitte verschon uns mit Gül-Babas Porträt›, sagte ich: «Von vierzigjährigem Schminken.»

«Ja so. Die äußerst markante Physiognomie eines – eines Wissenschaftlers.»

«Die Manege i-s-t eine Wissenschaft», hörte ich Kujath sagen.

«Und trotzdem – merkwürdig bei seiner Berühmtheit –» der Valentin hockte sich halb auf die Matchbrettkante, legte das Queue in seinem Kreuz an – «hat ihn keiner von uns erkannt.»

«Das große Publikum», dozierte ich, «konserviert das Bild eines Clowns in seiner Maske. Seiner Maske. Auf Giaxa angewendet, in der Maske seines Obristi Obraski.»

«Herrgottsakra», murmelte der kommunistische Reichstagsabgeordnete a. D. «Obristi Obraski ...» Er blieb halb auf die Kante gehockt, den Kopf verdreht, das Queue in Position. Doch stieß er nicht zu.

«Ohne diese Maske», fuhr ich fort, als werde hier harmlos geplaudert, «erschien er nur zwei-, dreimal im Film. Letztmals im Forst-Film, in dem er den Feldmarschalleutnant gab.»

Jetzt stupfte der Valentin das Queue hinter seinem Rücken vor. Klick ... «War dein V-a-t-e-r nicht in Wirklichkeit Feldmarschalleutnant?»

«War er», sagte ich. «In der ka und ka Wirklichkeit.»

«Und dein S-c-h-w-i-e-g-e-r-vater hat's persifliert. Interessante Familie.»

«Interessant gewesene Familie», verbesserte ich.

«Ui», machte der Valentin, wandte sich einer Wandtafel zu, kritzelte etwas mit Kreide. «I bin ganz vorn gstanden, so daß i hab die Gsichter sehn können vom Spagatscheißer auf Mjöllnir und vom Empfangskomitee. Merkwürdig, daß eahm auf den ersten Blick net amal die Schauspieler kennt habn, dein Schwiegervata.»

Ich hatte mich damit abzufinden, daß ich den Rhythmus seines

Berichts weder würde ändern noch beschleunigen können, und sagte: «Er kam relativ selten mit Schauspielern zusammen – abgesehn von einigen illustren Ausnahmen. Um so öfter mit Artisten. Er fühlte sich ganz als Artist. Bis dreiunddreißig war er Ehrenpräsident der Deutschen Artistenloge.»

«Sixt es, drum! Drum is es der Zirkusdiener Kejrschik gewesen, der ihn als erster kennt hat. Vor Verblüffung kann er si net beherrschen, schwupp is der Name draußn, wenn er auch pratsch vom Scharführa Märzhas an Stiefltritt ans Schienbein kriagt, daß ihn's fast umhaut, den Kejrschik. Wie ein Strohfeuer wischpelt's durch unsre Reihen, ‹W-e-r ist das? Dös kann doch net sein! Ausgeschlossen! Giaxa in Dachau? Giaxa und Giaxa? Giaxa o-h-n-e Giaxa?›»

Zum zweitenmal diesen Abend tat das Ephedrin seine Wirkung. Meine Stirn registrierte beschleunigten Puls. Ich vermochte leichter zu atmen und spürte, wie mich die zweite Vereisung umfing.

*‹Heil sei dem Tag,*
*an welchem du bei uns erschienen.*
*Dideldum, dideldum, dideldum!*
*Das ist das Zwischenspiel.›*

Also singen die fünf vom Empfangskomitee in magrem Chor das Allegro vivace aus Lortzings *Zar und Zimmermann*. Anstelle eines Taktstocks schwingt Leopold Habinger, vormals (das heißt, vor drei Monaten noch) Operetteninspizient am Theater an der Wien, einen Gummiknüppel. Und Grünzweig singt, vom Isabellen betrenzt, und Neugröschl, vormals (das heißt, vor drei Monaten noch) populärer Volkstheaterkomiker, ui, der Neugröschl ... Eines der Geheimnisse seines Lacherfolgs ist des Mannes leichtfüßige Korpulenz gewesen; jetzt wirkt er wie ein halbleerer Sack. Die Nacht im Bunker ist ihm übel bekommen. Das schwammige Gesicht weist blutunterlaufene Stellen auf wie Farbkleckse. Die Lippen des Chorsängers sind aufgeschlagen, was ihn nicht nur verunstaltet, sondern verändert. Man könnte fragen (doch fragt niemand, Fragen ist bei Strafe verboten): Hat er sich eine Clownsmaske geschminkt, der Neugröschl?

*‹Dideldum, dideldum, dideldum!*
*Das ist das Zwischenspiel›*

In einem dampfenden Strahl schlägt der Hengst sein Wasser ab. An dessen Flanke postiert, wird Paul Astor, vormals mehr für seinen Schick als für seinen Witz akklamierter Conférencier, bis zur Hüfte mit Pferdeurin vollgespritzt (doch tritt er nicht weg, Wegtreten ist bei Strafe verboten).

*‹Es ist schon lange her,*
*wir alle können uns nicht mehr darauf besinnen.*
*Dideldum, dideldum, dideldum!*
*Das freut uns um so mehr.*
*Heil sei dem Tag,*
*an welchem du bei uns erschienen …›*

Das, das ist die von Schutzhaftlagerführer SS-Standartenführer Giselher Liebhenschl arrangierte Gaudi. Die Sturmmänner kichern; darauf gleichsam versuchshalber auch einige aus der Garde der Kapos, die sich vorwiegend aus ‹Grünen› (Gewohnheitsverbrechern) zusammensetzt. Liebhenschl, sein eignes Reiterstandbild, blickt sich zum erstenmal um. Das Massenraunen ‹… axa-axa› erstirbt den Lagerhäftlingen auf der Zunge. Indessen lächelt kein einziger von ihnen; kein Mucks des Kicherns oder gar Lachens. Dabei haben die Kapos als ungestrafte Versuchskicherer bewiesen, daß in dem Sonderfall Lachen zur Abwechslung NICHT verboten ist. Das nicht bloß animierte, nein animierende, ermutigende Feixen des Schutzhaftlagerführers scheint zu besagen: Für ein Mal dürft ihr aus tausenden Mäulern lachen, ihr Volksfeinde, ihr Rübenschweine! Statt dessen ist das große Schweigen im Walde, und selbst den Totenkopf-Sturmmännern bleibt etwas in der Kehle stecken: ihr eignes Kichern. Man sollte sich pflichtschuldigst schieflachen über die von der Kommandantur höchstselbst ausgeheckte Gaudi, aber eines klappt nicht in der Regie. Das ist die Haltung. Die Haltung, die der noch uneingekleidete, unnumerierte Neue, der Lagerhäftling Nr. X bewahrt.

Ausgerechnet vom Sänger Neugröschl mit seiner zerschlagenen Pappm, der wie ein schlecht geschminkter Clown aussieht, wendet Nr. X keinen Blick. Nr. X, den alle kennen und den fast niemand privatim zu Gesicht bekam. Nr. X mit der markanten zerfurchten Physiognomie eines unermüdlich gewesenen Wissenschaftlers und dem Habitus eines bescheidenen Gutsherrn, der rein nichts an sich hat von einem Clown.

Das sachte Schwirren der Elfenbeinbälle, ein Klicken, dem kein zweites folgte. Der Valentin wich aus dem grellen Schein in die rosige Dämmerung des Schirms aus Korallenschlangenhaut zurück, notierte auf der Tafel die Points; er schien eine regelrechte 60-Nummern-Partie gegen sich selber zu spielen.

«Valentin, hat der Rosenvater – ich mein', mein Schwiegervater», mir ungewohntes Wort, «hat er länger leiden müssen?»

Der Valentin, kritzelnd: «N-nein.»

Als umsichtiger Kellner, der einer Bestellung zuvorkommt, holte ich eine zweite Flasche Pilsner aus der Kitchenette, und der Valentin nahm sie mit einem «Ich bin so frei!» entgegen, und ich setzte mich wieder auf die Seitenlehne des Klubsessels, ohne nach Kujath Umschau zu halten.

Der Spagatscheißer erkundigte sich vom hohen Roß herab mit demonstrativer Lautstärke bei Nr. X: ‹Na, Herr Giaxa und Giaxa und Giaxa und Giaxa, wie gefällt Ihnen der musische Empfang, der Ihnen in unserm Kurort von Ihren weniger weltberühmten Kollegen bereitet worden ist? Sie, war das nicht nett?›

Der Schutzhaftlagerführer siezt einen Häftling! (Privileg, das nur wenige, etwa zwei Patres aus dem Kloster Melk und ein Pastor der Bekennenden Kirche, genießen.) Nr. X blickt den Reiter nicht an, sondern das Pferd. So wie ein Schwerhöriger einem Schwerhörigen, mit jener Bellstimme, die der Obristi Obraski bei seinen ‹Manegenmanövern› erschallen ließ, antwortet er:

‹Der Falbe verkühlt sich, falls er nicht abfrottiert wird!›

Scharführer Märzhas macht Miene, einzuschreiten, doch Liebhenschl winkt mit der Reitpeitsche ab; sitzt ab; stiefelt, mit durchgedrückten Knien den Gang seines Führers nachahmend, vor Nummer X hin und quäkt: ‹Wie wär's, wenn Sie – als alter Pferdekenner – das besorgen würden!›

‹Warum nicht!› bellt Nr. X. ‹Hier, der Herr Kejrschik, ein Bekannter aus dem Zirkus Rebernigg, kann mir dabei zur Hand gehn! Servus, Herr Kejrschik!›

‹Se-ervus, Herr Scha-scha-aksa›, hört man ihn stottern, den erbleichenden Lagerhäftling Nr. 4329. Abermals macht Märzhas, der baumlange Pootsch, verbissene Einschreitermiene. Abermals winkt Liebhenschl lässig ab: ‹Schön! Weshalb soll ihm Dreiundvierzig-Neunundzwanzig nicht behilflich sein? Mjöllnir zu striegeln!›

Der Fürst Fugger in Augsburg hatte sich zu seinen Polopferden einen halbjüdischen Stallmeister gehalten, der in einer Wirtschaft einem betrunkenen ‹Vollarier›, der ihn als Bastard beschimpfte, eine Ohrfeige verabreichte. Das büßt er in Dachau. Fuggers Bastard (so nennen ihn die Sturmmänner) fungiert als Liebhenschls Stallbursche; im Hui ist er mit seinem Putzzeug zur Stelle.

Der achtjährige Isabell, preisgekrönter Hindernisrenner, ist ein gefährlich launischer Hengst. Ausgenommen den Spagatscheißer, an den er sich gewöhnt hat, und Fuggers Bastard läßt er niemanden aufsitzen. Er ist kein Beißer, dagegen ein Bocker, vor allem ein Drescher: in wörtlichem Sinn hinterlistig, schlägt er aufs furchtbarste aus, wenn man seinem Hinterteil zu nahe tritt. Dreimal wurde ahnungslosen Neueingelieferten in mörderischem Kalkül befohlen, Mjöllnirs Hinterhufe zu kontrollieren. Zwei Fetzer in den Bauch, beide von letaler Wirkung, während das dritte Opfer mit einer schweren Rückgratverletzung ins Revier – –

Ich hörte Großpapa aufächzen, vernahm seinen gepreßten Baß: «'tschuldigen Sie die Unterbrechung, Tiefenbrucker, aber ich fürchte, jetzt weiß ich. Wie's passiert ist. Dieser Dingsda, Müllnir oder wie er heißt –»

«– hat dem Rosenvater einen Hufschlag ins Rückgrat gefetzt», hörte ich mich selber sagen. «Genau gegen seinen Archilleswirbel.»

Kujaths Stimme hinter mir: «Was für'n Achilleswirbel?»

Der Valentin kreidete die Queuekuppe besonders sorgfältig ein. «Irrtum, meine Herren. So ist es nicht gewesen.»

Sondern so: Nr. X und Nr. 4329 nehmen Mjöllnir den Sattel ab. Der Lagerhäftling Kejrschik *kennt* die ‹spezielle Unart› des Hengstes. Man liest seiner Miene ab, daß er's wagen will, den Neuen zu warnen. Ehe er ein Wort hervorgebracht hat, brüllt Scharführer Märzhas ihn an: ‹'s Maul halt, sag i!› Kejrschik wird noch blasser. Indessen hat Giaxa bereits das nervöse ‹Weben› des Isabellen gespannt und zieht die Brauenbüschel vielsagend empor. Kejrschik bekommt wieder etwas Farbe.

Fuggers Bastard schleppt zwei Eimer Wasser heran. An kurzem Zügel hält Giaxa den Trakehnerhengst, dem Kejrschik Wasser über den Rücken schwemmt. Als gelernter Stallbursche zieht er sich den Striegel wie einen Handschuh an und striegelt den Hals, die rechte Flanke, den Widerrist bis zur Kruppe, den Vorderarm bis zur Köte hinab, und Mjöllnir, den Giaxa kurz hält, läßt es fast ohne Bewegung geschehn.

Und noch ein andrer läßt etwas fast ohne Bewegung geschehn: Märzhas. Ohne das Redeverbot auf sich zu beziehn, redet Giaxa fortwährend dem Isabellen zu; dazwischen gibt er dem gewesenen Zirkusdiener Anordnungen. Aber Märzhas schreitet nicht ein.

Der grobschlächtige Scharführer ist – ungeahnte Erkenntnis! – schließlich und endlich auch bloß ein Mensch. Seine Verwandten oder Bekannten (vielleicht er selbst als Knabe) haben im Münchner Zirkus Krone den großen Equestrik-Exzentrik begafft, belacht, beklatscht, bejubelt – das läßt sich nicht so einszweidrei fortdenken; das sitzt ihm, scheint's, ungeachtet aller Verhetzung in den langen Knochen. Auf den Frageblick, den er zum Schutzhaftlagerführer hinüberschickt, erhält er keine Antwort. Mit der saloppen Aufmerksamkeit eines degenerierten Caesar Augustus, der einen Gladiatorenkampf mit vermutlich tödlichem Ausgang verfolgt, beobachtet Liebhenschl die Szene. – Man stelle sich's genau vor (so der Valentin, abermals eine Karambolagenserie ‹herunterradelnd›): Das im Riesenkarree aufgebaute graue Heer der Zwangszuschauer, in deren Reih und Glied gescheucht Fuggers Bastard und das Empfangskomitee: bis auf Jan Kejrschik, der, gestreift und geschoren, unter Giaxas Aufsicht das gelbe Roß striegelt – wie ein Zuchthäusler harmloser Sorte, der einem Gutsherrn in blauem Janker zur Morgenarbeit zugeteilt worden. Als Hintergrund der Szenerie die Lindenallee eines beinah, beinah idyllischen Gutshofs. Zwei zum Genrebild wenig passende Figuren: der Spagatscheißer im rosa Uniformrock, die spiegelblanken Lackreitstiefel gespreizt, überm nichtssagenden Gesicht das falbe Totenköpfchen, das auf die bräunlichschwarze Schirmmütze genähte, die Reitpeitsche untern Arm geklemmt, und Märzhasens bräunlichschwarzuniformierte Länge … In einiger Entfernung eine Rotte Sturmmänner; selbst die hinter ihren Maschinengewehren lungernden SS-Posten auf den hölzernen Wachttürmen spähen gespannt her, zwei durch Feldstecher.

Bis zur Kruppe läßt Mjöllnir sich von Nr. 4329 striegeln, dann beginnt er von neuem zu weben. Nr. X ruft den andren zu sich, weist ihn an, wie er den Zügel zu kappen habe; wirft dem Isabellen eine Pferdedecke über, zieht sich selber den Striegelhandschuh an, stapft an der Flanke des Hengstes vorbei und beginnt (nistet in den Falten seines zerfurchten Gesichts die Ahnung eines Lächelns, oder täuscht das?), beginnt, die Hinterhand zu striegeln, von der Schweifrübe hinab bis zum Sprunggelenk.

Zweimal schlägt Mjöllnir aus. Weil Kejrschik ihn am Maul in eisernem Griff hält, fehlt den Hufschlägen die mörderische Schwungkraft. Zudem weicht Giaxa, staunenswert für sein Alter, ihnen mit gemessenen Bewegungen aus, ganz dicht am Tier wie ein Stierkämpfer.

Da ereignet sich das Nichtvorausberechnete. Das hämische Höhöhö der Sturmmänner bleibt aus. Indessen aus dem Heer der Geschundenen flackert ein unwillkürliches, ununterdrückbares Gelächter, geboren aus einer schrecklich vereinzelten Sekunde des Glücks.

‹Ruhe!!› kreischt Liebhenschl, kreischt sich mit einemmal puterrot, scheint doch die Gaudi anders als nach Wunsch zu geraten. ‹Ruhe!!› brüllt Märzhas als Echo, das sich über den Appellplatz fortpflanzt gleich vielfachem Widerhall aus den Barackenstraßen: ‹uh-eh, uh-eh!!› Hallend ins große Schweigen nach dem jäh abgeschnappten Lachen. ‹Wer hat da gelacht?!› kreischt der Schutzhaftlagerführer. Das große Schweigen im Walde. Bis Märzhas meldet: ‹Die ganzen Schafottpflanzeln miteinander, mein Standartenführer!›

‹So! – So!› kreischt der Spagatscheißer staccato. ‹Die Herrschaften glauben wohl, hier ist ein Zirkus, was?!› Das große Schweigen im Walde. Inzwischen hat Kejrschik den Isabellen frisch gesattelt. ‹Ein Zirkus …› wiederholt Liebhenschl verändert. ‹Das war – das w-a-r doch Ihr Metier, nicht wahr, Herr Fratellini und Fratellini?!› Das pflichtschuldige Höhöhö der Sturmmänner, wie schütter das jetzt tönt. Der Scharführer befieht Nr. 4329, ins Glied zurückzutreten. Nr. X steht allein neben dem gesattelten Trakehnerhengst.

‹Wie wär's! Wenn Sie uns etwas von Ihrer legendären Hohen Schule vorführen würden? – obwohl ein Volksfeind Ihresgleichen kaum würdig ist, meinen herrlichen Mjöllnir – ein persönliches Geschenk des Reichssportführers von Tschammer und Osten – zu reiten, Herr Deserteur von Anno siebzehn! Wie Sie sehn, sind wir gut informiert! Oder wollen Sie etwa leugnen?! Daß Sie damals desertiert sind?!›

‹Soll das heißen›, bellte Giaxa mit Obristi Obraskis Kommandostimme, ‹ich hätt mich damals nicht ins Trommelfeuer gewagt?!›

Dem Lagerhäftling Tiefenbrucker, und sicher manchem andren, wird's im Magen flau. Allein dem Schutzhaftlagerführer scheint die Gegenfrage zu behagen, er deklamiert: ‹Nachdem Sie – besonders schändlich für einen ehemaligen aktiven Offizier – sich geweigert hatten, die heiligen Belange des Reiches und seiner Verbündeten mit der Waffe in der Hand zu verteidigen, weilten Sie zwar als Kriegsberichterstatter eines Wiener Judenblattes an der Front! Als Sie jedoch Ihre Feder zu einem Dolch schliffen, um die Wehrkraft der Kaiserreiche hinterrücks zu metzeln! – und deswegen wieder mal gemaßregelt werden mußten, einem Marschbataillon zugeteilt, desertierten Sie in die Schweiz! Wir haben Ihre Memoiren genauestens studiert! Gesellten sich dem internationalen Pazifistenpack bei, das sich dort ein Stelldichein gab! Schlossen in Zürich gar Bekanntschaft mit dem Todfeind der abendländischen Kultur, mit Le-nin!› …

Und wieder das Schwirren der Billardbälle.

Liebhenschl: ‹Jetzt führen Sie uns einen berittenen Jux vor!›

‹Bitte.›

‹Bitte?!›

‹Bitte.›

‹Ihre Bereitschaft ehrt uns, Herr Rastelli und Rastelli!› Das karge Gejohl der Sturmmänner. ‹Aber passen Sie ja auf, daß mein achtjähriger Prachttrakehner, Sieger in einem Dutzend Hindernisrennen und Jagdspringen –›

In der Halbsekunde glaubt der Lagerhäftling Tiefenbrucker eine

Wahrnehmung zu machen: Giaxa strafft sich ebenso plötzlich wie unvermerkt.

‹– daß Mjöllnir Ihnen keine Ungelegenheiten bereitet! Als Dalmatiner – oder welchem Adria-Mischmasch Sie nun entsprossen sind – werden Sie die Bedeutung des Namens nicht kennen! Mjöllnir, das ist der Hammer des germanischen Gottes Thor! Thors Hammer! Mjöllnir heißt Allzermalmer! Verstanden?! Pensionierte Zirkusreiter hat Thors Hammer bislang nicht getragen! Verstanden?! Also aufgepaßt! Wär's doch ein Jammer, wenn Sie sich gleich am ersten Tag bei uns das Genick brechen würden!›

‹Oooh, ich hab mir bloß in den seltensten Fällen›, bellt Giaxa, ‹das Genick gebrochen.›

Diesmal ist es ein einzelner, einziger, der auflacht. Kein Sturmmann, kein Kapo, sondern – wie sich aus der abrupten Wandlung des unwillkürlichen, unbezwinglichen Lachens erraten läßt – ein kommuner Häftling im hintersten Glied. Denn während Nummer X in knapper Hantierung die Bügelriemen verkürzt, wandelt sich das einsame, nolens volens entzückte Lachen in ein unregelmäßiges Schmerzensschreien, das sich entfernt. Offenbar schleppen sie den Mann, mit Gewehrkolben auf ihn eindreschend, vom Appellplatz.

Die Furchen in Giaxas Gesicht sind Runen in grauem Stein.

Dann sitzt er in den Sattel gezaubert.

«Das großartige Bild eines alten –» Dem Valentin fehlte ein Wort.

Ich ergänzte: «– Zentaurn.»

«Richtig!»

Nur für Augenblicke bockt, steigt der Trakehner, drischt ins Leere: nichts als die flüchtigen Kapriolen eines alten Zentaurn, der eins ist mit seinen vier Hufen. Nun schreitet ein fabel-, ja fabelhafter Roßmensch gemessen daher. Der Häftling Tiefenbrucker hat im Weltkrieg als königlich-bayrischer Chevaulegers gedient; er versteht etwas vom Reiten. Fuggers Bastard reißt begeistert die Augen auf. Die hämische Maske der Sturmmänner zerfällt, verwandelt sich in andächtiges Gaffen. Allein der Spagatscheißer behält eine Miene süffisanten Lauerns bei, die besagen könnte: Wenn Thors Hammer in Schwung kommt, wird der alte Zentaur schon platzen.

Aus dem offenen Karree der Geschundenen improvisiert Giaxa eine Reitbahn. Nichts von Hoher Schule: Schritt, Trab, Galopp; Travers, Renvers; ‹aus der Mitte›, ‹halbe Reitschule›, ‹große Tour›; auf der rechten, auf der linken Hand, ‹Stellung›, ‹Ruht›. Unversehens reitet er aus dem Karree, in versammeltem Trab die Lindenallee hinunter, die er vorhin zu Fuß heraufkam.

Scharführer Märzhas: ‹Wohin reitet denn der?›

Eine Dreiviertelstunde vordem hat sich in der Allee eine andre Szene dargeboten. Hinter den Bunker zur Rechten wurden zwei der drei ‹Neuen› abgeführt, außer Sicht. Niemand hat die hier gekannt, die beiden armen Schächer (dies des Vale Formulierung), vielleicht sind sie bereits ‹zur Sau gemacht› worden. Den aber, der in der siegreichen Junimorgensonne die Allee hinabreitet, nicht bis zum Bunker, nur bis zum Wirtschaftsgebäude linkerhand, um hinter diesem abzubiegen, außer Sicht – den kennen *alle*. Das ganz Einmalige im Schutzhaftlager Dachau: wie er durch die blühenden Linden hinabreitet, der Zentaur im blauen Janker, ist das der Gutsherr selber. Ist das Dachau in einer anderen Zeit. Ist das Dachau als Gut. Nicht als Bös. (Mit der Formulierung bewies sich des Exabgeordneten bäurische Dialektik.)

Märzhas: ‹Wohin reitet denn der Schlawiner?!›

Liebhenschl hebt den Blick. Der MG-Posten auf dem nächst dem Hauptportal ragenden Wachtturm beugt sich mit angelegtem Feldstecher über die Holzbrüstung: er behält den Reiter im Auge.

Dieser taucht jenseits eines langgestreckten Lagerschuppens wieder auf. Reitet in versammeltem Trab näher zwischen Stacheldrahtmauer und Laderampe, die einen spitzen Winkel bilden. Pariert den Isabellen, beguckt sich die sehr lange Rampe; wendet, trabt sie in der Gegenrichtung ab; pariert Mjöllnir abermals, hebt sich leicht in den Bügeln, ein Gutsherr, der hier und dort nach dem Rechten sieht.

Jetzt schnarrt der Schutzhaftlagerführer: ‹Was gibt's da zu spionieren, d-a-s soll Hohe Schule sein?!›

Scharführer Märzhas bedient seine Trillerpfeife, gibt dem Turmposten mit langem Arm ein Signal.

‹Heda!!› brüllt der Posten aus seiner Höhe, winkt heftig zum Reiter nieder: er möge sich trollen. Der macht keine Anstalten dazu, examiniert eingehend den ans Rampenende gerückten Anhänger eines Lastwagens.

Der Valentin wich in die lachsfarbene Dämmerung der transparenten Korallenschlangenhaut zurück und zog zwei weitere Queues aus dem Regal – um uns, des Solospiels müde, abermals zu einer Dreierpartie aufzufordern? «Entschuldigt's schon. Jetzt muß ich leider noch mehr ins Detail gehn.»

«Noch mehr?» ächzte Großpapa hinter mir. «M-u-ß das sein, Tiefenbrucker?»

«Ja mei', sunst möcht i Eahna damit net plagn.» Der Valentin legte zwei der Queues parallel nebeneinander längs aufs Matchbrett. «Schaugn S' her, meine Herrn.»

Ich hörte Kujath rascheln. Aus dem Augenwinkel erhaschte ich seinen Schatten. Nun kauerte er wie ich auf einer Sessellehne:

«Behalte Platz. Ich sehe schon, weitsichtig wie ein Urubu.»

«Stellt euch vor, das ist die doppelte Stacheldrahtmauer», sagte der Valentin, auf die beiden Queues deutend. Kein Zaun, vielmehr eine Mauer, Stacheldrahtverhau aus 4 ½ m hohen Betonsäulen, in 7 m Abstand errichtet, oben mit einwärts-, also den Insassen dieses Monsterkäfigs zu gebogenen Barren, über deren Isolatoren starkstromgeladene Stacheldrähte laufen. Ein 4 m breiter Streifen Niemandsland, dann ein zweiter Pferch völlig gleicher Konstruktion. Hier (der Valentin legte das dritte Queue mit der Kuppe ans erste, in einem spitzen Winkel, in dem er die beiden weißen Billardkugeln aufstellte, so daß sie das dritte Queue so wie einander touchierten), hier der langgestreckte Lagerschuppen, derzeit frisch gefüllt mit Torfsoden, die Außenkommandos im Dachauer Moos stachen und vor der Einlagerung lufttrocknen ließen. Mit dem Heck zentimeternah ans Ende der an 50 m langen Laderampe gerückt, gewissermaßen als deren Fortsetzung, der Lastwagenanhänger. Keiner wie der drunten an der Rampe des Luzienburger Silos: ein längerer mit vier Doppelrädern, die vier Klappwände fürs Torfausladen niedergelassen, der Boden mit Torfresten bedeckt gleich dem der Laderampe. Wiederum trabt der Reiter deren Länge entlang, näher, wieder pariert er den Hengst, um auch das lagereinwärts gelegene Rampenende zu inspizieren: das fällt sanft wie eine Scheunenausfahrt zur ebenen Erde ab, mit Humus gepolstert, grasbewachsen.

Der Turmposten hat sich ein Megaphon vor den Mund geklemmt: ‹Hoppehoppereiter, hopp, hopp!› Der Reiter nimmt davon keine Notiz. ‹Heda, Clown!› brüllt jetzt die Megaphonstimme überdeutlich. ‹C-l-o-w-n!! Tummel dich!!›

Gemächlich, im schönsten versammelten Trab kommt Giaxa herangeritten. (Der Valentin ließ die rote Kugel das querliegende Queue entlang bis zum Griffende rollen.)

‹Nett von Ihnen, daß Sie sich etwas bei uns umgetan haben, Herr Hagenbeck und Hagenbeck›, quäkt der Schutzhaftlagerführer mit milder Vorwurfsmiene dem Reiter entgegen. ‹Wenn ich auch etwas in Sorge war, weil Sie so nah an den Draht hingeritten sind! An den Draht, der mit dreißigtausend Volt geladen ist, falls es Sie interessiert!›

‹Danke!‹ bellt Giaxa.

‹Und außerdem, wo bleibt die Hohe Schule, die Sie dem hochgeschätzten Publikum hier –› das schüttere Johlen der Sturmmänner – ‹vorführen wollten?›

Da zwingt Giaxa den Isabellen in die Levade.

Mjöllnir bäumt sich zunächst ungestüm. Nun ist's am Spagatscheißer, unwillkürlich zu reagieren, er weicht ein paar Schritte zurück. Märzhas desgleichen: was dem stellvertretenden Lagerkommandanten recht ist, ist dem Scharführer billig. Schon biegt der Hengst die Hanken durch, steht auf den Hinterbeinen fast reglos, Vorderarme angezogen; die Sonne vergoldet seinen Bauch. Auf seinem Rücken hängt, wie angewachsen und dennoch schwebend, der im blauen Janker.

Liebhenschl: ‹Ist das alles?!›

Da wagt Giaxa den Versuch einer Kurbette.

«Pardon, das kann kein nichtdressierter Gaul», hörte ich mich Konversation machen. «Eine kunstgerechte Kurbett' besteht aus sechs Sprüngen, die –»

«Des woaß i scho», unterbrach der Valentin mich ruhig-bestimmt. «Aber drei hat er zsammenbracht.»

Dreimal springt Mjöllnir in der Levade, also ohne mit der Vorhand niederzugehn, vorwärts. Nicht auf den Scharführer zu, der wie im Traum nach seinem Dienstrevolver tastet – auf Liebhenschl. Und jeder kann sehn: nun ist es an ihm, zu erbleichen, als Thors Hammer dergestalt auf ihn zu schwingt. Fürs Häftlingsheer ein unvergeßliches Bild, wie der Obertotenköpfler es mit der Angst zu tun bekommt, mit unsicheren Schritten rückwärtsstiefelt, den Reitgertenknauf mit schützender Gebärde über sich hebt. («Ein saggerisch rührender Anblick, das kann i euch sagn.») Da läßt Giaxa den Isabellen gemach auf die Vorhand niedergehn.

‹Schon besser!› kreischt der Standartenführer, überkreischt der Herrenmensch seine unzulässige Schwäche-Anwandlung. ‹Schon besser, Herr Dingsda und Dingsda! Aber wo bleibt der berittene Jux, den Sie uns vorführen wollten?!›

‹Jux? Ah, d-e-r J-u-x!› bellt Giaxa wie ein Fagott-Stakkato. Und wiederholt, diesmal so gedämpft und für sich, daß wir's kaum hören können: ‹Der Jux.›

Langsam knöpft er den Janker auf, streckt er die Rechte herab. Wie von selbst wechselt die Reitgerte, die Liebhenschl noch erhoben hält, in die Hand des Reiters über. Ein paar endlos lange Sekunden blickt der alte Zentaur auf den Rosa-Uniformierten nieder. Wir, die wir im vordersten Glied stehn, halten den Atem an. In das Gesicht aus runenbeschriebenem Stein scheint ein unheimlich grimmiger Entschluß gemeißelt. Fahler wird's uns im Magen, und unsre Herzen klopfen schwer: Wär's möglich? Daß die Reitpeitsche, die der Schutzhaftlagerführer aus der Hand gab in die des Lagerhäftlings Nr. X, daß sie auf sein eignes, sein halbgebackenes Semmelgesicht niederpfiffe, ein Bumerang? Da, unversehens belebt sich die Steinmiene des Berittenen – in einem grauen Lächeln? Ja. Ja: Heiter blinzelt Giaxa in die Sonne.

Das Folgende vollzieht sich überaus rasch, wahrhaft überraschend für jedermann.

Giaxa reitet abermals aus dem Karree. Nicht in versammeltem Trab, nicht zur Allee, pfeilgrad dorthin sprengt er, wo er hergetrabt kam: auf den Lagerschuppen zu. Zweimal läßt er die Gerte auf Mjöllnirs Flanke niederzucken. Der reagiert wie gestochen. *Ventre à terre*, in gestrecktem Galopp rast der Isabell auf die ‹Scheunenausfahrt› der Laderampe zu, und der Reiter duckt sich auf den Hals des Hengstes nieder wie ein Jockey, und der blaue Janker flattert von seinem Rükken wie eine bayrische Fahne.

*Ahnt* der Spagatscheißer Giaxas Vorhaben? ‹Schießen!› kreischt er. Der lange Scharführer hält noch immer wie im Traum die Hand auf der Revolvertasche.

‹S-c-h-i-e-ß-e-n!›

Wie Märzhas seine Knarre herausfuchtelt, sprengt der Reiter außer Revolverschußweite der Rampe entgegen.

‹Schiiießen!!› röhrt nun der Scharführer, trillert, signalisiert in plumper Hysterie zum MG-Posten auf dem den Wirtschaftsgebäuden benachbarten Wachtturm. Hastig senkt der Posten das MG im Scharnier.

‹Niiicht mit Maschiiinengewehr!!› gellt der Schutzhaftlagerführer im Diskant. ‹Aaachtung auf Mjöllniiir!! Karabiiiner!!›

‹Zielt auf den Rücken vom Clown!! Obacht aufs Roß!!› brüllt Märzhas. ‹Feuert!!›

Die Rotte der Sturmmänner löst sich auf. Einige stürzen vor, stehn, reißen die Karabiner von der Schulter, an die Backe. Doch kein Schuß fällt. Wie braunschwarze Bleisoldaten mit dem Gewehr im Anschlag, so stehn sie, wie vom Donner gerührt.

Die grasbewachsene Scheunenauffahrt hat der preisgekrönte Hindernisrenner in kaum verminderter Rasanz genommen. Jetzt trommeln seine fliegenden Hufe über die langlange Laderampe des Lagerschuppens, JETZT DONNERT THORS HAMMER.

Selbst wenn's gelänge, in diesen fliegenden, galoppierenden, hohl donnernden Sekunden mit Scharfschützenfeuer den Reiter vom Roß zu schießen, der nervigen Hand seines Lenkers verlustig stürzte es unfehlbar von der Rampe und bräch sich die Knochen. Dasselbe scheint der Besitzer des Trakehners zu begreifen, denn er widerruft seinen Befehl mit einem schrillen Geheul: ‹Kein Feuer jetzt!!›

Wird Mjöllnir nicht aller Wahrscheinlichkeit nach dennoch ausgleiten? Die frischen Torfreste, mit denen die Laderampe gepflastert ist, machen das Unmögliche möglich, die Rampe zu einer improvisierten Rennbahn. Über sie hin donnert Thors Hammer – bis zum Lastwagenanhänger, der, wie gesagt, das Rampenende verlängert, mit niedergelassener Verschalung, auch sein Boden mit Torfbröseln bedeckt. Dieser Lastwagen ist wie ein Sprungbrett. Jetzt donnert Thors Hammer einen Wirbel auf einen etwas andersgearteten Resonanzboden. Ja, jetzt prescht Mjöllnir über den Wagenboden, daß Funken durch Torfspritzer stieben.

‹Das ist ja Wahnsinn!› Des Schutzhaftlagerführers halbersticktes Geheul. ‹W-a-a-a-h-n- –›

Während der letzten Phase seines Berichts ließ der Valentin die rote Kugel über das schräggelegte Queue hinstreifen, tippte die beiden weißen nacheinander mit der roten, ließ diese aus der Hand schnippen, gegen die parallel liegenden Queues hin und schloß:

Das offene Riesenkarree der Lagerhäftlinge, die drei lebenden grauen Glacis, bislang unbeweglich, geraten mit eins ins Wanken. Ein kurzer unartikulierter Massenaufschrei aus tausenden Kehlen, dann SPRINGT der blau-gelbe Zentaur. Ein zweiter Massenaufschrei, ein fernes, gräßlich quiekendes Wiehern, das in der Halbsekunde abreißt, da HÄNGT der Zentaur ganz oben zwischen den Barren des Innenpferchs in den Starkstromdrähten und beginnt allsogleich zu qualmen. Ein dritter Aufschrei in der nächsten Sekunde, den zweiten übertosend, da PLATZT der Zentaur entzwei. Da fliegt der im wehenden blauen Janker über den vier Meter breiten Streifen Niemandsland und bleibt an den Starkstromdrähten des Außenpferchs hängen und qualmt ein wenig, auch er, in der nun prallen Junisonne. Darf man's sagen? Es sieht, nein es sieht in der Entfernung nicht anders aus wie zwei hintereinandergespannte Spinnweben, in denen zwei Insekten verschiedener Spezies hängen, vorn ein großes gelbes, hinten ein viel kleineres blaues. Dann sackt das gelbe leblos in die Tiefe, Draht mitreißend, von Miniaturblitzen umzuckt. Das Blaue bleibt oben hängen. Dann das ungeheuer dumme, das blutsaublöde, das schrecklich unsinnige, weil so ganz und gar unnütze Tacktacktack des Maschinengewehrs aus dem hölzernen Wachtturm.

Das war das Zwischenspiel.

Dideldum, dideldum, dideldum.

Eine arge Zeitlang schwiegen wir selbdritt, und ich glaubte sie wieder zu hören, die Stimmen des Asthmas, um zu entdecken: diesmal wisperten sie nicht in mir. (Die letzte Ephedrindosis hielt vor.) Da war Valentin Tiefenbruckers verstärktes Schnauben, Hochschnüffeln und hinter mir Großpapas beschleunigtes Röcheln, ja Röcheln. Keiner, so schien's, blickte den andren an. Schließlich streifte der Valentin die Spiralenringe aus Nickeldraht ab, die seine Lüsterärmel während des Solospiels gerafft gehalten hatten, und bemerkte fast ohne Dialekt, ein wenig nasal (was bei einem Nichtwiener auf Schnupfen schließen ließ):

«Wenn man einen Weltkrieg und eine große Revolution mitgemacht hat, dann, dann hat man genug Blitztragödien mitangeschaut. Aber so was von einer Blitztragödie – und einer Haltung – bei einem Menschen – so was von einer Haltung – noch nie. Und wenn's mir auch heut noch im Herzen genauso weh tut wie vor knapp fünf Tagen, als ich mir's gezwungenermaßen hab ansehn müssen – ich konnte mir nicht helfen und kann mir nicht helfen. Das Schauspiel hatte, wie soll ich sagen, antike Größe.»

«Komisch, rr-ch, rr-ch», Kujaths stetes Röcheln. «Komisch, daß Trebla und ich, daß wir uns grade vor Ihrer Ankunft, Tiefenbrucker, über eine, rr-ch, Selbstmordepidemie unterhielten ... die allerdings woanders ausgebrochen zu sein scheint, im, rr-ch, Engadin. Nach Ihrer verflucht, wirklich verflucht prägnanten Schilderung kann ja kein Zweifel daran bestehn, rr-ch, daß es sich nich etwa um einen mißglückten Fluchtversuch handelte, sondern um einen, rr-ch, Selbstmord-auf-die-schnelle-Husche, denn d-i-e-s-e Doppelhürde –»

«Pardon», unterbrach ich ihn eisig, steif und blicklos. «Nach meiner Ansicht war's ein ge-glück-ter Flucht-ver-such.»

«Menschenskind, Trr-ch-Trebla, du sitzt so schwarz – so schwarzgekleidet vor mir, als hätteste's geahnt.»

«Geahnt.»

«Daß ich – daß ich dir in d-e-m Fall kondoliere, hat ja wohl wenig Zweck.»

«Wenig Zweck.»

«M-a-n-n, du wirst es», Großpapas Röchelzischeln hinter mir, «– Roxane möglichst schonend beibringen müssen, möglichst schonend.»

«Möglichst schonend.»

«Mit deinem angeborenen Takt.»

«Mit meinem angeborenen Takt.»

«Und größtmöglicher Schonung, das ist klar.»

«Das ist klar.»

«Aber wie; w-i-e bringste's ihr bei, das ist die Frage.»

«Die Frage.»

«Armer Junge, ich möcht nich in deiner, rr-ch-Haut stecken», röchelte er, und ich leierte als nicht ganz korrektes Echo:

«Ich möchte nicht in meiner Haut stecken.»

Großpapa schleppte sich an mir vorbei. Ich sah ihn endlich wieder an. Er stützte sich mit beiden großen Händen auf die flache Kante des Billardtischs. Der grelle Lichtkegel der Schlangenhautlampe enthüllte die Diskrepanz zwischen dem intakt gebliebenen ‹Tropenkavaliers›-Aufzug und seinem Gesicht, dessen Hautfarbe noch vergilbter, dessen Augenschatten noch violetter wirkten, indes der Hindenburg-schnurrbart seine Fasson verloren hatte. Das eine Ende hing zerzaust, fast lotrecht, was ihm etwas frappant, ja: Asiatisches verlieh. Das war keine Aztekenmaske mehr; die Empörung, der Aufstand in dieser Physiognomie erinnert mich an … den Hauptdarsteller des Russenfilms *Sturm über Asien.* Kujath packte eines der beiden Queues, mit denen der Vale die Starkstromwand dargestellt hatte und knallte es mit aller ihm verbliebenen Wucht mehrmals auf die Tischkante. «Der Draht muß zerreißen, die Wand zer-rr-ch-zerbrechen», röchelte er dabei wie von Sinnen, in einem Ausbruch sogenannter sinnloser Wut. Mir erschien sie nicht sinnlos. Sein Röcheln kam rascher, spitzer, als er mir das Queue in die Hand zwängte: «Jungejunge, mein Bizeps – rr-ch – hat heute nicht mehr Mumm als'n Badeschwamm; hh-hau du-u das Ding kaputt!»

«Ui», machte der Vale. «Schad ums Queue. Wem hilft denn das, wenn's entzwei geht?»

«M-i-r, rr-ch. Los, Trebla!»

Ich packte den Billardstock und hieb ihn auf die Matchbrettkante. Er zerbrach nicht. Ich packte fester zu und drosch ihn aufs Kantenholz. Es knallte nicht unähnlich dem Schuß aus einer Kleinkaliberpistole, als das Queue zersplitterte.

«Gut so!»

Die Berlocken an der Uhrkette des Alten Tropenkavaliers hoben, senkten sich gemächlich. Kurios sein Ausdruck, sein Starren. Zum Billardtisch hinüber starrte er, etwa so, als spielten dort zwei Champions, die er beide aus tiefer Seele verabscheute, um die Weltmeisterschaft. Kein Röcheln, eher ein Singsang, Ritardando der Empörung:

«Nnnein! – Ich – will's – nich – mehr – seeehn! – Schmmmeißt – es – raaaus!»

Das Kazet, darauf bestand er, müsse ihm aus den Augen, und zwar in derselben Minute … Es handelte sich um Kujaths eignen Billardtisch, auf dem der Valentin Das Zwischenspiel demonstriert hatte. Das Queue, mit dem er die äußere Starkstrommauer verbildlicht, auf Großpapas ungestüme Order hatte ich es zerschlagen müssen – nun ‹mußte ihm die ganze blutige Spagatscheißerdomäne aus dem Hause›. Auf welche Art das zu bewerkstelligen sei, ordnete er nicht minder strikte an. Der späte Gast bot seine parlamentarisch geschulte Beredsamkeit auf, dem Hausherrn den ‹groben Unfug› auszureden. Kujath entgegnete, die Sowjetunion in Ehren, doch die Luzienburg sei keine Kolchose, und ich erkannte: kein Alterseigen- oder -wahnsinn war das, keine plötzliche Säufermarotte, etwas ganz andres; wir würden nicht drumherumkommen, Großpapas im Doppelsinn Kategorischem Imperativ Folge zu leisten. Gedacht, gesagt.

«Na also, Jungs. Ich selber kann euch nicht behilflich sein, wo ich mit meiner Angina pectoris grade mal wieder in die Flitterwochen geschliddert bin. Pfiff kann mit anpacken.»

Der Valentin trat achselzuckend zum Billard. Diesmal war's wohl der resignierte Entschluß zu einem bißchen Schwerarbeit, der ihm die Mundart wiederbrachte: «Was moana S', Herr Kujath, dapacka kenna mir's ohne'n Pfiff. Mei', so letschert san mir net, der Trebla und i.»

Wir legten unsre Jacken ab (nun fühlte ich mich wie ein Kellner beim Aufräumen), und wir hoben den schweren Billardtisch zweieins, wobei der Vale seine durch die kurze Lagerhaft ungebrochene, mochte sein gestählte Kraft bewies: «Hauruck!»

«Das Kazet muß weg», sagte Großpapa, als Pagodenfigur im Sessel thronend, indes ihm aus dem ambrischen Dämmer Der Tod über die Achsel sah: Der Vexierstich. Wir stürzten das Billard behutsam, und der Hiobsbotschafter schraubte mit Mechanikerroutine die vier schweren Tischbeine ab, während Großpapa, ohne die Stimme zu erheben, verkündete: «Dieses Dachau muß weg», und wir hoben den schweren Tischrumpf vorn und hinten an den übergebauten Kanten an, und ich spürte, daß mir die zweite Ephedrindosis mit ihrer Tiefenwirkung genug Atem schuf, mir erlaubte, mit dem andern das Möbel auf die Wehrplatte hinauszuschleppen, darauf zwei der klobigen Tischbeine. Dabei ließ Kujath es nicht bewenden:

«Wie ich den Herren erklärt habe, dieses Dachau muß g-a-n-z weg; also dalli runter damit nach meinem Rezept! Macht reinen Tisch mit dem Tisch! Tabula rasa! Keine Bange von wegen der Folgen – schlimmstenfalls knallt das Monstrum auf eins der Scharwachttürmeken, die seinerzeit schon andre Bombardierungen überstanden haben. Tabula rasa, loslos.»

Wie der Valentin pflichtschuldig das erste Tischbein über sich hob, um's zwischen den mächtigen Ghibellinenzinnen hindurch in die Tiefe zu schleudern – getroffen vom hektischen Kupfergleißen des Domleschger Föhnmonds, war er ein Florian Geyer, der den des Lovis Corinth an die Wand spielte. Unten ein Plumpsen, wie von Dickicht gedämpft. Während ich es ihm mit dem zweiten Tischbein gleichtat, fragte ich mich eindringlich: Was wollt ich, was sollt ich ihn fragen?

Tischbein No. 3 schleuderte der Ritter auf einen lautlos in Tiefen lauernden Feind hinab, No. 4 (eher ein Kellner, der sich salopp leerer Flaschen entledigt.)

Von drinnen: «Nischt wie los, tabula rasa! *Vamos, vamos!*»

«Ha-a-u … ruck!» ächzte der Vale.

Da hatten wir den Rumpf des Billardtisches, diesen Schrank, auf die Brustwehr gehißt. Dann – ein Krachen in der Tiefe wie eine kurze flache Detonation. Dann die tiefe Mitternachtsstille des Hinterrheintals, tiefere Stille, so schien mir's, als eben noch.

| | | | | | | | | |
|---|---|---|---|---|---|---|---|---|
| frühling | sommer | | winter | | | | | frühling |
| frühling | sommer | | winter | | | | winter | frühling |
| | sommer | herbst | winter | | | herbst | winter | |
| | sommer | herbst | winter | | sommer | herbst | winter | |
| | | herbst | winter | | sommer | herbst | winter | |
| | | | winter | frühling | sommer | | winter | |
| | | | | frühling | sommer | | winter | |

Aus: eugen gomringer, worte sind schatten

Reiner Kunze

## *Sensible Wege*

### Das Ende der Fabeln

Es war einmal ein fuchs ...
beginnt der hahn
eine fabel zu dichten

Da merkt er
so geht's nicht
denn hört der fuchs die fabel
wird er ihn holen

Es war einmal ein bauer ...
beginnt der hahn
eine fabel zu dichten

Da merkt er
so geht's nicht
denn hört der bauer die fabel
wird er ihn schlachten

Es war einmal ...

Schau hin schau her
Nun gibt's keine fabeln mehr

### Das Ende der Kunst

Du darfst nicht, sagte die eule zum auerhahn,
du darfst nicht die sonne besingen
Die sonne ist nicht wichtig

Der auerhahn nahm
die sonne aus seinem gedicht
Du bist ein künstler,
sagte die eule zum auerhahn

Und es war schön finster

Ogden Nash
## *Ich bin leider hier auch fremd*

Übrigens: à propos …

Stellen Sie sich vor: Sie minnen auf einem Balkone im Dunkeln
Mit einem girl, dessen Augen sinnlicher als eine
Millionen-Mitgift funkeln …
Und es ist Sommer, der tief sich in Rosenhecken versteckt hat …
Und es mahnt Sie der Mond, daß Lieben ein Transitiv ist,
das stets ein Objekt hat …
Und während am Nachthimmel Sterne wie sonstwas
schimmern,
Hört man von ferne schmachtende Geigen einen
Alt-Wiener Csárdás wimmern …
Und Sie streicheln ihr eiskaltes Händchen, wobei sie
die Wimpern senkt …
Und nach langem, Romantik-geschwängertem Schweigen
fragen Sie bangend, woran sie wohl denkt …?
«Ich denke», sagt sie, indem sie die funkelnden Augen
aufschlägt,
«Wozu das Känguruh seine Jungen statt im Rucksack
vorn vor dem Bauch trägt?»
Oder Sie stehen über allen Gipfeln, wo Ruh ist, im Glanze
der Abendröte …
Und das Ganze ist so erhaben wie eine Stelle aus Sigrid Undset
oder von Goethe …
Und Sie fassen sie um die Taille und legen ihr einen speech hin
auf ihre Blondheit,
Der irgendwie stark an Thackeray oder Kafka erinnert
in seiner Gekonntheit …
Dann wird sie nach langem, Romantik-geschwängertem

Schweigen versonnen hauchen:
«Erinnre mich daran, daß wir für den Rum-Cocktail noch
Zitronen brauchen!»
Oder Sie haben gerade im trauten Zwielicht an sie den sittlichen
Antrag gerichtet, daß Sie endlich erhört –
Worauf sie nach langem, Romantik-geschwängertem Schweigen
Sie anschaut und flüstert: «Findste nich, daß der Teetisch,
rein ästhetisch, hinter die Anrichte hingehört
und daß die Anrichte überhaupt bloß stört?»
Aber so sind die Weiber: vorn und hinten
stecken sie voller Finten …
Und stets, wenn die Männer denken:
Die Göttliche wird sich mir schenken …
Der Himmel steht offen etcetera … à propos
Denkste …
Dann ist sie in ihren Gedanken ausgerechnet …
übrigens anderswo …

Übersetzung: Walter Mehring

John Updike
*Ehepaare*

Termin beim Zahnarzt

Vor drei Wochen bereits, als sie noch im Krankenhaus lag, hatte Foxy diesen Termin mit ihm ausgemacht: Freitag, ein Uhr; trotzdem fühlte Freddy Thorne sich allem Anschein nach überrumpelt, als sie in seiner Praxis erschien. Bislang war sie ihrem Zahnarzt in Cambridge treu geblieben, aber gegen Ende der Schwangerschaft hatten sich Beschwerden gemeldet, und nun war sie wegen des Stillens in ihrer Bewegungsfreiheit ein wenig eingeschränkt. Niemand, nicht einmal Piet, bestritt, daß Freddy ein fähiger Zahnarzt war. Als sie jetzt jedoch in seinem Ordinationszimmer stand, konnte sie sich des Gefühls nicht erwehren, daß sie von dem Augenblick an, da sie sein absurdes, vom Postamt schier erdrücktes Cottage an der Divinity Street betreten hatte, obgleich es noch andere fähige Zahnärzte am Ort gab, durch Mutterschaft kühn geworden, das Spiel mitspielte, das Tarbox sie gelehrt hatte: das Spiel von der Herausforderung des Schicksals.

Er trug eine weiße Jacke und, zollbreit vor seiner normalen Brille, ein Paar rechteckiger Vergrößerungslinsen. Alles im Behandlungszimmer war fanatisch sauber, von der runden Serviette auf dem schwenkbaren Instrumententisch bis zu Freddys rotgeschrubbten Handflächen, die er in überraschter oder auch segnender Gebärde vor der Brust seiner hinten geknöpften weißen Jacke hoch hielt. Eine quadratische schwarze Uhr zeigte zwölf nach eins. Sein erster Termin nach dem Mittagessen. Sie hatte gegen zehn einen Happen zu sich genommen; durch das Kind waren ihre Schlaf- und Essensgewohnheiten völlig durcheinandergeraten. Es beruhigte sie, daß Freddy, wie alle Zahnärzte, seinen Stundenplan nicht einhielt. «Na so was, wer kommt denn da!» sagte er, als sie eintrat. «Herrlicher Tag», brummelte er, während er sie auf dem Stuhl zurechtrückte. Und als sie brav den Mund öffnete, fragte er: «Wo sitzen die Beschwerden?» Drei verschiedene Personen hatten gesprochen: zuerst der frivole, unverfrorene Mann, den sie kannte, dann ein höflicher, belästigter Bekannter und schließlich ein vollkommen Fremder, ein Experte, der seinen Beruf ausübte.

«Hier», sagte sie und bezeichnete die Stelle von außen mit dem Finger und von innen mit der Zunge. Freddy hielt Sonde und Spiegel überkreuz vor der Brust und hörte zu: «Hier oben, einer von den Backenzähnen, glaube ich. Es zieht jedesmal, wenn ich etwas Süßes esse. Und hier drüben, auf der anderen Seite, fühle ich ein Loch, da muß die Füllung herausgefallen sein. Aber es steht ja wohl in allen Büchern, und auch meine Mutter ist felsenfest überzeugt davon, daß einem nach der Schwangerschaft die Zähne ausfallen, weil alles Kalzium für das Kind draufgegangen ist.»

«Haben Sie Kalziumtabletten genommen?»

«Eisen, das weiß ich bestimmt. Ich habe alles geschluckt, was Doc Allen mir verschrieben hat.»

Freddy sagte: «Bei moderner Ernährungsweise ist die Kalziumzufuhr normalerweise kein Problem. Primitive Frauen neigen freilich in der Tat dazu, ihr Gebiß einzubüßen. Wollen wir es nun einmal ansehen?» Er hantierte sehr zart mit den Untersuchungssonden. Ein einziges Mal traf eine Metallspitze auf einen Nerv und zog sich feinfühlig sogleich wieder zurück. Der Pfefferminzduft seines Atems verhehlte, was er zu Mittag gegessen hatte, Kalbfleisch vielleicht. Seine parfümierten Finger glitten in ihren Mund, und wie bei so vielem, das ihr abstrakte Furcht eingeflößt hatte – Kinderkriegen zum Beispiel oder Ehebruch –, war auch diesmal die Realität gebrochener und nicht so schlimm, wie sie angenommen hatte.

«Sie haben starke Zähne», sagte er und trug mit Bleistift präzise Markierungen auf einer dieser Zahnarztkarten ein, die Foxy als Kind wie einen weitoffenen Schrei empfunden hatte. Eigenartig, die Bezeichnung «stark» zu wählen, und nicht «hübsch» oder «gut».

Sie zählte die Markierungen und sagte: «*Vier* Löcher!» Immer, wenn sie auf einem Zahnarztstuhl saß, fing sie an zu plappern, um den Bohrer ihrem Mund fernzuhalten.

«Sie können sich nicht beklagen über Ihre Zähne», sagte er. «Wir fangen rechts oben an, mit dem, der Ihnen Scherereien gemacht hat.»

Er nahm eine Injektionsnadel aus dem blauen Sterilisierapparat.

Foxy sagte: «Normalerweise brauche ich kein Novocain.»

«Heute möchte ich es Ihnen aber geben.» Sein Betragen war sanft und unwiderstehlich; wo war der flegelhafte Unhold geblieben, den sie von Partys kannte? Er rückte sich die verschärfenden Brillengläser zurecht, und seine Augen verschwammen vollends. Er war nur noch Stimme und Berührung. «Das ist jetzt das Neueste», sagte er; seine Finger entblößten ihr oberes Zahnfleisch, und sie spürte ein sacht zischendes, eisiges Sprühgeräusch. Ein taubes Gefühl entstand, den Nadelstich nahm sie nicht mehr wahr.

Sie warteten, daß das Novocain seine Wirkung tue. Freddy machte sich hinter ihrem Rücken zu schaffen. Sie gähnte; Toby hatte um zwei zu trinken bekommen und war um fünf schon wieder aufgewacht. Ihre Füße auf dem hochgestellten Metallrost sahen lang und flach und blaß aus in den Ballerinenslippern. Das große Fenster darüber, mit Vorhängen aus schwärzlichbrauner Sackleinwand, rahmte eine abstrakte Ansicht ein: das Dach des Postgebäudes, in immer engeren Schieferreihen bis zum kupferbeschlagenen First aufsteigend, der am Himmel festgelötet schien. Der Tag war mild, obwohl man schon Ende November schrieb. Kleine schleppende Wolken warfen übergebührliche Schatten auf Tarbox, wenn sie die Sonne kreuzten. Foxy fragte sich, warum Piet keine Blumen geschickt hatte. Freddy klirrte mit Metall, und die Sprechstundenhilfe, ein Mädchen mit Mopsgesicht und skunkstreifiger Ponyfrisur, lief unaufhörlich zwischen dem Vorzimmer und einem Nebenraum hin und her, in dem Foxy einen Tisch sehen konnte, einen Bunsenbrenner, eine zerfledderte Schautafel mit bildlich dargestellter Zahnpflege für Kinder und das Fußende eines Klappbetts. Etwas näher, auf einer Kommode mit emaillierten Schubladen, stand ein kleines farbloses Radio und brachte eine farblose Musik hervor, die dann und wann von einer farblosen Männerstimme unterbrochen wurde, einer Stimme bar jeder Betonung oder Gemütsbewegung. Foxy fragte sich, wo diese Art von Musik wohl herstammte, von Menschen oder von Maschinen, und wer sie so unversieglich in Zahnarzt-Praxen, Hotelhallen und landenden Flugzeugen plätschern ließ. Ken nannte sie Zahnpasta-Musik.

John Updike

Freddy räusperte sich und fragte: «Ist Ihre Mutter noch da? Kommt sie heute abend mit?» Die Thornes hatten zu einer Party in Gesellschaftskleidung gebeten. Für Foxy bedeutete dieser Anlaß, daß sie nach Wochen der Zurückgezogenheit endlich Piet wiedersehen würde.

«Nein, wir haben sie Dienstag ins Flugzeug gesetzt. Gottlob.»

«Gefiel es Ken nicht, seine Schwiegermutter im Haus zu haben?»

«Ihm hat es weniger ausgemacht als mir. Ich bin inzwischen ein richtiger Einsiedler geworden.»

«Sie schien mir recht munter zu sein.»

«Das ist sie auch. Aber ich habe seit meiner Collegezeit im Grunde nicht mehr viel mit ihr zu tun gehabt. Ich bin zu alt, um eine Mutter zu haben.»

«Sie hat sich über das Baby gefreut.» Das war nicht eigentlich eine Frage.

«Sie hat so getan, ja. Aber Menschen in dem Alter, stelle ich fest, sind nicht mehr sehr anpassungsfähig; es hat mich viel Kraft gekostet, ihr mit dem Kind nicht auf die Nerven zu gehen. Sie hat sich pausenlos umgezogen und in Erinnerungen gekramt, während ich treppauf, treppab rannte.» Als der Augenblick nahte, da Freddy nach dem Bohrer greifen würde, lief Foxy das Wasser im Mund zusammen, sie sprudelte über vor Gier, ihm alles zu erzählen: die rhythmischen Eröffnungsschmerzen, die immer kürzeren Pausen, die traumhafte Gleichgültigkeit der Ärzte und Schwestern, die Narkose, die wie mit rauschenden, brausenden Flügeln über ihr zusammenschlug, der bestürzend durchdringende Blick des Neugeborenen, ihr irrer, umnebelter Gedanke, daß es mehr Ähnlichkeit mit Piet habe als mit Ken, und die wunderbare Entdeckung, daß sie bei all ihrer Magerkeit reich war an Milch, ein hoher nahrungsspendender Baum.

Freddy sagte: «Sie schien es nicht sehr eilig zu haben, zu ihrem Mann zurückzukommen.»

«Ja, das gab mir zu denken. Sie hat immer sehr loyal von ‹Roth› gesprochen, wenn er ihr zufällig einfiel. Ich glaube, sie sieht ihr Leben als eine Art Aschenputtel-Story: zum Schluß wird alles gut, sie ist glücklich bis an ihr Lebensende – und das langweilt sie nun.»

«Sie findet Ken sympathisch.» Auch das war nicht unbedingt als Frage zu verstehen.

«Sehr.»

Mit einer so bündigen Antwort hatte Freddy nicht gerechnet; delikat in die Enge getrieben, leckte er sich die Lippen und wagte einen Ausfall: «Mir schien, sie hatte auch für mich etwas übrig.»

«Aber Freddy, das geht uns doch allen so.»

Die Sprechstundenhilfe, die in der Ecke mit dem Sterilisierapparat herumklapperte, ließ hinter Freddys Rücken ein anzügliches Lächeln aufblitzen. Er merkte, daß man sich über ihn lustig machte, und gab sich ein wenig trockener. «Wir haben uns über Fruchtbarkeit unterhalten, hat sie es Ihnen erzählt?» Die Sprechstundenhilfe verließ das Zimmer.

«Und ob, sie war noch ganz atemlos von all den Mythen.»

«Ja, zum Teil war auch davon die Rede. Wenn ich mich recht erinnere, kamen wir zu dem Schluß, daß Frauen genausogut vom Wind geschwängert werden können wie von Männern. Sie müssen nur daran glauben. Jede Empfängnis ist eine unbefleckte – kein Vorwand ist zu windig dafür.» Dazu dieses schmierige Schmunzeln: worauf spielte er an, wie sollte sie das Ganze verstehen?

«Wirklich schade, aber allein sind wir offenbar hilflos», sagte sie.

«So?»

«Warum würde es sonst so viele Einzelkinder geben? Ich fand es *gräßlich*, ein Einzelkind zu sein. Aber mein Vater war einfach nicht zur Stelle. Elektrische Ventilatoren hatten wir genug.»

«Ach wirklich?» Dem Witz war der Wind aus den Segeln genommen.

«In jedem Zimmer einen. Ich weiß mit Sicherheit, daß ich *mein* Kind nicht allein aufwachsen lassen möchte.»

Es war wie verhext: gerade hatte sie zum hundertstenmal beschlossen, Freddy endgültig als verächtlich abzutun, da stellte sie fest, daß es ihm abermals gelungen war, sie aus der Reserve zu locken.

«Schon betäubt?» fragte er.

Sie sagte: «Fast. Was soll das Klappbett da?» Sie zeigte zum Nebenzimmer, um die Unterhaltung von sich fortzulenken. Eine kleine Wolke schob sich vor die Sonne, und sekundenlang waren sie in Schatten getaucht, wie in jähe Intimität. Das Radio dudelte mechanisch *Tea for Two*. Foxy hatte plötzlich Appetit auf englische Muffins.

«Nicht, was Sie denken», sagte Freddy.

«Ich denke gar nichts, ich frage nur.»

«Statt mittags zu essen, halte ich manchmal ein Schläfchen.»

«Ich habe mich schon gewundert, wie Sie all diese Partys schaffen. Aber was dachten Sie denn, habe ich gedacht?» Mit stummen Gesten deutete sie das Äußere der jungen Sprechstundenhilfe an, imitierte deren Puppenglotzen, strichelte sich mit dem Finger den Skunk-Pony auf die Stirn und faltete wie zum Schlaf die Hände an der Wange. Und um noch deutlicher zu erklären, was sie meinte, machte sie einen Kußmund.

«Nein», flüsterte Freddy, «sondern daß ich dort Abtreibungen vornehme.»

Entsetzt, erstickt vor Abscheu, wollte Foxy sich aus dem Stuhl losreißen. «So etwas habe ich *nie* gedacht.»

«Oh, Zahnärzte machen es aber. Alles ist wie geschaffen dafür. Der Stuhl ist da, die Narkosemittel, die passenden Instrumente ...»

Sie entschied, daß er das nur sagte, um sich vor ihr großzutun und das Bild, das sie von ihm hatte, mit Unerhörtheiten auszuschmücken. Er hatte Medizin studieren wollen, also nach Macht über Leben und Tod gedürstet; er war durchgefallen, hatte mit der Zahnmedizin vorlieb nehmen müssen, einer pingeligen Pusselei an den Pforten des Lebens, aber sein Durst brannte noch immer. Sie wies Freddy in die Schranken. «Ich will nichts davon hören.»

Er antwortete: «Sie müssen jetzt betäubt sein», und fing an zu bohren. Seine warme Wange schwebte dicht über ihr, und alles, was von ihm übrigblieb, so verkehrt herum gesehen, waren ein Paar haarige Nasenlöcher, ein Tanz von tastenden Fingern und zwei funkelnde Halbmonde aus gewölbtem Glas. Ein mütterlicher, seifiger Dunst ging von ihm aus. Foxy entspannte sich. In ihren Brüsten meldete sich ein leises Ziehen, und sie wußte, bald würde sie davon befreit sein: wenn sie hier fertig war, würde sie das Kind in seinem vanillefarbenen Tragbettchen bei Bea Guerin abholen, die gewundene Strandstraße hinunterfahren zu ihrem leeren Haus, das Kleid aufknöpfen und den gestauten Überfluß in den kleinen blinden, gierig saugenden Mund strömen lassen. Heute morgen hatte er ihre rechte Brust ausgetrunken, zum Mittag würde sie ihm die linke geben. Zwanzig Minuten später würde die Wirkung des Novocains abklingen, dann könnte sie sich einen Lunch zurechtmachen aus übriggebliebenem Salat und einem Thunfisch-Sandwich. Wie unbekümmert das Leben die Tage verschlang. Wie dumm von ihr, wie christlich-neurotisch, unter der freundlichen, vielfältigen Oberfläche des Alterns und Reifens , des Nährens und Essens und Schlafens und der Liebe – einer eingebildeten, einer gestohlenen, einer naturbestimmten – ein Schrecknis, ein alarmierendes Unrecht zu wähnen, eine Schuld, die der Katastrophe zutrieb. Der arme Freddy, ihrer aller Rädelsführer, entpuppte sich als kompetenter Zahnarzt. *Lady Be Good* plätscherte aus dem Radio. Unter der roten Decke ihrer geschlossenen Lider erkannte Foxy, daß sie bald Schluß machen müsse mit Piet, und sie empfand keinen Schmerz.

Die Musik riß jäh ab.

Atemlos, abgehetzt, als habe man ihn von weither ans Mikrofon zurückgeholt, gab die unpersönliche Männerstimme bekannt: «Eine Sondermeldung. In unmittelbarer Nähe der Wagenkolonne des Präsidenten in Dallas sind Schüsse gehört worden. Wir wiederholen. Wie aus Dallas verlautet, sollen in unmittelbarer Nähe der Wagenkolonne von Präsident Kennedy Gewehrschüsse gefallen sein.»

Ein kurzes stechendes Schweigen folgte. Dann senkte die Nadel sich wieder auf die Plattenrille, und die Zahnpasta-Musik schmierte weiter: *Lady Be Good*. Die schwarze Uhr zeigte 1 Uhr 36.

Freddy nahm den Bohrer weg. «Haben Sie gehört?»

Sie fragte: «Was soll das heißen?»

«Irgendein verrückter Texaner.» Er bohrte weiter. Die Umdrehungsfrequenz schwoll ungeduldig an. Der Hitzestachel durchstach die kühlende Sprühwolke; es tat weh. Freddy seufzte pfefferminzen. «Sie können ausspülen.»

Mit weit aufgerissenen Augen, weil auch sie die Radiomeldung gehört hatte, kam die Sprechstundenhilfe aus dem Vorzimmer, um das Silberamalgam anzurühren und mehr zu erfahren. «Was glauben Sie, waren das Kommunisten?» fragte sie. Wieder brach die Musik ab. Das Mädchen bekreuzigte sich. Ein kleiner Taubenschwarm, der sich auf dem Schieferdach des Postamts drüben niedergelassen hatte, nahe beim Schornstein, der Wärme wegen, wuselte plötzlich schwerfällig durcheinander und schwirrte auf. Die Meldung wurde wiederholt, mit dem Zusatz, es stehe außer Zweifel, die Wagenkolonne *selber* sei unter Beschuß genommen worden. Drei Schüsse habe man gezählt. Die Tauben bekamen Aufwind unter ihre verschmutzten Flügel und rauschten aus Foxys Blickfeld. Das Mädchen brachte, in ein chamoisfarbenes Schutzpolster gebettet, ein Silberkügelchen und setzte es auf der makellosen runden Serviette ab, die über den Instrumententisch gebreitet war. Freddy rollte es zwischen den Fingerspitzen fester zusammen. Der grobe Mißgriff, mit der Musik fortzufahren, wiederholte sich nicht mehr. Nur Worte fielen noch; zerhackt von Schweigen, formulierten sie die massive, unleugbare Wahrheit. Man hatte auf den Präsidenten geschossen, er war in den Kopf getroffen worden, sein Zustand war kritisch, man hatte nach einem Priester geschickt, der Präsident war tot. Gegen zwei Uhr gab es keinen Zweifel mehr daran. Umweht von Medizingerüchen, hatte Freddy den aufgebohrten Zahn ausgetupft, ihn mittels Tampons und Klammern vor der Zunge geschützt und die Silberfüllung eingesetzt. Foxy war noch zehn Minuten auf dem Stuhl sitzengeblieben, um das Schlimmste abzuwarten. Als Kennedy tot war, ging sie. Die Sprechstundenhilfe weinte; ihre Augen waren immer noch weit aufgerissen, wie bei einer Puppe, die man erst hinlegen muß, damit sie zuklappen. Dankbar für so viel Ergriffenheit, streichelte Foxy ihr die Hand, eine flüchtige Berührung im Vorübergehen. Lebendige Haut verlangt nach anderer lebendiger Haut. Das Mädchen sprudelte heraus: «Und wir haben nicht mal für ihn gestimmt, niemand von unserer Familie, wir wollten es erst nächstes Mal tun.»

Auf Freddy schien dies Zeugnis des Chaos eine stimulierende, angenehm prickelnde Wirkung auszuüben. Als er Foxy durch das Vorzimmer in den Flur hinausbegleitete, sagte er: «Damit ist die Party wohl im Arsch, was?»

«Sie müssen alle ausladen», sagte Foxy. Sie würde Piet nicht sehen heute abend.

# 1970

Aus: friedrich achleitner, prosa, konstellationen,
montagen, dialektgedichte, studien

John Barth
## *Der Tabakhändler*

### Der Trick mit der Königin

*Geheime Historie der Reise von Jamestowne in Virginia durch die Bucht von Chesapeake. Unternommen im Jahre des Herrn 1608 von Kapt. Jno. Smith & von Demselbigen in Mehrern Teilen getreulich niedergeschrieben.* Darunter in altmodischer, fast unleserlicher Handschrift der Anfang der Aufzeichnungen, keineswegs in Tagebuchform, sondern als zusammenfassender Bericht, wahrscheinlich der erste Entwurf zu der wohlbekannten ‹*Allgemeinen Historie von Virginia*› desselben Autors:

Sieben Soldaten, sechs Kavaliere, der Feldscher Dr. Russel und ich selbst schifften uns im Juni des gegenwärtigen Jahres 1608 in der virginischen Stadt Kecoughtan ein,

*Zu gehn unsichern Schrittes auf ungebahntem Pfad,*
*Den keines Christen Fuß jemals bisher betrat.*

Wir wählten für die Reise eine Barkasse von drei Tonnen Ladefähigkeit, deren Verproviantierung ich beizeiten dem großen Liverpooler Henry Burlingame übertrug, denn ihn wagte ich nicht zurückzulassen, weil er sonst meinen Namen mit Verleumdung und übler Nachrede beschmutzt hätte. Doch kaum hatten wir Kecoughtan im Süden hinter uns gelassen, als ich entdeckte, daß der Elende ein falsches Spiel mit mir getrieben hatte; der gesamte Vorrat für eine fünfzehnköpfige Reisegesellschaft für den ganzen Sommer bestand aus einem von Rüsselkäfern wimmelnden Sack Hafergrütze und einem Fäßchen trüben Wassers. Ich fragte ihn, ob er uns verhungern lassen wolle oder glaube, mich dadurch früher zur Rückkehr zwingen zu können? Diese letztere Hoffnung, das wußte ich, teilte er mit seinen Reisegenossen, die allesamt nichtsnutzige Gecken waren. Ich setzte sie allesamt auf knappe Ration und ließ sie vom Schandeck aus fischen, obgleich ich keine Möglichkeit sah, auf diesem Kahn einen Fisch zu kochen. In Wahrheit rechnete ich damit, daß wir innerhalb von zwei Tagen Land sichten würden, sagte aber nichts davon und warf die Fische, die sie fingen, wieder in die Bai. Dann begann ich sie samt & sonders in der Handhabung der Segel und der Ruderpinne zu unterweisen, wozu die Soldaten sich gern bereit fanden, während die Herren sich darüber beklagten – keiner vernehmlicher als Ld. Burlingame, den ich das Wasser aus dem Kielraum schöpfen ließ.

Dieser Burlingame pflegte zu seinen Gefährten zu sagen: Was kümmert's den Käpten, wenn wir verrecken? Jedesmal, wenn er in der Patsche sitzt, müssen wir Kavaliere ihn herausholen, es sei denn, eine nackte Wilde kommt vom Himmel heruntergeschwebt, um seinen Kopf zu retten. Womit er sich auf Pocahontas, Powhatans Tochter, bezog, die mich vor einigen Monaten gerettet hatte, und ich sah, daß er mir die ganze Reise zur Hölle machen würde.

Am nächsten Tag sichteten wir genau nördlich von Kecoughtan eine Landzunge, was bei der Gesellschaft große Freude auslöste, sintemalen ihre Bäuche sich über das viele Hafermehl und trübe Wasser beschwerten. Wir hielten geradewegs auf die Küste zu, wo wir zwei furchtbare Wilde fanden, die Speere mit beinernen Spitzen trugen. Ich faßte mir ein Herz und begrüßte sie. Da hörte ich zu meiner Freude, daß sie in Powhatans Sprache redeten, welchselbigem Kaiser sie untertan waren. Diese Männer sahen allein durch ihre Bemalung so wild aus; ihre Wurfspeere benutzten sie nur zum Fischfang auf den Untiefen. Auf meine Bitte führten sie uns in ihre Stadt vor ihren König mit Namen Hicktopeake.

Dann folgte ein Abenteuer, das ich nicht wohl in meine Historien aufnehmen kann. Ich werde es auf diesen geheimen Seiten niederschreiben, denn es zeigt aufs neue jene erwähnte Feindschaft zwischen Ld. Burlingame & mir, die uns bald bis an die Pforte des Todes führen sollte …

Dieser Hicktopeake hieß uns also willkommen in seinem Königreich, welches er Accomack nannte, und ließ uns ein üppiges Mahl auftischen. Ich beobachtete ihn, dieweil wir aßen, und ich schwöre, er war der stattlichste, sittsamste und höflichste Wilde, dem wir je begegneten. Ich griff, wie es meine Art ist, wacker zu, desgleichen der Arzt Walter und die Soldaten, aber unsere Kavaliere zeigten wenig Geschmack an der Küche der Wilden. Insbesondere Burlingame schien für einen so beleibten Mann, der auf seinen Bauch so stolz ist, wenig Appetit zu haben. Nach dem Mahl hielt Hicktopeake selbst eine kleine Rede, in der er uns nochmals in seiner Stadt willkommen hieß und sich erbot, vor unserer Abreise unsere Vorräte auffüllen zu lassen. Mir schien, daß er merkwürdig versessen darauf war, daß wir einige Zeit in seiner Stadt verweilten, aber den Grund dafür erfuhr ich erst später.

Als ich ihn nach der Ausdehnung seines Königreiches befragte, erwiderte Hicktopeake nur, es sei von beträchtlicher Breite und reiche bis weit hinauf, wo das Land sich verbreiterte. Dieses Gebiet beherrschte er gemeinsam mit seinem Bruder, einem gewissen Debedeavon, den die Wilden den Lachenden König von Accomack nannten. Debedeavons Stadt lag, wie wir hörten, weiter landeinwärts, und er wohnte dort mit seiner Königin in einem stattlichen Haus. Dann fragte ich, wo Hicktopeakes Königin sei, mit welcher Frage ich nur der Höflichkeit Genüge tun wollte. Doch als ich sah, wie sein Gesicht sich umwölkte, suchte ich das Thema zu wechseln und erkundigte mich, warum Debedeavon der Lachende König genannt werde? Woraufhin – warum, wußte ich nicht – Hicktopeakes Zorn noch zunahm, so daß er kaum imstande war, ihn zu beherrschen. Ich sah, daß weitere Erkundigungen nichts fruchten würden, und so schwieg ich und rauchte von dem Tabak, der herumgereicht wurde.

Als Hicktopeake sich endlich etwas gefaßt hatte, befahl er, unserer Gesellschaft ein Nachtquartier anzuweisen, und ich war's zufrieden, sintemalen der Himmel sich bewölkt hatte und schlechtes Wetter verkündete. Mir und den anderen Herren wurde ein Platz in Hicktopeakes Haus gegeben, das, obwohl er König war, nur aus einem Raum von großen Ausmaßen bestand. Alle legten sich unverzüglich schlafen bis auf Burlingame, der jeden meiner Schritte belauert und nur schläft, wenn ich auch schlafe. Der König & ich saßen alsdann in tiefem Schweigen vor dem Feuer und rauchten viele Pfeifen. Ich wußte wohl, daß er mehr mit mir zu sprechen wünschte und nur nach Art der Wilden lange zögerte, bevor er anfing. Aus diesem Grunde ersehnte ich den Augenblick, da Burlingame sich zur Ruhe legen würde, was er jedoch ungeachtet meiner Winke & Andeutungen nicht tat.

Endlich sprach Hicktopeake, erst eine lange Weile von nebensächlichen Dingen, wie es die Wilden zu tun pflegen. Dann sagte er dem Inhalt nach (denn ich übersetze hier seine Rede) folgendes: Sir, Ihr seht mich zweifellos für einen Junggesellen an, dieweil meinem Hause oder meinem Tisch kein Eheweib vorsteht, und ferner weil ich Euch auf Eure Frage, wo meine Königin sei? keine Antwort gegeben habe. Doch darin irrt Ihr. Ich habe in der Tat eine Königin von unübertroffener Schönheit, die ich erst kürzlich zum Weibe genommen habe. Aber sie ist mir keine Ehefrau, denn wird von einer solchen nicht als erstes verlangt, daß sie zu ihrer Glückseligkeit nichts weiter braucht als ihren angetrauten Gatten? Doch meine Königin findet mich unzulänglich, obwohl ich mich in jeder Weise als Mann erwiesen habe, und geht unbefriedigt einher. Und Königin ist sie auch nicht, denn verlangt man nicht als erstes von einer Königin, daß sie alles tut, um die Größe ihres Königs zu beweisen? Aber da meine Königin von meiner Männlichkeit nicht befriedigt ist, sucht sie ihr Vergnügen in den Häusern anderer Männer und bringt damit Schande über mein Haupt; und dabei bleibt sie noch immer unbefriedigt, wie sie selbst sagt. Nun ist das ein übel Ding, dieweil diese Frau nicht nur mich entehrt und für immer schwächt, sondern auch alle jungen Männer meiner Stadt ermüdet und die alten dazu. Sie gleicht dem Blutegel, der, hat er einmal Blut gekostet, nie genug bekommen kann, oder der Eule, die alle Feldmäuse verschlingt und dennoch hungrig in ihr Nest zurückkehrt. Mein Bruder Debedeavon macht sich das zunutze und lacht noch über mich (weswegen sie ihn den Lachenden König nennen). Er vermag sein Weib zu befriedigen, und darum hält er sich für besser als mich, wie auch sein Volk auf meines herabsieht. (Aber sein Weib ist nur eine Maus und leicht zu befriedigen, wie ich oft selbst ausprobiert habe, während mein Bruder fischte.) Darum, Ihr mit der hellen Haut, bitte ich Euch, daß Ihr versucht, der Königin zu Gefallen zu sein, oder sie lehrt, sich mit dem, was sie schon hat, zufriedenzugeben, auf daß in meiner Stadt Friede & Ehre herrschen und mein Bruder nicht mehr meiner spotte. Denn aus Euerm Kleid, Euerm fremdartigen Schiff und Euerm männlichen Auftreten schließe ich, daß Ihr kein gewöhnlicher Mensch, sondern ein Wundertäter seid.

Also sprach Hicktopeake, und ich hörte ihn mit Verwunderung an, dieweil es den meisten Männern, die ihre Frauen nicht befriedigen können, verhaßt wäre, einem anderen Mann ihre Unfähigkeit einzugestehen. Aber seine Wahrhaftigkeit & Offenheit zwangen mir Bewunderung ab, desgleichen seine Großherzigkeit, mich aufzufordern, das zu versuchen, was er nicht konnte. Mit soviel Anstand, wie ich aufbrachte, nahm ich Hicktopeakes Angebot an, woraufhin er mir eine Tür in seinem Hause zeigte, die in die Kammer der Königin führte. Dann legte er sich am Feuer nieder und schlief, allerdings unruhig, was bei einem Mann, der einem anderen erlaubt hat, bei seiner Bettgenossin zu liegen, nicht weiter verwunderlich ist.

Sobald der König eingeschlafen war, ging ich schnurstracks zur Türe und hätte jeden seiner Wünsche erfüllt, wäre nicht Ld. Burlingame dazwischengetreten: er packte meinen Arm und erklärte, er protestiere gegen mein Vorhaben. Ich fragte, Wie er dazu komme, da er meines Wissens kein katholischer Heiliger sei? Worauf er erwiderte, Das sei, wie es wolle, aber er beabsichtige die Sache selbst zu besorgen, sintemalen ich mir mit unanständiger Täuschung die Gunst der Pocahontas verschafft und diese Maid defloriert hätte, während er nichts von ihr gehabt noch überhaupt bei einer Frau gelegen habe, seit er von London in See gestochen sei. Des weiteren erklärte er, wenn ich ihm diesen Gefallen verweigerte, würde er (obwohl er mir sein armseliges Leben verdankte) in ganz Jamestowne und auch in London die Wahrheit über mein Eierpflanzenrezept bekanntgeben.

Worauf ich ihm antwortete, er möge die Königin der Wilden pflügen, soviel er wolle, mir sei es einerlei, und ferner sagte ich, Wäre sie nur halb die Messalina, die der gute Hicktopeake aus ihr macht, so würde es mehr als zehn Burlingames brauchen, sie zufriedenzustellen. Dies gesagt, komplimentierte ich ihn zur Tür und gesellte mich zu meinen schnarchenden Freunden am Feuer. Doch legte ich selbst mich nicht schlafen, sondern blieb wach & rauchte Tabak & dachte in meinem Sinn, daß aller Wahrscheinlichkeit nach meine nächtlichen Abenteuer noch nicht zu Ende seien.

Endlich kam Burlingame zurück; er schien ziemlich verstimmt, und auf meine Erkundigung: War die Königin so leicht zufriedenzustellen? rülpste er nur, und als er sah, daß der König noch schlief, nannte er sie Hure und Landstörzerin und dergleichen mehr. Sie habe ihn recht liebenswürdig empfangen, sagte er, und er sei bereit gewesen, sein fleischlich Werk zu tun, aber als er habe in sie eindringen wollen, habe sie ihn nach seinem Geld gefragt. Und als er nichts weiter zu bieten hatte als ein Päckchen Tabak, habe sie sich stracks auf den Bauch gewälzt und nichts mehr von ihm wissen wollen. Woraufhin er sie verlassen habe.

Ich hätte mich über diese Geschichte totlachen können und sagte zu ihm, wenn er sich so leicht abspeisen lasse, werde er mit der Eroberung von Frauen niemals reüssieren. Und, sagte ich, wir können von Glück sagen, daß Powhatan seinerzeit mich und nicht ihn dazu bestimmt hatte, den Unterpanzer seiner Tochter zu durchlöchern, sonst hätten wir beide den Kopf nicht mehr auf dem Hals. Burlingame rülpste wieder und sagte, Wenn an meiner Prahlerei etwas wäre, bitteschön: die Tür sei noch unverschlossen und die Königin liegt platt am Boden. Er seinerseits habe genug von der Hure, ob Königin oder Küchenmagd.

Ich begab mich also, ohne Zeit zu verlieren, in das Gemach der Königin und ließ Burlingame am Feuer zurück – mochte er in seiner eigenen Feigheit schmoren! Rasch gewöhnten meine Augen sich an das Dunkel, und ich erkannte die Königin höchstselbst, die wieder auf dem Rücken lag. Sie war, wie ich sah, eine recht hübsche Indianerin mit anmutigen Gesichtszügen, wohlgeformten Gliedmaßen und einem kleinen flachen Bauch, und ihre Titten und sonstiges Zubehör waren geeignet, jedes Mannes Lüsternheit anzustacheln. Als sie mich in der Sprache der Wilden aufforderte, nach meinem Willen zu tun, richtete Er sich auf wie ein Paar Hundeohren beim Geruch von

Fleisch. Ich stellte mich als Kapt. Jno. Smith aus Virginia vor, weil ich es barbarisch finde, eine Frau zu vögeln, ohne vorher einige Liebenswürdigkeiten auszutauschen. Aber sie achtete gar nicht darauf, sondern deutete durch gewisse Bewegungen an, daß sie dergleichen Liebenswürdigkeiten für Zeitvergeudung halte. Darum zog ich mich schleunigst aus, und ich hätte sie augenblicks gestemmt, hätte sie meiner Leidenschaft nicht Einhalt geboten; sie deutete auf den Körperteil, der, wie's bei den Wilden Brauch, ratzekahl gezupft und mit Pflanzenfarbe beschmiert war, und verlangte zuerst Bezahlung, denn, sagte sie, es sei nicht ihre Gewohnheit, ihre Reize für nichts zu verschenken.

Das machte mir keine Sorgen, dieweil ich den Handel mit Wilden wie auch mit Huren gewohnt war. Ich zog meine Hose herauf und entnahm ihr ein Faustvoll Flittertand, der stets das Auge des Wilden entzückt. Den gab ich ihr, aber sie schleuderte ihn fort und verlangte Besseres. Dann gab ich ihr einen kleinen Talismann, den ich von einem toten Mohren hatte und der angeblich Zauberkraft besaß, aber auch den geruhte sie nicht anzunehmen. Danach bot ich der Schlumpe ein unanständiges Elfenbeinfigürchen und eine kleine Münze mit einer dreckigen arabischen Inschrift sowie das Versprechen, ihr mit dem nächsten Schiff aus London 12 Yards Nessel schicken zu lassen – alles ohne Erfolg. Sie verlangte für ihre Gunst sechs Längen *wompompeag* oder neun Längen *roanoke* und sonst gar nichts, denn diese Summe pflegten ihre anderen Liebhaber für ihren Körper zu zahlen, sintemalen sie die Königin war. Ich erwiderte, Daß ich kein Indianergeld besitze und auch nicht die Möglichkeit habe, mir welches zu verschaffen, aber wenn sie mir die Befriedigung meiner Begierde gewährte, würde ich ihr aus Jamestowne ein Pfund Sterling schicken, genug bare Münze, um sich in London ein Bäckerdutzend Dirnen zu kaufen. Aber die Königin wollte mein Pfund Sterling nicht, sondern wälzte sich auf den Bauch und ließ einen Furz fahren, welcher der Königin Elizabeth alle Ehre gemacht hätte. Ich erklärte ihr, Kapt. Jno. Smith lasse sich nicht so leicht abspeisen, und als sie darauf dieselbe Antwort gab, schwor ich mir, dessenungeachtet meine Lust an ihr zu haben. Ein Sprichwort der weltläufigen Franzosen sagt, wenn man keine Drosseln zu essen bekommt, muß man sich wohl oder übel mit Krähen begnügen. Ich zögerte nicht länger, sondern beging an der Königin jene Sünde, für die der Herr Feuer auf Sodom und Gomorra regnen ließ …

Als ich fertig war, zog ich mich zurück und wartete darauf, daß die Königin ihre Leibgarde rufen würde, um mich zu holen, denn das, glaubte ich, würde sie alsbald tun. Eine Weile lag sie keuchend auf der

Erde, und als sie endlich wieder zu Atem kam, nahm sie von ihrem Hals zehn Schnüre *wompompeag* und schenkte sie mir. Dann erklärte sie, Diese Nacht habe sie so viel Liebe bekommen, daß sie bis zum Neumond Schmerzen haben würde. Mit diesen Worten fiel sie in einen ohnmachtähnlichen Schlaf, und ich zog mich in den anderen Raum zurück, um Burlingame wegen seines Mangels an Phantasie zu schelten. Das nahm er mit seiner üblichen schlechten Laune auf, dieweil ich ihn wieder einmal übertroffen hatte …

Ich schlief bis in den Tag hinein, und als ich erwachte, fand ich Hicktopeake in seinem königlichen Sessel, umgeben von all seinen Unterhäuptlingen. Er hatte ihnen Schweigen geboten, solange ich schlief, und als ich mich rührte, kam er heran und umarmte mich und erklärte, ich solle als Zweithöchster über seine Stadt herrschen und das hübscheste Mädchen seines Stammes zum Weibe haben, dieweil ich seinem Volke den Frieden wiedergegeben habe. Ich fragte Wie das? und er antwortete, Die Königin sei im Morgengrauen zu ihm gekommen und habe ihn um Vergebung für ihre Untreue gebeten und geschworen, nachdem ich sie also befriedigt habe, werde sie nie wieder von des Königs Bettstatt abirren. Freilich, sagte der König, werde ihr Entschluß wohl nicht lange vorhalten; ich müsse wohl über ungewöhnliche Manneskraft verfügen, daß ich sie so habe befriedigen können, aber ich würde seine Stadt ja bald verlassen.

Da führte ich ihn beiseite und vertraute ihm heimlich den einfachen Trick an, dessen ich mich bedient, und versicherte ihm, daß er ihn ebensogut anwenden könne wie ich. Denn so klein war ihr Pfützchen, daß jeder Frosch darin groß erschien. Hicktopeake hatte noch nie von dieser Praktik (die ich von den ekelhaften Arabern gelernt hatte) gehört und lauschte mir voller Staunen. Es ließ ihm keine Ruhe, bis er seine neue Wissenschaft nicht ausprobiert hatte, und er begab sich geschwind hinaus.

Während er so auf Liebespfaden wandelte, rief ich meine Gefährten zusammen und befahl ihnen, unser Schiff flottzumachen, denn ich gedachte noch am selbigen Morgen zu segeln, um unsere Forschungsreise weiterzuführen. Sie gingen sogleich ans Werk, alle außer Burlingame, der murrend am Ufer stand und nach Kieselsteinen trat, und wir wollten gerade ablegen, als Hicktopeake aus seinem Hause kam. Er umarmte mich noch einmal, diesmal noch herzlicher als zuvor, und bat mich, als sein Kronprinz und Nachfolger für immer in seiner Stadt zu bleiben. So heftig habe er mit der Königin gebuhlt, sagte er, daß sie erst in drei Tagen wieder aufstehen und die ganze Woche an Verstopfung leiden würde. Ich lehnte aber sein Angebot ab und sagte, Ich habe anderswo Geschäfte, denen ich nachgehen müsse. Nach langem

Debattieren fand er sich damit ab und entließ mich, nachdem er mich & meine Gefährten mit allerlei Gaben nach Art der Wilden sowie Vorräten & Wasser für unser Schiff beschenkt hatte.

So setzten wir endlich wieder Segel und nahmen Kurs aufs offene Meer oder was auch immer vor uns lag. Der Abschied wurde mir ein wenig schwer, wir hätten gut und gern noch eine Zeitlang verweilen können, denn dieser Hicktopeake hatte mir seine Absicht mitgeteilt, in die Stadt seines Bruders Debedeavon zu reisen und dessen Königin nach der neu gelernten Manier so durchzupflügen, daß sein Bruder für immer vernichtet wäre. Und dann würde er, Hicktopeake, der Lachende König von Accomack sein. Das hätte ich wahrhaftig gern miterlebt! Aber Königsgunst ist ein schlüpfriger Knochen, leicht gewährt und ebenso leicht wieder streitig gemacht, und mir schien es weiser, mich beizeiten zu absentieren, solange ich noch in seiner Gunst stand, als so lange zu bleiben, bis ich in Accomack womöglich nicht mehr so willkommen war …

Elfriede Jelinek

## *wir sind lockvögel baby!*

sie ist jung

sie ist jung & bildhübsch die fünfzehnjährige elisabeth f. und sie hasst ihre mutter mit aller kraft ihres reinen noch ungeweckten herzens weil die ihr den geliebten mann weggenommen hat. noch ehe der wagen richtig hält stösst elisabeth die tür auf springt heraus rennt über den gehsteig zur kreuzung läuft bei rot über die strasse verschwindet. helmut lässt sich in den sitz des wagens zurückfallen schlägt die hände vors gesicht. seine schultern beginnen zu zucken. in einer kleinen züricher pension versteckt sich elisabeth und ahnt nicht dass ein junger arzt dr. bernd b. der in ganz kurzer zeit durch seine assistenz bei der 1. deutschen herztransplantation von sich reden machen wird mit seinem schneeweissen karman ghia verzweifelt nach ihr sucht. immer wieder steht das furchtbare bild vor ihren augen ihre mutter im chinchilla hausanzug der sich verschiebt ein stück ihrer blossen marmorkühlen elisabeth hat eine kühle mutter haut preisgebend und ben ihr ben der ihr gerade mit der rasierklinge ihres verstorbenen vaters ein kreisrundes loch in den pelz zwischen den beinen schneidet. du tust mir weh flüstert trude in der dunkelheit

des schlafzimmers und er kann das schmerzhafte einsaugen ihres atems hören. ist ja schon gut erwidert er und dreht sich auf die andre seite. das bett knarrt dann ist es still totenstill. elisabeth jagt durch die nacht. vor ihr taucht das brackige wasser des kanals auf während sie dicht hinter sich die schritte der beiden männer hört. der gedanke trifft sie wie ein blitzschlag. meine mutter denkt sie voll scham und mein ben mit den harten fäusten. der geile pensionswirt unterbricht sie wieder einmal bei ihren überlegungen. sein schrei gellt durch das haus ein spitzer fast weiblicher schrei.
diese deutschen sind rupert stoessli ein dorn im auge besonders wenn sie so schön sind wie die fünfzehnjährige mit dem erfahrenen gesicht einer achtzigjährigen und dem körper eines kindes. seine instinkte reagiert herr stoessli der osterhase ab indem er ein loch in elisabeths wuschelkopf bohrt und mit der kopfflüssigkeit die herausrinnt vergraute und vergilbte gardinen und herrenwäsche reinigt. sind auch sie der ansicht dass frische duftige wäsche zum wohlbefinden der ganzen familie beiträgt? sicher finden sie es angenehm in einem frisch bezogenen bett zu schlafen. sorgen sie dafür dass ihre lieben wenigstens alle 3 wochen in frisch bezogenen betten schlafen. elisabeth fühlt sich auch gleich viel wohler diese unanständigen bilder quälen sie nicht mehr so. herr stoessli will elisabeth demnächst in seiner trommelwaschmaschine ausprobieren.

## amstetten um mitternacht

amstetten um mitternacht ist eine gespenstische stadt. nicht im sommer wenn sich die turisten im breiten strom über bulevards und plätze ergiessen aber im herbst wenn stürme das laub vor sich her treiben wenn die alleen sich schütteln. dann ist amstetten eine gespenstische stadt. der junge doktor fröstelt als er die gruppe von 3 mädchen sah in jeans verwaschenen pullovern das blonde haar strähnig auf die schultern fallend die campingbeutel lässig über den rücken geworfen. jugendliche ausreisserinnen aus deutschland vielleicht oder aus england aus skandinavien. mädchen die wahrscheinlich als grund angeben würden meine eltern kotzen mich an. was soll ich mit einem reitpferd. in einer woche in einem monat in einem jahr würde die grosse reue kommen. dies soll aber kein reisebericht sein. von den dolly sisters schlug ihm ein sonderbarer geruch entgegen der wilde stepptanz hätte wärme in die erstarrten glieder bringen sollen statt dessen ermattete er nur mit mühe konnte er der langgliedrigen portugiesin widerstehen die ihm aus einem erleuchteten parterrefenster der fremdenverkehrszentrale eifrig zeichen zumorst. die tasche mit seinen kostbaren medizinischen instrumenten und der teufelsdroge ist an die brust gepresst betrat er den raum. er wusste was er zu tun hatte als arzt & als mensch. dies soll keine reisebeschreibung sein sondern der bericht einer kosmetischen operation an der verwachsenen eurasierin (siehe bd. 25 seite 368) die kang fo der führer der gelben messer die im raum von amstetten industriespionage für rotchina zu betreiben pflegen auf den leitenden ingenieur als lockvogel ansetzen möchte. das geht nicht gegen die ärztliche berufsehre & während im vorhof maschinengewehre hämmern & der riesige kang fo den mitgliedern des kameradschaftstreffens brennende bambussplitter unter die fingernägel steckt setzt der arzt mit gewohnt ruhiger hand sein berühmtes radioaktives platinskalpell an das unbewegliche gelbe gesicht der schönen eurasierin. da ein schrei! zwei hünenhafte dicke gelbhäutige ringer schleppen eine sich wehrende zarte weisse beute durch die nacht ein sogenanntes opfer. das messer stockt dem arzt sofort. alle revolvermündungen richten sich wie auf kommando auf ihn. war das nicht elisabeths stimme seine elisabeth oder war es nur eines der zahllosen opfer die kang fo der herrscher für seine dienste benötigt (der teufel in menschengestalt). er will gewissheit. so eilt er ein rudel schreiender wurmartiger chinesen an sich überall nachschleifend an seinem schlanken weissgekleideten sterilen körper in die finsternis. die frisch operierte quiekt wie ein schwein durfte der doktor sie hier in dieser wenig vertrauenerweckenden gegend allein lassen? nein. sein gewissen als arzt und helfer bäumt sich auf aber da ist elisabeth vielleicht in gefahr. sie braucht ihn. mit jähem übermenschlichen ruck fliegt das schlatzige geschmeiss ins gebüsch der blutige ärztemantel eilt davon. elisabeth ich komme halte aus. diese voreiligkeit soll dr. b denn um diesen und keinen andren handelt es sich tatsächlich noch bitter bereuen denn eben quetscht kang fo durch sein vergoldetes gebiss go! & folgt dem weissen teufel bringt ihn tot oder lebendig besser tot denn tote halten den mund der bereitschaftswagen prescht mit quietschenden reifen durch das haupttor scheinwerfer tauchen alles in taghelle. suchhunde hecheln. er hat fast schon die deckung erreicht als eine der schweren kugeln klatschend in seine schulter schlägt und ihn aufs gesicht wirft. er hat es lediglich dem glück zu verdanken dass er in eine bodenmulde gefallen ist und die übrigen geschosse dieser gefährlich nahe liegenden salve um ihn herum in den schlamm schlagen.

dies soll aber kein reisebericht sein.

Philip Roth
*Portnoys Beschwerden*

Amerika ist eine Schickse

*Schicksen!* Im Winter, wenn die Polio-Viren ihren Winterschlaf halten und ich damit rechnen darf, bis zum Ende des Schuljahres ohne Eiserne Lunge zu überleben, laufe ich auf dem See im Irvington-Park Schlittschuh. Im letzten Licht der Werktagsnachmittage und die ganzen knisternden, leuchtenden Sonnabende und Sonntage lang ziehe ich unermüdlich meine Kreise, hinter den *schicksen* her, die in Irvington leben, dem Stadtteil, der an die Straßen und Häuser meines sicheren, anheimelnden jüdischen Viertels grenzt. An den Gardinen, die ihre Mütter vor die Fenster hängen, erkenne ich, wo die *schicksen* wohnen. Auch hängen die *gojim* ein kleines weißes Tuch mit einem Stern zwischen die Doppelfenster, sich selbst und ihren eingezogenen Söhnen zu Ehren – mit einem blauen Stern, wenn der Sohn lebt, einem goldenen, wenn er tot ist. «Eine Goldstern-Mammy», damit stellt Ralph Edwards den Fernsehzuschauern mit ernster Stimme eine Teilnehmerin an der Quizsendung «Die Wahrheit und ihre Folgen» vor, eine Teilnehmerin, auf deren Möse sie zwei Minuten später einen Selterssiphon richten werden. Diesem Scherz folgt dann ein funkelnagelneuer Kühlschrank für ihre Küche … auch Tante Clara über uns ist eine Goldstern-Mammy, bloß mit dem Unterschied, daß sie keinen goldenen Stern im Fenster hat, da sie auf einen toten Sohn weder stolz noch sonst was sein kann. Auch die innere Erhebung fällt flach – wie überhaupt alles. Sie scheint vielmehr ein «Nerven-Fall fürs Leben» geworden zu sein, wie mein Vater sich ausdrückt. Seit Heschie bei der Invasion in der Normandie fiel, ist kein Tag vergangen, den Tante Clara nicht größtenteils im Bett verbracht hätte, so heftig schluchzend, daß Doktor Izzie manchmal kommen und ihr eine Beruhigungsspritze geben muß … Aber die Gardinen – die Gardinen sind mit Spitzen oder sonstwie «individuell» verziert, was meine Mutter verächtlich als *«gojischen Geschmack»* bezeichnet. In der Weihnachtszeit, wenn ich Ferien habe und abends zum Eislauf unter den Bogenlampen gehe, sehe ich hinter den nicht-jüdischen Gardinen die Bäume an und aus gehen. Nicht in unserem Block – Gott soll schützen! – oder in der Leslie Street oder Schley Street oder gar auf dem

Fabian Place, doch sobald ich mich Irvington nähere, gibt's hier einen *goj* und dort einen *goj*, und dort noch einen – und dann bin ich in Irvington, und es ist einfach gräßlich: nicht bloß, daß sich in jedem Wohnzimmer ein grell brennender Baum breitmacht, auch die Häuser selbst sind von farbigen Birnen eingerahmt, die Reklame fürs Christentum schieben, und Plattenspieler pumpen ‹*Stille Nacht*› in die Straßen hinaus, als sei das – als sei das? – die Nationalhymne, und auf den beschneiten Rasenflächen stehen Krippen – also wirklich, man könnte kotzen. Wie können sie diesen Scheißdreck bloß *glauben*? Nicht nur Kinder, nein, auch Erwachsene stehen im Schnee herum und lächeln auf fünfzehn Zentimeter hohe Holzstücke hinunter, die Maria und Joseph und Christkindlein heißen – und die geschnitzten Kühe und Pferde lächeln ebenfalls! O Gott! Die Idiotie der Juden das ganze Jahr über, dazu die Idiotie der *gojim* in diesen Festtagen! Was für ein Land! Ist es ein Wunder, daß wir alle halb verrückt sind?

Aber die *schicksen*, ah, die *schicksen* – das ist wieder etwas anderes. Im überheizten, nach feuchtem Sägemehl und nasser Wolle riechenden Bootshaus bin ich, beim Anblick ihrer frischgewaschenen, kühlen blonden Haare, die ihnen unter den Kopftüchern hervorquellen, völlig verzückt. Mitten unter diesen rotwangigen und kichernden Mädchen schnalle ich mir meine Schlittschuhe mit schwachen, zitternden Fingern an, und dann hinaus in die Kälte und hinter ihnen her, den Brettersteg auf Zehenspitzen hinunter und aufs Eis und hinter dem quirlenden Schwarm her – ein Blütenstrauß von *schicksen*, ein Blumenkranz von nicht-jüdischen Mädchen. Ich bin so überwältigt, daß meine Begierde *den Ständer hinter sich läßt*. Mein beschnittener kleiner Piephahn schrumpft vor lauter Verehrung zusammen. Vielleicht auch vor Angst. Wie werden sie bloß so wunderbar, so gesund, so *blond*? Meine Verachtung dessen, woran sie glauben, wird mehr als ausgeglichen durch die Bewunderung ihres Aussehens, ihrer Art sich zu bewegen, zu lachen, zu sprechen – was für ein Leben die wohl hinter jenen *gojischen* Gardinen führen! Die älteren Brüder dieser Mädchen sind die gutmütigen, selbstsicheren, gepflegten, schnellen und kräftigen Läufer der College-*football*-Teams, die *Northwestern*, *Texas Christian* und *Ucla* heißen. Ihre Väter sind Männer mit weißen Haaren und tiefen Stimmen, die niemals eine doppelte Verneinung benutzen, und ihre Mütter Damen mit freundlichem Lächeln und wunderbaren Manieren, die Dinge sagen wie «Es sieht fast so aus, Mary, als hätten wir auf dem Wohltätigkeitsbasar fünfunddreißig Torten veräußert». «Komm nicht allzu spät, Liebes», flöten sie mit süßer Stimme ihren kleinen Maiglöckchen zu, wenn sie in bauschigen Taftkleidern zum College-Ball davonstürmen, mit Jungen, deren Namen wie aus der Schulfibel klingen, nicht Aaron und Arnold und Marvin, sondern Johnny und Billy und Ted. Nicht Portnoy oder Pincus, sondern Smith und Jones und Brown. Diese Leute sind *die Amerikaner*, Doktor – wie Henry Aldrich, wie der große Gildersleeve und sein Neffe LeRoy, wie Corliss und Veronica, wie «Oogie Pringle», der in ‹*Rendezvous mit Judy*› unter Jane Powells Fenster singt – das sind die Leute, für die Nat «King» Cole jedes Jahr zu Weihnachten singt: «Kastanien brutzeln in eurem Kamin, der Frost beißt euch in die Nasen ...» Ein Kamin, in *unserem* Haus? Nein, nein, er spricht von *ihren* Nasen. Nicht von seiner platten schwarzen oder von meiner langen, höckerigen Nase, sondern von jenen winzig kleinen Wundern, deren Nüstern wie selbstverständlich von Geburt an nordwärts zeigen. Und das ein ganzes Leben lang! Das sind die zum Leben erwachten Kinder aus den Malbüchern, die Kinder, von denen auf den Schildern die Rede ist, die wir in Union, New Jersey, im Vorbeifahren sehen: SPIELENDE KINDER und FAHRT VORSICHTIG, WIR LIEBEN UNSERE KINDER – das sind die Mädchen und Knaben, die «nebenan» wohnen, die Kinder, die im Fernsehen ihre Eltern immer um die «Karre» bitten und dann in die gräßlichsten Schwierigkeiten damit geraten. Doch das Happy-End kommt, sobald es Zeit wird für die letzte Werbesendung – die Kinder, deren Nachbarn nicht die Silversteins und die Landaus sind, sondern Fibber McGee und Molly und Ozzie und Harriet und Ethel und Albert und Lorenzo Jones und seine Frau Belle und Jack Armstrong! Jack Armstrong, der amerikanische Über-*goj!* – und zwar heißt dieser Jack eigentlich John, und nicht Jake, wie mein Vater ... Schauen Sie, das Radio plärrt pausenlos während unserer Mahlzeiten, bis zum Nachtisch, das Gelb der Senderskala ist der letzte Lichtschimmer, den ich jeden Abend sehe, bevor ich einschlafe – also erzählen Sie mir nicht, daß wir genau solche Amerikaner wie die sind. Nein, nein, die goldhaarigen Christen sind die legitimen Besitzer und Bewohner dieses Landes, sie können jedes Lied, das ihnen paßt, in die Straßen pumpen, und keiner wird sie daran hindern. O Amerika! Amerika! Für meine Großeltern magst du Gold auf der Straße gewesen sein, für meine Eltern ein Huhn in jedem Topf, aber für mich, ein Kind, dessen früheste Erinnerungen Ann Rutherford und Alice Faye sind, ist Amerika eine *schickse*, die sich an einen kuschelt und Liebe Liebe Liebe Liebe Liebe flüstert!

Also: Abenddämmerung über dem zugefrorenen See eines Stadtparks und Jagd auf Schlittschuhen hinter den roten, flauschigen Ohrenschützern und flatternden gelben Löckchen einer unbekannten *schickse* her lehren mich die Bedeutung der Worte *sehnsüchtiges Verlangen*. Es ist fast mehr, als ein zorniges dreizehnjähriges Muttersöhn-

Philip Roth

chen ertragen kann. Sehen Sie mir die großen Worte nach, aber ich spreche wahrscheinlich von den allerbittersten Stunden meines Daseins – ich lerne die Bedeutung des Wortes Verlangen kennen, das Wort Qual gewinnt Leben. Dort klettern die süßen Dinger die Böschung hinauf, poltern den freigeschaufelten Weg zwischen den Tannen entlang – also muß ich hinterher (falls ich es wage!). Die Sonne ist fast verschwunden, und alles ist blutrot (wie meine Worte, Doktor). Ich folge ihnen in sicherer Erwartung, bis sie auf Schlittschuhen die Straße überqueren und kichernd den kleinen Süßwarenladen betreten. Während ich meinen ganzen Mut zusammengenommen und die Tür geöffnet habe – bestimmt werden sie mich alle anstarren! –, haben sie bereits ihre Schals gelockert, ihre Jacken aufgeknöpft und führen, mit brennenden Wangen, Tassen mit heißer Schokolade an den Mund – und diese Nasen! Sie sind und bleiben ein Mysterium! Jede verschwindet völlig in einer Tasse voll Schokolade, um makellos sauber wieder aufzutauchen! Und, mein Gott, wie sie in aller Unschuld zwischen den Mahlzeiten naschen! Was für Mädchen! Tollkühn und wild entschlossen verlange auch ich eine Tasse Schokolade – und werde mir damit den Appetit fürs Abendessen verderben, das meine übereifrige Mutter Punkt halb sechs auf den Tisch bringt, wenn mein Vater «ausgehungert» das Haus betritt. Dann folge ich ihnen zum See zurück. Dann folge ich ihnen rund um den See – und dann ist Schluß mit meiner Verzückung: sie gehen nach Hause, zu ihren korrekt redenden Vätern und gelassenen Müttern und selbstsicheren Brüdern, mit denen sie in eitel Eintracht und Wonne hinter den *gojischen* Gardinen leben, und ich mache mich auf den Weg nach Newark, zurück zu meinem chaotischen Familienleben, das sich neuerdings hinter «Venezianern» abspielt, die meine Mutter sich/uns in Jahren vom Wirtschaftsgeld abgespart hat.

Wie diese Aluminiumjalousien unseren sozialen Status gehoben haben! Meine Mutter scheint zu glauben, wir hätten uns damit Hals über Kopf in die erste Gesellschaft hinaufkatapultiert. Ein großer Teil ihres Lebens besteht nun aus dem Abstauben und Polieren der Jalousieleisten; morgens, mittags und abends wischt sie an ihnen herum, und wenn sie in der Dämmerung durch die Spalten in die im Licht der Straßenlaterne tanzenden Schneeflocken hinaussieht, wird die Sorgenwalze aufgelegt. Gewöhnlich dauert es nur Minuten, bis sie sich in den entsprechenden Zustand hineingesteigert hat. «Wo *bleibt* er denn bloß?» stöhnt sie, jedesmal, wenn zwei Scheinwerfer sich nähern, und es sind nicht die seinen. Wo, o wo, unser Odysseus! Onkel Hymie über uns ist zu Hause, Landau gegenüber ist zu Hause, Silverstein nebenan ist zu Hause – alle sind um Viertel vor sechs zu Hause, außer

B ri
g itt e
wu r de
g e schl a
g en
u n
d schl ä
g t a
ll
e

Aus: Gerhard Rühm, Gesammelte Gedichte und visuelle Texte

meinem Vater, und das Radio meldet, daß ein Blizzard vom Nordpol direkt auf Newark zuhalte. Da gibt's gar nichts mehr zu überlegen – wir könnten ebensogut gleich Tuckermann & Farber wegen der Beisetzung anrufen und die Trauergäste einladen. Ja, es genügt, daß die Straßen im Frost auch nur ein wenig glitzern, um als gegeben anzunehmen, daß mein Vater, der sich eine Viertelstunde verspätet hat, tot und zermalmt irgendwo am Fuße eines Telegrafenmastes in einer Blutlache liegt. Meine Mutter kommt in die Küche, und ihr Gesicht gleicht inzwischen einem El Greco. «Meine beiden verhungerten Armenier», sagt sie mit brechender Stimme, «eßt, fangt an, meine Lieblinge – fangt an, es hat keinen Sinn, länger zu warten –» Und wer wäre nicht vor Kummer vernichtet? Man braucht ja bloß an die Zukunft zu denken – zwei Babies ohne Vater, sie selbst ohne Mann und Ernährer, und das alles nur, weil es ausgerechnet dann beginnen mußte zu schneien, als der Arme sich auf den Heimweg machte.

Ich frage mich inzwischen, ob ich, wenn mein Vater tot ist, wohl nach der Schule und sonnabends zur Arbeit gehen und infolgedessen das Eislaufen im Irvington-Park aufgeben muß – das Eislaufen mit meinen *schicksen* aufgeben muß, bevor ich auch nur ein einziges Wort mit einer einzigen von ihnen gewechselt habe. Ich habe Angst, den Mund zu öffnen, weil ich mich davor fürchte, daß ich keine Worte finde – oder die *falschen.* «Portnoy, ja, ein alter französischer Name, eine Verstümmelung von *porte noir*, das bedeutet schwarze Tür oder schwarzes Tor. Offenbar wurde im Mittelalter das Tor unseres Herrenhauses in Frankreich schwarz gestrichen ...» Und so weiter und so fort. Nein, nein, sie werden die Endung *oy* hören, und damit ist der Fall erledigt. Also dann Al Port oder Al Parsons! «Wie geht es Ihnen, Miss Perfect, darf ich neben Ihnen laufen, ich heiße Al Parsons –» Aber ist Alan nicht ebenso jüdisch und fremdländisch wie Alexander? Natürlich gibt es Alan Ladd, aber es gibt auch meinen Freund Alan Rubin, den *shortstop* unseres *softball*-Teams. Und wenn sie erst hört, daß ich Weequahic-Schüler bin. Aber darauf kommt es schon gar nicht mehr an, ich kann ja lügen, lügen, was meinen Namen und meine Schule angeht, aber wie will ich diese Scheiß-Nase weglügen? «Sie scheinen ein angenehmer Mensch zu sein, Mister Porte-Noir, aber warum halten Sie sich immerzu die Hand vors Gesicht?» Weil sich plötzlich mitten in meinem Gesicht etwas tut! Weil das Knopfnäschen meiner Kinderjahre verschwunden ist, das niedliche kleine Näschen, das sich die Leute betrachten, wenn ich in meinem Wagen lag, und jetzt – siehe da! streckt sich statt dessen mitten in meinem Gesicht etwas Gott entgegen! Porte-Noir und Parsons, eins geschissen, mein Lieber, auf deinem Gesicht steht J-U-D-E geschrieben – sieh dir doch seinen *schnotz* an, um Gottes willen! Das ist keine Nase, das ist ein Rüssel! Verdufte, du Judenbengel! Mach, daß du vom Eis runterkommst, und laß diese Mädchen in Ruhe!

Es stimmt. Ich beuge meinen Kopf über den Küchentisch und zeichne mein Profil auf einen Geschäftsbogen meines Vaters. Das Ergebnis ist *furchtbar*. Wie konnte mir das geschehen, Mutter, mir, der in seinem Kinderwagen so niedlich aussah! Die Nasenwurzel bäumt sich himmelwärts, während das Nasenbein sich auf halbem Wege meinem Mund zu nähern beginnt. Noch ein paar Jahre, und ich werde nicht mehr *essen* können, weil das Ding der Nahrungsaufnahme im Weg steht! Nein! Nein! Das kann nicht sein! Ich gehe ins Badezimmer und stehe vor dem Spiegel, ich drücke meine Nasenflügel mit zwei Fingern nach oben. Von der Seite gesehen ist's nicht mal so übel, aber vorn, dort, wo meine Oberlippe sich befand, gibt's jetzt nichts anderes als Zahnfleisch und Zähne. Kein *goj*, ein Kaninchen! Ich raffe meine Nasenflügel mit Klebestreifen und stelle auf diese Weise im Profil die hübsche, sich aufwärts schwingende, auf Nimmerwiedersehen entschwundene Linie wieder her, die ich während meiner ganzen Kindheit zur Schau stellte ... Es scheint tatsächlich, daß mein Rüssel genau zu der Zeit zu sprießen begann, als ich die eislaufenden *schicksen* im Irvington-Park entdeckte – als hätte meine Nase sich zum Anwalt meiner Eltern gemacht! Eislaufen mit *schicksen*? Versuchen kannst du es ja, du kluges Kind. Aber weißt du noch, Pinocchio? Nun, das ist nichts gegen das, was du erleben wirst. Sie werden sich ausschütten vor Lachen, heulen und brüllen – und, was schlimmer ist, dich obendrein Goldberg nennen und dich, der du vor Wut und Haß kochst, nach Hause schicken. Was glaubst du wohl, über wen sie andauernd kichern? Über dich! Der spindeldürre Jidd mit seinem *schnotz*, der jeden geschlagenen Nachmittag hinter ihnen her läuft – und den Mund nicht aufkriegt! «Bitte, würdest du aufhören, an deiner Nase herumzuspielen?» sagte meine Mutter. «Es interessiert mich nicht, was du da drin hast, Alex, nicht beim Essen.» – «Aber sie ist *zu groß*!» – «Was? Was ist zu groß?» fragt mein Vater. «Meine *Nase*!» – «Bitte, sie trägt zu deiner Persönlichkeit bei», sagt meine Mutter, «also laß sie in Ruh!»

Aber wer will schon Persönlichkeit. Ich will Patricia Perfect! Im blauen Anorak mit roten Ohrenschützern und dicken weißen Fausthandschuhen – Miss Amerika auf Kufen! Mit Mistelzweig und Plumpudding (was immer das auch sein mag) und Einfamilienhaus, mit einem Treppengeländer und einer Treppe drin, und Eltern, die gelassen und nachsichtig und *würdevoll* sind und einem Bruder Billy, der einen Motor reparieren kann und «sehr verbunden» sagt und keine physische Angst kennt und, oh, wie sie sich in ihrem Angorapullover auf dem Sofa an mich kuscheln wird, die Beine im Schottenrock unter sich gezogen, und wie sie sich in der Tür noch einmal umdrehen und sagen wird «und vielen herzlichen Dank für den herrlichen, herrlichen Abend», und dann wird dieses erstaunliche Wesen, zu dem nie jemand *«schah!»* oder «ich hoffe bloß, daß deine Kinder dir einmal das gleiche antun!» sagt – dieses vollkommene Geschöpf, diese gänzlich Fremde, so glatt und weich und kühl wie ein Eierpudding – dann wird sie mich küssen – wobei sie eines ihrer wohlgeformten Beine anhebt –, und meine Nase und mein Name werden ein Nichts mehr sein.

Sehen Sie, ich verlange ja nicht die Welt – ich seh bloß nicht ein, warum ich weniger vom Leben haben soll als irgendein *schmuck* wie Oogie Pringle oder Henry Aldrich. Auch ich will Jane Powell haben, verdammtnochmal! Und Corliss und Veronica. Auch ich möchte der Freund von Debbie Reynolds sein – das ist der Eddie Fisher in mir, sonst gar nichts, die Sehnsucht, die wir schwärzlichen, jüdischen jungen Männer nach jenen sanften blonden Exotinnen, *schicksen* genannt, in uns tragen … Was ich allerdings in jenen fiebrigen Jahren noch nicht weiß, ist, daß es für jeden Eddie, der sich nach einer Debbie sehnt, eine Debbie gibt, die sich nach einem Eddie sehnt – eine Marilyn Monroe, die sich nach ihrem Arthur Miller sehnt – sogar eine Alice Faye voll Sehnsucht nach einem Phil Harris. Selbst Jayne Mansfield war gerade dabei, einen zu heiraten – Sie erinnern sich? –, als sie plötzlich bei einem Autounfall ums Leben kam. Wer wußte schon, damals, als wir ‹*National Velvet*› sahen, daß diese herrliche junge Frau mit den veilchenfarbenen Augen, die die überragendste aller *gojischen* Gaben besaß, nämlich den Mut und die nötige Sachkenntnis, ein Pferd zu besteigen und auf ihm herumzureiten (statt es vor einen Karren zu spannen wie der Altwarenhändler, nach dem ich genannt bin) – wer hätte geglaubt, daß es dieses Mädchen auf dem Pferd, in Reithosen, mit ihrer perfekten Aussprache, nach unsereinem gelüstete, nicht weniger, als uns nach ihresgleichen? Denn Mike Todd war nichts anderes als ein billiger Abklatsch von meinem Onkel Hymie über uns! Und wer, der seine fünf Sinne beisammen hat, hätte je angenommen, daß Elizabeth Taylor scharf auf Onkel Hymie ist? Wer wußte, daß es für den Zugang zum Herzen (und der Büchse) einer *schickse* eines Geheimschlüssels bedarf, nämlich: nicht so zu tun, als sei man eine hakennasige Abart eines *goj*, ebenso langweilig und nichtssagend wie der eigene Bruder, sondern das zu sein, was der eigene Onkel, der eigene Vater war, das zu sein, was man *ist*, statt sich um eine klägliche jüdische Nachahmung eines jener halbtoten, eiskalten, unbeschnittenen Scheißkerle, Jimmy oder Johnny oder Todd, zu bemühen, die denken, fühlen und reden wie Jagdbomberpiloten!

Illustration von Marc Chagall zu Bella Chagall, Erste Begegnung

Rolf Hochhuth

*Die Hebamme / Erzählungen / Gedichte / Essays*

L'Impromptu de Madame Tussaud

Wer nicht täglich eine Weile träumt, dem verdunkelt sich der Stern, von dem alle Arbeit und jeder Alltag geführt sein kann.
*Jaspers*

Es sind, vermute ich, die Träume vor Tagesanbruch, die unsere verschwommenen und verschwimmenden Erlebnisse verifizieren, sie reinwaschen vom Tang, den ihnen nur das Brackwasser alltäglicher Zufälligkeiten ansetzte; Schlafwanderungen erst verdeutlichen Ereignisse zur bleibenden, zur magischen Realität, so wie sie auch aus unseren Gefährten, Gespielen und Gebietern erst deren volle Identität herausholen. Könnten wir – am Tage immer nur ein Konjunktiv – mit einem ‹Pferde stehlen›: bei Nacht kann man mit dem ein Bankhaus plündern.

Der Ledig, mit dem ich soeben telefonierte, war potentiell stets identisch (zum Glück ahnte er das nicht) mit dem Gebieter meiner drei vergangenen Jahre, mit Churchill. Nie so sehr wie in dem Augenblick, als er mich davor warnte, die Schwierigkeiten zu unterschätzen, «diesen herrlichen alten Burschen hinzukriejen». Ledig wohnte im soundsozigsten Stockwerk des New Yorker Gotham-Hotels; er war, im Morgenmantel, seit gut fünfviertel Stunden ‹unterwegs› von seinem abgegessenen Frühstückstisch in die Badewanne, war auch, zwischen Rauchen, Rasieren und Monologisieren, ein bißchen mit mir beschäftigt, und wenn ich eines Gefühls fähig war an diesem Morgen nach einer der sehr kurzen Nächte – denn der Reisebegleiter Ledig sorgt für Schlafentzug, weil er, fast sechzig, weniger davon braucht als andere mit fünfunddreißig –, wenn ich ein Gefühl hatte, dann wieder einmal dies: daß es ruhig macht, diesen Mann neben sich zu haben. Genauer: zur Rechten einen halben Schritt vor sich zu haben, diesen Verleger mit breitem, skifahrerhaft vorgebeugtem, meist englisch betuchtem Rücken, der einen wie eine flexible Panzerplatte abschirmt gegen die Bestie Öffentlichkeit, in deren hungrige Fresse Ledig in jener Gangart hineinläuft, die ich lange schon kannte, bevor ich Ledig zuerst sah: nämlich aus Wochenschauen, die Churchill zeigten. Beider Schritt ist kurz, sehr schnell, sehr fest, so daß der eingerollte Schirm nur selten aufs Trottoir aufgesetzt werden kann, wie ja überhaupt der Schirm nicht eigentlich gegen den Regen mitgenommen wird, sondern weil unsere langweilige Männermode nicht mehr gestattet, mit Degen auszugehen – ja selbst blumigbestickte korfische Hosenträger nur mehr *unter* dem Rock zuläßt. Ihr Gehen charakterisiert die Menschen genauer als ihr Sprechen.

Wenn Sensible, Verträumte, Ängstliche – und Churchill wartete niemals auf einem Bahnsteig, ohne sich hinter einen Eisenpfeiler zu stellen, wenn ein Zug vorübersauste – zu Taten ‹schreiten›, dann drückt ihre Gangart aus, daß ein Entschluß dazu nötig war. So auch bei Ledig. Der ungehemmte Täter, den keine Reflexion bremst, geht nicht, wie Churchill ging, wie Ledig geht – aber mehr Verlaß, zweifellos, ist auf einen Gefährten, der trotzdem mitgeht; dessen erste Schritte die eigenen Hemmungen tottreten müssen. (Noch einen Monat vor der Landung in der Normandie, am 8. Mai 1944, sagte Churchill – natürlich unter Tränen – zu Eisenhower: «Wenn sie fehlschlägt, dann werden wir gemeinsam untergehen.» Er gab dem Gelingen eine Chance von fünfzig Prozent.) Ledig hat im Auto, als wir nach Le Havre fuhren, zum erstenmal über seine Jugend, über seinen Vater zu mir gesprochen – seine frühen Jahre erklären ihn, wie sie uns alle erklären, und sie waren – nun ja: anders als offizielle Biographen berichten. Wer sagte das, rückblickend – er sei «das Produkt einer unglücklichen Kindheit»? Und: «Es braucht den unerbittlichen Druck der Umstände, die stechenden Schmerzen des Unglücks, den Ansporn der Geringschätzung und des Hohns in frühen Jahren, um jene ... Zielstrebigkeit und jenen beharrlichen Mutterwitz hervorzubringen ...»

Churchill hat es gesagt, Ledig hat es nur bestätigt – auf seine Weise, das heißt: durch Geschichten. Durch bittere, an die hier nicht erinnert zu werden braucht. Durch lustige, die den ‹Mutterwitz› – ein ziemlich blödes Wort übrigens, im Falle Ledig ganz unzutreffend, denn von der Mutter kommt ihm die Melancholie, der Witz vom Vater –, Geschichten also, die seinen Humor belegen. Hier eine neuere, die ich hörte, als ich auf dem Schiff fragte, wo er seinen Bowlerhut gelassen habe, denn an Bord trug Ledig ein grau-bunt gewürfeltes Leinenhütchen. Ledig: «Abhanden gekommen, neulich, bei einer Eifersuchtsszene auf einem englischen Landsitz. Dabei saß ich völlig sittsam mit der Dame im Garten ... durch diesen Garten treibt ein schmales, aber wildes Flüßchen. Was kommt denn da geschwommen, denke ich plötzlich. Mein Hut! Der Hausherr hatte ihn aus Wut in der Garderobe zerfetzt und ins Wasser geworfen. Nun, ich beruhigte seine Frau und ließ den Mann nicht merken, daß ich gesehen hatte, wohin mein Hut geraten war; daß ich ihn überhaupt vermißte. Ich holte dann in London einen neuen, den denkbar feinsten, in der Savile Row. Den schickte ich an den Wüterich, mit meiner Karte, auf die ich schrieb: ‹Something to throw into the river.›»

Wenn von Ledigs Ängstlichkeit die Rede ist: daß er sie hinter sich werfen kann, belegt erst seinen Mut. Um dankbar zu sein, muß man als Autor die Erfahrung gemacht haben, daß andere, mächtigere als Ledig – unterschriebene Verträge in den Papierkorb werfen, weil ihre Furcht vor Nachteilen stärker ist als ihre Bindung an den Geist. «Die Gutachten der Juristen sind ja nun *schaurig*», hörte ich, als ich zum erstenmal in Reinbek vorgelassen wurde – übrigens sprachlos, zu sehen, daß es dies anno 62 in Deutschland noch gab: den Herrn eines großen Verlages, der selber «eine lange Nacht lang Schmonzen geschrieben» hat; nichts imponierte mir stärker am Rowohlt Verlag als dieser Hinweis. «Jaa – mein Lieber», hub Ledig an und fuhr sich durchs Haar und war dann augenblicklich auch ein bißchen mit mir beschäftigt, «wir wollen ja nun doch mal siebentausend Exemplare riskieren von diesem ‹*Stellvertreter*›, es lohnt sonst nicht, und einen Vorschuß werden Se ja nich och noch verlangen – wir haben ja schon fuffzehnhundert an Rütten & Loening gezahlt für das Manuskript, um die abzufinden –»

«Nein, ich brauche keinen Vorschuß», log ich, aber aggressiv fügte ich an: «Warum zahlen Sie dem Vertragsbrecher eine Abfindung?»

«Leonhardt zuliebe», sagte Ledig, «der is ja nun mein Freund und Ihrer schließlich och un hat ja sowieso den Kopp hingehalten, als erster – aber unsre Köppe sitzen och nich mehr fest, lesen Se doch mal, das sin nun wirklich keene Panikmacher, diese Anwälte hier, wir arbeiten ja auch wegen Henry Miller laufend mit denen: also wenn Krupp oder Siemens uns anzeijen mit dem Nachweis, daß ihnen ein Millionenauftrag hops gegangen ist, weil vielleicht irjendein jüdischer Auftraggeber in England oder USA den Auftrag wieder annulliert, nachdem er in Ihrem Stück gesehen hat, daß diese ehrenwerten Firmen Filialen in Auschwitz hatten – dann könn *wir* zahlen, dann sin *wir*, Sie und ich, schadenersatzpflichtig. Natürlich könnten wir uns das Risiko teilen –»

Ich stimmte zu, aber Ledig, nach einem Blick auf meine Kleidung, kam nie wieder auf diese ‹Teilung› zu sprechen. Inzwischen hatte ich mich gesammelt: «Herr Ledig, ich verstehe diese Gutachten nicht: ich sage doch nichts *Neues* über Krupp und Siemens! Jeder, der sich die ekelhafte Mühe macht, Akten des Nürnberger Prozesses durchzulesen – sogar jene, die schon gedruckt sind –, *weiß*, daß diese Firmen mit Auschwitz kollaboriert haben.»

Ledig: «Aber Krupp wurde bestraft! (Siemens allerdings nicht) – und Sie dürfen keinem, der für eine Schweinerei gebüßt hat, später zu seinem Schaden dieselben Delikte mehr vorhalten, öffentlich. Wenn der Fall eintritt, daß die uns den Verlust eines Auftrags Ihretwegen nachweisen, dann kommen wir untern Hammer! Denn in diese Zahlen kann ja ein Verleger nich einsteijen. Und dann wären hier ja och noch die kirchlichen Aspekte, will ich mal sagen –»

Dieser Tag in Reinbek schien nie zu enden. Ledig war oft verschwunden, es wurde offensichtlich strapaziös konferiert – ich kam mir vor, wenn nicht er, sondern viele andere, die ich zum erstenmal sah, im Zimmer waren, als müßte ich einen Tiger bei den Ohren halten.

Endlich sprach Ledig das Schlußwort: «Piscator riskiert's ja och. Und wir sind *erstens* ein Verlag und nur *zweitens* eine Firma. Also übernehmen wir das Manuskript.»

Fände nun einer, das sei doch schließlich Ledigs Beruf, Bücher zu drucken, sein Beruf und nichts weiter, so wäre ihm zu antworten: er kennt die anderen Verleger nicht …

Da, im New Yorker Hotel, hatte ich nur bei ihm frühstücken wollen und nicht die Absicht, seinem Lever beizuwohnen, aber er ließ mich nicht gehen. «Warten Sie noch, bis ich mit Greenburger telefoniert habe» – denn wir hatten gehört, der wolle Polizeischutz erbitten, weil amerikanische Nazis und Jesuiten am Abend als eine Wand von Demonstranten den Zugang zum Theater blockieren würden. Ledig erneuerte wieder einmal das kalt gewordene Badewasser, während er mir vorhielt: «Is ja nu och nich gerade schmeichelhaft für Sie, lieber Hochhuth, daß die Polizei Ihr Stück in Schutz nehmen muß.»

Ich: «Mit demokratischen Polizisten darf man sich doch verbünden, das mußte ich auch in Basel; zum Ausgleich wird der ‹*Stellvertreter*› in Spanien und Rußland von der Polizei verboten –»

Ledig, während er in die Wanne steigt: «Die Volkswut kommt auf, weil Sie sich von historischen Figuren hinreißen lassen wie diesem Pius – ehrlich gesagt, ich glaube, das ist gar keen guter Gedanke, ein bißchen obsolet. Heute müßte doch Geschichte am Namenlosen exemplifiziert werden, am unbekannten Soldaten, wenn schon …»

Kleinlaut gebe ich zu, zwischen der offenen Badetür und dem Telefon: «*Einmal* kann man die, wenn man's kann, vielleicht zeigen, die Endstation des Soldaten.»

Ledig, zwischen Husten, dessen Resonanz das Badewasser erheblich steigert, und sich bürstend: «Beckett! – aber die Endsituation, die hat ja Beckett gestaltet, endgültig.»

Ich: «Der zeigt die Menschen*reste*, die nachgeschichtlichen. Aber der Mensch inmitten der Geschichte, der noch begreift, daß er verheizt wird, es fast noch artikulieren kann, wenn er auch wehrlos dagegen ist – also der einzelne in der exemplarischen Situation des Zeitalters der Wehrpflicht: wurde meines Wissens noch nicht dargestellt.»

Ledig: «Und warum versuchen Sie *das* nicht? Weil ein Maschinengewehrnest im Schnee vor Stalingrad, auf das ein Panzer zurollt, nicht zu zeigen ist?»

Ich: «Doch, technisch kann die Bühne durchaus mit einem sehr simplen sparsamen Bild die Endsituation im Weltkrieg darstellen; ich dachte oft auf unsrer Überfahrt daran, wenn große Schiffe versenkt werden, und das passierte ja wöchentlich 1941 bis 44, bleiben fast immer einige Räume so dicht verschottet, daß Versunkene in denen noch tagelang leben – in Pearl Harbor lebten eingeschlossene Matrosen nachweislich siebzehn Tage, ehe sie erstickten oder selbst ihre Kerzen ausbliesen. Im Bauch der in einem Fjord gekenterten ‹Tirpitz› auch, und einer ihrer Matrosen, der nach vier Tagen aus ihr noch befreit wurde und heute an der Volksbühne arbeitet, hat mir ein entsprechendes Bühnenbild skizziert. *Das* ist zu machen. Aber wie will man verdeutlichen, daß die ablaufende *Zeit* der Gradmesser der Angst ist. Die zwei Theaterstunden samt Pause mit Bier und Brötchen lassen absurderweise die eigentliche Folter, die Zeit, je eindrucksvoller das Stück ist, je weniger grauenvoll erscheinen. Interessiert das Stück *sehr*, so verschwindet die Zeit völlig aus ihm – für die im Parkett. Wie sollen sie dann zu spüren bekommen, daß die Verurteilung zum Zeithaben bei völligem Hoffnungsentzug die schlimmste Vollstreckungsart ist, die der ‹Weltgeist› bereithält?»

Ledig: «Das soll ich Ihnen glauben – daß dies der Grund ist, warum Se lieber einen Premierminister zeigen als seinen namenlosen Matrosen? Nee – Sie hab ich in Verdacht, Sie globen noch ganz vormarxistisch an den einzelnen Mann, der Geschichte macht.»

Ich: «Glauben tue ich nicht an ihn, ich sehe nur, es gibt ihn wie eh und je. Auch Benn hat ja nicht an Geschichte ‹geglaubt›, aber doch gesagt, an ‹Herzoginnen lasse sich mehr ausdrücken als an Kartoffelschalen›. Vielleicht kann sogar in epischen Schilderungen das Werkzeug der Geschichte, auch ihr Opfer – die sind ja meist identisch –, erst dann gezeigt werden, wenn es wenigstens bis an den *Rand* des Grünen Tisches vorgedrungen ist. Felix Hartlaub können Sie im Führerhauptquartier darstellen – aber nicht in den Straßen

Berlins, in denen er zuletzt verlorenging. In der Odyssee heißt es schnöde:

‹Da geschah es, daß der Matrose Elpenor zu Tode kam.
Die einzige Gelegenheit, ihn zu erwähnen.
Denn nie tat er sich hervor, weder durch Mut noch durch Klugheit.›»

Nun lacht mich Ledig aus: «Daß Sie *dies* zitieren, bestätigt nur meinen Verdacht: Sie finden die Elpenors nicht abendfüllend – ist dies? Da ruft Greenburger an! Sagen Sie ...»

Ich: «Soll er später anrufen?»

Ledig: «Komme –»

Ich: «Tag, Herr Greenburger – ja, er kommt, er badet. Haben Sie Polizeischutz?»

Ledig, hat mir den Hörer aus der Hand genommen, brummt hinein: «So, berittene, das ist doch och mal ganz schön. Hm ...»

Ich beobachte ihn und denke: schade, daß ich dem Primeminister einen Frottierlumpen umhängen muß, das kann ins Auge gehen, kann an eine Toga erinnern – nackt wie Ledig müßte er aus dem Bad kommen, das hätte Wahrheit. Nie würde Churchill sich konventionell ‹bedecken›.

Ledig, zu mir: «Haben Se was z' schreiben?»

In den Hörer, während ich mitschreibe: «Also um halb sieben – wo? Im Plaza. Hm. Komme allein, der geht ja nich mit – wenn ich'n nich noch umstimme.» Er legt erst auf, nachdem das halbe Hindernisrennen über den Paragraphenverhau einer gerichtlichen Klage «in Sachen Nachlaßverwaltung Musil» erörtert ist und geht, vorgebeugt, beide Hände hoch in die Taille gestützt, in der Haltung, in der Churchill zu sprechen pflegte, von einem Teppichende zum anderen. Das Telefonat ist vergessen – ich denke: jetzt müßte der Kammerdiener mit einem Badetuch kommen und kopfschüttelnd sagen: «Sir, Sie essen in zwanzig Minuten beim König» – aber Sawyers kommt nicht, es kommt auch der Frühstückskellner nicht, den Tisch abzuräumen, und ich – ich habe gar keine Veranlassung, mein Modell zu verscheuchen, denn Ledig erläutert: «Also – ich will mal saachen, Se sin ja nu gar keen Zigarrenmensch, Hochhuth! Sie lesen den Churchill, aber das reicht ja nich – der muß ja dampfen vor Vitalität, und wo wollen Se das hernehmen, wenn Se keen Modell haben – ich habe – hier hatte ich meine Manschettenknöppe doch liejen ... ja, also berittene Polizisten, um uns vor den Nazis zu schützen, haben Se das gehört – eijentlich, ich will mal sagen –»

Ich denke daran, daß Churchills Stabschef bestätigt, oft habe auch an dessen Oberhemden der oberste Knopf gefehlt, nur die Krawatte hielt die Hemden zu; und eindrucksvoll ist jetzt auch Ledigs rasches Zeremoniell, Uhr und Rauch- und Schreibzeug in Weste und Rock unterzubringen, aber leider, wie ein Prominenter sich anzieht, das ist abgebraucht: Brecht hat das für den ‹*Galilei*› schon bei ‹*Leonce und Lena*› gestohlen – ich muß es genug sein lassen damit, daß er nackt telefoniert – oder vielmehr und leider mit der dämlichen Toga …

[…]

## Yukio Mishima
## *Gesammelte Erzählungen*

### Windeln

Immer war er auf dem Sprung, Toshikos Mann, nie gönnte er sich Ruhe. Sogar an diesem Abend hatte er, statt mit Toshiko nach Hause zu fahren, sie rasch in ein Taxi gesetzt und war dann zu einer Verabredung geeilt. Aber was konnte eine Frau schon anderes erwarten, wenn sie mit einem Schauspieler verheiratet war, noch dazu mit einem, der blendend aussah? Die Hoffnung, er werde den ganzen Abend mit ihr verbringen, war wieder einmal zu Wasser geworden. Dabei hätte er doch wissen müssen, wie sehr sie sich fürchtete, nach Hause zurückzukehren, in das Wohnzimmer mit den ungemütlichen europäischen Möbeln, wo auf dem Fußboden noch die Blutflecke zu erkennen waren.

Toshiko war schon als Kind überempfindsam gewesen; das lag nun einmal in ihrer Natur. Da sie sich ständig um irgend etwas Sorgen oder Gedanken machte, war und blieb sie sehr zart, sehr schmal, und jetzt, als Frau und Mutter, glich sie eher einer durchsichtigen Erscheinung als einem Wesen aus Fleisch und Blut. Selbst Leute, die sie nur flüchtig kannten, merkten ihr an, wie sensibel sie war.

Früher am Abend, als sie das Nachtlokal betrat, in dem sie sich mit ihrem Mann treffen wollte, hatte sie zu ihrem Entsetzen festgestellt, daß er gerade dabei war, seinen Freunden ausführlich von dem ‹Malheur› zu erzählen. In seinem nach amerikanischer Mode geschnittenen Anzug und mit der Zigarette in der Hand war er ihr fast wie ein Fremder vorgekommen.

«Eine unglaubliche Geschichte», sagte er und gestikulierte so lebhaft, als wolle er das Schauorchester ausstechen. «Stellt euch vor, das

Vermittlungsbüro schickt uns ein neues Kindermädchen für unseren Kleinen, und das allererste, was mir an ihr auffällt, ist der Bauch. Ein enormer Bauch – sah aus, als hätte sie sich ein Federkissen unter den Kimono gestopft. Na, es zeigte sich bald, daß sie einen unheimlichen Appetit hatte, und da wunderte ich mich gar nicht mehr über ihren Umfang. Sie aß mehr als wir alle zusammen und ließ kein Körnchen Reis übrig. Verputzte alles im Handumdrehen.» Er schnippte mit den Fingern. «Magenerweiterung – so erklärte sie ihre Figur und ihre Gefräßigkeit. Ja, und vorgestern hörten wir auf einmal ein merkwürdiges Ächzen und Wimmern aus dem Kinderzimmer. Wir stürzen hinüber. Sie hockt auf dem Fußboden, die Hände auf den Bauch gepreßt, und stöhnt, daß man denken könnte, da muht eine Kuh. Daneben liegt unser Kleiner in seinem Bettchen, völlig verängstigt, und schreit aus vollem Halse. Ein schöner Anblick, das kann ich euch sagen.»

«Und da ging dir ein Licht auf, wie?» warf einer von seinen Freunden ein, ebenfalls ein Filmschauspieler.

«Allerdings. Ich dachte, mich trifft der Schlag. Um so mehr, als ich doch fest an diese Magenerweiterung geglaubt hatte. Na, ich verlor keine Zeit, schleppte sie ins Wohnzimmer, brachte blitzschnell unseren guten Teppich in Sicherheit und breitete eine Decke auf den Fußboden. Das Mädchen schrie die ganze Zeit wie ein gestochenes Schwein. Als der Doktor aus der Frauenklinik kam, war das Baby schon da. Und unser Wohnzimmer – also ein Schlachthaus ist nichts dagegen.»

«Das läßt sich denken», bemerkte ein anderer Freund, und alle brachen in Lachen aus.

Toshiko war starr vor Staunen. Da saß ihr Mann und redete über das gräßliche Geschehen, als handle es sich um einen höchst amüsanten Zwischenfall. Sie schloß für eine Sekunde die Augen, und sogleich sah sie alles wieder vor sich: Das Neugeborene lag auf dem Parkettboden, und sein winziger Körper war in blutbeflecktes Zeitungspapier gewickelt.

Bestimmt hat es der Doktor aus Bosheit getan, dachte Toshiko. Mit der Anweisung, seine Helferin solle das Kind einfach in Zeitungsblätter packen, wollte er offenbar ausdrücken, wie sehr er diese Mutter verachtete, die unter so unerfreulichen Umständen einen Bastard geboren hatte. Die lieblose Behandlung des neugeborenen Kindes hatte Toshiko derart empört, daß sie aus dem Wäscheschrank ein nagelneues Flanelltuch holte, das Baby darin einwickelte und es behutsam in einen Sessel bettete. Ihrem Mann, der das Haus zu diesem Zeitpunkt bereits verlassen hatte, erzählte sie nichts davon, weil sie befürchtete, er werde sie sentimental nennen und sich über sie lustig machen.

Das Erlebnis hatte sich ihr unauslöschlich eingeprägt, und auch jetzt, während die Jazzband lärmte und ihr Mann vergnügt mit seinen Freunden plauderte, dachte sie daran zurück. Das Kind auf dem Fußboden, in blutiges Zeitungspapier gehüllt – sie wußte, daß sie diesen Anblick niemals vergessen würde. Toshiko, die stets in gesicherten Verhältnissen gelebt hatte, verspürte einen fast körperlichen Schmerz, als sie sich erinnerte, wie erbärmlich das Kind dagelegen hatte. Ich bin der einzige Mensch, der diese Schande mit angesehen hat, ging es ihr durch den Kopf. Die Mutter weiß nichts von den Zeitungswindeln, und das Baby natürlich auch nicht. Ich allein muß das Schreckliche in meinem Gedächtnis bewahren. Wenn das Kind heranwächst und etwas über die Umstände seiner Geburt zu erfahren sucht, wird niemand ihm Näheres erzählen können, solange ich Stillschweigen bewahre. Seltsam, woher kommt mir nur dieses Schuldbewußtsein? Schließlich war ich es doch, die den Kleinen aufnahm, ihn wickelte, wie es sich gehört, und ihn in einen Sessel legte.

Sie verließen das Lokal, und Toshiko stieg in das Taxi, das ihr Mann herangewinkt hatte. «Fahren Sie die Dame nach Ushigome», sagte er zu dem Chauffeur und schlug von außen die Wagentür zu. Toshiko blickte durch das Fenster auf ihren Mann, der lächelnd seine kräftigen, weißen Zähne zeigte. Dann lehnte sie sich zurück. Sie hatte das bedrückende Gefühl, ihrer beider Leben sei irgendwie zu unproblematisch, zu schmerzlos. Genauer hätte sie das allerdings nicht formulieren können. Sie wandte den Kopf, um durch das Rückfenster ihrem Mann nachzublicken. Er ging mit schnellen Schritten die Straße entlang, auf die Stelle zu, wo er seinen Nash geparkt hatte. Gleich darauf war die Gestalt in dem auffällig gemusterten Tweedmantel im Strom der Passanten verschwunden.

Das Taxi setzte sich in Bewegung, fuhr durch eine Straße, in der sich viele Lokale befanden, dann vorbei an einem Theater, aus dem Scharen von Menschen quollen. Obgleich die Vorstellung eben erst zu Ende war, hatte man bereits die Lampen ausgeschaltet, und in dem Halbdunkel, das auf der Straße herrschte, wurde mit deprimierender Deutlichkeit offenbar, daß die Kirschblütendekoration an der Theaterfassade aus weißem Papier bestand.

Toshiko verfolgte ihren Gedankengang weiter. Selbst wenn dieses Kind aufwächst, ohne das Geheimnis seiner Geburt zu erfahren, sagte sie sich, kann es niemals ein angesehener Bürger werden. Die blutigen Zeitungswindeln sind und bleiben das Symbol seines Lebens. Aber warum zerbreche ich mir eigentlich darüber den Kopf? Vielleicht deswegen, weil ich mir Sorgen um die Zukunft meines eigenen Kindes mache? In zwanzig Jahren wird unser Sohn zu einem stattlichen und gebildeten jungen Mann herangewachsen sein. Wenn es das Schicksal nun so fügt, daß er eines Tages jenem anderen begegnet, der dann ebenfalls zwanzig ist ... Und wenn der andere, dem soviel Unrecht geschah, mit einem Messer auf ihn einsticht ...

Es war ein linder, wolkiger Aprilabend, aber der Gedanke an die Zukunft ließ Toshiko erschauern. Sie fühlte eisige Kälte in sich aufsteigen.

Nein, wenn es soweit ist, werde ich für meinen Sohn einspringen, sagte sie sich plötzlich. In zwanzig Jahren bin ich dreiundvierzig. Dann werde ich zu dem jungen Mann gehen und ihm alles erzählen – von seinen Zeitungswindeln und davon, daß ich ihn in Flanell gewikkelt habe.

Das Taxi fuhr jetzt durch die breite Straße, die an dem kaiserlichen Park und dem Schloßgraben entlangführt. In der Ferne sah Toshiko viele Lichtpünktchen – die erleuchteten Fenster der Hochhäuser.

In zwanzig Jahren wird dieser unglückliche Junge in bitterem Elend leben. Einsam, armselig und ohne Hoffnung wird er dahinvegetieren – ein Ausgestoßener. Wer unter solchen Umständen zur Welt kommt, dem kann es ja nicht anders ergehen. Allein und verzweifelt wird er durch die Straßen irren, wird seinen Vater verfluchen und seine Mutter hassen.

Zweifellos fand Toshiko eine gewisse Befriedigung in diesen düsteren Gedanken, denn sie quälte sich unablässig mit ihnen herum. Das Taxi näherte sich Hanzomon und fuhr an der britischen Botschaft vorbei. Von hier aus bot sich Toshiko ein herrlicher Blick auf die berühmten Kirschbäume in ihrer reinen Blütenpracht. Impulsiv faßte sie den Entschluß, hinüberzugehen und sich im Dunkeln an den blühenden Bäumen zu erfreuen. Es war ein seltsamer Entschluß für eine schüchterne und gar nicht abenteuerlustige junge Frau, aber man muß bedenken, daß sie innerlich sehr erschüttert war und sich überdies fürchtete, ihre Wohnung zu betreten. An diesem Abend waren zu viele verwirrende Gedanken auf sie eingestürmt.

Sie überquerte den breiten Fahrdamm – eine schmächtige, einsame Gestalt in der Dunkelheit. Für gewöhnlich wagte sich Toshiko nicht ohne Begleitung über belebte Straßen, jetzt aber lief sie mutig durch das Verkehrsgewühl. Gleich darauf hatte sie den schmalen, langgestreckten Park am Rande des Schloßgrabens erreicht. Er wird Chidorigafuchi genannt – die Schlucht der tausend Vögel.

An diesem Abend war der Park ein einziger blühender Kirschgarten. Unter dem stillen, bewölkten Himmel bildeten die Blüten eine kompakte weiße Masse. Die Lichter der Papierlaternen, die zwischen den Bäumen hingen, waren bereits gelöscht worden, aber dafür leuchteten in den Zweigen rote, gelbe und grüne Lämpchen. Es war schon nach zehn Uhr; die meisten Leute, die zur Blütenschau gekommen waren, hatten den Park bereits verlassen. Die Liebespaare, denen Toshiko hin und wieder begegnete, traten achtlos auf das von anderen weggeworfene Papier oder stießen mit dem Fuß die herumliegenden leeren Flaschen beiseite.

Zeitungen, dachte Toshiko, noch immer mit jenem unglückseligen Geschehen beschäftigt. Blutbefleckte Zeitungen. Wenn ein Mann erführe, daß ein Kind bei der Geburt so verächtlich behandelt wurde und daß er dieses Kind war, dann wäre sein Leben zerstört. Und ich, die ich mit alledem nichts zu schaffen habe, muß von nun an ein solches Geheimnis bewahren – das Geheimnis eines Menschenlebens ...

In ihre Gedanken verloren, schlenderte Toshiko durch den Park. Die Menschen, die gelegentlich ihren Weg kreuzten, schenkten ihr keine Beachtung. Auf einer steinernen Bank am Schloßgraben saßen ein Mann und eine Frau. Die beiden bewunderten nicht die Blüten, sondern starrten schweigend auf das Wasser, das pechschwarz war, von Schatten überzogen. Jenseits des Schloßgrabens hob sich der Wald des kaiserlichen Palastes wie eine dunkle Wand gegen den nächtlichen Himmel ab. Toshiko ging langsam unter den schwer herabhängenden Blütenbüscheln dahin.

Auf einer Steinbank, die ein wenig abseits stand, bemerkte sie etwas Weißliches, das sie zuerst für einen Haufen abgefallener Blüten und dann für ein von irgendwem vergessenes Kleidungsstück hielt. Aber nein, beim Näherkommen entdeckte sie, daß es ein Mensch war, der dort lag. Ein Betrunkener? Einer von denen, die ihren Rausch in Anlagen oder Parks ausschlafen? Vermutlich nicht, denn der Mann hatte sorgsam ein paar Zeitungen über sich gebreitet, und gerade durch das weiß schimmernde Papier war Toshiko aufmerksam geworden. Sie blieb vor der Bank stehen und blickte auf die schlafende Gestalt hinab.

Der Mann trug eine Jacke aus braunem Trikotgewebe. Er lag auf Schichten von Zeitungspapier und war auch mit Zeitungen zugedeckt. Wahrscheinlich diente ihm diese Bank in der warmen Jahreszeit als ständiges Nachtquartier. Toshiko sah, daß sein Haar schmutzig und zottelig, an einigen Stellen sogar hoffnungslos verfilzt war. Die schlafende Gestalt in ihrer Hülle aus Zeitungspapier weckte sogleich die Erinnerung an das Neugeborene in seiner jämmerlichen Verpackung. Der Mann lag auf der Seite und hatte die Knie hochgezogen; seine Schulter unter dem braunen Wollstoff hob und senkte sich im Rhythmus der tiefen Atemzüge. Er trug eine khakifarbene Hose; die nackten Füße steckten in zerrissenen Turnschuhen.

Alle Befürchtungen, alle Vorahnungen, die Toshiko bedrängt hatten, schienen plötzlich Gestalt angenommen zu haben. Trotz der Dunkelheit konnte sie die Stirn des Mannes deutlich sehen, eine junge Stirn, wenn auch gefurcht von lebenslanger Armut und Not. Toshiko verspürte auf einmal den unbezähmbaren Wunsch, ihn ganz aus der Nähe zu betrachten.

Sie ging zum Kopfende des improvisierten Lagers und beugte sich ein wenig vor. Das Gesicht des Mannes war zur Hälfte in den Armen vergraben, aber Toshiko erkannte, daß er sehr jung war. Sie sah die buschigen Augenbrauen und den schmalen Nasenrücken. Der leicht geöffnete Mund wirkte fast kindlich.

Toshiko hatte sich zu weit vorgewagt. In der nächtlichen Stille raschelte das Zeitungspapier, und der Mann öffnete unversehens die Augen. Beim Anblick der jungen Frau, die dicht vor ihm stand, fuhr er hoch, und in seinen Augen blitzte es auf. Gleich darauf umklammerten stahlharte Finger Toshikos zartes Handgelenk.

Sie fürchtete sich nicht, und sie machte auch keinen Versuch, sich loszureißen. Blitzartig hatte sie der Gedanke durchzuckt: Ach, die zwanzig Jahre sind also schon vorüber! Der Wald des kaiserlichen Palastes lag dunkel und in tiefem Schweigen da.

*«In dem Fall», meinte Neill scherzend,*
*«wäre es besser, die Kinder abzuschlachten.»*

Illustration von F. K. Waechter zu A. S. Neill, Die grüne Wolke

Simone de Beauvoir
*Das Alter*

Das Vergehen der Zeit

Von einem bestimmten Augenblick an – der Zeitpunkt ist individuell verschieden – wird sich der gealterte Mensch seiner biologischen Bestimmung bewußt: die Zahl der Jahre, die ihm noch zu leben bleiben, ist begrenzt. Wenn ihm mit 65 Jahren ein Jahr so lang vorkäme wie in seiner Kindheit, dann würde die Zeitspanne, mit der er vernünftigerweise rechnen kann, sogar länger sein, als er sie sich vorstellt; dem ist aber nicht so. Die Frist, die ihm bleibt, erscheint ihm kurz; denn die Zeit verfließt in den verschiedenen Augenblicken unseres Daseins nicht stets in der gleichen Weise: sie eilt immer mehr, je älter wir werden.

Dem Kind vergehen die Stunden langsam. Die Zeit, in der es sich bewegt, wird ihm zudiktiert, es ist die der Erwachsenen; weder vermag es sie zu messen noch sie abzusehen: es ist verloren im Schoß eines Werdens ohne Anfang und Ende ... Ich habe, als ich meine Vorhaben mit Elan vorantrieb, meine Zeit gemeistert, sie meinem Programm entsprechend eingeteilt: meine Wochen richteten sich nach den Nachmittagen, an denen ich Vorlesung hatte; so hatte jeder Tag eine Vergangenheit und eine Zukunft. Soweit sich meine Erinnerungen datieren lassen und zusammenhängend sind, gehen sie eben bis in diese Zeit zurück. Andererseits aber dehnen sich die Augenblicke, wenn wir sie angespannt oder erschöpft erleben. Und das Kind ermüdet schnell, seiner Schwachheit, seiner Erregbarkeit und seines fragilen Nervensystems wegen. 60 Minuten Lesen ist mit 5 Jahren anstrengender als mit 10 und mit 10 anstrengender als mit 20 Jahren. Die Entfernungen, die es zu überwinden hat, kommen dem Kind weit vor, die Aufmerksamkeit ist schwer zu konzentrieren: die Tage werden nicht ohne Mühsal überstanden. Schließlich und vor allem ist die Welt noch so neu, und die Eindrücke, die sie uns vermittelt, sind so frisch und lebendig, daß uns die Dauer eines Augenblicks, da wir sie nach dem Reichtum seines Inhalts beurteilen, sehr viel ausgedehnter erscheint als zu den Zeiten, da die Gewohnheit uns arm gemacht hat. Schopenhauer hat dies folgendermaßen ausgedrückt: «In der Kindheit bringt die Neuheit aller Gegenstände und Begebenheiten Jegliches zum Bewußtsein: daher ist der Tag unabsehbar lang. Das Selbe widerfährt uns auf Reisen, wo deshalb ein Monat länger erscheint, als vier zu Hause.»*

«Ich denke an die große Pause in der Gemeindeschule», schreibt Ionesco. «Eine Viertelstunde! Das war lang, das war inhaltsreich: man hatte Zeit, sich ein Spiel einfallen zu lassen, es zu spielen, zu beenden und ein anderes anzufangen ... Doch ‹das nächste Jahr› war nichts als ein Wort; gut, dieses nächste Jahr würde kommen, aber das schien mir so weit, daß es sich nicht lohnte, daran zu denken; es schien mir eine Ewigkeit, bis es käme: es war also, als würde es überhaupt nicht kommen.»**

Mit dem Ende der Kindheit schrumpft der Raum, werden die Gegenstände kleiner, der Körper kräftiger, die Aufmerksamkeit festigt sich, man wird vertraut mit Uhren und Kalendern, das Gedächtnis nimmt zu an Umfang und Genauigkeit. Gleichwohl gehen die Jahreszeiten auch weiterhin herrlich oder schrecklich langsam vorüber. Als ich mit 15 Jahren in meinen neuen Schulbüchern blätterte, schien mir das Durchschreiten eines Schuljahrs eine große, aufregende Expedition. Später brachte mich der Schulanfang nach den Ferien jedesmal zur Verzweiflung: ich sagte mir, daß ich es niemals bis ans Ende der 10 Monate in unserer traurigen Wohnung aushalten würde.

Sobald ich mich aber aus dieser Entmutigung losriß, begeisterte mich wieder die unermeßliche Weite der zu meinen Füßen ausgebreiteten Zukunft: 40 Jahre, 60 Jahre leben – das war eine Ewigkeit, wenn mir schon ein Jahr so lang erschien.

Es gibt mehrere Gründe für diese Veränderung, die das Zeitgefühl von der Jugend bis zum Alter durchmacht. Zunächst muß man bedenken, daß man immer sein ganzes Leben auf das gleiche Format reduziert hinter sich hat, in jedem Alter; in der Entfernung sind 20 Jahre gleichbedeutend mit 60. Das verleiht den Zeiteinheiten eine veränderliche Dimension. Wenn das Jahr gleich einem Fünftel unse-

* Über diese Ausdehnung der Zeitdauer auf Reisen schreibt der Ethnologe Georges Condaminas in *L'Exotique est quotidien*: «Man muß sich vorhalten, daß ein Reisetag, in die Erinnerung versetzt, einen sehr viel weiteren ‹Raum› einnimmt, als ein zu Hause verbrachter Tag. Vor allem, wenn wir ein Land erforschen, das uns völlig unbekannt ist ... Die Stunden, die man damit verbrachte, sich mit dieser Welt vollzusaugen, sie ohne Unterlaß in sich aufzunehmen, überschreiten die natürliche und meßbare Zeiteinteilung. Die Tatsachen haben das Gedächtnis so stark beeindruckt, daß dieses sie, etwa wie bei einem in Zeitlupe vorgeführten Film, wiederherstellt. Die Zeit der Wiederherstellung ist eine Erweiterung der wirklichen Zeit.»

** Eugène Ionesco: *Tagebuch*.

res Alters ist, kommt es uns zehnmal länger vor, als wenn es nur dem 50. Teil entspricht. Selbstverständlich handelt es sich hier nicht um eine ausdrückliche Rechnung, sondern um einen spontanen Eindruck. Und im übrigen führt ihr eigenes Gedächtnis den jungen Menschen das verflossene Jahr mit einer verschwenderischen Fülle von Einzelheiten vor Augen, die über einen weiten Raum hin ausgebreitet sind: sie verleihen dem folgenden Jahr die gleiche Dimension. Wenn wir alt geworden sind, beeindrucken uns dagegen nur noch wenige Dinge; die Augenblicke bescheren uns nicht mehr viel Neues, wir halten uns nicht bei ihnen auf. Das Jahr 1968 läßt sich für mich in ein paar Daten, ein paar Schemata und ein paar Tatsachen zusammenfassen. 1969 finde ich ebenso armselig. Kaum bin ich im Oktober nach Paris zurückgekehrt, ist es schon wieder Juli.

Noch ein anderer Faktor spielt eine Rolle: ich weiß, daß ich in 12 Monaten bestenfalls dieselbe sein werde wie heute; mit 20 Jahren dagegen «ist Man-selbst-sein Zu-sich-kommen», wie Sartre einmal gesagt hat. Man ist Warten auf die Welt und auf sich selbst. Jedes Jahr nimmt uns mit in einem Wirbel von – berauschenden oder schrecklichen – neuen Geschehnissen, aus dem man verwandelt hervorgeht. Und in der nächsten Zukunft ahnt man eine ähnliche Erschütterung. Weder Pläne noch Erinnerungen könnten helfen, die Zeit zurückzuhalten, da sie uns von uns selbst fortreißt. Es gibt niemanden auf der Welt, der die Einheit realisieren könnte, wenn das *Ich* am Anfang ein anderes ist als jenes, das es werden wird. Eine nicht berechenbare Distanz trennt diese Fremdlinge: zumindest bilden sie sich das ein.

Wenn die gefühlsbestimmten Erinnerungen, welche die Kindheit wachrufen, so kostbar sind, dann deshalb, weil sie uns für einen kurzen Augenblick wieder in den Besitz einer grenzenlosen Zukunft bringen. Ein Hahn kräht in einem Dorf, dessen Schieferdächer ich erspähe, ich gehe durch eine feuchte, von Rauhreif bedeckte Wiese, plötzlich bin ich in Meyrignac, und das Herz krampft sich mir zusammen: der erwachende Tag breitet sich aus, unermeßlich bis hin zu einer fernen Abenddämmerung; ‹morgen› ist nur ein leeres Wort; die Ewigkeit ist mein Teil.

Aber nein; ich bin wieder in meiner Zeit, in der die Jahre so schnell vergehen. Auf mich passen die Worte Ionescos: «Ich bin in einem Alter, da ... eine Stunde nur wenige Minuten dauert und da man die Viertelstunden nicht einmal mehr wahrnimmt.»

Das beste Mittel, wenn man die Dichte wiederzufinden sucht, die das Dauern der Zeit in der Kindheit hat, ist, so meint auch Ionesco, das Reisen: «Seither versuche ich alle Tage, mich an etwas Beständiges zu klammern, ich versuche verzweifelt, eine Gegenwart wiederzufinden, sie festzuhalten, zu weiten. Ich reise, um eine intakte Welt zu finden, über die die Zeit keine Gewalt hätte. Und tatsächlich vermögen schon zwei Reisetage oder das Kennenlernen einer neuen Stadt, die sich überstürzenden Ereignisse zu bremsen. Zwei Tage in einem neuen Land wiegen dreißig am gewohnten Ort auf, durch Abnutzung verkürzt, durch Gewohnheit verschlissen. Die Gewohnheit poliert die Zeit, man gleitet darüber hin wie über ein zu glatt gewachstes Parkett. Eine neue Welt, eine immer neue Welt, eine Welt von immer, für immer jung, das ist das Paradies. Die Geschwindigkeit ist nicht nur höllisch, sie ist die Hölle selbst, sie ist die Beschleunigung im Sturz. Es hat die Gegenwart gegeben, es hat die Zeit gegeben, es gibt weder Gegenwart noch Zeit mehr, die geometrische Progression des Sturzes hat uns ins Nichts geschleudert.»*

Das Paradoxe daran ist, daß diese höllische Geschwindigkeit den alten Menschen nicht vor der Langeweile bewahrt, im Gegenteil. In jedem Lebensalter haben wir die Erfahrung gemacht: die Reisetage, über die man nachher so lange berichten konnte, sind wie der Blitz vergangen, weil wir ununterbrochen in Atem gehalten wurden, und Wochen, die im Nachhinein von kurzer Dauer erscheinen, weil wir alles über sie vergessen haben, zogen sich, Stunde um Stunde, endlos hin.

Die Art, wie man von Tag zu Tag das Vergehen der Zeit empfindet, hängt von ihrem Inhalt ab. Wenn der alte Mensch sie jedoch als Zukunft voraussieht, in ihrer reinen Form, scheint sie ihm schwindelnd schnell zu verstreichen.

Der radikale Unterschied zwischen der Sehweise des alten Menschen und der des Kindes oder des Heranwachsenden besteht darin, daß der alte Mensch seine Endlichkeit entdeckt hat, von der er am Anfang seines Lebens nichts wußte: damals sah er so vielfältige und so verschwommene Möglichkeiten vor sich, daß sie ihm unbegrenzt erschienen; und die Zukunft, auf die hin er sie entwarf, dehnte sich bis ins Unendliche, um sie aufzunehmen. Die jungen Menschen von heute werden sich frühzeitig darüber klar, daß die Gesellschaft ihnen die Zukunft vorfabriziert hat; aber viele träumen davon, aus dem System auszubrechen oder es gar zu zerstören, und das läßt ihrer Imagination ein weites Feld offen. Von dem Tag an – und dieser Tag kommt, früher oder später, je nach der Gesellschaftsklasse, der sie angehören –, da der einzelne sich genötigt sieht, sich ein neues Bild von seinem Leben zu machen, sieht er, an einen Beruf gebunden, sein Universum schrumpfen und seine Pläne seltener werden. Immerhin

* *Tagebuch.*

stehen dem Erwachsenen genügend Jahre zur Verfügung, in denen er sich zum Handeln, zum Eingreifen entscheiden und mit Veränderungen in der Welt oder in seinem persönlichen Leben rechnen kann: seine Hoffnungen weisen in eine Zukunft, deren Ende er sich noch nicht vorstellen kann. Der alte Mensch weiß, daß sein Leben gelebt ist und daß er es nicht noch einmal leben kann. Die Zukunft ist nicht mehr von Verheißungen erfüllt, sie schrumpft in dem Maße, wie das endliche Sein, das sie zu leben hat. Denn die menschliche Realität ist von einer zweifachen Endlichkeit betroffen; die eine ist eine bedingte und ergibt sich aus der Faktizität: die Existenz hat ein Ende, das ihr von draußen gesetzt wird. Die andere ist eine ontologische Struktur des Für-sich. Im letzten Lebensalter werden beide zusammen offenbar, und zwar die eine durch die andere. Besäße ich, bei einer begrenzten Lebenserwartung, die gleiche physische und geistige Disponibilität wie mit 20 Jahren, dann würde mir mein Ende, hinter einem Überfluß von Plänen, weit entfernt erscheinen. Gäbe man mir 100 Jahre mehr und die Gesundheit dazu, könnte ich mich in neue Unternehmungen stürzen, könnte ich auf die Eroberung unbekannter Bereiche ausziehen. Ich würde mich nicht rettungslos eingeschlossen fühlen in meiner Einmaligkeit. Was übrigens ein Irrtum wäre: die Verlängerung meiner Tage könnte mich meiner Endlichkeit nicht entreißen. Selbst Unsterblichkeit würde sie nicht zerschlagen. «Die menschliche Realität würde endlich bleiben, auch wenn sie unsterblich wäre», schrieb Sartre, «denn sie macht sich endlich, indem sie sich als menschliche erwählt ... Gerade der Freiheitsakt ist also Übernahme und Erschaffung der Endlichkeit. Wenn ich mich mache, mache ich mich endlich, und auf Grund dieser Tatsache ist mein Leben einmalig.»* Da der Beginn meiner Geschichte auf immer unverändert bleibt, ist es eine ganz bestimmte Vergangenheit, die ich auf immer zu überschreiten habe: nichts kann mich aus meiner Haut herausholen. Eine doppelte Gewißheit zwingt sich dem alten Menschen auf: seine Jahre sind gezählt, und er wird sich selbst nicht entfliehen.

Auf diese Weise verändert sich von den Jahren der Reife bis ins hohe Alter hinein die Zukunft auch in qualitativer Hinsicht. Mit 65 Jahren ist man nicht nur 20 Jahre älter als mit 45: man hat eine unbestimmte Zukunft, die man als unendlich zu betrachten geneigt war, gegen eine endliche Zukunft getauscht. Einst entdeckten wir keinen Grenzstein am Horizont – jetzt sehen wir einen. «Träumte ich einst», so schreibt Chateaubriand, auf seine ferne Vergangenheit zurückblik-

* In: *Das Sein und das Nichts.*

kend, an Madame Récamier, «dann lag meine Jugend vor mir; ich konnte diesem Unbekannten, das ich suchte, entgegengehen. Jetzt kann ich keinen Schritt mehr tun, ohne an den Grenzstein zu stoßen.»

Nicolas Born

## *Das Auge des Entdeckers*

Donnerstag fünfzehnter Juli

Es ist schon wieder Donnerstag und
ich bin noch immer vorsichtig
weil ich meine Gefühle behalten will.
        Am schwierigsten ist es etwas zu sagen
von dem man sich nicht trennen will
        alle vergessenen Tonfilme
            alle verlorenen Fenster
die ruhen sollten bis eines Tages
        DAS MÄRCHEN UNSERES LEBENS …
wenn du mich siehst
                                siehst du
was ein freier Wille wert ist.
                                                Ein Mann
aus der Nachbarschaft überquerte
die Kreuzung bei Rot und wurde getötet
es war so ein dummer Moment
einen Blick lang oder
einen Schluck Kaffee lang oder
einen Schritt lang
bei dem der Lastwagen ihn erwischte
        und wenn ich meiner Vorstellung nachgebe
war es so etwas wie eine große Hand
        die ihn herunterwischte von der Erde
oder eine Schaufel
        die seine Erinnerung wegkratzte.

Wir haben es nicht in der Hand
        das Märchen im Kopf.

Gestern war ich mit dir
an der Kaisereiche verabredet
wir waren pünktlich
und der Bus war pünktlich
        und es ist
DONNERSTAG und gestern sagte ich hallo
wir gingen aufeinander zu
und packten uns nach mehreren Monaten.
        Vieles von dem was wir dann wollten
traf ein
            aber du hast mich geärgert weil
du dich wieder in der Gesellschaft versteckt hast.
So hast du mich
zum Schweigen gebracht.
Ich liebe nicht die Gesellschaft aber dich
ich liebe genug für einen
und vielleicht liebe ich auch nicht genug für einen
ich liebe es auch mich zu verändern aber
du mußt in Kauf nehmen daß ich dabei verschwinde
oder kleiner werde
oder dich nie wiedersehe

        Jetzt muß ich lernen
                                was ich verlernt habe
es ist halb acht das muß ich lernen
die Nerven und das System wieder auf Traum vorbereiten.
        Diese Anstrengung
                                wenn er schon einmal
ausgeträumt war und alle Farben umgesetzt in alternde
Grauwerte
also muß ich lernen das Licht anzumachen
        in den «aufrechten Gang» zu springen.
Es sieht so aus als müßte ich ganz zurück
        noch einmal
                    von vorn
und dann neugeboren voller Liebe zu mir
zu spät kommen zu Mahlzeiten und Entscheidungen
        ganz andere Fehler machen
Worte aus purem Fleisch
unberechenbare Erschütterungen von Kunst und Leben
Worte in Dinge verwandeln REVOLUTION DES BROTES
        Ich werde da sein wo meine Sachen sind

Illustration von Dieter Masuhr zu Nicolas Born, Das Auge des Entdeckers

sachliche Schuhe für Ortswechsel
Hüte für
eine Anwesenheitsliste
verbissenes Auflachen unter Hutkrempen
im Gedicht
ungedeckt singen in der Hitze der Werkhallen
und dabei verheerend auf die Ausgänge deuten …

Vorhin rief Piwitt an
nachdem ich mir vom letzten Geld hundert Blatt
weiß und weltweit gekauft hatte
wie Haufs kommt er wieder nach Berlin
und ich kann mir nicht vorstellen daß sie
nicht meinetwegen kommen
ich will sie nicht sehen aber ich freue mich
daß wir uns wieder gut verstehen werden
weiß und weltweit in den Gesprächen die Hauptwerke sind.
Heute morgen kam mir wieder jedes Wort
weiß und leicht vor verglichen mit der Materie
die unter großem Druck weniger wird
bis sie nicht mehr da ist
und dieses Bier ist kalt
so wie du weit weg bist
dabei fällt mir ein daß ich heute eigentlich
DAS AUGE DES ENTDECKERS schreiben wollte
für das Auge des Entdeckers sind wir doch mehr
als nur wir selber
unsere Körper sind geformt von allen Formen
wir haben die Form von Dingen
unser Elend ist das Elend der neuen Dinge
unsere Vorstellungen sind Vorstellungen.
Ich frage mich jetzt ob ich Angst habe vor
PARADIES II
ich frage mich ob ich Angst habe vor
dem großen langsamen umhergehenden Blick
auf mein Leben und dein Leben und das Leben
ich frage mich nicht ich rauche diese
Zigarette hier am 15. Juli Donnerstag und
ich frage mich nach dir.
Heute dürfte nicht der 15. Juli sein
um damit anzufangen.
Gerechtigkeit gab es schon immer ich meine

das Wort. Welch eine Zumutung wie alles einen Platz hat
und wie jeder sein Bett findet
und wie die Würde genau den Würdenträger trifft
und das Geld genau den Geldsack.
Stellt die Uhren falsch ihr traurigen Abonnenten
stellt sie richtig stellt euch Jesus vor als
HANS IM GLÜCK der sich hinter jedem Busch erleichtert
und nachher mit einer neuen Philosophie herauskommt.
Morgen früh muß der Blick auf ein Licht fallen
das uns zeigt was Rot ist und Blau und Gelb
und wer du bist auf dem Schiff
das da hinaufschwimmt und tutet.

C. W. Ceram

## *Der erste Amerikaner*

Illustrationen von Hannelore Marek

### Pueblo Aztec

Obwohl die Ausgrabung von Aztec vor allem mit dem Namen Earl H. Morris verbunden ist, war es doch ein Amateur, der uns den Bericht von einer ersten Ausgrabung in den achtziger Jahren lieferte. Der Amateur war damals ein Schuljunge von noch nicht einmal zehn Jahren; seinen Bericht gab er rund fünfzig Jahre später mit erstaunlicher Kraft der Erinnerung.

Er hieß Sherman S. Howe und war einer der ersten Schüler der gerade gegründeten Zwergschule von Aztec, das damit auch seinen ersten Schullehrer bekam, von dem wir nichts weiter wissen, als daß er Johnson hieß. Aber er muß ein Mann gewesen sein, der mehr als ein Pauker war. Er weckte das Interesse seiner Schüler an sichtbarer Vergangenheit und pflanzte Neugier in ihr Gemüt. Mit Hacke und Spaten, entschlossen zu Entdeckungen, zog er mit ihnen am freien Sonnabend hinaus zu den Ruinen. Und so erinnert sich der alte Howe an den kleinen Sherman:

«Es schneite ein bißchen und war recht kalt. Wir gingen in einen Raum im zweiten Stockwerk, der mehr als zur Hälfte mit Schutt und Erde gefüllt war, und begannen in einer Ecke des Raumes nach unten zu graben. Wir erreichten den Boden des zweiten Stockwerkes in etwa 1,60 Meter Tiefe und brachen durch ihn ein Loch von etwa 85 Zentimeter Durchmesser, konnten aber unten nichts als eine dunkle Höhle sehen. Es gab eine längere Debatte über ihre Tiefe, darüber, was wohl auf ihrem Grund sein mochte, und wie jemand, der hinabstieg, je zurückkommen könnte. Einige waren überzeugt, sie würde von Ratten, Stinktieren, Fledermäusen und Klapperschlangen wimmeln. Wir malten uns hunderterlei Dinge aus. Ich glaube, die Furcht vor Geistern war das schlimmste.» Wer sollte zuerst hinabsteigen? Was würde sich finden? Der kleine Sherman drängte sich vor ...

Die Aztec-Ruinen, heute ein Nationaldenkmal und erreichbar auf vorzüglichen Straßen, liegen am Animas, einem Fluß, der aus Colorado kommt und sich nach Süden, in die Nordwestecke New Mexicos hinein, in den San Juan-Fluß ergießt. Das Flußtal ist mehr als dreitausend Meter breit und überaus fruchtbar; in den schattigen Ecken wuchern die wilden Rosen. Obwohl 1700 Meter über dem Meeresspiegel, fällt doch stets genug Regen.

Natürlich tragen die Ruinen und der heutige Ort einen irreführenden Namen. In Aztec haben nie Azteken gewohnt. Doch im vorigen Jahrhundert war die hinreißend geschriebene ‹*Eroberung von Mexico*› des blinden Historikers William Prescott erschienen, ein Buch, das schon damals auch in der kleinsten amerikanischen Bibliothek stand. Daher kannte man den Glanz, die Macht des Aztekenreiches in Mexiko, hatte sich ein Bild gemacht von seinen herrlichen Tempeln und Palästen, die Hernando Cortés dann zerstört hatte. Und traf man nun auf Ruinen, waren sie nur einigermaßen stattlich, schrieb man sie den Azteken zu – wem sonst? – Doch die Ruinen in unserem «Aztec» am Animas in *New* Mexico waren älter als die, deren Namen sie trugen. Ja, das Volk der Azteken hatte seinen Weg zur Macht im heutigen Mexico City noch gar nicht angetreten – da sah das Pueblo-Volk am Animas schon seinem Untergang entgegen.

*Vogel, Fisch, Hund, Bär und Reh. Schwarz-Weiß-Dekorationen der Mimbres, New Mexico, in ihren Tonschalen.*

Die älteste schriftliche Erwähnung findet sich auf einer Landkarte des Spaniers Miera y Pacheco um 1777. Zwischen dem Animas- und Florida-Fluß sind da «Ruinen von sehr alten Städten» erwähnt. Dann haben wir erst wieder Erwähnungen im 19. Jahrhundert, von einigen Reisenden. Als der westliche Eisenbahnstrang erst bis nach Canyon City in Colorado reichte, treckte Lewis H. Morgan mit dem Planwagen weiter. Er, der große Anthropologe und Lehrer von Bandelier, brachte die ersten wissenschaftlichen Aufzeichnungen über die Aztec-Ruinen heim. Er fand noch völlig intakte Räume mit heilem Dach, sogar im zweiten Stockwerk; aber er mußte von einem der Siedler hören, daß ein Viertel der Steinwälle keineswegs von der Natur zerstört worden war, sondern von den Siedlern der umliegenden Farmen, die die wohlgeformten Sandsteine zum Bau ihrer eigenen Häuser verwendet hatten. (So hatten im mittelalterlichen Rom nicht unwissende Bauern, sondern hochgebildete Päpste und Fürsten im antiken Kolosseum geplündert, um ihre Prunkpaläste zu verschönern.)

Immer wieder einmal wurden die Ruinen dann besichtigt, verfielen weiter, bis 1916 Earl H. Morris seine systematische Ausgrabung anfing, das Bauwerk vor weiterem Vandalismus bewahrte und mit Rekonstruktionen begann. Zu dieser Zeit hatte man noch keine Ahnung, wie groß wirklich die ursprüngliche Anlage war, aus welcher Zeit sie stammte, welches Volk dort gelebt hatte und was sich unter den Trümmern noch verbergen mochte. Man war kaum reicher an Kenntnissen als der Schuljunge Sherman Howe dreißig Jahre zuvor.

Der Lehrer Johnson erlaubte dem Kleinsten nicht, als erster in die Unterwelt zu steigen. Einer der Älteren wurde an einem Seil hinabgelassen. Dumpfer Modergeruch wolkte empor. Zögernd folgten die anderen in die Tiefe. Die Überraschung, die sie erwartete, war enttäuschend. Das flackernde Licht ihrer Kerze strich über glatte Wände, eine glatte Decke, einen vollkommen glatten Fußboden. Der große Raum war vollkommen leer, nicht das kleinste Stück Abfall, keine Spur von Asche, kein zerbrochenes Gefäß. Da erkannten sie in der einen Wand eine Türöffnung. Sie drängten hindurch. Dasselbe Bild, ein ähnlicher Raum, im gleichen Zustand. Es schien, als hätten die Menschen, die hier offenbar vor Jahrhunderten gelebt hatten, ihr Haus vor dem Verlassen sorgfältig geputzt, so wie heute jemand sein Haus säubert, wenn er es günstig zu vermieten wünscht.

«Mr. Johnson schien enttäuscht und verwirrt», erinnert sich Howe. Doch dann rafften sie sich zu Taten auf. Eine der Wände zeigte merkwürdige Arbeitsspuren; kurzerhand brachen sie ein Loch hinein.

Die erste Kerze, die sie in das gähnende Dunkel hielten, erlosch in dem Moderatem. Sie wedelten mit den Händen, bis genug Frischluft von oben hereinströmte; dann entzündeten sie die Kerze zum zweitenmal, und als jetzt die ersten Lichtreflexe über Wand und Flur dieses neuen Raumes geisterten, da sahen die Jungen, was das Herz jedes Tom Sawyer höher schlagen läßt:

An der Wand lehnte ein Skelett!

Die Jungen standen wie erstarrt. «Wir waren sprachlos vor Entsetzen und wußten nicht, ob wir bleiben oder die Flucht ergreifen sollten.»

Mr. Johnson wußte gewiß nicht, daß in den USA schon viele andere Skelette gefunden worden waren. Aber hier ahnte er sicherlich: Dies war die Begegnung mit einem der Menschen, die lange vor des Kolumbus Ankunft in Amerika diesen Kontinent besiedelt hatten, die sich große Häuser gebaut hatten, und von denen einer hier bestattet worden war – nicht sehr pietätvoll offenbar, denn man hatte ihn einfach halbnackt gegen die Wand gelehnt und dann den Raum versiegelt.

Als sie sich aus ihrer Erstarrung erholt hatten – mit scheuem Blick nahmen sie wahr, daß der Kopf abgebrochen war und in ganz unnatürlicher Haltung an den Steinen ruhte, daß getrocknete Hautfetzen am Boden lagen, die wie Leder aussahen, daß schwarze Haarsträhnen sich dazwischen ringelten –, da trieb es sie zu weiterer Erkundung. Doch Stunden waren vergangen. Johnson brach die Expedition ab, wenn auch mit dem Versprechen, am nächsten Sonnabend weiterzuforschen.

Aber am nächsten Sonnabend sah die Szene gänzlich anders aus. Die Jungen hatten in größter Aufregung ihren Eltern von der spukhaften Entdeckung berichtet. Jetzt schlug auch das Herz der biederen Farmer vor Forscherdrang. Eine ganze Reihe von Männern stieg nun

*Der Truthahn – neben dem Hund das einzige Tier, das die nordamerikanischen Indianer domestizierten. Aber domestizierten sie ihn wirklich? Die Zeichnung stammt von den Mimbres und entstand zwischen 1100 und 1300 nach Chr.*

in das zuerst geschlagene Loch und machte sich unverzüglich daran, mit Picken Löcher in alle Wände zu schlagen, um weitere Räume zu erkunden. Die Jungen krabbelten ihnen voran. Und nun kamen tatsächlich Überraschungen. Wieder erinnert sich Howe:

«Ich drang in jenen Raum ein und verharrte, versuchte mein Bestes, alles in mich aufzunehmen und alles zu sehen, soweit es mir möglich war, während die aufgeregte Menge den Raum durchstöberte, alles herumstreute und in Unordnung brachte. Es waren *dreizehn* Skelette vorhanden, darunter die von zwei Kindern – ihre Schädel waren noch nicht zusammengewachsen. Das eine hatte nur zwei Zähne. Aber alle Skelette waren in Matten gewickelt, die denen ähnelten, die um die chinesischen Teekisten gewickelt sind und mit Schnüren aus Yuccafasern zusammengebunden. Auch einige Stücke baumwollener Kleidung waren zu erkennen, große Baumwolltücher. Sie waren gut erhalten, nur das Alter hatte sie etwas verfärbt. Einige Tücher hatten ein farbiges, vielleicht einstmals rotes Streifenmuster. Es waren auch einige federbesetzte Stoffe vorhanden und einige Matten verschiedener Art. Dann lagen da einige Körbe, die besten, die ich je gesehen habe, alle gut erhalten, und auch eine Menge Sandalen lagen herum, einige sehr gut, andere mit den Anzeichen langen Gebrauches. Es gab eine große Anzahl von Tongefäßen … einige waren sehr hübsch und sahen wie neu aus.»

Sie standen fasziniert, es war zuviel, um alles mit einem Blick zu umfassen. Die Beleuchtung war trüb, zu viele Menschen trampelten jetzt herum, und erst langsam wurden sie der kleineren Gegenstände gewahr:

«Es gab sehr viele Perlen und Zierat. Von diesen Dingen kann ich keine Beschreibung geben, da ich keine Gelegenheit hatte, sie näher zu betrachten. Ich erinnere mich aber, eine ganze Menge Türkise gesehen zu haben. Eine Anzahl polierter Steinäxte war vorhanden, die hübscher aussahen als jene, die üblicherweise in dieser Gegend gefunden wurden. Es gab auch sogenannte ‹Abbalgmesser› und ‹Sandalenleisten›; Polster oder Ringe, die sie auf dem Kopf trugen, um Lasten zu befördern – einige waren hübsch aus Yuccafasern gewoben oder geflochten; einige waren sehr einfach: Spiralen aus Yuccastreifen, die an verschiedenen Stellen gebunden waren, um die Streifen zusammenzuhalten; andere waren aus Wacholderrinde mit Schnur umwickelt, wieder andere aus Maiskolbenblättern. Sie mögen auch als Gefäßstützen verwendet worden sein, um Gefäße mit rundem Boden zu halten, die ohne einen Halt nicht gut aufrecht stehen konnten.»

Vom archäologischen Standpunkt aus war, was nun geschah, purer Vandalismus. Aber wer hätte die einfachen Farmer, die sich jetzt als

Schatzsucher fühlten, eines besseren belehren sollen? Es wurde bevorzugter Wochenendsport, nach dem Kirchgang in die Ruinen zu steigen und zu «sammeln». Doch was geschah mit diesen kostbaren, in diesem Fall so wunderbar erhaltenen Zeugnissen eines prähistorischen Volkes? Noch einmal erinnert sich Howe:

«Als wir diese Arbeit beendet hatten, wurde der Kram herausgeschafft und von den verschiedenen Mitgliedern der Gruppe weggetragen, *aber wo ist er nun*? Niemand weiß es. Wie die meisten Gegenstände aus den kleineren Pueblos, die die größeren Gebäude umgeben, sind sie verschwunden. Da ich nur ein kleiner Junge war, konnte ich nicht jene Gegenstände bekommen, die ich gerne gehabt hätte, sondern mußte nehmen, was übrigblieb. Es ergab trotzdem eine kleine nette Sammlung. Aber auch das ist nahezu alles verschwunden.»

Aber es war noch genug da, weit weit mehr, als Johnson und seine Jungen vermuteten. Und Earl H. Morris deckte es auf.

*Die kunstvollste, in der Ornamentierung phantasiereichste Keramik des Südwestens stammt von den Mimbres. Hier ein Berglöwe auf einer Schale aus dem 10. bis 12. Jahrhundert nach Chr. Wenn eine solche Schale einem Toten ins Grab mitgegeben wurde, wurde sie oft absichtlich zerbrochen, «getötet».*

Sekretär Liu sagt zum Zellensekretär: „Diese Wandzeitung ist sehr gut geschrieben!" Hsi-wang dreht sich um und sagt lächelnd: „Ja, diese Wandzeitung hat die Frau meines Hauses geschrieben . . ."

Kaum hat er zu reden aufgehört, da fangen alle zu lachen an. Hsi-wang denkt, sie lachen über seine Eitelkeit, und erklärt schnell: „Ja, sie hat es wirklich geschrieben! Die Frau, die mir das Essen kocht, kann auch schreiben. Sie hat nicht nur diese Wandzeitung hier geschrieben, sondern sie schreibt auch sonst sehr viel zu Hause!"

Sekretär Liu sagt lächelnd: „Du mußt deine alte Ausdrucksweise ein wenig ändern in Zukunft. Wie kannst du immer noch diese alten Ausdrücke wie ‚die mir das Essen kocht', ‚die Frau meines Hauses' gebrauchen! Trotz all der kleinen Zettel, die bei dir zu Hause hängen, bist du immer noch wenig demokratisch!" Nun beginnt Hsi-wang, ein wenig unsicher, zu lachen.

Aus: Das Mädchen aus der Volkskommune. Chinesische Comics

Velimir Chlebnikov
*Poesie*

bliblablümlein täuschendschön

*Der Grashüpfer*

Flitternd mit der Goldschrift
aus feinsten Äderchen
legte der Grashüpfer in seinen Bauchkorb
Schilf und allerlei Ufergräser
Pin, pin, pin! polterte der Zinziver.
Oh beschwan.
Oh erscheine!

Übersetzung: Rosemarie Ziegler

*Das Heupferdchen*

Flügelchend mit dem Goldbrief
aus feinstem Faserwerk,
packte das Heupferdchen seinen Wanst korbvoll
mit Ufernem: Schilfen und Gräsern
Pinj, pinj, pinj! pardauzte die Roßpappel.
O schwanings.
O aufschein!

Übersetzung: Paul Celan

*der grashüpfer*

flüxelnd mitz goldsgekrixel
miniminz ädergestricks
drüxt gratzhüpfer in seins bauchs büxel
schilpf und anzer uferblipf

pfilpf, pfilpf, pfilpf! schimpfelt zinziver
beschwan beschwampf
kompf her! kompf her

Übersetzung: Ernst Jandl

### *grashupfer*

rasch war der goldschrieb geflutter
tupfig sehr ädrigst verbostelt
da lupfte der hupfer den bauchkorb
verbarg er die binsige rupfe
tschiribombös profelurte kikieglitz
o schwansam
teich auf!

Übersetzung: Oskar Pastior

### *Opus N° 16*

Aileillant de l'écridorure
des plus ténues veinules
le grillon entasse dans la caisse de la panse
quantité d'herbes et de roseaux riverains.
Pigne, pigne, pigne! jacasse le roselin.
O cygnelesse.
O irradiances!

Übersetzung: Luda Schnitzer

### *Der Heuschreck*

Flittelnd mit seinem Goldschrieb
splitterfeiner Fasern
spickt der heuschreck sich den Schnappsack
voll mit Schilf und Ufergrasen
Pinn, pinn, pinn! tschilpft Sinsiwjér dahin.
O Schwanicht!
Seischein.

Übersetzung: Peter Urban

*Kuznečik*

Krylyškuja zolotopis'mom
Tončajšich žil
Kuznečik v kuzov puza uložil
Pribrežnych mnogo trav i ver
Pin', pin', pin'! tararachnul zinziver.
O lebedivo.
O ozari!

*Kuh s net schick!*

Grill ich Kuh, ja? Soll Otto bis um …
Dann – TSCH! heisch ich, still!
Kuh s net schick! Kuh soff, puh! Sau! Ulla schielt.
Blieb resch, nich? Mm, no. Gott traf ihr schwer:
Pin-pin-pin, tararach! Null-Sinn, Sie! Wer?!
Oh lebet denn wohl.
Oh Hosen ihr!

Übersetzung: Peter Urban

Horst E. Richter

## *Die Gruppe*

Episode. Gruppe y:

Ludwig:

*Ihm falle auf, daß ein neues Paar (Philipp und Constanze, beide am heutigen psychoanalytischen Abend nicht anwesend) nur sporadisch mitarbeite. Es genüge seiner Meinung nach nicht, im Kinderladen Aufsicht zu übernehmen. Alle müßten auch bereit sein, an den Abenden mitzudiskutieren. Denn sonst wisse man ja bei Schwierigkeiten mit den Kindern nicht, was bei den Eltern dahinterstecke. Und im übrigen müsse man doch immer wieder gemeinsam die ganze Arbeit besprechen. Es sei wohl auch verfehlt gewesen, Edith mit ihren Kindern in die Gruppe aufzunehmen (eine junge Frau, die mit den Kinderladen-Kindern in einer Weise Spiele veranstaltet hatte, die der*

*Gruppe zu aktiv erschienen war. Es war daraufhin zu einer Auseinandersetzung mit Edith gekommen, die zu deren Ausscheiden aus dem Kinderladen geführt hatte).*

Inge:

*Sie finde nicht, daß Philipp und Constanze der Vorwurf gemacht werden könne, daß sie sich zu wenig beteiligten. Die beiden seien momentan außerordentlich stark belastet. Und sie hätten doch gerade in der letzten Woche sehr aktiv mitdiskutiert.*

Ludwig:

*Jedenfalls müßte man doch genauer als bisher prüfen, wen man in die Gruppe neu aufnehmen wolle. Es habe keinen Zweck, sich mit Leuten zu belasten, die weder von ihrem Standpunkt her den Kinderladen mittragen könnten, noch regelmäßig mitdiskutieren wollten.*

Es entspinnt sich dann ein turnusmäßig wiederkehrendes Gespräch: *Soll man überhaupt immer wieder neue Leute aufnehmen, bevor man die Konflikte in der Gruppe hinreichend geklärt hat? Man habe doch schon öfter erfahren: Wenn die Gruppe gerade einmal dabei sei, bestimmte Probleme konkret und gründlicher zu besprechen, dann breche der Diskussionsprozeß in dem Augenblick ab, in dem man sich mit Neuaufgenommenen beschäftigen müsse. Denn natürlich sei es vordringlich, neue Mitglieder erst zu integrieren. Das brauche aber einige Zeit. Und habe man die Integration dann geschafft – oder auch nicht geschafft –, dann wiederhole man das Spiel von neuem. Man sollte doch endlich einmal lieber in die Tiefe arbeiten, anstatt fortwährend expansiv vorzugehen.* Gegen diese Position (etwa vertreten durch Lutz, Marga, Rainer) formiert sich die Gegenseite (Ludwig, Hans und Alf u. a.): *Man solle sich zwar genau ansehen, wen man aufnehme. Aber grundsätzlich müsse man auf laufende Erweiterung der Gruppe bedacht sein. Wie könne denn sonst der Kinderladen in die Gesellschaft hinein ausstrahlend wirken, wenn man sich als Gruppe abschließe. Dann sei man ja nichts weiter als eine Kleinfamilie in vergrößertem Maßstab. Der Kinderladen könne nur dann Änderungen anstoßen, wenn man mit aller Entschlossenheit expansiv wirken wolle.*

Der Gegenflügel meldet sich: *Man sei sich ja einig, daß man nach außen hin effizient sein wolle. Aber dies sei doch eine Frage des Zeitplans. Hinsichtlich des Ziels stimmten sie alle miteinander überein. Aber wenn die Gruppe in sich noch nicht konsolidiert sei, dann sei eine hektische Außenaktivität nicht nur nutzlos, sondern ausgesprochen schädlich.*

Die andere Seite (Hans, Inge und Ludwig) bezweifelt, ob es sich hier wirklich nur um ein Problem des Zeitplans handle. *Sie hätten, so sagen sie, den Verdacht, daß die anderen die gesellschaftliche und politische Relevanz des Kinderladenprojektes überhaupt nicht so sehr ernst nähmen. Wenn diese «noch nicht» sagten, dann meinten sie doch vielleicht eher «überhaupt nicht». Man könne nicht erst nur an die Emotionalität in der Gruppe bzw. an die Erziehung der Kinder denken und später einmal an den politischen Standpunkt. Sondern um den müsse man sich gleich und mit aller Entschiedenheit kümmern.*

Lutz:

*Er finde es nicht richtig, wenn hier manche glaubten, man käme auch nur einen Schritt durch fortwährende Wiederholung marxistischer Bekenntnisse weiter. Sie dürften einfach die Arbeit an sich selbst bzw. an den Kindern nicht als zweitrangig betrachten. Die fortwährende Bemühung um politische Bekenntnisse komme ihm vor wie die bekannte Argumentation mancher kirchlicher Kreise: Erst müsse man den richtigen Glauben haben, dann werde man automatisch in allen Lebensbereichen wissen, was man zu tun habe. Diese Denkweise lehne er ab.*

Alf:

*Er habe den Eindruck, daß Lutz sich um eine klare Stellungnahme herumdrücken wolle.*

Birgit:

*Ihr reiche es nicht, wenn der Kinderladen nur für die Kindererziehung da sein solle. Man müsse die Arbeit endlich in einen politischen Rahmen stellen und darüber viel mehr als bisher reden.*

Lutz:

*Er finde, daß die anderen manches einfach nicht sehen wollten. Sie seien sich doch alle einig in einer antikapitalistischen Einstellung. Sie seien sich ferner darin einig, daß sie durch Studium politischer und soziologischer Literatur ihren Erkenntnisstand weiterentwickeln müßten. Aber er wehre sich dagegen, daß man sich hier nur auf die rote Fahne oder auf bestimmte revolutionäre Parolen einschwören solle. Das seien vielfach doch nur leere Worte. Sie hätten hier nun einmal eine konkrete Aufgabe übernommen. Da hätte man zu zeigen, ob man selbst, miteinander und mit den Kindern wenigstens im kleinen ein Stück von einer besseren und freieren Gesellschaft schaffen könne. Und erst wenn man diese Plattform konsolidiert habe, könne man glaubwürdig nach außen wirken.*

Von der anderen Partei erntet Lutz nunmehr abqualifizierende Etikettierungen wie «liberal», «schwammiger Standpunkt». Er selbst kontert mit der Vokabel «Berufsrevolutionäre!».

Birgit:

*Man habe hier doch schon einmal den Vorschlag besprochen, daß jeder für sich schriftlich niederlegen sollte, was er eigentlich für ein Konzept habe, speziell hinsichtlich der politischen Aufgabe der Gruppe. Wenn man von allen diese schriftliche Äußerung hätte, dann könnte jeder seine Stellungnahme vorlesen. Dann wäre man endlich besser orientiert, wo jeder stehe.*

Thomas und Lutz widersprechen, auch Marga deutet ihre Bedenken an. Die Einwände aus diesem Kreis lauten: *Hier wolle nun offenbar ein Teil der Gruppe Bekenntnisse sammeln, um diejenigen aufzuspüren, die nicht genügend «politisch» seien. Und dahinter spüre man die Absicht, daß solche Leute aus der Gruppe entfernt werden sollten.*

Hans:

*Das sei nicht beabsichtigt. Im übrigen seien doch die Mehrheitsverhältnisse in dieser Frage ganz unklar.*

Analytiker:

*Die Gruppe habe heute mit dem Thema begonnen, daß man Leute mit einem bestimmten Verhalten nicht in der Gruppe haben wolle. Und man habe von Edith geredet, die man aus der Gruppe wegen ihrer angeblich zu wenig progressiven pädagogischen Einstellung hinausgedrängt habe. So herrsche wohl heute ein starkes Mißtrauen, ob man Meinungsunterschiede wirklich offen austragen könne, ohne sich gegenseitig zu verstoßen. Sie hätten ja in der Tat solche Abspaltungen immer wieder praktiziert.*

Nun bespricht man, ob es tatsächlich einen Zwang bedeute, wenn man von jedem zu der politischen Frage eine schriftliche Erklärung fordere. An sich sei es ja in der Gruppe üblich, die Probleme in offener mündlicher Diskussion zu erörtern.

Alf reagiert etwas ungeduldig und beharrt auf seiner Forderung. Die Spannung in der Gruppe läßt noch nicht nach. Die Fürsprecher für die schriftliche Deklaration drängen, weil sie überzeugt sind, die Position und die Ziele der Gruppe auf diesem Wege besser klären zu können. Sie streben dabei freilich auch nach einer eindeutigeren politischen Profilierung, die sich in einer vermehrt nach außen gerichteten politischen Arbeit niederschlagen sollte. Die Gegengruppe fühlt sich geängstigt und erpreßt. Sie fürchtet, daß man sie eliminieren wolle, wenn sie nicht mitziehe. Sie läßt sich, vor allem gestützt auf Lutz, Marga und Rainer, auf die Kraftprobe ein und hält ihre Einwände aufrecht.

Analytiker:

*Im Augenblick scheine die Gruppe wieder dabei zu sein, ihren ge-*

*samten Arbeitsbereich in zwei Teile zu trennen, die man vorher doch schon oft im Zusammenhang gesehen habe. Die Frage sei doch, ob die Arbeit an der Gruppe selbst schon ein legitimer Teil der politischen Bestrebungen sei oder etwas davon Grundverschiedenes, ein privatistisches Experiment im Vorfeld des Politischen. Ihm als Psychoanalytiker falle heute auf, daß wieder nur die Hälfte der Gruppe geredet habe. Es bestehe also wieder die alte Ungleichheit zwischen Redenden und Schweigenden im Sinne eines Dominanzverhältnisses. Habe das nun z. B. mit dem Problem von Emanzipation und Chancengleichheit zu tun, für dessen Lösung man einen Beitrag leisten wolle? Habe man nicht vielleicht Angst, an dieser konzeptuell außerordentlich wichtigen Aufgabe im eigenen Kreis zu scheitern, und versuche man eventuell bloß aus Resignation eine Solidarisierung im Blick nach außen zu erzwingen?*

Von dieser Intervention wird der Gesichtspunkt aufgenommen, daß die Veränderung der Binnenstruktur des Kinderladens in der Tat von ihnen als eine politische Angelegenheit betrachtet werden müsse. Die Bemerkung des Analytikers über die Benachteiligung der «Schweigenden» führt dazu, daß eine Gruppenteilnehmerin, die trotz sichtbarer Erregung nicht mitgeredet hatte, in Tränen ausbricht und hinausgeht (als die Gruppe sich später auflöst, kommt sie wieder hinzu).

Ludwig, Alf und Hans halten sich jetzt etwas mehr zurück. Eine andere bisher schweigsame Gruppenteilnehmerin spricht von der schwer erträglichen Spannung, die heute geherrscht habe. Und sie schildert ähnliche spannungsvolle Polarisierungen im Kinderladen unter den Kindern. Und sie weist darauf hin, daß die Rivalitätskonflikte unter den Kindern bzw. zwischen einzelnen Fraktionen der Kinder in dem augenblicklichen Ausmaß gefährlich seien. Und die Erwachsenen der Gruppe müßten darüber nachdenken, inwieweit sie die Kinder in diese Probleme hineintrieben.

Eine andere Teilnehmerin bringt den Gedanken: *Einige in der Gruppe seien gewiß weiter in ihren politischen Erkenntnissen als andere. Sie selbst zähle zu denjenigen, die überhaupt erst seit kurzer Zeit über die Verhältnisse in der Gesellschaft genauer nachdächten. Ihr sei es sehr wichtig, was Alf und Hans vorgebracht hätten, aber sie sei eben noch nicht soweit, daß sie hier schon so feste Überzeugungen äußern könnte. Man müsse doch respektieren, daß noch Unterschiede in der Entwicklung des Bewußtseinsstandes vorlägen. Und man sollte sich deswegen nicht gegenseitig einschüchtern.*

*Kommentar:*

Diese Episode ist repräsentativ für zahlreiche ähnliche Situationen. Sie veranschaulicht genau den typischen Konflikt zwischen denen, die durch eine Verstärkung des Über-Ichs die Gruppe schnell voranbringen wollen, und denen, die eher eine Minderung des Über-Ich-Drucks suchen, um ihre eigene Verunsicherung und zugleich die Angst- und Ohnmachtsgefühle ihrer Kinder frei und offen bearbeiten zu können.

Jeder Teil will durch sein Rezept die Arbeit in der Kinderladengruppe verbessern. Jeder Teil ist überzeugt, daß der Gegenflügel durch seine Tendenz das gemeinsame Vorhaben eher störe. Und die Gefahr besteht, daß die Eskalation wechselseitiger Beschuldigung und Ängstigung nicht abgefangen wird, sondern immer wieder zu Gruppenspaltungen führt. Diese Möglichkeit lauert sichtbar im Hintergrund, und der Gedanke daran trat in der zitierten Episode ja auch deutlich zutage.

Das Beispiel sollte auch veranschaulichen, welche Schwierigkeiten, aber auch Möglichkeiten die Analytiker haben, mit diesem charakteristischen und zentralen Problem umzugehen. Wir sehen unsere Aufgabe als Analytiker so, daß wir die unterschiedlichen Bedürfnisse bzw. Abwehrformen der verschiedenen Gruppenflügel zwar in ihrem psychologischen Gehalt herausarbeiten wollen, ohne das Problem indessen auf diesen psychologischen Gehalt zu reduzieren. Es schwebt uns vor, der Gruppe dabei zu helfen, daß sie durchaus an der Grundsatzdiskussion ihrer Methoden und Ziele festhält. Es erscheint uns wichtig, daß auch die politischen Leitvorstellungen in die analytische Arbeit hineinkommen. Aber wenn eben darüber nur die Hälfte redet, während die andere Seite dazu schweigt, dann benutzen wir das als eine Chance, dieses mitwirkende gruppendynamische Moment sichtbar zu machen. Wir glauben, daß es innerhalb eines solchen Gruppenexperiments sehr wichtig ist zu erkennen, daß man sich z. B. in der eigenen gruppendynamischen Verfassung gerade von einem Ziel entfernt, das man im gleichen Augenblick für die Struktur einer zukünftigen Gesellschaft fordert. In einer Gruppe, in der gerade der eine Teil den anderen zum Schweigen bringt, fruchtet es nichts, sich theoretisch zu Chancengleichheit und Emanzipation zu bekennen. Der innere Widerspruch zwischen der Gruppendynamik und dem Konzeptstreit muß geklärt werden, da die Gruppe sonst keine stabile Identität entwickeln kann. Und dies ist der Punkt, wo Psychoanalytiker unter Umständen zur Klärung beitragen können. Ohne Durcharbeitung der irrationalen Konfliktmomente kommt es leicht dazu, daß im

Streit zwischen «links» und «liberal» beide Seiten einander zwingen, sich extremer zu gebärden, als sie eigentlich sind. Der Automatismus eines Rivalenkampfes begünstigt die Tendenz, sich gegenseitig vollständig in die Enge zu treiben. In der auszugsweise zitierten Sitzung sieht man ja ganz deutlich als irrationales Moment den Impuls, die ansteigende Spannung zwischen den Flügeln durch Rausschmiß zu beenden. Wenn dann die analytische Intervention erfolgt: daß man in der Gruppe mißtrauisch sei, ob man offen Meinungsunterschiede austragen könne, ohne sich gegenseitig herausschmeißen zu müssen – so soll damit nicht die politische Diskussion abgeschnitten und als gruppendynamisches Aggressionsproblem relativiert werden. Die Gruppe setzt ja übrigens danach auch ihre politische Kontroverse fort. Die psychoanalytischen Eingriffe wollen diese Diskussion nur entlasten von dem Beiwerk neurotischer Mechanismen. Indem diese Mechanismen in der zitierten Episode dazu führen, daß man einander am Ende mit undifferenzierten Schmähungen traktiert, droht der Boden der Sachdiskussion verlorenzugehen und ein irrationales zerstörerisches Moment die Oberhand zu gewinnen. Das ist dann der Augenblick, in dem Analytiker ihre Chance wahrnehmen können, den emotionellen Konflikt anzusprechen, um die Sicht auf die vernebelten Sachprobleme wieder freizulegen.

Gelingt eine psychoanalytische Intervention an einem solchen Punkt, dann läßt sich immer wieder beobachten, wie zwei Fortschritte eintreten, die man auch am Ende der eben geschilderten Episode deutlich registrieren kann:

1. Die Differenz der sachlichen Standpunkte kann plötzlich unter Entlastung von Angst betrachtet werden. Man muß nicht mit Hilfe eines zudeckenden Kompromisses den Meinungsunterschied verleugnen. Aber man findet einen Weg, wie man die Differenz besser aushalten kann. In dem zitierten Fall ist das z. B. die Idee, daß die Unterschiede in den politischen Erkenntnissen u. a. eine Folge der Tatsache seien, daß sie zwar hier alle eine Entwicklung durchmachten, aber sich notwendigerweise je nach individuellen Voraussetzungen in unterschiedlichen Entwicklungsphasen des Bewußtseinszustandes befänden. Und die daraus folgenden Differenzen müsse man erst einmal als gegeben anerkennen, anstatt sich deswegen gegenseitig zu diffamieren.

2. Man kann sich wieder der Möglichkeit öffnen, die Ziele des gemeinsamen Experimentes in realistischer Weise an den eigenen Unzulänglichkeiten zu messen. Man kann nach der eingetretenen Angst-

minderung wieder den Gedanken ertragen, daß man innerhalb der Elterngruppe oder in der Behandlung der Kinder noch selber das falsch macht, was man in der Gesellschaft im großen abstellen will. Man kann also die eigenen entsprechenden Schwierigkeiten anvisieren, ohne gleich den resignatorischen Schluß ziehen zu müssen: Wenn wir das nicht mal im kleinen sofort schaffen, wie können wir glaubwürdig verlangen, daß wir dazu beitragen, daß sich die Gesellschaft ändert? – Vielmehr erkennt die Gruppe an, wie tief die in den einzelnen eingewurzelten Mechanismen stecken, die emanzipationshemmend wirken. Und sie kann daraus immer wieder lernen, daß nicht eine Änderung äußerer Bedingungen allein die Menschen befreien kann, sondern daß wir alle mit uns selber noch viel zu arbeiten haben, um eine Erweiterung von äußerem Spielraum dazu nutzen zu können, eine freiere Selbstverwirklichung in unseren Kommunikationssystemen zu vollziehen.

Die Chancen der Psychoanalytiker in der Kooperation mit einer derartigen Elterninitiativgruppe hängen allerdings nur zum Teil vom Deutungsgeschick der Analytiker ab. In erster Linie werden sie durch die Motivationen der Gruppe bestimmt. Diese wiederum stehen unter dem Einfluß der «Philosophie» der Gruppe. Bezogen auf die Psychoanalytiker kann diese «Philosophie» in zweierlei Weise extreme Verhältnisse schaffen.

Es kann dazu kommen, daß die Gruppe in toto eine Erlösung von kritischen Selbstzweifeln dadurch sucht, daß sie sich am Ende ein absolutes und unbezweifelbares Über-Ich-Substitut schaffen möchte, dem sie sich gläubig unterwerfen kann. Das bedeutet, daß der von vornherein auf Über-Ich-Stärkung drängende Flügel der Gruppe siegt. Er bewirkt, daß sich ein paranoides Organisationsprinzip durchsetzt. Man bildet sich ein, eine absolute Wahrheit, einen ein für allemal richtigen Heilsweg gefunden zu haben. Fortan werden selbstkritische Tendenzen in der Gruppe nur noch im Sinne der Gehirnwäsche zugelassen. Die Lahmen und Lauen werden auf die Heilslehre eingeschworen. Die Gruppe sucht nicht mehr, sie hat gefunden. Was fortan im Kollektiv «Arbeit» genannt wird, ist nur noch Schulung und Agitation. Es versteht sich von selbst, daß Psychoanalytiker bei einer solchen Gruppenentwicklung am Ende komplett ohnmächtig werden würden. Sie wären nur noch als gleichgeschaltete Kampfgenossen gefragt.

Während hier die Gruppenphilosophie in eine politisch religiöse Heilslehre einmündet und den kritischen Analytiker überflüssig macht, kann es auch zu dem entgegengesetzten Extrem kommen: Das Über-Ich der Gruppe zerfällt. Die Gruppe verliert ihre Ziele aus den

Augen. Sie wird orientierungslos. Und dabei kann ein depressiver Zustand eintreten, in dem sich der gesamte Kreis verzweifelt mit therapeutischen Bedürfnissen an die Psychoanalytiker klammert. Diesmal macht man die Psychoanalytiker also nicht überflüssig und ohnmächtig, sondern – von der Gruppe aus gesehen – omnipotent. In dem Sinne: Wir taugen alle nichts, wir sind hoffnungslos und krank. Wir wollen nichts anderes, als daß ihr Psychoanalytiker uns gesund macht. – Dadurch versieht man nunmehr dic Rolle der Analytiker mit Über-Ich-Aspekten. Hier erreicht die Entwicklung also nicht eine paranoide, sondern eine depressive Position.

Am aussichtsreichsten ist die psychoanalytische Arbeit jedenfalls dann, wenn eine Gruppe ihre Arbeit zwischen den genannten Extremen in Balance zu halten versteht. Man muß sich natürlich immer gefallen lassen, daß die den Extremen zuneigenden polaren Flügel nicht nur aufeinander, sondern auch auf die Psychoanalytiker Druck ausüben. Der eine Flügel ist immer schnell unzufrieden, wenn seiner Meinung nach zuwenig Therapie getrieben wird. Der andere ist unzufrieden, wenn anscheinend unter Einfluß der psychoanalytischen Sicht die Diskussion der Konzepte und der politischen Linie zu kurz kommt.

Je mehr sich eine Gruppe konsolidiert, um so eher kann sie solche Spannungen ganz gut aushalten. Sie kann sich dann gefallen lassen, daß es Stunden gibt, in denen mal der eine, mal der andere Themenkreis klar vorherrscht. Und man ist für die Einsicht aufgeschlossen, daß die polaren Bedürfnisse der verschiedenen Gruppenteile ja zusammengehören. Letztlich wollen ja alle etwas für sich selbst, etwas für ihre Zweierbeziehungen, für die Gruppe, für die Kinder und schließlich für die Gesellschaft tun. Niemand ist in der Gruppe, der nur etwas Persönliches oder nur etwas für die Gesellschaft will. Selbst diejenigen, die in besonderem Maße von eigenen Problemen belastet sind, wollen nicht nur für sich etwas bekommen, sondern sich zugleich dadurch kurieren, daß sie etwas im gesellschaftlichen Sinne Positives tun. Sie wollen sich helfen, indem sie zugleich dem Ganzen helfen. Eine rein private Konfliktentlastung ohne das Bewußtsein, daß man sich zugleich einbezogen fühlen kann in eine allgemeine Bewegung zur Änderung der Rollenverhältnisse der Menschen in der Gesellschaft, genügt keinem. Und auf der anderen Seite verspüren natürlich die Exponenten des «politischen Flügels», daß sie auch für sich selbst etwas gewinnen wollen. Denn sie leiden ja keineswegs allein an der Gesellschaft, sondern stets auch an sich selbst. Und es macht ihnen sehr zu schaffen, wenn sie bemerken, daß sie durch ihre Schwächen und Neurosen als Menschen in vielfacher Hinsicht ein personifizierter Widerspruch sind zu den Haltungen und Einstellungen, die sie von einer besseren Gesellschaft verlangen.

Unter diesem Aspekt läßt sich der Gruppe immer wieder zeigen, daß die gemeinsame Arbeit in der Elterngruppe und dem Kinderladen den Bedürfnissen beider Seiten entgegenkommt. Die Diskussion der Konflikte, die bei den Eltern bzw. zwischen Eltern und Kindern auftreten, kann stets zugleich unter dem Aspekt der Erfüllung persönlicher Therapiebedürfnisse wie unter dem Aspekt des Umbaus basaler gesellschaftlicher Institutionen als Modell und Plattform für eine Änderung der Gesellschaft im ganzen betrachtet werden. Die Ausbreitung der Bewegung der Wohngemeinschaften, der Kinderladengruppen und zahlreicher anderer progressiver Initiativen zeigt, daß man das einzelne Experiment nicht als private Spielerei zu sehen hat, sondern als exemplarischen Ausdruck einer breiten Strömung, die zumindest den Aufbruch zu einer allmählichen Änderung des allgemeinen Bewußtseins zu signalisieren scheint.

Nichtsdestoweniger kann es einer einzelnen Initiativgruppe immer wieder leicht passieren, daß sie zu verzagen droht und in hektischer Weise das eine oder andere irrationale Rettungsmanöver versucht. Entweder eine Zufluchtnahme im Schoße einer erlösenden politisch-religiösen Heilslehre, vermittelt durch irgendeine Organisation, oder aber auch durch eine allzu passive Auslieferung an die Psychoanalyse im Sinne einer therapeutischen Institution. In der Rolle von begleitenden Psychoanalytikern erfährt man, wie gesagt, immer wieder Druck nach der einen oder anderen Seite hin. Bei den von uns beobachteten Modellen kam es auch verschiedentlich zu starken Schleuderbewegungen nach der einen oder anderen Seite, die nicht nur zu einer kritischen Labilisierung der Gruppe, sondern natürlich auch unserer Rolle innerhalb der Gruppe führten.

In Gruppe y geschah es, daß nach knapp einem Dreivierteljahr einige aus der analytischen Arbeit ausschieden, weil sie, das war wenigstens die geäußerte Meinung, sich intensiver politisch betätigen wollten. Sie glaubten, die psychoanalytische Arbeit würde zuviel Energie für die Bewältigung der persönlichen emotionellen Probleme verbrauchen, die man besser für politische Aktivität im engeren Sinne nutzen könnte. Es hieß, an diesen analytischen Abenden gehe es zu sehr darum, die Gruppe zu «harmonisieren». Man wolle hier die Konflikte in der Gruppe auflösen, das Vertrauen untereinander verbessern und eine Art Freundschaftsverhältnis herstellen. Dies aber, so sagten die «Ausbrecher», sei nicht ihr Ziel. Sie wollten lieber in Kauf nehmen, daß zwischen ihnen weiterhin Gegensätze beständen, die ja vor allem auch durch unterschiedliche Überzeugungen bedingt seien.

Und sie wollten diese Gegensätze nicht durch die Bearbeitung emotioneller Hintergrundkonflikte relativieren. – Es wurde auch so argumentiert: Man respektiere, daß es in der Gruppe solche gäbe, die große persönliche Schwierigkeiten mit sich und ihren Bezugspersonen hätten. Für diese sei es sicher gut, wenn sie weiterhin hierher zu den analytischen Abenden kämen. Sie könnten diese Sitzungen dann klar und eindeutig für sich als Therapie nutzen. Sie selber aber suchten für sich weniger eine Therapie als mehr Gelegenheit, sich für ihre politischen Ziele einzusetzen. Und das wollten sie nunmehr verstärkt tun, wenn sie durch das Ausscheiden aus den analytischen Sitzungen für sich mehr Zeit gewönnen.

In dieser Weise erläuterten z. B. Birgit und Alf ihr Ausscheiden aus der analytischen Arbeit. Nichtsdestoweniger war ersichtlich, daß bei beiden auch persönliche Konfliktmomente mitwirkten. Zuvor war gerade erstmalig eingehender von Spannungen in den einzelnen Ehen die Rede gewesen und von unaufgearbeiteten Abhängigkeiten der Frauen von ihren Männern. Und es gab Anhaltspunkte dafür, daß Birgit und Alf durch dieses Thema sehr stark beunruhigt worden waren. Birgit steckte sichtlich in einem noch weitgehend unbearbeiteten Konkurrenzkonflikt mit Alf, den zu formulieren ihr sehr schwerfiel. Es hatte zu einer Spannung geführt, als sie kurz vor ihrem Ausscheiden einmal allein in die Gruppe gekommen war, was Alf anscheinend nicht recht war. Dieser wiederum war ausgesprochen verärgert durch den enttäuschenden Verlauf eines Rivalitätskonfliktes mit Lutz. Es hatte eine Phase gegeben, in der er Lutz stark dafür kritisiert hatte, daß dieser seiner Meinung nach zu stark sachbetont und theoretisch diskutiert hatte, anstatt sich mehr auf die emotionellen Konflikte zu beziehen. Inzwischen hatte sich Alf als ein Exponent der Theoretiker in der Gruppe polarisiert, während Lutz ihm nunmehr unfruchtbares Intellektualisieren vorwarf. Und Alf fühlte sich dadurch enttäuscht, daß die Gruppe ihn zu wenig im Drängen nach der Klärung der theoretischen Konzepte unterstützte. Er fühlte sich in eine Außenseiterposition gedrängt und litt augenscheinlich mindestens in dem gleichen Maße unter dem ungünstigen Verlauf seines persönlichen Rivalitätskonfliktes wie unter dem Scheitern seiner sachlichen Initiative, d. h. seines Kampfes um eine forcierte politische Profilierung der Gruppe.

Welche persönlichen Hintergrundmotive indessen bei den Ausscheidenden auch immer vorhanden waren, so erlebte die Gruppe die Trennung von Alf und Birgit doch wesentlich unter dem Einfluß der Polarisierung zwischen den Radikalen und den Gemäßigteren in der Frage politischer Expansivität. Für den Entwicklungsfortschritt, den die Gruppe y inzwischen gemacht hatte, war es bezeichnend, daß dieser Trennungsvorgang keine fundamentalen aggressiven Auseinandersetzungen mehr provozierte. Alf und Birgit blieben im Kinderladen und arbeiteten weiter intensiv im Rahmen der internen Diskussionsabende des Kreises mit. Sie erklärten ihr Fernbleiben von den analytischen Sitzungen auch nicht als endgültig, sondern als vorläufig. Der Vorgang hatte also nicht den Charakter eines explosiven Eklats. Man ertrug es, trotz der damit verbundenen Spannungen, alle Aspekte des Ereignisses gemeinsam durchzudiskutieren. Alf stellte sich auch vor seinem Abschied einer eingehenden Diskussion seiner Argumente in der analytischen Gruppe. Die Restgruppe stellte ihre Bereitwilligkeit fest, Birgit und Alf sofort wieder in den analytischen Arbeitskreis aufzunehmen, falls diese zurückzukehren wünschten.

Im Zusammenhang mit dem Ausscheiden von Alf und Birgit gab die Gruppe y folgerichtig ihr Konzept auf, die analytische Arbeit als integrierten Bestandteil des Gesamtprojektes anzusehen. Man stellte es den einzelnen frei, die analytische Gruppe weiterhin zu besuchen oder fernzubleiben. Es folgte eine interne Diskussion der Gruppe über zwei Wochen mit dem Resultat, daß etwa zwei Drittel des Kollektivs in der analytischen Arbeit verblieben. Immerhin war doch etwas wichtiges Neues geschehen. Man konnte es sich jetzt leisten, die äußeren Zwänge abzubauen und sich gegenseitig in der Gruppe mehr Freiheit zu gewähren. Man hatte nicht mehr so viel Mißtrauen, daß das gesamte Projekt gleich wie ein Kartenhaus zusammenbrechen könnte. Nebenbei sei erwähnt, daß bei der Motivation zur Verkleinerung der Gruppe zweifellos noch andere Momente mitspielten. U. a. auch einfach die Tatsache, daß die Gruppe an den analytischen Abenden zahlenmäßig einen Umfang erreicht hatte, der unter gruppendynamischen Aspekten bereits bedenklich war. Man hätte ohnehin ohne Untergliederung in einzeln arbeitende Teilgruppen nicht mehr fortfahren können. Denn an einzelnen Abenden waren wir bereits auf eine Stärke bis zu 16, 17 Personen gekommen. So war es den stärker Motivierten zweifellos gerade recht, durch Ausscheiden der schwächer Motivierten eine Intensivierung der Arbeit zu ermöglichen.

Natürlich ergab sich nun für die Restgruppe die Frage: welche Rolle sollen fortan die analytischen Abende spielen, wenn sie nicht mehr dem Gesamtkollektiv unmittelbar zugute kommen?

Man einigte sich auf die Lösung: Wir wollen hier Erkenntnisse und Erfahrungen sammeln, die wir für den gesamten Kinderladen nutzbringend zur Verfügung stellen möchten. Es sollen also auch die anderen Mitglieder des Kollektivs mittelbar an den Fortschritten unseres analytischen Prozesses teilnehmen. Keineswegs darf es dahin kommen, daß unsere analytische Gruppe sich als eine Art traditioneller

Kleinfamilie gegen den übrigen Teil des Kinderladens konkurrierend abschließt. Wir wollen uns auch um Himmels willen nicht gegenüber den anderen eine überlegene Position verschaffen.

Obwohl die Gruppe infolge des inzwischen bereits durchgemachten Entwicklungsprozesses nunmehr erstmalig imstande war, einen desintegrativen Vorgang rational durchzuarbeiten und ohne ein vehementes destruktives Agieren auszukommen, verursachte die Spaltung dennoch eine untergründige Angstverstärkung. Die Labilisierung der Restgruppe äußerte sich darin, daß man in der ersten Sitzung nach dem Trennungsvorgang verstärkte passive Erwartungen an die Analytiker richtete. Es begann damit, daß man sich wieder einmal mit den Absichten der Analytiker beschäftigte. Als einer der Analytiker ähnlich wie bei früheren Anlässen dieser Art das Wort «begleiten» benutzte, um das Kooperationsverhältnis in der Sicht der Psychoanalytiker zu beschreiben, stieß er auf Enttäuschung und Proteste: Man hätte sich nun eigentlich mehr versprochen und würde gern mehr Unterstützung bekommen, als die Vokabel «begleiten» enthielte. Am Ende der Sitzung klagte ein Teilnehmer noch einmal ausführlich darüber, daß von seiten der Analytiker nicht mehr getan würde, um die Resultate zusammenzufassen und das Geschehen zu erklären. Es ließ sich erkennen: Nach der Verunsicherung durch die Teilung fühlte man sich im Augenblick doch wieder etwas mehr ängstlich, schwach und hilfsbedürftig. Die Gruppe war von einer depressiven Stimmungsschwankung ergriffen und wollte sich unbedingt besonderer therapeutischer Stärkung versichern. Die Analytiker sollten gewissermaßen das Trennungstrauma durch vermehrte Zufuhr oraler Bestätigung wettmachen.

In der Gesamtbilanz hat man uns Psychoanalytikern in den hier geschilderten Gruppen überhaupt eher vorgeworfen, daß wir zuwenig Therapie betreiben würden. Sehr viel seltener hat man uns in der Richtung kritisiert, daß wir etwa die politischen Aspekte zugunsten der therapeutischen vernachlässigen würden. Diese Erfahrung hat uns an sich überrascht. Denn anfangs hatten wir geglaubt, man würde eher mißtrauisch darüber wachen, daß wir die Bemühung um eine fortschreitende politische Bewußtseinsbildung nicht durch Psychoanalysieren verwässern würden. Zumal in der Periode der langsam ausschwingenden antiautoritären Bewegung gewärtigten wir, daß wir viele antiautoritäre Projektionen auf uns ziehen und dadurch womöglich Schwierigkeiten bekommen könnten. Wir rechneten damit, daß man uns laufend mit der Forderung nach politischen Bekenntnissen traktieren und durch Druck dieser Art unsere Rolle belasten würde. Es hatte ja in der neuen Linken nicht an Kritik an der Psychoanalyse gefehlt, die man gelegentlich als anpassungsbeflissene Dienerin des Systems auf das krasseste verunglimpft hatte. Dennoch bekamen wir von solchen negativen Projektionen viel weniger zu spüren, als wir erwartet hatten. Der Verfasser erfuhr zwar massive Proteste aus Anlaß des Erscheinens seines Buches «Patient Familie», in welchem er die inhumanen Anteile einer gewissen Art von Revolutionsstrategie anprangerte. Im großen und ganzen bemühten sich «unsere» Gruppen jedoch eher, unsere Position stabil zu halten. Niemals wurden wir zu Adressaten ideologischer Gleichschaltungsversuche. Und nur ausnahmsweise bezweifelte man den Wert unserer Angebote für die Arbeit der Initiativgruppe so kraß, wie es Alf und Birgit taten. Dagegen begegnete es uns sehr viel häufiger, daß man uns zu Gruppentherapeuten der üblichen Art umzufunktionieren versuchte. Wir hatten also mehr Mühe, unserer Rolle den Akzent von beratenden Begleitern zu erhalten und nicht in ein rein ärztlich therapeutisches Verhaltensmuster hineinmanövriert zu werden.

Das soll freilich nicht heißen, daß wir uns prinzipiell den Therapiebedürfnissen widersetzt hätten, wenn sie im stärkeren Maße auftraten. Es ging uns ohnehin nicht darum, unsererseits eine bestimmte Position unflexibel zu verteidigen. Man kann nicht unabhängig von der wechselnden Bedürfnislage einer Gruppe seine Funktion auf einem geradlinigen Kurs halten. Wenn durch regressive Bewegungen starke Therapiewünsche mobilisiert werden, dann muß man natürlich darauf eingehen.

Man lernt als analytischer Begleiter derartiger Initiativen, daß man ähnlich wie diese Gruppen selbst vermeiden muß, alle Aufgaben gleichzeitig statt nacheinander lösen zu wollen. So wie diese Gruppen außerstande sind, in einem Atemzug ihre fundamentalen inneren Schwierigkeiten zu lösen, neue vorbildliche Modelle von Ehe, Familie und Erziehung vorzuführen und obendrein politisch missionierende Effekte zu erzielen, so sind auch Analytiker schlecht beraten, wenn sie sich mit ihrem Verhalten auf eine Rolle krampfhaft festlegen wollen, die erst einem fortgeschrittenen Reifezustand derartiger Initiativgruppen angemessen ist. Solange sich eine Gruppe noch in einer recht chaotischen Verfassung befindet und schon froh sein kann, wenn sie nicht bei der nächsten Belastung komplett auseinanderfällt, ist es absolut unrealistisch, wenn kooperierende Psychoanalytiker in phobischer Weise eine Umfunktionierung zu Therapeuten zu vermeiden trachten. Wenn es oben hieß, daß man aufpassen müsse, nicht aus einer Begleiterrolle in eine Arztrolle gedrängt zu werden, so ist das in einem weiteren Sinne gemeint. Es ist sinnvoll, darauf gemeinsam hinzuarbeiten, daß die Gruppe sich damit zu begnügen lernt, sich der

Psychoanalytiker als kooperativer Begleiter zu bedienen. Ist diese Gruppe anfänglich oder zeitweilig sehr depressiv und hilflos, wird sie von den Analytikern vorläufig einen therapeutischen Gebrauch machen, ob diese wollen oder nicht. Aber beide Seiten vermögen dann auch in diesen Phasen daran zu denken, daß sie wieder auf eine Änderung dieser Konstellation hinarbeiten wollen. Man hat gemeinsam das Ziel vor Augen, daß das therapeutische Moment in dem fortschreitenden Gruppenprozeß mehr und mehr zurücktreten soll, damit die Struktur der Rollenbeziehung Gruppe-Analytiker laufend symmetrischer wird. Ohne solche emanzipatorischen Veränderungen dieses Verhältnisses würde der Analytiker ungewollt eines Tages den weiteren Fortschritt des Experimentes blockieren. Als therapeutische Autoritätsfigur müßte er der schöpferischen Eigeninitiative der Gruppe im Wege stehen.

In beiden hier geschilderten Gruppen standen therapeutische Bedürfnisse phasenweise sehr stark im Vordergrund. Eine besonders markante regressive Bewegung vollzog sich in Gruppe x. Dort sprach man anfangs sehr intensiv über Reformkonzepte für die Zweierbeziehung, für die sexuelle Emanzipation und die Kindererziehung allgemein. Die Probleme der Kinder im Zusammenhang mit dem Erziehungsstil spielten eine große Rolle. Dann redete man allmählich immer weniger von den Kindern, geschweige denn von theoretischen Prinzipien. Die persönlichen und die Interaktionsschwierigkeiten der Gruppenmitglieder beherrschten thematisch unsere Sitzungen. Die Gruppe bezog über längere Zeit eine oral depressive Position. Ganz allmählich ging diese Regression zurück. Die thematisierten Probleme stiegen aus dem oral depressiven Bereich auf die ödipale Ebene empor, und gleichzeitig wuchs auch wieder die Fähigkeit, über den Bereich der internen emotionellen Schwierigkeiten hinauszudenken und die übergeordneten Gesamtaufgaben der Gruppe mit Interesse zu besetzen. Die Mitglieder dieser Gruppe haben außerordentlich intensiv an sich gearbeitet und beachtliche Entwicklungsfortschritte im Rahmen des Gruppenprozesses gemacht.

Was hier über unsere analytische Rolle in den begleiteten Elterngruppen gesagt wurde, ist natürlich nicht unbedingt repräsentativ für die Einstellung von progressiven Elternkollektiven schlechthin gegenüber der Psychoanalyse. Es sind ja von vornherein nur Gruppen eines eher reformistischen Flügels, die sich an Psychoanalytiker zu wenden pflegen. Also Gruppen, die zwar eine unmittelbare Umstellung auf gewisse neue Formen des Zusammenlebens in der Gruppe und der kollektiven Kindererziehung bejahen, dabei aber einkalkulieren, daß erst ein mühsamer Entwicklungsprozeß dazu führen kann, daß die Menschen die reformierten äußeren Arrangements auch wirklich mit neuen inneren Einstellungen und Kommunikationsweisen ausfüllen können. Weit abgerückt von der Psychoanalyse sind hingegen inzwischen jene anderen zahlreichen Gruppen der Kinderladenbewegung, die nach der Zersplitterung der linken Kräfte Zuflucht bei einer ideologischen Orthodoxie bzw. einer von dieser getragenen Organisation gesucht haben und damit jene moderne gegenaufklärerische Bewegung verstärken, deren Bedeutung noch kaum abschätzbar ist.

Otto F. Walter

## *Die ersten Unruhen*

Schwere Unruhen in der Schweiz

Im Zuge der zu erwartenden weltumspannenden Kämpfe ist es sehr wohl möglich, daß große Gebietsteile – die aber im Weltrahmen gesehen nur Randgebiete darstellen – vorübergehend von den Kräften der freien Welt aufgegeben werden müssen. Wir können in diesem Falle unsere Armee nicht im Zuge großräumiger Absetzbewegungen über weite Strecken zurücknehmen, sondern müssen als Schweizer den Kampf dort führen, wo wir stehen, nämlich in der Schweiz. Und da wir allein nicht «siegen» können, sondern in dieser Situation zwangsläufig die «erste Runde» verlieren müssen, bleibt nur der zäh geführte Kleinkrieg und zivile Widerstandskampf als «zweite Runde», bis der große Gegenschlag der freien Welt uns freikämpft.

Es ist einfach nicht wahr: bei uns gibt es keine Selbstmörder, bei uns gibt es keine Sexualverbrecher, bei uns herrscht Recht und Ordnung, bei uns gibt es keine Neurotiker, bei uns gibt es keine Homosexuellen, bei uns gibt es keine Schizophrenen, bei uns herrscht Wohlstand für alle, bei uns gibt es keine Perversen, bei uns gibt es keine Lustmörder, bei uns gibt es keine Alkoholiker, keine Paranoiker, bei uns herrschen Anstand und Sauberkeit, bei uns gibt es keine Einbrecher, bei uns gibt es keine Diebe, Schläger und Rowdies und Rocker, bei uns gibt es keine Prostituierten, bei uns gibt es keine Besessenen, bei uns gibt es keine Wahnsinnigen, bei uns herrschen Recht und Ordnung und Anstand und Sauberkeit, bei uns gibt es keine Debilen, keine Depressiven, keine Verwahrlosten, keine Pornographen, Tierquäler, Exhibitionisten, es ist nicht wahr, von uns verletzt niemand Sitte, Anstand und das gesunde Empfinden für Sauberkeit, Eigentum und Recht.

WENN MAN so hört und liest, wie sich in anderen Ländern die Menschen politisch streiten, so muß man sich wirklich fragen, was das überhaupt noch soll. Alles unter der Marke «Demokratie». Ob Italien, Deutschland, Frankreich – nichts als Zänkerei, Verleumdung, Skandale, Gebrüll. Und die Folgen? – Unordnung! Regierungen, die zum Regieren überhaupt nicht mehr fähig sind. Streiks! Soziales Elend und Steuerlasten, die zum Himmel schreien! Das Schlimmste: der einzelne Bürger hat dazu überhaupt nichts zu sagen. Und so etwas nennt sich Demokratie. Da ist man geradezu wieder versucht, stolz zu sein auf unser bewährtes System. Ob in Bern, in Solothurn oder hier, ob Bund, Kanton oder Gemeinde – politisch wird maßgehalten. Kaum ein Thema, über das die einzelnen Parteien sich nicht verständigen könnten. Zusammenarbeit, das ist das ungeschriebene Gesetz, zwischen Mehrheit und Minderheit, zwischen den Verantwortlichen aller Parteien und selbst der Sozialpartner unserer Wirtschaft. Zusammenarbeit zwischen Regierung und Presse, zwischen dem Mann an der Spitze und dem Mann von der Straße. Nehmt unseren Wahlkampf – natürlich geht's da mit rauhen Tönen zu, das gehört dazu, ist Tradition, entspricht unserem rauhen, im Kern aber gutmütig-ehrlichen Schlag. Spätestens morgen abend werden wir wieder einmal erleben, wie wir uns die Hand reichen nach manchem harten Gefecht. Gerade wir Älteren haben oft genug erlebt, wie rasch hier in der Stadt die Bereitschaft zur Verständigung auf der ganzen Linie wieder da ist, hüben wie drüben, kaum daß der Wahlkampf verklungen ist. Schließlich Wahlkampf hin oder her, bei so ausgeglichenem Kräfteverhältnis zwischen dem Bürgerblock und den Sozialdemokraten kommt es letzten Endes dann doch wieder auf den Willen zur Zusammenarbeit an, auf – mit einem Wort: die politische Reife.

Alphag einst und jetzt: zwischen 1938 und 1958 nimmt das Unternehmen noch einmal einen ungeahnten Aufschwung. Vor allem die Kriegsjahre brachten ihm zusätzliche Aufträge an Präzisionsinstrumenten aus dem Ausland, auch dem überseeischen. Das Aktienkapital wird von den bisherigen Eigentümern in dieser Zeit gleich zweimal verdoppelt. 1960 wird einer der größten und zweifellos schönsten Fabrikationsneubauten der Nordwestschweiz im Auftrag der Alphag durch den Architekten Isidor Droll aus Basel errichtet. Nur der ständige und oft prekäre Mangel an qualifizierten Mitarbeitern, der

# Es ist schlecht, wenn man nicht gut sehen kann

Ganz Verschiedenes kann dann auf einmal sehr ähnlich aussehen wie zum Beispiel:

Indianer und Hase

Elefant und Lederhose

Ofen und Kamel

Kind und Kegel

Aus: F. K. Waechter und Bernd Eilert, Die Kronenklauer

Elefant und Teekanne

König mit Hahn unterm Arm und Hahn mit König unterm Arm

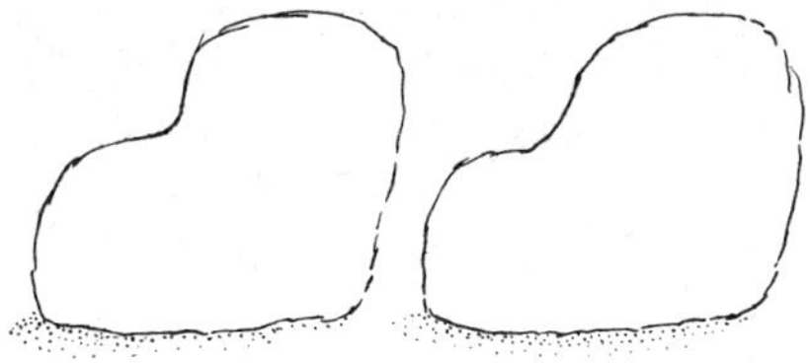

Schuh und Löwe

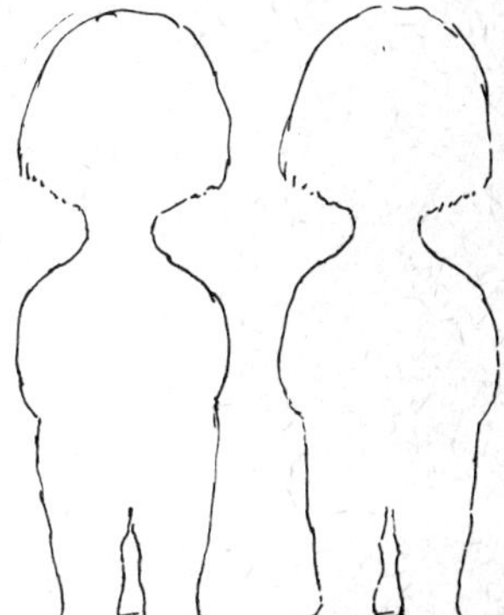

Junge und Mädchen

Diese Seite könnt ihr selbst fertigzeichnen.

durch Heranziehung und Anlernung fremdsprachiger, z. T. ausländischer Kräfte und eine Vervollkommnung der Automation ausbalanciert werden kann, bremst die zum Teil stürmische Entwicklung unter der siebenköpfigen Direktion, der drei Urenkel des Gründers angehören. Heute zählt die Alphag in Jammers mit ihren Tochtergesellschaften in Balsthal, Solothurn, Biel, Genf, Toronto, São Paulo und Bombay zu den führenden Konzernen der Uhrenindustrie überhaupt, und zwar sowohl in ihrer wirtschaftlichen Bedeutung als auch im Hinblick auf die Qualität ihrer Erzeugnisse und das Gewicht ihrer Marke und ihres Marktanteils. Wir dürfen stolz sein, daß dieses Unternehmen von Weltruf auch heute noch mit seinem Stammhaus unserem schönen Jammers treu geblieben ist. Es ist zum stärksten Garanten des Fortschrittes dieser Stadt geworden.

§ 68. Die Wahllokale sind zur festgesetzten Zeit zu schließen; die noch anwesenden Stimmberechtigten können ihr Stimmrecht noch ausüben.

Das Wahlbüro stellt die Anzahl der abgegebenen Stimmen und der im Stimmregister eingetragenen Stimmberechtigten fest.

Nach Schluß der Abstimmung oder Wahl dürfen keine Stimmzettel mehr angenommen werden.

§ 69. Das Wahlbüro hat sofort nach Schluß der Abstimmung oder Wahl die Urnen zu öffnen und das Resultat zu ermitteln. Hierbei dürfen nur die Mitglieder des Wahlbüros und allfällige Vertreter nach § 35 anwesend sein.

Gruppen nehmen möglicherweise eine äußere Bedrohung wahr, obgleich es sie gar nicht gibt. Unter Umständen, die noch aufzudecken sind, haben imaginäre Bedrohungen die gleiche gruppenintegrierende Funktion wie reale. Die Beschwörung eines äußeren Feindes, aber ebenso auch die Erfindung eines solchen stärkt den sozialen Zusammenhalt, der von innen bedroht ist. Noch deutlicher kann die Erfindung eines «Feindes» im Innern dazu beitragen, die Struktur zu erhalten. Solche Sündenbock-Mechanismen kommen besonders in Gruppen vor, deren Struktur die Austragung echter Konflikte im Innern verhindert.

In der Innenpolitik wandte man sich seit Kriegsende neuerdings sozialen Fragen zu (z. B. mit der schrittweisen Einführung der 44-Stunden-Woche und mit der Invalidenversicherung), man schuf zeitlich begrenzte Lösungen einer Bundesfinanzordnung, welche ihrerseits stets eng mit den Problemen der militärischen Rüstung verbunden ist, und schritt zur Planung und Finanzierung des Nationalstraßenbaus. Die Einführung des Frauenstimmrechtes wurde auf eidgenössischem Boden 1959 noch abgelehnt, fand aber im gleichen Jahr auf kantonaler Ebene (Waadt und Neuenburg, 1960 Genf, 1966 Basel-Stadt) erste Verwirklichungen. Inzwischen ist es als Recht Gesetz.

Wo man hinblickt, die Fenster zu. Rings hier um den Platz, wenn wir einmal absehen wollen vom Schulhaus drüben. Fast von überall her ist der Eingang mit den Polizisten drin zu sehen. Auf den weißen Pappschildern am Eingang ist zwar von hier aus nichts zu erkennen bei dieser Sonne, und daß draufsteht «Wahllokal I», und «geöffnet von 11 bis 13 Uhr 30», wissen wir alle. Wie gesagt: zu die Fenster, trotz der Hitze, und weiße Nylonvorhänge überall, und dahinter wir, da und da drüben und hier und oben und unten – wir hinter den Vorhängen. Die Jüngsten haben wir in die Schlafzimmer geschickt, und haben von außen die Schlüssel gedreht. Schon zehn nach zwölf, das Wahllokal drüben ist auf, aber der Platz da unten leer. Nichts von Wahlsonntagsstimmung. Keine Fahnen diesmal, die Kneipen drüben und davor die Stühle und Tische sehen verlassen aus, nur ab und zu ein paar Supereifrige, die gehen in Dreier- und Vierergruppen schnell aus dem Schatten der Kastanien zur Schulhaustreppe hinüber, verschwinden im Wahllokal, und wenn sie nach drei vier Minuten herauskommen, an den Polizisten vorbei, sehen sie offensichtlich zu, so schnell wie möglich die offene Strecke über den Platz wieder hinter sich zu bringen.

Für welche, die's noch nicht wissen sollten: genau da unten ist's gestern losgegangen. Am späten Nachmittag sah fast alles gleich menschenleer aus wie jetzt, aber als die Samstagabendurne aufgemacht wurde, ist dann doch eine ziemliche Masse von Leuten dagewesen. Und als auch noch gegen neun herum die farbigen Lichter der Glühbirnen da zwischen den Kastanien angingen, hatten wir das Gefühl, jetzt wird's doch noch einen gemütlichen Wahlkampfabend geben. Zwar hat die Waadtländer Halle keine Musik gemacht, aber wir sind jedenfalls jetzt doch ein bißchen spazierengegangen, und etwa um halb zehn war dann der letzte Stuhl vor der Waadtländer Halle und bei Compostella besetzt.

Da geht die alte Frankenstein, hat jemand gesagt. Fast vergnügt hat sie ausgeschaut, wie sie mit ihrem Schlapphut vorbeizog und drüben in ihrem Laden verschwand. Jedenfalls: wenig später war auf einmal eine Keilerei in Gang, hier vor der Waadtländer Halle, und wenn auch die Gesichter nicht zu erkennen waren, klar wurde uns rasch, da droschen wieder einmal ein paar Flicker auf ein paar der Unsrigen ein, etwa zwölf Figuren unter den farbigen Lampen. Die Gruppe schwoll rasch immer mehr an, auf zwanzig, auf dreißig Leute, die Rocker griffen natürlich auch noch ein, und nur wir auf den Stühlen sind sitzen geblieben und haben zugeschaut, neugierig, wie das wohl wieder ausgehen wird. Der Lärm, das Gebrüll nahm zu, und als einer im Knäuel auf einmal aufschrie, wirklich übel, ein übler, langer Schrei, und dann offensichtlich zu Boden ging und liegen blieb, wurde es für einen Augenblick plötzlich ruhig. Fast still war's.

Sie muß unter ihrer Ladentür gestanden und ebenfalls zugeschaut haben. Jetzt auf einmal kam sie mit ihren langen Schritten herüber. Sie steuerte, in ihrem üblichen Aufzug, mit dem Schlapphut über, geradewegs auf die Gruppe mit dem Daliegenden zu. Ohne Eile, gewiß, aber so energisch und zielsicher, daß vermutlich alle ganz automatisch gezwungen waren, zur Kenntnis zu nehmen, daß da jemand – und zwar eben Barbara Frankenstein – nicht mehr bereit war, den Dingen einfach zuzusehen.

So ist's passiert, genau so, und es war jedenfalls für uns ganz einfach unmöglich, nachher zu sagen, wer genau oder auch nur von woher genau jemand geschossen hat. Sie lag da, und der Platz war nach Sekunden schon leer.

Natürlich haben wir uns dann sofort um sie gekümmert. Als sie von einigen von uns in ihren Laden getragen und auf den Ladentisch erst einmal hingelegt worden war, standen schon bald an die zweihundert Leute dicht vor und im Laden, aber das half jetzt auch nichts mehr. Kopfschuß.

Jemand sagte halblaut: jetzt reicht's, und tatsächlich ist schon knapp eine halbe Stunde später, so gegen halb elf, der Platz hier, aber auch drüben gleich die ganze Altstadt abgeriegelt gewesen. Über hundertachtzig Polizisten, Stadt- und Kantonspolizei, und nicht einmal sie haben die Explosion jetzt noch verhindern können.

In der Bastiangasse, beim Haushaltsartikelladen, der ja auch einem Flicker gehört, wurden erst einmal die Scheiben eingeschlagen, und drei Minuten später hat das Haus bereits gebrannt. Von da aus soll's wie an der Zündschnur weitergegangen sein. Nicht daß wir noch mit in die Altstadt gezogen wären, aber mindestens fünf-, später achthundert Leute waren auf einmal jetzt unterwegs. Gegen zwei Uhr sollen es an die viertausend gewesen sein. Die vier Häuser am Bastianplatz zur Aare hinaus wurden geräumt: alles, was Flicker ist, wurde herausgeholt und verprügelt. Die Feuerwehr ist in der Bastiangasse kaum eingetroffen gewesen, als schon in der Marktgasse der Tabakladen und etwas weiter unten der Südfrüchte-en-gros-Markt Feuer gefangen haben. Dann die ersten Schüsse in der Bastianplatzgegend. Und dann immer mehr Schüsse. Schreie, Scheinwerfer, Molotowcocktails, Schüsse, ganze Salven, und die erste Barrikade – umgekippt die ganzen Wagen, Benzin drüber und hineingepulvert. Die Polizei mit Tränengas erst, aber sie wurden mit Sturmgewehrschüssen zurückgejagt. Das brannte die halbe Nacht. Erst gegen halb sechs heute früh ist's stiller geworden. Massenhaft Tote, massenhaft Verwundete.

Um neun Uhr hat der Gemeinderat beschlossen, daß die Wahlen trotz allem ordnungsgemäß abzuwickeln sind. Wenn auch natürlich unter schwerstem Polizeischutz. Um elf ist da drüben tatsächlich die Urne aufgegangen. Aber überall, rings um den Platz, die Fenster zu. Jetzt ist eins. In einer halben Stunde werden die Urnen geschlossen.

Hier ist das Fernsehen mit der Tagesschau. Guten Abend, meine Damen und Herren.

Die schweren Unruhen, zu denen es überraschend in der Nacht vom 4. zum 5. Juni in Jammers gekommen ist, haben unbestätigten Meldungen zufolge 110 Todesopfer gefordert. Noch sind die Ursachen für die Brutalität, mit der ein anscheinend lange unterdrückter Konflikt zwischen der deutschsprachigen Mehrheit und der romanischsprachigen Minderheit der Stadt zum Ausbruch kam und ausgetragen wurde, nicht geklärt. Die Katastrophe ist um so unbegreiflicher, als sie ausgerechnet während des Wochenendes ausbrach, an dem die traditionellen Wahlen des Stadtparlaments in der ausgesprochen demokratisch konstitutierten Stadt durchgeführt wurden. Gestern nachmittag soll eine gespannte Ruhe geherrscht haben; kurz vor dem Eintreffen der von der Regierung in Bern eingesetzten Truppen, einem verstärkten Panzergrenadierregiment, ist es gegen zehn Uhr abends jedoch erneut zu Schießereien in der Innenstadt gekommen. Die Brände in der Altstadt waren bis heute früh um sechs Uhr noch immer nicht unter Kontrolle gebracht. Umgekippte, zumeist ausgebrannte Autos, von der Minderheit als Barrikaden benutzt, legen jeglichen motorisierten Verkehr in den abgeriegelten Stadtteilen lahm. Wie wir soeben durch unseren Sonderkorrespondenten erfahren, halten sich im Altstadtkern noch immer rund zweitausend rätoromanische Einwohner sowie etwa zweihundert Rocker und Gastarbeiter verbarrikadiert. Wie weit es sich dabei auch um politische Extremisten handelt, war bis zur Stunde nicht zu erfahren. Die Lage gilt weiterhin als gespannt. – Gespannt ist die Lage auch in allen übrigen Städten der Schweiz. Zu Zusammenstößen zwischen Bevölkerungsgruppen und Ordnungskräften ist es besonders in Lausanne, Biel, Genf, Bern, Basel und Zürich gekommen. Protestdemonstrationen in den romanischsprachigen Teilen des Kantons Graubünden haben bisher 3 Todesopfer gefordert. Für den Fall von bürgerkriegsähnlichen Ausschreitungen hat der Bundesrat Teilmobilmachungen unserer Armee angekündigt. Im Anschluß an diese Tagesschau wird sich der Bundespräsident über alle Sender an das Schweizer Volk richten.

Am Montag, den 6. Juni um 11 Uhr vormittags darf die Lage in Jammers etwa wie folgt zusammengefaßt werden: die ersten Einheiten des Panzergrenadierregiments 23 sind gestern um 23 Uhr in die Stadt eingefahren. Telefonisch verhandelt der bereits um sieben Uhr früh im Stadthaus eingetroffene Chef des eidgenössischen Militärdepartements mit dem Bundespräsidenten über die Frage, ob der Donnerstag dieser Woche – der Tag der Beisetzung der Opfer – zum eidgenössischen Volkstrauertag proklamiert werden soll. Rund 280 Journalisten, darunter fast die Hälfte Korrespondenten ausländischer Fernsehanstalten, Rundfunkstationen und Presseorgane, halten sich in der Stadt auf. Sie versuchen sich durch Augenschein in der Altstadt sowie durch Befragen von Amtsstellen, durch Interviews auf den fast menschenleeren Straßen etc. ein Bild über das Ausmaß und die Gründe der Unruhen zu machen. Die Handels- und Industriebetriebe sind geschlossen. Der Stadtpräsident fordert von der Bevölkerung durch Lautsprecherwagen und Flugblätter immer neu Ruhe. Gleichzeitig verhandelt er mit dem Kommandanten des erwähnten Regiments, der seinen Auftrag von Bern direkt erhalten hat, über die Frage, ob und gegebenenfalls ab wann ein Ausgehverbot über die Stadt verhängt werden soll.

Im Einwohnerkontrollamt gehen die Bemühungen, endlich aus dem Kantonsspital verläßlich zu hören, ob die Zahl der Toten inzwischen auf 112 gestiegen ist, weiter. Die Wahlresultate ergeben, bei nur 26,5 % Stimmbeteiligung, einen Sieg der Sozialdemokraten, die nun über 16 von 30 Sitzen im Gemeinderat verfügen. Das Wetter steht weiter unter dem Einfluß eines Hochdruckgebiets über Nordfrankreich und ist schön; für den Nachmittag ist mit Temperaturen bis zu 28 Grad zu rechnen.

Aus: R. Buckminster Fuller, Bedienungsanleitung für das Raumschiff Erde

June 29, 1954 R. B. FULLER 2,682,235

BUILDING CONSTRUCTION

Filed Dec. 12, 1951 6 Sheets-Sheet 1

Fig:1.

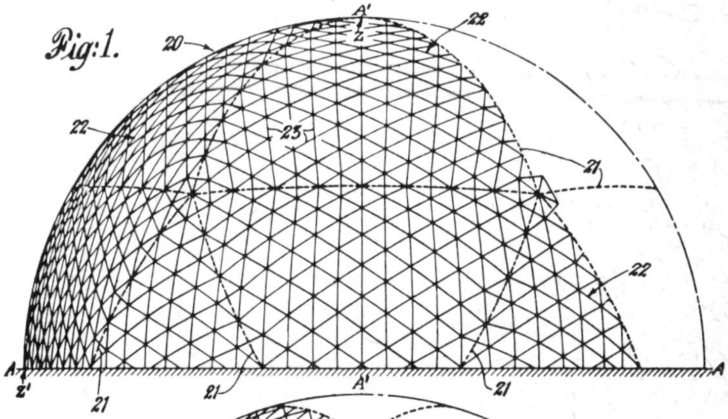


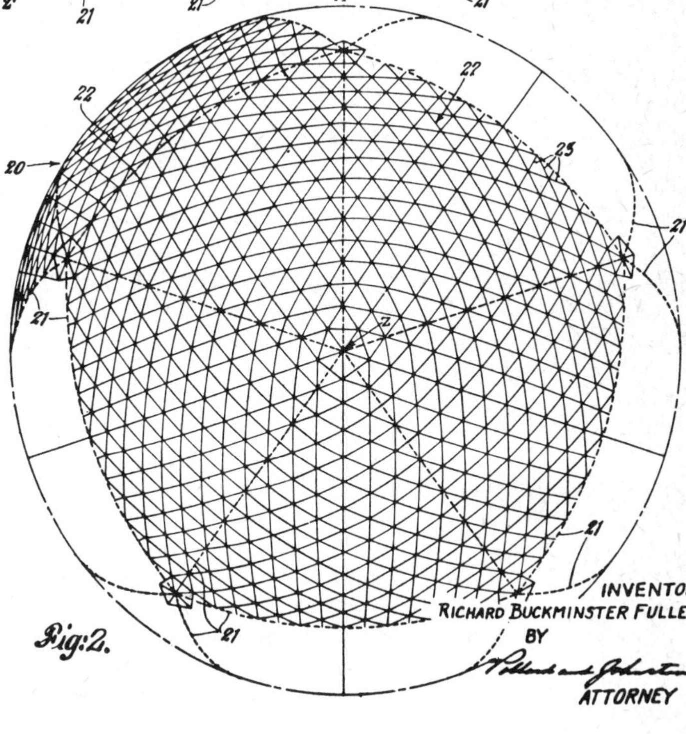


Fig:2.

INVENTOR
RICHARD BUCKMINSTER FULLER
BY
Pollard and Johnston
ATTORNEY

Lu Hsün

# *Der Einsturz der Lei-feng-Pagode*

## Was passierte, als Nora von zu Hause fortging

*Rede, gehalten am 26. Dezember 1923 vor einem literarischen Arbeitskreis der Pädagogischen Frauenhochschule in Peking*

Das Thema meines heutigen Vortrags lautet: ‹*Was passierte, als Nora von zu Hause fortging*›.

Ibsen ist ein norwegischer Schriftsteller der zweiten Hälfte des 19. Jahrhunderts. Außer ein paar Dutzend Gedichten schrieb er hauptsächlich Dramen. Da seine Stücke in einer bestimmten Periode direkt soziale Fragen behandelten, bezeichnete man sie allgemein als «soziale Dramen»: eines dieser Stücke heißt ‹*Nora*›. Der Untertitel des Stükkes, ‹*Ein Puppenheim*›, wird im Chinesischen übersetzt mit «Die Puppenfamilie». Aber Puppe nennt man nicht nur eine Marionette, die mit einem Strick bewegt wird, sondern auch ein Kinderspielzeug von der Form eines Menschen; im übertragenen Sinn bedeutet es eine Person, die keinen eigenen Willen hat und nur noch anderer Leute Befehle ausführt. Am Anfang lebte Nora zufrieden in einer sogenannten glücklichen Familie, aber schließlich wurde ihr bewußt, daß sie nur die Marionette ihres Mannes war und daß ihre Kinder nichts weiter als ihre eigenen Marionetten waren. Als sie ihre Familie verläßt, hört man nur noch, wie die Tür geschlossen wird, dann fällt der Vorhang. Ich nehme an, daß alle das Stück kennen, so daß ich keine weiteren Einzelheiten zu erzählen brauche.

Unter welchen Umständen wäre Nora nicht von zu Hause fortgegangen? Ibsen hat selbst die Antwort gegeben in seinem Stück ‹*Die Frau vom Meer*›, das auf chinesisch «Die Herrin des Meeres» heißt. Hier geht es um eine verheiratete Frau, die einen Liebhaber am anderen Ufer des Meeres hat. Eines Tages erscheint er plötzlich und fordert sie auf, mit ihm zu kommen. Sie sagt ihrem Mann, daß sie mit dem Fremden zusammen leben möchte. Bevor sie weggeht, sagt ihr Mann zu ihr: «Ich lasse dir völlige Freiheit. Entscheide selbst, ob du mich verlassen willst oder nicht – du trägst allein die Verantwortung.» Das ändert schlagartig die Situation – sie geht nicht fort. Vielleicht wäre Nora, wenn sie die gleiche Freiheit gehabt hätte, ebenfalls zu Hause geblieben. Aber Nora ist am Ende fortgegangen. Was geschah dann? Ibsen gibt hierauf keine Antwort; im übrigen ist er tot. Aber selbst wenn er noch am Leben wäre, würde er nicht die Verantwortung auf sich nehmen wollen, diese Frage zu beantworten. Denn Ibsen schrieb literarische Werke, er stellte keine Fragen an die Gesellschaft, um sie zu beantworten; eine Nachtigall singt, weil sie singen muß, nicht weil sie mit ihrem Gesang die Zuhörer erfreuen oder belehren will. Ibsen hatte keine praktischen Ziele im Sinn: als sich bei einem Bankett ihm zu Ehren mehrere Frauen dafür bedankten, daß er ‹*Ein Puppenheim*› geschrieben und damit dem Publikum ein neues Bewußtsein für die Selbstverwirklichung und Emanzipation der Frau eingeimpft habe, soll er geantwortet haben: «Das war nicht meine Absicht, als ich das Stück schrieb, ich wollte lediglich ein dichterisches Werk schaffen.» Was passierte, als Nora von zu Hause fortging? Viele Leute haben dazu ihre Meinung geäußert. Ein Engländer hat ein Stück geschrieben, in dem eine moderne Frau ihre Familie verläßt und dadurch in eine ausweglose Situation gerät, bis sie immer tiefer sinkt und schließlich in einem Bordell endet. Dann gibt es noch einen Chinesen – wie soll ich ihn nennen? einen Literaten aus Schanghai –, der behauptet, daß die ‹*Nora*›, die er gelesen hat, sich von allen bisherigen Übersetzungen dadurch unterscheidet, daß sie am Ende nach Hause zurückkehrt. Schade, daß niemand sonst diese Version des Stückes gelesen hat – wahrscheinlich ist sie ihm von Ibsen persönlich zugeschickt worden. Wenn man sich die Tatsachen vor Augen führt, standen Nora nur zwei Wege offen: entweder Erniedrigung oder reumütige Rückkehr. Ein gefangener Vogel hat keine Freiheit in seinem Käfig, aber außerhalb des Käfigs lauern Geier, Katzen und andere Gefahren; wenn seine Flügel durch die Gefangenschaft gelähmt sind und er nicht mehr fliegen kann, gibt es keinen Ausweg für ihn, außer einem: zu verhungern. Aber Verhungern bedeutet Tod, und wenn es danach auch keine Probleme mehr gibt, so ist das doch kein Ausweg.

Die schmerzhafteste Erfahrung im Leben ist es, aus einem Traum zu erwachen und festzustellen, daß es keinen Ausweg mehr gibt. Wer träumt, ist glücklich: wenn es keinen Ausweg für ihn gibt, sollte man ihn auf keinen Fall wecken. Der Dichter der T'ang-Dynastie Li Ho, dem zu Lebzeiten kein Elend erspart blieb, sagte auf dem Sterbebett zu seiner Mutter: «Der Himmlische Kaiser hat einen Palast aus weißer Jade gebaut und bittet mich, einen Essay zu seiner Einweihung zu schreiben.» Ist das nicht nur Traum und Einbildung? Aber jung und alt, Lebende und Sterbende – alles klammert sich an solche Illusionen. Phantasien und Träume beweisen unter diesen

Umständen ihre Macht. Deshalb glaube ich, daß wir Träume brauchen, solange wir keinen anderen Ausweg finden können.

Wir sollten jedoch nicht von der Zukunft träumen. In seinen Romanen fragt Arcybašev immer wieder die Idealisten, die von einem goldenen Zeitalter der Zukunft träumten, zu seiner Verwirklichung den Menschen aber nur neues Leid anzubieten hatten: «Ihr versprecht den Nachkommen ein goldenes Zeitalter, aber was habt ihr den Lebenden anzubieten?» Natürlich gibt es eine Hoffnung für die Zukunft. Aber der Preis ist zu hoch: denn durch diese Hoffnung wird die Empfindlichkeit der Menschen für ihr eigenes Leiden noch geschärft, und die Seele wird aufgerufen, mit eigenen Augen den verwesenden Leichnam zu betrachten. Phantasien und Träume erweisen unter diesen Umständen ihre Macht. Deshalb glaube ich, daß man Träume braucht, solange man keinen anderen Ausweg findet; aber nicht Träume von der Zukunft, sondern Träume über die Gegenwart.

Nachdem Nora einmal aufgewacht ist, ist es nicht leicht für sie, zu ihrem Traum zurückzukehren; sie kann nur noch fortgehen. Aber wenn sie fortgegangen ist, muß sie früher oder später elend zugrunde gehen oder zurückkehren. Sonst müßte man fragen: Was kann sie, außer ihrem neuen Bewußtsein, mit auf den Weg nehmen? Wenn sie, wie viele von Ihnen hier, nur einen roten Wollschal besitzt, wird er ihr nicht viel nützen, selbst wenn er einen oder zwei Meter lang ist. Sie müßte reicher sein, müßte eine Aussteuer besitzen; um es klar zu sagen: sie braucht Geld.

Es ist schön zu träumen; aber wenn die Träume versagen, braucht man Geld. «Geld» ist kein Wort, das angenehm in den Ohren klingt. Feine Herrschaften lachen, wenn es irgendwo erwähnt wird. Aber ich glaube, die Meinungen und Ansichten der Menschen ändern sich nicht nur von heute auf morgen, sie sind auch vor dem Essen anders als nach dem Essen. Wenn man die Mägen der Leute untersuchen würde, die das Geld verachten, weil es nur dazu dient, Essen zu kaufen, würde man sie gefüllt finden mit halbverdautem Fleisch und Fisch; man müßte diese Leute einen Tag lang hungern lassen, und sie dann noch einmal nach ihrer Meinung fragen.

Was Nora betrifft, ist das Wichtigste also das Geld, oder, um einen feineren Ausdruck zu gebrauchen, die ökonomischen Bedingungen. Freiheit kann man zwar nicht für Geld kaufen, aber man kann sie für Geld verkaufen. Die Menschen haben einen großen Fehler – sie haben immer Hunger. Um diesen Fehler wettzumachen, das heißt, um die Voraussetzungen dafür zu schaffen, daß man nicht zu einer Marionette wird, braucht man ökonomische Macht. Erstens: in der Familie muß die Macht zwischen Mann und Frau gleich verteilt sein; zweitens: in der Gesellschaft müssen Männer und Frauen gleiche Rechte genießen. Ich weiß nicht, wie man diese Macht oder diese Rechte erhält, aber ich weiß, daß man dafür kämpfen muß und daß dieser Kampf noch heftiger sein wird als der Kampf um politische Gleichberechtigung.

Die Forderung nach ökonomischer Macht klingt sehr einfach, aber sie ist in Wahrheit sehr viel schwieriger zu realisieren als die Forderung nach politischer Gleichberechtigung oder nach allgemeiner Emanzipation der Frau. Kleine Aufgaben sind oft schwieriger zu bewältigen als große. Zum Beispiel ist es jetzt Winter, und wenn man einen warmen Mantel besitzt, kann man ihn entweder einem Erfrierenden leihen und ihm damit das Leben retten, oder man kann sich unter einen Feigenbaum setzen und über die Rettung der Menschheit meditieren. Die Rettung der gesamten Menschheit und die Rettung eines einzelnen Menschenlebens sind Dinge von sehr verschiedener Größenordnung, aber wenn ich wählen müßte, würde ich mich ohne zu zögern unter den Feigenbaum setzen, um nicht ohne Mantel erfrieren zu müssen. Solange man nur politische Gleichberechtigung fordert, wird man in der Familie kaum auf Widerstand stoßen, aber wenn man gleiche Verteilung der Güter innerhalb der Familie fordert, zeigt sich der Feind sofort, und es gibt einen heftigen Kampf.

Kampf ist nichts Gutes, und man kann nicht von jedem verlangen, ein Kämpfer zu werden. Man kann auch friedliche Mittel anwenden, indem man die elterliche Autorität zur Befreiung der Kinder einsetzt. Die Autorität der Eltern genießt in China höchsten Respekt: man kann also sein Vermögen gleichmäßig zwischen allen Kindern aufteilen und ihnen so ökonomische Gleichberechtigung gewähren auf friedlichem Wege und ohne Kampf. Die Kinder können mit dem Geld anfangen, was sie wollen: sie können damit ihr Studium finanzieren, Geschäfte machen, es für sich verbrauchen, für andere Leute ausgeben oder einfach verschwenden. Wenn das heute noch als ferner Traum erscheint, so ist es doch leichter zu realisieren als das goldene Zeitalter. Aber zuerst einmal brauchen wir ein besseres Gedächtnis. Ein schlechtes Gedächtnis ist vielleicht bequem für einen selbst, aber schädlich für die Nachkommen. Weil sie so schnell vergessen, verdrängen die Menschen den erlittenen Schmerz; und weil sie so schnell vergessen, wiederholen sie immer wieder die Fehler ihrer Vorfahren. Die Schwiegertochter, die von ihrer Schwiegermutter schlecht behandelt wurde, wird selbst zur Schwiegermutter, die ihre Schwiegertochter schlecht behandelt. Die Professoren, die die Studenten verachten, waren früher einmal Studenten, die ihre Professoren kritisierten. Und diejenigen, die ihre eigenen Kinder unterdrücken, waren vor zehn

Jahren Rebellen in ihrer eigenen Familie. Das hängt zusammen mit dem Alter und der sozialen Stellung, aber auch das schlechte Gedächtnis spielt dabei eine Rolle. Ein Heilmittel dagegen wäre, wenn jedermann sich ein Tagebuch anschaffen würde, um seine gegenwärtigen Handlungen und Ideen für die Zukunft festzuhalten, wenn Alter und soziale Stellung sich geändert haben werden. Hat ein Vater beispielsweise keine Lust, mit den Kindern in den Park zu gehen, braucht er nur die entsprechende Seite seines Tagebuches aufzuschlagen und dort zu lesen: «Ich möchte gerne in den Park gehen», um seine Meinung zu ändern. Das gilt auch für andere Dinge.

In Wirklichkeit sind die Schwierigkeiten heute vielleicht gar nicht so groß, wenn Nora von zu Hause fortgeht. Weil eine solche Handlungsweise nur selten vorkommt und einen außergewöhnlichen Charakter erfordert, stößt sie vielleicht bei manchen Leuten auf Sympathie und findet sogar finanzielle Unterstützung. Aber von der Sympathie anderer Leute abhängig sein, bedeutet ein unfreies Leben zu führen. Wenn es hundert Noras gäbe, die ihre Familien verließen, würde sich die Sympathie beträchtlich vermindern, und wenn es tausend oder zehntausend solcher Noras gäbe, würde man sie mit Haß verfolgen. Dagegen gibt es kein besseres Mittel, als über sein Geld und seine Rechte selbst zu bestimmen.

Wenn man ökonomisch unabhängig ist, hört man dann automatisch auf, eine Marionette zu sein? Das bedeutet nur, daß sich die Möglichkeiten, nach anderer Leute Pfeife zu tanzen, verringern, aber dafür bekommt man um so mehr Möglichkeiten, andere nach seiner Pfeife tanzen zu lassen. In der gegenwärtigen Gesellschaft sind nicht nur die Frauen die Marionetten der Männer, auch die Männer untereinander und die Frauen untereinander sind Marionetten. Daran ändert sich nichts, wenn ein paar Frauen ökonomisch unabhängig werden. Aber die Menschen sollen nicht verhungern, während sie auf die ideale Welt warten; sie müssen das bescheidene Leben ausnutzen, das sie noch haben, so wie ein Fisch in einem ausgetrockneten Flußbett nach einem Wasserloch sucht – sie müssen für die nächstliegenden Ziele kämpfen: ökonomische Unabhängigkeit, bevor sie andere Ziele ins Auge fassen.

Wenn das wirtschaftliche System sich grundlegend ändert, dann ist alles, was ich bisher gesagt habe, überflüssig.

Im übrigen haben wir Nora bis jetzt nur als gewöhnlichen Menschen betrachtet; wenn sie ein außergewöhnlicher Mensch ist, der von zu Hause weggeht in der Absicht, sich zu opfern, sieht alles ganz anders aus. Wir haben nicht das Recht, andere dazu aufzufordern, sich zu opfern, aber wir können sie auch nicht daran hindern. Außerdem gibt es auf dieser Welt Menschen, die bereit sind, sich zu opfern und zu leiden. In Europa gibt es eine Legende: als Jesus zur Kreuzigung ging, wollte er sich ausruhen unter dem Dach von Ahasver, aber Ahasver erlaubte es ihm nicht. Deshalb wurde er verflucht, niemals mehr Ruhe zu finden in seinem Leben, bis zum Tage des Jüngsten Gerichts. Von da an kam Ahasver nie mehr zur Ruhe, er war ständig unterwegs und ist es wahrscheinlich heute noch. Ständig unterwegs zu sein ist anstrengend, sich auszuruhen ist angenehm – warum ruht Ahasver sich dann nicht aus? Es heißt, daß er einen Fluch trägt, aber anscheinend hat er ein größeres Bedürfnis nach Bewegung als nach Ruhe – anders kann ich mir sein verrücktes Herumlaufen nicht erklären.

Diese Art von Opfer bringt ihrem Träger Trost und Befriedigung, aber sie macht ihn noch nicht zum Helden in den Augen der Gesellschaft. Die Massen – insbesondere die Massen in China – waren immer nur Zuschauer von Tragödien. Wenn ein Opfer auf der Bühne dargestellt wird, betrachten sie es, je nachdem, ob es heroisch oder lächerlich inszeniert wird, als Tragödie oder als Farce. Vor den Schafschlachtereien in Peking sieht man häufig das Volk mit offenem Mund stehen und zuschauen, wie ein Schaf abgehäutet wird, als sei dies ein großes Vergnügen. Wenn ein Menschenopfer sie überhaupt interessiert, dann nur in diesem Sinne. Ein paar Schritte weiter haben sie auch dieses kleine Vergnügen schon wieder vergessen. Für solche Massen gibt es nur ein Heilmittel: anstatt ihnen Tragödien vorzuführen und sie mit einem einmaligen Opfer vorübergehend zu verblüffen, muß man sie in einen langen und zähen Kampf hineinziehen.

Leider ist es fast unmöglich, China zu verändern. Schon um einen Stuhl zu verrücken oder einen Ofen zu reparieren, ist Blutvergießen nötig. Aber daß Blut vergossen worden ist, heißt noch nicht, daß der Stuhl auch verrückt und der Ofen repariert ist. Wenn es nicht mit einer großen Peitsche den Rücken ausgepeitscht bekommt, wird China keinen Zentimeter nachgeben. Ich hoffe, daß die Peitsche eines Tages kommen wird – ob im Guten oder im Bösen, ist eine andere Frage –, aber die Peitsche wird ihren Zweck erfüllen. Aber woher und wie sie kommen wird, kann ich nicht sagen.

Damit ist mein Vortrag beendet.

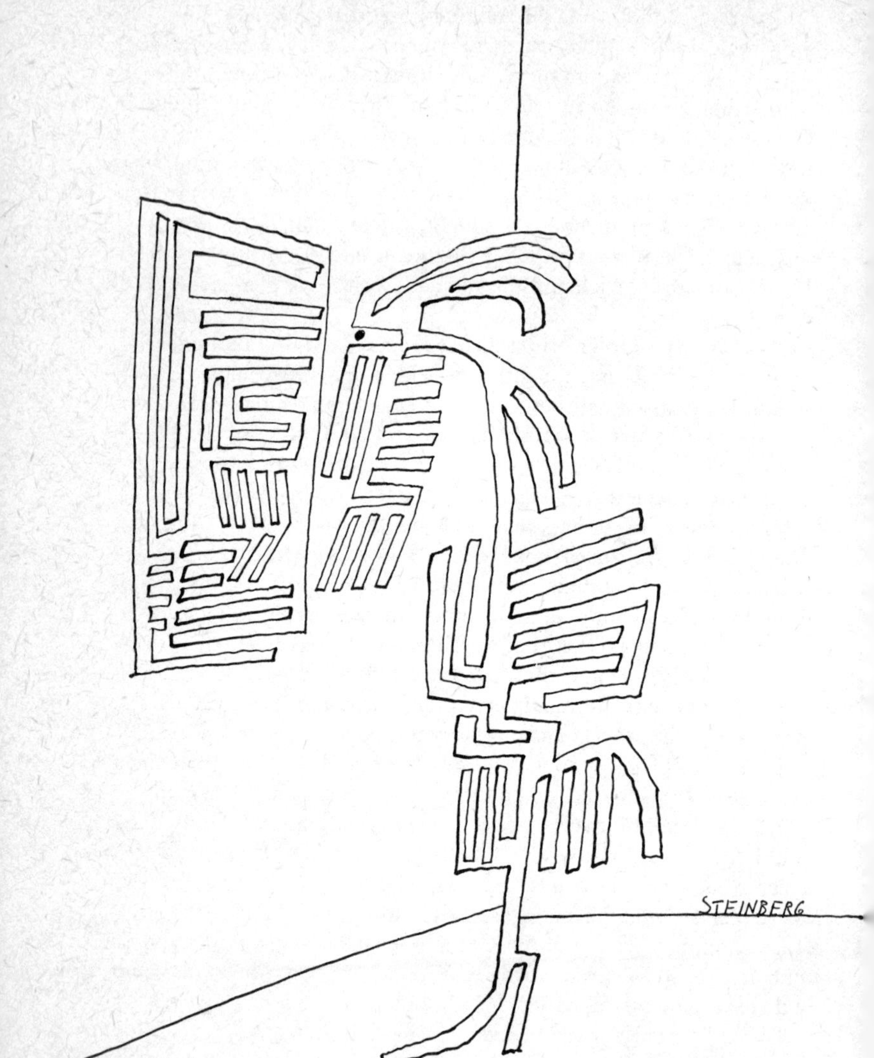


Aus: Saul Steinberg, Der Inspektor

Eudora Welty

## *Die Tochter des Optimisten*

### Der Vogel

Das Haus war hell und still – wie ein Schiff, das die ganze Nacht geschlingert hat und nun in den Hafen kommt. Sie hatte nicht vergessen, was sie heute erwartete. Sie betrat das große Schlafzimmer, löschte im Vorbeigehen die Lampen, die sie in der vergangenen Nacht in panischem Schrecken angeknipst hatte, und öffnete die Tür zum Flur.

Sie sah den Vogel sofort, hoch oben in einer Gardinenfalte am Treppenfenster; auch er saß still da, ganz schmal, mit eng angelegten Flügeln.

Als die oberste Treppenstufe unter ihrem Fuß knarrte, schlug der Vogel, ohne seine Stellung zu ändern, kurz mit den Flügeln. Sie hastete die Treppe hinunter und schloß sich in der Küche ein. Dort überlegte sie, was zu tun sei, und frühstückte. Dann ging sie wieder hinauf und kleidete sich an. Als sie wieder aus ihrem Zimmer trat, saß der Vogel noch immer da.

Laute Schläge ertönten an der Haustür – wie ein plumpes, verspätetes Echo der Flügelschläge. Es bedurfte keiner Mühe mehr, sich zu erinnern: Laurel wußte, daß es in Mount Salus nur einen Menschen gab, der so an die Tür klopfte, und das war der jedes Jahr wiederkommende schlampige Tischler, der im Frühjahr erschien, um die Zugschnüre an den Schiebefenstern zu erneuern, den Rasenmäher zu schleifen und die Fliegengittertür in der Küche, die sich im Laufe des Winters gesenkt hatte, abzuhobeln. Zweifellos bot er nach wie vor Witwen, alten Jungfern und Frauen, deren Ehemänner in häuslichen Dingen unpraktisch waren, seine Dienste an.

«Diesmal hat's also Ihren Daddy erwischt. Die alte Miss ist nun schon ein Dutzend Jahre tot. Ich vermisse sie richtig», sagte Mr. Cheek. «Sie und ihre Ideen.»

War das vielleicht ein letzter, verunglückter Beileidsbesuch? «Was führt Sie her, Mr. Cheek?» fragte sie.

«Alle Schlösser in Ordnung? Soll ich die Zugschnüre nachspannen? Oder Ihre Möbel umstellen?» Er war immer noch der alte. Er stieg die Stufen herauf und kam geradenwegs durch die Veranda in die Halle marschiert mit seinen leicht gebeugten, nach außen gewandten Knien. Sein Werkzeug klapperte in seinem Beutel.

Ihre Mutter hatte seine vertraulichen Umgangsformen und seinen pfuschenden Hammer beklagt, hatte ihm Vorhaltungen wegen seiner Schwindeleien beim Abrechnen gemacht und hätte ihn, wäre ihr zu Ohren gekommen, daß er sie als «alte Miss» bezeichnete, auf der Stelle ein für allemal hinausgeworfen. Nun glaubte er wohl, er habe freie Bahn. «Hat es in der Nacht irgendwo durchgeregnet?»

«Nein. Ein Vogel ist durch den Schornstein hereingekommen, das ist alles», sagte Laurel. «Wenn Sie sich nützlich machen wollen, dann schaffen Sie ihn mir hinaus.»

«Vogel im Haus?» sagte er. «Bringt Unglück, nicht wahr?» Mit wiegenden Schritten ging er, zu dicht hinter ihr, die Treppe hinauf. «Ich denke, da bin ich der rechte Mann.»

Der Vogel hatte sich nicht vom Fleck gerührt. Die Federn mit Ruß bedeckt wie mit einer Last, drückte er sich immer noch in dieselbe Gardinenfalte.

«Ich seh ihn!» rief Mr. Cheek mit dröhnender Stimme. Er stampfte mit dem Fuß auf und dann, wie ein tanzender Clown, mit beiden Füßen abwechselnd.

Der Vogel ließ sich aus der Gardine fallen, fing sich und flog, fast die Wand streifend, um die Ecke in Laurels Zimmer, dessen Tür aufgegangen war. Mr. Cheek schmetterte mit Gebrüll die Tür hinter ihm zu.

«Mr. Cheek!»

«Na, aus Ihrem Flur habe ich ihn jedenfalls raus.»

Die Tür ging wieder auf, von selbst, so langsam, daß eindeutig nichts anderes dahinterstecken konnte als der leichte Morgenwind.

«Ich bin heute morgen nicht zu Scherzen aufgelegt», sagte Laurel. «Der Vogel soll aus meinem Zimmer raus!»

Mr. Cheek marschierte in ihr Schlafzimmer. Sein Blick glitt zu den feuchten Musselingardinen – der Regen hatte die Stärke herausgewaschen, und Laurel wurde klar, daß ihr Fenster die ganze Nacht über offen gewesen war. Wild flatternd bohrte sich der glanzlose Vogel in das Gewebe, aber sie sah, daß Mr. Cheek nur Augen für die schadhaften Zugschnüre hatte.

«Er wird noch in jedes Zimmer hineinfliegen, wenn Sie nichts unternehmen», sagte sie. Sie mußte sich beherrschen, nicht beide Hände an den Kopf zu pressen.

«Der will nirgendwo rein. Der will raus», sagte Mr. Cheek und lachte triumphierend. Er marschierte im Zimmer umher, warf einen Blick in Laurels Koffer, der geöffnet auf dem Bett stand – es gab darin nichts für ihn zu sehen außer ihrem Skizzenbuch, das sie die ganze Zeit nicht herausgenommen hatte – und musterte den Toilettentisch und sich selbst im Spiegel, während der Vogel abwechselnd gegen beide Gardinen stieß und dann plötzlich, schneller als Mr. Cheek, aus dem Zimmer schoß. Er hatte überall Rußspuren hinterlassen, wie ein Nachtfalter seinen Flügelstaub.

«Wo ist die junge Miss?» fragte Mr. Cheek und öffnete die Tür des großen Schlafzimmers. Der Vogel flog wie ein Pfeil hinein.

«Mr. Cheek!»

«Das hier ist mein Lieblingszimmer im Haus», sagte er und bedachte Laurel mit einem schwarzen Grinsen. Seine Vorderzähne fehlten.

«Mr. Cheek! Ich sagte Ihnen doch – mir ist nicht nach Scherzen zumute. Sie sind hier angekommen und haben alles nur noch schlimmer gemacht. Genau wie immer!» sagte Laurel.

«Schon gut, ich berechne Ihnen auch nichts dafür», sagte er und polterte hinter ihr die Treppe hinunter. «Alles in Ordnung bei Ihnen, soweit ich sehe», fügte er hinzu. «Warum haben Sie sich eigentlich nie 'n andern Mann genommen?»

Sie ging an die Haustür und wartete, daß er verschwand. Er lachte gutmütig. «Ja, ja, ich bin von meinen Leuten auch der einzige, der übriggeblieben ist», sagte er. «Vielleicht sollten wir beide uns zusammentun.»

«Mr. Cheek, ich wäre sehr froh, wenn Sie jetzt gingen.»

«Genau wie die alte Miss», sagte er bewundernd. «Nichts für ungut», rief er, während er die Stufen hinunterhüpfte und sich davonmachte. «Sogar ihre Stimme haben Sie geerbt.»

Missouri war gekommen; sie betrat mit ihrem Besen die Veranda. «Ist was?»

«Eine Rauchschwalbe! Eine Rauchschwalbe ist durch den Kamin eingedrungen und überall im Haus herumgeflogen», sagte Laurel. «Sie fliegt immer noch frei herum, oben.»

«Das haben wir davon, daß wir alles so schön saubergemacht haben. Wir haben uns zu früh gefreut», sagte Missouri. «Sie haben doch nicht diesen Mr. Cheek dafür geholt? Ich wette, der ist bloß durchs Haus getanzt und hat seine Nase in jedes Zimmer gesteckt!»

«Er war ein Reinfall. Wir beide werden jetzt den Vogel gemeinsam verscheuchen.»

«So wird's wohl sein. Ich und Sie.»

Als Missouri erneut erschien, steckte sie, fest eingemummt, wieder in ihrem Regenmantel und hatte wieder ihren Hut auf dem Kopf. Den

Küchenbesen angriffsbereit in der Hand, ging sie langsam die Treppe hinauf.

«Siehst du ihn?» fragte Laurel. Sie sah den schwarzen Fleck auf der Gardine am Treppenfenster, wo der Vogel versucht hatte, Ruhe zu finden. Sie hörte ihn irgendwo, ein kratzendes Geräusch.

«Er sitzt auf dem Telefon.»

«Oh, nicht nach ihm schlagen –»

«Wie soll ich ihn anders erwischen? Sehen Sie mal», sagte Missouri. «Er hat in Ihrem Zimmer nichts zu suchen.»

«Versuch hinter ihn zu schleichen. Vögel fliegen zum Licht – ja, das hat mir irgendwer erzählt. Hier – ich halte inzwischen die Haustür weit auf für ihn.» Sie hörte, wie Missouri den Besen fallen ließ. «Hier kann er doch jetzt so schön raus», rief Laurel. «Warum fliegt er bloß nicht freiwillig in die Freiheit?»

«Die haben eben keinen Verstand wie wir.»

Laurel stieß die Fliegengittertür in der Küche auf und lief mit zwei strohgeflochtenen Papierkörben nach oben. «Ich werde ihn in die Freiheit zwingen.»

Dann sank ihr der Mut. Der Vogel hockte, klein und schmächtig, unter dem Telefontischchen, unerträglich flach an den Boden gepreßt. Er sah aus wie ein Kinderschuh ohne Fuß darin.

«Missouri, ich hab immer Angst davor gehabt, daß mich einer berührt», sagte Laurel zu ihr. «Das erzähle ich aber nur dir.»

Die Schwalbe wirkte augenlos, blind, als sei sie noch nicht zum Leben erwacht, so still saß sie da.

«Das sind Schädlinge», sagte Missouri.

Laurel stülpte den einen Papierkorb über den Vogel, schob dann beide Körbe ineinander und schloß ihn ein; das alles ging lautlos vor sich und war im Nu überstanden.

«Wenn ich ihn nun verletzt habe!»

«Dann holt ihn sich die Katze, das ist alles.»

Laurel lief die Treppe hinunter und zur Haustür hinaus und die Eingangsstufen hinab. Bei keinem ihrer Schritte vergaß sie, was sie da vor sich hertrug. Durch das Flechtwerk der Körbe hindurch spürte sie das leise Vibrieren – die Flügelschläge des Vogels oder das Pochen seines Herzens, den blinden Kampf gegen seine Befreiung.

Auf dem Gehweg vor dem Haus war es soweit.

«Was machen Sie denn da?» rief die alte Mrs. Pease zwischen ihren Gardinen hindurch. «Ich dachte, Sie sind dabei abzureisen!»

«Bin ich auch», rief Laurel und zog die Papierkörbe auseinander.

Etwas streifte ihr Gesicht – nicht Federn; es war ein leichter Windstoß. Der Vogel war fort. In der Luft war er nichts als ein Flügelpaar –

sie sah weder Körper noch Schwanzfedern, nur eine schräg aufsteigende, zum Himmel zurückweichende Sichel.

«Alle Vögel müssen fliegen, sogar diese schmutzigen Nichtsnutze», sagte Missouri von der Veranda her. «Jetzt kann ich mir noch mal die Arme ausrenken mit all der Arbeit.»

# 1974

## Vladimir Nabokov
## *Ada oder Das Verlangen*

### Das Photoalbum

Während ihres trostlosen Aufenthalts auf Ardis wünschte ein beträchtlich veränderter und vergrößerter Kim Beauharnais sie zu sprechen. Unter seinem Arm trug er ein in orangebraunes Leinen gebundenes Album, ein schmutziger Farbton, den sie ihr ganzes Leben gehaßt hatte. In den vergangenen zwei oder drei Jahren hatte sie ihn nicht gesehen; der leichtfüßige magere Bursche mit der fahlen Gesichtsfarbe war ein düsterer Koloß geworden, von Ferne einem Janitschar in einer exotischen Oper ähnelnd, der hereinstampft, um eine Invasion oder Exekution anzukündigen.

Onkel Dan, der eben von seiner hübschen und hochmütigen Pflegerin hinaus in den Garten gerollt wurde, wo kupferne und blutrote Blätter fielen, verlangte lauthals nach dem großen Buch, aber Kim sagte «Vielleicht später» und begab sich zu Ada in die Empfangsecke der Halle.

Er hatte ihr ein Geschenk mitgebracht, eine Sammlung von Photos, die er in den guten alten Tagen gemacht hatte. Er hatte gehofft, die guten alten Tage würden wieder ihren Lauf nehmen, aber da er gehört hatte, daß man von *mossio votre cossin* (er sprach ein dickes Kreolisch, da er meinte, daß dessen Anwendung bei feierlichen Anlässen angebrachter sei als sein Alltags-Ladore-Englisch) einen baldigen Besuch des Schlosses nicht erwartete – und er also auch nicht helfen könnte, das Album auf den neuesten Stand zu bringen –, wäre es wohl das beste Verfahren *pour tous les cernés* (eher «die Beschatteten», die «Eingekreisten», als die «Betroffenen»), wenn sie das illustrierte Dokument jetzt in ihren hübschen Händen behalten würde (oder vernichten und vergessen, um niemandem weh zu tun). Ärgerlich über die *jolies* den Mund verziehend, öffnete Ada das Album bei einem seiner kastanienbraunen Zeichen, die hier und dort bedeutsam eingelegt worden waren, warf einen einzigen Blick, knipste das Schloß wieder zu, reichte dem grinsenden Erpresser eine Tausend-Dollar-Note, die sie zufällig in der Handtasche bei sich trug, rief Bouteillan und befahl ihm, Kim rauszuwerfen. Das schlammfarbene Album blieb auf einem Stuhl unter ihrem spanischen Schal. Mit einem schlürfenden

Vladimir Nabokov

Stoß beförderte der alte Diener das Blatt einer Sumpftulpe nach draußen, das der Zugwind hereingefegt hatte, und schloß die Haustür wieder.

«*Mademoiselle n'aurait jamais dû recevoir ce gredin*», brummte er auf seinem Rückweg durch die Halle.

«Das ist genau das, was ich gerade bemerken wollte», sagte Van, als Ada mit ihrer Erzählung des üblen Vorfalls am Ende war. «Waren die Photos schön schmutzig?»

«Ach!» hauchte Ada.

«Das Geld hätte einem wertvolleren Zweck zugute kommen können – Heim für Blinde Füllen oder Alternde Aschenputtel.»

«Merkwürdig, daß du das sagst.»

«Wieso?»

«Nur so. Jedenfalls ist das gemeine Ding jetzt in Sicherheit. Ich *mußte* dafür bezahlen, sonst hätte er der armen Marina Bilder von Van gezeigt, wie er seine kleine Cousine Ada verführt – was schon schlimm genug gewesen wäre; womöglich hat er als genialer Halsabschneider sogar die ganze Wahrheit geahnt.»

«Du glaubst also wirklich, weil du für einen lumpigen Tausender sein Album gekauft hast, alle Beweise sind vernichtet und alles ist in Ordnung?»

«Gewiß doch. Hältst du die Summe für zu niedrig? Ich könnte ihm mehr schicken. Ich weiß, wo ich ihn erreichen kann. Er unterrichtet, bitte schön, die Kunst der Schnappschüsse des Lebens an der Schule für Photographie in Kalugano.»

«Guter Ort für Schnapp-Schüsse», sagte Van. «Du bist also ganz sicher, daß du das ‹gemeine Ding› in Besitz hast?»

«Ja, natürlich. Ich hab's bei mir, am Boden jenes Koffers; ich zeig's dir in einer Sekunde.»

«Sag mal, meine Liebe, wie hoch war dein sogenannter I. Q., als wir uns kennenlernten?»

«Zweihundert und etwas. Eine sensationelle Zahl.»

«Nun, inzwischen ist er ziemlich schlimm gesunken. Kim der Kukker hat alle Negative und haufenweise weitere Bilder behalten, die er später leimen oder liefern wird.»

«Meinst du, er ist auf Cordulas Stufe abgesunken?»

«Tiefer. Nun laß uns jene Schnappschüsse betrachten – bevor wir sein Monatsgehalt festsetzen.»

Das erste Stück der schlimmen Serie hielt einen von Vans ersten Eindrücken von Ardis Manor aus einem Winkel fest, der sich von dem seiner eigenen Erinnerung unterschied. Dessen Bereich lag zwischen dem Schatten einer Kutsche, der den Kies verdunkelte, und der weißen

Stufe eines säulenflankierten Eingangs im Sonnenlicht. Marina, den einen Arm noch im Ärmel des Staubmantels, den ein Bediensteter (Price) ablegen half, stand und schwenkte ihren freien Arm in einer theatralischen Geste des Willkommens (völlig im Gegensatz zu der Grimasse hilfloser Glückseligkeit, die ihr Gesicht verzog), während Ada in einem schwarzen Hockey-Blazer – der in Wahrheit Vanda gehörte – ihr Haar über die bloßen Knie vergoß, indem sie sie krümmte und Dack mit ihren Blumen klapste, um sein nervöses Bellen zu bändigen.

Dann kamen mehrere vorbeireitende Ansichten der unmittelbaren Umgebung: der Kreis der *Colutea*, eine Allee, das schwarze O der Grotte, und der Hügel, und die dicke Kette um den Stamm der seltenen Eiche *Quercus ruslan* Chat., und eine Anzahl von anderen Stellen, die von dem Kompilator des illustrierten Pamphlets für malerisch gehalten wurden, aber wegen Unerfahrenheit des Photographen ein wenig kümmerlich aussahen.

Allmählich wurde es besser.

Ein anderes Mädchen (Blanche!), das genau wie Ada (und in der Tat mit nicht unähnlichen Gesichtszügen) sich über Vans Koffer beugte und hockte, der auf dem Fußboden geöffnet war, und das die Silhouette von Ivory Revery auf einer Parfum-Werbung «mit den Augen verschlang». Dann das Kreuz und der Schatten von Zweigen über dem Grab von Marinas geliebter Haushälterin, Anna Pimenovna Nepraslinov (1797–1883).

Die Naturaufnahmen laß uns überschlagen – von skunkähnlichen Eichhörnchen, von einem gestreiften Fisch in einem Blasenbehälter, von einem Kanarienvogel in seinem kostbaren Käfig.

Das Photo eines ovalen Gemäldes, beträchtlich verkleinert, porträtierte Prinzessin Sofia Zemskij, wie sie mit zwanzig war, 1775, mit ihren beiden Kindern (Marinas Großvater, geboren 1772, und Demons Großmutter, geboren 1773).

«Ich erinnere mich offenbar nicht daran», sagte Van, «wo hing es denn?»

«In Marinas Boudoir. Und weißt du, wer dieser Schnorrer im Gehrock ist?»

«Sieht eher wie ein schlechter Druck aus, der aus einer Zeitschrift herausgeschnitten wurde. Wer ist das?»

«Sumeretschnikov! Er machte vor Jahren Sumerographien von Onkel Vanja.»

«Das ‹Zwielicht› vor den Lumières. He, und das ist Alonso, der Schwimmbad-Experte. Ich lernte seine süße, traurige Tochter auf einer ausschweifenden Party kennen – sie fühlte sich an und roch und schmolz dahin wie du. Der starke Reiz von Koinzidenz.»

«Interessiert mich nicht. Nun kommt ein kleiner Junge.»

«*Sdraste*, Ivan Dementevitsch», sagte Van, sein vierzehnjähriges Selbst grüßend, hemdlos, in Shorts, mit einem konischen Geschoß auf das Marmor-Modell eines Krim-Mädchens zielend, das dazu verdammt war, einem sterbenden Seesoldaten einen ewig dauernden Zug Marmorwasser aus seinem angeschossenen Krug anzubieten.

Überspring Lucette, übers Tau springend.

Ah, der famose erste Fink.

«Nein, das ist eine *kitajskaja punotschka* (Chinesische Mauerammer). Sie hat sich auf der Schwelle einer Kellertür niedergelassen. Die Tür steht angelehnt. Drinnen sind Gartengeräte und Krocketschläger. Du erinnerst dich, wie viele exotische Tiere, alpine und polare, sich mit den in unserer Gegend heimischen vermischten.»

Mittagszeit. Ada tief über den tropfenden, nicht sachgemäß geschälten Pfirsich gebeugt, den sie verschlingt (Schnappschuß durchs Flügelfenster, vom Garten aus).

Drama und Komödie. Blanche kämpft mit zwei amourösen *zygans* in der Baguenaudier-Laube. Onkel Dan liest seelenruhig eine Zeitung in seinem kleinen roten Auto, das hoffnungslos im schwarzen Morast der Ladore-Straße steckengeblieben ist.

Zwei riesige Gemeine Pfauennachtfalter, noch miteinander verbunden. Stallknechte und Gärtner brachten Ada diese Sorte jedes gesegnete Jahr; was uns, in gewisser Weise, an dich, süßer Marco d'Andrea, erinnert, oder an dich, rothaariger Domenico Benci, oder an dich, dunkler und brüterischer Giovanni del Brina (der sie für Fledermäuse hielt), oder an den einen, den ich nicht zu erwähnen wage, weil es Lucettes gelehrter Beitrag ist – so leichtfertig verpfuscht nach dem Tod des Gelehrten, der gleichfalls am Fuß einer Gartenmauer, die nicht mit noch nicht importierten Glyzinien (Zusatz ihrer Halbschwester) überhangen war, an einem Maimorgen 1542 in der Nähe von Florenz, ein Paar des Birnenpfaus *in copula* aufgelesen haben könnte, das Männchen mit den Kamm-Fühlern, das Weibchen mit den schlichten Faden-Fühlern, um sie (zwischen elenden, unanschaulichen Insekten) an einer Seite einer Fensternische im sogenannten Saal der Elemente des Palazzo Vecchio getreulich abzubilden.

Sonnenaufgang in Ardis. Gratuliere: der nackte Van, noch verpuppt in seiner Hängematte, unter den «lidderons», wie sie die Liriodendron in Ladore nannten, nicht gerade ein *lit d'édredon*, doch immerhin ein morgenrotes Wortspiel wert und gewiß dem körperlichen Ausdruck der Vorstellungswelt eines jungen Träumers förderlich, unverhüllt durch das Netzwerk.

«Gratulation», wiederholte Van in männlicher Sprache. «Die erste unanständige Postkarte. Bewhorny hat zweifellos eine Vergrößerung in seiner Privatsammlung.»

Ada untersuchte das Muster der Hängematte durch ein Vergrößerungsglas (das Van sonst benutzte, um gewisse Einzelheiten der Zeichnungen seiner Irren zu entziffern).

«Ich fürchte, davon kommt noch mehr», bemerkte sie mit einem Stocken in der Stimme; und den Vorteil nutzend, daß sie das Album im Bett betrachteten (was wir heute für geschmacklos halten), gebrauchte die verrückte Ada die Leselupe am lebendigen Van, etwas, das sie als wissenschaftlich neugieriges und künstlerisch verworfenes Kind viele Male in jenem hier abgebildeten Jahr der Gnade getan hatte.

«Ich werde eine *mouche* (Schönheitspflästerchen) finden, um es zu verbergen», sagte sie, sich wieder dem lüsternen Geschwulst in dem rückhaltlosen Netzwerk zuwendend. «Übrigens hast du eine ganze Sammlung schwarzer Masken in deiner Kommode.»

«Für maskierte Bälle (*bals-masqués*)», murmelte Van.

Ein Vergleichsstück: Adas zur Schau gestellte weiße Schenkel (ihr Geburtstagsrock hatte sich in Zweigen und Blättern verfangen), wie sie einen schwarzen Ast des Baums von Eden umklammerten. Danach: mehrere Schnappschüsse vom Picknick 1884, etwa, wie Ada und Grace eine ljaskanische Polka tanzen und wie der umgekehrte Van an Kiefern-Funkelsternen (mutmaßliche Identifizierung) knabbert.

«Damit ist es aus», sagte Van, «eine kostbare linksseitige Sehne hat aufgehört zu funktionieren. Ich kann immer noch fechten und einen guten Boxhieb austeilen, aber das Auf-den-Händen-Spazieren ist vorbei. Du sollst nicht schluchzen, Ada. Ada wird jetzt nicht schluchzen und jammern. King Wing sagt, daß in dem Alter, in dem ich jetzt bin, der große Vektschelo sich in einen gewöhnlichen *tschelovek* zurückverwandelte, es ist also alles ganz normal. Ah, der betrunkene Ben Wright versucht Blanche in der Scheune zu vergewaltigen – sie spielt eine ziemlich große Rolle in diesem Mischmasch.»

«Er tut nichts dergleichen. Du siehst ganz gut, daß sie tanzen. Es ist wie mit *la Bête* und *la Belle* auf dem Ball, wo Cinderella ihr Strumpfband verliert und der Prinz seinen schönen, gläsernen Hosenlatz. Du kannst auch Mr. Ward und Mrs. French bei einem brueghelligen *kimbo* (Bauerntanz) am hinteren Ende der Diele erkennen. All diese ländlichen Vergewaltigungen in unserer Gegend sind schrecklich übertrieben worden. *D'ailleurs*, es war Mr. Ben Wrights letzte Petarde auf Ardis.»

Ada auf dem Balkon (von unserem akrobatischen *voyeur* von der Dachkante aus photographiert), wie sie eine ihrer Lieblingsblumen zeichnet, eine Ladore-Orchidee, seidenhaarig, fleischig, aufrecht. Van glaubte, sich jenes besonders sonnigen Abends zu entsinnen, der Erregung, der Weichheit und einiger beiläufiger Wörter, die sie gemurmelt hatte (in bezug auf einen albernen botanischen Kommentar von ihm): «Meine Blume geht erst in der Abenddämmerung auf.» Jene, die sie feucht violett färbte.

Ein offizielles Photo auf einer Extra-Seite: Adotschka, hübsch und unrein in ihrem Kleidchen, und Vanitschka, im grauen Flanell-Anzug mit schräggestreiftem Schulschlips, Seite an Seite aufmerksam in die *chimera* (Chimära, Kamera) blickend, er mit dem Schatten eines gezwungenen Grinsens, sie ausdruckslos. Beide erinnerten sich an den Zeitpunkt (zwischen dem ersten winzigen Kreuz und einem ganzen Friedhof von Küssen) und den Anlaß: Es war von Marina bestellt worden, die es rahmen und in ihrem Schlafzimmer aufstellen ließ neben einem Bild ihres Bruders, als er zwölf oder vierzehn und mit einem Byron-Hemd bekleidet war und ein Meerschweinchen in seinen hohlen Händen hielt; die drei sahen wie Geschwister aus, wobei der tote Junge ein vivisektorisches Alibi lieferte.

Ein anderes Photo war unter denselben Umständen aufgenommen, jedoch aus irgendwelchen Gründen von der launenhaften Marina abgelehnt worden: An einem dreibeinigen Tisch saß Ada und las, wobei ihre halbgeballte Hand den unteren Teil der Seite bedeckte. Ein sehr rares, strahlendes, scheinbar unangebrachtes Lächeln glänzte auf ihren fast maurischen Lippen. Ihr Haar floß teils über ihr Schlüsselbein, teils ihren Rücken herab. Van stand mit über sie geneigtem Kopf und schaute, nicht hinsehend, auf das geöffnete Buch. Im Augenblick des verhüllten ‹Klick› bündelte er mit vollem, überlegtem Bewußtsein die jüngste Vergangenheit mit der unmittelbaren Zukunft und dachte bei sich, daß dies eine objektive Wahrnehmung der wirklichen Gegenwart bleiben und er sich an das Aroma, den Blitz und das Fleisch der Gegenwart erinnern müßte (wie er sich in der Tat ein halbes Dutzend Jahre später – und jetzt, in der zweiten Hälfte des nächsten Jahrhunderts – daran erinnerte).

Aber warum das rare Strahlen auf jenen geliebten Lippen? Heller Hohn kann leicht über eine Stufe der Schadenfreude in den Ausdruck der Verzückung hinüberwechseln.

«Weißt du, Van, *was* für ein Buch dort lag – neben Marinas Handspiegel und Pinzette? Ich werd's dir sagen. Einer der billigsten und höchst *réjouissants* Romane, der je die Titelseite der Manhattan *Times*-Literaturbeilage ‹geschafft› hat. Ich bin sicher, deine Cordula hatte ihn noch in ihrer Schmus-Ecke, wo du Schläfe an Schläfe mit ihr hocktest, nachdem du mich sitzengelassen hattest.»

«Katze», sagte Van.

«Oh, viel schlimmer. Des alten Becksteins *Tabby* war ein Meisterstück im Vergleich zu diesem – diese *Liebe unter den Linden* von Ulmmann, ins Englische transportiert von Thomas Gladstone, der der Firma Packer & Porter zuzugehören scheint, denn auf der Seite, die Adotschka, *adova dotschka* (Höllen-Tochter) hier gerade genießt, wird ‹Automobil› als ‹Waggon› übersetzt. Und sich vorzustellen, sich vorzustellen, daß Klein Lucette Ulmmann und drei schreckliche Toms in ihrem Literaturseminar in Los studieren mußte!»

«Du erinnerst dich an diesen Schund, aber ich erinnere mich an unseren Nonstop-Drei-Stunden-Kuß Unter den Lärchen unmittelbar danach.»

«Siehe nächste Illustration», sagte Ada grimmig.

«Der Schurke!» schrie Van. «Er muß uns mit seinem gesamten Apparat auf dem Bauch nachgekrochen sein. Ich muß ihn vernichten.»

«Keine Vernichtung mehr, Van. Nur Liebe.»

«Aber schau, Mädchen, hier schluck ich deine Zunge über, und hier klebe ich an deiner Kehle, und –»

«Pause», bettelte Ada, «schnell-schnell.»

«Ich gehorche gern, bis ich neunzig bin», sagte Van (die Vulgarität des Gucklochkastens war ansteckend), «neunzigmal im Monat, grob gesagt.»

«Mach's noch gröber, oh, noch viel mehr, sagen wir, hundertundfünfzig, das würde heißen, das hieße –»

Aber in dem plötzlichen Sturm gingen alle Rechnungen zum Hundsteufel.

«Gut», sagte Van, als der Geist wieder die Überhand gewann, «laß uns in unsere verunstaltete Kindheit zurückkehren. Mir liegt daran (das Album vom Bettvorleger aufhebend), diese Last loszuwerden. Ah, eine neue Figur, die Inschrift lautet: Dr. Krolik.»

«Warte einen Moment. Es mag der beste Tagcreme-Van sein, aber es ist trotz allem schrecklich schmuddelig. Okay. Ja, das ist mein armer Natur-Lehrer.» In Knickerbockerhosen und Panamahut nach seiner *babotschka* (russisch für «Schmetterling») gelüstend. Eine Leidenschaft, eine Krankheit. Was konnte Diana über *jene* Jagd wissen?

«Seltsam – in dem Zustand, wie Kim hier ‹ausgespannt› hat, sieht er viel weniger pelzig und fett aus, als ich dachte. Vielmehr, Liebling, ist er ein großer, starker, gutaussehender alter Märzhase! Erklär das!»

«Da gibt's nichts zu erklären. Ich bat Kim eines Tages, mir ein paar Kisten dorthin und zurück tragen zu helfen, und hier ist der sichtbare Beweis. Außerdem ist das nicht *mein* Krolik, sondern sein Bruder, Karol oder Karapars Krolik. Ein Doktor der Philosophie, geboren in der Türkei.»

«Ich liebe die Art, wie du beim Lügen die Augen schlitzt. Die Ferne Fata Morgana in Ef-fendi-Moll.»

«Ich lüge nicht!» – (mit bezaubernder Würde): «Er *ist* ein Doktor der Philosophie.»

«Van ist *auch one*», murmelte Van, das letzte Wort wie «wann» klingen lassend.

«Unser liebster Traum», fuhr sie fort, «Kroliks und mein liebster Traum war es, die frühen Stadien, vom Ei bis zur Puppe, aller bekannten Perlmutterfalter, größere und kleinere, angefangen mit denen der Neuen Welt, zu beschreiben und abzubilden. Meine Aufgabe wäre es gewesen, ein Argynninarium zu bauen (ein pestsicheres Bruthaus mit Temperatur-Regelung und anderen Raffinessen – wie etwa nächtliche Hintergrunds-Gerüche und Nachttier-Rufe zur Schaffung einer natürlichen Atmosphäre in gewissen schwierigen Fällen) – eine Raupe braucht ausgezeichnete Pflege! Es gibt Hunderte Arten und gute Unterarten in beiden Hemisphären, aber, noch einmal, wir wollten mit Amerika anfangen. Lebendige eierlegende Weibchen und lebendige Nährpflanzen, wie zum Beispiel zahlreiche Sorten Veilchen, von überall per Luftpost zugeschickt, angefangen, spaßeshalber, mit arktischen Lebensräumen – Ljaska, Le Bras d'Or, Victor Island. Das Magnanerium würde auch ein Violarium voller faszinierend blühender Pflanzen sein, von der *endiconensis*-Rasse des Nördlichen Sumpfveilchens bis hin zur winzigen, aber prächtigen *Viola kroliki*, wie sie kürzlich Professor Hall von der Goodson Bay-Universität beschrieben hat. Ich würde farbige Bilder all der Erscheinungsphasen und Strichätzungen der Genitalien und anderer Strukturen des Imago beitragen. Es wäre ein herrliches Werk.»

«Ein Werk der Liebe», sagte Van und blätterte um.

«Unglücklicherweise starb mein lieber Mitarbeiter ohne Testament, und all seine Sammlungen einschließlich meines kleinen Beitrags wurden von einem regelrechten Kaninchenstall kollateraler Kroliks an Agenten in Deutschland und Händler in der Tatarei übergeben. Schmachvoll, ungerecht und so traurig!»

«Wir werden einen anderen wissenschaftlichen Ratgeber für dich finden. Nun, was haben wir hier?»

Drei Diener, Price, Norris und Ward, als groteske Feuerwehrleute verkleidet. Der junge Bout, wie er unterwürfig den geäderten Spann eines hübschen Fußes küßt, der erhoben und auf eine Balustrade gestellt war. Nächtlicher Schnappschuß von draußen auf zwei kleine weiße Geister, die ihre Nasen innen an das Bibliotheksfenster pressen.

Künstlerisch auf einer Seite aufgefächert waren alle sieben *fo-*

*totschki* (verkleinerte Standphotos), die innerhalb ebenso vieler Minuten von einem ziemlich weit entfernten Schlupfwinkel vor einem Hintergrund aus hohem Gras, wilden Blumen und überhängendem Blattwerk aufgenommen wurden. Dessen Schatten und die Lasterhaftigkeit von Blumenstengeln tarnten feinfühlig die wesentlichen Einzelheiten, die kaum mehr als eine Balgerei zwischen zwei unvollständig bekleideten Kindern vermuten ließen.

Auf der mittleren Miniatur war Adas einzig sichtbarer Körperteil ihr dünner Arm, der in einem erstarrten Zugriff ihr abgelegtes Kleid wie ein Banner übers margeritenbesternte Gras hielt. Die Lupe, die jetzt wieder unter dem Bettuch hervorgeholt wurde, zeigte deutlich, die Margeriten in einem der oberen Bilder überragend, jene Art von straff-bemütztem Pilz, der im schottischen Recht (seit dem Verbot der Hexerei) als «Lord of Erection» bezeichnet wird. Eine andere interessante Pflanze, Marvels Melone, das Hinterteil eines beschäftigten Burschen nachahmend, konnte auf dem blumigen Horizont eines dritten Photos ausgemacht werden. Auf den nächsten drei Photos hatte *la force des choses* («das Fieber des Verkehrs») das üppige Laubwerk hinreichend zerstört und gestattete so, die Einzelheiten einer verstrickten Komposition zu unterscheiden, die aus unbeholfenen Zigeuner-Scheren und unerlaubten Nelsons bestand. Schließlich, auf dem letzten Bild, dem unteren in der fächerförmigen Folge, war Ada durch ihre beiden Hände wiedergegeben, die ihr Haar wieder in Ordnung brachten, während ihr Adam über ihr stand, wobei ein Farnwedel oder eine Blüte seine Lende mit der absichtsvollen Nachlässigkeit eines altmeisterlichen Kniffs, den Garten Eden keusch zu halten, verhüllte.

In ähnlich nachlässigem Tonfall sagte Van: «Liebling, du rauchst zuviel, mein Bauch ist mit deiner Asche bedeckt. Ich nehme an, Bouteillan kennt Professor Beauharnais' genaue Anschrift im Athen der Graphischen Künste.»

«Du sollst ihn nicht abschlachten», sagte Ada. «Er ist schwachsinnig, er ist vielleicht erpresserisch, aber in seiner Schmutzigkeit liegt eine *istoschnyi ston* («viszerale Klage») verkrüppelter Kunst. Und laß uns nicht vergessen, daß ein achtjähriger Kupferkopf ebenfalls im Gebüsch auf der Lauer lag.»

«Kunst, *mon cul!* Dies ist der Sarg von *ars*, eine Toiletten-Rolle der *Carte du Tendre*! Schade, daß du's mir gezeigt hast. Dieser Affe hat unsere eigenen Ein-Bildungen gemein gemacht. Entweder werde ich seine Augen mit einer Reitgerte ausschlagen oder unsere Kindheit wiedergutmachen, indem ich ein Buch darüber schreibe: Ardis, Aus den Annalen einer Familie.»

«Oh, tu das!» sagte Ada (und überschlug einen anderen abscheulichen Einblick – offenbar durch ein Loch im Dachboden). «Sieh mal, hier ist unsere kleine Kalifeninsel!»

«Ich will nichts mehr sehen. Ich habe den Verdacht, du findest diesen Schmutz kitzlig. Manche, die manoli sind, haben ihren Spaß an Motor-Bikini-Comics.»

«Bitte, Van, sieh doch mal her! Dies sind unsere Weiden, weißt du noch?»

«‹Das Schloß, gebadet vom Adour:
Der Baedeker empfiehlt die Tour.›»

«Das ist zufällig das einzige in Farbe. Die Weiden sehen etwas grünlich aus, weil die Zweige grünlich sind, in Wirklichkeit aber sind sie hier ohne Blätter, es ist früher Frühling, und du kannst unser rotes Boot *Souvenance* durch die Binsen sehen. Und hier ist das letzte: Kims Apotheose von Ardis.»

Der gesamte Mitarbeiterstab stand in mehreren Reihen auf den Stufen des säulengefaßten Portals hinter dem Bankpräsidenten Baronin Veen und dem Vizepräsidenten Ida Larivière. Jene beiden wurden von den zwei schönsten Sekretärinnen flankiert, Blanche de la Tourberie (ätherisch, tränenbefleckt, ganz und gar entzückend), und einem schwarzen Mädchen, das ein paar Tage vor Vans Abreise angestellt worden war, um French zu helfen, welche ziemlich düster über ihr in der zweiten Reihe aufragte, und hier war der Mittelpunkt Bouteillan, immer noch das *costume sport* tragend, das er anhatte, als er mit Van davonfuhr (*das* Bild war verpfuscht oder ausgelassen worden). Zur Rechten des Butlers standen drei Bedienstete; zu seiner Linken Bout (der Van bedient hatte), der dicke, mehlbleiche Koch (Blanches Vater) und gleich neben French ein Herr, schwer in Tweed, mit Besichtigungs-Riemen schräg über einer Schulter: tatsächlich (laut Ada) ein Tourist, der, nachdem er ganz von England gekommen war, um Bryant's Castle zu sehen, die falsche Straße hinaufgeradelt war und, auf dem Bild, unter dem Eindruck stand, versehentlich mit einer Gruppe von Mittouristen zusammengetroffen zu sein, die einen anderen, auch recht sehenswürdigen alten Landsitz besuchten. Die hinteren Reihen bestanden aus weniger distinguierten Knechten und Küchenjungen sowie aus Gärtnern, Stallburschen, Kutschern, Säulenschatten, Gehilfinnen von Gehilfinnen, Hilfen, Wäscherinnen, Rinnen und Innen – die sich immer weniger abheben – wie auf jenen Bank-Annoncen, wo beschränkte kleine Angestellte, von glücklicheren Schultern undeutlich halbiert, aber sich immer noch behauptend, im Prozeß bescheidener Auflösung noch immer lächeln.

«Ist das nicht der schnaufende Jones in der zweiten Reihe? Ich mochte den alten Knaben immer gern.»

«Nein», antwortete Ada, «das ist Price. Jones kam vier Jahre später. Er ist jetzt ein prominenter Polizist in Nieder-Ladore. Tja, das ist alles.»

Mit gespielter Lässigkeit blätterte Van zu den Weiden zurück und sagte: «Jeder Schuß des Albums wurde 1884 geschnappt, bis auf diesen einen. Ich habe dich niemals im frühen Frühjahr den Ladore-Fluß hinabgerudert. Nett, daß du deine wundervolle Fähigkeit, zu erröten, nicht verloren hast.»

«Sein Fehler. Er muß eine *fototschka* dazwischen gemischt haben, die später aufgenommen wurde, vielleicht 1888. Wir können es herausreißen, wenn du möchtest.»

«Meine Süße», sagte Van, «1888 ist insgesamt herausgerissen worden. Man braucht kein Detektiv aus einem Kriminalroman zu sein, um zu sehen, daß mindestens ebenso viele Seiten entfernt wie stehengelassen wurden. *Mir* ist es gleich – ich meine, *ich* habe kein Verlangen, die *Knabenkräuter* und andere Gehänge deiner Freunde zu sehen, die mit dir botanisierten; aber 1888 ist zurückbehalten worden, und er wird damit aufkreuzen, sobald der erste Tausender verbraucht ist.»

«Ich habe 1888 selbst zerstört», gab die stolze Ada zu; «aber ich schwöre, ich schwöre feierlich, daß der Mann hinter Blanche auf dem *perron*-Bild ein völlig Fremder war und immer geblieben ist.»

«Gut für ihn», sagte Van. «Es hat wirklich keine Bedeutung. Unsere gesamte Vergangenheit ist verspottet und verdammt worden. Wenn ich so darüber nachdenke, will ich die Familien-Annalen doch nicht schreiben. Übrigens, wo ist meine arme kleine Blanche jetzt?»

«Oh, ihr geht's gut. Sie ist immer noch da. Du weißt, sie kam zurück – nachdem du sie entführt hattest. Sie heiratete unseren russischen Kutscher, den, der Bengalen-Ben ersetzte, wie die Diener ihn nannten.»

«Oh, tatsächlich? Das ist köstlich. Madame Trofim Fartukov. Das hätte ich nie gedacht.»

«Sie haben ein blindes Kind», sagte Ada.

«Liebe ist blind», sagte Van.

«Sie erzählt mir, du seist ihr gleich am ersten Morgen deiner ersten Ankunft zu nahe getreten.»

«Nicht von Kim dokumentiert», sagte Van. «Wird ihr Kind blind *bleiben*? Ich meine, hast du ihnen einen wirklich erstklassigen Arzt besorgt?»

«O ja, hoffnungslos blind. Aber da wir von der Liebe und ihren Mythen sprechen, ist dir klar – denn mir war es nie klar, ehe ich vor ein paar Jahren mit ihr sprach –, daß die Leute rings um unser Verhältnis tatsächlich sehr gute Augen hatten? Vergiß Kim, er ist nur der notwendige Clown – aber ist dir klar, daß eine wahre Legende um dich und mich rankte, während wir Liebe spielten und uns liebten?»

Sie war sich nie im klaren darüber gewesen, sagte sie wieder und wieder (als ob sie beabsichtigte, die Vergangenheit von der Trivialität der Tatsachen des Albums zurückzufordern), daß ihr erster Sommer in den Obst- und Orchideengärten von Ardis quer durchs Land ein geheiligtes Geheimnis und Glaubensbekenntnis geworden war. Romantisch veranlagte Dienstmädchen, deren Lektüre aus *Gwen de Vere* und *Klara Mertvago* bestand, adorierten Van, adorierten Ada, adorierten Ardensis Aboreta. Ihre Schäfer, die auf ihren siebensaitigen russischen Leiern unter den Blüten der wilden Racemosa-Kirschbäume oder in alten Rosengärten Balladen zupften (während die Fenster in dem Schloß eines nach dem andern ausgingen), fügten frisch komponierte Zeilen – naiv, lakai-maßliebchenhaft, aber vom Herzen kommend – an Volkslieder-Zyklen. Exzentrische Polizeioffiziere verliebten sich in den Glanz des Inzests. Gärtner paraphrasierten schillernde persische Gedichte über Bewässerung und die Vier Pfeile der Liebe. Nachtwächter bekämpften Schlaflosigkeit und das Feuer des Trippers mit den Waffen aus *Vaniadas Abenteuer*. Hirten, die auf fernen Hügeln vom Blitz verschont blieben, benutzten ihre riesigen «Klagehörner» als Ohrmuscheln, um die Liedchen von Ladore zu erhaschen. Jungfräuliche Burgfräuleins in marmorflurigen Herrenhäusern liebkosten ihre einsamen Flammen, die von Vans Romanze entfacht worden waren. Und ein weiteres Jahrhundert würde vergehen und das gemalte Wort von dem noch reicheren Pinsel der Zeit retouchiert werden.

«Welches alles», sagte Van, «nur heißt, daß unsere Lage verzweifelt ist.»

Aus: Hans-Georg Rauch, Die schweigende Mehrheit

Jürgen Theobaldy

## *Blaue Flecken*

Ein Bier, bitte

Ich könnte mich daran gewöhnen, wie ein gepflegter
Mensch zu sein. Hier geht ein lautloser Tag zuende
den ganzen Tag stand das Telefon still, und lautlos platzt
der Wäschekorb unter dem Waschbecken.
Auf dem Bildschirm platzt ein Haus vor dem erstaunten
Gesicht des Sprechers. Oh the fucking news!
sagte Mehdi gestern abend und betrank sich.

Vor allem will ich Liebe. Ich will nicht
auf die Marke meiner Unterhosen achten, meiner Strümpfe
die ich zu Weihnachten geschenkt kriege, zum Geburtstag
zu Ostern und zum Sterbetag. Als Kind habe ich mir
eine Eisenbahn gewünscht und ein Oberhemd bekommen
was Praktisches in Cellophan, mit tausend Nadeln drin.
Dieses Gedicht ist praktisch nichts. Bedenk doch:
Wie soll untergehen, was wir nicht stürzen, außer der Seife
im Badewasser. Ich mache wieder Witze, obwohl mir
nicht danach ist. Muß ich wirklich
die Haare waschen, bevor du kommst? Haare waschen
ist eine schreckliche Erinnerung …

Und dann liebe ich alle Verwandten, besonders meine Frau
die nicht mit mir verwandt ist. Wie bitte? ich habe nichts gesagt.
Die Tagesschau ist zuende, die Schau des Tages, the fucking
news. Heute gab es gute Nachrichten. Das Amerika-Haus
wurde besetzt, ich sag nicht wo. Der Film beginnt
und meine Haare sind noch nicht gewaschen!
Du bist nicht meine Frau. Ich liebe dich. Beschütze mich
denn ich rauche zuviel! Man wird nervös in dieser Wohnung
nach 1933 und nach 1945. Hörst du überhaupt zu?

Plötzlich bin ich in einer Kneipe mit viel Trara
am Tresen. Dieses Gedicht steckt voller Möglichkeiten

Zeichnung von Berndt Höppner

wie unser Leben. Natürlich vergeht kein Tag
ohne Alkohol. Oh Alkohol, ich fühl mich wohl.
Mehdi sitzt da, endgültig betrunken. Du bist auch da, schon
eine Weile, und du hast Gründe, nicht mit mir zu reden.
Laute Nacht, die Musik ist laut. Ich bestelle einen Klaren
für meinen klaren Kopf. Ein Bier, bitte. Was immer
du von mir hältst, es ist mir wichtig zu sagen: auch du
hast dieses Gedicht geschrieben. Es war keine Kunst; es war
mit dem Rücken zum Fenster.

## Nach den großen Dingen nachts

«Solche kleinen Dinge müssen morgens wieder festgestellt werden
nach den großen Dingen nachts» oder
                                        – wie ich das sehe –
in vielem sind es die kleinen Dinge
                                        die weiterbringen
und so ist es nicht unwichtig
wenn die Zeitungen in China
        immer die Namen aller Konferenzteilnehmer abdrucken
oder anders gesagt:
      du schaffst es vielleicht noch
      wenn du deiner Frau
      mit einem neuen Geliebten im Bett begegnest
ihnen deine letzten Zigaretten anzubieten
    aber schaffst du es auch
          in die Küche zu gehen
und Tee für alle zu kochen
      während du Lust auf Kaffee hast?

## Gedicht

Ich möchte gern ein kurzes Gedicht schreiben
eins mit vier fünf Zeilen
nicht länger
ein ganz einfaches
eins das alles sagt über uns beide
und doch nichts verrät
von dir und mir

## Möbliertes Zimmer

Alle Inserate in den Zeitungen
rufen dir zu: Hier gibt es ein Zimmer!
und als ich dort ankomme
ist es eine stillgelegte Badewanne
teuer wie die Raten für einen Sportwagen ...
Seit drei Wochen trage ich jeden Morgen
den heißen Morgenkaffee zu einem Vermieter
Ich bin um diese Zeit der freundlichste Mensch in der Stadt
Ich ziehe gebügelte Hosen an
lecke Speichel
lecke Schuhe Pantoffel
ich nehme Hosenknöpfe in den Mund Eheringe und Lockenwickler
ich schlage mit der Faust auf die Anrichte: die Zimmer
werden kleiner und teurer
Ich treffe Verabredungen komme pünktlich
aber der Herr mußte einen Kaffee trinken gehen
Jemand bietet seine Schuhschachtel an
ich schlüpfe aus der Jacke
und versuche einzutreten: schon erhöht er die Miete
Ja ich habe verstanden
hier bin ich weniger wert als ein Zimmer
aber dorthin kriegt ihr mich nicht
wo ich für 200 Mark im Monat
mit Krallen und Zähnen eure separaten Teedosen verteidige
gegen alle Angriffe auf das Privateigentum
wo ich schwöre
schmal und leise wie mein Schatten zu sein
wo ich um Verzeihung bitte
für meine Schuhe weil sie auf die Treppe treten
für meinen Anzug weil er nicht ohne mich geht
für die Luft die ich verbrauche
endlich für mich selbst
weil ich lebe
und nicht klar und kalt wie mein Bankkonto bin

# 1975

Rolf Dieter Brinkmann
*Westwärts 1 & 2*

Schlaf, Magritte

Ich gehe an Mauern entlang, ein Abendland:
«So'ne Scheiße!» haben Kinder an die Mauer gekritzelt.

Ich sah verfaulte Bäume, am Fluß, ich sah, ich redete,

ich taumelte gegen Grünes, Blätter, schmale Formen, ganz leicht,
war's besser in den Wind zu reden, gegen Bäume und Blätter,

leere Gänge in den Museen, wo die Bilder hängen,
Filzläuse im Schamhaar, Spotlight auf den Kommentator,

ein Renaissanceengel taucht in einer Allee auf, düster,
in Brokat, und fickt sich selbst, Güterzüge rollen vorüber,
über die Brücke, wo die Plakate hängen, treibendes Dunkel

in Fetzen, Musikstücke. Ich redete mit meiner Mutter,
ich sagte: Mutter, komm raus aus dem Dunkel, der Ofen ist

kaputt, wo bist du? Der Krebs hat ihre Brust weggefressen.
Sie redete nicht mehr. Die Küsse am lauwarmen Spülwasser
abends, das Waschlappenwerfen, bist du noch immer dabei, mir

unterm Küchenlicht die Läuse vom Kopf zu suchen? Der graue
Raum, durch den der Engel ging, füllte sich mit Tageslicht.

Ich fiel hin, Straßenbahnen fuhren vorbei, glotzende

Gesichter. Ich zählte das Geld, es reichte ins Kino
zu gehen, zu träumen, wo ein Waschkessel gezeigt wurde,
Kabel, bist du das, Engel? Der Kiff fliegt über die Hügel,

Gesträuch glühte, eine Kiesgrube, verlassen in dem weißen
Mittagslicht, wo niemand war, selbst der Ort, am Abhang, schien

verlassen. Hier war der Süden. Gelber Lehm fiel von den

Rändern der Schuhe. Ich ging, unter den Markisenschatten,
Kaugummi kauend, Hände zeigten weiter, runzelige Gestalten,

zwischen den Gebäuden. Die Balkone zerfielen, in der Luft
schwebend, Gras wuchs, wucherte, Sperma tropfte zwischen den

Fingern hinter den Bussen an der Mauer auf den Boden. Stimmen

gingen über den Asphalt, Stimmen in Telefonboxen, Züge, dampfend
vom Meer her kommend, am Mittag, lautlos. Ich schaute über
die Stadt, Schuttgelände, wilder Schotter, Glas, mit Körpern

darin, bewegt, und wo gehst du, alter runzeliger Engel? Gehst du
noch einmal durch die leeren grauen Räume des Gehirns, elektrisch

aufgeladen? He, Vater, in der blauen Jacke, verkleidet
als Spaziergänger, nach dem Krieg, du schaust ängstlich
zwischen den Baumstämmen, der Krieg ist aus, hast du das

vergessen? Jetzt seid ihr tot, verreckt an eurem Land. Schlaf,
Magritte. Die Bilder, bewacht, ruhen in den dunklen Sälen.

Die Allee, sehr tief hängend, mit einem Taxi entlang zu jagen,

hat sich verändert, Gespenster von gestern, laßt mich in Ruhe,
was seid ihr außerhalb der Wörter? Die Armut der Empfindungen

habt ihr gelebt, so gut ihr konntet. Ich erinnere mich daran,
zärtlich, jetzt, da das Fenster geöffnet ist, jetzt beim Geräusch

des Güterzuges über die Brücke, jetzt, vor dem Regen, abends, mit dem
sehr hellen Geräusch einer Fahrradklingel darin, Windstürze ins
Gras und in der Dämmerung die ersten Neonlichter, wie still

die Allee ist, Engel, räumst du den Schamott weg? Über dem
Badeofen hängen meine Socken zum Trocknen, im Dunkel schmale

Formen, bewegtes Grün, leichte Wörter, als ich ging. Kinder winken
Auf Wiedersehen, wo ist das? Ein Hotelzimmer, wo ich schlafe,
bis morgen.

## *Westwärts*

Die wirklichen Dinge, die passieren ... keine Buchtitel, Inhalte,
Zitate,
1 Sonne brüllt am Tag, Unterholz, verkrüppelte Vegetation,
sandverwehte Straßen,

in London steige ich um.

Ein kalter Wind weht durch die Halle. Das

Transparent schaukelt, Fortschritt, Frieden
Kartoffeln im Komputer.

Dann werde ich durchsucht.
Mich fröstelt.

Am Gebäude wächst eine Wiese vorüber.

Auf einmal, da war ich, an dieser Stelle, in meinem Leben.

Einige Zeilen weiter hob das Flugzeug ab. Die nächste Zeile
hieß, eine matschige Winterdämmerung in New York, bleiche
rosa Wolken fern und

nah ein Neger in Uniform vor der Tür,
der mit dem Kleingeld spielt.

Beobachtung: ich schaute

auf das Flugfeld und hatte plötzlich das Gefühl, ich
hatte keine Vergangenheit mehr.

Ich schaute

durch die gläserne Wand.

(Die Negation
der Zustände ringsum
reichte nicht länger
aus.)

Auch das ging vorbei,

westwärts. (Anschnallen!)

(Drehtüren, Maschendraht,
Autobusse: «Ei läi in äh Field
off tohl Grass samwär.»)

Nun kamen
andere Brechungen,
Zeilen.

Der Unterhaltungsteil hat

angefangen.

Die beste Entfernung für zwei Personen ist,
ein Meter zwanzig zu suchen,

überdrüssig der Bäume,
überdrüssig der Stadt,
Musik: Oh, sweet
nothing
Washington ist nichts
anderes, beim Drüberfliegen,
nachts, als eine Menge Funzeln in der
und wie fällt man in
Dunkelheit,
die Liebe?

und hier bin ich wieder,

abgeschnallt.

Ich bin nicht bereit zu glauben,
daß die Augen der Spiegel dessen sind, was man sieht.

(Hier wächst Gras!) & ich kaue
Fleisch einführen
ein belegtes Brötchen aus Köln
verboten.

über Nashville, Tennessee.

Zur Problematik des
Dichterischen heute dachte ich die Frage, wer
mag schon die Bauern Südoldenburgs besingen?
(... grünt Natur, fressen Tiere
Meine erstaunliche
darüberhin)
Fremdheit!
Die nächsten Kapitel wurden überflogen.

Und
tiefer,
im Halbschlaf sagt jemand,
dösen,
«Mensch, wo willste denn
Abflammende Nacht,
an Land gehen?»
westwärts,
rotierender Sternhaufen,
Trampelpfade.

Steindickichte, Motten
verschollen.
Tänze,
wo kommst du her? Direkt aus
der Mitte von nirgendwo.

Natürlich nicht! Die Wörter
ziehen uns weiter,
westwärts,
wohin? (Wer ist
Romananfang: wer?) Und
(my heart went
boom) die Mythologie der vier Himmels
als ich über den dichten Richtungen bricht zusammen,
Rasen ging.
in verschiedenen Farben.
«Sprechen Sie deutsch?»
Hier ist eine Wüste, dachte ich im Motel, nächste Zeile.
Eine tote Palme stand neben dem Swimming Pool.
(Villa Capri
Motor Hotel, 2400 Kleenex aus dem Schlitz
N. Interregional
Highway, Austin in der Wand, zum Abwischen der Liebe,
Texas 78705) wessen?

Der Aufwischneger bringt Bierdosen

& dann fing ich noch einmal mit der Zeile an,
Auf einmal, da war ich, an dieser Stelle,
in meinem Leben.

2.

Die Bäume glühten in dem kleinen
vertrockneten Park, dessen Farbe
verblichen war.

Wo über dem Hundekot ein Stern blitzt,
ist die Tür offen, hinauszugehen, und
man denkt, das ist Zärtlichkeit,

die mit dem Hinausgehen kommt.
Aber die Zäune behalten sie,
jeder für sich. Mit brüchigen

Blättern, raschelnd, auf dem
ärmellosen Pullover, kommst du?
Und so eine Liebe steckt abwesend

den Finger in die elektrische
Kaffeemahlmaschine und blutet im
Haus. Menschen sitzen im Gras, quer,

sagen nichts, Gewächse. Wer hat davon
geträumt, unter einem südlichen
Baum nachmittags?

Er hat sich im
Zeitrafferstil die Hände gewaschen.
So stecken sie immer

den Finger in den Traum,
blühen in dem Bezirk kurz an der
Gesellschaft entlang, möchten

fliegen, sitzen. Was angeschaut
werden kann, ist längst geschehen,
und irgendein Ich verbraucht die

Preise. Die Luft ist dort sonderbar.
Sie trägt nur eine Empfindung von
Wärme, wo jeder geht, bis der plötzliche

Windstoß durch die verlassene
Wohnung dringt, und sie wächst zu,
tu dir nicht weh! Zwiebeln im Auge,

Leberwurst auf der Brust, eine schwarze
Lakritzstange im Bauch, die Kinder
Spiele abgeholt. Hat jemand

seinen Staubmantel mit den
Ausweisen am Haken vergessen? Nun muß
er im Traum sprechen und spricht,

gibt Auskunft
über das Land. Was antwortet, sind
Polizisten in grün, Striche, Sätze

Gebrauchsanweisungen für die Sätze
und Bilder im Traum, der die Dinge
schreibt und schreibt, bis zum

Ende, wo sich keiner mehr
rührt, auf dem Papier.

(& das tägl. gewöhnl. Leben,
immer noch ungesichert,
«zuviel auf den Straßen
herumgelatscht, wa?» oder auf
Achse / lange Gespräche nachts
in vergammelten Parks)
(als das Farbfernsehen
zu Ende war,)

3.

«Du schaffst es», angekommen. Da bin

ich

«Think Trees»
«I break for Animals»

in diesem enormen
Raum, kosmische
Rock'n'Roll Musikstation,
«der Westen» in der Nacht,
«oh bähbie»
Dreck.
Oder nimm die Variationen, die in den
ausgesparten Zwischenräumen
Eine Fortsetzung sind,
wollte sich bei mir nicht (du steigst
einstellen, um)
«die Äpfel, Bill,
westwärts, die Äpfel», wie Hart Crane
in den weißen Gebäuden rief.
vierundzwanzig
Stunden geöffnet, westwärts, (Und du entwischst ihnen
wirklich durch die
als ob das Innere der Seele Lücken.)

nur ein paar umgekippte Sommerschuhe sind,
die mitten im Zimmer liegen, die später in
einem Roman wieder
große U Totem Kompanie, auftauchen.
Harpars Bazar,
Ich sah plötzlich meinen International Vogue,
Namen auf den Schecks. der Shit

Für Hartmut: «Fetzen von Gedichten fliegen herum», ist da
(anschnallen, unbekannt
abschnallen), & Packpapier, braun,
verschnürt,
ich muß mich jetzt rasieren,
die hübschen, einfachen
Dinge,

im Westen, («wie'n Filzvogel vorm Spiegel?» wer kapiert das richtig)

Zitat: God works in wonderous ways.

---

Über dem sommerlichen Flugfeld («Bloody Marys»)
Fliegen,
Würde ich zurückkommen? aber kein Flugzeug.
Wo? sonntags.

Ich begann zu schwitzen.

Beschreibung: Der Mond war flach, die Blätter hart. Ein
totes Stinktier stank in die Nacht, wie
eine ganze chemische Fabrik.

Mußte man in der Gegenwart immerzu sich erinnern,
an sich selbst? Man war doch kein Gespenst,

Wohnwagen, Schlangen
Gras, schwarze große Vögel,
krächzende Automaten im Februar.
Hier, in der Gegend, mit den wandernden Häusern,
nachts.
Ich starrte auf die Buchstaben,
das war der Westen,

als ich den leeren, weiten Parkplatz überquerte.

Axel Eggebrecht

## *Der halbe Weg*

### Die Agonie der Republik

Die Agonie der Republik zog sich noch mehr als zwei Jahre hin; in meiner Erinnerung verdichten sie sich zu einer Folge dramatischer Ereignisse. Dafür gibt es viele Gründe; entscheidend war die ungewöhnliche Lage, in die unsere Künstlerkolonie geriet.

Schon während des Wahlkampfs wurde klar, daß wir eine kleine Insel inmitten der Flut von Hakenkreuz und Schwarz-Weiß-Rot bildeten, die Steglitz und Friedenau überschwemmte. Rings um unseren Laubenheimer Platz sah man nur die Farben der Republik und das revolutionäre Rot. Und es blieb nicht beim Flaggenstreit. SA zog provozierend durch unser Viertel. Spät abends wurden einzelne Heimkehrer am U-Bahnhof Breitenbachplatz angerempelt, man verabredete sich zum gemeinsamen Weg, das half nur vorübergehend. Als die Bedrohung nicht aufhörte, gründeten wir einen Selbstschutz. Binnen weniger Wochen schloß sich die Mehrzahl der Bewohner an, ohne Rücksicht auf politische Unterschiede. Wer bei uns lebte, war gefährdet, Demokraten und Kommunisten, katholische Zentrumswähler und Parteilose. Die wenigen, die mit den Nazis liebäugelten, waren geächtet, verkrochen sich oder zogen fort.

Spontan bildete sich ein fünfköpfiger Ausschuß, der die Organisation in die Hand nahm. Etwas Erstaunliches geschah. Egozentrische Schauspieler und Literaten handelten klüger und mutiger als die berufenen Verteidiger der Demokratie. Während Parteien und Verbände einander noch im Schatten der Lawine befehdeten, die sie alle miteinander begraben sollte, machten wir Ernst mit der Einheit. Flugblätter wurden hektografiert und verbreitet, Wachtposten lösten einander ab. Je mehr die Gefahr wuchs, desto besser wurde die Verteidigung organisiert. 1932 gab es ein Dutzend Revolver, die registriert und sorgfältig gepflegt wurden. Unter Fensterbänken standen wassergefüllte Weinflaschen, in besseren Tagen fröhlich geleert, nun verwandelt in gefährliche Wurfgeschosse gegen mögliche Angreifer. Gelegentlich bekamen wir Verstärkung aus anderen Stadtteilen. Ernst von Salomon fand sich kampflustig ein. Arthur Koestler transportierte Waffen mit seinem roten Fiat, fuhr als Kundschafter umher, meldete anrückende Gegner. Ich glaube, daß er das Kriegsspiel mit dem Enthusiasmus des kommunistischen Novizen genoß.

Und es kam Willi Wolpe, auch ein Bürgersohn, populär durch bissige Hitler-Karikaturen. Ihm genügte es nicht, gegen das heraufkommende Unheil als Zeichner zu fechten. Mich überragte der Hüne um gut zehn Zentimeter, wie so viele Athleten war er im Grunde gutmütig, fast sanft. Seiner Stärke bewußt, suchte er keine Händel, doch wenn es darauf ankam, konnte man sich auf ihn verlassen. Die SA beobachtete ihn mit besonderem Haß.

Viele von uns rechneten mit einem Putsch. Der Ernstfall schien gekommen, als im Juli die SA rings um Berlin aufmarschierte. Unbekannte kurvten auf Motorrädern und in großen Wagen durch unsere Straßen und inspizierten Haus für Haus, Späher des Gegners, der dann nicht putschte. Bei uns wäre er energisch abgewehrt worden. Wir nahmen Fühlung zur nahe gelegenen Polizeiwache in der Deidesheimer Straße auf. Die Schupos waren bereit, mit uns zusammenzugehen. In den Schrebergärten entlang der Kreuznacher Straße wurden Stellungen für Maschinengewehre ausgesucht. Doch Hitler blies seine Aktion ab, erst ein halbes Jahr später kam er an die Macht. Durch die Hintertür. Legal.

Bis dahin zersplitterten und zermürbten seine Gegner einander weiter. Verzweifelt stritten wir über dieses selbstmörderische Narrenstück mit Besuchern, die an Sonntagen gruppenweise aus den Arbeitervierteln im Norden und Osten Berlins zu uns kamen; dort hatte sich herumgesprochen, wie erfolgreich wir uns im fernen Südwesten der Stadt behaupteten. Es war eine Ausnahme.

Nachträgliche Überlegungen sind recht sinnlos, und doch wage ich die Vermutung, daß unser ‹Roter Block› ein Beispiel dafür gab, wie das braune Unheil möglicherweise hätte abgewendet werden können. Mich erfüllt noch immer ein, wie ich meine berechtigter, Stolz darauf, daß wir in der Kolonie, wenige hundert Verschworene, standhielten bis zuletzt.

Die Millionen Arbeitslosen waren indessen zu keinem Widerstand mehr fähig. Apathie breitete sich aus, sie war die wichtigste Voraussetzung für Hitlers Sieg.

Eine wichtige Bastion ging schon in diesem Sommer 1932 verloren: das Radio.

Ich hatte schon gesagt, daß ich dieses Medium sträflicherweise nicht ernst genug nahm. Seitdem die Aufregung in unserem Viertel mich völlig beanspruchte, hatte ich mich im Funkhaus nicht mehr sehen lassen. Und ich besaß noch immer kein eigenes Empfangsgerät. So war mir entgangen, daß sich in der Masurenallee einschneidende Veränderungen ereigneten.

Am 18. Juli verbreitete sich die schier unglaubliche Kunde, Hitlers Berliner Statthalter Joseph Goebbels würde abends im Rundfunk sprechen. Bisher war dieser den extremen Parteien versperrt gewesen, nun hörte ich bei Kantorowicz den vielgerühmten Nazi-Propagandisten zum erstenmal.

Ich wollte objektiv urteilen, aber ich konnte durchaus nicht verstehen, was an seiner heiseren Suada faszinierend sein sollte. Er machte die jämmerliche Demokratie madig, pries als Rettung den starken Mann an, dem er diente, das war zu erwarten; auch der Appell an ein mythisches Nationalgefühl des verelendeten Volkes fehlte natürlich nicht. Verblüffend aber war der Zynismus, mit dem er die Massen verächtlich abtat. An diesem Punkt hätte ein Gegner einhaken können. Aber niemand opponierte dem Hetzer, es war unbegreiflich. Am anderen Morgen rief ich an, es dauerte lange, bis sich Dr. Kürschner meldete. Er drückte sich sonderbar hinhaltend aus, als ich schließlich nach Hans Flesch fragte, knurrte er mich an:

«Wissen's denn nicht, daß der weg ist? Und wann's mich noch antreffen wollen, müssen's sich beeilen.»

Eine Stunde später war ich im Funkhaus und erfuhr alles.

Papens Postminister Eltz von Rübenach hatte Flesch kurzerhand abgesetzt. Redakteure standen vor der Entlassung, wenn sie für den Kurs der ‹Nationalen Konzentration› ungeeignet waren; auch Kürschner war schon gekündigt worden. Sarkastisch schildert er das allgemeine Mißtrauen, so mancher versuchte sich anzupassen. Und überall tauchten neue Gesichter auf. Chef des bisher parteipolitisch neutralen ‹Drahtlosen Dienstes›, der Nachrichtenzentrale für alle Sender, war ein Hans Fritzsche geworden, keiner kannte ihn, in den kommenden Jahren wurde er weltbekannt als Stimme seines Herrn Goebbels.

An jenem Tage sah ich Kürschner zum letztenmal, der früher so vitale Pläneschmied sah düster in die Zukunft. Nach 1945 hörte ich, daß er nach Italien emigriert war und gemeinsam mit seiner Frau seinem Leben irgendwo in Sizilien ein Ende gemacht hatte.

Edlef Köppen, vorläufig noch unbehelligt, wollte seine Sendungen so lange wie möglich produzieren und dabei vorsichtig dosierte Kritik an der stockreaktionären Kulturpolitik der Papen-Regierung unter die Leute bringen. Davon versprach ich mir wenig, machte aber irgendwann im Herbst bei einem Streitgespräch mit. Mit solchen Winkelzügen war gewiß kein einziger erwerbsloser Mitbürger zu beeindrucken. Der Rundfunk war verspielt, wir wußten es nur zu gut.

Mitte Januar 1933 vereinbarten Köppen und ich eine Sendung, die am 6. Februar stattfinden sollte. Gedacht war sie als satirisches Gegenstück zu den pathetischen Ergüssen der Nazibarden Beumelburg und Stoffregen, die ihre völkische Kulturerneuerung immer häufiger über die Sender propagierten. Ich entwarf eine Groteske, ein als wissenschaftliches Seminar aufgezogener Kursus in sächsischer Sprache sollte den mir aus Jugendzeiten wohlbekannten Dialekt als einzig würdige Einheitssprache aller Deutschen empfehlen. Linien wurden gezogen, von Martin Luthers Bibelübersetzung ins obersächsische Meißner Kanzleideutsch über den Präzeptor Gottsched und Lessing bis zu Goethe; Weimarer Singsangton ließe sich, so behauptete ich, auch bei dem großen Frankfurter entdecken. Dann kam der Wagalaweia-Schwulst des Ursachsen Richard Wagner dran, Hitlers Abgott. Auch Nietzsche wurde nicht verschont. Der wahre, arglistige Pferdefuß aber war ein ‹weltanschaulicher› Exkurs: gemütliche sächsische Kaffeetrinker als Welteroberer, schwammige Idealisten und zugleich Barbaren wie letztlich die Deutschen insgesamt; bösartige Nietzsche-Zitate dienten als Belege, sein Abscheu gegen deutschen Dünkel wurde mit Wonne zitiert, der blödsinnige Antisemitismus bekam aus erlauchtem Munde seinen Teil ab. Die Arbeit machte mir Freude.

Am 28. Januar, einem Samstag, sprachen wir bei Kantorowicz über eine für Montag einberufene Versammlung des Schriftstellerverbandes. Das Radio meldete die seit Tagen erwartete Demission des Kabinetts Schleicher; Hindenburg habe Papen beauftragt, Möglichkeiten für eine neue Kabinettsbildung zu prüfen. Es sah so aus, als würde der farblose Papen zum zweitenmal Kanzler werden; daß der alte Marschall den von ihm verachteten ‹böhmischen Gefreiten› berufen könne, erschien uns immer noch unwahrscheinlich.

Am Montagmittag unterbrach der Rundfunk seine Unterhaltungsmusik. Dann verlas ein Sprecher die schier unfaßbare Mitteilung:

«Der Führer der Nationalsozialisten, Adolf Hitler, ist soeben von dem Herrn Reichspräsidenten zum Reichskanzler ernannt worden, auf Grund einer längeren Besprechung, die der Herr Reichspräsident mit Herrn Hitler sowie Herrn von Papen hatte.»

## Ivan Illich
## *Selbstbegrenzung*

### Aus der Einleitung

Irgendwann in den kommenden Jahren beabsichtige ich, einen Nachruf auf das industrielle Zeitalter zu schreiben. Ich möchte den Umfang der Mutationen zeigen, die Sprache, Recht, Mythen und Riten dieser Epoche beeinflußt haben, in der Massen-Menschen für Massen-Produkte geschult wurden. Ich möchte ein Bild vom Niedergang der industriellen Produktionsweise und von der Metamorphose der durch sie hervorgebrachten Berufe und Dienstleistungen nachzeichnen.

Vor allem liegt mir daran, daß zwei Drittel der Menschen noch die Chance haben, den Durchgang durch das industrielle Zeitalter zu vermeiden, wenn sie sich heute für eine auf ein postindustrielles Gleichgewicht begründete Produktionsweise entscheiden. Nach meiner Auffassung werden auch die überindustrialisierten Nationen angesichts des drohenden Chaos zur gleichen Entscheidung gezwungen sein. Mit dem Blick auf ein solches Vorhaben, und um mich darauf vorzubereiten, gebe ich mein Diskussionsprogramm der Aufmerksamkeit und der Kritik der Öffentlichkeit anheim.

Seit Jahren widme ich mich der kritischen Erforschung des Monopols der industriellen Produktionsweise und über die Möglichkeit, andere Produktionsweisen, die der gegenwärtigen folgen können, begrifflich zu definieren. Als einen ersten Schritt in diese Richtung konzentrierte ich meine Analyse zunächst auf das heute allseits übliche Erziehungswesen, auf die Schule. Die Ergebnisse, die unter dem Titel: «Entschulung der Gesellschaft»* erschienen sind, enthielten folgende Ergebnisse:

1. Chancengleichheit kann durch die allgemeine Schulpflicht nie erreicht werden.

2. In armen wie in reichen Ländern werden jetzt neue Erziehungssysteme auf Kosten des alten Schulwesens aufgebaut. Erwachsenen-, Fern- und Dauer-Erziehung sind mächtige Werkzeuge, um das spezialisierte Verhalten fügsamer Konsumenten resignierter Benutzer zu erzeugen. Der Eingriff des Erziehungswesens in alle Bereiche des Alltags ist entschieden wirksamer als die allgemeine Schulpflicht, um einem jeden seinen Platz in der Gesellschaft zuzuschreiben. Aber diese Auslieferung des Menschen in die lebenslängliche Erziehung ist moralisch noch weniger tolerierbar als befristete Schulung.

3. Eine Gesellschaft, die für einen gerechten Zugang zum Wissen unter ihren Mitgliedern sorgen und ihnen die Möglichkeit geistiger Begegnung bieten wollte, müßte dem industriellen Wachstum und der beruflichen Spezialisation Grenzen setzen, die aus pädagogischen Überlegungen erwachsen sind. Das Schulsystem erscheint mir als typisches Exempel für ein Schauspiel, das sich auch in anderen Bereichen des industriellen Komplexes wiederholt: stets handelt es sich darum, eine Dienstleistung zu produzieren, die angeblich dem öffentlichen Wohl dient, aber in Wirklichkeit weit mehr neue und doch elementare Bedürfnisse schafft als je befriedigt werden können. Mein Interesse wurde daher von der Zwangsversorgung mit «Bildung» zur Zwangsversorgung mit «Gesundheit» gelenkt und dann auch auf das System der Transportmittel, die, sobald sie eine gewisse Geschwindigkeitsschwelle überschritten haben, auf ihre Weise ebenfalls obligatorisch werden. Die industrielle Überproduktion einer Dienstleistung, sei diese nun Erziehung, Pflege oder Beförderung, hat ebenso katastrophale und zerstörerische Nebenfolgen wie die Überproduktion von Gütern. Die Wachstumsgrenzen für die Dienstleistungen einer Gesellschaft haben umfassende Geltung: wie im Fall der Güterproduktion, gehen diese Grenzen unmittelbar aus dem Wachstumsprozeß hervor und sind daher unausweichlich. Aus dieser Einsicht

* Ivan Illich, Entschulung der Gesellschaft, Reinbek 1973

schließe ich, daß die für das Wachstum gültigen *Grenzen* nur dann adäquat formuliert sind, wenn sie sowohl für industriell produzierte *Güter wie auch für Dienstleistungen* gleichermaßen Geltung haben. Es kommt mir hier darauf an, Wachstumsgrenzen dieser Art aufzudecken und anschaulich zu machen.

Wir können uns nur schlecht eine Gesellschaft vorstellen, in der eine straffe, geplante industrielle Organisation durch anarchisch-autonome Produktionsweisen sowohl ergänzt als auch in Schranken gehalten würde. Wir sind durch industrielle Gewohnheiten derart verbildet, daß wir es nicht mehr wagen, Fortschritt durch Des-Industrialisation als Möglichkeit ins Auge zu fassen. Auf die Massenproduktion verzichten, das heißt für die meisten von uns, in die Fesseln der Vergangenheit zurückkehren oder die Utopie vom guten Wilden wieder hervorzuholen. Wollen wir aber unseren Gesichtskreis auf die wirklichen Dimensionen erweitern, dann müssen wir anerkennen, daß es nicht nur eine einzige Weise der Auswertung wissenschaftlicher Entdeckungen gibt, sondern mindestens zwei: Es gibt eine Art des Gebrauchs wissenschaftlich errungenen Wissens, die zur Spezialisierung unpersönlicher Ziele, zur Institutionalisierung der Werte, zur Zentralisierung der Macht führt. Wenn diese Anwendung überwiegt, wird der Mensch zum Anhängsel der Mega-Maschine, zum Rädchen im Getriebe der Bürokratie. Daneben aber gibt es eine andere Weise, die Erfindungen fruchtbar zu machen, welche die Macht und das Wissen jedes Einzelnen vermehrt und ihm erlaubt, seine Kreativität zu bestätigen, ohne damit notwendigerweise dem anderen diesen Spielraum zu verschließen.

Wenn das übermäßige Vertrauen auf industrielle Produktion und Dienstleistung die Sozialordnung so bestimmt, daß die Industrie ein virtuelles Monopol über die Anwendung neuer Errungenschaften erobert, dann wird die Versklavung des Menschen durch die Maschine nicht abgeschafft, sondern in neue, weltweit homogene Formen gepreßt. Das Werkzeug wird vom Diener zum Despoten. Ist dieses Monopol einmal errichtet, dann wird die Gesellschaft zur Schule, zum Krankenhaus, zum Gefängnis und zur Autobahn. Dann beginnt das große Einsperren. Es kommt darauf an, exakt festzustellen, wo sich – für jedes Element des globalen Gleichgewichts – diese kritische Schwelle befindet. Dann erst wird es möglich sein, die jahrtausendealte Trias: Mensch, Werkzeug und Gesellschaft neu zu artikulieren. Eine Gesellschaft, in der das moderne Werkzeug im Dienste der in die Gemeinschaft integrierten Personen und nicht im Dienst eines Konglomerates von Spezialisten steht, wird hier konviviale Gesellschaft genannt. Konvivial oder lebensgerecht ist jene Gesellschaft, in der der Mensch das Werkzeug durch politische Prozesse kontrolliert.

Ich bin mir bewußt, ein neues Wort in den geläufigen Sprachgebrauch einzuführen. Dieses hier angeknüpfte Gespräch hat im spanischen Gedankenkreis in Mexiko begonnen, wo *convivencialidad* die Fülle des Miteinanderlebens bedeutet. In der etwas abgewandelten Bedeutung, die ich dem Attribut beilege, ist es das Werkzeug und nicht der Mensch, das ich als «lebensgerecht» bezeichne.

Den Menschen, der seine Lust im Gebrauch des konvivialen Werkzeugs findet, den nenne ich nüchtern und zurückhaltend. Er kennt das, was im Spanischen *la conviviencia* heißt, er nimmt Anteil am Mitmenschen. Denn die nüchterne Zurückhaltung hat nichts mit Isolation, Rückzug auf sich selbst oder gar Phantasielosigkeit zu tun. Für Aristoteles wie für Thomas von Aquin ist sie es, die die Freundschaft begründet. Wo er über das geordnete und schöpferische Spiel spricht, definiert Thomas die Nüchternheit als eine Tugend, welche nicht jeglichen Genuß ausschließt, sondern nur den, der die persönliche Beziehung verdrängt oder verdirbt. Diese Nüchternheit ist Teil einer viel zarteren Tugend, die über sie hinausgeht und sie einbegreift: Dies ist *die Freude (jucunditas), die Eutrapelia, die Freundschaft.*

Doris Lessing

## *Der Sommer vor der Dunkelheit*

### Zu Haus

Eine Frau stand auf der Stufe vor dem Hintereingang ihres Hauses, mit verschränkten Armen, und wartete.

Nachdenklich? Sie hätte es nicht so genannt. Sie versuchte, sich über etwas klarzuwerden, es bloßzulegen, damit sie es erkennen und benennen konnte; denn sie hatte schon eine ganze Weile Gedanken «anprobiert» wie Kleider von der Stange. Worte und Redensarten, so abgedroschen wie Kinderreime, gingen ihr durch den Kopf; aus Gewohnheit hat man für die wichtigen Erfahrungen im Leben meist bestimmte feste Formeln parat, und sie sind ziemlich stereotyp. *Ach ja, die erste Liebe! ... Erwachsenwerden ist nicht leicht! ... Mein erstes Kind, wissen Sie ... Aber ich war verliebt! ... Die Ehe ist ein Kompromiß ... Ich bin auch nicht mehr die Jüngste.* Natürlich hat die Wahl der einen statt der anderen Redensart nur selten etwas mit persönlichen Gefühlen zu tun, sondern eher etwas mit der eigenen Herkunft oder mit den Leuten, mit denen man zufällig gerade zusammen ist. Wie eine Frau wirklich über etwas denkt, muß man aus einem ihr unbewußten Lächeln schließen, daraus, wie ihre Mundwinkel leicht verbittert zucken, oder aus der Art, wie nach einem *Ich möchte nicht noch einmal Kind sein!* sich ein Seufzer ihren Lungen entringt. Diese Redensarten, die alle so wirken, als seien sie für eine besonders schlagkräftige Werbekampagne erfunden, haben eine solche Macht, daß wahrscheinlich viele Leute immer wieder sagen: *Die Jugend ist die beste Zeit unseres Lebens* oder *Die Liebe macht das ganze Leben einer Frau aus* – bis sie sich einmal im Spiegel sehen, wenn sie so etwas sagen, oder ein rascher Seitenblick ihnen verrät, welche Reaktion sich im Gesicht eines Freundes bei dieser Bemerkung spiegelt.

Eine Frau stand auf der Stufe vor dem Hintereingang ihres Hauses mit verschränkten Armen, und wartete darauf, daß das Wasser im Kessel kochte.

Tagsüber war wegen eines Streiks meist Stromsperre gewesen. Tim, ihr Jüngster, und Eileen, ihre Tochter, waren schon früh losgefahren, hatten im Wald von Epping Fallholz gesammelt und dann voller Begeisterung auf dem Kiesweg ein Feuer gemacht und darüber aus alten Eisenstangen, die sie hinten in der Garage gefunden hatten, einen Dreifuß gebaut. Dieses Feuer, das Kochen darauf, das Zuschauen, die Scherze darüber, all das war den ganzen Tag der Hauptspaß der Familie gewesen. Die Frau hatte es jedoch als ziemlich lästig empfunden. Es hatte zwanzig Minuten gedauert, bis der Kessel auch nur zu singen begann. Seit Jahren hatte sie dieses Singen eines Wasserkessels nicht mehr gehört. Der elektrische Strom versetzte Wasser von einem Augenblick zum nächsten aus völliger Ruhe in sprudelnden Aufruhr – das Singen wurde übersprungen …

Vielleicht war ihr etwas entgangen? Vielleicht hatten sich Tim und Eileen – die schließlich erwachsen waren, neunzehn und zweiundzwanzig Jahre alt – doch nicht so begeistert an den kleinen Improvisationen des Tages? Hatten nur aus Gemeinschaftssinn so getan, als hätten sie Spaß daran? War ihr Verhalten in Wirklichkeit nur so etwas wie eine jener alten Redensarten gewesen, eine Konvention, von der die Menschen nicht wissen, wie man sie um der Wahrheit willen aufgibt – ganz gleich, was das ist, Wahrheit?

Erging es ihnen wie ihr?

Die Wahrheit war: sie wurde sich mit zunehmendem Unbehagen bewußt, daß nicht nur, was sie sagte, und viel von dem, was sie dachte, «von der Stange» kam, nein, mehr noch – das, was sie wirklich empfand, war noch wieder etwas anderes.

Die Frau ließ die Arme sinken, ging zu dem nur wenige Schritte entfernten absurden Gebilde auf dem Kiesweg, schob noch ein paar Zweige unter den Kessel, der an einem Stück gebogenen Draht an dem Dreifuß baumelte, und horchte: änderte sich das Singen des Wasserkessels überhaupt? Sie glaubte, ja. Wenn es morgen, wie angedroht, wieder Stromsperre geben sollte, wäre es das beste, sich einen Campingherd oder etwas Ähnliches zu besorgen. Dieses Pfadfinderspielen war ja gut und schön, aber wenn es regnete ... Der Streik werde wahrscheinlich einige Zeit dauern, hieß es. Waren die Stromsperren diesmal nicht sehr kurz aufeinander gefolgt? Es sah so aus, als müßte man mit häufigeren Engpässen in der Energieversorgung – Wärme, Licht, Treibstoff – rechnen, und es wäre bestimmt klug, Vorkehrungen zu treffen. Vielleicht hatten Tim und Eileen recht: Eine Fuhre Holz war unter Umständen gar keine schlechte Idee.

Die Frau ging zum Hintereingang des Hauses zurück, lehnte sich gegen die Mauer und verschränkte die Arme.

Da waren die Ereignisse, die alle die Öffentlichkeit betrafen: Kriege, Streiks, Überschwemmungen, Erdbeben – alles, was man so für höhere Gewalt hält. Da herrschte weithin die Meinung, ob irrational oder nicht, daß diese Ereignisse, einst als gottgesandt und selten empfunden (oder waren sie das nie gewesen, hatte man das nur falsch in Erinnerung?), bald in jedermanns Erfahrungen den ersten Platz einnehmen würden, als habe eine Lufthülle, die einmal das Klima eines fernen, verloschenen Sterns bestimmte, beschlossen, unseren armen Planeten zu umschlingen. Für immer mehr Menschen hießen, wenn man einmal richtig darüber nachdachte, die entscheidenden Erfahrungen: Invasion, Krieg, Bürgerkrieg, Epidemie, Hungersnot, Überschwemmung, Erdbeben, Umweltverschmutzung. Die festen Formeln, die man dafür parat hatte, waren noch stereotyper: *Wir sollten etwas dagegen unternehmen!* oder *Ein Jammer!* Es sind nicht so viele Abstufungen möglich für: *Meine ganze Familie ist im Konzentrationslager umgekommen* oder *Vier von meinen Kindern sind Hungers gestorben* oder *Meine Schwester und ihr Kind sind von den Soldaten getötet worden.* Aber sah es nicht so aus, als seien die stereotypen Redensarten für die öffentlichen Ereignisse ehrlicher als für die privaten? *Ein Jammer!* – traf das nicht ungefähr den Kern?

Sie bemerkte, daß der Kessel ruhiger geworden war, und griff mit ausgestrecktem Arm hinter sich in die Küche nach einer großen Porzellankanne, in der bereits Kaffee war. Mit der Kaffeekanne in der Hand stand sie nahe am Feuer und wartete darauf, daß der Dampf anfing, den Deckel des Kessels klappern zu lassen.

Es war Unsinn, die Dinge an Höhepunkten und Krisen zu messen:

Die persönlichen Ereignisse hatten sich wie die öffentlichen letzten Endes seit langem vorbereitet. Sie entwickelten sich … Erst nach Monaten, meist erst nach Jahren, wird ein Mensch sagen: *Mein Gott, mein ganzes Leben hat sich verändert*, wenn er von einer großen Leidenschaft spricht, von einer unüberwindlichen Abneigung oder einer Ehe, einer wichtigen beruflichen Aufgabe. *Mein Leben hat sich verändert, weil ich mich verändert habe.*

Der Dampf drückte jetzt energisch gegen den Deckel des Kessels und strömte aus der Tulle.

Mit dem Topflappen faßte sie den Henkel des Kessels an und goß das gefährlich zischende Wasser auf den Kaffee. Sie stellte den Kessel neben dem Feuer ab, aber nicht auf dem Rasen, wo es einen kreisrunden gelben Fleck gegeben hätte, und zog die halbverbrannten Zweige aus dem Feuer. Falls es anfing zu regnen, mußte sie daran denken, die Zweige und alles nicht verbrannte Holz ins Trockene zu bringen. Sie war keine Pfadfinderin und wußte nicht, wie man mit nassem Holz Feuer macht.

Sie nahm den Kessel in eine Hand, die Kaffeekanne in die andere und ging aus dem Garten hinter dem Haus in die Küche.

*Ich habe die Feuerprobe bestanden, ich bin durch eine harte Schule gegangen* … So etwas sagte oder fühlte man nicht ohne eine gewisse Befriedigung. Sicher war das eine außergewöhnliche Tatsache? Das Gefühl, etwas geleistet zu haben, war außergewöhnlich? Solche Empfindungen hatten doch nicht nur Menschen, die zu der (vergleichsweise kleinen) Zahl der Erdenbewohner gehörten, nach deren Theorie das Leben eines Menschen nicht wichtiger ist als das eines Käfers, sondern auch jene, die den alten Standpunkt vertraten, nur unsere Taten zählten, weil wir in den Augen Gottes – oder der Götter – wichtig seien. Aber weshalb sollte irgend jemand sich darum scheren, daß er oder sie sich verändert hat, Erfahrungen gesammelt hat, gereift ist, erwachsen wurde, wenn er oder sie nur ein Käfer ist? Oder vielleicht sogar nur ein Schmetterling? Denn ein Gefühl, vielleicht das tiefste, das wir kennen, sagt uns, daß im Leben das wichtigste sei, Erfahrungen zu sammeln, zu lernen. Und dieses Gefühl sollte nur eine Gewohnheit sein, ein Überbleibsel aus früheren, primitiveren Zeiten? Nur eine Wichtigtuerei des Käfers? Aber es war da, kein Zweifel, ob man «Gott» nun vertrieben oder für tot erklärt hatte oder nicht. Vor wem soll ein Käfer Rechenschaft ablegen?

Wir sind, was wir an Erfahrungen sammeln.

Es erfordert oft eine lange und schmerzvolle Zeit.

Leider war jedoch nicht zu bezweifeln, daß es lange Perioden, schmerzvolle Perioden gab, in denen man nur wenig lernte.

War sie wirklich dieser Ansicht? Ja, sie war es.

Weil sie deprimiert war? War sie deprimiert? Wahrscheinlich. Sie war etwas ganz nahe, das sie nicht greifen konnte ...

Die Frau setzte die Kanne auf ein Tablett, auf dem das Kaffeegeschirr bereits zurechtgestellt war: Tassen und Untertassen, Löffel, Zuckerdose und ein Sieb. Bevor sie das Tablett hinaustrug, warf sie einen Blick auf die schmutzigen Teller vom Mittagessen, die sich neben dem Geschirr vom Frühstück stapelten. Vielleicht konnte sie Tim bitten, daß er das Feuer noch einmal anfachte, um einen zweiten Kessel Wasser heiß zu machen; dann könnte sie schnell abwaschen. Nein, lieber nicht, nicht in der Stimmung, in der er war; besser, das später selbst zu machen.

Eine Frau trat aus der Küche und ging über den Rasen, der gemäht werden mußte und ganz reizend mit Gänseblümchen betupft war, zu einem Baum. Diese Frau war Kate Brown; um genau zu sein, Catherine Brown oder Mrs. Michael Brown. Vorsichtig trug sie das Tablett und dachte ans Abwaschen, während sie mit ihrer privaten Bestandsaufnahme, ihrem Rechenschaftsbericht fortfuhr ... Sie wünschte, sie könnte das augenblickliche Stadium ihres Lebens schnell durchmessen, da es ihr endlos erschien. Wenn das Leben an großen Augenblicken, an Höhepunkten gemessen werden mußte, dann war, was sie betraf, lange Zeit nichts «geschehen»; und sie konnte nicht viel mehr erwarten als den langsamen Abstieg von der aktiven Rolle als Hausfrau zum Altwerden.

Manchmal, wenn man Glück hat, konzentriert sich ein Prozeß, verdichtet sich ein Lebensabschnitt. Für Kate sollte dieser Sommer eine solche verkürzte, gesteigerte, verdichtete Zeit werden.

Was sollte sie erfahren? Nicht viel mehr als die einfache Tatsache, daß sie alt wurde: der unaufhörliche und sich ständig wiederholende Prozeß des Wachsens und Reifens. Das passiert natürlich jedem – *Wie die Zeit vergeht! ... Ehe man es merkt, ist das Leben vorbei ... Reife zu erlangen, ist das wichtigste.* Und so weiter. Aber in Kates Fall sollte es sich ganz und gar nicht um einen Prozeß von einem oder zwei Jahrzehnten handeln, der, während er ablief, kaum bemerkt wurde, außer bei dem verzweifelten Bemühen, die Flut aufzuhalten – das Haar zu tönen, auf die Figur zu achten, die Mode nur vorsichtig mitzumachen, damit sie elegant, aber nicht jugendlich aufgetakelt wirkte. Für fast jeden, es sei denn, ihn ereilt eine Katastrophe, der Boden wankt unter seinen Füßen, Bomben töten seine Kinder und schlagen das eigene Herz mit Gleichgültigkeit allem gegenüber – für fast jeden ist Altwerden eine Sache von Jahren. Man ist jung, dann hat man die mittleren Jahre erreicht, aber der Augenblick des Übergangs vom einen Stadium zum anderen läßt sich schwer bestimmen. Die Einstellung zu den Menschen unserer Umgebung hat sich verändert, ja ganz entscheidend verändert, aber dieser Tatsache ist man sich kaum bewußt geworden, weil das Eis des Gletschers sich so langsam ins Tal schob. Bei den meisten ist es ungefähr so: *Ich bin leider nicht mehr so jung, wie ich einmal war.* Kate Brown jedoch sollte den Prozeß in ein paar Monaten hinter sich bringen. War es, obwohl alles so auf ihre Person, ihre Geduld, ihre gute Laune, ihre Zeit zugeschnitten schien, in Wirklichkeit der Druck von außen, der ihr kleines Leben bedrängte? Daher das Gefühl der Hast? Vielleicht. Jedenfalls sollten die Ereignisse dieses Sommers nicht von ihren eigenen Fähigkeiten und Begabungen bestimmt werden.

Als alles vorbei war, hätte sie sich bestimmt nicht gewünscht, es anders erlebt zu haben. Aber im voraus konnte sie es sich so nicht wünschen, dazu fehlte es ihr an Erfahrung und Phantasie. Nein, sie konnte sich nicht *wünschen*, was geschehen sollte, auch wenn sie, das Tablett in der Hand, da unter dem Baum stand und dachte: Es geht immer so weiter! Das ist nicht richtig: Es müßte etwas geben, das ich sehen, etwas, das ich *jetzt* verstehen könnte, irgendeinen Weg, den ich wählen könnte …

Wählen? Wann wähle ich überhaupt? Hab ich je gewählt?

Eine Frau stand dort unter einem Baum, wie sie in den letzten Jahrhunderten oft dort hätte stehen können, ein volles Tablett in der Hand. Sie stellte das Tablett auf einen Gartentisch, der aus einem im vergangenen Jahrzehnt erfundenen Material bestand. Er sah aus wie aus Eisen, war aber so leicht, daß man ihn mit einer Hand hochheben konnte, und so ausbalanciert, daß er, auch wenn man ihn einseitig belastete, nicht umkippte.

In ihren Augen hatte sie diesen Tisch nicht ausgewählt; er war für sie ausgewählt worden, genau wie die Plastiktassen, die aussahen, als seien sie aus Porzellan.

Sie ging wieder zur Rasenmitte, und bevor sie noch Atem holte, um zu den Fenstern im ersten Stock des Hauses hinaufzurufen, sah sie vor sich, was ihr Mann sehen würde, wenn er ans Fenster trat und sagte: «Ich komme schon!» – eine auf dem Rasen stehende Frau in einem weißen Kleid, weißen Schuhen und mit einem blaßroten Tuch um den Hals.

In diesem Punkt konnte sie wählen, bewußt und absichtlich: ihr Äußeres war Wahl, feinfühlig und taktvoll, dem mittelständischen Vorort und ihrer Stellung als Frau ihres Mannes angemessen. Und natürlich als Mutter ihrer Kinder.

Das Kleid kam von einem Ständer mit der Aufschrift «Jolie Madame» und war kleidsam und dezent. Sie trug Schuhe und Strümpfe. Ihr Haar – und hier hatte sie am nachdrücklichsten gewählt – war in großen, weichen Wellen um ein Gesicht frisiert, das auf dem Nasenrücken und oben auf den Wangen ein paar Sommersprossen zeigte. Ihr Mann sagte immer, das gefiele ihm. Das Haar war rötlich – nicht allzu auffallend. Sie war eine hübsche, gesunde, tüchtige Frau.

Sie stand auf dem Rasen, beschattete mit der Hand ihre Augen und rief hinauf: «Michael, Michael, Kaffee!»

Ein undeutliches Gesicht hinter Scheiben, auf denen die Sonne blendete, rief: «Ich komme schon!»

Eine Frau, passend für einen Nachmittag im Kreise der Familie gekleidet, ging über den Rasen zurück, vorsichtig, damit das Gras an ihren Schuhen keine Spur hinterließ.

# 1976

E. L. Doctorow
*Ragtime*

Für 25 Cents Weisheit

Morgan residierte in New York in Murray Hill, im Haus Nr. 219 der Madison Avenue, einem stattlichen Gebäude aus braunem Sandstein an der nordöstlichen Ecke der Kreuzung mit der 36. Straße. Es grenzte an die weiß-marmorne Morgan-Bibliothek an, die er für die Tausende von Büchern und Kunstgegenständen, die er auf seinen Reisen zusammentrug, gebaut hatte. Charles McKim, ein Partner von Stanford White, hatte sie im Stil der italienischen Renaissance entworfen. Die weißen Marmorblöcke waren ohne Mörtel ineinandergefügt. Schnee, dunkler als die Steine der Bibliothek, lag auf den Straßen an dem Tag, als Henry Ford zum Lunch kam. Der Schnee dämpfte alle Geräusche der Stadt. Ein städtischer Polizist war am Tor der Residenz postiert. Auf der anderen Straßenseite und an jeder Ecke der Kreuzung der 36. Straße und der Madison Avenue standen kleine Gruppen von Männern mit hochgeschlagenen Mantelkrägen und starrten auf das Haus des großen Mannes. Morgan hatte ein leichtes Essen bestellt. Sie sprachen wenig, während sie ohne weitere Gesellschaft speisten. Es gab Chincoteagues, Bisque de Terrapin, einen Montrachet, Lammsattel, einen Château Latour, frische Tomaten und Endivien, Rhabarbertorte mit Crème double und Kaffee. Die Bedienung war reinste Zauberei: zwei Diener von Morgans Hauspersonal ließen die Gerichte mit solcher Zurückhaltung erscheinen und verschwinden, daß keine Menschenhand im Spiel zu sein schien. Ford aß tüchtig, rührte aber den Wein nicht an. Er war vor seinem Gastgeber fertig. Er schaute offen auf Morgans Nase. Er fand einen Krümel auf dem Tischtuch und deponierte ihn auf dem Unterteller seiner Kaffeetasse. Seine Finger strichen müßig über den goldenen Teller.

Nach dem Lunch bedeutete Morgan seinem Gast, daß er gern in die Bibliothek mit ihm gehen würde. Sie verließen das Speisezimmer und durchschritten eine Art Empfangssalon, wo drei oder vier Männer saßen, in der Hoffnung, Pierpont Morgans Zeit ein paar Augenblicke in Anspruch nehmen zu können. Es waren seine Rechtsanwälte. Sie waren da, um ihn zu seinem bevorstehenden Auftritt vor dem Ausschuß für Banken und Finanzen zu beraten, der damals in Washington tagte, um die Frage zu untersuchen, ob in den Vereinigten Staaten ein Finanzkartell existierte. Morgan winkte ab, als die Rechtsanwälte sich bei seinem Anblick erhoben. Außerdem befand sich unter den Wartenden ein Kunsthändler im Cutaway, der eigens aus Rom angereist war, um ihn zu sehen. Der Kunsthändler stand nur auf, um sich zu verbeugen. Ford entging kein Detail dieser Schaustellung. Er war ein Mann mit eher hausbackenen Vorlieben, fühlte sich aber keineswegs abgestoßen von einem Imperium, das sich, wie er klar erkannte, nur im Stil von seinem eigenen unterschied. Morgan führte ihn in den großen Westsaal der Bibliothck. Sie nahmen in Sesseln zu beiden Seiten eines mannshohen Kamins Platz. Ein guter Tag für ein Feuer, sagte Morgan. Ford pflichtete ihm bei. Zigarren wurden gereicht. Ford lehnte ab. Er bemerkte, daß die Decke vergoldet war. Die Wände waren mit rotem Seidendamast bespannt. Es gab phantastische Gemälde, die in wuchtigen Rahmen unter Glas hingen – Bilder von gelblich-seelenvoll blickenden Leuten mit goldenen Heiligenscheinen. Anscheinend, dachte er, hatte sich in jenen Tagen niemand malen lassen, der kein Heiliger war. Es gab eine Madonna mit Kind. Er strich mit den Fingern über die Armlehne seines roten Plüschsessels. Morgan ließ ihm Zeit, das alles in sich aufzunehmen. Er paffte seine Zigarre. Schließlich sprach er. Ford, sagte er schroff, ich bin nicht daran interessiert, Ihr Unternehmen zu kaufen, nicht einmal an einer Beteiligung. Ich stehe auch nicht mit einem Ihrer Konkurrenten in Verbindung. Ford nickte. Ich muß zugeben, das höre ich gern, sagte er mit einem schlauen Glitzern in den Augen. Nichtsdestoweniger, fuhr sein Gastgeber fort, bewundere ich, was Sie getan haben, und obwohl mir natürlich flau wird bei dem Gedanken, daß jeder Mongoloide, der gerade ein paar hundert Dollar übrig hat, einen Kraftwagen in die Hand bekommt, erkenne ich an, die Zukunft gehört Ihnen. Sie sind noch ein junger Mann – so um die Fünfzig? –, und vielleicht haben Sie einen Sinn für die Notwendigkeit, die Menschen einzeln zu mobilisieren, der mir abgeht. Ich habe mein Leben mit der Koordination von Geldquellen und der harmonischen Vereinigung von Industriezweigen verbracht, aber ich habe niemals die Möglichkeit erwogen, daß die Beschäftigung von Arbeitskräften in sich selbst ein Prozeß harmonischer Vereinigung ist, unabhängig von dem Unternehmen, dem sie dient. Erlauben Sie mir eine Frage. Ist Ihnen je eingefallen, daß Ihr Fließband nicht nur einen industriellen Geniestreich darstellt, sondern auch eine Widerspiegelung organischer Wahrheit? Schließlich ist die Austauschbarkeit von Teilen ein Naturgesetz. Individuen sind Teile ihrer Art und ihrer Gattung. Alle Säugetiere reproduzieren sich auf dieselbe Weise, haben die Form des Stoffwechsels gemeinsam, erkennbar gleiche Verdauungs- und Kreislaufsysteme, und sie genießen mit denselben Sinnen. Offensichtlich heißt das nicht, daß alle Säugetiere austauschbare Teile haben wie Ihre Automobile. Aber es sind die gemeinsamen Bauformen, die es den Systematikern erlauben, Säugetiere als Säugetiere einzuordnen. Und innerhalb einer Art – der Spezies Mensch zum Beispiel – funktionieren die Naturgesetze so, daß individuelle Unterschiede zwischen uns auf der Basis unserer Ähnlichkeit in Erscheinung treten. So daß man die Individuation mit einer Pyramide vergleichen kann, weil sie erst mit dem Setzen des Steins an der Spitze zustande kommt.

Ford sann darüber nach. Ausgenommen die Juden, murmelte er. Morgan glaubte, nicht richtig gehört zu haben. Wie bitte, fragte er. Die Juden, sagte Ford. Wie die ist niemand, den ich sonst kenne. Da steckt Ihre Theorie schon in der Scheiße. Er lächelte.

Morgan schwieg einige Minuten. Er rauchte seine Zigarre. Das Feuer knisterte. Schneeflocken, vom Wind herangeweht, überzogen zart die Fenster der Bibliothek. Morgan sprach von neuem. Von Zeit zu Zeit, sagte er, habe ich Gelehrte und Wissenschaftler verpflichtet, mir bei meinen philosophischen Untersuchungen zu helfen, in der Hoffnung, ich würde, was dieses Leben betrifft, zu ein paar Schlüssen kommen, die nicht in Reichweite der meisten Menschen liegen. Ich schlage Ihnen vor, an den Früchten meiner Studien teilzuhaben. Ich kann mir nicht denken, daß Sie so überheblich sind zu glauben, was Sie erreicht haben, sei lediglich das Ergebnis Ihrer eigenen Anstrengung. Hätten Sie Ihren Erfolg in dieser Weise verbucht, würde ich Sie warnen, mein Herr – vor dem schrecklichen Preis, der dafür zu zahlen ist. Sie würden sich am Ende der Welt gestrandet vorfinden und wie kein anderer Mensch die Leere des Firmaments zu spüren bekommen. Glauben Sie an Gott. Das ist meine Sache, sagte Ford. Schön und gut, sagte Morgan, ich würde von keinem Mann Ihrer Intelligenz erwarten, daß er sich eine so gewöhnliche Idee zu eigen macht. Vielleicht brauchen Sie mich mehr, als Sie glauben. Angenommen, ich könnte Ihnen beweisen, daß es universelle Muster von Ordnung und Wiederkehr gibt, die der Betriebsamkeit dieses Planeten Sinn verleihen. Angenommen, ich könnte nachweisen, daß Sie selbst in unserem modernen Zeitalter nur als Mittler dienen für Tendenzen zu menschlicher Identität, welche die älteste Weisheit in der Welt bestätigen.

Morgan stand abrupt auf und verließ den Raum. Ford drehte sich in seinem Sessel um und sah ihm nach. Schon stand der alte Mann in der Tür und winkte ihn mit einer heftigen Bewegung zu sich. Ford folgte ihm durch die zentrale Halle der Bibliothek in den Ostsaal, dessen hohe Wände mit Bücherregalen bedeckt waren. Es gab in der

Höhe zwei Rundgänge aus Milchglas und polierten Messingbalustraden, so daß jedes Buch bequem entnommen werden konnte, gleichgültig wie hoch es stand. Morgan ging zur anderen Wand hinüber und drückte auf den Rücken eines bestimmten Buches, worauf ein Teil der Regalfläche zur Seite schwenkte und einen Korridor freigab, den ein Mann passieren konnte. Bitte sehr, sagte er zu Ford und folgte ihm in eine kleine Kammer. Mit einem Knopfdruck schloß er die Tür hinter ihnen.

Sie waren in einem Raum normaler Größe, bescheiden eingerichtet mit einem runden polierten Tisch, zwei Stühlen mit gedrechselten Rückenlehnen und einer Schauvitrine zur Aufbewahrung von alten Handschriften. Morgan schaltete eine Tischlampe mit grünem Metallschirm an. Niemand ist je mit mir in diesem Raum gewesen, sagte er. Er schaltete eine Stehlampe ein, die so aufgestellt war, daß sie Licht in die Vitrine warf. Kommen Sie hier herüber, Sir, sagte er. Ford blickte durch die Glasscheibe und sah ein altes Pergament, bedeckt mit lateinischer Kalligraphie. Dies, sagte Morgan, ist ein Blatt von einem der ersten Rosenkreuzertexte ‹*Chymische Hochzeit: Christiani Rosenkreutz*›. Wissen Sie, wer die ursprünglichen Rosenkreuzer waren, Mr. Ford? Es waren christliche Alchimisten aus der Rheinpfalz zur Zeit des Kurfürsten Friedrich V. Wir sprechen vom frühen siebzehnten Jahrhundert, Sir. Diese großen und guten Männer verkündeten die Idee einer andauernden, wohltätigen Zauberkraft, die in jedem Zeitalter bestimmten Männern zum Nutzen der gesamten Menschheit zu Gebote steht. Der lateinische Begriff dafür lautet *prisca theologia*, geheime Weisheit. Merkwürdigerweise ist der Glaube an eine geheime Weisheit nicht nur bei den Rosenkreuzern vorhanden. Wir wissen von einer Gesellschaft, die sich *The Invisible College* nannte und um die Mitte desselben Jahrhunderts in London existierte. Ihre Mitglieder galten als die Träger der wohltätigen Zauberkraft, von der ich spreche. Natürlich wissen Sie nichts von den Schriften Giordano Brunos, die hier mit einer Probeseite in seiner eigenen Handschrift vertreten sind. Meine Gelehrten haben für mich, wie vorzügliche Detektive, die Existenz dieser Idee und die verschiedenen geheimnisvollen Organisationen, die sie vertraten, in den meisten Kulturen der Renaissance, in den Gesellschaften des Mittelalters und im antiken Griechenland aufgespürt. Ich hoffe, Sie folgen mir aufmerksam. Die früheste überlieferte Erwähnung besonderer Menschen, die in jedem Zeitalter geboren werden, um die Leiden der Menschheit mit ihrer *prisca theologia* zu lindern, verdanken wir den Griechen, von denen die Schriften des ägyptischen Priesters Hermes Trismegistus übersetzt wurden. Von Hermes stammt der historische

Name für dieses okkulte Wissen. Man nennt es Hermetik. Mit seinem dicken Zeigefinger pochte Morgan auf das Glas über dem letzten Schaustück in der Vitrine. Es war das Fragment eines rosa Steins, auf dem geometrische Kritzeleien schwach sichtbar waren. Das, mein Herr, ist vielleicht eine Probe von Hermes in der ursprünglichen Keilschrift. Und jetzt lassen Sie mich etwas fragen. Warum, meinen Sie, verschwindet eine Idee, die in jedem Zeitalter und jeder Zivilisation der Menschheit geläufig war, in der Neuzeit? Denn erst im Zeitalter der Naturwissenschaft sind diese Männer und ihre Weisheit außer Sicht geraten. Ich werde Ihnen sagen warum: Das Aufkommen der mechanistischen Wissenschaft von Newton und Descartes war eine große Verschwörung, eine große, teuflische Verschwörung mit dem Ziel, unseren Wirklichkeitsbegriff und unser Gefühl für die metaphysisch Begabten in unserer Mitte zu zerstören. Aber trotzdem sind sie heute unter uns. Sie sind in jedem Zeitalter unter uns. Sie kommen wieder, verstehen Sie? Sie kommen wieder!

Morgan war nun rot vor Erregung. Er lenkte Fords Aufmerksamkeit auf die am weitesten entfernte Ecke des Raums, wo im Schatten noch ein Einrichtungsstück stand, etwas Rechtwinkliges, das mit einem goldenen Samttuch verdeckt war. Morgan schloß die Faust um den Rand des Tuches, stierte seinen Gast mit wild triumphierendem Besitzerstolz an und zog das Tuch weg, das er zu Boden fallen ließ. Ford inspizierte den Gegenstand. Es war ein bleiversiegelter Glaskasten. In dem Kasten war ein Sarkophag. Er hörte das rauhe, keuchende Atmen des alten Mannes. Es war das einzige Geräusch in dem Raum. Der Sarkophag war aus Alabaster. In die Oberfläche war ein hölzernes Bildnis desjenigen eingearbeitet, der darunter lag. Das Bildnis war mit Blattgold beschichtet und ockerrot und blau bemalt. Dies, Sir, sagte Morgan mit heiserer Stimme, ist der Sarg eines großen Pharaos. Die ägyptische Regierung und sämtliche Archäologen der Welt glauben, er liege in Kairo. Würde bekannt, daß ich ihn besitze, gäbe es internationalen Aufruhr. Er ist wortwörtlich unbezahlbar. Mein privater Stab von Ägyptologen hat alle wissenschaftlich denkbaren Vorkehrungen getroffen, um ihn vor den zerstörenden Einflüssen der Luft zu bewahren. Unter der Maske, die Sie sehen, liegt die Mumie des großen Pharaos der Neunzehnten Dynastie, Seti der Erste, geborgen aus dem Tempel von Karnak, wo er über dreitausend Jahre lag. Ich werde ihn Ihnen zu gegebener Zeit zeigen. Lassen Sie mich jetzt nur soviel sagen. Ich garantiere, das Antlitz des großen Königs wird von beträchtlichem Interesse für Sie sein.

Morgan mußte seine Fassung wiederfinden. Er zog einen der Stühle hervor und setzte sich an den Tisch.

Allmählich ging sein Atem wieder normal. Ford hatte sich ihm gegenüber gesetzt, und da er die körperlichen Schwierigkeiten des alten Mannes erkannte, verhielt er sich still und starrte auf seine eigenen Schuhe. Die Schuhe, braune Schnürschuhe, hatte er nach dem Katalog von L. L. Bean gekauft. Es waren gute, bequeme Schuhe. Mr. Ford, sagte Pierpont Morgan, ich möchte, daß Sie mein Gast auf einer Expedition nach Ägypten sind. Das ist genau der Ort, um den es geht, Sir. Dort fängt alles an. Ich habe einen Dampfer in Auftrag gegeben, der speziell für Fahrten auf dem Nil entwickelt wurde. Wenn er fertig ist, möchte ich, daß Sie mich begleiten. Werden Sie das tun? Es wird Sie nichts kosten. Wir müssen nach Luxor und Karnak gehen. Wir müssen zur großen Pyramide von Gizeh. Es gibt nur so wenige von uns, Sir. Mein Geld hat mich bis an die Tür bestimmter Krypten gebracht, zur Entzifferung heiliger Hieroglyphen. Warum sollten wir uns nicht davon überzeugen, wer wir in Wahrheit sind, und von der unveränderlichen wohltätigen Kraft, die wir verkörpern?

Ford saß leicht gebeugt da. Seine langen Hände hingen von den hölzernen Lehnen seines Stuhls herab, als seien sie in den Handgelenken gebrochen. Er überdachte alles, was gesagt worden war. Er blickte auf den Sarkophag. Als er sicher war, daß er verstand, nickte er feierlich mit dem Kopf und antwortete wie folgt: Wenn ich Sie recht verstehe, Mr. Morgan, sprechen Sie von Reinkarnation. Nun, lassen Sie mich Ihnen dazu etwas sagen. Als junger Mann erlebte ich eine furchtbare Krise meines inneren Lebens, als ich spürte, daß ich kein Recht hatte zu wissen, was ich wußte. Ich hatte Mumm, klar, aber ich war ein gewöhnlicher Junge vom Land, der sich durch die Schulbücher quälte wie alle anderen auch. Trotzdem wußte ich, wie alles funktionierte. Ich konnte einen Blick auf etwas werfen und Ihnen sagen, wie es funktionierte, und Ihnen wahrscheinlich zeigen, was man anstellen konnte, damit es besser funktionierte. Aber ich war kein Intellektueller, verstehen Sie, und ich hatte nicht die Geduld für die Zwei-Dollar-Wörter.

Morgan hörte zu. Er spürte, daß er sich nicht bewegen durfte. Da also, sprach Ford weiter, bin ich zufällig auf ein kleines Buch gestoßen. Es hieß ‹*Ewige Weisheit eines östlichen Fakirs*› und war von der Franklin Novelty Company in Philadelphia, Pennsylvanien, herausgegeben. Und in diesem Buch, das mich ganze fünfundzwanzig Cent gekostet hat, fand ich alles, was ich zu meiner Seelenruhe brauchte. Reinkarnation ist der einzige Glaube, den ich habe, Mr. Morgan. Ich erkläre mir damit mein Genie – manche unter uns haben eben schon mehr Leben gelebt als andere. Verstehen Sie: wofür Sie Gelehrte bezahlt haben und um die Welt gereist sind, um es zu suchen – das wußte ich bereits. Und wissen Sie was? Als Dank für das Essen leihe ich Ihnen das Buch. Mensch, Sie brauchen doch nicht Ihre Zeit mit diesem ganzen Lateinkram zu vertrödeln, sagte er mit einer schwungvollen Armbewegung, Sie brauchen doch nicht die Abfalleimer Europas zu durchstöbern und Dampfboote für Nilfahrten zu bauen, um etwas herauszufinden, was Sie für fünfundzwanzig Cent im Postversand bekommen können!

Die beiden Männer starrten sich an. Morgan lehnte sich in seinem Stuhl zurück. Alles Blut schwand aus seinem Gesicht, und in seinen Augen erlosch der harte Glanz. Als er zu sprechen begann, war es mit der schwachen Stimme eines alten Mannes. Mr. Ford, sagte er, wenn meine Ideen die Verbindung mit Ihnen überstehen können, dann haben sie die letzte Probe bestanden.

Dennoch war der entscheidende Durchbruch geschehen. Rund ein Jahr nach diesem ungewöhnlichen Zusammentreffen unternahm Morgan seine Reise nach Ägypten. Obwohl Ford nicht mit ihm kam, hatte er doch die Möglichkeit einer ehrfurchtgebietenden Abkunft anerkannt. Und gemeinsam war es ihnen gelungen, den geheimsten und exklusivsten Club in Amerika zu gründen. Die Pyramide, dessen einzige Mitglieder sie selber waren. Er förderte bestimmte Forschungen, die bis zum heutigen Tag fortdauern.

Kenneth Koch

## *Vielen Dank*

Mit dir zu Fuß

Meine Mißverständnisse: jahrelang dachte ich «muso bello»
  heißt «Bell Muse», ich dachte es ist eine Art
Extrabonus auf dem Spielautomaten meiner Vergangenheit
im Schnee, als Februar nur ein springender Ball war vor
  dem *Hospital Der Zwei Schwestern Der letzten Hot Dog*
*Bevor Ich Schlafengehe.* Ich dachte, *Axel's Castle*
  ist eine Garage;
und ich hatte auch schöne Träume davon – sinnliche
  mysteriöse Mechanismen; hupende Hörner, drehende Räder ...
Meine Mißverständnisse waren:
1. die Puppe Pinocchio könne wirklich ein richtiger Junge
  werden und wieder eine Puppe!

2. das hinge davon ab ob er lieb oder böse ist!
3. ihn mit mir zu verwechseln! Und deshalb
4. immer wenn ich böse war, zu fürchten, ich würde mich
 in Holz verwandeln …
5. Ich mißverstand Kindheit. Gewöhnlich mochte ich das
 Alter in dem ich war. Doch jetzt finde ich neunund-
 zwanzig das optimale Alter (für mich).
6. Ich mochte Shelley nicht zwischen zwanzig und fünf-
 undzwanzig.

All das, meine ich, ist noch verständlich, doch als du
dein Mieder getragen hast verstand ich nicht daß du
 darunter nichts anhattest;
als mein Vater um die Ecke kam, habe ich die roten Lampen
in der Fünfundfünfzigsten Straße sehr mißverstanden; und
 ich mißverstand (wie ein altes Chinarestaurant) was er
 da zu suchen hatte.
Oklahoma und Arkansas habe ich überhaupt mißverstanden,
 obwohl ich New Mexico verstehe, glaube ich;
ich verstehe die Painted Desert Cowboyhüte, endlose Weiten;
Hillbilly life verstehe ich nicht – ich bin sicher
 ich verstehe es nicht.
Ich verstand nicht daß du unter dem Mieder nichts an-
hattest, und wenn ich verstanden hätte was das bedeutet,
 hätte ich nicht verstanden; sogar jetzt
(Frohe Weihnacht! Hier Vater, dein Paket) mißverstehe ich es!
Frohe Weihnacht, Onkel Leo! Ja, hier auch ein Paket für dich.
Ich mißverstehe das Leben der Renaissance; mißverstehe:
Die Renaissance;
das alte China;
die mittleren Atlantikstaaten und wie sie sind;
die Londoner U-Bahnen und was sie bedeuten;
Tizian, Michelangelo, Vermeer;
die Herkunft der Wörter;
worüber andere reden;
Musik von den Anfängen bis heute;
Gelächter; und Tränen noch mehr;
Werte (ökonomische und ästhetische);
Schnee (und das Wetter auf dem Lande);
die Bedeutung der Symbole und Mythen von Weihnachten.
Ich mißverstehe dich,
ich mißverstehe den Tag, an dem wir zu Fuß die Straße
 hinuntergingen, zehn Stunden lang –

wohin gingen wir? Ich dachte, wir gingen irgendwo hin. Ich
glaube, ich mißverstehe vieles, an dem wir vorbeikamen
und vieles, was du sagtest ...
Ich mißverstehe «Söhne von Burgund»,
ich mißverstehe daß du nicht bemalt warst unter dem Mieder,
ich mißverstehe BEKANNTMACHUNG VON ANWESENHEIT ODER
ABWESENHEIT LÖSCHEN VOR EINSETZEN DER LEIDEN DES
VERSTORBENEN MIETERS.
Ich verstehe daß
Rauch und Wolken beide Teile des Tages sind, aber

ich mißverstehe die Wörter «nach Abreise»,
ich mißverstehe das Nichts;
ich mißverstehe das Benehmen der Leute in Apotheken, auf
den Decks der Schiffe, in meinem Schlafzimmer, auf
Tannennadeln, auf Baumwollbergen, überall –
wenn sie sagen Paralysen, versteh ich Parasiten, und wenn
sie sagen Kaffee, denk ich Musik ...
Was ist los mit mir von Kopf bis zu Fuß
daß ich alles falsch auslege was ich höre? Ich mißverstehe:
Französisch: oft;
Italienisch: manchmal, fast immer – zum Beispiel, wenn
einer sagt «ihr Glücklichen!», denk ich sofort, er meint
den Brunnen mit blauem und rotem Wasser (dieser Fehler
unterläuft mir auch auf englisch).
Ich mißverstehe Griechisch überhaupt;
ich finde Altgriechisch sehr schwer zu verstehen:
wahrscheinlich mißverstehe ich es;
ich mißverstehe gesprochenes Deutsch ungefähr 98 %
der Zeit, wie die Kathedrale in der Mitte einer Stadt;
ich mißverstehe «Beautiful Adventures»; ich glaube, ich
mißverstehe wahrscheinlich auch «La Nausée» von
Jean-Paul Sartre ...
Wahrscheinlich mißverstehe ich das Mißverständnis –
ich mißverstehe die Via Margutta in Rom oder die Via
della Vita, egal welche Straßen, alle.
Ich mißverstehe Holz im Sinne seiner Beziehung zum Baum;
ich mißverstehe Leute, die diese oder jene Meinung
darüber haben ...
Frühling, so würde ich gern sagen, versteh ich, aber
wahrscheinlich doch nicht – Herbst, Winter und Sommer
sitzen in demselben Boot

(zerstörte alte Städte am Meer).

Ich mißverstehe *Ferien* und *Schirm*,
ich mißverstehe *beweglich* und *wöchentlich*
(obwohl ich glaube daß ich «Daytime Pissarros» verstehe
und das Achteck – ich verstehe nicht den öffentlichen
Park) ...

Oh, ich bin sicher, all das ist nützlich, aber wofür?
Meine Mißverständnisse bringen Rom und Irland durcheinander, und kannst du diesen guten Sex damit verbinden?
Ich mißverstehe was ich sage, aber nicht zu dir;
ich mißverstehe ein großes Boot: das ist ein Schiff.
Was du für mich fühlst, mißversteh ich vollkommen; ich glaube ich mißverstehe sogar die Möglichkeiten des Fühlens,
besonders hier in Rom, wo ich irgendwie zu sein glaube.
Ich sehe Himmel und Segel.
(Ich mißverstehe den Senf und das Glas)
oh, könnten wir durch diesen Himmel segeln!

Welches Lied begleitete die Erfrischungen?
Ich begreife nicht, warum sie so daneben spielten.
Wollen sie, daß wir uns von den Felsen stürzen, oder war
einer von ihnen ein schlechter oder untrainierter Musiker
oder der ganze Haufen?
Auf jeden Fall
San Giovanni in Laterano
widerstand auch meinen Fragen
und drehte mir einen tauben blauen Dom zu
viel zu geschickt.
Ich kann nicht verstehn, warum du vorwärts und rückwärts mit mir gehst.
Ich glaube das machst du, um deine Zehen in den Schuhen auszuprobieren.
Es ist die Kausalität, die mein größtes Problem ist und
danach das wirklich aufmerksame Studium von Millionen Details.

Ich liebe dich aber es ist schwierig das Schreiben zu lassen.
Wie ein Floh die Göttliche Komödie einer Karaffe Wasser

schreiben könnte. Jetzt umfängt uns irdischer Nebel.
Torf fliegt durch die Luft und Grün leuchtet auf. Bist du
der Ozean oder die Insel? Bin ich auf irischem Boden
oder bedecken mich deine Wellen?
St. Peters Glocken läuten: «Erdbeben, Fluten und Schlaf
dem Verstehen!»
(American Express! Blumenverkäufer! Deine schöne gerade
Nase! Diese berückende Trattoria in Santa Maria
in Trastevere!)
Laß uns zu Mittag essen in Santa Maria in Trastevere
wo ich durch ein absolutes und totales Mißverständnis
(doch kein tödliches) einmal gegessen habe
bevor ich dich kennenlernte.
Ich versteh deine Antwort sicher falsch, weil ich nichts
höre und glaube, allein zu sein.

Übersetzung: Nicolas Born

Robert Musil

## *Tagebücher*

Aus Heft 30

[Etwa Frühjahr 1938] *Psa.* [Psychoanalyse] Mir ist eingefallen, der Herbst in Velden. Ich war wohl zwischen 18 u 20 Jahren. Mondscheinspaziergänge auf der Pap[p]elgesäumten Straße. Nebel vom See. Ich habe Gedichte gemacht, die aus schwerem u. sehnsüchtigem Gemüt gekommen sind, u. nicht viel wert waren.

Dieses Gemüt, es ist ganz von der Sex. bestimmt, von der Geliebten, die man, unerachtet der vorhandenen gemeinen Möglichkeiten, haben will. (Es gehört dazu, daß man einen gleichwertigen Verkehr hat, also etwas der ‹Einsamkeit des Neurotikers› Analoges.) In dieser substanzlosen, aber ganz eindeutigen Situation ist die Mutter etwas Störendes. Sie erhebt Ansprüche, zumindest seelische. Sie zieht die ganze Aurea des Weibes ins Unmögliche. Der dichtende Instinkt ist durch sie gestört. Krasser gedacht, kommt auch dies hinzu: Die Sexualität liebt das Unapettitliche. Oder nicht gerade das Appettitliche. Der Geruch der Vagina, immerhin ein verdächtiger Geruch, wird zur Wonne werden. Die vertrauliche Ungeniertheit wird erlösen. Das ganze sehr Zweifelhafte der Körperlichkeit verlangt nach höchster Idealisierung. Alles das ist im Werden, unverwirklicht, mit Überdruck. Dem steht nun die unsexuelle Körperlichkeit der Mutter entgegen. Die voluminöse und nicht verklärte Form. Der Geruch der älteren Haut. Ist das nicht ein höchst ärgerliches u. herausforderndes Hindernis. Stellt sich nicht statt Ödipusempfindungen eine gereizte Ablehnung ein? Ist nicht das die Wahrheit, die traurige und gesunde und nicht erfundene? Es ist das Gegenteil der Pa. Nicht Gegenstand des Begehrens ist die Mutter; sondern Hindernis der Stimmung u. Stimmungsentkleidung jedes Begehrens, falls der Zufall dem jungen Mann eine sex. Möglichkeit bietet.

[1940] *Mensch durchschnittlich:* spricht mit solcher Leidenschaft von sich selbst, daß es als verboten gilt.

*Schriftsteller:* Der Mensch, der es immer tut, aber den Anschein vermeidet.

[Gegen Ende 1941] *Laientheologie.* Soweit das geschichtliche Gedächtnis reicht, hat Gott noch nie einen Übeltäter durch einen Blitzstrahl niedergestreckt oder auch nur durch akute Krankheit die Welt von ihm befreit, oder auch nur ihn damit bestraft.

So gesehen ist, ein historischer Verbrecher zu sein, geradezu eine Lebens- und Gesundheitsversicherung!

Die bekannte Folgerung: Entweder Licht- u. Dunkelgott schützen gleichermaßen die ihren. Oder Gott will, daß der Mensch selbst das Sündhafte vernichtet. In letzterem Fall müßte er ihn vorerst lehren, was sündhaft ist.

## Aus Heft 35

*6. XI. 1939.* Vormittags war trübes Wetter. Nachmittags fuhren wir ins «Kino». Faulenzen (mit Geist u. Körper). Es war aber zu schlimm. Ich erinnere mich schon nicht mehr an die Einzelheiten und habe vom Dialog überhaupt wenig verstanden. Aber wenn man diese dargebotene u. mitgemachte geistige Tätigkeit analysierte: die Menschen, die sich damit abgeben, sind wirklich nicht besser als Kartenspieler und Wirtshausbrüder. So erscheint es ohneweiters, wenn man ein Jahr lang nicht im Kino gewesen ist u. nicht gerade Glück hat.

Als wir herauskamen goß es, und wir haben längere Zeit nach einem Kaffeehausplatz suchen müssen. Dann am [Café] Molard unter vielen Leuten ganz gemütlich in einer Ecke gesessen und kräftigen leichten «Filtre» getrunken. Vorher sind wir aus der langweilig-hochnäsigen Kaffee-Konditorei Mäder geflohen.

Etwas feucht und in nächtlicher Schwärze unser Haus erreicht (Chemin des Grangettes 29). Ein oder zwei Szenen aus Racine's Andromaque gelesen. Beinahe ohne Hilfe verstanden, dann mit M. [Martha] überholt.

Sie hat vor einigen Tagen eine billige Ausgabe älterer Franzosen aufgetrieben u. empfängt starke Eindrücke von Corneille; was mir wichtig ist, weil ich mit Unterbrechungen E. Cassirers «Descartes» lese u. u. a. gefunden habe, daß meine Theaterauffassung seines Beispiels bedurfte. Ich habe mir nun gedacht, daß die «Dramaturgie der Schwärmer» dadurch erst Inhalt bekäme. Sie wäre dann eine Berichtigung der Wirkung Lessings, daß die deutsche Literatur ideenarm geworden ist. (Aber meine Lessingausgabe steht auf den Bücherborden in Wien.)

Vormittags an Lejeune geschrieben, da die Erlaubnis der Kant. Fremden Polizei eingetroffen ist, die Entscheidung meines Gesuchs in Zürich (!) abzuwarten. Dann auch an (ao.) Prof. Hunziker, von dem die Einladung eingetroffen ist, in Winterthur vorzulesen oder zu sprechen.

*7. XI.* [1939] Vor meinem Auge, sozusagen an der Rückwand des Gartens vier junge Fichten, 5–6 m hoch, überragt von zwei dazwischen stehenden schlanken Birken, deren Farben jetzt ein sehr gelbliches Gelbgrün und helles Grau mit einem gelbgrünen Ton sind. Zehn Schritte vor mir der halbrunde Brunnen mit seinem niederen steinernen Rand, der die Hälfte einer Ellipse bildet, u. seiner ganz von herabhängendem Efeu überwachsenen Rückenlehne. Die Blätter des Efeu kommen mir kleiner u. schärfer gestaltet vor, als ich es gewohnt bin. Etwas vor dem Brunnen u. zur Seite: eine Laube mit einer niederen steinernen Bank. Auf der andern Seite in der Höhe des Brunnens ein mir unbekannter Strauch, den ich sehr liebe. Er hat die Form von ungescheitelt niedergebürstetem Haar, ein kräftiges Durcheinander, das mehr breit als hoch ist; u. seine Farbe könnte die einer Mischung von Kakao u. Rotwein sein, was von kleinen dunkel glänzenden Blättern u. vielen winzigen, länglichen Früchten herzurühren scheint. In der Nähe besehn: die Blätter sind dunkel-bordeauxrot u. hell-weinrot. Vielleicht im Verhältnis 1 : 20 zu diesen kleine dunkelgrüne Blätter. Ein schmales hellgrünes Blattgewächs mit ausgebleichten zimtfarbenen Wedeln krönt seine Mitte u. ist vom Regen etwas gebeugt. Daneben steht ein unbekannter Busch, fast mannshoch, mit etwa zehn

Stengeln; sein Reiz – er ist sonst nicht sympathisch, liegt in der Form eines Haufens ohne Tiefe, die gegittert wird von Horizontalen des Blätterganzen (obwohl im einzelnen die Blätter wirr hängen) u. Vertikalen der Stengel. Vor ihm Rasen mit kräftigem Gras und gestaffelt links ein Baum mit wildem und mildem Weinrot, das vielleicht Weiß oder Gelb in sich aufgesogen hat. Im Sonnenschein leuchtet es wie Lack. Es wäre auch zu sagen: Wo es leuchtet, ist es wie krapproter Lack, im Selbstschatten bläulich-rot. / Aber vielleicht einfach: Es ist reines Rot, heller u. dunkler, rotes Rot, nichts als Rot. Vielleicht etwas Seltenes; ich kann es nicht beschreiben, obgleich es stark wie ein Schlag ist. Auf der rechten Seite aber steht, obwohl ich sie bis jetzt zu erwähnen vergessen habe, u etwas im Hintergrund, die Königin des Gartens, einer der herrlichen in Genf vorkommenden Bäume, die im Sommer große, weiße magnolien- oder seerosenartige Blüten haben u. deren große, lanzettartige Blätter dunkelgrün-glänzend sind und deren schwarzgrüne, gewundene Äste vielleicht an die Schlangen indischer Götterbilder erinnern. Hinter dem allen, heute in dünnem Nebel, liegt die Pouponière ockerbraun mit schwärzlichrotem Ziegeldach, hohe Birken u. eine Art Zypresse daneben, sonst ein solider Bau im Geschmack von Zehlendorf od. dgl.

Mein Arbeitszimmer hat zwei hohe Fenster und eine Glastüre, liegt ebener Erde im gleichen Spiegel wie der Gartenboden, ist hellcremefarben mit grünen neu-altmodischen Möbeln, einem Kamin u. einem großen Arbeitstisch, von dem ich in den Garten sehe. Archaisch wirkende, etwas primitive Steinsäulen u. ein Steingeländer schließen einen Fliesengang ab, der um unsere Wohnung läuft. Wein, Feigen und ich weiß nicht was wächst in den Bogen empor; aber es gibt auch genug Licht.

Ich bin einmal, es mag drei Wochen her sein, zwischen drei und vier Uhr morgens aufgestanden u. in den Garten hinausgetreten, um einem befremdlichen Geräusch nachzuforschen. Der Mond war schon fort u. die Dämmerung noch nicht da. Der Garten sah wie ein somnambul gezeichnetes Bild aus, auch so gemalt, wenngleich ganz ohne die Tagesfarben.

Ich schreibe so viel von ihm auf, weil er uns glücklich macht, u. will es noch ergänzen.

Der Krieg schläft seit einiger Zeit u. man muß nicht an ihn denken.

Nachmittags wurde es rein u. schön. Wir sind vor Tisch nach Chêne Bourg gegangen; haben beim Einsteigen zur Rückfahrt durch Zufall Holitscher getroffen. Am Nachmittag haben wir den Weg Ch. d. Grange, Ch. de la Gradelle, Ch. de Grange Canal gemacht u.

merkwürdigerweise fast den ganzen Weg wegen Fragen des Verhaltens zu anderen (Frl. v. Borsinger, dem Bildhauer [Fritz Wotruba], Dr. Bouvier) gereizt gesprochen.

Habe heute an Wotrubas u. Dr. Rosin geschrieben.

Aus: Klaus Staeck, Die Kunst findet nicht im Saale statt. Politische Plakate

# 1977

Maria Erlenberger

## *Der Hunger nach Wahnsinn*

Einlieferung

«Ihr seid alle wahnsinnig!» brüllt die stark geschminkte Frau. Sie klammert sich an das Netz ihres Gitterbettes. Wer da eingesperrt ist, der wird verrückt.

«Wenn ich hier herauskomme, bringe ich euch alle um!»

Vor einer halben Stunde ist sie gebracht worden. Davor hatte sie selbst noch ihren Dienst als Krankenschwester in einem teuren Altensanatorium vor der Stadt getan. Ihr Einlieferungsgrund: Anfall unter Pillen mit Alkohol.

Rund um ihren Käfig stehen Schwestern und Patienten. Sie sind geil auf weitere Szenen des gefangenen tobenden Menschentieres. Das wühlt im Bett herum, kichert zwischendurch und verfällt in einen leisen Kindersingsang. Die Narren sind sich einig: Die ist wirklich irre. Das Schauspiel wird uninteressant, die Schwestern gehen wieder. «Aber die Narren haben Zeit …» flüstert die Irre bald und versucht, eine Stelle im Maschennetz durchzubeißen. Das dauert. Es gelingt.

Mit dem Hinterteil voran windet sie sich aus dem engen Loch im Netz. Nahe Patienten weichen zurück, sie fühlen sich bedroht. Doch die Frau geht nur zur verschlossenen Tür des Saaleingangs, sie pocht an die Scheibe.

«Ich muß telefonieren! Ich muß mit meinem Mann sprechen! Ich muß mich um das Kind kümmern!» Eine Schwester öffnet, bleibt aber im Türspalt stehen.

«Du kannst nicht telefonieren.»

«Aber ich kann doch wählen!»

«Jetzt brauchen die Schwestern das Telefon.»

«Aber das Telefon ist ja gerade unbesetzt, ich kann es sehen!» Eine zweite Schwester kommt. Beide packen die Frau unter den Armen. Sie wehrt sich – sie zerren sie zu einem Bett und pressen sie nieder. Ihre Arme und Beine werden mit einem breiten Lederriemen angeschnallt.

«Wennst nicht brav bist, kriegst eine Spritze.»

Niederbinden – Niederspritzen ist die Parole in der Irrenanstalt. Ich sitze auf meinem Stahlrohrbett und schiebe die Buchstaben vor mir her. Ich hatte gehungert bis zum Zusammenbruch meines Körpers und bis zur Entleerung meines Gehirns. Jetzt bin ich Patient der Psychiatrischen Anstalt. Das Fasten war zu Beginn mühevoll und zermürbend. Es war für mich eine Aufgabe. Ich wollte sie lösen. Ich wollte vieles lösen, ich wollte mein Leben auflösen. Ich wußte, daß jede Mühe recht war, um wieder einmal vor mir selbst zu stehen! Kann das Gehirn klar werden? Ein Glockenschlag – in regelmäßigen Abständen – gleich meinem Herzschlag, den ich läute. Ich sehe meinen Körper meinen Körper aufheben, liebevoll aufrichten, ich blicke mir selbst ins Auge. Nur sein …

Heute hat sich der Arzt vor mein Bett gestellt, er hat mich angesehen und gefragt: «Wollen Sie sich nicht beschäftigen? Es wäre gut für Sie. Ich kann Sie in die Nähstube einteilen lassen, wie steht es damit?» Ich habe nichts gegen Nadel und Zwirn, aber bitte nicht einteilen und bitte nicht jeden Tag Nadel und Zwirn, so gehen meine Gedanken, und ich wähle rasch. Ich könnte ein bißchen malen, aber ich habe keine Farben. Ich entscheide mich für das Schreiben. Ich kann mir ein Heft und einen Kugelschreiber bringen lassen. Niemand wird mich kontrollieren, niemand wird mich einteilen. Ich werde sitzen und schreiben, und ich werde den Wunsch des Arztes erfüllen.

«Ich würde gern meine Gedanken aufschreiben, ist das gestattet?»

«Gut, wie Sie wollen.» Damit sind wir beide zufrieden.

Ich aß nur zu bestimmten Zeiten, an bestimmten Tagen bestimmte Speisen. Das Einhalten dieses Rütmus (gefällt mir besser als R-hyt-hmus) gewann bald die Oberhand über die Mühe, nichts zu essen. Das Fasten wurde zu einem eigenen Genuß. Mein Leben wurde an Farben ärmer. Ich brauchte immer weniger Essen, der Magen schrumpfte, mein Gewicht wurde geringer. Meine Körperkraft blieb, durch Gymnastik und Lust an der Bewegung erhielt ich sie. Immer öfter erlebte ich die Schwerelosigkeit meines Gehirns – immer weniger quälte es mich –, es schien wie mein ganzer Körper Gewicht zu verlieren. Ich war nicht mehr überschlank, sondern wurde langsam zu einem Skelett. Dann begann meine körperliche Kraft nachzulassen. Mein Gehirn war zur Arbeit für die Aufrechterhaltung meines äußeren Lebens noch imstande, ansonsten schien es still zu liegen wie ein Eimer, der auf den Grund des Brunnens gesunken ist. Ich war angenehm müde und leer. Die Aufgaben, die mir der Haushalt und das Kind stellten, wurden mir immer schwerer. Hatte ich Zeit, war ich ausgeleert, ruhig – ich hörte die Natur, sah die Gesichter der Menschen und fühlte, mein Herzschlag ist der Herzschlag aller lebenden und toten Wesen.

Ich war mit meinem Kind eine Woche allein in der Wohnung. Es wurde eine schöne Zeit. Ich hungerte weiter. Ich hatte Zeit für mein Kind. Wir spielten und zeichneten, und ich war wie ein Kind. Aber meine Körperkraft ließ so nach, daß ich Mühe hatte, auf die Straßenbahn aufzusteigen. Gymnastik konnte ich nun nicht mehr machen.

Ich habe einen Kugelschreiber und ein Heft, es genügt mir, um mein Leben aufzuschreiben.

Die Ruhe wurde gleichbedeutend einer Spannung vor dem «bald», da ich wußte, irgend etwas mußte sich ereignen. Ich wußte, daß es mir willkommen war.

Ich muß mein Schreiben unterbrechen, weil das Mittagessen kommt. Wunderbarer Seefisch mit Kartoffeln. Zu Trinken habe ich Limonade, die mir eine junge, zu früh aufgefundene Selbstmörderin überläßt. Sie darf heute heimgehen. Ich bekomme auch noch ihre Portion Fisch.

Und ich hungerte weiter. Robert war wieder da. Er war schon lange in die tiefsten Windungen meines Gehirns eingezogen. Er hat einen Wohnplatz neben mir in meinem Gehirn. Wir machen vieles gemeinsam, wir mögen gemeinsam Ähnliches. Damals war mein Körper so weit abgemagert, daß er mir selbst und auch für Robert unpraktisch zu werden begann. Mein Zustand und meine Körperkraft reichen zum Ficken kaum noch aus. In meinem Bauchinneren fehlte es schon so an Fleisch, daß es sich beim Ficken wie ein Hohlraum anfühlte. Nichtsdestoweniger haben wir es oft gemacht wie immer schon.

Ich empfand die ganze Zeit ein stilles Einverständnis mit Robert, weil ich von vornherein annehme, daß er mir ins Gehirn sieht und mich sein läßt, wie ich bin. Er respektierte mein Hungerunternehmen als eine zu mir und meinem Schicksal unabänderlich gehörende Tat, obwohl er mir nicht dazu geraten hätte. Ich wußte ja auch selbst nicht, ob ich mich dafür hochachten oder verachten sollte. Ich tat es einfach.

Ich komme gerade von einem Spaziergang; zur Anstalt gehört ein Park, der schon herbstlich wird. Mit der Nahrung, die ich hier wieder mit größter Lust zu mir nehme, wächst meine Muskelkraft, mein Gehirn und mein Herz erwacht wieder. Ich bin eins mit den Farben des frühen Herbstes.

John Champlin Gardner

## *Der Ruhestörer*

Gespräch mit einem Wahnsinnigen

Die Eingangstür der Kirche war unverschlossen. Clumly hatte das eigentlich auch nicht anders erwartet. Er blickte sich äußerst angestrengt um, sah aber niemanden. Die Ecke Liberty und Main Street war grau und verlassen, erfüllt vom toten, bleichen Licht der Laternen, der Nachtbeleuchtung des Haushaltswarenladens auf der anderen Seite, der Scheinwerfer, die gleich hoffnungslosen Gebeten zum Turm von St. Joseph jenseits der Main Street hinauftasteten. Weiter zur Stadtmitte hin bekam das Grau eine rötliche, nur schwach satanische Nuance von den Neonröhren, die wie Fackeln über kohlenkastenschwarzen Eingängen von Geschäften brannten. Ein langer, funkelnder Wagen fuhr in westlicher Richtung die Main Street entlang, und kurz darauf hielt ein in entgegengesetzter Richtung fahrender Sattelschlepper vor der Ampel an, die jetzt auf Rot geschaltet hatte, und wartete. Das Licht wechselte wieder; der Wagen fuhr mit einem zischenden Geräusch an, das wie ein Seufzer klang. Chief Clumly öffnete schnell die gewölbte Tür, gerade so weit, daß er hindurch konnte, blickte sich ein letztes Mal um, warf die Zigarre zu Boden, unterdrückte ein lästiges Gähnen und betrat verstohlen das kühle Grabesdunkel des Vorraums. Er zog die Tür hinter sich zu und blieb vornübergebeugt stehen, die Hände verschränkt, lauschend, angespannt in die Schwärze hineinblinzelnd. Es war kein Geräusch zu hören, doch er spürte die Anwesenheit des Wahnsinnigen – und vor allem konnte er sie riechen. Die ganze Kirche stank. Er ließ die Fingerspitzen über den Griff seiner Pistole gleiten und schritt auf die Tür zum Kirchenraum zu, die nur ein bleiches Aufscheinen von Holz in der fast vollkommenen Dunkelheit war. Ihm war fast übel vor Müdigkeit; seit Jahren war er nicht mehr so lange auf den Beinen gewesen. Der Fußboden knarrte bei jedem Schritt. Zweimal drehte er sich um, weil er glaubte, dort stehe jemand hinter ihm auf der Treppe, die zur Empore und von da zum Turm hinaufführte. An der Tür zum Kirchenraum blieb er stehen, um zu lauschen. Der Kopf schmerzte ihn. Immer noch nichts. Hier war es heller und der Geruch sogar noch deutlicher. Die Wände des Kirchenraums waren grau – bei Tageslicht würden sie weiß sein – und waren von einem schwachen Schein von ungewisser Farbe getönt, der durch die Buntglasfenster an der Seite gesickert kam. Als sich seine Augen an das Halbdunkel gewöhnten, stellte er fest, daß er die Kanzel erkennen konnte und den Taufstein, den Zinnenfries an der Wand dahinter, die symbolischen Holzschnitzereien in den Paneelen der erhöhten Chorgalerie. Auf dem Stufenpodest des Pfarrers standen drei Stühle mit hohen Lehnen, alt und ehrwürdig, und über den Stühlen hing eine kunstvoll verzierte Lampe, die heute nacht nicht brannte, obwohl sie ein Symbol war. Clumly hatte irgendwo etwas von einer ewigen Flamme gehört. Plötzlich setzte sich etwas direkt vor seinem Gesicht in Bewegung – eine Fledermaus, dachte er, als seine erste Bestürzung abklang – oder vielleicht irgendein Vogel. Ehe er noch wußte, was dieses heftige Schwirren war, hatte er mit einem Ruck die Hand ans Gesicht gehoben, war zurückgewichen und hatte einen unterdrückten Schrei ausgestoßen; doch gleich darauf sah er das Ding die rechte Wand entlangfliegen und wußte, daß es nichts Übernatürliches war. Er tastete abermals nach seiner Pistole. Die Pistole war fort.

«Sie sind pünktlich», sagte jemand in demselben Augenblick. Eine tiefe Stimme voller Zorn wie ein rotes Glühen unter der Haut. Die hohe, gewölbte Decke, die Wände, Holz und gesteinsähnlicher Verputz, das Meer der schwimmenden Bänke bis hin zum Altar ließen die Stimme noch tiefer klingen, als sie war – und vielleicht auch noch näher. Clumly griff in seine Tasche und schaltete den kleinen Recorder ein, den er sich eingesteckt hatte, und lächelte dann schlau, obwohl ihm das Herz klopfte, und trat ein Stück vor, mit geneigtem Kopf lauschend auf irgendeinen Hinweis, einen Schritt, ein Vorhangrascheln, auf irgendein Zeichen, das ihm sagen würde, wo der Mann sich versteckthielt. Es prickelte ihn an den Armen, und am ganzen Körper war ihm heiß. Endlich entdeckte er, wonach er Ausschau hielt. Auf dem mittleren Altarstuhl bewegte sich etwas, ein Dunkel, das etwas kräftiger war als das Dunkel des Stuhles selbst. Es war eine kaum merkliche Bewegung, zu Anfang, nicht mehr als die Intuition von einer Bewegung, gleich der Regung eines Jahrtausende alten Wesens in einem Berg sibirischen Eises. Doch die Intuition nahm an Intensität zu, und jetzt bewegte er sich auf den Altar zu, die Arme hebend in grimmig-makabrer würdevoller Haltung, halb Miltonsche Vorstellung von Luzifer, halb weißgesichtiger menschlicher Automat in einem abgetragenen, einst schwarzen, mottenzerfressenen Anzug, der mit mechanischen Emotionen auf den Knopfdruck in einem Horror-Museum reagiert. Unglaublich, er mußte die ganze Zeit dort gesessen haben, doch hier, noch dreißig Meter von ihm entfernt, war seine, Clumlys, Pistole fort.

Clumly ballte die Fäuste und erlegte sich Ruhe auf. «Sie sind also gekommen», sagte er. Langsam schritt er weiter den Mittelgang entlang zur vordersten Bank, blieb einen Augenblick stehen, die linke Hand um die rechte gelegt, und ließ sich dann vorsichtig auf dem glatten, blanken Holz der Sitzfläche nieder. Er wurde sich bewußt, daß er bei aller Panikstimmung schrecklich müde war, kaum in der Lage, die Augen offen zu halten. Er war lange nicht mehr die ganze Nacht aufgeblieben. Er biß die Zähne zusammen, drückte die Augen zu und öffnete sie dann jäh in der Hoffnung, sich wieder in einen ganz wachen Zustand versetzen zu können. Sollte er das mit der Pistole sogleich erwähnen? Angenommen, der Verrückte hatte ihn hierher gelockt, um ihn zu töten. Es war Wahnsinn, hierherzukommen, ohne jemandem auf der Polizeistation etwas davon zu sagen. Aber notwendig. Auf welche andere Weise konnte er das über den Sonnen-Mann erfahren, was er über ihn wissen mußte? Richtig. Wie langsam sein Verstand arbeitete! Er schien zu knacken, wenn er sich bewegte, wie seine Knochen. Jetzt, da er daran dachte, war er sich gar nicht sicher, ob der Sonnen-Mann auf seine Worte geantwortet hatte. «Sie sind also gekommen», sagte Clumly noch einmal. Er riskierte ein selbstbewußtes Lächeln. Nach einer Weile riß er mit Gewalt die Augen auf und sah, daß der Mann jetzt auf der Kanzel stand, die Hände um die Ecken des Pultsimses geschlossen, und voller Mitgefühl, wie es schien, zu ihm hinunterblickte. Er war gut gekleidet, fast elegant, der Bart war sauber gestutzt, das graublonde Haar lockte sich ihm um die Ohren wie bei einem Engel von zweifelhafter Herkunft. Clumly ließ die Augen wieder zufallen. Er war nicht eigentlich schläfrig, nur seine Augen waren müde. Ja. Immerhin war er Gott sei Dank so klug gewesen, das kleine Bandgerät mitzubringen. Er war nicht in der Lage, irgendwelche Subtilitäten zu erfassen, das stand fest.

«Sie sehen müde aus, Fred.»

Mit diesen Worten begann der erstaunliche Dialog, den Fred Clumly, Polizeichef von Batavia, später mit wechselnden Gefühlen – Verwirrung, Zorn, Kummer – auf seinem Bandgerät wieder und immer wieder ablaufen lassen sollte. Der Sonnen-Mann beugte sich über die Kanzel vor. Clumly preßte die Knie zusammen, lehnte sich zurück und schloß die Augen. Nicht daß er die Absicht gehabt hätte zu schlafen. Er saß so angespannt da wie ein sprungbereiter Tiger, hellwach durchaus – obwohl er müde war, ja, das stimmte. Es war einfach unmenschlich, zu einer so späten Stunde hellwach sein zu müssen. Wenn nur seine persönliche Sicherheit auf dem Spiel gestanden hätte, dann wäre er, so seltsam das klingen mochte, eingeschlafen: wenn man einmal vierundsechzig Jahre alt war und tot vor Müdigkeit und

Überdruß, dann machte das nichts mehr aus. Aber es war nicht abzusehen, welche Gefahren von den Leuten von Batavia abzuwenden er (sozusagen) auserwählt war. Und so konnte überhaupt nicht die Rede davon sein, daß er einschlief. Die Stimme des Sonnen-Mannes klang von weither.

«*Sind* Sie müde?» fragte der Sonnen-Mann in scharfem Ton.

Erst später, auf dem Dachboden über dem Bandgerät kauernd, sollte er erfahren, was vorausgegangen war.

CLUMLY: Sie sind also gekommen. *Lange Pause.* Sie sind also gekommen.

SONNEN-MANN *zornig:* Was fummeln Sie da herum, in Ihrer Bluse? Ach so, natürlich. Hätte ich ja wissen können. Na ja, wie Sie wollen. *Er lacht. Dann, nüchtern, den Zorn jetzt unterdrückend:* Wie ich Ihnen schon am Telefon sagte – wir haben Probleme zu besprechen. Wie Sie wissen, habe ich einen Ihrer Häftlinge befreit. Ich gestehe, ich habe nicht mit den Komplikationen gerechnet, die sein … Eifer … auslösen würde. *Lacht grimmig. Pause.* Wir haben es jetzt, Sie und ich, mit zwei Morden zu tun. Ich dachte, es wäre nützlich, wenn wir zu einem besseren Verständnis unserer recht verschiedenen Standpunkte kommen könnten. Ich achte Sie durchaus. Aber mit Ihrer Lebensphilosophie bin ich ganz und gar nicht einverstanden. Ich dachte, wenn unsere beiden Standpunkte klarer wären, vielleicht hätten wir dann … Hören Sie eigentlich zu? *Wütend:* Hören Sie zu?

CLUMLY: Jaja! Was?

SONNEN-MANN *nach einer langen Pause, hat sich wieder in der Gewalt:* Meine Einstellung zum Mord ist ambivalent. Mord ist antisozial, einverstanden. Aber andererseits kann die Gesellschaft selbst mörderisch sein. Ich weiß darüber Bescheid. Lassen Sie mich Ihnen vom alten Mesopotamien erzählen.

CLUMLY: Was?

SONNEN-MANN *in dozierendem Ton:* Sie sind, nehme ich an, mit dem Konflikt zwischen den alttestamentlichen Juden und den Babyloniern vertraut, ja? Unsere gesamte Kultur ist ein Produkt des jüdischen Standpunkts, und wir neigen dazu, für sie Partei zu ergreifen, ohne uns die Mühe zu machen, einmal darüber nachzudenken. Die Babylonier waren jedoch ein interessantes Volk. Man denke an ihre Vorstellungen von den Göttern – «Stecken und Steine» pflegten die Juden sie zu nennen. Woran denken *Sie*, wenn Sie an Gott denken?

CLUMLY: Nun, ich denke … *Pause.* Das Ganze hier widerspricht allen Regeln.

SONNEN-MANN: Ja.

CLUMLY: Ich denke an … *Pause* … einen Geist.

Sonnen-Mann: Ausgezeichnet! Richtig! Das ist der *jüdische* Standpunkt. Aber die Babylonier haben die Sache ganz anders gesehen, wenn ich mich nicht täusche. Alle Zeugnisse, die wir besitzen – Fragmente, Darstellungen, figürliche Nachbildungen, sogar die schriftlichen Zeugnisse –, deuten darauf hin, daß die Babylonier sich ihre Götter als in ihren Bildern wohnend vorstellten, als wirksam nur innerhalb der Substanz ihrer Bilder. Und ohne das gegenständliche Bild als so unwirksam wie eine Radiowelle ohne ein Radiogerät, das sie empfängt. Ich nehme an, Sie können mir folgen. Sie sehen, wie deutlich ich so etwas erkläre. Das ist eines meiner Talente. Nun schön. Die Bilder. Sie werden entschuldigen, aber ich muß etwas ausführlicher darauf eingehen. Sie werden bald sehen, warum. Schön. Die Götterbilder. Sie waren aus Stein oder Edelholz gemacht und mit prächtigen Gewändern bedeckt und mit Gold plattiert. Als Augen hatten sie kostbare Steine – manchmal wirklich herrliche Steine –, große Rubine, Smaragde, Diamanten, Saphire. Sie waren, das sollte ich vielleicht noch erwähnen, mehr oder weniger im Stil der mesopotamischen Könige gekleidet. Eindeutig. Dieses Phänomen gewinnt an Bedeutung, wenn wir feststellen, daß ihre Tempel genauso angelegt und ausgestattet waren wie die Königspaläste – mit einer bezeichnenden Ausnahme, auf die ich später noch zu sprechen kommen werde, wenn ich es nicht vergesse. Sie waren jedoch keine Könige. Für das Auge von heute sehen manche von ihnen aus wie künstlerische Darstellungen menschlicher Ideale – Würde des Alters, Unschuld der Jugend, technisches Ringen des Handwerkers und so weiter –, oder bisweilen auch wie Darstellungen von Idealen, die sich dem menschlichen Verständnis entziehen: Anu, der sumerische Himmelsgott zum Beispiel, war menschenfeindlich, und Enlil (oder Illil, wie er in einigen Texten genannt wird), der Gott der Unterwelt, stand dem Menschen völlig gleichgültig gegenüber. Merkwürdig? Wenn man davon ausgeht, daß Götter Aspekte der menschlichen Existenz widerspiegeln, waren einige in ihrer Bedeutung völlig klar und verständlich – manche standen für die Anmut und Majestät des Weiblichen, zum Beispiel –, aber andere gaben Rätsel auf, so etwa der Sohn des Samas in der Gestalt eines Stiers, mit blöden Augen und einer Krone von unglaublicher Pracht. Weshalb wurden solche Wesen verehrt, fragen wir uns. Was, zum Teufel, haben sie bedeutet? Aber natürlich fragen wir uns das nicht richtig ernsthaft, da wir ja nun einmal aus der jüdisch-christlichen Richtung herkommen. Wir schätzen das erhabene Mysterium des aus dem Sturm sprechenden Jehova, des Gottes, der allmächtig, allwissend, so unüberwindlich und unerforschlich ist wie das Universum selbst, ein Gott, in dem, wie auch im Universum, Anfang und

Ende beschlossen sind und alle scheinbaren Widersprüche sich in einer höheren Ordnung auflösen, darauf bauen wir zumindest in unseren Gebeten – einer Ordnung, die für das menschliche Verständnis lediglich zu hoch ist. Hihihi! *Wieder ernst:* Wir haben sogar etwas für die Buddhas des Ostens übrig, in denen sich aller Widerstreit in einem unirdischen Lächeln auflöst, das heißt in einem Verzicht auf Substanz und all die Vielheit, die sich daran knüpft – in dem triumphierenden blassen Siegeslächeln, das herrührt vom Rückzug aus dieser Welt des wechselseitigen Konflikts in die Einheit des makellosen Geistes. Darin treffen sich der Osten und der Westen immerhin: sie sind beide rational, preisen die Würde der Trennung des Geistes von der Materie. Aber die alte Mitte, zwischen Ost und West, das ist etwas ganz anderes!

Hören Sie zu! Stellen Sie sich mit Ihren sanften jüdisch-christlichen Augen die platte Absurdität der mesopotamischen Götter vor. Sie haben *Menschengröße.* Stellen Sie sich das vor! Sie sind nicht riesig und ehrfurchtgebietend wie die ganz großen Buddhas in China oder in den Wäldern Indiens. Und wir können sie auch nicht mit Nachsicht behandeln, wie wir das mit den Devotionalien, den Herrgottswinkelfiguren, den Ikonen vernünftiger Gesellschaften tun: unsere kleinen Heiligenbilder werden nicht als in sich selbst heilig verehrt, sie sind nur Symbole, die an die größeren, erhabeneren Buddhas in den Wäldern erinnern sollen, oder bescheidene Symbole des Unaussprechlichen, das selbst keineswegs bescheiden ist. Die mesopotamischen Götter dagegen leben in ihren Bildnissen, und die Bildnisse sind nichts mehr und nichts weniger als Puppen. Von Menschen aus dem jeweiligen Rohmaterial herausgehauen, von Menschenhand bekleidet, bemalt, geschmückt. Sie halten Hof. Sie frühstücken, dinieren, soupieren – bedient von ihren Priestern. Sie werden allabendlich entkleidet und mit ihren Frauen zu Bett gelegt und am nächsten Morgen wieder angekleidet. Sie gehen auf Gesellschaften, sie ziehen auf vergoldeten Tragen in die Schlacht, sie reiten sogar zu Pferde und gehen gelegentlich, mit Hilfe der Priester, auf die Jagd! Phantastisch. Stupide! Die Menschen, die sie verehren, müssen einfach verrückt sein! Kein Wunder, daß die Propheten des Alten Testaments ihren ätzenden Spott über das Götzenbildnis und seinen Schöpfer ausgießen. Wer konnte schon an so etwas glauben – doch nur so ein schwachsinniger Mesopotamier, so ein tölpelhafter Araber der Frühzeit! Und dennoch, bedenken Sie dies: Die Religion überdauerte Jahrtausende, ihr hingen einige der größten Heerführer an, die je auf der Erde Schlachten geschlagen haben, und einige der größten Dichter, Magier, Staatsmänner, Künstler und vor allem Architekten. Waren sie alle Zweifler?

Waren sie alle Narren in diesem einen großen Bereich ihrer Erfahrung, ihres Lebens? Unvorstellbar!

*Pause. Er beruhigt sich, und fährt dann fort:* Denken Sie an das Festmahl der Götter. Wir besitzen glücklicherweise eine Reihe von Beschreibungen in Keilschrift. Ein Tisch wurde hereingetragen und vor das Götterbildnis gestellt, dann wurde in einer Schüssel Wasser zum Waschen dargeboten. Man trug eine Anzahl flüssiger und halbflüssiger Gerichte in dazu geeigneten Schalen auf, in vorgeschriebener Anordnung, desgleichen Gefäße mit Getränken. Als nächstes wurden als Hauptgericht ganz besondere Fleischstücke dargereicht. Schließlich wurden Früchte aufgetragen in schönem Arrangement, wie zu beschreiben sich einer der Texte die Mühe macht, wodurch eine ästhetische Note hinzukommt, die mit der in Ägypten üblichen Verwendung von Blumen bei solchen Gelegenheiten vergleichbar ist. Musikanten spielten auf, und der Raum wurde mit Weihrauch geschwängert. Dies war keine religiöse Handlung, wohlgemerkt, sondern eine Tischsitte – der Speisengeruch sollte vertrieben werden. Zum Schluß wurde der Tisch abgeräumt und hinausgetragen, und man brachte dem Bildnis wiederum eine Schüssel mit Wasser zum Reinigen der Finger. Nachdem sie dem Bildnis dargebracht worden waren, wurden die Gerichte vom Festmahl des Gottes dem König zum Verzehr vorgesetzt. Immer und nur dem König, verstehen Sie – außer in einem einzigen Fall, soweit wir unterrichtet sind. Nun, sei's drum. Natürlich galt die der Gottheit dargereichte Speise als gesegnet durch die Berührung mit dem Göttlichen und als fähig, diesen Segen auf die Person zu übertragen, die sie dann aß. Toll, nicht wahr! Nun, kommen Sie, Sie müssen doch zugeben, daß das Ganze unglaublich ist.

*Keine Antwort. Auf dem Tonband hört man im Vordergrund das Geräusch regelmäßiger, schwerer Atemzüge. Polizeichef Clumly schläft.*

Na schön, toll. Und doch waren es allen Anzeichen nach vernünftige Leute. Die größte merkantile Zivilisation des Altertums, tiefgreifender Einfluß auf das griechische und das mittelalterliche Denken, Schöpfer der schönsten Städte – vielleicht der einzigen wirklich schönen Städte –, die die Welt je gesehen hat. Doch auch eine geistige Zivilisation. Nur im kurzlebigen Mittelalter – relativ gesehen – hat die Religion noch mehr im Mittelpunkt des Lebens eines Volkes gestanden. Diese Menschen waren die Begründer der Astrologie und damit, indirekt, der Astronomie. Sie waren der Eckstein der Alchimie, die Väter aller modernen Wissenschaft. Höchst begabte Irre also. Und doch waren ihre Götter aus Holz und Stein. Wie soll man sich das erklären?

Merkantil. *Verschmitzt:* Ein wichtiger Punkt. Sie liebten die Substanz, das Greifbare – feines Tuch, Gold, Edelsteine, das Land selbst. Die ersten großen Ackerbauern, bedenken Sie. Während die Hebräer von Ort zu Ort zogen mit ihren Schafen und aus grünen Wiesen riesige Wüsten machten, der Erde gegenüber so gleichgültig wie nur irgendein Intellektueller, haben die mesopotamischen Völker die Erde untersucht, mit ihr gespielt, experimentiert, so kunstreich, wie sie beispielsweise mit dem Sex experimentierten. – Sie waren auch die Erfinder aller großen Perversionen. Zweifellos läßt sich das geographisch erklären – die mesopotamischen Völker hatten besseres Land als die Hebräer –, aber das trifft den Kern der Sache nicht. Was auch immer zuerst da war, das Huhn oder das Ei, die Assyrer, Sumerer und Babylonier liebten das Substantielle in jeder Form – sie erforschten ihr eigenes Fleisch, stellten Tabellen über die Bewegung der Planeten auf, erkundeten die chemischen Komponenten der Materie, folgten den Jahreszeiten und verfaßten die genauesten Kalender der Antike. Sie entwickelten sich zu den größten Juwelieren, den ersten großen Goldschmieden, Waffenschmieden, Baumeistern, Künstlern. Städte mit hängenden Gärten und herrlichen Türmen, ohne Slums – denken Sie an das armselige Jerusalem oder Rom oder Athen oder London und Paris im vierzehnten Jahrhundert! –, nicht weil sie die Armen liebten, sondern weil sie *Dinge* liebten, die rohe Materie – unverschmutzte Städte, ästhetische Schöpfungen. Und doch liebten sie auch den Geist. Ihre Alchimie und Astrologie war religiös bis ins Mark, eine Feier der Heiligkeit der bloßen Materie. Sie kauften und verkauften nach dem Horoskop, bestellten ihre Felder gemäß den Vorzeichen, katalogisierten die Organe lebender Wesen nach ihrer gleichzeitigen physischen und geistigen Bedeutung. Mein Gott! Mit einem Wort, sie zeigten mit allem was sie taten, eine fundamentale, völlig konfliktlose Koexistenz von Körper und Geist, die beide von entscheidendem Wert waren. Die Verbindung zwischen Körper und Geist ignorierten sie. Sie war ihrem Wesen nach geheimnisvoll. Es interessierte sie nur, daß das Wohlergehen des einen vom Wohlergehen des anderen abhing – wie, das mochte Gott wissen. Wenn sie in ihren Schlachten unterlagen, schlugen sie ihre Schlachtgötter in Stücke und machten sich neue Götter. Darüber mochten die Kinder Israel wohl spotten!

Dualität. Hören Sie zu. Nehmen wir an, ein alter Mesopotamier käme jetzt zu uns – er hätte alle unsere Bücher gelesen, erinnerte sich aber seiner eigenen Kultur. Was würde er zu den Problemen sagen, die uns heute zu schaffen machen?

Sex. Denken Sie nur an den Normalfall, als ob es nicht eine riesige Anzahl von sexuellen Nöten in der modernen Welt gäbe – als ob es also heutzutage tatsächlich so etwas wie den Normalfall gäbe. Ein Mann verliebt sich, heiratet, bekommt Kinder und schafft sich so durch beschwerliche Altersstufen hindurch zu der beschwerlichen Altersstufe der Dreißiger. In unserem hypothetischen Fall verspürt er ein gewisses Verlangen nach Erfahrung mit Frauen, mit denen er nicht verheiratet ist – denn eine Ehefrau ist eine große Verantwortung, und eben das Gefühl der Befreiung, der Loslösung von Eltern, Normen, alten Ketten, das den Sex zu einem Abenteuer machte, als er seine Frau heiratete, ist für ihn jetzt ein Gefühl des Gefangenseins geworden. Sie werden das sicher verstehen, Sie, der Sie mit einer blinden Frau verheiratet sind, einem Wesen nichts als Haut und Knochen. Wie erregend das für Sie zuerst gewesen sein muß, sich mit einer hübschen Laune, einer Grille der Natur zu paaren! Doch auch solche Wesen haben wie alle anderen Menschen ihre Kümmernisse, Wünsche, Forderungen, und mit oder ohne Liebe, man muß für ihre Befriedigung sorgen. Das ist das Gesetz der Juden. Man darf das Leben, das man einer Frau auferlegt hat, nicht unerträglich machen. Haben Sie, mit dreißig, bemerkt, daß alle Frauen schön sind, Clumly? Über so etwas gibt es Statistiken. Das ist durchaus keine ungewöhnliche Notlage. Die Lösung der alten Juden war einfach: Wenn man eine Verpflichtung eingegangen war, mußte man nach ihr leben. Man mochte mehr als eine Frau heiraten – das war üblich in der alten Zeit –, aber man überließ keine seiner Frauen ihrem Schicksal. Man erfüllte eifrig seine Pflicht: man benahm sich so, als wäre die Liebe, einst Wirklichkeit, noch immer Wirklichkeit. Nicht so Babylon! Heirat war eine Verbindung von zwei Grundbesitzen. Mit anderen Worten, das Ehegelöbnis war rein praktischer Natur, es hatte nichts mit Liebe zu tun. Sowohl Ehemann wie Ehefrau mochten experimentieren, flirten oder auch mit anderen Partnern schlafen, wie es ihnen beliebte. Die ganze Kultur stand dahinter. Die «Befriedigung» wurde dem mysteriösen Instinkt überlassen, und jede Ausschweifung war statthaft. Das Gesetz verlangte nur, daß Mann und Frau, Besitz und Besitz, für immer vereint blieben. Und so überlebten die Babylonier Tausende von Jahren und verspürten kein besonderes Schuldgefühl. Die Schuld ist ein jüdisches Produkt. Sie werden jetzt sagen, das geht Ihnen gegen den Strich, weil Sie, wie jeder anständige Jude, ein Kapitalist sind: der Stolz eines Mannes, sein Selbstvertrauen, ist abhängig von seinem Wissen, daß er *dies* und *dies* besitzt. Aber ich sage mit den Babyloniern: Papperlapapp! Man muß besitzen – so hören wir es von Scholochow, dem größten aller russischen Romanschriftsteller. Aber es kommt nicht darauf an, daß der Mensch tatsächlich genau das besitzt, was er auf dem Papier besitzt. Was der Mensch besitzen muß, ist das, was er tatsächlich besitzt, was auch immer auf dem Papier stehen mag.

Folgender Fall:

Wenn ein Donkosak alleiniger Besitzer eines Pferdes wäre, insofern als er allein für seine Pflege und Ernährung verantwortlich ist, kümmert es ihn wenig, wer auf dem Papier die Eigentumsrechte besitzt. Jawohl! Ihm genügt es, daß sein tatsächlicher Besitz gesichert und von Dauer ist. Genauso ist es mit Frauen. Was macht es aus, wenn die Frau, die Sie lieben, die Ehefrau eines anderen ist? Was in unserer Gesellschaft etwas ausmacht, das ist der Umstand, daß sie sich Ihnen nicht völlig hingeben kann. Wenn die Gesellschaft davon ausginge, daß die Ehe eine Vernunftangelegenheit ist, daß die einzige Verpflichtung der Frau dem Mann gegenüber darin besteht, daß sie ihm ihr Geld und ihren Grundbesitz gibt und daß ihre Gefühle ihre eigene Sache sind und damit natürlich auch ihr Liebhaber, dann gäbe es keinen Ärger – kein von außen herangetragenes Problem. Es ist der Irrtum der Gesellschaft, was so zerstörend wirkt. Ich sehe, Sie verstehen mich, da ich mich ja auch, wie immer, so deutlich ausdrücke.

Die Babylonier also gingen davon aus, daß es dem Menschen körperlich und geistig wohl ergehen müsse und daß zwischen beiden keine zwangsläufige Verbindung bestand. Was hat das alles mit den Göttern zu tun, fragen Sie. Ich sage dies:

Die babylonischen Götter waren, für normale Begriffe, bloße Objekte. Ihre Körperlichkeit hatte keine rationale Verbindung mit ihrer Geistigkeit. Beweis: für die alten Juden wie die Griechen war die Speisung der Götter eine rationale Angelegenheit: es war der *Geruch* der Speise, der als den Göttern wohlgefällig galt, da sie ja weniger substantiell waren als wir. So wird bei Homer der Wohlgeruch der Opfergabe betont. In der mesopotamischen Kultur aber wurde der Geruch *beseitigt*! Der Raum wurde ausgeräuchert, gereinigt von allem Geruch. Kurz, nichts normalerweise Menschliches wurde den Göttern dargeboten. Das wäre unhöflich, grotesk und vor allem irrelevant gewesen. Was dargeboten wurde, war nichts mehr und nichts weniger als ein Akt, ein vollkommen symbolischer Akt – wenn Sie so wollen. Da war die Welt der Materie und da war die Welt des Geistes, und die Verbindung zwischen beiden war ein Mysterium, das heißt heilig. Hatten sie unrecht? Können Sie den Unterschied zwischen Liebe und Sex definieren? *Pause*. Können Sie das?

*Regelmäßige Atemzüge auf dem Tonband.*

Oder nehmen Sie die Politik. In der Politik ging der Babylonier von einer engen, aber mystischen Verbindung zwischen den Herrschern und den flüsternden Göttern aus. Er machte aus dem Regieren, aus Gesetzen, Abkommen und so weiter lediglich *praktische Angelegen-*

*heiten*, aber er überließ letztlich die Wohlfahrt des Staates der Intuition des Herrschers – dem natürlich der zeichenlesende Prophet zur Seite stand. Gewiß, es ist offenkundig, daß das System im alten Mesopotamien nicht funktioniert hat –, aber denken Sie an das Scheitern Israels, wo das Gesetz rein rational war, wie dies keiner deutlicher aufgezeigt hat als Spinoza in seinem *Tractatus Theologico-Politicus*, oder wie er heißt. Ich vergesse das immer wieder, aus bestimmten Gründen. Trotzdem, das Prinzip, daß die große Freiheit und große Verantwortung eines Herrschers große Weisheit ermöglichen, die Fähigkeit, flexibel zu handeln, im jeweiligen Augenblick, ausgehend nicht von unerbittlichen, festen Grundsätzen, sondern von Aktion und intuitiver Reaktion – das ist schon des Nachdenkens wert. Aber ich schweife ab. Wie ich gerade sagte. *Pause*. Wie ich gerade sagte … Ah ja! In der alten mesopotamischen Politik wird wie in der alten mesopotamischen Religion genau unterschieden zwischen dem Praktischen, das heißt dem Physischen, und dem Spirituellen. Der König herrscht, stellt einfache Gesetze auf und so weiter. Aber er urteilt nach etwas, das wir Laune nennen würden – wenn es auch natürlich keine Laune ist: es ist der gesamte Komplex seiner Erfahrung und Intuition als Mann, der dazu herangebildet und kulturell als letztlich verantwortlich eingesetzt wurde. Sie sehen darin gewiß Probleme, wie ich mir denken kann.
*Schweigen.*

Himmel noch mal, so hören Sie mir doch zu. Sehen Sie darin Probleme?
CLUMLY: Probleme.
SONNEN-MANN *ungeduldig:* Gut. Schon besser. Nun, Sie haben recht, ja. Ich freue mich, daß Sie darauf hingewiesen haben. Sehr interessant. Ja. Es ist ein System, das nur funktionieren kann, wenn die Gesamtbevölkerung klein ist und die Schwierigkeiten nicht von Bedeutung sind. Das muß man festhalten. Aber das Problem ist nicht, daß das System falsch wäre, es ist einfach so, daß der menschliche Verstand begrenzt ist. Jenseits eines bestimmten Punkts kann die Intuition mit der Welt genausowenig fertig werden wie der Intellekt. Wir sind verloren, anders ausgedrückt. Können Sie mir folgen? – So wachen Sie doch auf!
CLUMLY: Verloren! *Er seufzt.*
SONNEN-MANN: Schlafen Sie nicht ein. Sie machen sich keine Vorstellung, wie wenig Zeit wir haben, Sie und ich.
CLUMLY: Ich habe doch gar nicht –
SONNEN-MANN: Doch, Sie haben …! Ich versuche es krampfhaft zu ignorieren, aber da sitzen Sie und schlafen. Na schön. Keine Zeit, das

alles noch einmal durchzugehen. Außerdem haben Sie ja Ihr Tonband. Aber versuchen Sie doch jetzt, wach zu bleiben.
CLUMLY: Das alles ist doch ... Was soll das überhaupt? Was zum Teufel haben Sie vor – mich hierher zu locken und sich da zu ereifern und zu schwärmen, sich aufzuführen wie –
SONNEN-MANN: Versuchen Sie, Vertrauen zu haben.
CLUMLY: Vertrauen!
SONNEN-MANN *schnell sprechend:* Wir verschwenden Zeit. Ich wollte mit Ihnen über den sozialen Fortschritt sprechen.
CLUMLY: Sie wollten –
SONNEN-MANN: Ja. Schon gut. Nehmen Sie den sozialen Fortschritt. Hören Sie jetzt zu. Hören Sie gut zu. Einer der bedeutendsten Unterschiede zwischen dem babylonischen und dem hebräischen Denken besteht darin, daß der Babylonier überhaupt keinen Wert legt auf das individuelle Menschenleben. Haben Sie jetzt begriffen? Keinen Wert auf das individuelle Leben eines Menschen. Jeder Babylonier lebt sein Leben, so voll er es nur ausleben kann, aber für die Kultur, die Gesellschaft, ist er selbst nichts, nur eine Einheit, nur ein Teil eines physischen und spirituellen Systems. Ein Atom. Ein Zufall. Und denken Sie an den Wert, den Israel auf die individuelle Leistung legte, auf den Namen der Familie, auf den Segen des alten Vaters. Was würde der Babylonier wohl zu dem Problem Bürgerrechte sagen? Pah, würde er sagen. Mit anderen Worten, Bürgerrechte müssen sich selbst durchsetzen, würde er sagen – müssen nach dem unvermeidlichen natürlichen Prozeß fortschreiten zu den üblichen natürlichen Kosten an Menschenleben. Eine Krankheit heilt sich selbst. Genauso in der Medizin. Die Babylonier *hatten* keine medizinische Wissenschaft, zumindest nichts, was wir so bezeichnen würden. Die Medizin ist ein halb griechisches, halb jüdisch-christliches Produkt, das heißt halb das Ergebnis eines heidnischen Hedonismus, halb das Ergebnis des jüdisch-christlichen Begriffs von einem vernünftigen Gott. Aber ich schweife ab, verliere schon wieder den Faden. Wie ich gerade sagte ...

Wissen Sie, ich habe in der Bürgerrechtsbewegung dringesteckt. Bis zum Hals. Ich war in San Francisco beim CORE – beim Kongreß für Rassengleichheit, als sie die Rassentrennung beschlossen. Jawohl. Ein Mann namens Breely – Bill Breely. Gewandter Bursche, gut aussehend, großer Chef. Hatte diese weißen Burschen bei sich, waren halb verrückt, Tatsache – einen, so einen großen, teiggesichtigen Weißen namens Schroeder, glaube ich. Breely hat den Kerl immer angebrüllt. «Wo sind die Flugblätter, Schroeder?» Und dann mit den Fingern geschnippt. «Tut mir leid, Bill», hat er gesagt. Er weinte fast. «Die Druckmaschine hat versagt und wir –» Er ringt die Hände. Den Tränen nahe. «Jetzt langt's mir aber, Schroeder. Ich will diese Flugblätter haben, verstanden?» Und da hat sich dieser Schroeder gewunden wie jemand, dem man den Penis mit dem Messer abgeschnitten hat. «Ich versuch's ja, Bill. Wirklich. Ich tu alles, ich tu alles!» Und er hat das noch genossen. Beide haben's genossen. Sagt Old Breely: «Der Unterschied zwischen Ihnen und mir: Ihr Weißen, ihr seid die Söhne von *Herren* und ich bin ein Sohn von *Sklaven*. Jiaaa!» Die Hälfte der Weißen in dem Saal waren Ukrainer, in der zweiten Generation. Herrgott! Black Power wollten sie haben, die Schwarzen – die meisten –, und die haben sie bekommen. Haben diese Versammlung abgehalten, um CORE zu spalten. Es war eine Versammlung wie aus Hitlers Tagen. Sie kommen einmal ans Pult ran, wenn sie gegen die Trennung sind, aber Breely und seine Leute können soviel reden, wie sie wollen. «Ich *kenne* Sie», sagen die. Mann, Jesus, sind die schlau. «Sie sind *Sozial*helfer, wie? Sie werden's nicht glauben, Sie halbe Portion, aber Ihre Sorte kenne ich, habe ich schon oft gesehn! Jiaaa!» Und dann sagen sie: «Ich war noch nie in der Sozialarbeit tätig.» – «Halt's Maul!» bekommen Sie da zu hören. «Sie haben hier nichts zu suchen.» Da war auch eine Frau. Sprachtherapeutin. Hat geredet, als hätte sie die Zunge quer im Mund liegen. «Ich gehe in weißes Viertel, Baby, ich bin *tot*, das klar? Sie mich *umbringen*, klar?» Und darauf alle: «Jiaaa.» Alle Angst, Mann, machen sich selbst alle Angst, stekken voller Phantasien und blöder Romane. Jiaaa. «Mann, ich bin *tot*, Mann, ich gehe zu den Weißen. Reden dauernd *Quatsch*, Mann: Wir helfen dir schon, Nigger. Ha, *umbringen* werden sie mich, *das* werden sie tun.» Zeit zur Abstimmung, Bill Breely erhebt sich und liest uns aus einem Buch über Lynchmorde vor – etwas von einem Neger, den sie unten im Süden aufgehängt haben, dem sie die Füße, dann die Beine und Arme und den Kopf abgehackt haben, das übliche. *Dann* wird zur Abstimmung geschritten! Ich könnte Ihnen Geschichten erzählen ... Da war ein Mann namens Gonzales oder so ähnlich – wir hielten ihn für schwachsinnig –, hat mit den Augen gerollt, nie was gesagt, immer in alten Jeans und mit einer alten Motorradfahrerkappe – plötzlich schnappte er richtig über und legte los und überschwemmte uns mit seinem Intellektuellengeschwätz, und *da* wußten wir Bescheid und durchschauten ihn! Er war voller *Haß*, Mann! Er spielte vor den Weißen den Idioten, weil er ihnen sonst die Wahrheit gesagt hätte. Er wollte gern ihre Eier im Rückspiegel seines Autos baumeln sehen. Schön, hab ich gesagt. Black Power. Erzählt mir nichts von politischer Macht, von der Macht der Wählerstimme, all diesen Blödsinn. Das läuft doch immer auf Pistolen und Messer und Fäuste hinaus und den dazugehörigen Service. Okay. Hatten da einen

Mann aus Durham, Nordkarolina, bei uns, einen Neger, der noch ein Mensch war. Dem Mann haben sie solche Angst gemacht, daß er's aufgegeben hat. Was machen Sie also, wenn CORE und SNCC und die anderen auf Sie losgehen? Wenn Sie Schroeder sind, dann finden Sie das herrlich – «Jiaaa, Bill! Gib mir eins drauf! Und *noch eins*!» Aber wenn Sie darauf nicht scharf sind, wenn es Ihnen einfach um die Bürgerrechte zu tun ist, was tun Sie dann, wenn man Ihnen mit der Pistole auf den Leib rückt? Sie ringen die Hände und brechen in Schweiß aus. Aber ich will Ihnen einen Rat aus Babylon geben. Immer mit der Ruhe. Keine Aufregung. Macht wollen sie haben, Black Power? Sollen sie. Geh mit Gewalt auf die Weißen los und du wirst Gewalt zurückkriegen und immer mehr und mehr Gewalt, bis sie deinen Schädel schließlich eingehämmert haben, daß deine Gewalt nicht funktioniert, daß du wieder da bist, wo du angefangen hast, mit allem Drum und Dran. Ich will es noch deutlicher ausdrücken. Ich sage, man kann gar nichts tun: versucht man's mit Brüderlichkeit, dann wird man von ihrem Haß bei lebendigem Leib aufgefressen. Zeigt man Verständnis, wenn sie sagen, sie bringen einen um, dann – oh, welche Überraschung –, dann bringen sie einen tatsächlich um. Ergo: die ganze großartige amerikanische Verantwortung ist Quatsch: es kommt alles, wie es kommt. Macht Gesetze, die brauchbar sind, wie die Ehe zwischen zwei Besitztümern, und wenn ihr Leute findet, die an eure Gesetze glauben, dann macht sie zu Polizisten, die das schwarze und das weiße Besitztum verteidigen, aber hofft nicht, liebt nicht: erwartet nichts und gebt nichts. Haßt so frei, wie ihr liebt, ganz wie es euch gefällt. Wartet und laßt den Fortschritt marschieren, denn er wird marschieren, wenn die Götter es wollen, und wenn nicht, dann eben nicht. Hören Sie zu!

*Pause.*

Ich will Ihnen die Wahrheit sagen. Ich habe nicht in San Francisco gewohnt, ich habe in St. Louis gewohnt. Das ist die Wahrheit. Ich habe gelogen. Tut mir leid. Ich war in St. Louis Fahrer beim Windeldienst. Eines Abends fuhr ich, es war schon etwas spät, durch Forest Park nach Hause, als plötzlich beim Kunstmuseum, da wo die Statue steht, eine Frau in meinem Scheinwerferkegel auftauchte. Sie winkte, ich solle anhalten, und Blut lief ihr das Gesicht hinunter. Ich riß das Steuer herum, sonst hätte ich sie überfahren, und trat gleichzeitig auf die Bremse. «Ich bin überfallen und beraubt worden», brüllt sie. «Ein Niggerjunge – er ist dort zum Golfplatz hinübergerannt.» Ich ließ sie einsteigen, und wir fuhren los in der angegebenen Richtung. «Schnappen Sie ihn!» sagt sie. Und immer so weiter. Ich lenkte den Wagen auf das Gras des Golfplatzes, so daß die Scheinwerfer über die

Spielfläche strichen, und da war er, er rannte den Hang hinunter. Ich fuhr ihm nach. Ich weiß, das mag für jemanden wie Sie etwas unschön klingen, aber es hilft nichts. Ich muß Ihnen die Wahrheit sagen. Mord drängt ans Licht. Ich fuhr ihm also nach. Er versuchte, im Zickzack zu rennen, wobei er ausrutschte und ein paarmal hinfiel, aber er entkam mir nicht. Die Frau saß vorgebeugt da, das Gesicht fast an der Windschutzscheibe – das werde ich nie vergessen, diese weiße, weiße Haut mit dem Blut, das richtig schwarz aussah, und hinter uns der Gestank der schmutzigen Windeln und vor uns der Junge, der im Zickzack rennt und schreit: «Nein, Mann! Bitte, nein!» Dann war es plötzlich, als würde er aufgeben. Jesus! Ich sah, wie er die Tasche wegwarf, als wollte er nicht, daß sie unter die Räder geriet, und er streckte mir flehend die Hände entgegen – er rannte jetzt rückwärts –, und da habe ich ihn mit dem Wagen erfaßt. Hören Sie, was ich sage? Ich habe den Jungen überfahren!

CLUMLY *ein Flüstern:* Augenblick mal –

SONNEN-MANN: Ich hielt sofort an und setzte dann zurück, um die Stelle zu beleuchten, wo er die Tasche hingeworfen hatte. Und da lag sie, sie hob sich schwarz ab vom weißen Tau auf dem Gras. Ich stieg aus und hob sie auf und gab sie der Frau. Sie griff danach, und ihre Hände zitterten, als wäre sie verrückt geworden. «Danke», sagte sie. Ich werde das nie vergessen. Es war, als hätte sie den Verstand verloren. Nun, ich fuhr sie zum Jefferson-Denkmal zurück – sie war auf dem Weg zur Delmar Street gewesen, das weiß ich noch –, und ich ließ sie aussteigen. Sie sagte kein Wort. Sie ging den Bürgersteig entlang und hielt die Tasche an die Brust gepreßt, als wäre es ihr totes Baby und als hätte sie den Verstand verloren. Ich lachte. Nicht weil ich verrückt gewesen wäre, verstehen Sie. Das war ich nämlich nicht. Ich lachte, weil ich getan hatte, was sie wollte, und weil das arme Stück es nicht ertragen konnte. Ich fuhr dann zurück, um nach dem Jungen zu sehen. Er lebte noch, und so nahm ich ihn mit nach Hause und bereitete ihm im Keller ein Lager. Er war meistens ohne Bewußtsein, aber ab und zu kam er zu sich. Er hatte nur beide Beine gebrochen, weiter nichts. Ich legte ihm Schienen an, und ich ging hinauf und machte ihm etwas Suppe, und dann gab ich ihm etwas Whiskey, damit er wieder das Bewußtsein verlor. Ich trinke selber nicht, aber ich habe immer etwas für solche Gelegenheiten da. Dann schloß ich die Kellertür ab, ging hinauf und legte mich schlafen. Ich hörte ihn manchmal stöhnen, aber es war nicht so schlimm. Am nächsten Tag ging es ihm besser, so gut jedenfalls, daß er schreien und nach der Polizei rufen konnte und so. Ich mußte ihn ein paarmal mit der Kette schlagen, aber es gelang mir, ihn zur Räson zu bringen. Also gut. Ich behielt ihn zwei Jahre unten im Keller. Er sah nie das Tageslicht. Keine Fenster. Ich schaffte ihm etwas Stroh hinunter.

CLUMLY: Augenblick mal ... Das ist –

SONNEN-MANN: Hören Sie jetzt zu. Gleich können Sie reden. Ich schaffte ihm *Stroh* hinunter, und dann und wann machte ich bei ihm sauber. Er ist natürlich abgemagert. Oft wollte er nicht essen. Er war stur, wissen Sie. Das war nur natürlich. Aber nach einem Vierteljahr oder so wurde er ein wenig vernünftiger, wenn er auch ab und zu sein Essen stehenließ. Es kam so weit, daß er sich fast freute, wenn ich zu ihm herunterkam, um ihm zu essen zu bringen oder sauberzumachen oder nur nach ihm zu sehen. Er begann sogar zu sprechen. Zuerst fluchte er nur, aber nach einer Weile verlegte er sich aufs Weinen und Jammern und so, er benahm sich fast wie ein Mensch, und ich mochte ihn richtig. Das hat er natürlich gemerkt. Kein Wunder! Stellen Sie sich vor, wie das ist, in einem Keller zu hausen, gefangen, nicht besser dran als ein Hund! Na schön. «Hör zu, Junge», sagte ich zu ihm, «du bist auf Lebensdauer hier, klar, ja? Finde dich damit ab und mach das Beste draus.» Zu der Zeit war er schon halb verrückt, und oft, oft mußte ich etwas zwei-, dreimal sagen, bis er es begriffen hatte. Aber schließlich begriff er es dann doch. Er begann das Beste daraus zu machen. Eines Morgens fragte er: «He, was ist draußen so los?» Er war damals so zwölf oder dreizehn. (Ich habe nie genau gewußt, wie alt er war. Ich habe ihn nicht danach gefragt.) «Oh, Krieg», sagte ich. «Aufruhr, Unruhen.» – «Jiaaa», sagte er. «Jiaaa.» Ich fing an, ihm von draußen zu erzählen. Ich erzählte ihm, mit der Sonne sei etwas passiert, so daß die ganze Welt jetzt im Dunkeln liege. Die Regierung habe die Sache in die Hand genommen, aber die Aussichten seien nicht gut, sagte ich. Die Ernte auf den Feldern verkümmere, nicht einmal Gras wachse mehr. Nur noch Staub und Erde sei da, wo früher Gras gewesen war. Die Bäume seien abgestorben, die Menschen verhungerten zu Tausenden. Es gäbe keine Hunde und Katzen mehr, erzählte ich ihm. Sie seien alle schon längst verspeist worden. Aber er brauchte sich keine Sorgen zu machen, ich hätte noch für ein halbes Jahr Sachen in der Tiefkühltruhe. Er war mir dankbar. Einmal sagte er: «Warum behalten Sie mich hier bei sich?» Es war jetzt Winter. Ich sagte, die Kälte rühre daher, daß die Sonne ausgegangen sei, und natürlich hat er mir geglaubt. Nun, ich setzte mich auf die Türschwelle – er versuchte inzwischen nicht mehr, an mir vorbeizustürzen und zu fliehen – und sah ihn an, ganz Mitleid. Ich zündete meine Pfeife an. «Junge», sagte ich, «ich will dir die Wahrheit sagen. Das war eine böse Sache, damals, abends auf dem Golfplatz, als ich dich überfuhr. Ich muß den Kopf verloren haben. Jedenfalls – ich konnte dich doch nicht dort liegen und sterben lassen, und da habe ich dich geholt und habe dich geheilt, so gut ich konnte.» (Die Beine waren allerdings nie richtig geheilt. Er machte immer an den Schienen herum oder sonst was, und die Beine waren jetzt völlig krumm. Er konnte kaum gehen.) «Das Dumme war nur», sagte ich, «wie konnte ich, nachdem ich dich geheilt hatte, zur Polizei gehen und erklären, was ich getan hatte?» Der Junge sagte: «Jiaaa.» Das mit der Polizei verstand er. «Aber dann kam ein neues Problem hinzu», sagte ich. «Das war das Sonnenproblem. Die Regierung hat eine Rakete zur Sonne hinaufgeschossen, zu irgendwelchen wissenschaftlichen Zwecken, die zu kompliziert sind, als daß ich sie erklären könnte, und da ist – ich gebe zu, ich weiß selber nicht, wie – die Sonne ausgegangen.» Er glaubte mir. Das ist erstaunlich, werden Sie sagen. Nun, vergessen Sie nicht, daß er nur mich hatte. Ich war seine Wirklichkeit. Ich allein! «Ja», sagte ich, «als alle Hunde und Katzen verzehrt waren, bestimmte die Regierung durch Gesetz, daß wir Verbrecher essen sollten. Das heißt, solche wie dich», sagte ich. «Räuber, Mörder, Friedensstörer.» Auch das glaubte er. «Ich wäre natürlich auch unter das Gesetz gefallen. Wenn ich dich abgeliefert hätte, wären wir beide in den Kochtopf gewandert und verspeist worden.» Er war sehr beeindruckt. Was mich betraf – ich will's nicht leugnen –, ich war tief bewegt, entsetzt. Auch ich glaubte es. Wir weinten.

So ging es viele Jahre weiter. Wir wurden die besten Freunde, obwohl wir Feinde waren. Und dann – o gräßlich! gräßlich! –, dann vergaß ich, seine Tür abzuschließen. Er floh nicht. Vielleicht hatte er nicht einmal etwas bemerkt, ich habe keine Ahnung. Aber ich war erregt – fieberte fast. Und abends schloß ich die Tür wieder nicht ab, doch diesmal mit Absicht. Ich ließ die Tür monatelang unverschlossen, und dennoch blieb er bei mir, ein Gewohnheitsmensch. Nur zu natürlich. Es war, als hätte ich ihn an die Mauer gekettet. Der Frühling kam, und es wurde wärmer. Ich erzählte ihm, die Regierung habe ein Mittel zur Wärmeerzeugung durch Atomenergie entdeckt. Aber ich wußte, ich war erledigt. Früher oder später würde er sich aus dem Keller ins Freie wagen. Ich wartete darauf. Wir unterhielten uns weiter, Abend für Abend, und wenn ich ging, schloß ich nie die Tür ab. Ich wußte nicht, was ich eigentlich wollte – daß er blieb oder daß er ging. Ich wartete nur, von Angst, von Alpträumen gefoltert, in Schweiß gebadet. Und so kam es, wie es kommen mußte. Er verließ den Keller. Er mußte seit Wochen gewußt haben, daß er das konnte, wenn er wollte. Was muß er für Qualen gelitten haben! Dennoch, er verließ schließlich den Keller. Stellen Sie sich das vor. Ein auf Händen und Füßen kriechendes Wesen, unsagbar grotesk! Der Bart hing ihm herunter wie der eines alten Kaisers – er mußte inzwischen so achtzehn, neunzehn sein – und seine Augen waren ganz groß geworden, wie die Augen eines Fisches, der sein Leben in einer dunklen Höhle verbracht und nur ins Dunkel gestarrt hat. Langsam, tastend, kroch er von seinem Gefängnis zu den Kellerstufen hin, und jeder Nerv in seinem Körper erinnerte sich der Kettenschläge, die ich ihm vor langer Zeit gegeben hatte. Stufe um Stufe kroch er hinauf, zermartert von Schuldgefühl. Am oberen Ende der Treppe fand er den Ausgang, die Tür, die zum Garten hinausführte, und in der Glasscheibe der Tür sah er – Gott verzeih ihm! – Sonnenlicht! Phantastisch! Er konnte es nicht glauben! Der Kopf drehte sich ihm! Ihm wurde übel! Vielleicht wurde er ohnmächtig, verfiel in Irrsinn. Aber es gab kein Zurück mehr! Vielleicht vergingen Stunden, vielleicht kroch er in seinen Keller zurück, zitternd wie ein trockenes Blatt, und kam erst zwei Tage später heraus. Jedenfalls, er kam schließlich ins Freie und sah, daß die Sonne ganz ohne jeden Zweifel noch immer brannte. Er kroch hinaus auf den Bürgersteig und rief die Passanten an, damit sie es ihm erklärten. Sie flohen ihn. Trotzdem – die Sonne brannte. Schließlich erweckte er die Aufmerksamkeit eines Kindes und stellte seine Fragen und erfuhr die Wahrheit. Ich hatte gelogen. Sein ganzes Leben war eine Lüge gewesen, Jahre und Jahre hindurch. Was für ein Jammer! Herrgott! So, jetzt sagen Sie mir, was hätten Sie getan, Clumly? Was?

CLUMLY: Sie sind verrückt!

SONNEN-MANN: Nein. Bei Verstand. Was hätten Sie getan?

CLUMLY: Ich hätte Sie umgebracht.

SONNEN-MANN: Ja!

*Lange Pause.*

CLUMLY: Worauf wollen Sie hinaus? Was hat das alles für einen Sinn?

SONNEN-MANN: Ja! Was für einen Sinn?

*Lange Pause.*

CLUMLY: Ich glaube Ihnen nicht. Das Ganze ist eine Lüge.

SONNEN-MANN: Ja. Nein.

*Lange Pause.*

CLUMLY: Ich bin alt. Ich bin müde. Wovon reden Sie eigentlich?

SONNEN-MANN: Er ist in den Keller zurückgekehrt.

*Lange Pause.*

CLUMLY: Unglaublich!

SONNEN-MANN: Ja. Er war ein Philosoph.

CLUMLY: Sie sind verrückt.

SONNEN-MANN: Er ist drei Wochen später gestorben.

*Lange Pause.*

CLUMLY: Ich weiß nicht, was ich da sagen soll.

Sonnen-Mann: Nein, ich auch nicht.
*Lange Pause.*
Clumly: Hat das alles etwas mit den Bürgerrechten zu tun? Oder mit ... Babylonien?
Sonnen-Mann: Babylon.
Clumly: Ja natürlich. Ich wollte ja auch Babylon sagen.
*Eine Pause von zwei vollen Minuten.*
Sonnen-Mann: Er hat die Realität mißverstanden, und deshalb ist er gestorben. Und deshalb sage ich folgendes. Angenommen Sie haben unrecht. Sie fragen mich nach meiner Antwort auf amerikanische Probleme – Probleme psychologischer, sozialer, politischer Natur. Ich habe keine. Ich streite nicht ab, daß wir, theoretisch, weiterkämpfen sollten, uns weiter bemühen, um Fortschritt ringen sollten. Aber ich bezweifle, daß irgend etwas in unserem System auf die Realität abgestimmt ist, mit ihr in Einklang steht. Wie kann man für etwas kämpfen, woran man überhaupt nicht glaubt?
Clumly: Sie machen die Dinge zu kompliziert. Gesetz und Ordnung ...
Sonnen-Mann: Quatsch! Der Junge, den ich aus Ihrem Gefängnis befreit habe, war ein *Indianer*. Wissen Sie, wie das ist, in einem Reservat aufzuwachsen? Ich sage nicht, Sie sollen ihn bedauern. Ich sage nicht, Sie sollen in Tränen ausbrechen. Ich sage, Ihre Gesetze sind irrelevant, dumm, unmenschlich. Ich sage, Sie unterstützen die Zivilisation durch eine Art Durchschnittsdenken. Alle Verbrechen sind gleich, weil es Ihnen um das Verbrechen, nicht um den Verbrecher geht. Es funktioniert, das gebe ich zu. Aber es hat nichts mit der Realität zu tun. Es gibt Gut und Böse auf der Welt, aber das hat nichts mit Gerichten zu tun. Ich weiß es besser als irgendwer, glauben Sie mir! Ich bin Opfer gewesen. Aber das liegt in der Vergangenheit. Tätliche Beleidigung, das ist immer das gleiche, einerlei, wer da tätlich wird und beleidigt. Das ist Ihr jüdisches Gesetz. Nun, ich lehne Ihr Gesetz ab!
Clumly: Wir haben immerhin zwei Morde ...
Sonnen-Mann: Panikhandlungen.
Clumly: Was hat das mit –
Sonnen-Mann: Sehr gut! Ich habe Sie richtig eingeschätzt.
Clumly: Wir leben in einer Demokratie. Da kommt eine Gruppe von Menschen zusammen, und sie beschließen, wie sie alles haben wollen, und sie geben sich Gesetze und richten sich danach, bis sie das eine oder andere Gesetz satt sind, und dann machen sie ein neues Gesetz –
Sonnen-Mann: Aber das ist doch verrückt.
Clumly: Nun –

SONNEN-MANN: Sehen Sie *wirklich* den entscheidenden Punkt nicht? Hören Sie zu! Wie können Sie für etwas eintreten, woran Sie nicht glauben? Und kommen Sie mir nicht mit «Wir leben in einer Demokratie». Halten Sie mich für einen Narren. Wenn ich die Demokratie akzeptiere, würde ich mich mit der Minderheitsmeinung abfinden, bis ich die Stimmen zusammenbekäme, um sie zu verändern. Aber das tue ich nicht! Welch vernünftiger Mensch tut das schon? Sehen Sie sich doch die Welt an. Akzeptieren die Demonstranten vielleicht die Meinung der Mehrheit? Bieten sie eine Alternative? Ein Demonstrant ist ein Hell's Angel ohne Hirn. Drücken wir's anders aus. Sie sagen, akzeptieren Sie die Meinung der Mehrheit, arbeiten Sie im gesetzlichen Rahmen an ihrer Veränderung. Angenommen, die Mehrheit ist für die Anarchie oder sie geht zum Nazismus über. Verteilen Sie dann in aller Ruhe Flugblätter und werben nüchtern für eine Meinungsänderung? Darauf läuft es hinaus: Ich sage, die Welt, für die Sie stehen, ist faul, und ich für meine Person sagte: Ohne mich. Ich sage nicht, daß ich Sie schlagen kann. Ich bin nicht daran interessiert, Sie zu schlagen. Ich sage nur, daß der Wille der Götter auf meiner Seite ist. Letztlich wird Ihre Seite gewinnen, denn Sie haben die Stimmen. Aber inzwischen werde ich Sie umbringen. Die Götter werden weiter grollen, ohne sich um Ihre Theorien zu kümmern, und zu gegebener Zeit wird Ihnen Ihr Haus über dem Kopf einstürzen.
CLUMLY: Sie sind gefühllos. Die Menschen sind Ihnen gleichgültig.
SONNEN-MANN: Ha! Wahnsinn! Ich kümmere mich *um jeden einzelnen Fall.* Sie kümmern sich um nichts als den *Durchschnitt.* Ich liebe die Gerechtigkeit, Sie lieben das Gesetz. Ich bin Babylonier, und Sie, Sie sind einer von den Juden. Ich kann mich nicht jedes einzelnen Falles annehmen – das liegt gar nicht in meinem Interesse. Also nehme ich mich der Fälle an, auf die ich gerade stoße – des Indianerjungen zum Beispiel oder des schwarzhäutigen Diebes –, und um den Rest kümmere ich mich nicht. Aber Sie, Sie nehmen sich *aller* Fälle an – indem Sie sie mit einer einheitlichen Decke zudecken, indem Sie alle menschlichen Unterschiede verwischen.
CLUMLY: Das ist unfair. Wir stehen uns näher, als Sie glauben. *Überlegt:* Das heißt –
SONNEN-MANN: Ja, gewiß. Das sage ich doch die ganze Zeit. Sie sind mein Freund. Aber auch mein Feind. «Das größtmögliche Glück für die größtmögliche Zahl von Menschen.» In Deutschland waren von hundert Menschen zehn Juden. Angenommen, es waren vierzig oder neunundvierzig! Trotzdem wären sie noch immer die kleinere Zahl gewesen. Ich sage, Ihre Regel ist unsinnig. Glauben Sie wirklich, die Zahl hätte irgend etwas mit der Wahrheit zu tun?

Clumly: Ich verstehe Sie nicht. Sie scheinen ein so *moralischer* Mensch zu sein, und doch ...
Sonnen-Mann: ... lasse ich den Mord geschehen. Ja! Ich sehe zu, wie ein Mann, mit dem ich gesprochen habe, niedergeschossen wird, und zeige danach kein bißchen Reue. Kein bißchen! Zucke ich? Ringe ich die Hände? Ich sehe zu, wie eine alte Frau erschossen wird, nur weil sie ein Zimmer betreten hat, und ich sage zu Ihnen nicht einmal: «Entschuldigen Sie.» Das verwirrt Sie.
Clumly *hartnäckig:* Sie sind wahnsinnig.
Sonnen-Mann: Sagen Sie es so richtig mit Überzeugung.
Clumly: Sie sind wahnsinnig!
Sonnen-Mann: Stimmt. Trotzdem, sie geben einem schon Rätsel auf, nicht wahr, diese Götter in Menschengröße aus Holz und Stein. Die essen und trinken und schlafen und jagen und denen man es nicht anmerkt, daß sie Götter sind. Trotzdem sind sie ganz gewiß Götter.
Clumly: Das mag sein. Ich kenne mich in diesen Dingen nicht aus. Ich bin jetzt völlig durcheinander. Aber ich sage Ihnen eines: stellen Sie sich und bringen Sie den Indianer zurück –
Sonnen-Mann: Unmöglich. Die Forderung ist absurd!
Clumly: Sie sind ein Verrückter.
Sonnen-Mann: Sie langweilen mich.
*Geräusch einer Explosion.*

Wilhelm Genazino

## *Abschaffel*

### Nach Feierabend

Nach Feierabend fuhren Abschaffel und Frau Schönböck gemeinsam los. Sie schimpfte auf ihre Familie, besonders auf ihren Bruder, der ihr die Hilfe verweigert hätte. Zuerst fuhren sie zu einer Bekannten von Frau Schönböck, holten dort einen Dach-Gepäckträger ab, den Abschaffel aufschraubte, dann in die Wohnung der Tante. Abschaffel trug Tisch und Stuhl hinunter und band sie auf dem Dach-Gepäckträger fest und trug beides in die Wohnung von Frau Schönböck hinauf. Frau Schönböck sprang um ihn herum und öffnete die Türen und schloß sie wieder. Als sie den Dach-Gepäckträger ebenfalls zurückgebracht hatten, sagte Frau Schönböck zu Abschaffel: Jetzt möchte ich Sie zum Essen einladen. Oh, das ist nicht nötig, sagte Abschaffel. Ich bestehe darauf, sagte sie mit gespielter Hartnäckigkeit, die Abschaffel überhaupt nicht gefiel. Zweifellos mußte sie ihre Dankbarkeit ausleben, vielleicht sogar mehr, wie Abschaffel schon fürchtete.

Sie gingen in ein griechisches Lokal, und Frau Schönböck erzählte alles, was ihr einfiel. Sie hielt die Hand über ihr Weinglas und rauchte und sprach von ihrer Kindheit. Abschaffel hätte gern schon jetzt gewußt, wie der Abend enden würde. Er wollte ganz sicher sein, daß er recht bald, das heißt nach dem Essen, von Frau Schönböck loskäme. Weil er dies nicht zuverlässig wußte, störte ihn alles. Es störte ihn der Tropfen Bier, der vom Glas eines Gastes vom Nebentisch auf dessen Zeitung herunterfiel, es störten ihn die Männer, die aus der Toilette kamen und noch immer mit der Schließung ihres Hosenladens beschäftigt waren, und es störte ihn Frau Schönböcks Angewohnheit, abgebrannte Streichhölzer wieder in die Schachtel zurückzustecken. Warum legen Sie immer Ihre Hand auf das Weinglas, fragte er, weil ihn auch das störte.

Mache ich das schon wieder! rief Frau Schönböck. Das habe ich von meinem Vater, und ich kann es mir nicht abgewöhnen! Mein Vater ekelte sich vor allem, sagte sie, das fing schon an, als mein Bruder und ich noch Kinder waren, wir kamen aus der Schule und wollten unseren Vater küssen, er ekelte sich aber vor uns und hielt uns mit dem Arm zurück. Er aß auch nicht mit uns! sagte sie. Die ganze Familie aß im Wohnzimmer, er aber aß in der Küche allein, weil er sich davor ekelte, die anderen beim Essen zu sehen und zu hören. Zum Friseur ging er auch nicht, der Friseur mußte in unser Haus kommen, weil er die abgeschnittenen Haare anderer Leute nicht ertragen konnte. Und auch mit dem Friseur konnte er nicht im Haus bleiben; wir hatten einen Garten hinter dem Haus, sagte sie, und im Garten stand ein kleiner Pavillon, und dahinein setzte er sich, der Friseur immer hinterher, weil mein Vater behauptete, die Haare seien voller Bazillen und Haare dürften auf keinen Fall in die Wohnung, sagte sie. Schrecklich, sagte sie. Und warum legen Sie die Hand auf Ihr Weinglas, fragte Abschaffel. Ach so ja, sagte sie, das habe ich ja sagen wollen, wenn er nämlich Wein trank, hielt er seine Hand so über das Glas, wie ich es auch tue, weil er glaubte, damit würde er herumschwirrende Bazillen davon abhalten, in sein Weinglas zu fallen.

Das glauben Sie aber nicht, sagte Abschaffel. Nein, natürlich nicht, lächerlich, sagte sie, aber es geht mir nach bis auf den heutigen Tag, denn wir Kinder haben den Vater natürlich nachgeahmt, mindestens eine Weile lang.

Als sie gegessen hatten, ging Frau Schönböck auf die Toilette, und Abschaffel war froh, vielleicht für drei Minuten allein sein zu können.

Es mußte etwas geschehen. Abschaffel wollte es nicht so weit kommen lassen, daß sie gemeinsam darüber berieten, ob sie weiter zusammenbleiben sollten oder nicht. Gern wäre er einfach gegangen, aber Abschaffel haßte solche betonten Situationen. Eigentlich erwartete er, daß Frau Schönböck bemerkte, was er wollte, und sich ihrerseits verabschiedete. Er fühlte ein gräßliches Durcheinander in seinem Kopf. Er wußte noch nicht einmal genau, warum er mit ihr nichts zu tun haben wollte. Was sie erzählt hatte, war nicht durchgehend langweilig gewesen. Abschaffel hatte sich sogar weiter für den Vater von Frau Schönböck interessiert, und als er bemerkt hatte, daß er für ihren toten Vater mehr Aufmerksamkeit erübrigte als für sie, schämte er sich und wurde stumm. Sie kam von der Toilette zurück, und es war alles zu spät. Mit einem Schwall von Sätzen und Worten setzte sie sich auf ihren Platz, und Abschaffel sah, daß sie sich neu geschminkt, frisiert und eingeduftet hatte, und er mußte einsehen, daß sie sich nicht für eine Verabschiedung hergerichtet hatte. Es ist eine Schande, sagte sie, daß mir mein Bruder nicht geholfen hat, und wenn Sie mir nicht geholfen hätten, dann hätte mir kein Mensch geholfen. Alles, was nun ablief, war für Abschaffel von widerwärtiger Geläufigkeit und wurde deshalb von ihm abgelehnt. Zugleich hatte er das Gefühl, daß sein Anspruch auf Einmaligkeit sentimental und kindisch und unhaltbar war. Es kam ihm der niederschmetternde Gedanke, daß er vielleicht nicht gelernt haben könnte, alles, was öfter als einmal geschah, auch noch gelten zu lassen. Er wollte bloß immer die Butter vom Butterbrot, die Streusel vom Streuselkuchen, und der große Rest bereitete ihm eine Enttäuschung. Weil er sich dies in diesem Augenblick eingestand, war er etwas freundlich. Frau Schönböck redete und blickte umher und freute sich, und Abschaffel bemerkte, daß sie ihm in diesen Augenblicken die Führung des Abends übergab. Er mußte ein Zeichen geben, aus dem klar wurde, daß er verstanden hatte, und er griff in die Innentasche seines Anzugs, holte seine Brieftasche heraus und winkte den Ober herbei. Aber ich habe Sie doch eingeladen, Herr Abschaffel, rief sie lachend, stecken Sie nur Ihr Geld wieder weg. Abschaffel lachte ein wenig, der Ober war am Tisch, und Frau Schönböck zahlte. Die meisten Ober sind immer noch unheimlich verblüfft, wenn Frauen zahlen, nicht wahr, sagte sie. Abschaffel quittierte den Satz zustimmend, es war ein richtiger Satz für das Verlassen des Lokals. Sie gingen zu Frau Schönböcks Wagen, sie redeten und redeten, sogar noch über das Autodach hinweg. Der weitere Ablauf war schwieriger, weil es fast nicht zu schaffen war, nur auf Grund von Zeichengebung sich zu einigen, daß man nun in eine Wohnung wollte, noch schwieriger die Klärung der Frage, in welche Wohnung, in

Aus: Hans-Georg Rauch, Schlachtlinien

ihre oder in seine. Abschaffel wünschte nicht, mit ihr in seine Wohnung zu gehen; seine Wohnung mußte unbedingt als Zuflucht für ihn bereit und frei gehalten werden, wenn er wieder allein war. Frau Schönböck fuhr schon, und die Atmosphäre war angespannt, weil sie ohne Zeichenangabe fuhr. Sie fuhr in der Gegend herum und wartete auf die Zeichengebung. Allzu lange konnte sie nicht ohne Zeichen mit ihm herumfahren, wenn sie nicht Gefahr laufen wollten, daß das Herumfahren selbst zu einem Zeichen für Lustlosigkeit wurde. Da fragte Abschaffel, wo sie denn den Tisch und den Stuhl hinstellen werde. Frau Schönböck nahm das Zeichen mit brausender Dankbarkeit auf. Das ist ein Problem für mich, ich habe ja nur zwei Zimmer, sagte sie, in dem einen Zimmer ist das Kind, dem ich nicht noch mehr Platz wegnehmen darf, ich muß die Sachen in meinem Zimmer unterbringen, obwohl da auch wenig Platz ist, Sie haben es ja gesehen, aber irgend jemand mußte die schönen Stücke ja vor dem Sperrmüll retten; vielleicht muß ich einen Sessel rausschmeißen oder irgend etwas anderes, aber was, aber was, sagte sie, was denn, was denn, sagen Sie mir doch mal, was ich rausschmeißen soll, sagte Frau Schönböck. Das machen wir jetzt, sagte Abschaffel, ich sage Ihnen, was Sie rausschmeißen können. Ja, rief Frau Schönböck freudig.

Jean-Paul Sartre

## *Der Idiot der Familie*

Du begehrst mich, also bin ich

Der junge Notariatsgehilfe hat nichts von einem Hernani: er ist noch schüchtern, aber sein Pariser Schliff gibt ihm eine gewisse Sicherheit. Emma ist nicht zynisch, aber schon sehr erfahren. Ihr Provinzsnobismus hat sie bestimmt, den letzten Schritt zu tun: als Léon ihr die Tür zur Droschke aufhielt, hat er ihr versichert: «In Paris tut man das!» Und dieses «unwiderstehliche Argument überzeugte sie» (I, 657). Gleichviel: sie hatte am Vorabend «einen endlosen Brief» geschrieben, in dem sie das Rendezvous absagte: «... alles war jetzt vorbei, und sie durften, um ihres Glückes willen, sich nicht mehr treffen.» (I, 655) Da sie die Adresse des Notariatsgehilfen nicht wußte, hatte sie beschlossen, ihn ihm selbst in der Kathedrale zu überreichen. Sie hatte sich dort hinbegeben, Léon den Brief hingehalten, dann ihre Hand zurückgezogen, als er sie ergreifen wollte, und sich in der Kapelle der

Jungfrau zum Gebet niedergekniet. All das bedeutet ganz klar, daß diese Tugend bereit ist zu fallen, aber nicht ohne einen oratorischen Wettstreit: Léon wird sich anstrengen müssen, um dieser Überzeugten zu predigen; was sie sich sagen werden, wissen wir im voraus: Flaubert hat uns ihr Gespräch vom Vorabend berichtet; Léon hat gesagt, daß Emma für ihn vor drei Jahren «eine unverständliche Kraft, die mein Leben fesselte», war. Sie hat entzückt ausgerufen: «Woher kommt, daß niemand bis jetzt mir gegenüber derartige Gefühle geäußert hat?» Er hat ihr geantwortet, daß «die idealen Naturen schwierig zu verstehen wären»; er war oft verzweifelt bei dem Gedanken an das Glück, das sie erfahren hätten, wenn der Zufall erlaubt hätte, daß sie durch unauflösliche Bande vereint wären. Sie hat bekannt, daß auch sie davon geträumt hatte, und dann plötzlich: «Ich bin zu alt ...» Er würde andere lieben. Und Léon hat sich entrüstet: «Nicht so wie Euch!» (I, 654) Darin liegt alles: Léons Liebe wird einzigartig bleiben, weil es niemals eine andere Emma gibt noch geben wird. Diese ist übrigens ein Engel, eine ideale Natur, deren Reinheit gerade für die armen Menschenkinder ein Mysterium ist. Um sie vollends der Reinheit seiner Absichten zu versichern, verwandelt der junge Notariatsgehilfe sein Verlangen, sie zur Ehebrecherin zu machen, in ein untröstliches Bedauern, daß er sie nicht hat heiraten können. Zwei verschwisterte Seelen, dazu geschaffen, miteinander fortzufliegen, durch einen unglücklichen Zufall daran gehindert: kurz, sie *sind bereits* verheiratet. Man sieht nicht, daß ihre Rede viel weiter gehen könnte; in der Droschke werden sie sie nur wiederkäuen und sich bei Einzelbetrachtungen und Argumenten aufhalten können, die zu entfalten sie am Vorabend nicht die Zeit gehabt hatten, während die Hände sich, vergessen, heimlich drücken werden oder ein ganz und gar unvorhergesehener flüchtiger Kuß das Gespräch einen Augenblick unterbrechen und ihre erstaunten Lippen vereinigen wird. Das alles wird seine Zeit dauern, bis die Arbeit der Brunst bei beiden vollendet ist. Aber trotz Léons entstehender Grobheit, trotz Emmas Selbstsicherheit, das Spiel in der Hand zu haben, sind sie doch leichtgläubig, wenn auch nicht aufrichtig. Durch ihre armseligen Wörter, durch Regungen der Seele, die auf Gemeinplätze hinauslaufen, durch eine Anstrengung der Phantasie, die sich an der Mauer der Sprache bricht, durch eine Engelhaftigkeit, die gegen ihren Willen vertiert, versuchen alle beide die Materialität der fleischlichen Begierde und der Kopulation, die sie als unvermeidlich kennen, zu überschreiten; jeder Satz ist ein müßiger Versuch, das «wackere Geschlechtsorgan», das ihn inspiriert, auf die Schönheit, auf die Reinheit hin zu transzendieren. Überschreitung, Transzendenz: das möchten sie noch einmal durch eine Beredsamkeit äußern, deren Quelle sie nur allzugut kennen. Ohne Illusionen, aber wieder einmal Opfer des ewigen Trugbilds, versucht Emma Bovary «ihren Hintern für ihr Herz zu halten». Das bedeutet, daß sie eine Frau sein will und frei gegenüber der Schweinerei,* die, wie sie spürt, ihr Körper ihr aufzwingen wird: entweder will sie diese veredeln, indem sie sie als eine gnädige lehnsherrliche Hingabe ihrer Person an den Lehnsmann Léon darstellt, oder sie will ihre Aufmerksamkeit ablenken und durch einen Überraschungsangriff fallen, der sie ihrem Geliebten ausliefern wird, ohne daß sie sich darauf hat vorbereiten können, was sie jeder Verantwortung entbinden wird. Mit anderen Worten, beide wollen die *imago* bewahren, die sich jeder von sich und ihrer Menschenwürde macht, aufgefaßt als innere Freiheit, nicht als ein für ihn selbst äußeres und von äußeren Impulsen gesteuertes System. Ihr Unternehmen wird dadurch erleichtert, daß sie allein und schon durch Innenverhältnisse aneinander gebunden sind. Kein Blick, vier Wände, keiner von beiden ist ein Gegenstand für dritte noch ganz und gar für den anderen; diese Intersubjektivität von Eingeschlossenen halten sie für ihr absolutes Sein; du begehrst mich, also bin ich; ich begehre dich, also bist du; was Wunder, wenn jeder durch den Glauben seines Partners an ihn von seiner Transzendenz überzeugt ist. Madame Bovary ist ganz real ein Engel.

Was tut Flaubert? Er gehorcht seinen Geschöpfen: sie haben die Vorhänge zugezogen, um von niemandem gesehen zu werden? Gut: niemand wird sie sehen, nicht einmal der Autor. Dieser schwingt sich in die Höhe, sein Blick umfaßt Rouen, den Hafen, das Land und entdeckt auf der Chaussee, auf einer Landstraße der Umgebung die «schwere Maschine», die die beiden Liebenden enthält: er wird sie sechs Stunden lang nicht mehr aus den Augen lassen und ihren jeweiligen Weg genau nachzeichnen. Mehr ist nicht nötig: die Liebe von Léon und Emma konnte bis jetzt nur ein Lächeln hervorrufen; sie wird plötzlich obszön, grotesk. Welchen Streich hat er ihnen gespielt, der Schuft? Nun, er hat einen Mann und eine Frau genommen, ganz heiß vor Verlangen, ganz lebendig, davon überzeugt, sich freiwillig einander hinzugeben, und er hat dieses verschlungene Paar in eine einzige Droschke verwandelt. Der Übergang vollzieht sich mittels eines geschickt gewählten Klischees: «Und die schwere Maschine setzte sich in Marsch.» Dieser Satz – der so klingt wie «Die Kirchturmuhr schlug Mitternacht» – ist so vertraut, daß man ihn kaum liest, den-

* Ich sage, was Flaubert denkt und was er Emma denken läßt; nicht, was ich denke.

noch enthält er einen mehrdeutigen Sinn: im nächsten Absatz könnten wir uns ebensogut *in* der Droschke den Geliebten gegenüber wiederfinden; aber das Subjekt des Satzes setzt voraus, daß wir draußen geblieben sind, daß wir gesehen haben, wie die Tür geschlossen und die Vorhänge zugezogen worden sind. Es wird also genügen, in den folgenden Sätzen dasselbe Subjekt beizubehalten: «Sie fuhr ... herab, überquerte ... hielt plötzlich an ... fuhr wieder los ... strebte in einem Zug ...» usw., um unmerklich die Transsubstantiation zu vollziehen: die Verben geben, ohne den Anthropomorphismus zu übertreiben, diskret Tätigkeiten von Menschen wieder (sie strebte) oder zumindest von Zugtieren (die Droschke trabte). Auf diese Weise wird das Objekt schließlich zum Subjekt der Geschichte, ohne seine Objektmerkmale zu verlieren; und die früheren Subjekte werden selbst zu reinen Objekten, weil ihr Verhalten uns als das Verhalten des Objekts offenbart wird. Indessen bemüht sich der Autor, den lebenden Teil des Gespanns herauszuhalten: den Kutscher, «demoralisiert und fast weinend vor Durst, Erschöpfung und Traurigkeit», und die beiden «schweißgebadeten Rosse». Die Liebenden, ihre Beredsamkeit, ihre Zärtlichkeiten, ihre «Vögelei» sind in jenes verhexte Objekt verwandelt, ein hermetisch abgeschlossener schwarzer Kasten auf vier Rädern, völlig inert und zugleich besessen von dem, was der Kutscher verständnislos «Fortbewegungssucht» nennt. Dieses Utensil hat sogar eine Stimme:

«(Die Maschine) hielt kurz vor der Pierre-Corneille-Statue an.

‹Weiter!› ertönte eine Stimme, die von innen kam. Die Kutsche fuhr wieder los und bog ... im Galopp in den Bahnhof ein.

‹Nein, geradeaus!› schrie dieselbe Stimme.

... sie machte ein drittes Mal vor dem Botanischen Garten halt.

‹So fahrt doch!› schrie die Stimme noch wütender.»

Der Kutscher versuchte im Laufe des Nachmittags mehrmals anzuhalten, «und sofort hörte er hinter sich ein Wutgeschrei ausbrechen» (I, 657).

Ein einfaches, aber wirksames Verfahren: der Kutscher wird uns *als ein Mensch* präsentiert: er hat einfache, aber starke Bedürfnisse, die wir alle empfunden haben, er möchte sich ausruhen, er hat Hunger, er würde gern in der Kneipe einen trinken gehen; gleichzeitig sehen wir, wie er bei Ausübung seines Berufs ohne Widerrede eine Prüfung auf sich nimmt, die er schwer erträgt, weil er sein Brot verdienen muß. Eine banale, anonyme Figur, die uns jedoch ein vernünftiges Bild von unserer Spezies bietet: Transzendenz und Überschreitung, er stellt sie bescheiden, aber erschöpfend dar. Der Kasten dagegen ist ein Roboter: jedesmal, wenn die Droschke anhält, kommt, wie von einer

Schallplatte, eine schimpfende Stimme aus ihr hervor, die ihn auffordert, weiterzufahren. Die Wiederholung des Effekts, ein rollender Gag, soll uns davon überzeugen. Wir wissen natürlich genau, was sich im Innern des Wagens abspielt und daß diese wiederholten Aufforderungen nicht grundlos sind. Dennoch ist die «Vögelei» von außen gesehen nichts andres als eine «Fortbewegungssucht», die sich eines inerten Gegenstands bemächtigt hat. Wir kennen die Melodie: Gustave stellt sich das Leben gern als ein kurzes Toben des Anorganischen vor. Von diesem Phantasma hat er sich inspirieren lassen, um zwei schwitzende Organismen, deren Sexualität nichts andres als das reine Leben ist, in ein Stück unbelebte Materie zu verwandeln, dessen Trägheit plötzlich von einer Bewegungswut besessen ist, ohne daß es deshalb die Mittel erhält, sich spontan zu bewegen. Daher jene Stimme, die mechanisch einen äußeren Antrieb verlangt; daher die «Demoralisierung» des Kutschers, der Sklave seines eignen Materials wird.

Gustaves Absicht ist klar: wenn er das Innere des Kastens und die zwei Liebenden bei der Liebe zeigen würde, hätten Emma und Léon ebenso wie der Kutscher ihre Menschengestalt bewahrt. Und wenn allein die Vorsicht ihn dazu veranlaßt hätte, eine Liebesszene mit Stillschweigen zu übergehen, die sich der Leser mühelos vorstellen kann, dann hätte es genügt, das Kapitel in dem Moment zu schließen, als Léon Emma in die Droschke einsteigen ließ. Aber in diesem Fall wären wir in einer Innenbeziehung zu dem jungen Notariatsgehilfen und seiner Mätresse geblieben: so nahe, wie wir ihnen in der Kathedrale waren und im folgenden Kapitel sein werden. Gustave hat den ganzen Irrweg der Droschke beschrieben – *der keinerlei neue Information bietet* und folglich keiner inneren Notwendigkeit der Erzählung entspricht –, um die «Vögelei» als groteskes und schreckenserregendes Toben eines materiellen Gegenstands vorzuführen: er zwingt uns ganz bewußt, einen *äußeren* Gesichtspunkt gegenüber den menschlichen Beziehungen einzunehmen. Er schneidet unsere Beziehung zu dem Paar ab und bringt uns dazu, uns von ihren Zwecken zu distanzieren, nur eine «Augenbeziehung» zu ihnen zu unterhalten. Ihre Unaufrichtigkeit ist zwar eklatant; in der Szene der Kathedrale, die absichtlich «übertrieben» ist, hat Flaubert die Winkelzüge der Liebe «verhohnepipeln» wollen. Aber um die Liebenden lächerlich zu machen, hatte er es gerade nicht nötig, sich über eine Seele zu beugen und sie von oben zu betrachten. Um die Komik der Situation würdigen zu können, mußten wir nicht auf die Schultern eines Riesen klettern; Léons Ungeduld ist komisch: er hat Angst, nach dieser langen Wartezeit nicht erregt zu sein, wenn Emma sich schließlich hingeben wird,* komisch sind auch das zur Schau getragene Interesse der Bovary und das Lorgnon, das sie aus ihrer Tasche zieht, um die Grabsteine zu betrachten. Wir lachen über sie, über ihr Gehabe und nicht über die ganze Spezies Mensch. Und wenn wir ihnen in die Droschke gefolgt wären, hätten wir uns weiterhin *ganz nahe* an ihren kleinen Heucheleien ergötzt. Aber das ist nicht Gustaves Absicht: ihre Unaufrichtigkeit hat natürlich zur Folge, die Rede, die auf einen Kranz tönender Nichtigkeiten reduziert wird, zu vernichten. Aber trotz alldem offenbart die Unaufrichtigkeit ihre Transzendenz, ihre Absichten, ihre Zwecke, je mehr sie die Transzendenz pervertiert und die Absichten und Zwecke kaschiert. Die *menschliche Transzendenz* aber will der Autor zertreten, den menschlichen Entwurf will er vernichten, die menschlichen Zwecke will er auf eine Verhexung lebloser Körper reduzieren. Dazu muß er Abstand gewinnen, sich aufblasen und in die Höhe schwingen: von oben sind Léon und Emma in der Anonymität der Materie versunken: ihre Namen werden nicht einmal mehr ausgesprochen: die Droschke und ihr Schlingern stellen die Kopulation im allgemeinen und die Spezies Mensch unvermittelt dar, *aus größter Entfernung* betrachtet von einem Wesen, das so beschaffen ist, daß es ihre Geschäftigkeiten nicht mehr verstehen kann, und sich folglich für außerhalb der Menschheit hält. Der auf diese Weise entmenschlichte Leser hat zu diesem Paar – das *alle Paare* geworden ist – nur noch eine «Augenbeziehung»: er faßt es in diesem Kasten

* I, 656. Man wird bemerken, daß der Autor lediglich sagt: «... es schien ihm, daß seine Liebe ... sich jetzt verflüchtigen würde ...» Aber die Metapher, die diese Aussage trägt, ist so unverblümt und bewußt phallisch, daß sich hier niemand täuschen kann. («... seine Liebe, die seit bald zwei Stunden in der Kirche erstarrt war wie die Steine [Das ist die Erektion: schon zwei Stunden lang steht er ihm], sich jetzt verflüchtigen würde ... durch jene Art verstümmelter Röhre, länglichen Schachts, durchbrochenen Schornsteins, der sich so grotesk auf die Kathedrale hinauswagt.») Ich würde sagen, daß diese groteske Röhre keines Kommentars bedürfte, wenn das Adverb «grotesk» nicht da wäre – wie oft bei Flaubert –, um die Idee einzuführen, daß die Szene grotesk ist – grotesk die Angst, daß er ihm nicht mehr steht, durch ihre bloße Gegenwart –, und wenn es mit seiner Bezeichnung eines materiellen Objekts – der durchbrochene Schornstein –, das mit den berichteten Ereignissen nur durch ein Angrenzungsverhältnis verbunden ist, gleichzeitig auf der Ebene der Metapher, die sich auf die *«Art verstümmelter Röhre»* bezieht, keine andere Funktion hätte, als die Lächerlichkeit des Organs zu offenbaren, mit denen die Männchen unserer Spezies ausgerüstet sind: Gustave hegt gegenüber seinem Penis – und folglich gegenüber denen der anderen – denselben wütenden Haß, den das weibliche Geschlecht vielen Frauen einflößt.

zusammen, dessen Geholper die Zuckungen des Tieres mit den zween Rücken darstellt. Als wenn wir alle «Vögeleien» der Welt auf die von einem äußerst empfindlichen Seismographen registrierten Bewegungen aller Matratzen reduzieren wollten: damit würde man der Kopulation die blinde und stumpfsinnige Nicht-Signifikanz einer Naturgewalt verleihen.

Oder vielmehr, nein: Gustave geht noch weiter. Eine Naturgewalt ist noch zu schön: ein Koitus ist weder ein Orkan noch ein Erdbeben, noch eine Springflut. Flaubert gefällt es, ihn in Form eines verhexten Utensils vorzuführen. Die Droschke ist ein Produkt der Arbeit und das Instrument einer anderen Arbeit: Menschen haben sich in ihr *objektiviert.* Gustave wird aus der Liebe eine Gegen-Finalität machen. Keineswegs das Fehlen jeden Zwecks, sondern die Zerstörung eines menschlichen Zwecks durch einen anonymen teuflischen Zweck, der sich nur durch seine Besessenheit äußert, das Werkzeug auf unverständliche Weise zu verfälschen. Die Droschke ist ein Verkehrsmittel: die Leute benutzen sie, um sich von einem bestimmten Ort an einen anderen, ebenso bestimmten Ort zu begeben. Von dem Moment an, da Léon auf die Frage des Kutschers: «Wo will der Herr hin?» antwortet: «Wohin Ihr wollt!» (I, 657), ist der Werkzeugcharakter der Droschke, das heißt ihr rationaler Sinn, zerstört. Die ersten Strecken bewahren immerhin noch eine Spur von Rationalität, weil der sich selbst überlassene Kutscher einige gewohnte Wege zurücklegt, wie es ihm gerade in den Sinn kommt: vielleicht wollen die Kunden die Stadt besichtigen, vielleicht müssen sie einen Zug nehmen, vielleicht haben sie Lust, unter den Bäumen des Botanischen Gartens spazierenzugehen? Er probiert es aus: Halt vor dem Corneille-Denkmal, am Bahnhof, vor dem Haupttor des Botanischen Gartens. Aber da bei jedem Versuch der Kasten in seinem Rücken zu toben anfängt, gibt er es auf, etwas zu verstehen, und der sich selbst überlassene Wagen irrt willen- und ziellos umher, wobei er immer wieder dieselben Straßen passiert, aus der Stadt hinausfährt und wieder in sie zurückkehrt. Dieses Werkzeug war für den *kürzesten* Weg gemacht, um den Kunden *für die geringsten Kosten* zur angegebenen Adresse zu bringen: jetzt fährt es nirgendwohin, oder, was aufs gleiche hinauskommt, es nutzt sich ab, es nutzt seinen Kutscher und seine Pferde dabei ab, sich irgendwohin ziehen zu lassen, wobei erforderlich ist, daß man immer den längsten Weg von einem Punkt zum anderen nimmt. Es handelt sich dennoch um eine Arbeit: die Pferde sind in Schweiß gebadet, der Kutscher kann nicht mehr, aber weiß, daß er bezahlt werden wird. Bezahlt, um sein Handwerk systematisch zu verpfuschen, um seiner Droschke zu gehorchen, anstatt sie zu lenken, um in allem das Gegenteil dessen zu tun, was sein Berufssinn ihm befiehlt: das ist es vor allem, was ihn *demoralisiert*, «sich mal hierhin, mal dorthin wendend, sich um nichts kümmernd» (I, 657). Diese enorme unverständliche Albernheit, diese endlose Drangsal eines Vehikels, diese holpernde Fahrt, dieser Aufstand des Werkzeugs gegen seinen Arbeiter, diese Zerstörung der praktischen Ordnung zugunsten eines Nonsens, eines ziellosen Umherirrens, dieser Gespensterwagen, «verschlossener als ein Grab» (I, 657), der am Hintern zweier erschöpfter Rosse dahinholpert, all das hat nur einen Sinn: es ist die Liebe, begriffen in ihrer *praktisch-inerten* Materialität als ein absurder Aufstand der unbelebten Materie gegen das Siegel, das die menschliche Arbeit ihr aufdrückt. Und auch als eine Gegen-Arbeit in dem Sinne, wie man zum Beispiel sagt, ein Holzmöbel «arbeite».

So sind die beiden in ein besessenes Vehikel verwandelten Liebenden nackter als in einem Bett, weil sie ja nichts mehr haben, was sie beschützen könnte. Ihre «Vögelei» ist öffentlich: sie sind wie verrückt gewordene Grabfiguren, ihre Bewegungen reduzieren sich auf *eine* Bewegung, deren Wesen es ist, von nirgendwoher nirgendwohin zu gehen, die Energie, die sie im Geschlechtsakt ausgeben, entspricht der, die zwei gleichgültige Rosse liefern, um eine idiotische Arbeit zu verrichten. Da der richtungslose Kutscher ständig dieselben Orte passiert, verwandelt sich die Kopulation, die sie verbergen wollen, in eine obszöne Exhibition: «Und am Hafen … auf den Straßen, an der Ecke der Grenzsteine machten die Bürger große verdutzte Augen angesichts dieser in der Provinz so außergewöhnlichen Sache, … die derart ständig auftauchte … geschaukelt wie ein Schiff.» (I, 657) Alles wird also *gesehen*: die Bürger sehen das vögelnde Paar, sie sehen es in seiner obszönsten Nacktheit; die ganze Stadt kann es passieren sehen: diese Einsamkeit, die ihnen so teuer war, verflüchtigt sich; sie waren füreinander *fast Subjekte*, ihre Innenbeziehung gab jedem das *absolute Sein*; verwandelt in jenes merkwürdige und schaurige Ding, einen Leichenwagen, und «geschaukelt wie ein Schiff», werden sie zu einem reinen Objekt. Nicht ganz zu einem Objekt des Skandals: «In Paris tut man das!» (I, 657), aber noch nicht in der Provinz; diese Bürger sehen die fleischliche Liebe in ihrer häßlichen Nacktheit passieren, aber sie erkennen sie gar nicht. Dennoch sind sie Gegenstand von feindlicher Gesinnung und Gelächter. Und ihr Abenteuer, das ihnen ein ganz neuer Anfang mit unwiderruflichen, unvorhersehbaren Folgen scheint, objektiviert sich in dem ermüdenden, hartnäckigen Wiederauftauchen des Klapperkastens an denselben Orten in Form eines absurden Wiederholungszyklus.

Hans Joachim Schädlich
*Versuchte Nähe*

Nirgend ein Ort

1
Die jüngeren werfen ihn zu Boden, es ist ein Jagdspiel. Er kommt los, weil er greller schreit. Wenn er umringt bleibt, stoßen sie ihn mit Holzstöcken. Die Arme hängen vor dem Leib von eingefallenen Schultern. Sie geben ihm eine Lücke, den Fuß zieht er nach.

Die Angst ist größer, seit die anderen zur Schule gehen. Auf dem Schulhof, in den Pausen, sucht er seine Jäger. Nach dem Unterricht ist Schulzeit für ihn, der Hausmeister kehrt die Klassenzimmer, H. streut Sägespäne. Er erkennt den Geruch von Kreidestaub und Fußbodenöl aus den Kleidern der Feinde.

Buntes Kino oder schwarzweißes, den großen Plakatgesichtern zusehen, fürs Stühletragen im Freilichtkino umsonst. Die dünnen Arme halten nur einen großen Bogen Gesichter, die langen Arme halten einen großen Gesichterbogen sehr hoch. Ankleben, einen behalten jede Woche. Und Taschengeld vom Lichtspiel.

Wegen Kuchen, hauptsächlich Blechkuchen, manchmal Torte, hilft H. beim Bäcker. In den Laden kommt er nicht. Leute sagen, Der mischt Gips unters Mehl.

2
Er merkt gar nicht, daß es ins Lazarett geht. Da ist es so ruhig, schön liegt es sich. Um nichts braucht man sich zu kümmern. Beinahe drei Wochen liegt er so schön ruhig. Alle kümmern sich. So könnte man ewig liegen. Er merkt gar nicht, daß er nicht ewig so liegt.

Ist ja vielleicht auch besser so für ihn, sagen Leute.

3
Daß Kohlenträger Bierdurst haben, abends, im Juni, wenn sie den ganzen Tag Kohlen schleppen, bei jedem Gang in den Keller einen vollen Zentner auf dem Rücken, immer Kohlenstaub zwischen den Zähnen, im Keller ist es besonders schlimm, das kann man sich vorstellen. Bier und Korn, doppelte. Ein Sachbearbeiter aus dem großen Lazarett trinkt was mit. Dem Fleischergesellen ist auch danach.

Im Freien schmeckt es besser als drin. Am See, neben dem Freilichtkino, ist ein Ausschank, der gehört zum Restaurant auf der anderen Straßenseite, Tische und Stühle unter alten Kastanien.

Die leeren Gläser räumt H. ab, viel kann er nicht tragen auf einmal, geht er eben öfter.

Was der große Kohlenträger sagen muß, muß er jetzt sagen. Nimm die Pfoten von den Gläsern, du verdammter Gipsmischer, willst uns wohl vergiften, was? sauf deine Pisse selber, alte Ratte, hau ab hier, du Verbrecher du.

H. geht fort vom Tisch, zum Kino hinüber, der Fleischer muß es aber auch mal sagen, Mißgeburt versaute, und der kleine Kohlenträger auch, und der Sachbearbeiter aus dem großen Lazarett auch, Verbrecherschnauze.

Er kann auch zum See gehen, am Ufer stehen Bänke, oder doch zum Freilichtkino, oder auf die Straße, nach Hause. Er dreht sich um und geht zurück zum Tisch.

Die Hände suchen Halt in der kalten Luft, die Füße helfen nicht, und was soll denn gesagt werden, Ein Verbrecher bin ich? ein Verbrecher? Die Hände halten sich fest, daß sie weiß sind, und lassen sich los: wollen die durstigen Kehlen zerschlagen.

Nach paar Bieren und Korn, doppelten, können drei Männer leicht vom Tisch aufstehen, und ein Kohlenträger hält ihn fest, und ein Fleischer haut seine Faust in ein kleines Zerrbild, und ein Kohlenträger schlägt in eine große Angst, und drei Männer schlagen in helle und dunkle Schreie. Wie lange, nicht lange, hinzuwerfen brauchen sie ihn nicht, der Kohlenträger hält ihn nicht länger.

Das ist zu wenig für viel Wut. Sie zerren ihn an den Beinen, da könnten sie den zerreißen. Zwei knien nieder, in die Erde müßten sie ihn schlagen, und einer kniet auf ihm, zerschlägt ihn, Du Hund, jetzt hast du genug.

Drei Männer sind in Fahrt gekommen, Erst mal 'n Schluck Bier.

Still liegt H. auf dem Rücken, die Beine gespreizt, ein kleiner blutiger Kopf zwischen den ausgebreiteten Armen, Der Hampelmann der.

Der Wirt ist da, muß was tun, er setzt ihn mal auf einen Gartenstuhl, Der sitzt nicht, hält er ihn eben fest, Wo sind denn die Schuhe?

Reinlich ist sein Hemd nicht, Sand, vom Kopf Blut, und die Fäuste.

Müssen wir die Drecksau auch noch waschen, zwei genügen, ziehen sie ihn an den Armen zum See, tun ihn ins Wasser, die Füße bleiben draußen.

Zigarette? Tut drei Männern gut jetzt, in der Abendluft, am Seeufer.

Aus dem Wasser kann ihn einer allein ziehen, faßt seine Füße und zieht, Bloß noch Abfall.

4
Am nächsten liegt das große Lazarett, auf der anderen Ortsseite. Er braucht nicht zu atmen, oder zu essen, oder zu trinken. Bloß der Kopf bleibt stumm. In der dritten Woche nach dem Tag am See kann er sterben.

5
Der hat ja noch drei Wochen gelebt, das kann es na also nicht gewesen sein, sagen sie.

E. F. Schumacher

## *Die Rückkehr zum menschlichen Maß*

*(«Small is Beautiful»)*

### Nachwort

In seiner Erregung über die Ausweitung seiner wissenschaftlichen und technischen Macht hat der moderne Mensch ein Produktionssystem errichtet, das die Natur vergewaltigt, und eine Gesellschaftsform, die den Menschen verstümmelt. Man denkt, alles andere werde sich schon ergeben, wenn nur immer mehr Reichtum entsteht. Geld wird als allmächtig angesehen. Wenn es schon nicht immaterielle Werte wie Gerechtigkeit, Harmonie, Schönheit oder sogar Gesundheit kaufen kann, könnte es das Bedürfnis danach überspielen oder ihren Verlust ausgleichen. Die Entwicklung der Produktion und der Erwerb von Reichtum wurden somit die höchsten Ziele der modernen Welt. Ihnen gegenüber sind alle anderen an die zweite Stelle getreten, ganz gleich wie sehr die Menschen sich bemühen, mit Worten einen anderen Eindruck zu erwecken. Die höchsten Ziele bedürfen keiner Rechtfertigung. Alle sekundären Ziele müssen sich letztlich selbst durch den Dienst rechtfertigen, den ihr Erreichen dem Erreichen des höchsten leistet.

Das ist die Denkweise des Materialismus, und diese Philosophie – oder Metaphysik – wird jetzt durch den Gang der Dinge in Frage gestellt. In keiner Gesellschaft und in keinem Teil der Welt hat es jemals eine Zeit gegeben, in der nicht die Weisen und die Lehrer den

Materialismus in Frage stellten und eine andere Rangordnung der Werte forderten. Die Sprachen und Symbole waren unterschiedlich, doch die Botschaft war stets dieselbe: Trachtet *zuerst* nach dem Reich Gottes, so wird Euch solches alles (die materiellen Dinge, deren man ebenso bedarf) *zufallen*. Man sagt uns, daß sie uns hier auf Erden zufallen, wo wir sie brauchen, nicht einfach in einem späteren Leben, das unsere Vorstellungskraft nicht fassen kann. Heute jedoch erreicht diese Botschaft uns nicht nur aus dem Munde der Weisen und Lehrer, sondern auch durch den tatsächlichen Verlauf wirklicher Ereignisse. Sie spricht zu uns in der Sprache des Terrorismus, des Völkermordes, des Zusammenbruchs, der Umweltvergiftung, der Erschöpfung. Es scheint, daß wir in einer einzigartigen Periode der Konvergenz leben. Es wird deutlich, daß nicht nur eine Verheißung, sondern auch eine Drohung in jenem erstaunlichen Wort über das Reich Gottes liegt – die Drohung, daß ‹wenn Ihr nicht zuerst nach dem Reiche Gottes trachtet, diese anderen Dinge, die Ihr auch braucht, Euch nicht mehr zur Verfügung stehen werden›. Wie ein moderner Autor, ohne sich auf Wirtschaft und Politik zu beziehen, aber dennoch mit direkter Blickrichtung auf den Zustand der modernen Welt, es formulierte: «Wenn man sagen kann, daß die Menschheit insgesamt immer mehr vor der Wahrheit zurückweicht, läßt sich auch sagen, daß die Wahrheit auf allen Seiten dem Menschen immer näher rückt. Man könnte beinahe sagen, daß alles, was jetzt von ihm verlangt wird, um einen Hauch von ihr zu spüren, und was in der Vergangenheit eine lebenslange Bemühung erforderte, darin besteht, nicht zurückzuweichen. Und doch, wie schwer ist das!»

Wir weichen vor der Wahrheit zurück, wenn wir glauben, daß man über die zerstörerischen Kräfte der modernen Welt einfach dadurch ‹Gewalt gewinnen› kann, daß wir mehr Möglichkeiten schaffen, solche des Reichtums, der Bildung und Erziehung, der Forschung, zum Kampf gegen Umweltverschmutzung, zur Bewahrung wildlebender Tiere, zur Entdeckung neuer Energiequellen und zur Erzielung wirksamerer Abkommen für ein friedliches Nebeneinander. Es ist wohl überflüssig zu sagen, daß Wohlstand, Erziehung, Forschung und vieles andere Bestandteile jeder Kultur sind, doch am nötigsten ist heute eine Überprüfung der Ziele, denen diese Mittel dienen sollen. Das bedingt aber vor allem die Entwicklung einer Lebensweise, die den materiellen Dingen ihren angemessenen und rechtmäßigen Platz zuordnet. Dieser ist zweitrangig und nicht erstrangig.

Die ‹Logik der Produktion› ist weder die des Lebens noch die der Gesellschaft. Sie ist ein kleiner und dienender Teil beider. Über die von ihr entfesselten zerstörerischen Kräfte läßt sich nur dann Gewalt gewinnen, wenn über die ‹Logik der Produktion› selbst Gewalt gewonnen wird – so daß keine zerstörerischen Kräfte mehr entfesselt werden. Der Versuch, Terrorismus zu unterdrücken, nützt wenig, wenn die Herstellung todbringender Geräte weiterhin als gerechtfertigte Beschäftigung für die schöpferischen Kräfte des Menschen angesehen wird. Ebensowenig kann der Kampf gegen die Umweltverschmutzung von Erfolg sein, wenn die Produktions- und Verbrauchsmuster weiterhin so umfangreich, so komplex und so gewalttätig sind, daß sie – und das wird immer deutlicher – nicht in die Gesetze des Universums passen, denen der Mensch ebenso wie die übrige Schöpfung unterworfen ist. Auch besteht die Möglichkeit nicht, den raschen Abbau von Naturschätzen zu verzögern oder die Beziehungen zwischen jenen in Einklang zu bringen, die Macht und Reichtum haben, und denen, die sie nicht haben, solange nirgendwo eine Vorstellung davon besteht, daß genug gut und übergenug von Übel ist.

Daß sich allmählich ein gewisses Bewußtsein dieser wichtigeren Aufgaben – wenn auch überaus tastend – sogar in einigen amtlichen und halbamtlichen Äußerungen findet, ist ein Zeichen der Hoffnung. Ein Bericht, den ein Ausschuß auf Anordnung des britischen Umweltministers verfaßt hat, spricht davon, daß man Zeit gewinnen müsse, in deren Verlauf technisch entwickelte Gesellschaften eine Möglichkeit haben, «ihre Wertvorstellungen zu prüfen und ihre politischen Ziele zu ändern». Der Bericht sagt, es gehe um die Frage nach der Wahl der «moralischen Entscheidungen», denn «noch soviel Berechnung kann die Lösungen nicht allein liefern … Daß junge Menschen überall auf der Welt herkömmliche Werte grundlegend in Frage stellen, ist ein Anzeichen für das weitverbreitete Unbehagen, mit dem unsere industrielle Kultur zunehmend betrachtet wird». Man muß der Umweltverschmutzung Herr werden, und die Bevölkerung der Erde und der Verbrauch an Naturschätzen muß in ein dauerhaftes und erträgliches Gleichgewicht gebracht werden. «Wenn das nicht früher oder später geschieht – und einige meinen, daß nur wenig Zeit bleibt –, wird der Untergang der Kultur kein Stoff der Science-fiction sein. Unsere Kinder und Enkel werden ihn erleben.»

Wie aber soll das geschehen? Welches sind die «moralischen Entscheidungen»? Es geht, wie auch der Bericht sagt, darum, zu entscheiden, «wieviel wir für eine saubere Umgebung zu zahlen bereit sind». Die Menschheit hat durchaus eine gewisse Wahlfreiheit: Sie ist weder modischen Richtungen noch der ‹Logik der Produktion› oder irgendeiner anderen bruchstückhaften Logik verpflichtet. Verpflichtet aber ist sie der Wahrheit. Nur im Dienst der Wahrheit liegt vollkommene Freiheit, und selbst die, die uns heute auffordern, «unsere Vorstellungskraft von der Knechtschaft dem bestehenden System gegenüber zu befreien», zeigen nicht den Weg zum Erkennen der Wahrheit.

Es ist kaum wahrscheinlich, daß der Mensch des zwanzigsten Jahrhunderts eine Wahrheit entdecken sollte, die nie zuvor entdeckt worden wäre. In der christlichen Überlieferung, wie in allen wahrhaften Überlieferungen der Menschheit, wurde die Wahrheit in religiöse Begriffe gefaßt, eine Sprache, die der Mehrheit der modernen Menschen nahezu unverständlich geworden ist. Die Sprache läßt sich überarbeiten, und Gegenwartsschriftsteller haben das getan, ohne daß die Wahrheit dabei leiden mußte. In der gesamten christlichen Überlieferung gibt es wohl keine Lehre, die der schwierigen Lage der Gegenwart angemessener und mehr auf sie bezogen ist, als die wunderbar einfühlsame und realistische Lehre von den vier Kardinaltugenden *prudentia, justitia, fortitudo* und *temperantia*.

Die Bedeutung von *prudentia*, die bezeichnenderweise ‹Mutter› aller anderen Tugenden genannt wird – *prudentia dicitur genitrix virtutum* –, wird nicht durch das Wort Klugheit im gegenwärtigen Sinne wiedergegeben. Sie bedeutet das Gegenteil einer niedrigen, gemeinen, berechnenden Haltung dem Leben gegenüber, die nichts sehen und werthalten will, das nicht einen sofortigen nutzbaren Vorteil bringt. «Der Vorrang der Klugheit bedeutet, daß die Verwirklichung des Guten das Wissen um die Wirklichkeit voraussetzt. Gutes tun kann nur, wer weiß, wie die Dinge sind und liegen. Der Vorrang der Klugheit bedeutet, daß die sogenannte ‹gute Absicht› und die sogenannte ‹gute Meinung› keineswegs genügen. Die Verwirklichung des Guten setzt voraus, daß unser Tun der realen Situation – das heißt den konkreten Wirklichkeiten, die eine konkrete menschliche Handlung ‹umstehen› – gemäß sei und daß wir also diese konkreten Wirklichkeiten in blickoffener Sachlichkeit ernst nehmen.»

Diese blickoffene Sachlichkeit läßt sich jedoch nur erreichen und Klugheit nur vervollkommnen durch eine Haltung ‹stiller Betrachtung› der Wirklichkeit, in deren Verlauf die ichbezogenen Interessen des Menschen zumindest zeitweilig verstummen.

Nur auf der Grundlage dieser großzügigen Art von Klugheit können wir Gerechtigkeit, Tapferkeit und *temperantia* erreichen, was bedeutet, daß man weiß, wann es genug ist. «Klugheit besagt die Umformung wahrer Erkenntnisse in wirklichkeitsgerechte Entscheidungen.» Was könnte also heute von größerer Wichtigkeit sein als das Bemühen um Klugheit und ihre Bewahrung? Sie würden nahezu unvermeidlich zu einem wirklichen Verständnis der drei anderen Haupttugenden führen, die alle für das Überdauern der Kultur unerläßlich sind.

Gerechtigkeit hat zu tun mit Wahrheit, Tapferkeit mit Gutsein und *temperantia* mit Schönheit; während die Klugheit in gewisser Hinsicht alle drei umfaßt. Die Art von Wirklichkeitssinn, die sich so verhält, als wäre das Gute, das Wahre und das Schöne nicht deutlich genug umrissen und nicht objektiv genug, um sie als höchste Ziele gesellschaftlichen oder persönlichen Lebens übernehmen zu können, oder als wären sie das sich ohne weiteres Zutun ergebende Abfallprodukt des erfolgreichen Strebens nach Reichtum und Macht, wurde zu Recht ‹Spinner-Realismus› genannt. Überall fragen Menschen: ‹Was kann ich denn nun *tun*?› Die Antwort ist so einfach wie unangenehm: jeder von uns kann darauf hinarbeiten, daß sein ‹inneres Haus› in Ordnung gebracht wird. Die Führung, die uns bei dieser Aufgabe hilft, läßt sich nicht in der Wissenschaft oder Technik finden, deren Werte völlig von den Zielen abhängen, denen sie dienen. Sie läßt sich aber noch immer in der herkömmlichen Weisheit der Menschheit finden.

# 1978

Aus: Claire Bretécher, Die Frustrierten 1

Hugo Dittberner

## *Draußen im Dorf*

### Eine Reise nach Wick

Jeder hat seine Eigenarten. Ich gehöre zu den Menschen, die man nach dem Weg fragt. Es gibt kaum einen Tag, an dem ich nicht angesprochen werde, um beim Finden irgendeiner Straße oder eines Platzes behilflich zu sein. Manchmal wünschte ich deshalb, auf einem Dorf zu leben. Denn noch eine andere Sorte Leute sucht sich mit Vorliebe mich aus: die Betrunkenen. Sie kommen lallend auf mich zu, umarmen mich und wollen mir ihre ganze Lebensgeschichte erzählen. Ich habe früher lange darüber nachgedacht, warum sich die Wegsucher und Betrunkenen ausgerechnet immer an mich wenden – aber mir ist nichts eingefallen, jedenfalls nichts, das ich hätte ändern können, um auf meinen Wegen in die Stadt etwas Zeit zu sparen. Vielleicht liegt es daran, daß ich ein ausgemachter Durchschnittsmensch bin, der niemand beunruhigt.

Es kommt mir auch so vor, als würden sich die Situationen, in die ich gerate, ungemein ähneln, und das hat nichts mit dem Ort zu tun, an dem ich sie erlebe.

Vor einigen Wochen, am 8. Juni 1975, wartete ich morgens in Inverness auf meinen Zug nach Wick, weil ich einmal ganz in den Norden Schottlands wollte. Es regnete, und ich saß auf einer Bank in der Bahnhofshalle. Da ich noch fast eine Stunde bis zur Abfahrt meines Zuges Zeit hatte und da ich außerdem gespannt war auf die Kommentare zu dem EG-Referendum Großbritanniens, lagen neben mir etliche Zeitungen gestapelt, die ich lesen wollte. Ich fing mit der Times an, nicht ohne Systematik, denn ich hatte in einem Buchgeschäft auf einem Paperback über die Zeitungen Großbritanniens einige witzige Leserbeschreibungen gefunden. Da hieß es etwa: Die TIMES lesen die Leute, die das Land regieren. Die FINANCIAL TIMES lesen die Leute, die das Land besitzen. Den GUARDIAN lesen die Leute, die das Land gern regieren würden. Und so weiter.

Ich war noch nicht weit gekommen mit meiner Lektüre der TIMES, da stieß mich jemand an und sagte etwas, das ich nicht verstand. Dazu muß ich sagen, daß man mit unserem Schulenglisch den wenigsten britischen Dialekten gewachsen ist, zumal den schottischen.

Doch ich verstand den Mann nicht nur deshalb nicht, sondern auch weil er betrunken war. Und das um 10 Uhr morgens. Er war groß und breitschultrig, etwa Mitte Fünfzig bis Sechzig, und er trug eine grobe dunkelblaue Joppe und eine Schirmmütze (die wir früher Schlägermütze genannt haben). Sein Gesicht war gerötet und übersät mit grauen Bartstoppeln, seine blauen Augen waren ganz klein und trüb, das Weiß gerötet. Das Auffallendste aber an ihm waren seine Hände, riesige Hände, fast so groß wie Wagenräder, wie man früher im Wilden Westen gesagt hätte. In der einen Hand hielt er eine große braune Tüte aus Packpapier, in der anderen hielt er meine Schulter, so daß sich sein Schwanken bis in meinen Körper fortsetzte.

Ich sagte in meinem besten Schulenglisch: «Pardon?», worauf er mich zunächst wortlos anstierte, als hätte nun er mich nicht verstanden. In seinen Mundwinkeln hatte sich alter Speichel abgelagert, und auch seine Fahne traf mich mit einer Macht, daß ich mich freute, bereits ein gutes englisches, bzw. schottisches Frühstück hinter mir zu haben. Nach einer Weile wiederholte er seine Bemerkung, aber ich verstand sie auch diesmal nicht.

Ich sagte ganz deutlich: «Sie müssen langsam sprechen, ich bin nicht von hier. Ich bin Deutscher.» (natürlich auf englisch) Er wiederholte: «Deutscher?», und dann breitete sich ein Grinsen auf seinem Gesicht aus, und er sagte, ziemlich undeutlich, so etwas wie: er sei auch schon in Deutschland gewesen. Bevor ich darauf so freundlich wie möglich eingehen konnte, damit er endlich meine Schulter loslassen sollte, sagte er in betontem Englisch: «I don't like the TIMES», und er wies mit der Papiertüte, die mir einen ziemlich schweren Inhalt zu haben schien, auf die Zeitung, die ich in den Händen hielt. Was sollte ich darauf sagen? Er sah mich beharrlich an, so als wollte er mich mit seiner Meinung festnageln, und er behielt meine Schulter in seinem festen und doch schwankenden Griff.

Ich suchte mit einer Hand in dem Stapel Zeitungen neben mir und fischte den SCOTSMAN heraus. Den hielt ich ihm vor das Gesicht und sagte: «Ich lese nicht nur die TIMES, sondern auch andere Zeitungen, zum Beispiel den SCOTSMAN.»

Er ließ mich los, aber er sah mich an dabei, als habe er mich bei einem Trick ertappt. Dann klemmte er sich seine Tüte unter den Arm und zeigte mit seinem rechten Zeigefinger auf sein linkes Handgelenk und danach auf sein linkes Knie. In dem Handgelenk war eine kleine Delle, das Knie konnte ich nicht sehen, weil er eine graue Hose darüber trug (und natürlich keinen Rock, obwohl er ein Schotte war!).

«Hier haben mich die Deutschen getroffen. Zweimal. Ein Schuß durch die Hand, und dann noch ein Schuß durch das Knie. Aber wir wollen nicht vom Krieg sprechen. Wann sind Sie geboren?»

Ich sagte: «1944», aber ich genierte mich, denn es klang wie eine Ausrede. Er nickte langsam. «Wir wollen nicht vom Krieg sprechen.» Es war eine unangenehme Situation, morgens um zehn, und mir fiel eine ähnliche Situation ein, die ich Jahre vorher erlebt hatte, in Finnland. Damals hatte mich ein älterer Finne angesprochen, auch betrunken, auch ehemaliger Soldat, auch von den Deutschen verwundet, fast mit den gleichen Verwundungen: in Hand und Hüfte. Er hatte schwankend vor mir gestanden und mir immer wieder seine Verwundungen gezeigt, dabei aber kein abfälliges Wort über die Deutschen und den Krieg verloren. Und auch damals hatte ich nicht gewußt, was ich dazu sagen sollte. Ich versuchte es mit einer unbefangenen Frage: «Wo waren Sie in Deutschland?»

Der Schotte nahm wieder meine Schulter in die Hand und sah mich aus seinen kleinen trüben Augen an. «Ich war in Frankreich. 1940. Und dann wurde ich bald verwundet, und der Krieg war für mich vorbei.»

«Und wo waren Sie in Deutschland?»

«Ich war nicht in Deutschland.»

So schlecht verstand ich sein Englisch.

«Sie sollten einmal hinfahren! Es gibt schöne Plätze dort.»

Er schüttelte den Kopf, ohne zu sprechen. Dann nahm er gemächlich seine Hand von meiner Schulter, tippte gegen meine Schirmmütze, danach gegen seine und sagte: «Jetzt trinken wir zusammen einen Kaffee. Der Krieg ist vorbei.»

«Ja», sagte ich und dachte: Wie gut, daß ich eine Schirmmütze trage. Auch der Finne hatte mich damals eingeladen, zu einem Bier, Lapin Kulta, wenn ich mich richtig erinnere, in einer der lizenzierten Kneipen. Mein Zug würde erst in vierzig Minuten gehen, und so stand ich auf und nahm meinen Koffer und die Zeitungen und ging neben dem schwankenden, vielleicht auch etwas humpelnden Schotten zum «Buffet» im Bahnhof. Er war gut einen Kopf größer als ich. Das «Buffet» gibt es in jedem größeren Bahnhof Großbritanniens. Es ist ein kleines Selbstbedienungsrestaurant, in dem man auf die Züge warten kann. Es verdrängt mehr und mehr die alten Warteräume, die unterteilt waren in zwei Räume: ein Warteraum, und dann noch ein Warteraum für Ladies. Der Schotte schob mich zu einem Tisch. «Ich hole den Kaffee», sagte er und stellte seine Tüte auf den Stuhl. Es klirrte, und er sah mich mit einem langsamen Augenzwinkern an: es waren Flaschen in der Tüte. Die anderen Leute im «Buffet» sahen zu uns herüber, lächelnd und ganz ohne Schadenfreude. Schadenfreude gibt es in Großbritannien nicht so wie bei uns.

Marilyn French

## *Frauen*

«Es reicht», sagte sie

Miras Arbeit ging so gut voran wie eh und je. Ben hatte fünfzig Seiten geschrieben. Sie rechneten beide damit, innerhalb eines Jahres fertig zu sein. Dann erhielt Ben im November einen Brief aus Lianu, in dem ihm der Präsident des Landes eine Stelle als Berater anbot. Die Afrikaner hatten gewisse Schwierigkeiten, die Besonderheit amerikanischen Denkens zu begreifen. Ben schwebte wie auf Wolken. Es wäre zwar kein sicherer Job, Lianu könnte jeden Augenblick alle Weißen aus dem Land jagen, aber es war so schön dort, die Menschen waren so interessant, so wunderbar, oh, Mira, wenn du erst die Wasserfälle siehst, die Krater der Vulkane, den Dschungel, die Wüsten, seine Freunde ...

Mira nickte, ja, wunderbar, ja, du solltest hinfahren und so lange bleiben, bis sie dich rausschmeißen, was auf jeden Fall passieren wird, Karriere hast du trotzdem gemacht, du wirst «der Afrika-Experte» sein, den alle weißen Länder brauchen, der «weiße Mann, der Afrika wirklich kennt». Sie konnte den sarkastischen Unterton nicht verbergen, und Ben spürte ihn. Er hielt sich zurück, aber wenn sie dann mit anderen zusammen waren, fing er mit derselben Begeisterung, demselben Eifer wieder von vorn an. Mira brauchte zwei Wochen, um der Ursache ihres Ärgers auf die Spur zu kommen.

Ben hatte sie gar nicht gefragt, ob sie überhaupt mit nach Afrika gehen wollte, er war einfach davon ausgegangen, daß sie mitkommen würde.

Das allein reichte aus, um ihre Gedanken zu trüben. Sie erinnerte sich an Normie, der gesagt hatte, er wisse nicht, ob er nicht Arzt werden wollte, weil er es selber nicht wollte oder weil sein Vater wünschte, daß er Arzt würde, und sie erinnerte sich auch noch an ihre Erwiderung: wenn du die Antwort gefunden hast, ist es zu spät. Norm war derzeit in Amherst eingeschrieben, wo es, wie er sagte, «von privilegierten jungen Leuten wie mir wimmelt, die so tun, als seien wir nicht privilegiert.»

Sie mußte sich betrinken, um mit Ben reden zu können, und eines Freitagabends tat sie es auch, unbewußt zwar, und wie damals Kyla erkannte sie im nachhinein, daß sie es absichtlich, wenn nicht sogar vorsätzlich getan hatte. Sie betrank sich also, wurde ausfallend und meckerte an Ben herum, bis sie wieder bei ihr zu Hause waren; dann schrie er sie an und gab ihr damit, wie sie meinte, das Recht, zurückzuschreien. Sie hielt ihm seine Selbstgefälligkeit, seine Arroganz, seine Rücksichtslosigkeit und diverse andere Sünden vor.

Zuerst verteidigte er sich. Er log sogar. Er beharrte darauf, daß er sie gefragt und sie eingewilligt hätte. Zwei Stunden lang behauptete er es stur. Sie hielt ihm entgegen, daß sie es doch wissen müßte, wenn es so gewesen wäre, aber er ließ nicht davon ab. Zuerst rechnete er noch damit, daß sie ihm Recht gab, dann versuchte er es mit Schmeicheleien. Es wäre für ihn so schmerzlich, von ihr getrennt zu sein, daß er es sich überhaupt nicht vorstellen könne, ohne sie nach Afrika zu gehen, und deshalb hätte er sich diese Unterredung, von der sie behauptete, sie habe nie stattgefunden, wohl eingebildet, obwohl er sich genau an sie erinnern könnte – er sei einfach davon ausgegangen, daß sie mit ihm gehen würde.

Sie kreischte. *«Verpiß dich, Ben!»*

Wenn man nie unanständige Ausdrücke benutzt, hat das den Vorteil, daß sie einschlagen, wenn man sie doch einmal verwendet. Mira hatte im Lauf des Jahres Worte in den Mund genommen, die ihr bis dahin nie über die Lippen gekommen waren, aber meist nur, wenn sie mit ihren Freundinnen zusammen war, und nur ganz selten in Gegenwart von Ben. Wie ihre Mutter hatte sie ihre Prinzipien.

Er verstummte mitten im Satz. Er sah sie an. Er senkte den Blick. «Du hast recht. Es tut mir leid. Ich weiß nicht, warum ich das gemacht habe. Aber ich glaube – Mira, ich meine das ernst –, was ich zuletzt gesagt habe, war ehrlich. Ich kann mir nicht vorstellen, ohne dich zu gehen. Ich könnte es nicht ertragen.»

Er sah sie wieder an. Auch sie sah ihn an, mit verkniffenem Mund, und Tränen rannen ihr die Wangen hinunter.

«Ja, das glaube ich dir, Ben», sagte sie mit erstickter Stimme. «Du wolltest gern fahren, und es täte dir weh, ohne mich zu fahren, und deshalb nimmst du einfach an, daß ich mitgehe, weil das die einfachste Lösung des Problems ist. Und du hast nie, nicht einmal», sie erhob sich und ihre Stimme wurde lauter, «an mich gedacht! An meine Bedürfnisse, mein Leben, meine Wünsche! Du hast mich *ausgelöscht* als selbständigen, von dir unabhängigen Menschen, genauso gründlich, wie Norm es damals getan hat!»

Sie rannte aus dem Zimmer aufs Klo und verriegelte die Tür hinter sich. Sie saß da und schluchzte. Ben blieb sitzen und rauchte seine kleinen, übelriechenden Zigaretten bis zum letzten Rest. Schließlich öffnete sich die Badezimmertür, Mira kam heraus, ging in die Küche und goß sich etwas zu trinken ein. Ben saß da, sein Mund zuckte. Er drückte seine Zigarette aus und zündete sich eine neue an. Mira kam zurück und setzte sich abseits von ihm nieder. Sie verschränkte ihre Beine zum Lotossitz. Ihre Augen waren verschwollen, aber ihr Gesicht sah knochig und herb aus, und ihr Rücken war sehr gerade.

«Okay», sagte er. «Okay. Deine Bedürfnisse, dein Leben, deine Wünsche. Wie sehen die aus?»

Mira zuckte zusammen. «Ich weiß es nicht genau ...»

Er sprang vor und zeigte mit dem Finger auf sie. «Aha!»

«Halt die Klappe, Ben», sagte sie kalt. «Ich weiß es nicht genau, weil es in meinem Leben nie genug Raum dafür gab, darüber nachzudenken, was ich wollte. Aber ich weiß, daß ich sehr gern tue, was ich jetzt mache, und ich weiß, daß ich es weitermachen möchte. Ich will meine Dissertation beenden. Darüber hinaus kann ich nichts wollen, weil ich nicht weiß, was ich bekommen kann. Ich habe vor langer Zeit gelernt, als ich noch keine zwanzig war», sagte sie bitter, «nicht zu wollen, was ich nicht bekommen kann. Es tut einfach zu weh. Auf jeden Fall möchte ich gern unterrichten. Ich weiß, daß ich Literaturwissenschaft machen möchte, und ich *werde* meine Dissertation zu Ende schreiben. Und», sie drehte den Kopf zur Seite und sprach mit belegter Stimme, «außerdem liebe ich dich und möchte mich nicht von dir trennen. Dich will ich auch.»

Er war mit zwei Sätzen durchs Zimmer, kniete sich vor ihren Sessel und legte die Arme um sie, den Kopf in ihren Schoß.

«Ich liebe dich auch, begreifst du das nicht, Mira? Begreifst du das nicht? Ich kann den Gedanken, von dir getrennt zu sein, nicht ertragen.»

«Ja», sagte sie kalt, «das begreife ich. Ich begreife auch, daß du bereit warst, mich auszulöschen, um mich behalten zu können. Welche Ironie. Sagt Val immer. Ein Paradox, das man Liebe nennt.»

Er setzte sich auf den Boden und verschränkte seine Beine. Er trank einen Schluck aus ihrem Glas.

«Gut. Was sollen wir also tun? Mira, würdest du mit mir nach Lianu kommen?»

«Und was soll ich in Illusi-anu machen?» Er bemerkte ihre Anspielung nicht.

«Ich weiß nicht. Ich weiß es wirklich nicht. Schau, ich werde tun, was ich kann ... ich weiß nicht, was es da gibt. Aber wir werden alle Bücher kaufen, die du brauchst, wir werden jeden Aufsatz fotokopieren – ich werde dir helfen. Wir nehmen alles mit. Wir werden alle Zeitschriften abonnieren, die du für wichtig hältst. Dann kannst du deine Doktorarbeit schreiben. Das ist wirklich kein Problem. Du schickst ein Exemplar an Everts. Und später ...»

«Und später?» Sie wunderte sich über ihre Stimme. Sie klang so leise, so kalt, so gefaßt. So hatte sie sich bis jetzt noch nicht sprechen gehört.

Er seufzte. Er nahm ihre Hand. «Schau, Liebling, ich kann nicht behaupten, daß es dort unten viel für dich gibt. Ich kann dir bestimmt einen Job als Sekretärin in einem Regierungsbüro verschaffen, vielleicht sogar eine Arbeit als Übersetzer – nein, du kannst ja kein Lianesisch. Irgend etwas findet sich.»

«Ich möchte unterrichten.»

Er seufzte und sank in sich zusammen. «Vor zehn Jahren wäre das möglich gewesen! Aber jetzt?» Er fuchtelte mit den Armen. «Das kann ich mir nicht vorstellen. Es gibt dort zwar noch ein paar weiße Lehrerinnen, aber sie werden nach und nach abgebaut, und meist unterrichten sie an Schulen für Sekretärinnen.» Er sah ihr ins Gesicht. «Ich glaube nicht, daß das möglich sein wird.»

«Und doch hast du angenommen, daß ich mitkomme.» Ihr Mund zitterte, als würde sie gleich zu weinen anfangen. «Obwohl du weißt, daß ich die vergangenen fünf Jahre damit verbracht habe, mich aufs Unterrichten vorzubereiten.»

Er senkte den Kopf. «Es tut mir leid», sagte er mit schmerzerfüllter Stimme.

Sie saßen eine Weile schweigend da. «Ich bleibe ja nicht ewig da unten», sagte er schließlich. «Die Tage der Weißen in Afrika sind gezählt. Wir werden zurückkommen.» Er sah wieder zu ihr hinauf.

Sie sah ihn nachdenklich an. «Ja, das stimmt.» Ihre Laune besserte sich. Es gab doch eine Lösung. Mit wachsender Aufregung sagte sie: «Und wenn sie dich in ein paar Jahren nicht weggejagt haben und ich das Gefühl habe, ich verblöde vollständig, kann ich ja immer noch zurückgehen. Meine Dissertation wäre bis dahin fertig. Natürlich wird es schwer, so weit weg von jeder Bibliothek. Es wird länger dauern als nötig. Aber ich könnte die Zeit, die ich auf Bücher warte ... im Garten arbeiten.» Zum erstenmal lächelte sie.

Sein Gesicht wurde ernst. «Aber Mira, Liebling, du könntest doch nicht einfach weggehen und dein Kind verlassen.»

«Mein Kind?»

Er wurde heftig. «Na sicher. Darum geht es doch die ganze Zeit! Um unser Kind. Das wir kriegen werden.»

Sie erstarrte. Sie fror am ganzen Körper. Sie fühlte sich, als hätte sie eine Droge geschluckt oder als würde sie sterben und stünde vor einer Wand, so schrecklich fest an sie gepreßt, daß sie nur noch die reine Wahrheit sagen konnte. Und ihre Wahrheit hatte sie nun gefunden, und sie war entsetzt darüber, denn sie lautete: *Ich bin, ich bin, ich bin.* Und die zweite Wahrheit folgte aus ihr, so wie eine Welle aus der anderen entsteht: *Ich will, ich will, ich will.* Und ihr war sofort klar, daß dies zwei Aussagen waren, die sie nie auszusprechen, ja, nicht einmal zu denken gewagt hatte. Kalt, in ihrer weißen, eisigen Ecke, öffnete sie ihre blauen Lippen:

«Ich will nicht noch ein Kind, Ben.»

Danach brach alles zusammen. Ben war verletzt, schockiert, alles mögliche. Er konnte verstehen, daß sie nicht noch ein Kind von Norm oder von irgendeinem anderen haben wollte, aber daß sie von ihm keins wollte ... Sie stritten sich, er voller Leidenschaft, sie voller Verzweiflung, denn sie mußte gegen sich selbst argumentieren. Sie liebte Ben. Sie hätte liebend gern (vor langer, langer Zeit) ein Kind von ihm gehabt, es wäre ihr (vor langer, langer Zeit) eine wahre Wonne gewesen, mit ihm woanders hinzuziehen und Brot zu backen und Blumen zu pflanzen und mit einem kleinen Wesen zu reden, das herumtapst und sagen lernt: «Heiz, Streichholz heiz!» Und wenn er dann abends nach Hause kommt, erklärt er ihr die Feinheiten der Theorien Marcuses und sie ihm die Feinheiten von Wallace Stevens Versmaß. Vorausgesetzt, er hätte noch die Muße, sich für solche Diskussionen zu interessieren. Aber jetzt (nach vierzig Jahren) wollte sie ihre eigene Arbeit machen, wollte weitermachen mit dieser wissenschaftlichen Arbeit, die sie so sehr liebte. Für sie wäre es ein Opfer, nach Afrika zu gehen. Es würde ihrer Karriere schaden, ihre Arbeit würde langsamer vorankommen. Aber sie wäre dazu bereit. Sie würde die Bücher mitnehmen, würde ihre Arbeiten hierher schicken. Aber sie wollte nicht noch ein Kind haben. Nein. Sie wollte nicht. Es reicht, sagte sie. Es reicht.

Rolf Hochhuth

## *Eine Liebe in Deutschland*

### Reist man auf Recherche

> «Die Gerichte hatten vielfach unbedeutende Fälle abzuurteilen, wie das Essen am gemeinsamen Tisch, das Anbieten einer Zigarette und Feuer, Erste Hilfe bei Verletzungen oder das Gewähren von Wasser, schmerzstillenden Mitteln und dergleichen. Sehr häufig entwickeln sich aber – und hierin liegt die Gefahr straflosen Duldens kleiner Gefälligkeiten – aus zunächst gänzlich harmlos scheinenden Freundlichkeiten sehr schnell Liebesbeziehungen. Die sehr große Zahl hier erfaßter Fälle von Geschlechtsverkehr beginnt zunächst mit harmlosen und an und für sich kaum strafwürdigen Anknüpfungen.»
>
> Der Chef der Sicherheitspolizei und des SD, Berlin, Prinz-Albrecht-Str. 8 am 13.12.1943.

Reist man auf Recherche, soll man stets allein fahren, wenn man eine Frau sprechen muß; denn die sagte einem nichts, käme man mit einem weiblichen Wesen. Recherchiert man dagegen bei einem Mann oder einer Familie – sollte man nie ohne Frau fahren, besser noch mit Kind und Frau. Die verhelfen einem sehr zum zwanglosen Eintritt. Kommt man mit Kind – kommt es nicht vor, niemals, daß einem die Türe vor der Nase wie einem unerwünschten Waschmaschinen-Verkäufer zugeschlagen wird, bevor man noch seine Fragen loswerden konnte. Ein Kind als Türöffner vorzuschieben – das ist schon fast so verwerflich wie eine Frau als Kugelfang vor sich hergehen zu lassen, aber zu seinem Vergnügen hat ja Balzac das Bekenntnis nicht abgelegt: wie der Dieb in der Nacht müsse der Autor sich seiner Stoffe bemächtigen! Wenn sogar dieser große Franzose nicht immer «fein» sein konnte – wie sollte dann erst unsereiner hoffen dürfen, als Alleinlaufender auf diesem Bauernhof auch nur bis zur Anknüpfung des sehr umwegigen, aber doch notwendigen Einleitungs-Gesprächs zu kommen! Wir besuchten einen Pferdezüchter und Reitstall-Inhaber, weil dessen Vater, der Polizist Arthur Stackmann – im Kriege auch der Führer der SA hier im Dorfe –, heute seinen Alterssitz auf diesem Hof am Walde hat. Ein Kind kann Fragen stellen, die einem überhaupt gestatten, das Grundstück auch dann zu betreten, wenn der Gesuchte tatsächlich oder angeblich nicht daheim ist. Das ist wichtig, weil zuweilen Angehörige derer, die man sprechen muß, viel mehr über ihn erzählen, als er selber sagen würde – sofern sie ihn nicht einfach warnen, daß man da war! Auch das kann passieren und einem jeden direkten Zugang verschließen; den öffne man sich dann indirekt durch Gespräche mit Freunden eines allzu redescheuen Zeugen; Mitmenschen, die man redselig machen kann, findet man immer – und dann wende man sich an den Zugenähten telefonisch, als wolle man nur überprüfen, ob wahr ist, was Komplicen über ihn aussagten: das öffnet stets den Mund, der bisher verschlossen war! Denn es kommt nicht vor, ausnahmslos nicht, daß ein Komplice eine Aussage über einen anderen macht, die der nicht ergänzen, abstreiten, ausschmükken oder – rächen will: indem er stets mehr sagt, in Rechtfertigungs-Hitze, als er vorhatte. Mehr sagt auch über sich selber …

«Du hast mich schön reingelegt, Thuri!» sagte von der französischen Anklagebank herunter Josef Zinngruber zum abgehenden Zeugen Arthur Stackmann, als der im Freiburger Prozeß zuerst bei seinen Aussagen über den ehemaligen Ortsgruppenleiter einen geradezu antifaschistisch-guten Menschen aus ihm machen wollte – dann aber vom Vorsitzenden des Gerichts seine eidesstattliche Erklärung vorgelesen bekam, die er selber, Ortspolizist Stackmann, gleich nach Kriegsende in französischer Gefangenschaft über Zinngruber niedergeschrieben hatte, um ihn darin mit vielen Beispielen aus dem Brombacher Alltag als einen gemeingefährlichen Nazi in den Jahren des Hitlerkrieges zu charakterisieren … Wir fuhren abends zu dem sehr stattlichen, oberhalb Brombachs in einen schönen Schwarzwald-Berghang hineingebauten Hof mit großer neuer Reithalle für die über zwanzig, Stackmanns meist nicht gehörenden, doch bei ihnen stehenden Pferde. Es roch betörend nach nassen Wiesen, die wie Himmel und Felder schon zwetschgenblau waren im Vorabendlicht; der Wald war schon schwarz – auf der Heimfahrt würden wir nicht mehr wie noch soeben den Steinbruch zu sehen bekommen … Die hingeschmiegten Bergwiesen haben weibliche Formen, frauliche Frische in der Abendkühle – ja noch die Farben eines weiten Futtermais-Feldes vor einem kaltweißen Kalkfels und das späte Licht in einer jetzt düster-dunklen Blutbuche genügen schon, wiederum in mir – wie so oft – Bedauern darüber auszulösen, daß es nicht genug sagt, zum Beispiel dieses Landschaftsbild in Worten zu malen oder wenigstens zu zeichnen, sondern daß wir als Vertriebene aus der Natur, was ja nur ein modernes Wort für Paradies ist, eben diesen Steinbruch da unten, den Holunder fast überwachsen hat, gar nicht mehr ansehen können, ohne zu denken, was in ihm Menschen mit einem Menschen angestellt haben. Andere vor mir haben das ebenso heftig bedauert, ja sogar ihr Bedauern – wie ich jetzt – ausgesprochen inmitten ihrer Erzählung; so in der «Kartause von Parma»:

«Politik in einem literarischen Werk ist wie ein Pistolenknall mitten in einem Konzert, sie wirkt roh und plump, und doch kann man ihr seine Aufmerksamkeit unmöglich versagen. Wir müssen leider von recht häßlichen Dingen reden, die wir aus mehreren Gründen lieber beschwiegen hätten. Aber wir sind genötigt, Ereignisse zu berühren, die hierher gehören und nicht unerwähnt bleiben dürfen.»

Wir fuhren so spät, weil Landwirte abends eher zu erreichen sind als am Tage.

Mein Jüngster, nachdem wir uns überzeugt haben, daß der nervöse Hund, ein kranker Bernhardiner, an der Kette liegt, geht in den Stall, so forsch, als sei er hier zu Hause, und offenbar macht das den Eindruck, als kämen wir, ihn für Reitstunden anzumelden. Das Gespräch erschöpft sich natürlich rasch, da wir von Pferden noch weniger verstehen als die Sonntagsreiter, denen sie meist gehören; ich frage mich, wieso zwei Söhne eines Polizisten einen derart eindrucksvoll nach Gut aussehenden Hof erwerben konnten – denn offenbar hat keiner ihn von seiner Frau in die Ehe mitbekommen, weil er dann ja nicht zwei Brüdern gemeinsam gehörte. Ich finde das auch heraus. Nun, wie zu erwarten war: «Vater Staat» zahlt den Bauern zwar nicht alles, hilft ihnen jedoch wie keinem anderen Berufsstand mit fast zinslosen Krediten so großzügig, wie das alle Regierungen vor und nach den Nazis und diese ganz besonders getan haben, daher auch fast alle Landwirte der Hitleritis erlegen waren; wes' Brot ich eß, des' Lied ich sing!

Angenehm zu hören, wie heute das Reiten keineswegs nur von «Herren» mehr gepflegt wird, sondern vom Volk: Krankenschwestern, Sekretärinnen, zuweilen gemeinsam mit einer Kollegin, haben bei Stackmanns ihr eigenes Pferd stehen, um es abends eine Stunde zu reiten, sonntags auch länger. «Ich komme», sage ich endlich unvermittelt, «um Ihren Vater nach der Geschichte des Polen zu fragen – und Sie natürlich auch. Sie waren doch sicher auch da unten dabei»; ich deute in Richtung des Steinbruchs.

«Ich war ja erst zwölf», sagt der Mann, ohne eine Sekunde im Zweifel zu sein, welche Geschichte ich meine, obgleich doch immerhin sechsunddreißig Jahre seither ins Land gingen. «Kinder durften nicht zusehen – ja, das war sehr schlimm!» fügt er an: weil nämlich «wegen dieser Schweinerei», wie er noch mehrfach sagen wird, «unser Vadder drei Jahre von den Franzosen eingesperrt worden ist, obwohl er überhaupt nichts damit zu tun hatte – er hat nur müssen die

Kriegsgefangenen, die hier in der Umgebung in Lagern waren oder auf den Bauernhöfen als Arbeiter, in den Steinbruch führen, damit daß die das sehen sollten, also den Toten, nicht die Hinrichtung».

Das stimmt, denn einer dieser damals von Stackmann dorthin geführten Polen, der bei Kriegsende die Tochter seiner deutschen Wirtsleute geheiratet hat und deshalb in Brombach blieb, statt nach Polen heimzukehren, hat mir gestern ebenfalls erzählt, Stackmann habe sie, die Gefangenen, erst hinausgeführt, als der Kamerad schon hing.

«Vadder» können wir erst morgen mittag befragen, denn er kränkelt, daher er schon zu Bett ging. Ich sage, er sei doch wohl kaum wegen der Polen-Geschichte nach dem Ende Hitlers eingelocht – sondern automatisch wie jeder SA-Führer und Polizei-Wachtmeister verhaftet worden von der Besatzungsmacht. Das gibt der Sohn zu: «Ja, die haben ja alle Polizisten weggeholt, und unser Vadder kam auch nur als Zeuge in den Prozeß, den die Franzosen gegen den Ortsgruppenleiter Zinngruber angestrengt haben.» Das weiß ich von Zinngruber selbst, auch aus den Akten, die der mir gab. Da der Polizist bei Kriegsende «ohne Bezüge» drei Jahre lang eingesperrt war; und der damals sehr kümmerliche landwirtschaftliche ... «Betrieb» kann man gar nicht sagen; da seine paar Felder Frau und Söhne in diesen Jahren nicht zu ernähren vermochten, so haben seine Jungen bei Bauern um wenig Essen und Geld schuften müssen – «und seitdem bin ich nie mehr gesund geworden», sagt heute dieser Sohn, der in der Tat erschreckend krank aussieht, auch um viele Jahre älter als er ist ... Man muß den Leuten Gelegenheit geben, ihre eigenen Schicksale in die Recherchen für eine solche Erzählung einzubringen, um sie überhaupt, diese sehr widerwillig darüber Sprechenden, zum Erzählen zu verlocken. Es hat da keinen Sinn, zu kontern, zu korrigieren, Maßstäbe zurechtzurücken, wo ja die Leute durchaus ihre eigenen nicht nur haben, unverrückbar feste, sondern sie auch einbringen wollen ins Gespräch. Würde man einwenden, daß immerhin diese zwei Söhne – den zweiten bekam ich noch nicht zu sehen – ihren Vater nur drei Jahre vermißt haben, statt ihn nunmehr schon dreißig Jahre vermissen zu müssen wie andere Deutsche ihrer Jahrgänge ihren Vater vermissen, weil Vater Stackmann als scharfer Nazi zu Hause bleiben durfte, statt von Hitler auf irgendeinem seiner Schlachtfelder untergerodet zu werden: so brächte man sich nur um die Chance, weitere Studien im Gespräch zu machen. Wieder nur sehr umwegig bringe ich den Bauern – wir reden ja noch immer in seiner angenehm riechenden Reithalle – zu der Geschichte zurück, für die ich Details sammele. Endlich sagt er, «eine Schweinerei» sei das überhaupt gewesen – nicht nur, daß «Vadder» später von den Franzosen geholt wurde. «Fanden denn die Leute im Dorfe das vernünftig, einen wegen Ehebruch aufzuhängen?» frage ich. Nein – sehr überzeugend und wiederholt bringt er vor, die weitaus meisten – aber man habe ja nicht darüber sprechen sollen, obgleich alle und noch lange sehr aufgeregt darüber geredet hätten – seien dagegen gewesen, den Polen aufzuhängen. Es erleichtert mich, das zu hören. Doch ich habe zu früh aufgeatmet, denn Stackmann setzt hinzu, und seine übergroßen Augen – Augen in einem frühverfallenen, fast skelettmageren Gesicht – leuchten auf, aus der Tiefe befeuert, als er das sagt: «Wenn Sie mich fragen, *beide* hätten aufgehängt gehört – wieso denn die Frau nicht, die war doch mehr schuld als er, die war ja älter und verheiratet!»

Am anderen Mittag bin ich wieder draußen bei den Pferdebauern, um – wie die das abwehrend nennen – ihren Vater «auszunehmen». Der kommt klein, krumm, zögernd, Mitte Siebzig, mißtrauisch, aber nicht ablehnend, in Arbeitskleidung und Gummistiefeln über den gepflegten Hof. Ich habe Glück: es war gestern abend zu spät, als daß der Sohn seinen Vater noch hätte vorwarnen können – und heute früh sprach er ihn auch noch nicht. So ist es eine Überraschung für den alten Mann, daß ich mich berufen kann auf ein langes Gespräch, das ich am Vorabend mit seinem Sohn über «den Polen da unten» hatte: auch dieser Greis weiß sofort, von welchem Polen ich rede. Seine kalten, glasgrauen Augen werden noch kleiner, aber ausweichen kann er kaum, da ja sein Sohn – diesen Sohn schiebe ich nun ein bißchen infam dauernd vor im Gespräch; so kann der Vater nicht mehr grundsätzlich entkommen, sondern nur korrigierend und kommentierend ergänzen oder auch bestreiten, was der Sohn und was Zinngruber, der «Ortsgruppenleiter», mir erzählten. Es hat den alten Mann zuhörbereit gemacht, daß es ein Komplice und Vorgesetzter aus Hitlers Zeiten war, der mich auf ihn hinwies. Ob ich «von einer Zeitung» sei? Es scheint so, er glaubt mir, daß ich Deutscher bin – doch diese Frage beunruhigt ihn ungemein, da mein Begleiter absolut nicht aussieht wie ein Deutscher: ein Medizinstudent aus Basel, der mich auf seiner Vespa herbrachte, aber schweizerisch sieht er auch nicht aus. «Kommen Sie aus Polen?» forscht Stackmann; die Beunruhigung ist körperlich spürbar, die er gegenüber dem schwarzhaarigen Riesen empfindet, der in seinem Armylook aussieht wie ein Partisanenleutnant Titos und dem es, wie so oft, auch jetzt beikommt, seine angeborene Gutmütigkeit durch ein sich verfinsterndes Gesicht zu tarnen, als er Stackmanns Verwirrung auf den Höhepunkt treibt, weil er in reinstem baslerisch-alemannischem Dialekt Auskunft gibt: «Nei, i bi Schwyzer, i läb siit sächzäh Johre z'Basel, frihener han'i z'Züri glebt.»

Stackmann hat vor Entsetzen die Pfeife aus dem Mund genommen, und so wie er mich jetzt ansieht, gibt es keinen Zweifel, welcher Gedanke da nistet in seinem Hirn unter dem schmutzigen Hut: «Das sind Zeiten, in denen sogar Spione schon alemannisch schwätzen!» So ergänze ich, um endlich mit dem Mann weiterzukommen, denn mir fiel ein, daß auch meine Frau gestern abend von Stackmanns Sohn mißbilligend nach ihrer Herkunft befragt wurde: «Er ist mein Schwager, seine Eltern kamen aus Jugoslawien.»

Das hält der ausgediente «Kriminoaler», wie man unten im Dorf Stackmanns Beruf nennt, auch für keine hinreichende Entschuldigung. Immerhin befreit ihn das jedoch von seiner Befürchtung, aus Polen sei hier jemand aufgetaucht, um Fragen zu stellen. (Mir wurde erst da wieder deutlich, wie unauslotbar tief die Abneigung gegen Menschen aus der Fremde in den Kleinbürgern haust; schon neulich, als zum zweitenmal in der Schweiz an einem Wahlsonntag darüber abgestimmt wurde, ob jährlich zwölf Prozent jener Konjunkturkulis, die da jahrelang gearbeitet haben, hinausgeworfen werden sollen, bestätigte sich erneut, was die Marxisten so ungern hören: daß es die Arbeiter sind, nicht die Wohlhabenden, die keinen Funken Mitgefühl, Sympathie, internationale Solidarität gegenüber armen Ausländern empfinden! Denn obgleich es in der glücklichen Schweiz fast keine Arbeitslosen gibt – stimmten bis zu neunzig und mehr Prozent in den Arbeiter- und Kleinrentner-Wohnvierteln gegen die Fremden, die nur deshalb – aber bei weitem nicht alle – dennoch bleiben dürfen, weil in den Wohnquartieren des Mittelstandes und besonders der Reichen höchstens fünfzehn Prozent das Abschieben in deren Heimat auf dem Wahlzettel verlangten! Gewiß: es sind die Reichen, nicht die Arbeiter, die an der Mitarbeit der Fremden verdienen – doch schließlich sind es die Arbeiter, die es den Fremden verdanken, daß jede Dreckarbeit jetzt von denen, nicht mehr von ihnen gemacht werden muß!)

Stackmanns Reaktion auf diesen Slawen, der mich zu ihm gefahren hat, offenbart die Tiefe der Kluft, ja des Widerwillens, die selbst heute noch, im Zeitalter des Auslands-Tourismus, überall den Eingeborenen von den Fremden trennt. Wie erst muß dieser Widerwille ins Brutale, ins Herrschsüchtige gesteigert gewesen sein im Krieg, als Gesetze jeden Stackmann, sofern er nur ein Deutscher war, nicht einmal ein Nazi, mit Macht-«Befugnissen» über rechtlos herbeigetriebene Angehörige jener Völker ausstatteten, die Hitler unter seinen Stiefeln hatte!

Aber daß nun mein Schwager alle seine Fragen im Basel-Wiesenthal-Dialekt stellt, wird endlich sogar hilfreich, denn auch Stackmann spricht ihn und spricht ihn so untermischt mit Bauernplatt, daß ich zuweilen Mühe habe – ich spreche nur hessisches Bäurisch –, ihn zu verstehen.

Stasiek Zasadas Tragödie regt noch heute den ausgedienten Nazi-Polizisten auf, denn sie erinnert ihn – und nur deshalb regt sie ihn auf – an eine scharfgeführte Auseinandersetzung mit dem Lörracher Gestapochef Karl Mayer. Mayer, den ich nicht mehr befragen kann, weil er sich bei der Besetzung Lörrachs durch die Franzosen mit einem Gestapo-Kollegen auf dem Lörracher Friedhof erschossen haben soll, verhaftete den Polen mittags am 30. April 1941 und nahm ihn mit nach Lörrach. Doch kam Mayer alsbald nach Brombach zurück, um drohend Stackmann vorzuhalten, der habe versäumt, von Zasada unterschreiben zu lassen, daß auch er wie alle anderen polnischen Gefangenen, ehe sie zur Arbeit auf die einzelnen Gehöfte entlassen wurden, darauf hingewiesen worden sei, man werde ihn aufhängen, wenn er mit einer Deutschen schlafe.

«Das kann übel ausgehen für dich!» habe Mayer Stackmann angedroht. Und wie der das heute erzählt, verwandelt es ihn: alles Karge, Zurückhaltende ist weg – er spricht mit Temperament, ja mit erneut aufsteigendem Ärger. Jetzt noch gekränkt, daß Karl Mayer vor fast vierzig Jahren – «ich hab ihm gesprochen, wie red'ste denn mit mir, du bist nicht mein Vorgesetzter» – den Aussagen dieses Polen auch nur eine Minute geglaubt – und es für möglich gehalten hat, er, Stackmann, habe es versäumt, auch von diesem Polen sich schriftlich bestätigen zu lassen, daß er mit Androhung der Todesstrafe zur Kenntnis genommen habe, er dürfe mit keiner Deutschen schlafen! Und Stackmann sagt nicht nur, er macht es sogar vor – wie er Mayer auf dem Brombacher Rathaus die Mappe hinwarf auf den Tisch, damit der selber sich die Unterschrift Zasadas heraussuche aus der Unterschriften-Sammlung der Polen, die ausnahmslos unterschrieben hatten, sie seien gewarnt worden. Stackmann hat sich erregt. Er kommt noch lange davon nicht los – um so weniger, als er zugeben muß, daß Karl Mayer ein sonst so vernünftiger und sehr tüchtiger Kollege gewesen sei! Ausgerechnet der aber hielt Stackmann des schlimmsten für fähig, was überhaupt jemand ihm anhängen kann: einer Unordnung! Als habe er nicht die Unterschriften jedes einzelnen der Polen sauber abgeheftet gehabt! Er hatte den Polen vorher eine Rede gehalten; er hatte auf der Treppe des Brombacher Rathauses gestanden, die Gefangenen unter sich, und ihnen gesagt, sie würden aufgehängt, wenn sie ... «Und was glauben Sie, da haben welche gelacht. Da gibt's nichts zu lachen, hab ich gerufen – ja, und da gab's auch nichts zu lachen. Ein Jahr später standen sie alle wieder da, an der gleichen Stelle – und haben gewartet, bis daß ich sie hinführte, wo der eine hing, der nicht mehr da stand ... und der ein Jahr vorher wahrscheinlich auch gelacht hat ...»

Stackmanns Genugtuung ist noch heute unverkennbar: daß erstens Ordnung war in seinen Polizei-Papieren; und daß zweitens Polen, die über eine deutsche Verordnung gelacht hatten, so furchtbar belehrt worden waren, daß man nicht zu lachen hat über einen Polizisten! «Da haben die nicht mehr gelacht», faßt er zusammen, im Innersten beruhigt, daß die Weltordnung ein solches Lachen über ihn nicht ungesühnt gelassen hat. Im übrigen habe er viel getan für die Polen; er hat immer wieder dafür gesorgt und darum auch mit Lörracher Ämtern gekämpft, daß «die gutes Schuhwerk hatten»! Auch immer «ordentliche Kleidung», denn die liefen ja frei herum im Dorf; bis abends um neun, wenn sie eingeschlossen wurden oder sich auf ihren Zimmern bei den Bauern aufzuhalten hatten, sollten sie «ordentlich» aussehen …

Wir stehen zu dritt auf dem Hof seiner Söhne. Jetzt aber rennt laut rufend eine rote, runde Frau herbei, sie schreit fast und schon von weitem: «Hier wird nicht spijeniert bei unsn Opa!» Es ist die Schwiegertochter, die uns vom Stall aus gesehen; und die «bis obenhin satt hat, dauernd mit diesen alten Schweinereien» wieder behelligt zu werden. «Das war damals schlimm genug!» Ich sage, sie sei doch viel zu jung, um davon etwas wissen zu können – sie lacht: so jung nun auch wieder nicht, was ich denn dächte, wie jung sie sei! Ihren Mann – den kranken Sohn – habe das damals unheilbar gemacht, daß der Opa jahrelang von den Franzosen eingesperrt worden war. Und wozu überhaupt heute «diese Geschichte aufwärmen – ich meine, der hat ja gewußt, was ihm blüht, warum hat der sich denn eingelassen mit der Frau, also die Frau war ja noch schlimmer als er, weil die älter war!»

Doch diese alte Geschichte – «wofür soll denn das gut sein, die aufzuwärmen, guckt doch mal lieber, was alles heute passiert mit den Terroristen, die gehörten einen Kopp kürzer gemacht und aufgehängt …»

Mein Schwager gibt zu bedenken, aufhängen werde schwierig, wenn der Kopf schon ab sei. Doch der Volksmund ist da nicht kleinlich. Stackmann wehrt die Heftigkeit seiner Schwiegertochter ab, denn längst führt er das Gespräch mit uns nicht mehr ohne gedächtnisselige Genugtuung. Ist es doch eine Erinnerung an seine große Zeit! An Jahre, da viele stramm standen, wenn sie ihn kommen sahen, und den Arm hochrissen. Obgleich das mit der Geschichte des Polen nichts zu tun hat, erwähnt er oft, daß er keineswegs nur der führende Polizist der Gemeinde war, sondern auch ihr führender SA-Chef …

Das Problem: Junge Männer, die zehn Stunden und länger arbeiten im Dunstkreis von Frauen, deren Männer man zur Armee zwangsrekrutiert hat, in den Häusern dieser Frauen jahrelang mit denen einzuschließen – doch sie aufzuhängen, wenn sie diese Frauen anfassen oder angefaßt werden von denen: sieht Stackmann durchaus, wenn man es ihm heute vorhält. Sagt auch, sicher ehrlich, daß keiner die Natur mit der Mistgabel austreiben kann – und doch käme ihm, wäre er selber auch gänzlich unbeteiligt gewesen an diesem Staat und nicht einer seiner strikten Durchführer auf der Basis, niemals der Gedanke, das Unrecht sei bei diesem Staat – nicht: bei den Eingesperrten gewesen! Denn schließlich hat ja der Staat «denen vorher gesprochen, was ihnen passiert, wenn die sich drüber wegsetzen über so 'ne Verordnung». Da die Erhängung angedroht war – war sie auch gesetzlich. Wie aber könnte etwas Unrecht sein, wenn es gesetzlich ist? Daß damals die Gesetze *von* Verbrechern, nicht gegen Verbrecher gemacht wurden: das könnte dieser sein Leben lang zum Beamten Abgerichtete nicht einmal *nach*denken, wenn man es ihm *vor*spräche ...

Auch die Schwiegertochter wird ruhiger, als sie hört, der Altbürgermeister und Ortsgruppenleiter habe uns geraten, zu Stackmann zu gehen, weil Stackmann, wie ich gleich versichere, ja *nicht* – im Gegensatz zu Zinngruber – verwickelt gewesen sei in die Erhängung Zasadas. «Das muß aber auch gesprochen werden, wenn sie das in der Zeitung schreiben, daß unse Opa gar nichts damit zu tun hatte; der hat doch nur müssen absperren am Steinbruch –»

Er dementiert entschieden: «Das habe ich nicht, ich hatte an dem Tag Wichtigeres zu tun, ich mußte von allerwärts –»

Und wieder erzählte er, alle Polen von weit und breit, auch Franzosen, die als Gefangene in der Umgebung saßen, seien frühmorgens nach Brombach marschiert, um dann von ihm an dem Gehängten vorbeigeführt zu werden.

Ich sage, als sei damit auch moralisch gerechtfertigt, daß Hunderte von Schaulustigen ringsum auf den Hängen und Rainen standen: «Abzusperren war das ja gar nicht, man sieht doch von allen vier Seiten hinein in den Steinbruch.» Das besänftigt, als hätte ich irgendeine entscheidende, entschuldigende Aussage vorgebracht. Die Stunde der Hinrichtung, morgens gegen elf, war Tage vorher oder am Vortage – das fand ich nicht heraus – im Ort bekanntgemacht worden. Die Frau, unsere Putzfrau, die mir zuerst erzählt hat davon, sagte, Zasada habe zuletzt «Mutter!» gerufen. Stackmann will davon nichts gehört haben, auch damals nicht. Doch andere Frauen bestätigen mir diese Aussage. «Frauen», beharrt Stackmann, «waren da gar nicht dabei.»

Wenn er das weiß, dann war er dabei.

Warum ich denn ausgerechnet nach Brombach komme, fragt nun

auch er: «Solche Geschichten sind doch allerwärts passiert, in Grenzach auch und in Wehrethal...» Ich gebe zu, davon gehört zu haben: daß dort eine Munitionsfabrik war, in der Russen und Polen gearbeitet – und zuweilen mit einer Deutschen geschlafen hätten und aufgehängt worden seien...

Wir danken, als hätten wir einen Korb Kirschen gekauft. Und wie er da steht, als wir wieder zu unserer Vespa gehen – sehe ich unvermittelt, wie ich mich umdrehe und auf ihn zurückblicke, seine große Ähnlichkeit mit dem Polizisten, der vor fast vierzig Jahren den Polen angedroht hat: wer wegsähe, wer sich etwa erdreiste, nicht hinzuschauen auf den gehängten Kameraden – der werde daneben gehängt!

Aus: Ronald-Searle-Album, La Gloire

# 1979

Kurt Bartsch
*Kaderakte*

Kaderakte Anna B.

Im märkischen Sand oder sonstwo
Verlief mein Leben, wo jetzt
Schornsteine ragen, am Morgen am
Abend fielen sie über mein Fleisch her
Wie tags über den Abraum.

Arbeit ist Arbeit, ich ging
Ohne Hosen herum zwischen den Männern
Mein Hintern war eine Fabrik
Die Lust produzierte. So kam
Der Sozialismus vom Fleck.

Hochzeitsfoto, meine Eltern darstellend

Das Hochzeitsfoto, Fragment seltsamerweise, links und rechts deutlich beschnitten, zeigt meine Eltern Arm in Arm vor dem Standesamt in Berlin Mitte, lächelnd, in harmloser Aufmachung: Mäntel und Hüte im Schnitt der damaligen Zeit, November 1926. Als Grund, warum das Foto später, 1933, beschnitten wurde, nennt meine Mutter: Es waren Haussuchungen damals. Die SA kam fast jede Nacht. Die hätten nicht lange gefackelt, wenn sie das Foto (Postkartengröße) gesehen hätten: Die Hochzeitsgäste, zehn oder zwölf an der Zahl, in RFB-Uniformen. Ein lohnender Fang.

Einer der Gäste, Otto J., ein gefürchteter Schläger (gefürchtet von der SA), war 1925 von der Leibwache eines Berliner Ringvereinchefs zum Saalschutz der KPD übergewechselt. Im Februar, nach dem Reichstagsbrand, erhielt J. häufig Besuch von Männern der Sturm Abteilung (deren einen oder anderen er aus dem Ringverein kannte). Mein Vater: Die kamen immer zu viert, handfeste Gestalten. Sie fesselten Otto ans Bett und schlugen ihn so lange, bis er zu schreien anfing. Wenn er schrie, schlugen sie ihn, bis er zu schreien aufhörte.

Wenn er ganz still war, betäubt von den Schmerzen, drückten sie, kleiner Scherz, ihre Zigaretten in seiner Haut aus.

Meine Eltern nehmen den halbtoten Mann, Fabrikarbeiter inzwischen, im Mai 1933 in ihre Wohnung (anderthalb Zimmer, Kochnische) auf. Zwanzig Jahre später, als die Revolution (wie J. fälschlicherweise bemerkte) Köpfe statt Füße benötigt, erhängt er sich, 49jährig, an einem Kleiderhaken der gemeinsamen Wohnzimmertür.

Ein anderer Hochzeitsgast, Erwin K., Zimmermann, Kommunist, trat 1932, nach mehrjähriger Arbeitslosigkeit, in die SA ein. Wenn die Revolution nicht von links kommt, sagte er, kommt die Revolution eben von rechts.

Nach dem Februar 33 wurde K. häufig zu den Verhören in die Keller und Sturmlokale seiner neuen Freunde, der Bluthunde (wie er sie später nannte), mitgenommen. (Damals, heißt es, begann K. zu trinken.) Er wird, 1935, zur Wachmannschaft des KZ Sachsenhausen/Oranienburg eingeteilt. Er ersucht, nach zwei Wochen, um sofortigen Austritt aus der SA. Als seinem Ersuchen nicht stattgegeben wird, schreibt er an Hitler. Die Antwort: Er wird, für zweieinhalb Monate, in das KZ Sachsenhausen/Oranienburg eingeliefert. Erwin K., Mitläufer/Verräter, stirbt 1938 von seinen Freunden/Feinden verlassen am Schnaps.

Auf dem Hochzeitsfoto, noch heute sichtbar, zwischen den Köpfen des glücklich lächelnden Paares: die geballte, zum Gruß erhobene Faust eines Trauzeugen.

RFB: Roter Frontkämpferbund
Ringvereine: Verbrecherorganisationen (Weiße Rose, Immertreu, Deutsche Kraft) im damaligen Berlin

## Stolz

Als Karl K., ein Abrißarbeiter
(Von dem bekannt war, daß er häufig
Kritik übte am Sozialismus)
Befragt wurde, warum er damals –
Als es noch möglich war –
Nicht in den Westen gegangen sei
Antwortete er: Es ging nicht.
Ich habe hier zuviel
Mit eingerissen.

Stilleben mit Putzfrau

Gras wächst über die toten Gleise
Hier fuhr einst die S-Bahn
Von West nach Ost Ost nach West
DIE TÜREN SCHLIESSEN ZURÜCKBLEIBEN
Die Schienen rosten, die Brücken
Überquern tote Straßen, die Straßen
Mit Mauern verbaut, Beton, damit
Ich nicht stiften gehe, sagt Trude. Ach
Soviel Aufwand für eine, die nichts
Kann als Treppen wischen, Fußböden scheuern
Sie lächelt, da muß man ja
Hierbleiben, finden Sie nicht

Nicolas Born

## *Die Fälschung*

Der Berichterstatter

Laschen empfand einen Groll gegen sich, als er wieder nur zusah, wie einigen schwachen Personen beim Aufsteigen geholfen wurde. So empfindlich du auch geblieben bist, von Kindheit an, so bist du als ein Berichterstatter doch zu einem empfindungslosen Monstrum geworden. Dein Pech ist nur, daß du dich in jeder Lebenslage an die dazu passenden Gefühle erinnerst. Das macht dir zu schaffen, aber auch davon hast du ja etwas, nicht wahr. Wenn du ein Palästinenser wärst, würdest du als ein solcher handeln und so weiter, und das ist höchst wahrscheinlich. Wo nimmst du dich her? Als welcher handelst du? Und welche erstaunlichen Bestimmungen stecken erst in diesem Hoffmann, welch eine triumphale Neutralität des Blicks durch den Sucher, welch eine brutale Zivilisiertheit? Und erst Ariane. Das hatte doch auch alles mit ihr zu tun, die Gesichter, stumm und eingeschworen auf ein Töten und Getötetwerden. Das kränkte ihn alles so und machte ihn unentschieden und schwankend. Die waren ihm sehr nahe, die Gesichter, schön und verschlossen. Und die Waffen, die sie trugen, waren, egal woher sie stammten und welchen Kalibers sie waren, die Waffen der Schwachen, der Abgeschriebenen.

Der Rauch brannte in den Augen, die klare Wärme der Januarsonne spürte er auf den Handrücken und am Hals. Es roch nach verbranntem Lack. Ariane mußte längst zu einem größeren, wenn auch stillschweigenden Einverständnis mit allen Ereignissen gekommen sein, zu einer passiven Beteiligung, die ihm um so unheimlicher war, als er sie bei ihr nur vermutete. Hatte sie ihn nicht in ihrer sanften Rücksichtslosigkeit aufgefordert, Araber zu werden wie sie? Er aber wies nur alles von sich, ließ die Mörder wie die Opfer aus dem Blick verschwinden, nachdem er sie beide rasch aus der Menschengeschichte hatte verschwinden lassen. Arianes Mann war doch maronitischer Katholik gewesen. Wer nicht kämpfte oder seine Söhne nicht zum Kämpfen schickte, der mußte sich freikaufen mit ziemlich viel Geld. Er lehnte alles ab, Laschen, pochte auf sein Entsetzen angesichts von Unmenschlichkeit. Es war das Entsetzen des Herrn aus Deutschland. Es entsetzten ihn vor allem solche Ereignisse, deretwegen er doch hergekommen war, um darüber zu berichten, solche Ereignisse, denen er, letztlich, seine Bezahlung verdankte. Er konnte gut leiden an unverständlicher Grausamkeit. Er glaubte doch wohl nicht, daß sein Bericht den Leser ermahnen würde. Glaubte er nicht vielmehr, daß er für Geld ein Entsetzen lieferte, für das es eine Nachfrage gab, eine unersättliche. *Immer mehr Leute wollen immer mehr wissen über ihren eigenen Stellvertreterkrieg.* Das war die Wahrheit, die ihn antrieb und die sich gleichzeitig als dicke Betrachterwand aus Glas vor sein Sehen schob, so daß sein Sehen verödete. Es war fortan ein bezugloses Sehen, er hätte auch sagen können, ein *reines* Sehen. Und wo waren die Gefühle, die Wahrheiten des eigenen Körpers geblieben, wo die Schmerzen, das heillose und untröstliche Mitgefühl, die, wenn schon, ohnmächtige Wut, die wütende Trauer um das Leben der Welt, um das Leben von dir selbst, Laschen, die dich niederwerfen müßte in den Staub. Er selbst hatte aufgehört wahr zu sein, wollte doch offensichtlich nicht mehr jemand sein, dann schon lieber ein Abgeschickter, ein ferngesteuerter Beobachter, ein *reines Sehen*, ein Werkzeug der Leser. Aber würde er dann noch so schöne Leidenssätze schreiben können für das Organ? Kaum. So mußte er weiter sein Berufsbild erfüllen und sich unter Aufbietung von Kräften an Gefühle erinnern und sie simulieren. Er beneidete den Offizier um seine Unfehlbarkeit, um seine Wirklichkeit, in der er für alles Erklärungen fand, ohne die Erklärungen zu benötigen.

Heute morgen – Hoffmann hatte ihn aus dem Bett geklingelt – hatte er sich wieder schwer auf die Beine gestellt gefühlt, so beladen von sich selbst, so geschwächt vom Fieber und mit schmerzenden Gelenken, daß er am liebsten sofort ins Zimmer zurückgekehrt wäre, um sich zu verdunkeln und zu verkriechen. Die Gedanken waren nichts anderes gewesen als beschränkte, sich dauernd wiederholende Erläuterungen seines beschränkten und sich auch dauernd wiederholenden Befindens. Er fühlte sich in seiner Gefühllosigkeit als Knochensack (die Gefühllosigkeit erschien ihm immer nachdrücklicher als das Instrument, mit dem zu fühlen sei). Die Gliedmaßen, alles verdreht, lähmten sich gegenseitig. Das Licht hatte ihn, als er auf die Straße hinausgetreten war, gefällt, nur daß der Körper sich nicht fallen ließ, sondern den Schein des Gehens wie in einer anderen Wirklichkeit beibehielt. Er konnte den Kaffee im Magen schwappen hören. Alles sonst schien so weich, so eingepaßt in etwas gaumenhaft Weiches. Er war von vornherein, schon auf die bloße Aussicht hin, erschöpft. Das wahnsinnige, direkt in den Kopf hineinschlagende Gedröhn und Gehupe, Geschrei und Gehupe verstärkte noch den Wunsch zu entkommen und schnell, auf kürzestem Wege, bei Ariane zu sein.

Er war auf dem Wege zu einem kleinen Café in einer Nebenstraße der Rue Hamra gewesen, wo Hoffmann auf ihn warten wollte. Von hier aus hatte Laschen noch einmal versuchen wollen, Ariane zu erreichen, doch Hoffmann zahlte bereits und stand sofort auf, als er ihn kommen sah.

Der Offizier hatte sich entschuldigt und war von dem Jeep abgeholt worden. Laschen meinte, ihn zumindest leicht verstimmt zu haben. Sie können sich selbst weiter umsehen, allerdings auf eigene Verantwortung, hatte er gesagt. Laschen hatte schon eine Weile lang diesen Offizier verglichen mit den anderen Fatah-Leuten, die verschlossen aussahen und auf geheimnisvolle Art selbstgewiß, ganz ohne das Bedürfnis nach Anerkennung von außen. Dagegen war des Offiziers Zugänglichkeit anrüchig. Seine Verbindlichkeit war glatt, seine Diskussionsbereitschaft weichlich, und er hatte nur mit ihnen gesprochen, weil er sowieso geschwätzig war. Diesen Jungen hier waren er und Hoffmann gleichgültig. Keiner von ihnen fragte sie, was sie hier zu suchen hatten. Nur einmal hatte einer sie gefragt: Do you want to see a family sleeping? Und dem waren sie gefolgt. Er führte sie ins Parterre eines Hauses, dessen oberes Stockwerk gebrannt hatte. Aus dem Dach stiegen noch immer dünne kleine Rauchfahnen auf.

Viele Orte verschmelzen manchmal zu einem einzigen, an dem sich dann das Geschehen krümmt zu einem verwunschenen Symbol, das fortan in der Erinnerung schwer und alptraumhaft einen festen Platz hat. Die Wohnung war noch nicht geplündert worden, vielleicht waren die Plünderer daran gehindert worden. Hier schien sich eine einmal angelegte Ordnung über das Ende hinaus erhalten zu wollen. Die dünne Staubschicht auf den Möbeln wirkte wie eine Versiegelung. Auf dem Kaminsims tickte eine in einen Marmorlöwen gefaßte Uhr.

Das durch die Fenster einfallende Licht (im Flur war es farbige Bleiverglasung, in der Stationen der Kindheitsgeschichte Jesu dargestellt waren) schien von solider Festigkeit wie die Einrichtung, das gedrechselte Treppengeländer, die Wandtäfelung, die Schränke und Anrichten, die den festen Glanz von Kastanien hatten und Laschen erinnerten an die Holzaufbauten auf Schiffen.

Im Salon war ein Stück der Decke eingestürzt, das die Leiche des Mannes zur Hälfte verschüttet hatte. Auf einem Schachtisch mit Perlmutt-Intarsien stand eine ebenfalls mit Perlmutt-Intarsien versehene Kassette, in der die Schachfiguren lagen. Laschen hätte gern gewußt, ob der Deckel *noch* offenstand oder ob er später von Eindringlingen geöffnet worden war. Nichts war verwüstet, keine Kampfspuren. Auf dem Teppich, neben dem Kopf der Frau, war eine eingetrocknete Blutlache. Zwei tote Kinder lagen quer über ihrem Körper, neben ihr ein Säugling, der die Augen zu hatte, während ihre Augen offen waren. Es sah so aus, als hätte sie dem Säugling noch rasch einen Arm unter den Kopf schieben können.

Adolf Endler

## *Verwirrte klare Botschaften*

Akte Endler

1

Wäscht sich oft nicht Zahnausfall Stinkt stark aus dem Rachen / Auch Schweißfuß Liest die Tageszeitungen auf dem Klo / Ausschließlich Hat niemals einen Schwarzen Anzug besessen / Neigt zu Alleingängen einsamer Pilzsucher Säuft / Wäscht sich nur flüchtig wenn überhaupt Und (zahlreiche Zeugen) / Hält sich noch nicht einmal wenn er wieder rumhuren / Zieht (wöchentlich bis zu sieben Mal) und volltrunken dann / Vor ganz häßlichen Worten über unseren Johannes R / Becher zurück und vor allem dessen Sonettkunst

2

EtceteraetceteraMenschetcetera
Eine Anthologie zweibändig nichts als Bedenken
Ergo das Ganze so etwas wie Pornographie
Und wirklich nur für die privilegiertesten Leser
Charaktere die absolut nichts mehr umschmeißt

Dreieck, in dem ich wohnte: Düsseldorf

I

Papiermühle, Wasserwerk, Henkel,
Dreieck, in dem ich wohnte,
Gelände der Kindheit,
Gelände der vielen Mauern,
der strengen Tore.

Ach, wie seh ich uns noch in der Landschaft,
die klappert und klirrt, die Kinder im Netz der Geräusche,
Gerüche.
Durch milchweiße Waschmittelwolken fliegen die Kräne.

Ach, wie seh ich uns noch, wir haben Pfeil und Bogen vergessen:
Schrill quiekte fern in den Sägen,
als würde ein Schwein gestochen,
das Holz.
Wir sind auf der Rampe und schieben die Packpapierrollen.

Ich seh uns hocken.
Wir lauschen den Pumpen,
die mächtig stampfen im Rhein.
Der Wassermann kommt wohl gestapft,
hat er sich verirrt?

Papiermühle, Wasserwerk, Henkel,
Dreieck, in dem ich wohne.

Geruch frisch geschnittenen Holzes
– such nicht die Wälder!
Wir kennen den Harztropfen, rot auf geschälten Stämmen.
Wir kennen uns aus im Stahlröhrenwald,
weit verzweigt,
dort pflückten wir Schrauben und Drähte
für unseren Roller.

Wir sprechen von Reisen, die uns die Eltern versprachen, immer vertagten:
Vogesen und Alpen, Hunsrück, Odenwald, Taunus.
Wir sitzen am Schlackeweg auf dem Deich,
der seltsamen Namen eifrig nickende Kenner.

(Was tut mir der Abend des Flusses,
erregendes Konzentrat,
der in die Rispengräser der Niederung greift?)

Doch in alle Gerüche fein eingemischt
ist herber Persilduft,
Geruch unsrer Heimat,
Persilduft,
der früh und spät bitter und süß
zäh unsre Sinne reizt.

Papiermühle, Wasserwerk, Henkel,
Dreieck, in dem ich wohne.

Früh, wenn du aufwachst,
immer stehn Schornsteine rot um den Horizont,
weitmaschiger Zaun.
Am Himmel mischt schwarzer Rauch
die Wolken, die Strahlen der Sonne.
Auf dem Fensterblech liegt eine dünne
blaßblaue Persilhaut.

Steig mit der Mutter zum Speicher,
wenn sie die Wäsche hängt,
sieh aus der Luke:
Hinter dem schwelenden Gatter aus Schornsteinen, o!,
steigt lockend die Welt.
Über dem Hallenmeer, grauen erstarrten Wogen,
flimmert hellgrüner Schaum,
Buchen im Benrather Park.

Komme vom Dach
herab in die Küche:
Auf dem Fensterblech
liegt eine dünne
blaßblaue Persilhaut.
Die Mutter sagt:
Dein Husten wird auch nicht besser!

2
Papiermühle, Wasserwerk, Henkel, Dreieck, in dem ich wohne,
Landschaft der Kindheit,
zerschnitten inmitten

von der Fernstraße acht, der schnurgraden Schneise,
von der Eisenbahnlinie, glänzenden Strängen
(vom Hafen kommt sie, mündet wer weiß wo), zerteilt.
Seht, an der Tankstelle stehen bestaunt im Kreis die ölverkrusteten Männer,
die kennen die fernen Erdteile München und Wipperfürth.
Wir gierigen Lauscher hören sie leise fluchen: «Hitler macht Krieg!»
Und der Mann in der Lokomotive winkt uns mit kohlschwarzer Hand.
Jetzt sieht er uns, wen wird er sehn in zwei Stunden:
Sieht er den Hitler?

Dann die bläulichen Lichtfontänen, nachts von Lastwagenscheinwerfern weit in den Himmel gesprüht: wie wir fiebern!
Dann das Klirren und Rollen und Rumpeln der Züge, beladen mit Waschmitteln, Gasolin und Papier,
beladen mit kindlichen Phantasien, wie wir fiebern!, des Tags verglimmendem Bildergewirr:

Papiermühle, Wasserwerk, Henkel,
Shell, Maschinenfabrik, Elektrizitätswerk –
dreiarmiger Fahrradstrom, der sich schrill
in den Wind wirft, ganz plötzlich verschluckt ist,
hinter der undurchsichtigen Glaswand
das silbern zuckende Licht und hüpfende Schatten,
der Pförtner, der streng seinen Schnurrbart streicht
und tabakdampfend über die Väter regiert.

Papiermühle, Wasserwerk, Henkel,
Shell, Maschinenfabrik, Elektrizitätswerk –
und dazwischen ein glühendes Ginstergestrüpp,
verborgene sandige Mulde hinter dem Gasturm,
wo wir die hastigen Eidechsen fingen im Sommer,
im Frühling die Liebe erprobten, ach, Emmi, ach, Ruth,
wo Afrika war und Wildwest, der Salzsee, weite Savannen,
wir gestern den Nordpol und heute den Südpol besiegten.

3
O schallendes Dreieck, geliebtes, aus dem sie aufbrechen einst zum schönsten der Stürme:
Du, lieber Bruder, der Dienst an den Pumpen tut, helles Wasser springt in die Hand tief unten vom Rhein,

Du, Freundin Reni, die verpackt viele tausend Persil am Tag mit Händen, die Poren wie Pfeffer.
Ich seh das Dekret am Fabriktor, auch sie seh ichs lesen, die Toten:
Du, Onkel Willi, der preßt das Papier, drauf malte ich Schornsteine, krumm und sehr klein,
Du, Franz, Merkur auf dem Moped, der in Regen und Sonne die vielen Fabriken verbindet …
Ach, schallendes Dreieck, aus dem sie aufbrechen werden zum roten der Stürme:

Papiermühle, Wasserwerk, Henkel,
Shell, Maschinenfabrik, Elektrizitätswerk.

George Grosz

## *Briefe 1913–1959*

An Ulrich Becher

10.10.1939

Danke vielmals, lieber Ulli,
… ich saß schon frühe in den Dünen und ging den wunderbaren und vielfältigen Dünenformen nach, den Gräsern, die im Winde schwangen, auch den federflügelhaften Wolken, auch den japanischen Wellen … und wenn Lu Tang einmal müde der großen Stadt Kanton war, da ging er weg und bestieg einen Berg, weil von da oben alles wieder richtig aussah, nämlich gar klein und im richtigen Verhältnis … Gewißlich hatte ich jahrelang keine Lust zum Briefeschreiben … mehr Lust zum Zeichnen und Malen – als ob so etwas gar, das bildhafte Ausdrücken mit Stiften, Pinseln und Farben, die Gedanken blaß macht, so daß sie verlöschen oder dünnlich brennen wie Kerzen im Winde … Auch erschien es mir, als rede man nun erst recht hinein in eine garstige Einöde da nach drüben hin – und die paar Freunde und Bekannten, wenn auch Lichtpünktlein im Dunkel des blackout und mit grimmig zugemachten Mäulern – well, es erschien einem ja zweck- und sinnlos. Was sollte man wohl auch schreiben ohne in Hohngelächter oder Sarkasmus oder Schimpferei zu verfallen … Du sagtest was in Deinem letzten Schreiben von gespensterhaft – ja … das ist der genaue Ausdruck für dieses von nun an wahrscheinlich hundertjährige Alpendrucken – Albdrucken (o guter Füssli) … Ob sie den Hitler beseitigen können …? Wo halb Germany dem Hitlermann

zujubelt und ihm herzlich wohl will, und die andere Hälfte fürchtet und ehrfurchtet ihn (also so 'ne Art umgekehrte Liebe). Ich privat sehe da sehr dunkel ... Wo sind jene Ideen der Demokratie???? Vielleicht in den Hosen, sicher nicht im «Koppe» ... Hülsenbeck hinwiederum meinte neulich, man könnte ebensogut mit dem Arsche regieren und gewinnen ... Vielleicht geht dieses ganze humanistische Zeitalter nun zu Ende – und Spengler hatte damit recht ... Dos Passos in his new novel, na, der läßt da einen Idealisten in Spanien scheußlich sterben, als dem plötzlich die idealistischen Schüppchen von den Augen fallen, als er gewahr wird, daß das eben auch dort nichts als nur ein reiner Kampf um die MACHT ist (ein ehemaliger amerikanischer idealistischer Professor, der der KPD beitrat, und aus Haß gegen das «verrottete» amerikanische Bürgertum nach allerlei Erfahrungen schließlich sich zur spanischen Freiheitsarmee meldet gegen Franco – na, daß er dann den Beschiß merkt, brauche ich nicht zu erwähnen) ... Mein Bild und Andenken an jenes Germany ist niedergelegt in meinen paar Bilderbüchern – und ich fürchte, ich würde dasselbe genauso sehen, wenn ich jemals zurückginge, auch wenn die milderen Sklavenhalter rangekommen ... Wind, Gras, Meer, Himmel sind nicht totalitär, sind ewig und niemals fortschrittlich uffjeklärt. Mit den Menschen spricht man aber am besten, wenn man Vorgesetzter ist und mit Kommandostimme ... Piss brachte den Kess. Kess (wir kürzen hier gern die -ers), Kess ... verbreitet so etwas wie eine sympathische, hier besonders hervorstechende deutsche Dichter- und Denkerluft – wie damals in München 1913, als all die jungen heißspornigen hitz- und trotzköpfigen Dichter auftauchten. In seiner Gesellschaft verschwindet dies moderne Amerika, und wir sind wieder zusammen mit Hülsenbeck, Wolfenstein, Johannes R. Becher, Blass, Ernst Heym usw. Er ist ein netter Mann – die Anzüge sind solide und deutsch-amerikanisch. Er ist auch insofern sympathisch, als er sich klugerweise keinerlei Emigrantenillusionen macht über Amerika. Sympathisch ist auch, daß er nicht icheingenommen schimpft und alles madig macht, wie die anderen Emigranten. Die meisten Emigranten sind unzufrieden – «Seehn se ma, Herr Jross, man misste eijentlich Caffées haam in Jujork, nicha??» – man müßte dies haben und das – und dann, nach vielen langen, meistens auf Unterstützungskomitees zugebrachten Monaten, lernen sie alle die bitter-süße Wahrheit, nämlich, daß man sie hier nicht mehr so gern haben möchte als wie die Sage geht, als wie in 1849 – na, und dann schimpfen sie erst recht ... Neulich war der wieder bei uns, der Rechtsanwalt studierte und jetzt eine Art Butler mit gutem Gehalt bei zwei alten Damen ist. Na, der, anstatt sich zu freuen (denn so eine Stellung ist gut bezahlt, besser wie ein Lehrer an der Art Students League) ... feuerte kolossal von sich und seinen angeblichen Rechtsanwaltstalenten eingenommen, los – es wäre alles, insgesamt der Freiheitsstatue, von oben bis unten runter, ganz, aber auch vollkommen, beschissen – «Das, lieber Tschortsch Kroos, soll 'ne Demokratie sein, haha, hahahahaha – hehe – kchkch, umpf – hahah – nee – das ist nun aber wirklich keine Freiheit, ist das hier» – nee, wenn er sich das hätte gar vorgestellt, er mal den kleinen Hund von den Damen da im lausigen Central Park, der ja gar kein Park nicht wäre, sondern wohl nur ein künstlich bepflanztes Dach für die schauerlichen sobweehs – nee, wer ihm das einmal erzählt hätte, hätte er doch schon bei seinem Vater eine wunderbare Praxis und so gehabt – na, ich führe das an, weil ich nämlich an Deinen Entschluß, drüben zu bleiben, dachte und das sehr okay finde ... Zuckmayer sprach ich in einer herrlichen Theaterumgebung, aber einer natürlichen, auf dem penthouse-Dachgarten und bei einer kalten buffet party bei dem Glückspilze Piss im Hotel Alray. Wir hatten eine unendliche Menge erstklassiger daiquiries (Rum-Cocktails); die untergehende Sonne vergoldete die 40 bzw. 60 oder 64-stöckigen Wolkenkratzer. Es war wie auf einer vornehmen Almhütte inmitten haushoher Berge und kühler Täler. Unser Gastgeber vom Glücke (Geld diesmal) beschienen, wie jene Kuppe vom Sherry Netherland, die außerdem noch von innen illuminiert war, weil gerade ein indischer Maharadscha dort eingezogen. Zuck war einfach, am dritten Tag hier in Jujork; er war bezaubert, verzaubert und voller pep und Begeisterung – hätte schon längst herkommen sollen und so. Tränen der Freude rannen unsere Wangen herunter, und ich schenkte ihm meine nagelneue, allerdings schon angerauchte Sassiene-pipe mitsamt pouch und tobacco. Wollen hoffen, daß die goldene Sonne ihn weiter bescheinen möge, wie an jenem schönen Freundesabend.

Cape Cod ist wunderbar; wenn die da drüben in Pollkitten auf ihre haushohen Dünen stolz sind, Mann, das hier sind keine Dünen, es sind richtige Sandwolkenkratzer – enorme unbegangene Natur. Seit der Quäker hier landete (ich meine die Pilgerväter), ist es kaum begangen worden. Viel Charakter und wild wie früher. Ganz fischerdorfhaft mit portugiesischen Fischern, die hier um 1850 herum siedelten; sonst alles Neuengländer und Boston. Teile mit Baumbestand wie ungefähr Mecklenburg, aber nicht so schütter und geizig ... Mit wem verkehrst Du dorten? Gibt es dort außer den Schweizern einige nette Leute? Der kleine Max Herrmann schrieb ganz begeistert von einem oder zwei Abenden mit Bier und Kirschwassern, und wie (er ist sehr wehmütig, wie Du weißt) alles so gewesen wäre, so nett und so gemütlich, wie früher vor langer, langer Zeit. Auch daß England so schrecklich öde und trocken wäre und so haushoch zugeknöpft. Hat dieser gespenstige Krieg dort nachteilige Folgen für die Schwyzer? ... Hier kamen immer wieder bekannte Leute an, Oskar Maria Graf, Wieland Herzfelde, der dicke, kurzatmige Kunsthändler Nierendorf, und der etwas beglatzte Kunsthändler Valentin; kürzlich trafen Ivan Goll und seine Frau ein, leicht mottenkistenhaft zerzaust – wie Du siehst, sympathische und unsympathische Gesellen – schließlich finden sie sich hier ein. Keiner weiß recht, was er machen kann, aber leben tun sie alle irgendwie. Alle hoffen auf einen baldigen Niedergang Hitlermanns und auf eine feine, nette Rückkehr. Na, ob sie sich da nicht ein bißchen täuschen. Aber sie alle, oder die meisten, paßten auch besser nach drüben wie hierher. Vielen bleibt der Amerikaner und sein Witz für immer verschlossen ... der Traum von der RACHE hat schon manchem geholfen, über die Öde der Nutzlosigkeit hinwegzukommen ... Stets Dein alter Böff

Rolf Haufs

## *Größer werdende Entfernung*

### Flug

Nah an dichtgestellten Zäunen den Sternen nach
Auf Startbahnen über Wälder hinweg auf einen
Blitzenden Fluß zu. Horizonte.

Woher Poesie in jenen Augenblicken, in denen
Uns Trauer überfällt. Woher Trost
Wenn Herbst wenn Kälte Nässe.
Erklärungen, gerichtet an die Wärme
Halten uns am Leben

Starr in jenem dunkelblauen Zimmer
Unter kranken Bäumen Spinnenleibern Netzen
Auch fließendem Wasser (wieder Kälte) die Geräusche
Der Hausmaschinen mein Tagesablauf eiliger Beginn

Nachrichten überschwemmen uns Pläne erstickende
Pläne auf Jahre. Wo willst du hin? Denk ich an meine
Kleine Zukunft Grab mich ein bevor Absturz

Krankheit Lähmung. Ich schweig dazu und doch
Hörst du in mir, was dich ängstigt

Schnell nach schneller Liebe überkommen Schlaf uns
Traum. Du stehst auf einer Treppe auf Plakaten
Leuchtet die Stadt New York durch unser Fenster
Deine Haut beginnt sich zu färben auch zu reden

Wie viele Galgenfristen bleiben uns wie
Oft werden wir uns erklären müssen standhalten
Hereinkommender Wolke aus Staub aus Alter
Jetzt stehen wir auf und gehen hinaus
Die Straßen sind plötzlich warm und auf den Plätzen
Blühen die Bäume

## Südlicher Stadtteil

Wo immer wir sind der freundliche Himmel
Setzt unser Haus in Licht. Die Luft
Am Abend bringt uns in Stimmung
Vom weitem das Rollen der Lastzüge
Auf ihren unaufschiebbaren Reisen.

Freundlicher Ahorn. Hältst uns das Gift
Vom Hals. Freundliche S-Bahn
Erschütterst unsre beschädigte Seele.
Wir denken an vergangene Ziele
Das Ohr am Boden. Grüße gedacht
In feindlich gesinnte Richtung.

Haben Sie den Winter überlebt? Als der
Schnee geschmolzen, lag tot in ihrem Bett
Frau M. Wer schenkt uns nun Vergißmeinnicht
Und wer ruft Glück uns zu durch
Himbeerhecken. Wer tröstet unsre Kinder
Wenn die Panzer fahren laut

Durch die Nacht.
Von ihren Männern verlassne Frauen
Sitzen auf weiten Terrassen und bitten um

Anhaltenden Schatten. Wir hören die Kommandos
Der Baukolonnen. Geräusche
Stürzender Natur.

## Das hält wer aus

Das hält wer aus. Das Lügen
Her von Ost nach West und hin nach Ost.
Rechtfertigungen aller Kriege. Tote viel
In farbiger Umgebung. Danach
Die Kunst.

Das hält wer aus. Das
Kommstdunicht dann Holichdich.
Halt ein. Lauf weg. Die
Predigt mach dir selbst und glaub
Sie nicht.

Das hält wer aus. Das
Blei im Hirn den Schwamm
Im Auge. Wir wecken jetzt
Die Zeugen auf. Vielleicht
Sie reden.

## Gegen Ende des Jahres

Hindurchsehen durch eine
Wintertief stehende Sonne. Dies ist
Die Zeit, in der gelogen wird.
Liebe. Immergrün. Süßer Geruch
Aus Backhäusern. Weißer Puder
Über Trennung Tod.

Warum rennen wir nicht schnell davon?
Sind uns die Siebensachen zu teuer?
Ansehen. Stellung. Garten. Automobile.
Kontoauszüge. Das Warten auf zwei Wunder mehr.
Was ist mit unseren Gesichtern? Wie

Sehen wir aus? Fürchtet
Euch nicht, sagte der Engel
Aber ich fürchte um uns.

Vergiftet findet man schon viele
Absprünge in fünf Stock tiefe Höfe
Wer predigt da erzählt Geschichten
Von Stern und Hirten, Königen.
Wir holen Totensonne rot durch
Weiße Wälder viermal her. Sanft
Sind unsre Mörderstimmen. Den Engel Eis
Den Engel Schnee, wir werden ihn
Bald sehen.

John Irving

## *Garp und wie er die Welt sah*

### Wache

Wenn ich meine fünf Meilen am Tag laufe, treffe ich oft autofahrende Klugschwätzer, die ein Stück neben mir herfahren und (von ihrem sicheren Fahrersitz aus) fragen: «Wofür trainieren Sie denn?»

Tiefes und regelmäßiges Atmen ist das Geheimnis; ich bin selten außer Atem; ich keuche oder japse nie, wenn ich antworte. «Ich halte mich in Form, um Jagd auf Autos zu machen», sage ich.

An diesem Punkt unterscheiden sich die Reaktionen der Motorisierten; es gibt Abstufungen der Dummheit, wie es überall sonst Abstufungen gibt. Sie begreifen natürlich nie, daß ich nicht sie meine – ich halte mich nicht in Form, um Jagd auf *ihr* Auto zu machen; wenigstens nicht draußen auf offener Straße. Dort lasse ich sie in Ruhe, obwohl ich manchmal glaube, daß ich sie einholen *könnte*. Und ich laufe nicht auf offener Straße, um Aufmerksamkeit zu erregen, wie manche Motorisierte glauben.

In meiner Nachbarschaft ist kein Platz zum Laufen. Man muß den Vorort verlassen, wenn man auch nur Mittelstrecken laufen will. Da, wo ich wohne, stehen an jeder Kreuzung Halteschilder für alle vier Richtungen; die Straßenzüge sind kurz, und die rechtwinkligen Ecken machen den Fußballen Schwierigkeiten. Außerdem ist man auf Bürgersteigen von Hunden bedroht, stolpert leicht über Kinderspielsachen und wird hier und da von Rasensprengern bespritzt. Und gerade wenn man einmal genug Platz zum Laufen hat, kommt einem ein älterer Mensch entgegen, der den ganzen Bürgersteig beansprucht und unsicher an Krücken oder knarrenden Handstöcken geht. Einem solchen Menschen kann man nicht guten Gewissens «Bahn frei!» zurufen. Selbst wenn ich an älteren Menschen in sicherer Entfernung, aber mit meinem üblichen Tempo vorbeilaufe, scheint sie das zu beunruhigen; und ich habe nicht die Absicht, Herzanfälle auszulösen.

Deshalb trainiere ich draußen auf der Landstraße, aber ich trainiere *für* unseren Vorort. Bei meiner Kondition bin ich einem Auto, das in unserer Gegend rast, mehr als gewachsen. Wenn sie an den Halteschildern auch nur halbherzig anhalten, können sie nicht über achtzig kommen, ehe sie an der nächsten Kreuzung wieder bremsen müssen. Ich hole sie immer ein. Ich kann über Rasenflächen, über Veranden, unter Schaukeln hindurch und durch Kinderplanschbecken laufen; ich kann durch Hecken brechen oder über Zäune hinwegspringen. Und da *mein* Motor leise – und regelmäßig und immer startbereit – ist, kann ich *hören*, wenn andere Autos kommen; *ich* brauche nicht an den Halteschildern anzuhalten.

Am Ende hole ich sie ein und winke sie zu mir herüber; sie halten immer. Zwar bin ich ohne Zweifel in einer eindrucksvollen Kondition für die Autojagd, doch ist es nicht das, was die Raser einschüchtert. Es ist vielmehr fast immer meine *Elternschaft*, weil sie fast immer jung sind. Ja, meine Elternschaft ist es, was sie fast jedesmal ernüchtert. Ich fange ganz einfach an. «Haben Sie dahinten meine Kinder gesehen?» frage ich sie laut und besorgt. Eingefleischte Raser überkommt bei einer solchen Frage die Angst, sie könnten meine Kinder überfahren haben. Sie gehen unverzüglich in die Defensive.

«Ich habe zwei kleine Kinder», erzähle ich ihnen. Und ich spreche mit bewußt dramatischer Stimme – die ich bei diesem Satz ein klein wenig beben lasse. Es ist, als hielte ich Tränen oder unaussprechlichen Zorn oder beides zurück. Vielleicht denken sie, ich jagte einen Kindesentführer oder ich hätte sie in dem Verdacht, daß sie Kinder unsittlich belästigten.

«Was ist denn passiert?» fragen sie unweigerlich.

«Sie haben meine Kinder nicht gesehen, nicht wahr?» frage ich. «Einen kleinen Jungen, der ein kleines Mädchen in einem roten Wagen zieht ...» Das ist natürlich eine Erfindung. Ich habe zwei Jungen, und so klein sind sie auch nicht mehr; außerdem haben sie keinen Wagen. Sie haben in dem Augenblick vielleicht gerade ferngesehen, oder sie sind im Park Fahrrad gefahren – in Sicherheit, weil es dort keine Autos gibt.

«Nein», sagt der verwirrte Raser. «Ich habe zwar Kinder gesehen, *einige* Kinder. Aber ich glaube nicht, daß ich *die* Kinder gesehen habe. *Warum?*»

«Weil Sie sie beinahe umgebracht haben», sage ich.

«Aber ich habe sie doch gar nicht *gesehen*!» protestiert der Raser.

«Sie sind zu schnell gefahren, um sie zu sehen!» sage ich. Das wird den Rasern ins Gesicht geschleudert, als wäre es ein Beweis für ihre Schuld; ich spreche diesen Satz so aus, als wäre er ein unumstößliches Indiz. Und sie sind nie sicher. So gut habe ich diesen Teil einstudiert. Der Schweiß von meinem schnellen Spurt tropft unterdessen von meinem Schnurrbart und von der Kinnspitze und macht Streifen auf der Tür an der Fahrerseite. Sie wissen, nur ein Vater, der wirklich um seine Kinder fürchtet, würde so, wie ein Verrückter, starren, würde einen so grausamen Schnurrbart tragen.

«Es tut mir leid», sagen sie gewöhnlich.

«Dies ist ein Viertel *voller* Kinder», sage ich dann immer. «Es gibt andere Gegenden, wo Sie schnell fahren können, nicht wahr? Bitte rasen Sie hier nie wieder – um unserer Kinder willen!» Meine Stimme ist dabei nie unangenehm; sie ist immer flehend. Aber sie sehen, daß hinter meinen aufrichtig blickenden, glänzenden Augen ein Fanatiker steckt, der sich nur mühsam beherrscht.

Meistens ist der Raser ein junger Mann. Diese Knaben haben das Bedürfnis, ein bißchen Öl zu vertropfen; sie möchten rasen im hektischen Takt der Musik in ihren Radios. Und ich erwarte nicht, daß ich ihre Gewohnheiten ändern kann. Ich hoffe nur, daß sie es in Zukunft anderswo tun werden. Ich gestehe ihnen zu, daß die Landstraße ihnen gehört; wenn ich dort trainiere, bleibe ich an meinem Platz. Ich laufe in dem Zeug auf dem weichen Bankett, auf dem heißen Sand und Kies, in den Glasscherben von den Bierflaschen – über die plattgewalzten Katzen, die verstümmelten Vögel, die matschigen Präservative. Aber in meinem Viertel ist das Auto nicht König – noch nicht.

Meist lernen sie es.

Nach meinem Fünfmeilenlauf mache ich fünfundfünfzig Liegestütze, dann fünf Hundertmetersprints, dann fünfundfünfzig Kerzen, dann fünfundfünfzig Brücken. Nicht daß ich soviel auf die Zahl fünf gebe; es ist nur so, daß anstrengende geistlose Tätigkeiten leichter sind, wenn man dabei nicht bis zu vielen verschiedenen Zahlen zählen muß. Nach dem Duschen (um fünf Uhr) erlaube ich mir am späten Nachmittag und im Laufe des Abends *fünf* Bier.

Nachts gehe ich nicht auf Autojagd. Kinder sollten nachts nicht draußen spielen, weder in unseren noch in irgendeinem anderen Viertel. Nachts ist das Auto König in der modernen Welt. Auch in den Vororten.

Nachts verlasse ich überhaupt nur selten mein Haus, und sehr selten erlaube ich meiner Familie, sich hinauszuwagen. Aber einmal ging ich hinaus, um nach einem offenkundigen Unfall zu sehen – die Dunkelheit wurde plötzlich von Scheinwerfern durchbohrt, die senkrecht nach oben zeigten und explodierten; die Stille wurde von kreischendem Metall und dem Bersten von Glas zerrissen. Nur ein paar Häuser weiter in unserer dunklen Straße lag ein Landrover mit dem Dach nach unten genau mitten auf meiner dunklen Straße und verblutete: sein Öl und Benzin bildeten eine so tiefe, stille Lache, daß ich den Mond darin sehen konnte. Das einzige Geräusch war das *ping* der Hitze in den heißen Rohren und dem erstorbenen Motor. Der Land Rover sah aus wie ein von einer Tellermine umgeworfener Panzer. Große Dellen und Kerben im Straßenbelag zeigten, daß sich der Wagen mehrmals überschlagen hatte, ehe er hier liegengeblieben war.

Die Tür an der Fahrerseite ließ sich nur einen Spaltbreit öffnen, aber genug, daß wie durch ein Wunder die Innenbeleuchtung anging. Dort, auf dem vorderen Sitz, immer noch am Steuer – immer noch mit dem Kopf nach unten und immer noch am Leben – war ein dicker Mann. Er sah unverletzt aus. Seine Schädeldecke ruhte sanft auf der Decke des Wagens, die jetzt natürlich der Boden war, aber der Mann schien sich dieser Änderung seiner Perspektive nur schwach bewußt zu sein. Er wirkte verwirrt, hauptsächlich wegen der großen braunen Bowling-Kugel, die, wie ein zweiter Kopf, neben seinem Kopf lag; er befand sich Wange an Wange mit dieser Bowling-Kugel, deren Berührung er vielleicht so empfand wie den abgetrennten Kopf einer Geliebten, der vorher an seiner Schulter geruht hatte.

«Bist du's, Roger?» fragte der Mann. Ich hätte nicht sagen können, ob er mit mir oder mit der Bowling-Kugel sprach.

«Nein, Roger ist es nicht», sagte ich, für uns beide antwortend.

«Dieser Roger ist ein Trottel», erläuterte der Mann. «Wir haben nämlich unsere Kugeln verwechselt.»

Daß der Dicke ein extravagantes Sexerlebnis meinte, schien mir unwahrscheinlich. Ich nahm an, daß er vom Bowling sprach.

«Das ist *Rogers* Kugel», erklärte er, auf das braune Ding an seiner Wange zeigend. «Ich hätte wissen sollen, daß es nicht meine Kugel ist, weil sie einfach nicht in meinen Sack paßte. *Meine* Kugel würde in *jeden* Sack passen, aber Rogers Kugel ist wirklich seltsam. Ich wollte sie gerade in meine Tasche stecken, als der Landrover von der Brücke abkam.»

Obwohl ich wußte, daß es in meiner Nachbarschaft weit und breit keine Brücke gab, versuchte ich, mir den Hergang vorzustellen. Aber ich wurde abgelenkt von dem Gurgeln auslaufenden Benzins, das eine durstige Männerkehle hinunterzugluckern schien.

«Sie sollten aussteigen», sagte ich zu dem kopfstehenden Kegler.

«Ich warte auf Roger», antwortete er. «Roger kommt bestimmt gleich.»

Und tatsächlich, jetzt näherte sich ein zweiter Landrover, als wären sie ein getrenntes Zweiergespann von einer vorrückenden Armeesäule. Rogers Landrover näherte sich mit ausgeschalteten Scheinwerfern und stoppte nicht rechtzeitig; er bohrte sich in den Landrover des dicken Keglers, und gemeinsam, wie zusammengekoppelte Güterwagen, rumpelten sie noch zehn mühsame Meter die Straße weiter. Es hatte den Anschein, daß Roger tatsächlich ein Trottel war, aber ich stellte ihm nur die erwartete Frage: «Sind Sie Roger?»

«Ja», sagte der Mann, dessen zitternder Landrover dunkel und knarrend dastand; kleine Fragmente seiner Windschutzscheibe und Scheinwerfer und seines Kühlergrills fielen wie lärmender Konfetti auf die Straße.

«Das konnte *nur* Roger sein!» stöhnte der dicke Kegler, der immer noch mit dem Kopf nach unten – und immer noch am Leben – in seinem erleuchteten Wagen steckte. Ich sah, daß seine Nase leicht blutete; die Bowling-Kugel schien ihn angeschlagen zu haben.

«Roger, du Trottel!» rief er heraus. «Du hast meine *Kugel*!»

«Also, dann muß irgend jemand *meine* Kugel haben», antwortete Roger.

«*Ich* habe deine Kugel, du Trottel», verkündete der dicke Kegler.

«Fein, aber das ist noch nicht alles», sagte Roger. «Du hast auch *meinen* Landrover.» Roger zündete sich in seinem dunklen Wagen eine Zigarette an; er schien nicht daran interessiert, aus dem Wrack zu klettern.

«Sie sollten Warnlichter aufstellen», riet ich ihm, «und der Dicke da sollte aus Ihrem Landrover aussteigen. Es ist überall Benzin. Ich glaube, Sie sollten lieber nicht rauchen.» Aber Roger ließ sich nicht beirren und ignorierte mich in der höhlenhaften Stille des zweiten Landrovers, und der Dicke rief wieder – als hätte er einen Traum, der von neuem anfing – heraus: «Bist *du's*, Roger?»

Ich ging in mein Haus und rief die Polizei an. Bei Tage hätte ich in meiner Nachbarschaft ein solches Gemetzel nie geduldet, aber Leute, die mit ihren Autos Bowling spielen, gehören nicht zu den üblichen Vorortrasern, und ich kam zu dem Schluß, daß sie es nicht besser verdient hatten.

«Hallo, ist dort die Polizei?»

Ich habe studiert, was man von der Polizei erwarten kann und was nicht. Ich weiß, daß man dort die Idee von Festnahmen durch Bürger nicht wirklich unterstützt. Wenn ich Raser anzeigte, waren die Ergebnisse jedesmal enttäuschend. Man scheint nicht daran interessiert, Einzelheiten zu erfahren. Man sagt mir, es gebe Leute, an deren Verhaftung die Polizei interessiert sei, aber ich glaube, daß die Polizei im Grunde mit Rasern sympathisiert; und sie schätzt keine Bürger, die Festnahmen für sie vornimmt.

Ich meldete die näheren Umstände des Unfalls, und als die Polizei mich, wie immer, nach meinem Namen fragte, antwortete ich: «Roger.»

Das, ich wußte es, da ich die Polizei kannte, würde interessant werden. Die Polizei ist immer mehr daran interessiert, demjenigen das Leben schwerzumachen, der das Verbrechen anzeigt, als den Verbrechern auf die Finger zu klopfen. Und tatsächlich, als die Polizisten eintrafen, gingen sie sofort auf Roger los. Ich sah, wie sie sich alle unter den Straßenlaternen zankten, aber ich schnappte nur Brocken ihres Gesprächs auf.

«*Das* ist Roger», sagte der Dicke immer wieder. «Roger von Kopf bis Fuß.»

«Ich bin nicht der Roger, der euch Arschlöcher angerufen hat», erklärte Roger den Polizisten.

«Das stimmt», verkündete der Dicke. «*Dieser* Roger würde nie die Polizei anrufen.»

Und nach einer Weile fingen sie alle an, in unserem dunklen Vorort nach einem anderen Roger zu rufen. «Ist da noch ein Roger?» rief ein Polizist.

«Roger!» schrie der dicke Kegler, aber mein dunkles Haus und die dunklen Häuser meiner Nachbarn verharrten in angemessenem Schweigen. Bei Tageslicht, das wußte ich, würden sie alle wieder verschwunden sein. Nur ihre Ölflecken und ihr zersplittertes Glas würden bleiben.

Erleichtert – und, wie immer, *erfreut* über die Zerstörung motorisierter Fahrzeuge – beobachtete ich sie weiter, fast bis zum Morgengrauen, als die bulligen, zusammengekoppelten Landrover endlich getrennt und abgeschleppt wurden. Sie glichen zwei erschöpften Rhinozerossen, die man im Vorort erwischt hatte. Roger und der dicke Kegler standen da und zankten sich und schwangen ihre Bowling-

Kugeln, bis die Straßenlaternen in unserem Straßenzug gelöscht wurden; dann, wie auf ein Signal hin, gaben sich die beiden Kegler die Hand und gingen in entgegengesetzte Richtungen davon – zu Fuß und so, als wüßten sie, wohin sie gingen.

Die Polizisten kamen am Morgen wieder und fragten die Leute – sie waren immer noch auf der Suche nach einem anderen Roger. Aber ich half ihnen nicht weiter, so wie sie mir nicht weiterhelfen, wenn ich einen Raser bei ihnen anzeige. «Also gut, wenn es noch einmal vorkommt», sagen sie mir in solchen Fällen, «lassen Sie es uns bitte sofort wissen.»

Zum Glück habe ich die Polizei selten gebraucht; bei Ersttätern habe ich gewöhnlich Erfolg. Nur einmal mußte ich den*selben* Fahrer ein zweites Mal anhalten – und auch ihn nur zweimal. Es war ein arroganter junger Mann in einem blutroten Klempnerwagen. Giftgelbe Buchstaben an der Tür verkündeten, daß der Installateur mit einem «Roto-Rooter» Verstopfungsnöte beseitigte und Klempnerdienste aller Art verrichtete:

O. FECTEAU, BESITZER & KLEMPNERMEISTER

Bei Zweittätern komme ich schneller zur Sache.

«Ich rufe die Polizei an», sagte ich dem jungen Mann. «Und ich rufe Ihren Boss an, den alten O. Fecteau; ich hätte ihn schon das letzte Mal anrufen sollen.»

«Ich bin mein eigener Boss», sagte der junge Mann. «Es ist meine Klempnerfirma. Scheren Sie sich zum Teufel.»

Und ich begriff, daß ich O. Fecteau persönlich vor mir hatte – einen flegelhaften, aber erfolgreichen Burschen, den normale Autorität unbeeindruckt ließ.

«In dieser Gegend wohnen viele Kinder», sagte ich. «Zwei davon sind meine.»

«Ja, das erzählten Sie mir bereits», sagte der Klempner; er ließ seinen Motor aufheulen, als räusperte er sich. In seinem Gesichtsausdruck war die Andeutung einer Drohung, ähnlich der Spur eines Pubertätsbarts, den er sich an seinem jungen Kinn wachsen ließ. Ich legte meine Hände auf die Tür – eine auf den Griff, die andere auf das heruntergekurbelte Fenster.

«Rasen Sie hier bitte nicht mehr», sagte ich.

«Ja, ich werd mir Mühe geben», sagte O. Fecteau. Dabei hätte ich es bewenden lassen können, aber der Klempner zündete sich eine Zigarette an und lächelte mir ins Gesicht. Ich glaubte in seinem miesen Gesicht die *Gehässigkeit der Welt* zu sehen.

«Wenn ich Sie dabei erwische, daß Sie wieder so fahren», sagte ich, «schiebe ich Ihnen Ihren Roto-Rooter in den Arsch!»

Wir starrten uns an. O. Fecteau und ich. Dann gab der Installateur Vollgas und betätigte die Kupplung; ich mußte auf den Bürgersteig zurückspringen. Im Rinnstein sah ich einen kleinen Kipplaster aus Metall, ein Kinderspielzeug; die Vorderräder fehlten. Ich ergriff ihn und lief hinter O. Fecteau her. Fünf Straßen weiter war ich nahe genug, um den Kipplaster zu werfen, der das Fahrerhaus des Installateurs traf; er verursachte ein hübsches Geräusch, aber er prallte ab, ohne Schaden angerichtet zu haben. Trotzdem trat O. Fecteau heftig auf die Bremse; ungefähr fünf lange Röhren wurden bei dem Ruck von der Ladefläche des Lieferwagens geschleudert, und einer der Metallschübe sauste heraus und spuckte einen Schraubenzieher und mehrere Rollen dicken Drahts aus. Der Klempner sprang aus dem Wagen und knallte die Tür hinter sich zu; er hatte einen Gelenkhakenschlüssel in der Hand. Man sah, daß er es nicht schätzte, Beulen an seinem blutroten Lieferwagen einzusammeln. Ich griff nach einer der heruntergefallenen Röhren. Sie war ungefähr ein Meter fünfzig lang, und ich schlug schnell damit das linke Rücklicht des Lieferwagens entzwei. Ich scheine nun schon seit einiger Zeit eine natürliche Beziehung zu fünf zu haben. Zum Beispiel beim Umfang meiner Brust (in ausgedehntem Zustand): fünfundfünfzig Zoll.

«Ihr Rücklicht ist kaputt», warnte ich den Installateur. «Sie sollten nicht so herumfahren.»

«Ich werde Ihnen die Polizei auf den Hals hetzen, Sie verrückter Dreckskerl!» sagte O. Fecteau.

«Dies ist eine Bürgerfestnahme», sagte ich. «Sie haben die Höchstgeschwindigkeit übertreten, Sie gefährden das Leben meiner Kinder. Wir werden zusammen zur Polizei gehen.» Und ich schob das Ende der langen Röhre unter das hintere Zulassungsschild des Lieferwagens und faltete das Schild zusammen wie einen Brief.

«Wenn Sie meinem Wagen noch einmal zu nahe kommen», sagte der Klempner, «können Sie was erleben.» Aber die Röhre fühlte sich in meiner Hand so leicht an wie ein Badminton-Schläger; ich holte mühelos damit aus und zerbrach das andere Rücklicht.

«Sie erleben jetzt schon was», warnte ich O. Fecteau. «Wenn Sie noch einmal in diese Gegend kommen, bleiben Sie besser im ersten Gang und betätigen Ihr Blinklicht.» Zuerst, das wußte ich (und schwang die Röhre), würde er sein Blinklicht *reparieren* lassen müssen.

In diesem Augenblick kam eine ältere Frau aus ihrem Haus, um zu sehen, was los war. Sie erkannte mich sofort. Ich hole oft Leute an ihrer Ecke ein. «Oh, ich gratuliere!» rief sie. Ich lächelte sie an, und sie kam auf mich zugetrippelt, blieb stehen und warf einen Blick auf ihren wohlgepflegten Rasen, wo der Spielzeugkipplaster ihre Aufmerksamkeit auf sich zog. Sie nahm ihn mit offensichtlichem Mißfallen und brachte ihn zu mir herüber. Ich legte das Spielzeug und die zerbrochenen Glas- und Kunststoffstücke von den Rück- und Blinklichtern auf die Ladefläche des Lieferwagens. Es ist eine saubere Gegend. Ich verabscheue Unrat. Draußen auf der Landstraße, beim Trainieren, sehe ich nichts als Unrat. Ich legte die anderen Röhren auch wieder auf die Ladefläche, und mit der langen Röhre, die ich noch in der Hand hatte (wie ein Krieger seinen Kampfspeer), stieß ich den Schraubenzieher und die Drahtrollen, die neben den Bordstein gefallen waren, ein Stück nach vorn.

O. Fecteau sammelte alles auf und verstaute es wieder in dem Metallschub. Wahrscheinlich ist er ein besserer Klempner als Fahrer, dachte ich; der Gelenkhakenschlüssel schien in seiner Hand zu Haus zu sein.

«Sie sollten sich schämen», sagte die alte Frau zu O. Fecteau. Der Klempner starrte sie finster an.

«Er ist einer von den schlimmsten», erklärte ich ihr.

«Sieh mal einer an!» sagte die alte Frau. «Und Sie sind schon ein so großer Junge», sagte sie zu dem Klempner. «Sie sollten es besser wissen.»

O. Fecteau zog sich zur Fahrerkabine zurück. Er sah so aus, als wollte er mir den Hakenschlüssel an den Kopf schleudern, dann in seinen Lieferwagen springen und im Rückwärtsgang die alte Frau übermangeln.

«Fahren Sie vorsichtig», sagte ich zu ihm. Als er sicher im Wagen saß, schob ich die lange Röhre auf die Ladefläche zurück. Dann nahm ich den Arm der alten Dame und half ihr über den Bürgersteig zu ihrem Haus.

Als der Lieferwagen sich mit jenem Gestank versengten Gummis und einem Geräusch wie von Knochen, die aus ihren Gelenkkapseln gerissen werden, vom Bordstein entfernte, fühlte ich durch die zerbrechliche Ellbogenspitze der alten Frau, wie sie zitterte; etwas von ihrer Angst sprang auf mich über, und mir wurde klar, wie riskant es war, jemanden so zornig zu machen, wie ich O. Fecteau zornig gemacht hatte. Ich hörte förmlich, wie er, vielleicht fünf Straßenzüge weiter, wütend raste, und ich betete für all die Hunde und Katzen und Kinder, die womöglich nahe der Straße waren. Bestimmt, dachte ich, ist das moderne Leben ungefähr fünfmal so schwer, wie das Leben früher war.

Ich sollte diesen Kreuzzug gegen die Raser beenden, dachte ich. Ich gehe zu weit, aber sie machen mich so zornig – mit ihrer Unachtsamkeit, ihrer gefährlichen, schlampigen Art zu leben, die ich als so unmittelbar lebensbedrohend für mich und meine Kinder betrachte. Ich habe Autos schon immer gehaßt, und ich habe die Leute gehaßt, die sie dumm fahren. Ich habe einen furchtbaren Zorn auf Leute, die so leichtfertig das Leben anderer Leute gefährden. Sollen sie ruhig mit ihren Autos rasen – aber in der Wüste! Einen Schießübungsplatz würden wir in unseren Vororten auch nicht dulden! Sollen sie ruhig aus Flugzeugen springen, wenn sie wollen – aber über dem Meer! *Nicht* da, wo meine Kinder leben.

«Was wäre diese Gegend bloß ohne Sie?» sagte die alte Frau. Ich kann mir ihren Namen immer nicht merken. Ohne mich, dachte ich, wäre diese Nachbarschaft wahrscheinlich *friedlich*. Vielleicht tödlicher, aber friedlich. «Sie fahren alle so schnell», sagte die alte Dame. «Manchmal denke ich, wenn Sie nicht wären, würden sie oft direkt in mein Wohnzimmer krachen.» Aber es machte mich verlegen, daß ich solche Ängste mit den Achtzigjährigen teilte, daß meine Befürchtungen mehr ihren nervösen, senilen Sorgen glichen als den normalen Ängsten von Leuten in meinen *jüngeren*, mittleren Jahren.

Was für ein unglaublich langweiliges Leben habe ich! dachte ich, während ich die alte Frau über die Fugen im Bürgersteig hinweg zu ihrer Haustür führte.

Dann kam der Klempner zurück. Ich dachte, die alte Dame würde in meinen Armen den Geist aufgeben. Der Klempner fuhr auf den Bordstein und raste an uns vorbei, über den Rasen der alten Frau hinweg, walzte einen peitschenähnlichen jungen Baum platt und kippte beinahe um, als er scharf wendete, wobei der Lieferwagen mit solcher Wucht herumwirbelte, daß er eine ansehnliche Hecke entwurzelte und Grassoden von der Größe fünfpfündiger Steaks durch die Luft jagte. Dann floh er wieder zum Bürgersteig, der Lieferwagen, und es folgte eine Explosion von Werkzeugen, die in alle Richtungen flogen, als die Hinterräder den Bordstein herunterrumpelten. O. Fecteau war wieder auf der Straße und terrorisierte erneut unsere Nachbarschaft. Ich sah, wie der gewalttätige Klempner an der Ecke Dodge Street–Furlong Street abermals auf den Bordstein sauste und dabei die Rückseite eines parkenden Autos streifte, wodurch der Deckel des Kofferraums aufsprang und auf und ab wippte.

Ich half der alten Dame ins Haus und rief die Polizei an – und meine Frau, um ihr zu sagen, sie solle die Kinder nicht nach draußen lassen. Der Klempner war rasend geworden. So helfe ich der Nachbarschaft, dachte ich: ich mache Verrückte noch verrückter.

Die alte Frau saß, zart und vorsichtig wie eine Pflanze, in einem buntgemusterten Sessel in ihrem vollgestellten Wohnzimmer. Als O. Fecteau zurückkam – diesmal fuhr er mit quäkender Hupe wenige Zentimeter am Blumenfenster des Wohnzimmers vorbei und durch die Kiesbeete für die noch kleinen Bäume –, rührte sich die alte Frau nicht. Ich stand an der Tür und wartete auf den letzten Angriff, aber ich hielt es für klüger, mich nicht zu zeigen. Ich wußte, wenn O. Fecteau mich sah, würde er versuchen, *ins* Haus zu fahren.

Als die Polizei eintraf, hatte der Klempner seinen Lieferwagen bei dem Versuch, an der Kreuzung Cold Hill Street–North Lane einem Stationwagen auszuweichen, umgekippt. Er hatte sich das Schlüsselbein gebrochen und saß aufrecht in der Fahrerkabine, obwohl der Lieferwagen auf der Seite lag; er war nicht imstande, aus der Tür über seinem Kopf zu klettern, oder er hatte es nicht versucht. O. Fecteau machte einen gelassenen Eindruck; er hörte Radio.

Seit damals habe ich versucht, die Fahrer, die gegen die Verkehrsbestimmungen verstoßen, weniger zu provozieren; wenn ich merke, sie nehmen mir übel, daß ich sie anhalte und mir herausnehme, ihre üblen Gewohnheiten zu kritisieren, sage ich einfach nur, ich würde die Polizei benachrichtigen, und gehe dann schnell.

Daß O. Fecteau, wie sich herausstellte, schon früher oft gewalttätig auf soziale Situationen reagiert hatte, war für mich kein Grund, mir selbst zu verzeihen. «Siehst du, es ist nur gut, daß du diesen Klempner von der Straße gebracht hast», sagte meine Frau, die sonst meine Sucht, anderen vorzuschreiben, wie sie sich verhalten sollen, immer kritisiert. Aber ich konnte immer nur denken, daß ich einen Handwerksmeister zur Weißglut gebracht hatte, und *wenn* O. Fecteau bei seinem Anfall ein Kind umgebracht hätte, wessen Schuld wäre es gewesen? Zu einem Teil meine, denke ich.

Meiner Meinung nach ist heutzutage entweder alles eine moralische Frage, oder es gibt keine moralischen Fragen mehr. Heutzutage gibt es keine Kompromisse, oder es gibt nur noch Kompromisse. Unbeirrt und unbeirrbar halte ich meine Wache. Es gibt kein Aufhören.

Toni Morrison

## *Solomons Lied*

Auf eigenen Schwingen

Der Vertreter der Genossenschaftlichen Lebensversicherung von North Carolina versprach, pünktlich um drei vom Mercy ans andere Ufer des Lake Superior zu fliegen. Zwei Tage, bevor das Ereignis stattfinden sollte, heftete er einen Anschlag an die Tür seines kleinen gelben Hauses:

> Um drei Uhr nachmittags am Mittwoch, dem 18. Februar 1931, werde ich vom Mercy abheben und auf meinen eigenen Schwingen davonfliegen. Bitte, vergebt mir. Ich liebe euch alle.
>
> Robert Smith
> Vers.-Vertr.

Mr. Smith zog keine solchen Massen an wie Lindbergh vier Jahre zuvor – nicht mehr als vierzig oder fünfzig Personen stellten sich ein –, denn es war bereits 11 Uhr am Morgen eben jenes Mittwochs, den er für seinen Flug gewählt hatte, als überhaupt jemand den Anschlag las. Zu dieser Tageszeit und mitten in der Woche sprachen sich Neuigkeiten nur schleppend herum. Die Kinder waren in der Schule, die Männer bei der Arbeit, und die meisten Frauen schnürten ihre Korsetts und machten sich auf den Weg, um zu sehen, was an Schwänzen oder Innereien der Metzger zu vergeben hatte. Nur die Arbeitslosen, die Selbständigen und die Allerjüngsten waren zur Stelle – absichtlich zur Stelle, weil sie davon gehört hatten, oder zufällig zur Stelle, weil sie gerade in eben diesem Augenblick am Uferende der Not Doctor Street vorbeikamen – ein Straßenname, den die Post nicht anerkannte. Auf Stadtplänen war die Straße als Mains Avenue verzeichnet, aber der einzige farbige Doktor der Stadt hatte bis zu seinem Tod in dieser Straße gewohnt, und als er 1896 dort hinzog, begannen seine Patienten, von denen niemand dort oder auch nur in der Nähe wohnte, die Straße Doctor Street zu nennen. Später, als andere Neger dort hinzogen und als die Post ein gebräuchliches Instrument der Nachrichtenübermittlung unter ihnen wurde, kamen Briefe aus Louisiana, Virginia, Alabama und Georgia, die an Bewohner von Häusern in der

Doctor Street adressiert waren. Die Postsortierer ließen solche Briefe zurückgehen oder leiteten sie an die Abteilung für unzustellbare Briefe weiter. Dann, 1918, als Farbige zur Armee eingezogen wurden, gaben einige im Rekrutierungsbüro die «Doctor Street» als ihre Adresse an. Auf diese Weise erlangte der Straßenname einen halb offiziellen Status. Doch nicht auf Dauer. Einige Kommunalpolitiker, deren öffentliches Leben in der Hauptsache darin bestand, sich um geeignete Namen und die Erhaltung der städtischen Wahrzeichen zu kümmern, achteten darauf, daß der Name «Doctor Street» nie irgendwo als offizielle Bezeichnung verwendet wurde. Und da sie wußten, daß nur die Bewohner der Southside ihn am Leben erhielten, ließen sie in den Läden, Friseurstuben und Restaurants dieses Stadtteils Bekanntmachungen aushängen, in denen es hieß, daß die Avenue, die in nordsüdlicher Richtung von der Shore Road am See zu der Kreuzung der Fernstraßen 2 und 6 (nach Pennsylvania) führe und zwischen der Rutherford Avenue und dem Broadway sowie parallel zu diesen beiden Straßen verlaufe, stets als Mains Avenue und nicht als Doctor Street bekannt gewesen sei und es immer bleiben werde.

Eine wahrhaft erhellende Bekanntmachung, denn sie wies den Bewohnern der Southside einen Weg, wie sie ihre Erinnerungen lebendig erhalten und dennoch die Kommunalpolitiker zufriedenstellen konnten. Sie nannten die Straße Not Doctor Street und neigten dazu, das Hospital an ihrem nördlichen Ende, eine Einrichtung christlicher Nächstenliebe, No Mercy Hospital zu nennen, denn erst 1931, am Tage nach Mr. Smiths Sprung von der Krankenhauskuppel, wurde es der ersten farbigen werdenden Mutter gestattet, in seinem Innern, statt draußen auf seinen Eingangsstufen zu gebären. Die Großzügigkeit des Hospitals dieser bestimmten Frau gegenüber lag nicht darin begründet, daß sie das einzige Kind jenes schwarzen Doktors war – in all den Jahren seines Berufslebens waren ihm nie Belegbetten zugestanden und nur zwei seiner Patienten waren je ins Mercy Hospital aufgenommen worden, beides Weiße. Und überdies war der Doktor 1931 längst tot. Es mußte Mr. Smiths Sprung von dem Dach über ihren Köpfen gewesen sein, was die Leute vom Krankenhaus bewog, die Frau aufzunehmen. Doch wie auch immer, ob die Überzeugung des kleinen Versicherungsvertreters, er könne fliegen, den Ort ihrer Entbindung mitbestimmte oder nicht – den Zeitpunkt beeinflußte sie mit Sicherheit.

Als die Tochter des toten Doktors Mr. Smith so pünktlich, wie er es versprochen hatte, hinter der Kuppel zum Vorschein kommen sah, die weiten blauseidenen Flügel bauschig vor der Brust zusammengerafft, ließ sie ihren bedeckten Henkelkorb fallen. Rotsamtene Rosenblüten ergossen sich daraus. Der Wind blies sie herum, auf, nieder und in kleine Schneehaufen hinein. Ihre halbwüchsigen Töchter liefen gebückt umher und versuchten sie einzufangen, während ihre Mutter sich stöhnend den Unterleib hielt. Die Jagd nach den Rosenblüten fand eine Menge Aufmerksamkeit, nicht aber das Stöhnen der Schwangeren. Jedermann wußte, daß die Mädchen Stunde um Stunde mit dem Markieren, Zuschneiden und Heften des kostbaren Samts zugebracht hatten und daß man im Kaufhaus Gerhardt schnell bei der Hand sein würde, jede beschmutzte Blüte zurückzuweisen.

Eine Weile ging es nett und heiter zu. Die Männer halfen mit bei dem Versuch, die Blüten aufzulesen, ehe der Schnee sie durchweichte – retteten sie vor einem Windstoß oder pflückten sie vorsichtig aus dem Schnee. Und die ganz kleinen Kinder konnten sich nicht entscheiden, ob sie den blau umhüllten Mann auf dem Dach im Auge behalten sollten oder die unten auf der Erde umherwirbelnden roten Tupfen. Sie wurden aus ihrem Dilemma erlöst, als eine Frau plötzlich zu singen anfing. Die Sängerin, hinten in der Menge stehend, war so ärmlich gekleidet, wie die Tochter des Doktors gut gekleidet war. Die letztere trug einen adretten grauen Mantel mit der traditionellen Schleife der Schwangeren in Nabelhöhe, einen schwarzen Glockenhut und ein Paar Damengaloschen mit vier Knöpfen. Die singende Frau trug eine dunkelblaue Strickmütze, tief in die Stirn gezogen. Sie hatte sich statt in einen Wintermantel in eine alte Steppdecke gehüllt. Den Kopf auf die Seite geneigt, die Augen starr auf Mr. Robert Smith gerichtet, sang sie mit kraftvoller Stimme:

> Sugarman ist fortgeflogen
> Sugarman ließ uns allein
> Sugarman saust durch die Luft
> Sugarman flog heim

Einige der rund fünfzig dort versammelten Leute stießen sich gegenseitig an und kicherten. Andere hörten zu, als sei es die helfende und erklärende Klaviermusik zu einem Stummfilm. So standen sie eine Weile da, und niemand schrie zu Mr. Smith hinauf, so beschäftigt waren sie alle mit den geringfügigen Ereignissen um sie herum – bis die Krankenhausleute kamen.

Sie hatten von den Fenstern aus zugesehen – anfangs mit milder Neugier, später, als die Menge bis zu den Mauern des Krankenhauses anzuschwellen schien, mit Besorgnis. Sie fragten sich, ob da eine dieser Kundgebungen stattfinde, wie sie die Gruppen gegen Rassendiskriminierung ständig veranstalteten. Doch als sie weder Plakate noch

Redner sahen, wagten sie sich in die Kälte hinaus: weißbekittelte Chirurgen, Angestellte der Verwaltungs- und Personalabteilung in schwarzen Jacketts und drei Krankenschwestern in gestärkten Schürzenkleidern.

Der Anblick von Mr. Smith und seinen weiten blauen Flügeln lähmte sie einige Sekunden lang, ebenso der Gesang der Frau und die verstreuten Rosen. Manche von ihnen dachten flüchtig, daß es sich vielleicht um so etwas wie einen Gottesdienst handle. Philadelphia, wo Father Divine regierte, war nicht sehr weit entfernt. Vielleicht waren die jungen Mädchen mit den Blumenkörben zwei seiner Jungfrauen. Aber das Lachen eines Goldzahnmannes brachte sie wieder zu Sinnen. Sie hielten inne in ihren Tagträumereien und kamen schnell zur Sache, gaben Befehle. Ihre Rufe und ihre Geschäftigkeit stifteten große Verwirrung, wo vorher nur einige wenige Männer und ein paar Mädchen, die mit Samtstückchen spielten, und eine singende Frau gewesen waren.

Eine der Krankenschwestern erforschte, in der Hoffnung, mit Tatkraft das Durcheinander entwirren zu können, die Gesichter um sie herum, bis sie eine stämmige Frau entdeckte, die so aussah, als könnte sie, wenn sie nur wollte, die Erde bewegen.

«Sie», sagte sie und bewegte sich auf die stämmige Frau zu. «Sind das Ihre Kinder?»

Die stämmige Frau wandte ihr langsam den Kopf zu und hob die Brauen, als sie so achtlos angesprochen wurde. Als sie dann sah, woher die Stimme kam, senkte sie die Brauen und verschleierte ihre Augen.

«Madam?»

«Schicken Sie eines rüber zur Notaufnahme. Sagen sie ihm, er soll dem Pförtner sagen, er soll schnell herkommen. Der Junge da kann gehen. Der da.» Sie zeigte auf einen katzenäugigen Jungen von etwa fünf oder sechs Jahren.

Die stämmige Frau ließ ihre Augen am Finger der Krankenschwester entlanggleiten und sah den Jungen an, auf den sie zeigte.

«Gitarre, Ma'am.»

«Was?»

«Gitarre.»

Die Krankenschwester starrte die stämmige Frau an, als hätte sie Walisisch gesprochen. Dann schloß sie den Mund, sah wieder den katzenäugigen Jungen an und verschränkte die Finger, während sie ihre nächsten Worte sehr langsam an ihn richtete.

«Hör zu. Lauf zur Pförtnerloge an der Rückseite des Krankenhauses. An der Tür steht ‹Notaufnahme›. N-O-T-A-U-F-N-A-M-E. Aber der Pförtner sitzt da. Sag ihm, er soll hierherkommen. Doppelt plötzlich. Los jetzt. Los!» Sie löste ihre Finger voneinander und stieß die Handflächen mit schaufelnden Bewegungen in die winterliche Luft.

Ein Mann in braunem Anzug kam auf sie zu, weiße Atemwölkchen ausstoßend. «Feuerwehr is unterwegs. Gehn Sie rein. Sie friern sich zu Tode.»

Die Schwester nickte.

«Sie ham ein *H* ausgelassen, Madam», sagte der Junge. Er war neu im Norden und hatte gerade gelernt, daß er Weißen gegenüber den Mund aufmachen konnte. Aber die Schwester war schon davongegangen und rieb sich die Arme wegen der Kälte.

«Granny, sie hat ein *H* ausgelassen.»

«Und ein ‹bitte›.»

«Glaubst du, er springt?»

«Spinner bringen alles fertig.»

«Wer ist das?»

«Kassiert Versicherungsbeiträge. Spinner.»

«Wer ist die Frau, die da singt?»

«Das ist wirklich das letzte, was es gibt.» Aber sie lächelte, als sie zu der singenden Frau hinsah, und so lauschte der katzenäugige Junge der musikalischen Darbietung mit mindestens ebenso viel Interesse, wie er dem flügelschlagenden Mann auf dem Dach des Krankenhauses widmete.

In der Menge breitete sich jetzt, da die Gesetzeshüter herbeigerufen wurden, eine leichte Nervosität aus. Alle kannten Mr. Smith. Zweimal im Monat kam er an ihre Türen, um einen Dollar und achtundsechzig Cent zu kassieren und auf einem gelben Kärtchen das Datum sowie ihre Wochenraten in Höhe von vierundachtzig Cent zu vermerken. Sie waren immer etwa einen halben Monat im Rückstand und redeten endlos von Vorauszahlungen – nachdem sie zu Beginn erörtert hatten, was er denn überhaupt so bald schon wieder bei ihnen suche.

«Sie schon wieder hier? Möchte meinen, ich wär Sie grad erst losgeworden.»

«Satt hab ich Ihr Gesicht. Richtig satt.»

«Wußt ichs doch. Kaum hab ich zwanzig Cent beisammen, da kommen Sie. Pünktlicher als der Sensenmann. Kennt der Hoover Sie eigentlich?»

Sie zogen ihn auf, beschimpften ihn, ließen ihm durch ihre Kinder sagen, sie seien nicht da oder krank oder nach Pittsburgh gefahren. Aber sie klammerten sich an diese kleinen gelben Karten, als bedeuteten sie etwas – legten sie zärtlich in die Schuhschachtel zu den Mietquittungen, Heiratsurkunden und nicht mehr gültigen Fabrikkennmarken. Mr. Smith lächelte sich durch das alles hindurch, brachte es fertig, die Augen fast die ganze Zeit auf die Schuhe des Kunden gerichtet zu halten. Er trug einen dunklen Straßenanzug bei seiner Arbeit, aber sein Haus war nicht besser als ihre Häuser. Nie hatte er, soweit sie wußten, eine Frau gehabt, und in der Kirche sagte er nichts als ein gelegentliches «Amen». Niemals verprügelte er jemanden, nie wurde er nach Einbruch der Dunkelheit gesehen, also nahmen sie an, er sei wahrscheinlich ein anständiger Mensch. Aber er war eng verbunden mit Krankheit und Tod, auch wenn von beidem nichts zu erkennen war auf dem braunen Bild von dem Gebäude der Genossenschaftlichen Lebensversicherung von North Carolina auf der Rückseite ihrer gelben Karten. Vom Dach des Mercy zu springen, war das Interessanteste, was er je getan hatte. Keiner von ihnen hätte vermutet, daß er das Zeug besaß. Zeigt einem bloß, murmelten sie einander zu, daß man sich nie richtig auskennt in den Menschen.

Die singende Frau wurde leiser und ging, die Melodie vor sich hinsummend, durch die Menge auf die Rosenblüten-Dame zu, die noch immer ihren Bauch umfaßt hielt.

«Solltest dich aufwärmen», wisperte sie ihr zu und berührte sie leicht am Ellbogen. «In der Morgenfrühe ist ein Vögelchen da.»

«Oh», sagte die Rosenblüten-Dame. «Morgen früh?»

«An welchem Morgen sonst?»

«Das kann nicht sein», sagte die Rosenblüten-Dame. «Es ist noch zu früh.»

«Nichts da. Genau rechtzeitig.»

Die Frauen sahen einander tief in die Augen, als ein lauter Schrei von der Menge aufstieg – ein wogendes *Oooh*. Mr. Smith hatte eine Sekunde lang die Balance verloren und versuchte tapfer, sich an ein hölzernes Gestänge zu klammern, das von der Kuppel emporragte. Sogleich begann die singende Frau wieder:

Sugarman ist fortgeflogen
Sugarman ließ uns allein …

In der Stadt zogen die Feuerwehrleute ihre Mäntel an, aber als sie am Mercy Hospital ankamen, hatte Mr. Smith die Rosenblüten gesehen, die Musik gehört und war in die Luft gesprungen.

Aus: Saul-Steinberg-Album

# 1980

Uli Becker

## *Der letzte Schrei*

Mein Papagei frißt keine harten Eier

So ein Bilderbuchabend im Spätsommer
irgendwo auf der Bundesautobahn:
In der Luft liegt das feine Singen
der Gürtelreifen bei hundertsechzig,

und an dem brutalen heißen Asphalt
klebt der Geruch von abradiertem Kautschuk.
Die letzten Raubvögel ziehen ihre Kreise
in Erwartung des Wildwechsels –

auch sie haben sich längst schon
den veränderten Modalitäten angepaßt
wie wir alle und nehmen mit,
was sie kriegen können: Sobald ein Fahrer

mal ein Kaninchen getroffen hat,
schießen sie runter wie der Blitz –
aber sie fressen es nur, wenn es noch
zuckt, also mehr oder weniger lebt.

(Nicht selten müssen sie feststellen,
daß die Beute gut einen Meter lang
auf die Überholspur geschmiert ist,
Eingeweide zum Arsch rausgequetscht,

ziemlich unappetitlich. Da läßt jeder
anständige Bussard die Finger von,
wenn er noch einen Funken Stolz
im Leib hat. Gefundenes Fressen okay,

da hat ja keiner was gegen, aber
Aasgeier sind mit Abstand das Letzte!)
Und lebt nicht genau derselbe Instinkt
in den Gourmets, die ihre Steaks

vom Holzkohlegrill um Himmels willen
nicht durchgebraten haben wollen?
Die müssen innen drin noch so schön
roh sein und blutig, wie früher.

(«Im Grunde seines Herzens sehnte Tarzan
sich immer nach dem warmen Fleisch
eines frisch getöteten Tieres,
nach dem heißen roten Blut.»)

Die Leute tun Worcestersauce drauf
oder Chutney oder ganz einfach Ketchup –
das ist der Tribut der Zivilisation,
wie die frischen Reifenspuren

auf halbtoten Hasen. Wichtig ist allein,
wie man sich fühlt, wenn man reinbeißt
und kaut und es runterschluckt …
Und egal ob Mensch oder Tier, was ist das

anderes als das verzweifelte Ringen
der gepeinigten Kreatur, die an allen
Fronten versucht, sich treu zu bleiben –
trotz der Welt, in der wir leben?!

## Die Wahrheit über Picassos Periode

Jahrhunderte hindurch wurden in alle Dinge Tiefen hineingeheimnist, die sie niemals hatten. Das hat sehr viel Unheil angerichtet. Banalisiere die Dinge und du wirst Erfolg ernten und Chancen säen.
(Walter Serner)

Es war nämlich
an einem dieser sprich
wörtlichen Montage

mit Absinth
kater im Paris
des Jahres 1901,

als Pablo seinen
einsamen Entschluß
faßte, die Palette

sinken ließ und
fluchte: «Merde alors,
heute mach ich mal

blau, was soll's!»
Der Rest ist Kunst
geschichte, d. h.

eine kleine Wissen
schaft für sich wie
die 10 Fehler bei

Original und Fälschung.

Ein Stück Exilliteratur

Das Elend wird immer größer, und nicht bloß hier,
auch unten in Argentinien: Was wollen die damit
beweisen, wenn sie diese künstliche Politur-
scheiße auf ihre Granny Smith-Äpfel spritzen,

bevor sie die Weltöffentlichkeit sehen darf?
Man kann sich darin spiegeln und hat einen Mords-
zinken, wenn man nah genug rangeht, aber über
solche Späße kann ich nur matt lächeln,

sind wir hier auf der Kirmes oder was?! Es ist
mittlerweile soweit, daß man die vor Gebrauch
regelrecht einseifen muß und mit der Spülbürste
abschrubben – Findest du sowas etwa normal?

Und selbst wenn sie dann nicht mehr so glänzen
wie 'ne Christbaumkugel bei der Bescherung, was
sind das überhaupt für Früchte? («Braune Stellen?
Nicht bei uns in Argentinien! Alles piccobello!»)

Kann sich vielleicht jemand einen verschrumpelten
Granny vorstellen, einen mit Würmern drin oder
gar einen Granny als brutzelnden Bratapfel,
wenn man heimkommt vom Schlittenfahren? Siehste!

Gewiß hätte René Magritte sich die Finger danach
geleckt: so giftgrün die Dinger, daß man davon
traditionellerweise Bauchschmerzen bekommen müßte,
so makellos, so anonym und gespenstisch leer

wie das, was sein Mann von der Straße südlich
vom Bowler trägt – Dagegen strahlen Punkt, Punkt,
Komma, Strich schon richtig «Charakter» aus!
Bloß bin ich kein Maler, ich bin Dichter, und

während ich diesen Granny esse, poliere ich
im Kopf ein Gedicht, das ich bald schreiben werde,
von wegen wie Äpfel in Wirklichkeit schmecken,
und daß da Welten liegen zwischen der kranken

Ausgeburt einer lateinamerikanischen Militär-
diktatur und jener Frucht vom Baum der Erkenntnis,
wegen der die seinerzeit ihre Koffer packen und
abhauen mußten: Es war nur ein einziger Bissen,

doch vom Aroma her, wie es heißt, war das *die*
Offenbarung und irgendwie den ganzen Ärger wert,
der seitdem nie mehr so richtig aufhören will.

Barbara Beuys

*Familienleben in Deutschland*

Familie Luther

Noch ein Jahr vor seiner Heirat hatte Luther für seine Person jeden Gedanken an eine Ehe abgelehnt: «So wie es mir bisher ums Herz war und jetzt ist, wird es nicht geschehen, daß ich heirate; nicht weil ich mein Fleisch und Geschlecht nicht spürte, ich bin ja nicht aus Holz oder Stein. Aber mein Sinn steht nicht nach der Ehe, da ich täglich den Tod und die wohlverdiente Ketzerstrafe erwarte.» Um so intensiver mühte er sich, die Nonne Katharina von Bora, die auf seine Lehre hin das Kloster verlassen hatte, zu verheiraten. Zwischen ihr und dem Nürnberger Patriziersohn Hieronymus Baumgartner, der in Wittenberg studierte, hatte sich etwas angesponnen. Als Baumgartner nach Nürnberg zurückkehrte und nichts mehr von sich hören ließ, schrieb ihm Luther: «Übrigens, wenn du deine Käthe von Bora festhalten willst, dann beeile dich, bevor sie einem anderen anvertraut wird, der zur Stelle ist.» Baumgartner antwortete nicht. Offenbar hatte seine Familie ihm die mittellose Nonne ausgeredet.

Nun versuchte Luther sie mit dem Rektor der Wittenberger Universität – der um ihre Hand anhielt – zu verbinden. Das ging aber nicht ohne die Zustimmung der Betroffenen, und die hielt mit ihrer Meinung nicht hinter dem Berg. Katharina beklagte sich bei einem Freund, «wie der Doctor Martinus in allewege wollte, daß sie Doctor Glatzen freien sollte, zu dem sie doch weder Lust noch Liebe hätte und lieber wollte (so es geschehen könnte und Gottes Wille wäre) ihn, Doctorem Martinum … ehelich zu nehmen.» Käthes Widerspruch kann so ungewöhnlich nicht gewesen sein, denn der Freund wäscht Luther daraufhin den Kopf. «Was zum Teufel habt ihr doch fur, daß ihr die gute Ketham wollt bereden und zwingen, den alten Geizhals zu freien, des sie gar nicht begehrt und weder Lust noch Liebe zu ihm trägt?» Lust und Liebe! Nun war der Heiratsvermittler beleidigt: «Mag sie den nicht, so mag sie noch ein Weil auf einen andern harren!»

Das Warten lohnte sich. Denn ein Jahr später erkannte Luther für seinen Teil, daß Liebe nicht auf Verliebtheit zu warten brauchte: «Darum muß man zugreifen, was es auch sei, wann und wo es möglich ist, damit es einem nicht entgleitet.» Die Sächsin Katharina hatte sich einen 42jährigen Junggesellen ausgewählt, der im aufgelösten Schwarzen Kloster zu Wittenberg ein unbehaustes Leben führte: «Ehe ich heiratete, hatte mir ein ganzes Jahr hindurch niemand das Bett gemacht, in dem das Stroh von meinem Schweiße faulte.» Luther, der erst ein Jahr zuvor die Mönchskutte abgelegt hatte, mußte sich ebenfalls umgewöhnen: «Im ersten Jahr des Ehstandes hat einer seltsame Gedanken. Wenn er bei Tisch sitzt, denkt er: Sich, vorher warst du allein, jetzt selbander. Im Bett, wenn er erwacht, sieht er ein paar Zöpfe, die er früher nicht sah.» Doch die Anpassungsschwierigkeiten gingen bald vorüber. Der Reformator war nicht nur ein geselliger Mensch, der die neue Behaglichkeit in seinem Leben zu schätzen wußte. Er hatte auch nichts dagegen, daß seine Frau die treibende Kraft in diesem Haushalt wurde und mit Energie und Hartnäckigkeit ein wenig Ordnung in sein Leben brachte. Wenn er sie vor vielen Zuhörern seine «Herrin» nannte oder seine Briefe an «seinen Herrn Doktor Käthe» adressierte, dann drückte sich darin nicht Ironie, sondern Hochachtung aus. Ohne die Arbeit und das Organisationstalent seiner Frau wäre die Familie Luther nicht satt geworden. Denn der Familienvater verzichtete auf alle Einnahmen aus seinen Schriften, Büchern und Vorlesungen. Die 200 Gulden pro Jahr, die der Kurfürst von Sachsen ausgeschrieben hatte, reichten längst nicht. Käthe wußte Rat und tat, was schon viele Ehefrauen in den Jahrhunderten zuvor praktiziert hatten: Sie wurde berufstätig.

Unter ihrer Anleitung wurde das verlotterte Klostergebäude unterkellert, wurden die ehemaligen Mönchszellen wohnlich eingerichtet. Eine Pension entstand, in der bis zu dreißig Studenten und Gäste Unterkunft fanden. Um die Unkosten niedrig zu halten, baute sie den Klostergarten aus.

Käthe kaufte Land und Weinberge vor der Stadt, das Brauhaus wurde von ihr wieder instand gesetzt, und auch das Bier braute sie im Hause. Luther zog Käthes Gerstensaft allen anderen Bieren vor und bat sie einmal sogar, eine Flasche zu schicken, als er Gast am kurfürstlichen Hof war.

Luther hat die selbständige Arbeit seiner Frau stets anerkannt. Er war unermüdlich, ihr immer neue Ehrentitel zu geben. «Morgenstern von Wittenberg» nannte er sie, denn ihr Tag begann morgens um vier Uhr. Der Ehemann konnte es aber nicht lassen, ihr neben aller Arbeit noch geistliche Mühen aufzulegen: «Sie fuhrwerkt, bestellt das Feld, weidet und kauft Vieh, braut usw. Dazwischen ist sie auch daran gegangen, die Bibel zu lesen, und ich habe ihr fünfzig Gulden versprochen, wenn sie vor Ostern zu Ende käme.» Kein schlechtes Geschäft für Katharina, die alles für ihren Mann tat, ihr Selbstbewußtsein darüber jedoch nicht verlor. Wenn Luther und seine Studenten und Freunde an der abendlichen Tafel wieder einmal vor lauter Diskutieren das Essen kalt werden ließen, dann sah sie ihren Mann bloß an und sagte: «Warum eßt Ihr nicht und redet unaufhörlich?»

Nur manchmal, wenn dem Hausherrn der große Haushalt und das wenige Geld, das hereinkam, nicht mehr geheuer waren, setzte er sich an den Tisch und begann eine «wunderliche Rechnung» aller Posten aufzustellen. Allein für die Semmeln, die er zu jeder Mahlzeit aß, mußten im Jahre 30 Groschen und 4 Pfennige ausgegeben werden. Sein Bier kostete täglich 4 Pfennig. Dem großen Geist schwindelte: «Ich mag nimmer rechnen ... Ich hätte nicht gemeint, daß auf einen Menschen soviel gehen sollte!» Luther gab sich geschlagen und schrieb auf einen Notizzettel: «Rate, wo kommt dieses Geld her? Sollte das nicht stinken und Schulden machen?» Egal, seine Käthe würde es schon richten.

Das verschlafene Städtchen übrigens, das durch den rebellischen Mönch berühmt wurde, liebte Luther gar nicht. Für ihn lag Wittenberg «hart am Rande der Barbarei». Es hatte 1513 genau 382 Häuser und 2100 Einwohner. Zwar gab es seit Beginn des 16. Jahrhunderts eine Universität und ein neues Schloß, doch für Luther blieb der Ort Provinz. Er hat ihn auch während seiner Ehe oft genug verlassen. Langsam erst nahm die neue Kirche Gestalt an. Sie mußte nicht nur gegenüber den Feinden verteidigt werden. In den eigenen Reihen gab es viel Unfrieden und Streit. Es ging Frau Käthe nicht anders als der Kaufmannsfrau, deren Mann zur Messe zog, oder der Metzgersfrau, deren Mann auf Reisen ging, um die besten Kühe auszusuchen. Die Familie mußte oft ohne den Vater auskommen.

Sechs Kinder wurden im Kloster geboren, zwei davon mußten die Eltern früh zu Grabe tragen. Die Nachwelt hat den strengen Vater – der Luther zweifellos auch war – kultiviert. Doch dies war nur die eine Seite seiner Erziehungsmethoden. Nie vergaß er, in der Ferne an die Kinder zu schreiben, mochten sie auch erst vier Jahre alt sein wie 1530 der Sohn Johannes: «Gnad und Friede in Christo, mein liebes Söhnchen. Ich sehe gern, daß du wohl lernst und fleißig betest. Tu also, mein Söhnchen, und fahre fort. Wenn ich heimkomme, so will ich dir einen schönen Jahrmarkt mitbringen.» Konnte er keinen passenden «Jahrmarkt» finden, dann ließ er seine Frau vor der Rückkehr wissen, doch in Wittenberg etwas für die Kinder zu besorgen. Als 1528 Luthers Tochter Elisabeth starb, gerade zehn Monate alt, schrieb der Vater einem Freund: «Merkwürdig, was für ein trauerndes, fast weibisches Herz es mir hinterlassen hat; so sehr bin ich von

Jammer erfüllt. Ich hätte nie vorher geglaubt, daß ein Vaterherz so weich gegenüber seinen Kindern sein könnte.»

Er hatte auch nichts dagegen, wenn die Kinder in seiner Studierstube spielten, während er arbeitete. Schon in seiner Junggesellenzeit hatte ihm ein Hund Gesellschaft geleistet und manchen Brief angeknabbert. Nur zu laut durfte es nicht werden. «Wenn ich sitze und schreibe, so singt er (Johannes) mir ein Liedlein daher, und wenn er's zu laut will machen, so fahre ich ihn ein wenig an; so singt er gleich wohl fort, aber er machts heimlicher und mit Sorgen und Scheu.»

Die Offenheit des Reformators betrifft nicht nur die Finanzen. Luther dachte laut ohne alle Prüderie über das intimste Zusammensein der Eheleute bei Tisch nach. Menschen, die ihn in ehelichen Dingen um Rat fragten, wich er nicht aus. Seinen Pfarrbrüdern erteilte er Ratschläge. Allerdings war das kein Zeichen für Fortschrittlichkeit, sondern mittelalterliche Selbstverständlichkeit. Darüber regte sich niemand auf.

Erinnern wir uns an Melanchthons Reaktion auf Luthers Heirat: «Diese Lebensform ist zwar niedrig, aber heilig und gefällt Gott besser.» Der Zwiespalt des katholischen Mittelalters, in dem auch die Protestanten groß geworden waren, saß tief in ihren Herzen. Der Reformator selbst macht da keine Ausnahme. Seine Begründung für die Ehe: «Und ist das etwas nicht Geringes, daß durch solches Leben die Hurerei und Unkeuschheit unterbleibt und verwehrt wird ...» Es scheint nur widersprüchlich: Weil Luther die katholische Lehre von der Sexualität konsequent zu Ende dachte, wurde er zu einem Kämpfer gegen das ehelose Leben. Wenn der Sexualtrieb ausschließlich zur Natur gehört und ihm niemand widerstehen kann, muß jeder heiraten, um nicht in Sünde zu fallen: «Denn wo die Natur geht, wie sie von Gott eingepflanzt ist, ist es nicht möglich, außer der Ehe keusch zu bleiben.»

Luther nutzte auch die Theorien mittelalterlicher Medizin und scheute vor drastischer Abschreckung nicht zurück: «Daher reden auch die Ärzte nicht übel, daß sie sagen, wo man mit Gewalt dieses Werk der Natur aufhält, da muß es in das Fleisch und Blut schlagen und zu Gift werden, woraus dann gesunde, schwache, schwindsüchtige und stinkende Leiber werden, denn was zur Frucht und Mehrung kommen sollte, das muß der Leib in sich selbst verzehren ... Daher sieht man auch, wie schwach und ungesund die unfruchtbaren Weiber sind, die aber fruchtbar sind, sind gesünder, reinlicher und lustiger. Wenn sie sich aber auch müde und zuletzt tot tragen (durch die Geburten), sie sind dazu da. Es ist besser, kurz gesund als lange ungesund leben.»

Luther, auf die Sexualität fixiert wie ein halbes Jahrtausend später der Vater der Psychoanalyse, wetterte gegen den Brauch der «heiligen Nächte», an denen die katholische Kirche von den Eheleuten Enthaltsamkeit forderte, und ermunterte folgerichtig zum Ehebruch, wo «ein halsstarrig Weib die eheliche Pflicht nicht zahlen will». Dann sollte der Mann seiner Frau drohen: «Willst du nicht, so will eine andere. Willst du nicht, so will die Magd.» Allerdings gestand Luther dem weiblichen Eheteil die gleichen Rechte zu: «Wenn eine tüchtige Frau einen untüchtigen Mann zur Ehe bekommt ... so soll sie ihm sagen: Lieber Mann, du hast mich um meinen jungen Leib betrogen, vergönne mir, daß ich mit deinem Bruder oder besten Freund eine heimliche Ehe habe.» Luther machte keinen Hehl daraus, daß ihm bei diesem Thema gar nicht wohl war: «Mir graut und ich predige nicht gern vom ehelichen Leben, deshalb, weil ich befürchte: wo ichs einmal recht anrühre, wirds mir und andern viel zu schaffen geben.» So geschah es. Luthers Theorie wurde bald von der Realität eingeholt, und zwar an allerhöchster Stelle.

Der Landgraf Philipp von Hessen, eine feste Stütze des protestantischen Lagers und im ganzen Reich als Weiberheld bekannt, war seiner angetrauten Gattin überdrüssig geworden. Er ließ dem Reformator mitteilen, er könne mit seiner Frau nicht mehr das Lager teilen. Der Lehre des Reformators getreu wolle er jedoch nicht außerhalb der ehelichen Ordnung Hurerei treiben. Luther solle ihm daher schriftlich die theologische Rechtfertigung für eine gleichzeitige zweite Ehe mit der 18jährigen Kammerfrau Margarete von Sala geben. Der Mann aus Wittenberg saß in der Klemme. Schließlich genehmigte er mit Hinweis auf die Ausnahmesituation und unter Bedingung der Geheimhaltung dem Landgrafen eine zweite Ehefrau – nach weltlichem Recht stand auf Bigamie die Todesstrafe. Aus der Geheimhaltung wurde natürlich nichts. Ein Sturm der Entrüstung brach los – nicht so sehr gegen den doppelten Ehemann, sondern gegen den Verkünder der «reinen Lehre», der im Zwiespalt zwischen Theologie und Macht nicht standhaft geblieben war.

Doch wieder müssen wir lernen, daß der erste Blick, so wohltuend einfach er die Dinge sieht, nicht die ganze Wirklichkeit umfaßt und auch nicht dem Martin Luther gerecht wird. So sehr er von der Urkraft der Sexualität überzeugt ist, genauso entschieden lehnt er im Prinzip die bisherige Praxis der Kirche ab, Art und Weise des ehelichen Zusammenseins in gute und böse Akte zu unterteilen und genau zu erforschen, was die Eheleute im einzelnen treiben: «Ich will aber davon schweigen und die eheliche Pflicht liegen lassen, wie die zu reichen und zu verweigern sei, wie etliche Prediger bei diesem Stück den Widerwillen dagegen aufzurühren unverschämt genug sind.» Denen, die der Meinung sind, «daß ein Weib ein nötiges Übel», entgegnet er: «... so halte aufs erste fest, daß Mann und Frau Gottes Werk sind, und halte dein Herz und Mund zu und nenne das nicht böse, was er selbst gut nennt.» Gott selbst nennt «das Weib gut und eine Gehilfin ... siehe, mit diesem Spruch Gottes stopft man allen das Maul, die über die Ehe klagen und schelten». Allerdings macht Luther diesen Vorwurf nicht der katholischen Kirche, sondern den «heidnischen Büchern, die nichts als Weiberlaster und die Unlust des ehelichen Standes beschreiben». Und weil die Ehe von Gott eingesetzt wurde, gibt es in ihr auch keine bessere oder schlechtere Arbeit: «Wenn ein Mann herging und wüsche die Windeln oder täte sonst am Kinde ein verachtet Werk, und jedermann spottete seiner und hielte ihn für einen Maulaffen und Frauenmann», dann sind nach Luther solche Spötter «die größten Narren auf Erden».

Für den Reformator handelt es sich um eine gute Ehe, wenn sich «Mann und Weib liebhaben, eines sind, eins das andere versorgt». Das ist so neu nicht und geht wie bisher zusammen mit einem anderen Grundsatz: «Das allerbeste aber im ehelichen Leben, um dessentwillen auch alles zu leiden und zu tun wäre, ist, daß Gott (in ihm) Frucht gibt ...» Hier bleibt Luther aber nicht stehen, sondern zählt sofort die Elternpflicht auf, diese Frucht «zu Gottes Dienst aufzuziehen ... Das ist auf Erden das alleredelste, teuerste Werk ... auf Erden ist keine größere, edlere Gewalt als die der Eltern über ihre Kinder, sintemal sie die geistliche und weltliche Gewalt über sie haben.»

Das wurde 1522 geschrieben, als die evangelische Bewegung erst in schattenhaften Umrissen sichtbar war. Sieben Jahre später – der kleine Johannes spielt und singt im Studierzimmer, der Hund Tölpel wühlt in den Manuskripten, die zu Boden fallen – schreibt Luther am «großen Katechismus». Der Riß durch die Christenheit ist endgültig. Das zarte protestantische Pflänzchen brauchte handfesten, weltlichen Schutz, denn hinter der katholischen Religion stand der Kaiser mit seiner Macht. Luther hatte keine Wahl, sollte sein Werk von Dauer sein. Die Visionen der Radikalen und Schwärmer waren ihm ein Greuel. Er blieb ein konservativer Mensch und stellte seine Kirche in den Schutz der jeweiligen landesfürstlichen Obrigkeit.

Albert Camus
## *Reisetagebücher*

### Eine *macumba* in Brasilien

Als ich zu Madame M. komme, herrscht Besorgnis. Der Vater der Heiligen (Priester und erster Tänzer), der die *macumba* veranstalten sollte, hat den Heiligen des Tages befragt, der seine Einwilligung versagt hat. Abdias, der schwarze Schauspieler, glaubt vor allem, daß er nicht genug Geld versprochen hat, um der Gutwilligkeit des Heiligen nachzuhelfen. Er ist der Ansicht, wir sollten trotzdem eine Expedition nach Caxias, einem vorstädtischen Dorf, 40 km von Rio entfernt, wagen und dort auf gut Glück nach einer *macumba* suchen. Beim Abendessen lasse ich mir erklären, was es mit den *macumbas* auf sich hat. Es sind Zeremonien, deren Zweck stets der gleiche scheint: durch Tänze und Gesänge zu erreichen, daß Gott in einen herabsteigt. Das Ziel ist die Trance. Was die *macumba* von anderen Zeremonien unterscheidet, ist die Mischung aus katholischer Religion und afrikanischen Riten. An Göttern oder Heiligen gibt es Eshu, Geist des Bösen und afrikanischer Gott, aber auch Ogun, der unserem heiligen Georg entspricht. Es gibt auch die Heiligen Kosmas und Damianus, etc., etc. Die Verehrung der Heiligen ist hier Bestandteil von Besessenheitsriten. Jeder Tag hat seinen Heiligen, der an keinem anderen Tag gefeiert wird, es sei denn mit einer Sondererlaubnis des obersten «Vaters der Heiligen». Der Vater der Heiligen hat seine Töchter (und vermutlich auch seine Söhne), deren Trance er zu überwachen hat.

Mit diesen elementaren Hinweisen versehen, brechen wir auf. 40 km in einer Art Dunst. Es ist 10 Uhr abends. Caxias wirkt auf mich wie ein aus Buden zusammengesetztes Ausstellungsdorf. Wir halten auf dem Dorfplatz, wo sich schon über zwanzig Autos befinden und sehr viel mehr Leute, als wir erwartet hatten. Kaum haben wir angehalten, kommt ein junger Mulatte auf mich zugestürzt und hält mir eine Flasche Aguardiente hin, wobei er mich fragt, ob ich Tarrou mitgebracht hätte. Er lacht schallend, scherzt, stellt mich Kameraden vor. Er ist Dichter. Schließlich erfahre ich, in Rio habe sich herumgesprochen, daß man mir eine *macumba* zeigen wollte (dabei hatte man mir Verschwiegenheit empfohlen, ich hatte mich auch unschuldig daran gehalten), und viele Leute hätten davon profitieren wollen. Abdias erkundigt sich, dann rührt er sich nicht mehr. Wir bleiben mitten auf dem Platz stehen und plaudern. Kein Mensch scheint sich weiter um irgend etwas zu kümmern, und jedermann hängt seinen Träumen nach. Unvermittelt allgemeiner Aufruhr. Abdias erklärt mir, daß wir in die Berge fahren müssen. Wir steigen ein, holpern ein paar Kilometer über eine ausgefahrene Straße und halten plötzlich ohne erfindlichen Grund. Alles wartet, ohne daß irgend jemand sich um irgend etwas zu kümmern scheint. Dann fahren wir weiter. Der Wagen geht auf einmal in eine Kurve von fünfundvierzig Grad und fährt nun einen Bergpfad hinauf. Er klettert mühsam höher, dann bleibt er stehen: Der Hang ist zu steil. Wir steigen aus und gehen zu Fuß. Der Hügel ist kahl, die Vegetation karg, aber es ist, als befänden wir uns hoch oben im Himmel, mitten unter den Sternen. Die Luft riecht nach Rauch. Sie ist so schwer, daß man den Eindruck hat, sie mit der Stirn zu berühren. Auf der Hügelkuppe angekommen, hören wir in ziemlicher Entfernung Trommeln und Gesang, doch beides hört fast augenblicklich auf. Wir gehen in die Richtung, aus der die Geräusche kamen. Keine Bäume, keine Häuser – es ist eine Einöde. Aber in einer Mulde erblicken wir eine Art Hangar, ziemlich geräumig, ohne Mauern, mit sichtbarem Holzgerippe. Papiergirlanden sind durch den Schuppen gespannt. Plötzlich sehe ich einen langen Zug schwarzer Mädchen, die zu uns heraufsteigen. Sie tragen weiße Kleider aus grober Seide, die Taille in der Höhe der Hinterbacken. Ihnen folgt ein Mann in einem roten Kasack, der Halsketten aus bunten Zähnen trägt. Abdias hält ihn an und stellt mich vor. Die Begrüßung ist ernst und freundschaftlich. Aber es gibt eine Schwierigkeit. Sie sind auf dem Weg zu einer anderen *macumba*, die zwanzig Minuten zu Fuß entfernt ist, und wir müßten ihnen folgen. Wir brechen auf. Ich habe noch Zeit genug, um an einem Kreuzweg eine brennende Kerze, die mitten in der Erde steckt, und so etwas wie Nischen zu sehen, in denen Heiligen- oder Teufelsstatuen (sehr plump im übrigen und im Stil von Saint-Sulpice) vor einer Kerze und einem Napf mit Wasser hokken. Man zeigt mir Eshu, rot und wild, mit einem Messer in der Hand. Der Pfad, dem wir folgen, schlängelt sich durch die Hügel unter dem sternenübersäten Himmel. Die Tänzer und Tänzerinnen gehen lachend und scherzend vor uns her. Wir steigen einen Hügel wieder hinab, überqueren die Straße, auf der wir gekommen sind, und ersteigen einen anderen Hügel. Hütten aus Zweigen und Lehm, voller flüsternder Schatten. Dann macht die Spitze der Prozession halt vor einer erhöhten und von einer Wand mit Schilfrohr umgebenen ebenen Fläche. Drinnen hört man Trommeln und Gesang. Als wir alle versammelt sind, steigen die ersten Frauen zu der Fläche hinauf und betreten sie, rückwärts gehend, durch die Schilfpforte. Dann folgen die Männer. Wir betreten einen Hof voller Abfälle. Vor uns ein kleines Haus aus Stroh und Lehm, aus dem Gesang dringt. Wir treten ein. Es ist eine ziemlich grob gebaute Hütte, doch die Wände sind verputzt. Das Dach wird von einem Mittelpfosten gestützt, der Boden ist aus gestampfter Erde. Ein kleiner angebauter Schuppen im Hintergrund beherbergt einen Altar mit einem Farbdruck darüber, auf dem der heilige Georg abgebildet ist. Ähnliche Farbdrucke schmücken die Wände. In einer Ecke, auf einem kleinen, mit Palmblättern geschmückten Podium, die Musiker: zwei niedrige Trommeln und eine lange Trommel. Bei unserer Ankunft waren schon ungefähr vierzig Tänzerinnen und Tänzer da. Wir sind ebenso viele Menschen und können, dicht aneinandergedrängt, nur mit Mühe atmen. Ich presse mich an eine Wand und schaue zu. Die Tänzer und Tänzerinnen stellen sich in zwei konzentrischen Kreisen auf, die Männer bilden den inneren. Die beiden Väter der Heiligen (der, der uns empfängt, trägt wie die Tänzer eine Art weißen Pyjama) stehen einander im Mittelpunkt der Kreise gegenüber. Sie singen, nacheinander, die ersten Töne eines Liedes, in das alle sogleich im Chor mit einstimmen, während die Kreise sich im Uhrzeigersinn drehen. Es ist ein sehr einfacher Tanz: ein Auf-der-Stelle-Treten, zu dem die doppelte Wellenbewegung der Rumba hinzukommt. Die «Väter» ihrerseits geben andeutungsweise den Rhythmus an. Mein Übersetzer aus dem Portugiesischen erklärt mir, daß diese Gesänge den Heiligen bitten, den Neuankömmlingen zu erlauben, daß sie an diesem Ort verweilen. Die Pausen zwischen den einzelnen Gesängen sind ziemlich lang. In der Nähe des Altars schwingt eine Frau, die ebenfalls singt, nahezu ununterbrochen ein Glöckchen. Der Tanz hat absolut nichts Frenetisches. In seinem etwas dürftigen Stil ist es ein schwerer und sehr nachdrücklicher Tanz. In der noch zunehmenden Hitze sind die Pausen schwer zu ertragen. Ich bemerke:

1. daß die Tänzer allem Anschein nach nicht im geringsten schwitzen;

2. einen Weißen und zwei weiße Frauen, die im übrigen schlechter tanzen als die anderen.

Auf einmal kommt einer der Tänzer und sagt etwas zu mir. Mein Dolmetscher erklärt mir, daß ich gebeten werde, die Arme nicht zu verschränken, da diese Haltung den Geist daran hindere, zu uns herabzusteigen. Gehorsam lasse ich die Arme hängen. Nach und nach werden die Pausen zwischen den Gesängen kürzer, und der Tanz wird lebhafter. Jemand bringt eine brennende Kerze, die in der Mitte, neben einem Glas Wasser, in die Erde gesteckt wird. Die Gesänge rufen den heiligen Georg an.

Albert Camus

«Er kommt im Licht des Monds
Er geht im Licht der Sonne»

und weiter:

«Ich bin das Schlachtfeld des Gottes.»

Tatsächlich lassen ein oder zwei Tänzer schon Anzeichen von Trance erkennen, aber von einer ruhigen Trance, wenn ich so sagen darf: die Hände auf den Hüften, der Schritt steif, das Auge starr und blicklos. Der rote «Vater» gießt das Wasser in zwei konzentrischen Kreisen um die Kerze, und die Tänze beginnen erneut, fast ohne Unterbrechung. Von Zeit zu Zeit verlassen ein Tänzer oder eine Tänzerin den Kreis, um im Innern zu tanzen, ganz nahe an den Wasserkreisen, doch ohne sie je zu überschreiten. Dann beschleunigen sie ihren Rhythmus, verrenken sich zuckend und beginnen, unartikulierte Schreie auszustoßen. Erstickend steigt der Staub vom Boden auf und macht die Luft dick, die so schon an der Haut klebt. Immer zahlreicher werden die Tänzer, die ihren Kreis verlassen und um die Väter tanzen, die ihrerseits schneller tanzen (der weiße Vater ganz wunderbar). Die Trommeln dröhnen jetzt rasend, und mit einem Schlag legt der rote Vater los. Mit flammendem Blick, die vier Gliedmaßen um den Körper herumwirbelnd, hüpft er mit gebeugten Knien von einem Bein aufs andere und beschleunigt seinen Rhythmus bis ans Ende des Tanzes, wo er jäh innehält, um alle Anwesenden mit einer starren, schrecklichen Miene anzublicken. In diesem Moment kommt aus einem dunklen Winkel ein Tänzer hervor, kniet nieder und reicht ihm sein Schwert in seiner Scheide. Der rote Vater zieht das Schwert und läßt es mit drohender Gebärde um sich herumwirbeln. Man bringt ihm eine riesige Zigarre. Alle zünden sich nach und nach Zigarren an und rauchen sie beim Tanzen. Der Tanz beginnt von neuem. Einer nach dem andern kommen die Teilnehmer und legen sich vor dem Vater hin, mit dem Kopf zwischen seinen Füßen. Er schlägt sie mit der flachen Klinge schräg auf beide Schultern, hebt sie auf, berührt ihre linke Schulter mit seiner rechten und umgekehrt; dann stößt er sie heftig in den Reigen zurück, eine Bewegung, die jeweils bei zwei von drei Tänzern die sich bei jedem verschieden äußernde Krise auslöst: Ein großer Neger, der wie aufgepflanzt dasteht und mit leerem Blick auf den Mittelpfosten starrt, hat nur ein Zittern im Nacken, das ihn unablässig überläuft. Ich finde, er sieht aus wie ein Boxer *knocked down*. Eine dicke Weiße mit einem Tiergesicht bellt unaufhörlich und rückt den Kopf von rechts nach links. Aber einige junge Negerinnen geraten in die fürchterlichste Trance, ihre Füße kleben am Boden, und der ganze Körper wird von Zuckungen durchlaufen, die immer heftiger werden, je mehr sie sich den Schultern nähern. Der Kopf bewegt sich seinerseits von vorn nach hinten und scheint buchstäblich vom Rumpf abgetrennt. Alle schreien und brüllen. Dann fangen die Frauen an umzufallen. Sie werden aufgehoben, jemand preßt die Hand auf ihre Stirn, und sie machen weiter, bis sie wieder umfallen. Der Höhepunkt ist erreicht, als alle mit seltsamen heiseren Tönen, die an ein Bellen erinnern, durcheinanderschreien. Man sagt mir, daß dies bis zum Morgen unverändert so weitergehen wird. Jetzt ist es 2 Uhr früh. Die Hitze, der Staub und der Zigarrenrauch, die menschlichen Ausdünstungen – die Luft ist nicht mehr zu atmen. Selber taumelnd, gehe ich hinaus und atme endlich mit Genuß die frische Luft ein. Ich liebe die Nacht und den Himmel, mehr als die Götter der Menschen.

Frank-Wolf Matthies

## *Unbewohnter Raum mit Möbeln*

Als Elisabeth G. an jenem Morgen erwachte

Als Elisabeth G. an jenem Morgen erwachte: Als Elisabeth G. an diesem Morgen die Augen öffnete: Als Elisabeth G. an diesem Mittwochmorgen, blinzelnd die Augen an das Erwachen gewöhnend, gegen das Fenster blickte, konnte sie das Einsickern des Frühlichts beobachten: Als Elisabeth G. an jenem Morgen Zeuge wurde, wie das noch milchweiße Frühlicht gleichsam einsickerte in den Raum, in welchem sie schlief, und sich auf die Möbel legte ähnlich taufeuchtem Herbstlaub, erschreckte sie das heftige Einsetzen der Erinnerung: An diesem Morgen erinnerte sich Elisabeth G., daß sie erwachte in einem Raum und die Sonne schien nicht wie gewohnt.

Die Frau öffnete die Augen und sah gegen das Fenster. Das erste, dessen sie sich bewußt wurde, war, die Sonne schien nicht wie gewohnt. Erst allmählich bemerkte sie, daß ihre Blicke hinter dem Fensterkreuz in ein Nichts fielen. Verwundert blickte sie angestrengt auf etwas, das sie hinter dem Fensterkreuz erwartete, auch versäumte sie es nicht, sich das linke Auge mit dem Rücken der Schreibhand zu reiben. Es wird wohl Frost sein, dachte sie, obwohl sie die bizarren Formen der Eisblumen bereits wahrzunehmen begann. Es wird wohl Frost sein, wie anders sollte ich sonst mir das Ausbleiben der Geräusche deuten, auch wachsen die Eisblumen mir aus der Nacht in den Blick. Also schloß sie die Augen für einen Moment und tastete mit der linken Hand auf das Bord über ihrem Kopf. Kaum hatte die Frau die gesuchte Taste berührt und sie nach unten gedrückt, als sie auch schon das spürbare Durchbluten ihres Körpers, von den Zehen herauf zu den Waden, die Schenkel hoch, über den Schoß in die Tiefe des Magens und weiter und weiter, sehr ruhig, als sie auch schon das sanfte Öffnen der Gefäße überfällt und ihr das Gefühl von Sicherheit gibt. Mit dem plötzlichen Einsetzen der Musik öffnet sie erneut die Augen und blickt in den Raum. Die Gegenstände, die ihr Blick aufnimmt, scheinen ihr bekannt, vertraut fast der eine oder andere. Noch schlafen die Dinge, lächelte sie und tat ihren Blick auf den Bezug ihres Bettes. Kaum hatte sie sich wieder auf die Hand gestützt, als sie erneut aufsah, Nebel, dachte, die Decke zurück schlug und sich halb aufrichtete. Den, der ungewohnterweise an diesem Morgen neben ihr lag, schlief und allmählich zu erwachen schien, bemühte sie sich nicht wahrzunehmen. Die Wärme der Ruhe wich aus ihrem Körper, als sie sich darüber klar wurde, daß sie an diesem Morgen nicht allein sein würde und erschrocken fast schlug sie das Bett auf und erhob sich fröstelnd. Dann tat sie nach dem rechten fast reflexhaft das linke Bein über den Rand der Liege. Suchend setzte sie ihre Füße auf dem Boden auf. Ohne daß die Frau auch nur für einen Moment das Gefühl hatte, beteiligt zu sein, tasteten sich die Füße in die Pantoffeln. Die Frau steht auf. Sie greift nach dem Bademantel, der über dem zunächst stehenden Sessel liegt, nimmt ihn auf und öffnet ihn. Langsam, in umgekehrter Reihenfolge zu den Füßen, läßt sie ihre Hände durch den vertrauten Stoff der Ärmel gleiten. So stand sie verharrend in einem Moment da und erwartete das Sicheinstellen des wohligen Gelöstseins. Wieviel Geborgenheit doch in der Einsamkeit zwischen den Dingen wohnt, dachte sie erstaunt und trat aus dem Zimmer, öffnend die Tür, einen Spalt breit fast.

Also trat sie in den Korridor, der, da fensterlos und die anderen abgehenden Türen geschlossen, sie in sein Dämmerlicht hüllte und sie aufnahm. Also schloß sie die Tür des Zimmers hinter sich und lauschte umgeben von der Dunkelheit gegen die Tür zum Treppenhaus, welches scheinbar still dalag, unberührt von der gleich einsetzenden morgendlichen Hektik.

Als sie die Tür zur Küche aufklinkte, die Tür aufschwingen ließ und eintrat, bemerkte sie betroffen *Nebel* vor dem Fenster. Also drehte sie sich auf der Stelle und ging in den Korridor zurück. Wieder löste sich ihr Körper in der Dunkelheit und ihre Sinne öffneten sich. Da vernahm sie das Schlagen der Haustür und sie lauschte in den Moment nachfolgender Stille hinein, dann hörte sie die Schritte, die sich auf dem Steinboden der Durchfahrt der Treppe näherten. Angespannt verfolgte sie nur mit den Ohren den Weg der Füße, vor den Augen die

Durchfahrt mit den gerosteten und eingebeulten Briefkästen der Bewohner in den höher gelegenen Etagen, und ihre Augen liefen den fremden Füßen voran, vorbei an der Tür, die die Treppe zum Keller verbarg, vorbei an der längst vernagelten Tür zum Hof bis zum Fuß der Treppe und ihre Augen verharrten und ihre Augen glaubten zu sehen, was die Ohren hörten. Langsam, zögernd fast, betraten die Füße in den Schuhen mit den harten Sohlen die ersten Stufen, dann wurden die Schritte hastiger, ihre Augen verharrten noch immer am Fuß der Treppe, nun sah sie die Füße auf sich zukommen, erstarrt lauschte sie durch die geschlossene Tür. Der, der die Treppe erstieg, verharrte vor ihrer Tür. Dann vernahm sie das trockene Klappen des Briefschlitzes und das Aufschlagen der Zeitung. Erlöst öffnete sie die Augen, und bei dem Knall, den das zufallende Haustor machte, lief sie zum anderen Ende des Flurs, berührte den Schalter und betrat das helle Badezimmer. Alles hier war ihr vertraut. Fröhlich öffnete sie den Wasserhahn, tat den Stöpsel in den Abfluß der Wanne. Dann öffnete sie den Bademantel und ließ ihn von sich abgleiten, woraufhin sie sich dem Becken der Toilette näherte, den Deckel aufhob, sich setzte und das Einlaufen des heißen Wassers in die Badewanne beobachtete. Schnell beschlugen die orangefarbenen Wände, die Kacheln über der Wanne, und als sie sich vergewissern wollend zum Spiegel sah, sah sie, daß auch dieser erblindete, erst ganz leicht, daß es aussah, als sei er mit Tau bedeckt, doch dann heftiger, und schon bildeten sich die ersten Tröpfchen und rutschten am Glas des Spiegels herab, und die Frau lächelte, und die Frau erhob sich, ließ Wasser durch das Becken laufen, setzte sicher ihre nackten Füße auf den Boden des mit Wrasen bis unten hin gefüllten Raumes und lief, die Dielen durch das weiche Linoleum spürend, sehr erleichtert, einen Fuß vor den anderen setzend und sich ihrer Blöße auf eine sehr stolze Weise bewußt, zu der Wanne und schloß den Hahn. Zugleich öffnete sie den Kaltwasserhahn, dann richtete sie sich auf und legte sich in das heiße Wasser. Im selben Augenblick vergaß sie den Mann in ihrem Zimmer mit dem Nebel hinter den Fenstern und den weißen Ornamenten auf dem kalten Glas. Die Bedrohung entfernte sich, so wie auch der Vorabend in die Erinnerung sank. Und sie sah gegen die Decke und sah sich, wie sie leicht und reglos im Wasser lag, die Haare allmählich naß und schwer werdend und langsam sinkend; und wie sie die Geräusche der Außenwelt erreichten, gedämpft, bruchstückhaft, von der Straße, durchquerend das letzte der Zimmer; aus dem Aufgang die eiligen Schritte, das Schlittern des Hundes auf den glatten Stufen, das Klappen der Türen, zu ihr dringend über den dunklen Flur; und sie sah sich, wie sie das Knacken hörte im Wasserrohr. Klar und verlassen gehen die Morgen hin. So taten einst deine Augen sich auf, dachte sie. Langsam verstrich der Morgen ein Abgrund unbeweglichen Lichts Du Lebendige schwiegst unter deinen Augen lebten die Dinge, dachte sie, Wie ein Meer am Morgen so klar Wo bist du Licht es ist Morgen, und während sie bemerkte, daß sie leichter wurde, konnte sie das Platzen der Flasche mit dem Eau de Cologne beobachten, die Bewegung der Flüssigkeit auf dem Schränkchen neben der Tür zum Korridor, die Bewegung zur Kante hin, das Herabfallen der Tropfen –, und sie erschrak.

# 1981

Bruce Chatwin

*In Patagonien*

Ein Ort, an dem man nicht begraben sein möchte

Ich setzte meinen Weg fort und kam in die südlichste Stadt der Welt. Ushuaia war ursprünglich ein aus Fertigteilen bestehendes Missionshaus gewesen, das der Reverend W. H. Stirling 1869 in der Nähe der Hütten der Yaghan-Indianer errichtet hatte. Sechzehn Jahre lang blühten die anglikanische Kirche, die Gemüsegärten und die Indianer. Dann kam die argentinische Marine, und die Indianer starben an Masern und an Lungenentzündung.

Die Siedlung erlebte den Aufstieg von einem Marinestützpunkt zu einer Strafkolonie. Der Gefängnisinspektor ließ ein Meisterwerk aus Quadersteinen und Beton errichten, das sicherer war als alle sibirischen Gefängnisse. Die kahlen grauen Mauern, die nur ganz schmale Schießscharten haben, erheben sich im Osten der Stadt. Heute dient das Gefängnis als Kaserne.

Die Morgen in Ushuaia sind ausgesprochen ruhig. Auf der anderen Seite der Beagle-Straße sah man die gezackte Silhouette von Hoste Island und die Meerenge von Murray, einen Meeresarm, der bis zum Hoorn-Archipel führt. Um die Mittagszeit brodelte und kochte das Meer, und die Küste verschwand in weiter Ferne hinter einer Wand aus Dampf.

Die Einwohner dieser offensichtlich kinderlosen Stadt hatten blau angelaufene Gesichter und warfen Fremden unfreundliche Blicke zu. Die Männer arbeiteten in einer Krabbenkonservenfabrik oder in einer der Marinewerkstätten, die ein durch irgendeine Lappalie ausgelöster Kalter Krieg mit Chile in Betrieb hielt.

Das letzte Haus vor der Kaserne war das Bordell, in dessen Garten schädelweiße Kohlköpfe wuchsen. Eine Frau mit geschminktem Gesicht leerte gerade einen Mülleimer aus, als ich vorbeiging. Sie trug einen schwarzen chinesischen Schal um die Schultern, der mit anilinrosa Päonien bestickt war. «*Qué tal?*» fragte sie und schenkte mir das einzige aufrichtige, freundliche Lächeln, das ich in Ushuaia gesehen habe. Sie war mit ihrer Situation offensichtlich zufrieden.

Der Wachtposten hinderte mich daran, die Kaserne zu betreten. Ich

wollte den ehemaligen Gefängnishof sehen, denn ich hatte über den berühmtesten Sträfling Ushuaias gelesen.
Die Geschichte der anarchistischen Bewegung ist nur das Schwanzende des alten Streits zwischen Abel, dem Nomaden, und Kain, dem Hüter des Eigentums. Ich habe den heimlichen Verdacht, daß Abel seinen Bruder mit den Worten «Nieder mit der Bourgeoisie!» provoziert hat. Es paßt also durchaus hierher, daß der Held der folgenden Geschichte ein Jude war.

Der 1. Mai 1909 war ein kalter, sonniger Tag in Buenos Aires. Am frühen Nachmittag begann sich die Plaza Lorea mit Männern zu füllen, die Schiebermützen auf dem Kopf trugen und sich in Reihen aufstellten. Bald darauf hallte der Platz von Rufen wider, und rote Fahnen flatterten im Wind.

Von der Menge mitreißen ließ sich Simón Radowitzky, ein rothaariger Junge aus Kiew. Er war klein, aber muskulös durch die Arbeit in den Eisenbahnwerkstätten. Er hatte den Anflug eines Schnurrbarts und riesengroße Ohren. Seine Haut trug wie die aller Gettobewohner den Stempel der Blässe (‹unangenehm weiß› hieß es in seiner Polizeiakte). Ein kantiges, energisches Kinn und eine niedrige Stirn ließen auf begrenzte Intelligenz und eine grenzenlose innere Überzeugung schließen.

Das Pflaster unter seinen Füßen, der Atem der Menge, die stuckverzierten Häuser und die Bäume auf den Gehsteigen, die Gewehre, Pferde und Polizeihelme versetzten Radowitzky in seine Heimatstadt und in die Revolution von 1905 zurück. Er hörte brüchige Stimmen, mit italienischen und spanischen Wortfetzen vermischt. Es ertönte der Ruf: «Tod den Kosaken!» Und die Aufständischen verloren die Kontrolle und zertrümmerten Fensterscheiben und spannten die Pferde von den Kutschen aus.

Simón Radowitzky war in einem zaristischen Gefängnis gewesen. Er war seit drei Monaten in Argentinien und teilte sich mit anderen jüdischen Anarchisten aus Rußland eine Wohnung in einer Mietskaserne. Er verschlang ihre hitzigen Reden und plante gezielte Aktionen.

Auf der Avenida de Mayo überwachten ein berittener Polizeikordon und ein einzelnes Fahrzeug das Vorrücken der Demonstranten. In dem Auto saß der Polizeichef, Colonel Ramón Falcón, mit Adlerblick und steinerner Miene. Die Männer in den ersten Reihen erkannten den Feind und schrien ihm Unflätigkeiten entgegen. Falcón überschlug gelassen die Zahl der Demonstranten und zog sich dann zurück.

Unmittelbar darauf prasselten Schüsse, und die Pferde preschten nach vorn. Drei Männer wurden getötet und vierzig verwundet. (Journalisten zählten sechsunddreißig Blutlachen.) Die Polizei berief sich auf Notwehr und präsentierte aufrührerische Flugblätter, die auf hebräisch abgefaßt waren, um die Verantwortung für die Unruhen den russischen Nihilisten zuzuschieben, denen eine laxe Einwanderungspolitik erlaubt habe, das Land zu überschwemmen. In Argentinien waren die Wörter ‹Russe› und ‹Jude› synonym.

Der zweite Akt fand etwas später im selben Winter statt. Colonel Falcón, der bewaffnete Leibwachen verachtete, kam von der Beerdigung seines Freundes, des Direktors des Staatsgefängnisses. Neben ihm im Wagen saß sein junger Sekretär, Alberto Lartigau, der gerade lernte, ein ganzer Kerl zu werden. An einer Kreuzung der Avenida Quintana wartete Simón Radowitzky in einem dunklen Anzug mit einem Päckchen unter dem Arm. Genau im richtigen Augenblick warf er es in das vorbeifahrende Auto, sprang mit einem Satz zurück, um sich vor der Explosion in Sicherheit zu bringen und rannte auf eine Baustelle zu.

Er hatte kein Glück. Ein paar Passanten riefen zwei Polizisten herbei. Eine Kugel traf ihn unterhalb der rechten Brustwarze, er stürzte zu Boden und biß die Zähne zusammen, als sie auf ihn einschlugen. Als sie ihn abführten, rief er mit erstickter Stimme: «*Viva la Anarquía!* Ich bin ein Nichts, aber ich habe für jeden von euch eine Bombe.»

Colonel Falcón war nur noch ein Brei aus Blut und zersplitterten Knochen, aber noch so weit bei Bewußtsein, daß er sich identifizieren konnte. «Halb so schlimm», sagte er. «Kümmert euch zuerst um den Jungen.» Er starb im Krankenhaus an den Folgen des Schocks und des Blutverlusts. Lartigau überlebte eine Amputation bis zum Abend. Zu ihrer Beerdigung kamen Polizisten aus dem ganzen Land.

«Simón Radowitzky gehört zu jenen Heloten, die in den Steppen Rußlands vegetieren und sich im harschesten Klima und in der Misere ihrer niedrigen Lebensumstände an eine unglückliche Existenz klammern.» Der Staatsanwalt wies außerdem auf gewisse physische Besonderheiten als Beweis für eine kriminelle Persönlichkeit hin. Als Mann der Moralität und der Menschlichkeit forderte er die Todesstrafe, aber der Richter konnte sie nicht aussprechen, bevor nicht das Alter des Mörders geklärt war.

An diesem Punkt betrat Moses Radowitzky, Rabbi und Altkleiderhändler, mit der Geburtsurkunde seines Neffen die Szene. Als die fast unleserlichen Schriftzeichen entziffert waren, erfuhr das Hohe Gericht, daß der Angeklagte achtzehn Jahre und sieben Monate alt war – zu jung für das Erschießungskommando, aber nicht für eine lebenslängliche Gefängnishaft. Jedes Jahr, wenn sich das Datum des Verbrechens nähere, ordnete der Richter an, solle Radowitzky zwanzig Tage bei Wasser und Brot in Einzelhaft gesteckt werden.

Simón Radowitzky verschwand in dem rattenverseuchten Labyrinth aus Eisenbeton. Zwei Jahre später verlegte man ihn nach Ushuaia, weil das Gefängnis in der Hauptstadt nicht ausbruchsicher war. Eines Nachts wurden zweiundsechzig Gefangene für eine ärztliche Untersuchung nackt ausgezogen und dann mit Eisenringen an den Fußgelenken aneinandergekettet. Scheinwerfer am Kai beleuchteten die Prozession der Gefangenen, die sich die Gangway eines Marinefrachters hochschleppten. Die Reise begann bei ruhiger See und endete in den Stürmen Patagoniens. Die Sträflinge hatten ihre Schlafstätte im Kohlenbunker des Schiffs; und als sie an ihrem Ziel ankamen, waren sie schwarz von Kohlenstaub und hatten vereiterte Fußgelenke.

Ein gewisser Hang zur Unterwerfung und die unbändige Hoffnung seiner Rasse halfen Radowitzky über die langen Jahre hinweg, in denen es nur Spülwasser und Kartoffeln gab. Sein einziger Besitz waren ein paar Familienfotos. Auf jede neue Demütigung reagierte er mit einem Lächeln, und er entdeckte in sich die Fähigkeit, Menschen zu führen. Seine Mitgefangenen liebten ihn, sie kamen mit ihren Problemen zu ihm, und er leitete ihre Hungerstreiks.

Als die Gefängnisverwaltung bemerkte, wie groß sein Einfluß war, verstärkte sich der Haß gegen ihn. Die Wärter hatten den Dauerbefehl, ihm während des Schlafs jede halbe Stunde mit einer Lampe ins Gesicht zu leuchten. 1918 verspürte der stellvertretende Gouverneur Gregorio Palacios Lust auf Simóns weiße Haut und den Wunsch, ihn noch mehr zu erniedrigen und vergewaltigte ihn. Die drei Wärter, die ihn dabei festhielten, vergewaltigten ihn anschließend ebenfalls. Dann schlugen sie auf seinen Kopf ein und zerfetzten seinen Rücken mit Messerstichen und Peitschenhieben.

Radowitzkys Freunde in der Hauptstadt bekamen Wind von der Sache und veröffentlichten ihre Version des Vorfalls unter dem Titel ‹*La Sodomia Fueguina*›. Die Russische Revolution war in vollem Gang. Alle Mauern in Buenos Aires waren mit der Parole ‹Freiheit für Radowitzky!› beschrieben. Ein paar der aktiveren Anarchisten planten, ihren Lieblingsmärtyrer aus dem Gefängnis zu befreien.

Dieses Unternehmen konnte nur ein Mann vollbringen: Pascualino Rispoli, der ‹letzte Pirat von Feuerland›, ein Neapolitaner, der seinem treulosen Vater bis in die Alhambra-Bar in Punta Arenas nachgereist und im Land geblieben war. Pascualino besaß einen kleinen Kutter, den er offiziell zum Fang von Robben und Seeottern benutzte, insgeheim aber zum Schmuggeln und Ausplündern von Schiffswracks. Er fuhr bei jedem Wetter aufs Meer, ließ allzu redselige Besatzungsmitglieder über Bord gehen, verlor regelmäßig beim Kartenspiel und war für jede Art von Auftrag zu haben.

Irgendwann im Oktober des Jahres 1918 wurde Pascualino von zwei argentinischen Anarchisten für die Gefangenenbefreiung angeheuert. Am 4. November ging der Kutter vor Ushuaia vor Anker. Drei Tage später verließ Radowitzky in der Uniform eines Wärters, der in den Plan eingeweiht war, im Morgengrauen das Gefängnis. Ein kleines Beiboot brachte ihn zum Kutter, der, bevor überhaupt Alarm gegeben wurde, bereits im Labyrinth der Kanäle verschwunden war, in denen vier Jahre zuvor auch der deutsche Kreuzer *Dresden* der britischen Kriegsmarine entkommen war.

Der Neapolitaner hatte die Absicht, den Flüchtigen mit Proviant zu versehen und auf einer der Inseln abzusetzen, bis sich die Aufregung gelegt hatte. Aber Radowitzkys Städteherz schrak vor den finsteren Regenwäldern zurück, und er bestand darauf, daß man ihn nach Punta Arenas mitnahm.

Inzwischen hatte sich die chilenische Marine bereit erklärt, mit der argentinischen Polizei zusammenzuarbeiten. Ihr Schlepper *Yáñez* fing den Kutter kurz vor seinem Heimathafen ab, aber Pascualino hatte seinen Passagier gerade noch früh genug veranlaßt, ans Ufer zu schwimmen und sich in den Wäldern zu verbergen. Die Offiziere, die nichts fanden, aber äußerst mißtrauisch waren, nahmen ein paar Seeleute mit nach Punta Arenas, wo die Polizei sie zum ‹Singen› brachte. Die *Yáñez* fuhr erneut an der Küste entlang und überraschte Pascualino dabei, wie er Radowitzky gerade mit ein paar Fässern an Land absetzte. Der Flüchtige blieb im Schutz des Kutters bewegungslos im Wasser liegen, aber es gab kein Entkommen. Der Platz war von einem großen Aufgebot von Carabinieri umstellt. Erschöpft und halb erfroren ergab er sich und wurde umgehend nach Ushuaia zurückgebracht.

Zwölf Jahre vergingen, bis Präsident Yrigoyen – als großzügige Geste gegenüber der Arbeiterklasse – Radowitzky im Jahre 1930 die Freiheit schenkte. Eines Abends im Mai stand der Ex-Sträfling an Deck eines Militärtransporters und blickte auf die Lichter von Buenos Aires. Aber er durfte nicht an Land gehen. Seine Bewacher brachten ihn an Bord eines Fährschiffs nach Montevideo. Yrigoyen hatte seinen Polizeichefs heimlich versprochen, Radowitzky aus Argentinien abzuschieben.

Ohne Papiere, ohne Geld und in einem schlecht sitzenden Anzug, den ihm ein Türke in Ushuaia geschenkt hatte, ging das ‹Opfer der Bourgeoisie› unter dem Applaus der versammelten Anarchisten die

Gangway hinunter. Das Empfangskomitee, das die Reden und Gesten eines Aufrührers erwartet hatte, war enttäuscht von dem verwirrten, sanften Mann mit den buschigen Augenbrauen und den bläulichen Adern im Gesicht, der unbestimmt lächelte und nicht wußte, was er mit seinen Händen anfangen sollte.

Seine neuen Freunde umarmten ihn und fuhren mit ihm in einem Taxi davon. Er bemühte sich, ihre Fragen zu beantworten, brachte das Gespräch jedoch immer wieder auf seine Freunde, die er in Ushuaia zurückgelassen hatte. Die Trennung von ihnen, so sagte er, überschreite seine Kräfte. Als man nach dem fragte, was er erlitten hatte, blieb er stumm und kramte aus seiner Tasche einen Zettel hervor und las einen Text ab, in dem er Dr. Yrigoyen im Namen des internationalen Proletariats dankte. Als er erklärte, er wolle nach Rußland zurückkehren, brachen die Anarchisten in Lachen aus. Der Mann hatte noch nichts von dem Massaker in Kronstad gehört.

Wieder in Freiheit, fiel Radowitzky in die Namenlosigkeit zurück und in einen Zustand nervöser Erschöpfung. Seine Freunde benutzten ihn als Überbringer von Botschaften an Kameraden in Brasilien. Er bekam Ärger mit der uruguayischen Polizei und wurde unter Hausarrest gestellt und kehrte, da er kein Zuhause hatte, wieder heim ins Gefängnis.

1936 schiffte er sich nach Spanien ein. Drei Jahre später war er einer jener gebrochenen Männer, die sich in Gruppen über die Pyrenäen nach Frankreich schleppten. Er ging nach Mexiko, wo ihm ein Dichter zu einer Stelle als Schreibgehilfe im Konsulat von Uruguay verhalf. Er schrieb Artikel für hektographierte Zeitschriften mit geringer Verbreitung und teilte seinen Verdienst mit einer Frau, wahrscheinlich der einzigen, die er je gekannt hat. Manchmal besuchte er in den USA Verwandte, die es dort zu einigem Wohlstand gebracht hatten.

Simón Radowitzky starb 1956 an einem Herzinfarkt.

In dem Jahr, als die Nationen Europas auf der Ebene bei Waterloo den Kurs des 19. Jahrhunderts festsetzten, wurde in der Meerenge von Murray ein Junge geboren, der auf seine bescheidene Weise dazu beitragen sollte, den Verlauf des 20. Jahrhunderts festzulegen.

Seine Geburtsstätte war eine Gartenlaube voller grüner Setzlinge, getrockneter Gräser und ranziger Seehundfelle. Seine Mutter durchschnitt die Nabelschnur mit einer scharfen Muschelschale und drückte seinen Kopf an ihre kupferfarbene Brustwarze. Zwei Jahre lang war die Brustwarze der Mittelpunkt seiner Welt. Er begleitete sie überall hin: zum Fischen, zum Beerensammeln, beim Kanufahren, bei

Verwandtschaftsbesuchen, und sie war auch bei ihm, als er die Namen für alles, was schwamm, sproß, kraulte oder flog lernte, Namen, die so komplex und präzis waren wie das Linnésche Latein.

Eines Tages schmeckte die Brustwarze schrecklich, weil seine Mutter sie mit ranzigem Walfischtran eingerieben hatte. Sie sagte ihm, er solle von nun an mit Jungen seines Alters spielen, denn er könne ja jetzt ein Seehundsteak kauen. An diesem Punkt übernahm der Vater die Erziehung des Jungen und zeigte ihm, wie Kormorane erdrosselt, Pinguine erschlagen, Krabben erstochen und Seehunde harpuniert werden. Der Junge hörte jetzt von Watauineiwa, dem Alten Mann im Himmel, der sich nie veränderte und dem jede Veränderung ein Greuel war; und von Yetaita, der Macht der Finsternis, einem behaarten Ungeheuer, das über die Faulen, Trägen herfiel und nur durch Tanzen abgeschüttelt werden konnte. Und er hörte all die Geschichten, die seit ewigen Zeiten in den Köpfen der Menschen herumgeistern: von dem verliebten Seehund, von der Erschaffung des Feuers, von dem Riesen mit der Achillesferse und von dem Kolibri, der die eingeschlossenen Wasser befreite.

Der Junge wuchs furchtlos auf und war den Bräuchen seines Stammes treu. Die Jahreszeiten wechselten einander ab: Eier-Zeit, der Flug-der-kleinen-Möwen, das Rotwerden-der-Blätter-am-Strand, das Verstecken-des-Sonnenmannes. Blaue Seeanemonen kündigten den bevorstehenden Frühling an, und mit den Ibissen kamen die Äquinoktialstürme. Menschen wurden geboren und Menschen starben. Sie wußten nichts vom Fortschreiten der Zeit.

Der Morgen des 11. Mai 1830 war klar und frostig. (Für die Feuerländer wurde dieses Datum durch die kahlen Äste und die gleichzeitig erfolgende Rückkehr der Seeottern angezeigt.) Unter der Schneehaube lagen blaue Hügel und violette und rotbraune Wälder. Schwarze Dünungen zerstäubten an der Küste in weiße Linien. Der Junge war mit seinem Onkel beim Fischen, als sie die Erscheinung sahen.

Seit Jahren schon hatten die Menschen im Süden etwas von den Besuchen eines Monsters gemunkelt. Zuerst hatte man angenommen, es handle sich um eine Art Wal, aber beim näheren Hinschauen stellte sich heraus, daß es ein Riesenkanu mit Flügeln war, voll von rosa Lebewesen, denen beunruhigenderweise Haare aus dem Gesicht wuchsen. Es hatte sich aber bald gezeigt, daß sie zumindest halbe Menschenwesen waren, denn sie verstanden etwas vom Tauschhandel. Freunde weiter oben an der Küste hatten einen Hund gegen ein ausgesprochen nützliches Messer aus hartem, kaltem, glitzerndem Stein eingetauscht.

Unbekümmert vor der Gefahr, überredete der Junge seinen Onkel dazu, mit ihm zum Kanu des rosa Mannes zu paddeln. Eine große Gestalt in einem Gewand winkte ihn zu sich, und er sprang an Bord. Der rosa Mann gab dem Onkel eine Scheibe, die wie der Mond schimmerte, das Kanu breitete einen seiner weißen Flügel aus und flog den Kanal hinunter, auf die Quelle der Perlmuttscheiben zu.

Der Entführer war Kapitän Robert FitzRoy von der Royal Navy, Kommandant des Schiffs der Königlichen Marine, *Beagle*, das gerade seine erste Forschungsreise durch die südlichen Gewässer abgeschlossen hatte. Überall an der patagonischen Küste hatte FitzRoy Schichten von fossilen Austern gesehen und darin eine Bestätigung seines Glaubens an die große Sintflut gefunden. Daraus folgerte er, daß alle Menschen Kinder Adams und damit alle entwicklungsfähig seien. Deshalb war er beglückt, seiner Sammlung von drei Eingeborenen dieses neue Exemplar mit den intelligenten Augen hinzufügen zu können, das von der Besatzung Jemmy Button getauft wurde.

Die nächste Etappe in der Laufbahn des Jungen ist reich dokumentiert. Er reiste mit den beiden anderen Feuerländern nach London (der vierte starb in Plymouth an Pocken), sah auf den Stufen von Northumberland House einen steinernen Löwen stehen und fand sich in einem Internat in Walthamstow wieder, wo er in die Geheimnisse der englischen Sprache, des Gartenbaus und des Zimmerhandwerks eingeweiht und mit den nackten Wahrheiten des Christentums vertraut gemacht wurde. Er lernte auch, sich vor Spiegeln fein zu machen und sich mit Handschuhen wichtig zu tun. Bevor er das Land wieder verließ, wurde er von König William IV. und Königin Adelaide empfangen, und wenn wir Mark Twain glauben dürfen, nahm sein Landsmann York Minster im Kostüm seines Landes an einem Hofball in St. James teil, worauf der Ballsaal sich innerhalb von zwei Minuten leerte.

Über die Rückkehr des Feuerländers wüßten wir weniger, wenn nicht dieser Naturwissenschaftler bei der zweiten Reise der *Beagle* mit dabeigewesen wäre, ein stupsnäsiger, freundlicher junger Mann, der über eine einzigartige Beobachtungsgabe verfügte und in seinem Gepäck ein Exemplar von Lyells ‹*Grundbegriffe der Geologie*› mitführte. Darwin hatte Jemmy Button gern, aber die wilden Feuerländer erschreckten ihn. Er hatte in dem Buch von Drakes Schiffsgeistlichem die Beschreibung eines «anmutigen und harmlosen Volkes» gelesen (sie aber nicht verstanden), das Kanus von wunderbaren Proportionen baute, «deren Eleganz und Wendigkeit einen jeden Prinzen entzücken würde». Statt dessen verfiel er in den weitverbreiteten Fehler der Naturwissenschaftler: die ausgeklügelte Perfektion anderer Kreaturen zu bewundern und bei dem Gedanken an die Verderbtheit des Menschen zu erschauern. Darwin hielt die Feuerländer für ‹die gemeinsten und elendsten Kreaturen›, die ihm je zu Gesicht gekommen waren. Sie erinnerten ihn an die Teufel ‹in Stücken wie *Der Freischütz*› und zeigten sich von seiner weißen Haut ebenso fasziniert wie ein Orang-Utan im Zoo. Er machte sich über ihre Kanus lustig, er machte sich über ihre Sprache lustig (‹verdient es kaum, als verständlich bezeichnet zu werden›). Und er bekannte sogar, er könne kaum glauben, daß es sich bei ihnen um ‹meinesgleichen und Bewohner derselben Welt› handle.

Als sich die *Beagle* der Küste seines Heimatorts Wulaia näherte, stand Jemmy Button an Deck, deutete auf die Feinde seines Stammes, die sich am Ufer versammelt hatten und rief: «*Yapoos* … Affen … Dreckfinken … Narren … keine Menschen!» Möglicherweise gab er damit den Anstoß zu Darwins bekanntester Theorie. Denn allein der Anblick der Feuerländer genügte, um die Theorie entstehen zu lassen, die Menschheit stamme von einer affenartigen Spezies ab, und nur einige Menschen hätten sich weiterentwickelt als andere. Als Jemmy Button nahezu über Nacht in die Barbarei zurückfiel, erbrachte er den Beweis dafür.

FitzRoy und Darwin kehrten im Oktober 1836 nach England zurück und begannen gemeinsam, ihre Tagebücher für die Veröffentlichung zu bearbeiten. (Im Laufe der fünf Jahre, in denen sie am selben Tisch gegessen hatten, hatten sich die diametral entgegengesetzten Ansichten der beiden Männer immer mehr verhärtet.) FitzRoy war nicht weniger als Darwin verwirrt über diese Wilden ‹mit der Farbe von Devonshire-Kühen›, die in Rindenkanus auf den Wellen vor Kap Hoorn schaukelten. Wenn sie tatsächlich von Noah abstammten, wie und warum hatten sie sich dann so weit vom Berg Ararat entfernt? In dem Nachwort zu seinem Buch ‹*Narrative*› vertrat er eine Migrationstheorie, die Freuds mythische Vorgänge innerhalb der primitiven Horde vorwegzunehmen schien:

Irgendwo unter einem Zelt in Kleinasien umarmten die Söhne Sems und Japheths ein paar schwarze Sklavinnen, die den verfluchten Stämmen von Ham und Kush angehörten, und zeugten mit ihnen die Rasse der rothäutigen Mulatten, die dann Asien und die beiden Amerikas bevölkern sollten. Natürlich zogen die Väter ihre legitime Nachkommenschaft den Mischlingen vor, und als diese der Knechtschaft müde waren, gingen sie davon. Ihr Drang nach Freiheit trieb sie zur Emigration in alle Winde, und ‹möglicherweise hielt diese Leidenschaft für das Herumwandern an, das wir heute noch bei den arabischen Nomaden, den herumziehenden Malaien, den vagabundierenden Tartaren und den rastlosen südamerikanischen Indianern beobachten können›.

FitzRoy glaubte, daß die Wanderer als gesittete und gebildete Menschen aufgebrochen seien, durch das Klima in den fernen Ländern, das auch ihren Viehbestand vernichtete, jedoch verwilderten. Sie verlernten das Schreiben, hüllten sich in Tierfelle, als ihre Kleidung abgetragen war, und behielten an diesem äußersten Winkel der Welt nur das Kanu und ein paar Speere bei. Sie degenerierten zu verfetteten ‹Satiren auf die Menschheit›, mit glanzlosem Haar und Zähnen, ‹so abgeflacht wie ein Pferdegebiß›.

Unter den Büchern in FitzRoys Bordbibliothek befand sich ‹*Die Reise zum Südpol*› von Kapitän James Weddell. Im Sommer des Jahres 1822/23 segelten Weddells zwei Schiffe, der Zweimaster *Jane* und der Kutter *Beaufoy*, südlich von Kap Hoorn. Sie waren auf Robbenjagd. Sie kamen durch Packeisfelder (in denen eine Scholle mit schwarzer Erde bedeckt war), und am 8. Februar sahen sie in 75° 15′ südlicher Breite, südlicher als irgend jemand zuvor, Wale und eine Vogelart, die Ähnlichkeit mit der blauen Sturmschwalbe aufwies, sowie ein offenes Meer, das sich meilenweit vor ihnen ausbreitete. «KEIN STÜCK EIS WELCHER ART AUCH IMMER WAR ZU SEHEN!»

Weddell trug in seine Karte ein: ‹Meer von George IV., schiffbar›, und hinterließ damit den Eindruck, daß das Meer sich erwärme, je weiter man sich dem Pol nähere. Dann segelte er nach Norden, auf der Suche nach ein paar Phantominseln, den Auroras. Bei einer Zwischenlandung auf den südlichen Shetlands fiel einem seiner Matrosen ein ‹nicht zu beschreibendes Tier› auf, das ein rotes, menschenähnliches Gesicht und schulterlange grüne Haare hatte. Auf der Insel Hermit nahe Kap Hoorn stieß er dann auf unzählige Kanus voller Feuerländer, die über das Schiff herzufallen drohten. Er las ihnen ein Kapitel aus der Bibel vor, und sie lauschten mit andächtigen Gesichtern. Ein Mann hielt sein Ohr an das Buch, weil er glaubte, es könnte sprechen. Weddell notierte sich einige ihrer Wörter:

Sayam – Wasser
Abaish – Frau
Shevoo – Zustimmung
Nosh – Unzufriedenheit

Er kam zu dem Schluß, daß es sich bei dieser Sprache um Hebräisch handeln müsse. Wie diese Sprache indessen nach Feuerland gelangt war, das, sagte er, sei ‹eine interessante Frage für Philologen›. Im letzten Kapitel seines Buches empfiehlt er die Wilden der Menschenfreundlichkeit seiner Landsleute, was möglicherweise den Ausschlag für FitzRoys Reise gegeben hat.

Zur selben Zeit, als sich Darwin und FitzRoy an die Niederschrift ihrer Reiseberichte machten, tauchte ein Exemplar von Kapitän Weddells Buch in Richmond, Virginia, auf und landete auf dem Schreibtisch des Herausgebers des *Southern Literary Messenger*, Edgar Allan Poe, der eine andere Art von Erzählung schrieb. Poe war wie Coleridge, den er leidenschaftlich verehrte, ein nächtlicher Wanderer und besessen vom ‹Tiefen Süden› und Reisen in Vernichtung und Wiedergeburt – eine Leidenschaft, die er Baudelaire weitervermitteln sollte. Poe war kurz vorher auf die Theorie von J. C. Symmes gestoßen, eines ehemaligen Kavallerieoffiziers aus St. Louis, der 1818 die Behauptung aufgestellt hatte, beide Pole seien hohl und hätten ein gemäßigtes Klima.

In Poes Erzählung ‹*Der Bericht von Arthur Gordon Pym aus Nantucket*› wird der schiffbrüchige Held von einem Kapitän Guy, der den englischen Schoner *Jane Guy* befehligt, gerettet. (Ein echter Kapitän Guy kommt in Weddells Text vor.) Sie fahren nach Süden, auf der Suche nach den Aurora-Inseln, durchqueren die gleichen Eisfelder, entdecken ein ‹sonderbar aussehendes Tier› mit weißem Seidenhaar und roten Zähnen, und gehen auf einer warmen Insel namens Tsalal, wo alles schwarz ist, an Land. Die Tsalalianer sind pechschwarz, haben wolliges Haar und – Poe war ein für Virginia typischer Negerhasser – stellen die Ausgeburt an Bestialität und Dummheit dar. Ihre Anführer nennt er Yampoos (in ‹*Gullivers Reisen*› sind es Yahoos, und bei Jemmy Button Yapoos). Ihr oberster Häuptling heißt Too-Wit.

Nach außen hin gibt sich Too-Wit freundlich, insgeheim plant er jedoch Mord. Die Kanus der Tsalalianer umringen die *Jane Guy*, die Wilden plündern das Schiff und reißen die Mannschaft in Stücke. Nur Pym und einem Gefährten gelingt es, von der Insel zu fliehen, aber ihr Kanu gerät in eine Strömung nach Süden und treibt auf einen mörderischen Strudel zu. Als sie einen Wasserfall hinunterstürzen, entdecken sie – wie Odysseus den Berg des Fegefeuers – eine riesige, verschleierte Gestalt. ‹Und die Gesichtsfarbe der Gestalt war so vollkommen weiß wie der Schnee.› Diese Gestalt taucht in Rimbauds Gedicht ‹*Being Beauteous*› auf.

Poes Tsalalianer sind eine Mischung aus den tasmanischen ‹Blackfellows› von Kapitän Cook und den Schwarzen des Südens, die Poe aus seiner Kindheit kannte. Aber sie haben auch etwas von Kapitän Weddells Feuerländern an sich. Auch die Tsalalianer stammen von Ham, dem Dunkelhäutigen, ab, und auch sie sprechen Hebräisch (Tsalal = ‹schwarz sein›, Too-Wit = ‹schmutzig sein›). Weder Poe noch Darwin haben gelesen, was der andere geschrieben hatte. Daß sie beide dieselben Zutaten zu ein und demselben Zweck benutzten, ist ein weiterer Beweis für das synchrone Funktionieren von Intelligenz.

Die spätere Karriere von Jemmy Button trug nicht gerade dazu bei, das Ansehen seines Volkes zu steigern. Als der Schoner der Patagonischen Missionsgesellschaft, *Allen Gardiner*, 1855 in der Meerenge von Murray vor Anker ging und den Union Jack hißte, rief Kapitän Parker Snow einer plötzlichen Eingebung folgend laut über das Wasser: «Jemmy Button!» Eine Stimme hallte zurück: «Ja, ja! James Button! James Button!» Ein kräftig gebauter Mann paddelte heran, er sah aus ‹wie ein für die Gelegenheit zurechtgemachter Pavian›. Er bat um Kleidung und trank danach in der Kabine des Kapitäns mit diesem Tee, als ob sich einundzwanzig Jahre in Nichts aufgelöst hätten.

Nach weiteren vier Jahren veranstaltete Jemmy ein Massaker, das in einem Roman von Poe hätte beschrieben sein können. Am 6. November 1869 wurde der morgendliche Gottesdienst der Ersten Anglikanischen Kirche in Wulaia von einer Horde von Feuerländern gestört, die die acht weißen Gläubigen erschlugen oder steinigten. Nur der Schiffskoch Alfred Coles kam mit dem Leben davon, weil er an Bord des Schoners war und das Mittagessen kochte. Bei der offiziellen Untersuchung des Vorfalls sagte er unter Eid aus, Jemmy habe das Blutbad aus Zorn über die armseligen Geschenke, die man ihm aus England schickte, veranstaltet und sich danach in der Kabine des Kapitäns zum Schlafen niedergelegt.

Jemmy lebte bis in die siebziger Jahre des vorigen Jahrhunderts und mußte mitansehen, wie Ushuaia eine eigene Mission bekam und wie die ersten Menschen seines Volkes an Seuchen starben. Etwa um diese Zeit rechtfertigte Generalfeldmarschall von Moltke den preußischen Militarismus mit den Theorien Darwins, während der Mann, der den Anstoß zu ihnen gegeben hatte, sich auf einen Haufen Seehundfelle zurücksinken ließ und versuchte zu schlafen. Seine Frauen jammerten und bereiteten sich darauf vor, ihn zu vergessen. Wir wissen nicht, woran er dachte, als er diese Welt verließ – an eine kupferfarbene Brustwarze? An den Schmerbauch eines Mannes, der Majestät genannt wurde? Oder an einen menschenfressenden Löwen auf den Stufen von Northumberland House?

Ich verließ Ushaia, wie man einen Ort verläßt, an dem man nicht begraben sein möchte, und setzte über nach Puerto Williams, dem chilenischen Marinestützpunkt auf Navarino Island.

Friedrich Christian Delius
## *Ein Held der inneren Sicherheit*

### An diesem Morgen

*An diesem Morgen*, als noch niemand wußte, welchen Verlauf die aufregende und abstoßende Geschichte nehmen könnte, war Roland Diehl es leid, in ein Netz ungewohnter Gefühle gezogen zu sein. Seit Tagen konnte er sich nur schwer mit etwas anderem beschäftigen als mit seinem Chef, Präsident des Verbandes der Menschenführer Alfred Büttinger, der auf so lächerlich einfache Weise entführt versteckt gesucht und in den Mittelpunkt der Aufmerksamkeit gezerrt war, phantastischer Gesprächsstoff, Futter der Schaltzentralen und schon zum Objekt erstarrter Name auf dem schwärzer bedruckten Zeitungspapier.

Seit Tagen wurde die gewaltige Aufmerksamkeit auch auf Roland Diehl und die anderen Angestellten des Verbandes geladen, die aus ihrer jahrelangen Anonymität plötzlich entlassen waren und so viele panische Regungen zeigen mußten wie nie zuvor. Eingeschüchtert vom überschäumenden Beileid und noch hilflos in Rachegedanken, hatten sie mehrere Tage in immer unbequemerer Spannung vor den Bildschirmen auf eine Lösung gewartet und sich immer häufiger dabei ertappt, eine grausige, in die Länge gezogene Operette auf der Fernsehbühne zu verfolgen.

Erschossen waren Büttingers Beschützer, und der Schreck darüber wurde täglich wiederholt, vielfach vergrößert. Für Roland Diehl war der Schreck schon abgetan, obwohl er mehrmals in Büttingers Wagen neben Büttinger gesessen hatte. Diehl war nicht der Mann, der als Zuschauer eines Feuergefechts Entrüstung spielte oder zu spielen hatte. Der Überfall war für ihn eine vielleicht ungewöhnliche, in ihrer Perfektion aber kaum noch brutal wirkende Filmszene. Die Toten Statisten mit einer kurzen glänzenden Karriere, die Täter Opfer spätestens in der Schlußszene. Um so empörender war die Situation dessen, der überlebt hatte, um den nun gefeilscht wurde, der von seinen Feinden noch am Leben gehalten und von seinen Freunden schon zum Tod verurteilt war, was keiner wissen durfte und jeder ahnte. Es gehe um eine Herausforderung, es gehe um Büttingers Leben, und doch sah man ihn live vor den Kameras hingerichtet sterben, obduziert und schon zum Denkmal erhoben, bevor er umgebracht war.

Das Unerträgliche für Diehl war nicht mehr dieser Vorgang, sondern das Andauern dieses Vorgangs. Vor jedem möglichen Happyend unterbrachen die Sprecher der Nachrichten die Vorstellung und riefen zu einem neuen Zusammengehörigkeitsgefühl auf. Hinter den Barrieren Geheimnisse. Vor den Barrieren war Ruhe befohlen, Geschäfte wie üblich bitte, und alle Vorgesetzten gaben die Parole aus, die Arbeit müsse ganz normal getan werden, jetzt erst recht, das sei in Büttingers Sinn. Auch Diehl hatte versucht, mit Durchhalteparolen über die Runden zu kommen, vergeblich, und nun fing er an, ohne es recht zu merken, es dem Chef übelzunehmen, daß der immer noch in Gefahr, immer noch nicht lebendig oder tot gefunden war und beständig alle Gehirnzellen besetzte und blockierte. Diehl merkte nur, wie lästig es war (er nannte das komisch), sich so schwer ablenken und keine andere Spannung gönnen zu können, immer wieder sich mit Büttinger befassen zu müssen, ihm ständig nachzuspüren in immer schwerer zu regulierenden Gedankenketten. Er wollte endlich frei sein von Büttinger, ihn abschütteln.

Als ihm das klar wurde, an diesem Morgen, im Bett und allein und von kriegerischen Träumen geschlagen, erschrak er, weil er nicht sicher war, ob er mit solchen Gedanken Büttinger schon aufgegeben hatte.

*Nie wird es reichen*, die Städte zu durchsuchen, dachte Diehl, als er aus der Tiefgarage ans Licht und auf die Rodenkirchner Hauptstraße fuhr. Nie wird es reichen, die Hochhäuser und die Altbauten zu observieren, gerade die unscheinbaren Gegenden verdienen jeden Verdacht, die friedlich genannten Dörfer und Landschaften, Büttinger muß doch irgendwo zu finden sein. Man müßte die Mittelgebirge durchkämmen, jeden verfallenen Schuppen in der Eifel erfassen, durch Weinberge kriechen und über die Böschungen der Bahnlinien, man müßte den Panoramastraßen folgen und die Stauseen ausloten, Autobahnbrükken prüfen, die Gesichter der Besucher vor den Kassen der Wildparks, die hohlen Denkmäler auf den strategisch gut gelegenen Soldatenfriedhöfen, Verstecke überall. Ich würde über die Landstraßen fahren, Wälder inspizieren, Steinbrüche und Sägewerke, mein Leutnantsblick, mein Orientierungssinn gegen Wochenendhütten, Scheunen und Forsthäuser.

Der Morgenverkehr nur mit kurzen Staus, Waffenstillstand aller Hupen, unnahbar die Fahrer zwischen ihren Stoßstangen sich dem Tag entgegenboxend, und wieder ging Diehl alles zu langsam. Der dichte Verkehr, die abgeblockten Überholmöglichkeiten genügten, diese Enge empfand er wie fast jeden Morgen als Beleidigung seiner Person und seines BMW.

Er sah in fremden Landschaften vor gesperrten Durchfahrten Roland Diehl Sondergenehmigungen aus der Tasche ziehen, im Rallyetempo über Sandwege jagen und aussteigen, wo die Gegend verdächtig riecht, wo er selber gern jemanden verstecken würde. Du wirst den Wagen stehen lassen und auch die Schäferkarren nicht schonen, Unterstände für Wanderer und Waldarbeiter, Waldkapellen, was ist mit den Futterkrippen und den riesigen Ameisenhaufen. Such weiter, nicht aufgeben, wenn du schwitzt, kühlt dich Regen, bevor dir die Nässe ins Hemd beißt, zieht die Sonne wieder auf, such weiter, auch im Unterholz, such weiter.

So stob er durch Wälder, bis er sich wieder besann, daß er Richtung Innenstadt fuhr, die schlafsichere Strecke, immer noch in Bewegung, und dann stand er doch wieder vor den Bremslichtern eines Kleinwagens. Am liebsten hätte er jetzt mit seinem 2002 Cabrio den ganzen VW-Konzern auf den Schrottplatz geschoben oder den Rhein zubetoniert und die vor ihm fahrenden Autos rechts überholt. Er wünschte, mit allen Hindernissen fertig zu werden, er wünschte Ford und Opel die Pleite, die Quellen des Rheins verstopft, die Bäume zurückgestoßen zu den Wurzeln und vorbei, endlich vorbei, alles umlegen oder wegdrängen, was sich in seiner Nähe zu langsam bewegte. Er wußte nicht mehr, was ihn so in Fahrt brachte.

Dann sagte er laut vor sich hin: Was geht mich Büttinger an. Und lehnte sich dem Rückspiegel entgegen, um nachzuprüfen, ob er sorgfältig genug rasiert war. Die eigenen Augen musterten ihn feindlich. Sein Gesicht gefiel ihm nicht, verschlafen, blaß, eine ratlose Schwere. Der Mund immerhin bewahrte Haltung. Rasch sah er wieder auf die Straße, zufrieden nur mit den zuverlässigen Stacheln des Schnurrbarts.

Die Nacht saß ihm noch in den Knochen, der letzte Traumschreck fiel ihm wieder ein, ja, erschossen, er und Tina abgeknallt mit einem MG, die Freundin zuerst.

*Wir laufen auf eine Villa zu*, über hellgiftgrünen Rasen zum Rhein hinab. Die Villa hat früher Adenauer gehört, das Erdgeschoß ist zur Besichtigung freigegeben. Wir schließen uns einer Führung an. In jedem Raum werden einzelne Möbel aus Adenauers Besitz verkauft, vor allem Stühle. Ich habe einen Schaukelstuhl schriftlich vorbestellt, nach längerem Suchen finden wir den, ein schönes Stück, gepolstert, mit Namensschild, aber in meinem Namen fehlt das h. Auf der Rückseite des Schildchens in winziger Schrift der Preis: DM 1980. Das ist mir zu teuer, das ist Tina zu teuer, der Schaukelstuhl wird nicht gekauft.

Als wir hinaustreten auf den Rasen, blendet uns das kräftige Grün. Ein Sonntagsbesichtigungswetter und viele Leute. Da bemerken wir drei Leute mit MG, sie haben uns erwartet. Sie drängen uns in einen Winkel des Parks am Rheinufer, wo schon mehr Menschen zusammengetrieben sind, die offenbar auch keine Stühle gekauft haben. Die Exekution erfolgt rasch, aber noch bin ich am Leben. Tina liegt erschossen an meinen Füßen, ich wundere mich, daß ich kein bißchen traurig bin. Ich fühle, ich lebe. Ich denke, ich werde das jetzt alles organisieren müssen, immer bleibt alles an mir hängen. Sibylle fällt mir ein, Tinas Freundin, bei ihr werde ich landen, wenn ich ihr Tinas Tod berichte und sie tröste. Da merke ich, wie mir das Blut aus einer Wunde am Bauch quillt, ich halte die Hand ganz fest darauf und spüre, im Umfallen, der Druck von innen ist doch stärker.

*Das Haus des Verbandes* der Menschenführer, das Diehl bei jedem Test spontan als sein Haus bezeichnet hätte, war von Polizei umstellt. Er hielt inne. Niemals war er hier stehen geblieben, niemals hatte ihn jemand vor diesem Haus aufgehalten. Immer sah er sich so: Nach dem Spurt vonTiefgarage zu Tiefgarage geht der Einsachtundsiebzigmann Roland Diehl vom benachbarten Bankhochhaus, in dessen Kellern sein einziger Schatz, der silberblaue BMW 2002 Cabrio, verwahrt ist, mit federndem Schritt und oft ohne Aktenkoffer den kurzen Weg zum Haupteingang des Hauses der Menschenführer, wirft vielleicht noch einen gelassenen Blick die sechzehn Stockwerke hinauf und auch, wenn die Gedanken schon durch den Terminkalender springen, vorgreifen auf die Sitzungen und Diktate des Tags, behält er den locker entschlossenen, den festen Gang eines Mannes von Format. Hier hält mich keiner auf, dies Haus ist mein Haus, am Heuss-Ufer im Norden der Stadt, in der Mitte des Landes, Schaltstelle für Interessenkoordination in allen grundsätzlichen Fragen der Wirtschaft, dies Haus ist mein Platz, meine Welt, ich gehe direkt drauf zu, die Pförtner grüßen mich, hier gehöre ich hin, ich Referent Personalführung und Spezialist für Grundwerte, ich mit dem Spitznamen Chefdenker und bevorzugter Ghostwriter des Chefs Büttinger, hier in der Sonne unter der Chefetage.

Noch nie hatten so viele Menschen vor dem Haus gestanden, es hatte noch nie Demonstrierer angezogen, noch nie Schutz gebraucht vor denen, die sich nicht führen lassen wollten. Und niemals ein Anlaß für Haussuchungen oder polizeiliche Maßnahmen.

Diehl wunderte sich einen Moment lang über die Polizei, dann wunderte er sich nur noch über den ungewohnt direkten Anblick. Das war auf einmal kein Fernsehen mehr. Polizisten wurden jetzt oft aus ihren unterirdischen Kasernen hinausgefahren und ins Licht gestellt und ließen sich, gegen Bezahlung der Überstunden und Gefahrenzulagen, in ihre gebutterten Gesichter sehen und sollten den Angestellten innerhalb und außerhalb der Bannmeilen das Vertrauen in eine nicht näher bekannte Sicherheit zurückgeben. Einzeln wären diese Jungen mit dem Stolz auf ihre blonden Schnurrbärte von den Einsatzorten weggerannt, die so furchterregend waren, weil trotz aller Kriegsbereitschaft nichts Böses geschah. Aber in Haufen Schulter an Schulter, Befehl im Rücken, Waffe und Funkgerät vorm Bauch, in einer stabilen Uniform und in festem, glänzendem Schuhwerk auf dem zarten Rasen, der die Unruhe in den Kniekehlen dämpfte, so ausgestattet sprachen die Jungen gehorsam von ihren nervösen Zeigefingern, konnten vor die laufenden Kameras gestellt werden und gaben so den Ängstlichen Antwort: Wir sind da, wir bringen die Sache wieder in Ordnung.

Diesen Trost brauchte Diehl nicht, aber er hatte auch keinen Widerwillen dagegen, Polizisten neben sich zu sehen. Ungewohnt war nur der direkte Anblick, live. Er bemerkte wie zum erstenmal die Farben, das verlegene Grün der Uniformen im Kontrast zur blendenden Fensterfront des Hauses. Im Fernsehen ist dies Grün immer viel kräftiger. Und dann der Glanz der Schuhe und Stiefel, der ihn einen Augenblick lang abstieß. Die alte Abneigung gegen Schuhwichse, dachte er, ein Glück, daß die Sonne nicht scheint.

Erhard Eppler

## *Wege aus der Gefahr*

### Mut zur Zukunft

Wege aus der Gefahr – das klingt wie ein Echo, vielleicht sogar ein kritisches Echo auf C. F. von Weizsäckers Versuch, Wege *in* der Gefahr zu weisen. Es klingt vor allem ärgerlich unbescheiden, und dies in einem historischen Moment, in dem es Grund zur Bescheidenheit gibt. Wir sind genügsamer geworden als in der Aufbruchstimmung der frühen siebziger Jahre, vorsichtiger auch als in jenen frühen sechziger Jahren, als es üblich war, die wohlgeordnete Gegenwart einer funktionierenden Wohlstandsgesellschaft durch mehr oder minder gigantische Planungen unangefochten in eine bessere Zukunft fortzuschreiben.

Beides ist uns gründlich vergangen: das Pathos des Aufbruchs zu neuen Ufern, aber auch der Glaube an eine Zukunft, die sich einfach aus technokratischer Fortschreibung ergibt.

«*Wege in der Gefahr*» – das meint doch: Wer nicht mehr geben will, als er hat, kann allenfalls Schleichwege suchen durch die Gefahren der achtziger Jahre, Gefahren, an denen keiner von uns etwas ändern kann. Ist es nicht vermessen, Wegen nachzuspüren, die *aus* der Gefahr führen?

Man tut Weizsäcker sicher nicht unrecht, wenn man die Formel «Wege in der Gefahr» im Zusammenhang sieht mit dem, was der von ihm beratene Bundeskanzler Krisenmanagement nennt. Seit der ersten Ölpreiskrise bestand Politik in den meisten westlichen Industrieländern überwiegend aus ökonomischem und außenpolitischem Krisenmanagement.

Helmut Schmidts Krisenmanagement unterschied sich vom amerikanischen oder französischen überwiegend dardurch, daß es erfolgreicher war. Und das sollte niemand geringachten.

Wenn nicht alles täuscht, ist dieses Krisenmanagement an seine Grenzen gestoßen. Das kündigte sich schon an in einem Bundestagswahlkampf, in dem die Zukunft praktisch nicht vorkam – es sei denn als die zukünftige Staatsverschuldung. Wenn sich die großen politischen Blöcke, den Blick starr auf die Vergangenheit gerichtet, nur noch längst verjährte Fehler vorrechnen, dann liegt der Schluß nahe, sie hätten letztlich beide das Gefühl, die – konsequent verschwiegene – Zukunft dürfte überwiegend in der Exekution von Sachzwängen bestehen, denen sich keine Regierung entziehen könne. Nichts führt zu üblerer Polarisierung als gemeinsame Ratlosigkeit, zumal wenn man sie – und wer wollte dies vor einer Wahl? – nicht eingestehen kann.

Noch nie hat sich nach einer Regierungserklärung – nicht einmal nach der Ludwig Erhards im Herbst 1965 – eine solche Atmosphäre geistiger Öde verbreitet wie nach der Regierungserklärung vom 24. November 1980. Man hatte den Eindruck, eine ganze Gesellschaft sei nach einer emotionalen Scheinpolarisierung jäh in den Sog des politischen Nichts geraten; lähmende Langeweile drang in die letzten Ritzen des gesellschaftlichen Gefüges ein. Niemand, ganz zuletzt die Opposition, konnte das Vakuum füllen, das sich aufgetan hatte.

Wenn Zukunft nicht in der Fortschreibung bekannter Trends besteht – das wurde erkennbar Anfang der siebziger Jahre –, wenn Zukunft sich nicht in optimistisch-schwungvoller Reformanstrengung gewinnen läßt – das wissen wir seit 1974 –, wenn schließlich nicht einmal das ökonomische Krisenmanagement mehr funktioniert – das wissen wir spätestens seit 1980 –, wenn Wachstum sich nicht mehr einfach machen läßt – das erfahren wir jetzt –, jenes Wachstum, ohne das uns doch Arbeitslosigkeit, ja das Ende des marktwirtschaftlichen Systems ins Haus stehen soll, was in aller Welt ist dann noch Politik? Verlieren sich dann die Wege in der Gefahr nicht irgendwo im Morast?

Denn auch das außenpolitische Krisenmanagement stößt dann an unüberwindliche Grenzen, wenn alles darauf deutet, daß der Rüstungswettlauf zwischen den Supermächten völlig irrationale Formen annimmt, während die rapide wachsende Verschuldung der Entwicklungsländer immer rascher zu einer faktischen Re-Kolonialisierung führt; wenn auch in der Dritten Welt irrationale Ausbrüche wahrscheinlich werden, die wiederum die Weltmächte auf den Plan rufen. Werden da aus Wegen in der Gefahr nicht Wege in die Gefahr?

C. F. von Weizsäcker hat darauf selbst eine Antwort gegeben, ebenso klug wie deprimierend. Schon 1976 hat er lapidar erklärt, der dritte Weltkrieg sei wahrscheinlich, aber doch hinzugefügt: «Eine Politik, die ihn verhindert, ist möglich und wird heute versucht.»

Wie sehr sein Vertrauen in eine solche Politik gelitten haben muß, zeigt ein Aufsatz in der *Zeit*. Unter der Überschrift: «Die Wissenschaft ist noch nicht erwachsen» beschäftigt sich Weizsäcker mit der Rolle der Wissenschaft für unsere westliche Kultur. An dieser Stelle interessiert weniger seine Forderung, daß der Naturwissenschaftler sich künftig nicht mehr an den gesellschaftlichen Folgen seiner Arbeit vorbeidrücken dürfe. Hier kommt es auf den Schluß des Aufsatzes an, der – seltsamerweise – keinerlei Aufschrei in der öffentlichen Meinung hervorgerufen hat:

«Eine jetzt einsetzende Besinnung auf diese Rolle (der Wissenschaft) wird die schon begonnene politische Krise nicht mehr aufhalten. Ob ein früher und in breiter Front begonnenes Studium der Lebensbedingungen der wissenschaftlich-technischen Welt dies vermocht hätte, läßt sich ebenfalls bezweifeln. Nach meinem Empfinden war es freilich eine moralische Pflicht der Wissenschaft, wenigstens diese Anstrengung zu machen. Diese Anstrengung hätte vielleicht eine Anzahl kluger und verantwortungsbewußter Menschen aus dem herrschenden Zustand der Verdrängung dieser Probleme in den Zustand der Verzweiflung an den Problemen gebracht. Und ohne den Durchgang durch die erfahrene Verzweiflung wird kein Schicksal gewendet.

Dieser Aufsatz stellt daher nicht die Frage, was zu tun wäre, um die Krise aufzufangen oder doch zu lindern. Diese kurzfristige Frage findet ihre Antwort im Feld praktischer Politik – behutsamer Außen- und Wirtschaftspolitik, rechtzeitiger Versorgungsplanung, maßvoller, aber entschlossener Schritte zum Bevölkerungsschutz. Dieser

Aufsatz tritt einen Schritt vor der Aktualität zurück. Er stellt eine Frage grundsätzlicher Besinnung: Wie hätten wir Wissenschaft treiben und beurteilen sollen, als dafür noch Zeit war? Wie sollte eine Menschheit, die die Krise überlebt, zur Wissenschaft stehen?»

Hier wird also nicht mehr nachgedacht über die Wege in der Gefahr, sondern über den – offenbar nicht völlig auszuschließenden – Neuanfang für die wenigen, die vielleicht doch in Bunkern für den «Bevölkerungsschutz» überleben. Man wird sich eines Tages nur mit Mühe vorstellen können, was eine Gesellschaft gelähmt haben muß, die über solche Sätze ihres renommiertesten Wissenschaftlers einfach zur Tagesordnung überging, zu jener Tagesordnung, auf der auch in den nächsten Jahren so faszinierende Fragen stehen wie die, ob sich der Vorsitzende der Freien Demokraten nicht vielleicht doch unter den Christdemokraten nach einem genehmeren und bequemeren Kanzler als dem gegenwärtigen umsehen könnte.

Unsere Gesellschaft droht an Hoffnungslosigkeit zu ersticken. Es fehlt ihr die Hoffnung darauf, daß es Wege aus der Gefahr gibt, und seien es nur Trampelpfade, auf denen die ersten sich durch Gestrüpp und hohes Gras durchkämpfen, bis schließlich so etwas wie ein Weg entsteht. Solche Hoffnung ist alles andere als blauäugiger Optimismus. Erich Fromm hat die Hoffnung beschrieben, die uns not tut und ohne die es auch keinen konstruktiven Realismus gibt:

«Hoffnung ist paradox. Sie ist weder ein passives Warten noch ein unrealistisches Erzwingen von Umständen, die nicht eintreten können. Sie gleicht einem kauernden Tiger, der erst dann lospringt, wenn der Augenblick zum Sprung gekommen ist.

Weder ein müdes Reformertum noch schein-radikale Abenteuerlust dürfen als Ausdruck von Hoffnung gelten. Hoffen heißt, in jedem Augenblick für das bereit zu sein, was noch nicht geboren ist – und trotzdem nicht zu verzweifeln, wenn es in unserer Lebensspanne zu gar keiner Geburt kommt. (...) Der, dessen Hoffnung schwach ist, läßt sich selbst zur Bequemlichkeit oder zur Gewalttat herunterkommen; der, dessen Hoffnung stark ist, erkennt und begrüßt alle Anzeichen eines neuen Lebens und ist jederzeit gerüstet, dem zur Geburt zu verhelfen, was zum Geborenwerden bereit ist.»

Vielleicht ist heute mehr zum Geborenwerden bereit, als die erkennen, die sich mit viel gutem Willen in der folgenlosen Geschäftigkeit des politischen Alltags aufreiben. Das Neue tritt nicht in Erscheinung als mitreißendes Programm, als beflügelnde Utopie, als unwiderstehliche Welle, schon eher als Zweifel am Herkömmlichen, als tastendes Suchen nach erfüllterem Leben, als neue Formen menschlicher Kommunikation, als Bürgerinitiative gegen technokratischen Größenwahn, als Streit um bislang Unbestrittenes, als neuer Wegweiser, auf dem keine Endstation verzeichnet ist, allenfalls die nächste und übernächste Ortschaft.

Gegen Ende des Jahres 1980 haben manche, auch Helmut Schmidt selbst, laut darüber nachgedacht, ob ein Bundeskanzler die Aufgabe geistiger Führung habe. Sicher: Ein Bundeskanzler wird nicht zum Predigen, sondern zum Regieren gewählt, nicht für geistige Höhenflüge, sondern für die unzähligen, kräftezehrenden Entscheidungen, die jeden Tag – und immer unter dem Risiko des Irrtums – gefällt sein wollen.

Aber dies ändert nichts daran, daß führen nur kann, wer vorangeht. Und vorangehen kann nur, wer spürt, was da «zum Geborenwerden bereit» ist, wer das Neue wahrnimmt, aufnimmt, es zu formen, zu leiten, zu gestalten und damit zu nutzen versucht. Gerade in der Demokratie bedeutet politische Führung, Wege zu weisen und sie selbst in kleinen, oft winzigen Schritten gegen hundert Widerstände zu gehen. Was zählt, ist nicht die Größe der Schritte, sondern die Erkennbarkeit der Richtung. Führung bedeutet nicht, den Bürgern zu sagen, was sie zu denken haben, sondern ihnen zu erläutern, wohin die kleinen Schritte führen sollen.

Mut zur Zukunft wächst da, wo Wege in eine gute Zukunft sichtbar werden, auch wenn niemand das Ende des Weges kennt. Mut zur Zukunft entsteht nicht, wenn wir darauf verweisen, bisher sei doch schließlich alles nicht so schlecht gelaufen, und dies werde auch künftig nicht anders sein. Dazu haben zu viele Menschen ein Gespür für die tödlichen Gefahren, die uns bedrohen. Wo keine Wege aus solcher Gefahr zu sehen sind, breitet sich nicht Mut, sondern Angst aus. Wo auch für die Regierenden Zukunft letztlich das ist, was an technischen Entwicklungen, politischen Zwängen, ökonomischen Krisen oder militärischen Katastrophen auf uns zukommt, ist die Angst auch dann nicht zu bannen, wenn die Bürger das Gefühl haben können – und dies bei uns durchaus zu Recht –, daß ihre Regierung besonnen und vernünftig darauf reagieren werde. Mut zur Zukunft entsteht wohl nur, wenn jeder die Chance sieht, teilzuhaben an einer gemeinsamen Anstrengung zur Überwindung von Zwängen, zur Entschärfung drohender Krisen und zur Vermeidung denkbarer Katastrophen.

Robert Musil
*Briefe 1901–1942*

An Barbara Church

⟨20. XII⟩ [1940]

V.[erehrte] gn.[ädige] Fr.[au] Nicht in vielen der letzten Wochen hat man sich hier dessen sicher gefühlt, was die nächste bringen wird. Man ist dem politischen Erdbebenzentrum zu nahe; u. wenn man, wie ich es manchmal bin, gut unterrichtet ist, braucht man nicht jedem Gerücht zu glauben, und spürt doch beständig etwas in den Beinen, als möchte man sie unter den Arm nehmen. In Wahrheit hat in letzter Zeit auch ein großer Aufbruch aus der Schweiz stattgefunden, hat sich angebahnt u. dürfte sich fortsetzen; woran auch teilhat, daß die Staaten ihre Riegel für diese Zufluchtsuchenden etwas gelockert haben u. hilfreiche Hände am Werk sind, ihnen hinüberzuhelfen. Denn sollte selbst politisch das meiste beim alten bleiben, wird es doch für Fremde, die Geldsorgen haben, hier schwer werden die kommende Zeit zu überstehen. (Die anderen nennt man in Zürich mit einem netten Wort nach dem am Berg gelegenen komfortablen Hotel, wohin sie sich mit ihren Verlusten zurückgezogen haben, die «stillen Dolder»!)

Ich habe Ihnen u Ihrem Gatten also wahrhaftig oft schreiben wollen, habe mich in Gedanken damit unterhalten, u. habe dann doch wieder die Feder weggelegt, weil ich mir sagen mußte, daß alles doch schon völlig anders sein könnte, wenn der Brief ankommt. Ich kann schon in einem Eisenbahnzug nichts denken u. empfinde ihn als eine Unordnung in allen menschlichen Beziehungen. Und jedenfalls kann man nicht auf einem Pulverfaß sitzen und einen Brief von diesem Ort datieren, wenn die Lunte einmal glimmt. Trotzdem ist bis jetzt alles geblieben, wie es war. Meine Unfähigkeit, mich anders als plötzlich zu entschließen, hat mich alles versäumen und verabsäumen lassen, was ich vielleicht hätte tun sollen, und so sitze ich im gleichen Haus wie bisher, bis mich der Teufel am Kragen haben und Gott mir vielleicht nicht mehr helfen wird, und sehe mir die perlmutternen Wolken an, wenn es nichts noch Schöneres zu sehen gibt. Denn diese Landschaft um Genf ist so reich an Farbe u Form, wie ich es nie gesehen habe; wenn ich meiner musikalischen Kenntnisse sicherer wäre, würde ich sagen, daß wie bei Bach die Tiefe völlig unaussprechlich emporkommt, indem der Sinn bloß der Konfiguration folgt. Übrigens kann ich diese Landschaft nicht beschreiben, wie Sie bemerken werden. Wäre ich ein Maler, so würde ich hier eine Schule gründen u. Leute herlocken, damit sie lernen, welche Kunst das Malen ist; in der Schriftstellerei müßte ich es für diese Aufgabe erst selbst lernen! Denn nebenbei bemerkt: der heute etwas überschätzte Stifter malt mit der Feder u. ist dabei mehr Maler als Schriftsteller, obwohl er darin fast der einzige geniale Schriftsteller, u vielleicht nur darin ein genialer Schriftsteller ist! – Einigermaßen gut geht es mir dagegen mit der Weiterführung des Manns o E. Ich habe von dem neuen Teil ein Probekapitel so viele-zehnmal umgearbeitet, daß ich mich möglicherweise daran zu einem größeren Zweck erzogen habe.

Das wären also meine Sorgen, die, zum Teil, auch meine Vergnügungen, und jedenfalls das einzige sind, womit ich diese Zeit verbringen kann, gegen die ich nichts einwenden will; denn hoffentlich werde ich sie später einmal interessant finden. Leider wird in Genf kein guter Fußball gespielt, sonst ließe ich mich jetzt von Ihrem Beispiel hinreißen; es ist ja eigentlich sehr komisch, sich an diesem tausendfach verkleinerten Kampf zu erregen, wo nur die Rolle des Zuschauers ernst ist, der mitgestikulieren muß u sich in Worten Luft machen darf, ganz als ob es unser wirkliches Schicksal wäre. Ich werde mich freuen, von Ihren Fortschritten zu hören, falls Sie das Spiel weiter Ihres Interesses würdigen. Denn daß sich die Spieler beständig im Wege zu sein scheinen, ist ein viel versprechender philosophischer Anfang, und eines Denkers würdig, der den Ursprung aller Dinge sucht! Wien war eine Fußballmetropole; u. ich habe diesen Sport nicht gemocht, aber mit böser Leidenschaft alle Berichte über ihn gelesen: Ich habe darum ein empfängliches Herz für alles, was den Fußballweisen kindlich vorkommt. – Hingegen könnte ich Sie u. Mr. Church um das Russische wirklich fast beneiden. Ich habe fast alle Vorstellungen des Moskauer Künstlertheaters angehört u einige noch von Stanislawski selbst u. schwärme für diese Sprache wie der Hund für den Mondschein, also aus tiefster Seele u. ebenso tiefer Unkenntnis.

Es ist wahrscheinlich nicht leicht, in einer solchen Selbstschilderung zu der würdigen Stellung zurückzukehren, die ich einzunehmen habe, wenn von deutscher Literatur die Rede ist. Ich habe im Leben viel Streit mit ihr gehabt (wie ich es als Russe wahrscheinlich auch mit der russischen gehabt hätte), aber auch manche Verwöhnung erfahren u. wenn ich nun dem Interesse eines Dozenten der besseren Welt begegne, ergeht es mir unwillkürlich, u in dem vorigen, nicht ganz würdigen Vergleich noch etwas verfangen, wieder nicht würdig genug: in den Gefühlsausdruck des Hundes rückübersetzt, er wedelt erfreut, indes sich sein Haar mißtrauisch etwas emporrichtet! Wird der freundliche Leser, dessen Beruf die Aufgabe hat, (unter uns gesagt, meist die Falschen) in die Ewigkeit zu befördern, auch noch das sechste Sechstel mit Zustimmung zurücklegen, u. gar den sog. zweiten Band [des «Mann ohne Eigenschaften»], der ein Anfang ist und ebenso viele befremdet hat wie stärker berührt als der erste? Ich wäre sehr erfreut davon, aber es ist mir zu kompliziert, meine Hoffnungen u Besorgnisse auszudrücken. Statt dessen zwei von den «Maximen u. Reflexionen» Goethes, die aufgeschlagen gerade neben mir liegen, die eine meinen Ärger über die Literatur, die andere die Plage ausdrückend, die ich mir mit ihr bereite:

«Es werden jetzt Produktionen möglich, die Null sind, ohne schlecht zu sein: Null, weil sie keinen Gehalt haben; nicht schlecht, weil eine allgemeine Form guter Muster den Verfassern vorschwebt.» (Ergänze: sie haben gute Aussicht auf den Nobel-Preis u. ä.)

«Der Roman ist eine subjective Epopöe, in welcher der Verfasser sich die Erlaubniß ausbittet die Welt nach seiner Weise zu behandeln. Es fragt sich also nur, ob er eine Weise habe, das andere wird sich schon finden.»

Als Lesezeichen dazwischen liegt das Bild Ihres Hauses mit dem mexikanisch-salzburgerischen Dirndl davor, eine reizende Aufnahme!

Mit vielen Grüßen u. Empfehlungen, Ihnen wie Mr. Church

Ihr aufrichtig ergebener
[Robert Musil]

Thomas Pynchon

## *Die Enden der Parabel*

Rathenau spricht aus dem Jenseits

Als sie bei Peter Sachsa ankommen, ist es längst Nacht. Man scheint gerade mit einer Séance beginnen zu wollen. Sofort wird sie sich ihres schäbigen Mantels bewußt, ihres Baumwollkleides (der Saum viel zu hoch), ihrer abgetretenen, stadtstaubigen Schuhe, auch Schmuck hat sie keinen. Immer wieder Kleinbürgerreflexe … letzte Reste, hoffentlich. Aber die meisten Frauen sind alt hier. Und die übrigen einfach *zu* blendend. Hmm. Die Männer sehen saturiert aus, mehr als sonst. Hier und da erspäht Leni silberne Hakenkreuze an den Rockaufschlägen. Die Weine auf den Tischen sind die großen 20er und 21er, Schloß Vollrads, Zeltinger, Piesporter: ein großer Anlaß, anscheinend.

Ziel dieser Nacht ist es, Verbindung mit dem ehemaligen Außenminister Walther Rathenau aufzunehmen. Im Gymnasium sang Leni mit den anderen Kindern den netten antisemitischen Gassenhauer jener Zeit:

Knallt ab den Juden Rathenau,
Die gottverdammte Judensau ...

Nachdem er wirklich ermordet worden war, sang sie wochenlang nichts mehr: Sie war ganz sicher, daß die Singerei, wenn sie das Ganze nicht überhaupt herbeigeführt hatte, so doch mindestens eine Prophezeiung gewesen war, eine Art böser Zauber ...

Heute nacht sind ganz spezielle Botschaften zu übermitteln. Fragen an den früheren Minister. Kaum spürbar, ist eine Auslese im Gange, aus Gründen der Geheimhaltung. Nur ausgewählte Gäste finden ihren Weg in Peters Salon. Die Übergangenen bleiben draußen, tuscheln, zwingen sich zu einem angespannten Lächeln, gestikulieren ... Den Skandal der Woche bei der I. G. Farben liefert diesmal die unselige Spottbilligfilm AG, eine Tochterfirma, deren Management komplett gefeuert werden soll, weil es dem Rüstungsamt der Reichswehr die Entwicklung einer neuen Strahlenwaffe für Flugzeuge vorgeschlagen hat, die die gesamte Bevölkerung in einem Umkreis von zehn Kilometern total erblinden lassen kann. Der Revisionsabteilung der I. G. gelang es gerade noch, den Plan zurückzuhalten. Arme Spottbilligfilm! Keiner bei der Firma hatte überlegt, was der Einsatz dieser Waffe für das Farbengeschäft nach dem nächsten Krieg bedeuten würde. Die Götterdämmerungsmentalität mal wieder. Die Waffe war unter der Chiffre L-5227 registriert, L stand für Licht, noch so ein komischer deutscher Euphemismus, genau wie die I. G. selber, diese *Interessengemeinschaft* ... und was hört man Neues von dem Kontaktvergiftungsfall in Prag? Stimmt es, daß die VI-b-Gruppenchefs der «Chemiedienste im Abnormen» sofort mit Sondervollmacht ausgestattet und nach Osten geflogen wurden? Daß es sich um eine äußerst komplexe Vergiftung handelt, Selenium und Tellur zugleich ... die Namen der Giftstoffe ernüchtern die Konversation, so als spräche man von Krebs ...

Die Elite, die zur heutigen Séance zugelassen ist, kommt aus der korporativen Nazi-Horde, keinen Geringeren als Generaldirektor Smaragd erkennt Leni darunter, von einer I. G.-Firma, die sich einmal für ihren Mann interessiert hatte. Bis die Kontakte plötzlich abgerissen waren. Es wäre mysteriös gewesen, beinahe etwas unheimlich, hätte man zu dieser Zeit nicht alles auf die Wirtschaftslage schieben können …

Weshalb wollen sie heute nacht ausgerechnet Rathenau? Was hat Cäsar seinem Protegé wirklich zugeflüstert, als er fiel? Et tu, Brute, die offizielle Lüge, ist genau von dem Kaliber, das man erwarten kann – sie sagt exakt nichts. Der Augenblick der Ermordung ist der Augenblick, da Macht und Unkenntnis von Macht zusammentreffen vor dem Tod als Notar. Wenn dann noch einer zu dem anderen etwas sagt, so sicher nicht, um die Zeit mit Et-tu-Brutes zu verplempern. Was dann gesprochen wird, ist eine Wahrheit, die so schrecklich ist, daß die Geschichte (selbst ein Komplott, im besten Fall, nicht immer unter Ehrenmännern und mit kündbaren Regeln) sie niemals zugeben wird. Die Wahrheit wird entweder unterdrückt oder, in Epochen von besonderer Eleganz, als etwas anderes verkleidet werden. Was wird Rathenau, jenseits des Augenblicks, nach Jahren einer neuen Existenz auf der anderen Seite, über die alte Ordnung zu bemerken haben? Wahrscheinlich nichts, das so unglaublich wäre wie die Worte, die er gesprochen haben könnte, als der Schlag durch seine irdischen Nerven zuckte und der Engel in ihn einfiel …

Aber man wird ja sehen. Rathenau, so steht's in den Geschichtsbüchern, war der Verkünder und der Architekt des kartellisierten Staates. Aus einem Amt, das als winziges Büro im Kriegsministerium in Berlin begann, koordinierte er die deutsche Wirtschaft im Weltkrieg, lenkte die Rohstoffströme, diktierte Quoten und Preise, überschritt die Grenzen von Geheimhaltung und Eigentum und riß sie endlich nieder, die die Firmen zwischen sich aufgerichtet hatten – ein Bismarck der Korporationen, vor dessen Macht kein Kontenbuch privilegiert, keine Absprache zu vertraulich war. Sein Vater, Emil Rathenau, hatte die AEG begründet, die Allgemeine Elektricitäts-Gesellschaft, doch der junge Walther war mehr als nur irgendein Industriellenerbe, er war ein Philosoph mit einer Vision des Nachkriegsstaates. Er sah in diesem Weltkrieg eine Weltrevolution, aus der nicht der rote Kommunismus und nicht die hemmungslose Rechte als Sieger hervorgehen würden, sondern eine rationale Struktur, in der das Geschäft die wahre, die rechtmäßige Autorität darstellte – eine Struktur, die, wenig überraschend, auf dem basierte, was er in Deutschland aufgebaut hatte, um den Weltkrieg durchzufechten.

Soweit die offizielle Version. Grandios genug. Doch Generaldirektor Smaragd und seine Kollegen sind nicht gekommen, um sich Dinge anzuhören, die selbst die Massen glauben. Man könnte hier – wäre man paranoid genug – fast ein Zusammenspiel vermuten, über die Mauer hinweg, zwischen Materie und Geist. Was *ist* es, das sie wissen und die Machtlosen nicht? Welche schreckliche Struktur, die sich hinter den Fassaden von Vielfalt und Marktwirtschaft verbirgt?

Galgenhumor. Ein verdammtes Gesellschaftsspiel. Smaragd kann nicht im Ernst an so was glauben, Smaragd, der Techniker und Manager. Vielleicht will er nur Zeichen, Omen, Bestätigung von Tatsachen, die schon vollendet sind, etwas zum Kichern für den Herrenklub – «Sogar der Jude gibt uns seinen Segen!» Was immer heute durch das Medium hereinkommt, sie werden es sich redigieren und zu einem Segen biegen. Es ist Verachtung, in einem seltenen Grad.

Leni findet eine Couch in einer stillen Ecke eines Zimmers, das voll ist von geschnitztem Elfenbein aus China und seidenen Wandbehängen. Sie legt sich hin, läßt ein Bein über die Kante baumeln, versucht, sich zu entspannen.

«Der Weg ist vorgezeichnet», eine Stimme, die Sachsas Lippen, seinen starren, weißen Hals bewegt: «Ihr drüben seid gezwungen, ihn in der Zeit zu gehen, Schritt für Schritt. Von hier aus aber ist es möglich, seinen Verlauf ganz zu überblicken – noch nicht für mich, ich bin noch nicht soweit – doch vielen anderen ist er klar und gegenwärtig ... ‹Verlauf› ist nicht genau das richtige Wort ... Laßt mich aufrichtig zu euch sein. Es fällt mir immer schwerer, mich in euch hineinzudenken. Probleme, die ihr haben mögt, selbst mit globalen Auswirkungen, erscheinen vielen von uns hier als triviale Nebensachen. Ihr reist auf einer schwierigen, gewundenen Straße, die ihr euch breit und gerade denkt wie eine Autobahn, die ihr bequem befahren könnt. Würde es nützen, wenn ich euch sagte, daß nur Illusion ist, was ihr für wirklich haltet? Ich weiß nicht, ob ihr mir dann noch zuhören oder mich ignorieren würdet. Das einzige, was euch interessiert, ist euer Weg, eure Autobahn.

Nun gut. Malve: das gehört zum Plan. Die Erfindung des Mauvein, das Erscheinen der Farbe Malve auf eurer Ebene. Generaldirektor, hören Sie mir zu?»

«Ich höre, Herr Rathenau», antwortet Smaragd von der I. G. Farben.

«Tyrischen Purpur, Alizarin und Indigo, andere Teerfarben gibt es inzwischen, doch das Mauvein ist diejenige, auf die es ankommt. William Perkin entdeckte sie in England, aber er war ein Schüler Hofmanns, der ein Schüler Liebigs war. Wir sehen eine Sukzession. Wenn man sie karmisch nennen kann, dann nur in einem sehr begrenzten

Sinn ... Herbert Ganister, ein anderer Engländer, die Generation der Chemiker, die bei ihm lernte ... Dann die Entdeckung des Oneirin. Fragen Sie Ihren Wimpe. Er ist Experte für die zyklischen Benzylisochinoline. Untersuchen Sie die klinischen Wirkungen der Droge. Ich weiß es nicht, aber es scheint, daß Sie in dieser Richtung gehen können. Sie nähert sich der Malve-Perkin-Ganister-Linie an. Aber ich habe nur das Molekül, den Grundriß ... Methoneirin, als Sulfat. Nicht in Deutschland, in den Vereinigten Staaten. Es gibt eine Verbindung in die Vereinigten Staaten. Auch eine Verbindung nach Rußland. Warum wohl, glauben Sie, haben Maltzan und ich den Rapallo-Vertrag durchgeboxt? Es war notwendig, sich nach Osten zur orientieren. Wimpe kann Ihnen das bestätigen. Wimpe, unser V-Mann, war immer dabei. Warum wohl, glauben Sie, haben wir so sehr darauf gedrungen, daß Krupp den Russen landwirtschaftliche Maschinen lieferte? Auch das war Teil dieser Entwicklung. Damals habe ich sie noch nicht so klar erkannt wie heute. Aber ich wußte, was ich zu tun hatte.

Betrachten wir Kohle und Stahl. Es gibt einen Ort, an dem sie sich treffen. Die Grenzfläche zwischen Kohle und Stahl ist der Steinkohlenteer. Stellen Sie sich die Kohle vor, tief in der Erde, schwärzer als schwarz, lichtlos wie das Wesen des Todes selbst. Eines uralten, vorgeschichtlichen Todes, von Arten, die wir *nie wieder sehen werden.* Immer älter werdend und schwärzer, tiefer, begraben unter immer neuen Schichten aus immerwährender Nacht. Über der Erde fließt feurig und leuchtend der Stahl. Aber um Stahl kochen zu können, müssen die Teere, das Dunkle und Lastende, von der ursprünglichen Kohle getrennt werden: das Exkrement der Erde, vertrieben zur Veredelung des schimmernden Stahls. Nicht auserwählt.

Wir sahen dies als Stufe eines Fertigungsprozesses. Doch es war mehr. Wir haben die Steinkohlenteere übergangen. Tausende von verschiedenen Molekülen warteten im übergangenen Schlamm und wurden nicht erwählt. Das ist die eine Bedeutung des Mauvein, der ersten neuen Farbe dieser Erde, ans Licht gebracht aus einem meilen- und äonentiefen Grab. Es ist das Zeichen einer Offenbarung, einer Entfaltung. Und es gibt eine weitere Bedeutung ... die der Sukzession ... aber so weit vermag ich noch nicht zu blicken ...

Doch dies alles ist eine Nachahmung des Lebens. Die wirkliche Bewegung führt nicht vom Tod zu einer Neugeburt. Sie führt vom Tod zu einer Transfiguration des Todes. Sie können nicht mehr tun, als ein paar tote Moleküle zu polymerisieren. Doch Polymerisation ist keine Auferstehung. Ich meine Ihre I. G., Generaldirektor.»

«*Unsere* I. G., hätte ich doch gedacht», erwidert Smaragd, noch eisiger und reservierter als gewohnt.

«Das ist Ihre Sache. Wenn Sie es vorziehen, dies hier eine Liaison zu nennen, bitte. Ich bin so lange hier, wie Sie mich brauchen. Sie müssen mir nicht zuhören. Sie glauben, daß Sie lieber von dem hören wollen, was Sie ‹Leben› nennen: das wachsende, organische Kartell. Aber das ist nur eine weitere Illusion. Ein raffinierter Mechanismus. Je dynamischer er Ihnen vorkommt, desto tiefer sinkt er in Wahrheit in den Todesschlaf. Sehen Sie sich die Fabrikschornsteine an, wie sie wachsen und gedeihen und den Abfall des Ur-Abfalls in immer größere Bezirke unserer Städte blasen. Sie sind das Druckstabilste, was es gibt. Ein Kamin widersteht jeder Explosion, sogar den Druckwellen der neuen kosmischen Bomben –» hier leises Raunen um den Tisch – «wie Sie ja alle wissen. Es ist die Widerstandskraft der Strukturen, die dem Tod zuneigen. Tod wird in noch mehr Tod verwandelt. Baut seine Herrschaft aus, so wie die Kohle in der Erde dichter wird vom Druck der immer neuen Schichten – Epoche auf Epoche, Stadt über Stadtruine. Zeichen des Todes, des Verstellers.

Diese Zeichen sind Wirklichkeit. Sie sind aber auch Symptome eines umfassenden Prozesses. Dieser Prozeß folgt der gleichen Form, der gleichen Struktur. Um ihn zu begreifen, müssen Sie auf die Zeichen achten. All das Gerede von Ursache und Wirkung ist weltliche Geschichte, und weltliche Geschichte ist ein Ablenkungsmanöver. Nützlich für Sie, meine Herren, doch nicht mehr für uns hier drüben. Wenn Sie wirklich die Wahrheit wollen – eine kühne Vermutung, zugegeben –, dann müssen Sie die Mechanismen dieser Dinge kennen. Hinein bis in das Innerste gewisser Moleküle – sie sind es schließlich, welche die Macht ausüben über Druck und Wärme, Fließgeschwindigkeit, Profit und Kosten, die Gestalt von Türmen …

Sie müssen zwei Fragen stellen. Erstens: Worin besteht die wahre Natur der Synthese? Und zweitens: Worin besteht die wahre Natur der Kontrolle?

Sie glauben, das schon zu wissen; Sie klammern sich an Ihren Glauben. Doch früher oder später werden Sie ihn lassen müssen …»

Schweigen, das neues Schweigen gebiert. Rutschen und Rücken auf den Stühlen, rings um den Tisch, aber die kleinen Finger halten Kontakt.

«Herr Rathenau? Könnten Sie mir wohl eins verraten?» Heinz Rippenstoß, der Nazi-Scherzbold und Partyschreck, kann sich mal wieder nicht beherrschen. Schon hört man Kichern in der Runde, und Peter Sachsa wendet sich zur Tür. «Ist Gott wirklich Jude?»

Aus: Ralph Steadman, Sigmund Freud

Als Freud immer berühmter wurde, suchten auch Patienten aus dem Ausland ihn auf, die vermutlich nicht ganz unbemittelt waren. Zu diesem Schluß jedenfalls kam die österreichische Steuerbehörde, die ihm schließlich eine schriftliche Aufforderung sandte, eine Aufstellung seiner Einkünfte in den letzten fünf Jahren vorzulegen.

Freud studierte das amtliche Schreiben und bemerkte dazu:

**«Endlich! Die erste offizielle Anerkennung meines Werkes!»**

Zuerst meinte ich, die hier verwendete Witztechnik sei die der VERSCHIEBUNG von einem bestimmten Gedankengang zu einem anderen. Aber irgend etwas stimmte hier nicht. Andererseits konnte es sich auch nicht um eine DOPPELDEUTIGKEIT handeln, denn es findet sich in dem Satz kein in wechselnder Bedeutung gebrauchter Ausdruck, und es fehlt auch der eher verbale als begriffliche Charakter der Witze dieser Kategorie. Die Witztechnik Freuds in diesem Fall war eindeutig begrifflicher Natur, soviel stand fest.

Ich überlegte hin und her und versuchte, analytisch zu denken, wie Freud es so großartig konnte. Also gut, sagte ich mir, der Witz hängt nicht von einem Schlüsselwort ab und beruht auch nicht auf einer Spaltung des Gedankengangs. Aber was hat es dann damit auf sich? Die beiden Hauptelemente sind der Brief des Finanzamts und der Grund für den Brief, die hart erkämpfte Sanierung der finanziellen Verhältnisse Freuds. Die Konfrontation dieser Elemente in der Bemerkung Freuds erzeugt ein drittes Element, nämlich eine VERTEIDIGUNG DURCH ANGRIFF, eine SCHLAGFERTIGKEIT oder, um Freuds Terminus zu gebrauchen: DAS IST EIN UNIFIZIERUNGSWITZ.

Freud hätte sagen können:

**«Endlich! Sie sind darauf gekommen, daß ich in letzter Zeit mit Gewinn arbeite.»**

Aber wo bleibt da der Witz! Geldverdienen war ja nicht das Hauptmotiv für Freuds Arbeit (obwohl er heutzutage von der Steuerpresse ausgequetscht werden würde). Deshalb wehrt er die Belästigung sofort ab, indem er an ihre Beziehung zu seinem Werk erinnert (was allerdings einen Finanzbeamten nicht im mindesten beeindruckt hätte). Und so entsteht der Witz. Schön!

Den letzten Lacher hatte natürlich das Finanzamt.

# 1982

## Egon Bahr
## *Was wird aus den Deutschen?*

Politik ist die Kunst, den Weg aus der Sackgasse der immer weitergehenden Rüstung zu finden

Die vier Hauptsiegermächte, die die bedingungslose Kapitulation Deutschlands im Mai 1945 entgegengenommen haben, durch die sie eben ihre unkündbaren Sonderrechte in bezug auf Deutschland als Ganzes bekommen haben, sind im Verlauf der darauffolgenden Entwicklung auch zu den entscheidenden vier Atommächten geworden. Und nun könnte es ein völkerrechtlich interessantes Problem sein, ob sie mit der bedingungslosen Kapitulation auch die Sonderrechte erworben haben, die ihnen später dadurch zugewachsen sind, daß sie Atommächte geworden sind. Die atomare Verfügbarkeit über Deutschland als Ganzes wurde von Herrn Jodl nicht mitunterzeichnet.

Die objektive Macht, über die Existenz Deutschlands zu entscheiden, indem man gegebenenfalls den Einsatz von Atomwaffen verfügt, ist nicht herzuleiten aus der Niederlage des Dritten Reiches. Sondern dies ergibt sich allein – und insofern unterschiedslos zu anderen nichtatomaren Staaten in Europa – aus der Macht über die Atomwaffen. Deshalb darf man, wenn man von Atomwaffen redet, das nicht in Zusammenhang bringen mit der Sondersituation und den Vorbehaltsrechten der Drei Mächte. In bezug auf Atomwaffen hat die Bundesrepublik Deutschland das gleiche Recht wie etwa die Niederlande oder Belgien oder Norwegen oder Dänemark oder Italien, die Stationierung auf ihrem Boden zu verweigern. Wenn heute die Sowjetunion zu uns sagt: «Ihr lebt seit zwanzig Jahren mit den Raketen SS 4 und SS 5. Jede davon trägt die Zerstörungskraft einer Megatonne, also die Zerstörungskraft von 50 Hiroshima-Bomben. Die SS 20 ist moderner, kleiner und genauer, und plötzlich regen sich die Deutschen wegen Mittelstreckenraketen auf»; und wenn heute die Amerikaner sagen: «Was sprecht ihr über die Unmenschlichkeit der neuen kleinen Waffen, während ihr mit der Unmenschlichkeit der großen schmutzigen seit mehr als zwanzig Jahren gelebt habt», so ist das, was wir von den Führungsmächten aus Ost und West hören, die Arroganz der Macht, und in ihr klingt die Arroganz der Sieger nach. Was Macht bedeutet, haben wir gelernt und die Anerkennung von Realitäten auch. Wir haben auch gelernt, mit dem Gleichgewicht des Schreckens zu leben, und – nicht erst seit dem 13. August – gesehen, daß es die Ohnmacht der Mächtigen, die Schwäche der Starken ist, Probleme zu lösen. Wir haben erlebt, daß kleine Schritte der Zusammenarbeit besser sind als große Worte der Abgrenzung. Wir sind den Weg gegangen, durch Verhandlungen mit Moskau den Raum zu schaffen, den andere schon hatten. Und da die Deutschen eben nicht brüderlich und schwesterlich miteinander umgehen konnten – vom Wollen ist hier nicht die Rede –, blieb nichts als die völkerrechtliche Form. Wir haben dabei als Bundesrepublik Deutschland auch der DDR geholfen, weltpolitisches Gewicht zu bekommen.

Das Gewicht der Bundesrepublik ist in den letzten zwölf Jahren gewachsen, politisch und wirtschaftlich, und dem entspricht auch eine gewachsene Verantwortung. Verantwortung hat einen Zwilling: Er heißt Selbstbestimmung.

Wenn wir heute über Raketen und Atomwaffen sprechen, sind die Deutschen in Ost und West immer noch verlängerte Arme, Anreger, Mahner, aber sie wollen nicht nur Durchführer sein. Die Verantwortung der Vier Atommächte ist so gut wie ungeteilt. Der Mangel an deutscher Selbstbestimmung ist so gut wie vollständig. Das kann und wird nicht so bleiben. Deutsche Ansprüche über alles zu stellen, ist Europa schlecht und uns schlecht bekommen; die Interessen der Atommächte über deutsche Interessen zu stellen, würde Europa und natürlich auch uns nicht bekommen. Die Antwort auf die Kritik aus Moskau und Washington, daß wir über Atomwaffen reden, über die wir früher nicht geredet haben, lautet einfach: «Wir wurden nicht gefragt, als dieses Rennen begann.» Aber was die Fortsetzung, die Modernisierung angeht, muß man uns fragen. Wir werden uns unserer Selbstbestimmung bewußter, jedenfalls in der Bundesrepublik Deutschland.

Durch Vertrag und Überzeugung bleibt den Deutschen der Weg zur atomaren Selbstbestimmung versperrt. Wir haben gelernt, was Macht und Realität bedeuten. Wir haben aber eben auch gelernt, auf dem Weg von Mauer über Vier-Mächte-Abkommen bis zum Grundlagenvertrag, daß Konfrontation schwächer ist als Zusammenarbeit. Politik ist die Kunst, den Weg aus der Sackgasse der immer weitergehenden Rüstung zu finden. Und hier beginnt die Fortsetzung, deutsche Selbstbestimmung und Verantwortung weiter zu entwickeln.

Wenn Amerika entscheidet, was seine Interessen verlangen, so entscheiden wir, was unsere Interessen verlangen. Im Bündnis muß das auf einen Nenner gebracht werden, sonst fault es im Kern. Die Führungsmacht darf die Zustimmung der Partner nicht zur Formsache oder zur politischen Kosmetik degradieren. Unsere Rechte und Verpflichtungen in bezug auf Atomwaffen sind eine Bündnisfrage.

Wir sind die Verpflichtungen des Bündnisses im Rahmen der «Strategie der flexiblen Antwort», die die «Strategie der massiven Vergeltung» abgelöst hat, zu einem Zeitpunkt eingegangen, als man sich den Unterschied zwischen diesen beiden Strategien überhaupt noch nicht in allen Konsequenzen klargemacht hat. Wir haben – wie andere nichtnukleare Staaten auch – akzeptiert, daß zu unserem Schutz, zum Schutze des Bündnisses und zur Glaubwürdigkeit der Abschrekkung atomare Waffen bei uns stationiert werden. Erst mit der Diskussion um Mittelstreckenraketen und die Neutronenwaffe haben wir angefangen, uns zu fragen, ob die weitere Miniaturisierung von atomaren Waffen eigentlich sinnvoll ist, das heißt dem Zweck entspricht, abzuschrecken und kriegsverhindernd zu sein. Oder ob sie nicht geradezu die Überschreitung der Nuklearschwelle beschleunigt und die Führbarkeit von Kriegen zu diskutieren erlaubt. Beides ist gefährlich und muß von uns abgelehnt werden.

Unser Dilemma ist: Nicht wir, sondern andere treffen Entscheidungen über unsere Existenz. Unsere Hoffnung ist: In dieser Lage sind wir Deutschen nicht allein. Wir teilen sie mit allen Staaten Europas, die nicht über Atomwaffen verfügen. Alle Nicht-Atomwaffenstaaten haben das gemeinsame Interesse, nicht Geiseln zu werden, über die verfügt wird, und gleichzeitig die Bündnisse der Stabilität zu sichern. Sie erkennen, daß es gemeinsame Interessen des Friedens mit allen Staaten gibt, daß es unterschiedliche Rechte der Atommächte gibt und daß daraus unterschiedliche Interessen der Nicht-Atommächte erwachsen.

Die gewachsene deutsche Verantwortung führt zu dem Wunsch, daß die Verhandlungen über Atomwaffen ähnlich wie die Verhandlungen über das Vier-Mächte-Abkommen von denen begleitet werden, die keine Rechte, aber vitale Interessen haben. Es wäre nicht mehr als gerecht, daß die Atommächte ähnlich wie beim Vier-Mächte-Abkommen auch gegenüber den Nicht-Atommächten Verpflichtungen eingehen. Das gilt europäisch. Aber wenn andere dies nicht wollen, würden die gewachsene Selbstbestimmung und die gewachsene Verantwortung uns als Bundesrepublik Deutschland auch in die Lage versetzen, unsere vitalen Interessen selbst wahrzunehmen. Andere werden es nicht tun.

Angela Carter
*Blaubarts Zimmer*

Der Werwolf

Ein Land im Norden. Kalt das Wetter, und ebenso kalt die Herzen der Menschen.

Kalt. Stürmisch. Im Wald wilde Tiere. Es ist ein hartes Leben. Die Häuser sind aus Baumstämmen gebaut, drinnen dunkel und verräuchert. Eine klobige Ikone der Jungfrau hinter einer tropfenden Kerze, an der Wand eine Schweinspfote als Heilbringer, ein Strang Pilze zum Trocknen. Ein Bett, ein Stuhl, ein Tisch. Karges, kurzes, armseliges Leben.

Für die Waldmenschen dort oben ist der Teufel so leibhaftig wie du und ich. Mehr noch: uns haben sie nie gesehen, wissen nicht einmal, daß es uns gibt. Aber den Teufel erspähen sie oft – auf den Friedhöfen, diesen trostlosen und zugleich rührenden Wohnstätten der Toten, wo die Gräber mit naiven Porträts der Dahingeschiedenen kenntlich gemacht sind. Und es gibt keine Blumen, die man davorstellen könnte, und es wachsen keine Blumen dort, und so legen sie bescheidene Votivgaben hin, kleine Brotlaibe, manchmal einen Kuchen, die sich die aus dem nahen Wald herbeitorkelnden Bären wegschnappen.

Um Mitternacht und vor allem in der Walpurgisnacht hält der Teufel Picknick ab, zu dem er die Hexen einlädt: Dann graben sie frische Leichen aus und verspeisen sie. Jeder dort wird dir davon erzählen.

Knoblauchzöpfe an den Türen halten die Vampire fern. Ein blauäugiges Kind, das in der Nacht vor dem Johannistag mit den Füßen zuerst auf die Welt kommt, wird das zweite Gesicht haben. Wenn sie eine Hexe entdecken, irgendeine alte Frau, deren Käse reift, während es der ihrer Nachbarin nicht tut, oder eine andere alte Frau mit einer schwarzen Katze, die – o finstre Mächte! – *ihr folgt auf Schritt und Tritt*, dann entblößen sie die Alte und suchen sie ab nach Malen, nach der überzähligen Brustwarze, mit der sie die Vertraute nährt. Sie finden sie bald. Und dann steinigen sie die Hexe.

Winter und kaltes Wetter.

Geh und besuch die Großmutter, sie ist krank. Bring ihr die Haferkuchen, die ich auf der Herdplatte für sie gebacken habe, und ein Näpfchen Butter dazu.

Das brave kleine Mädchen tut, wie die Mutter geheißen – fünf mühselige Meilen durch den Wald. Und weicht nicht vom Wege ab, denn im Wald sind die Bären, der wilde Eber und die hungrigen Wölfe. Hier, nimm das Jagdmesser deines Vaters – du weißt ja damit umzugehen.

Das kleine Mädchen trug einen abgewetzten Schaffellmantel gegen die Kälte. Sie kannte den Wald zu gut, um sich zu fürchten, aber sie mußte trotzdem immer auf der Hut sein. Als sie das unheimliche Geheul des Wolfs hörte, ließ sie die Gaben fallen, ergriff das Messer und trat der Bestie entgegen. Sie war riesig, und sie hatte rote Augen und triefende graue Lefzen. Jedes Kind, außer eben den Kindern der Bergmenschen, wäre allein schon bei ihrem Anblick vor Furcht gestorben. Die Bestie sprang ihr an die Kehle, wie Wölfe das tun, aber das kleine Mädchen hieb mit dem Messer ihres Vaters kräftig zu und schnitt dem Wolf die rechte Vorderpfote ab.

Der Wolf gurgelte auf, es klang fast wie Schluchzen, als er sah, was ihm geschehen war. Wölfe sind längst nicht so tapfer, wie sie aussehen. Untröstlich verschwand er zwischen den Bäumen, humpelnd, so gut er konnte, auf seinen drei Beinen, und ließ eine blutige Spur zurück. Das kleine Mädchen wischte die Messerklinge an der Schürze sauber, wickelte die Wolfspfote in das Tuch, in das ihre Mutter die Haferkuchen gebunden hatte, und ging voran zum Haus ihrer Großmutter. Bald fing es an zu schneien, und der Schnee fiel so dicht, daß der Weg und alle Fußabdrücke, Spuren oder Fährten, die dort hätten sein können, zugedeckt waren.

Das kleine Mädchen stellte fest, daß die Großmutter so krank war, daß sie sich ins Bett gelegt hatte und in einen unruhigen Schlaf gesunken war. Sie stöhnte und zitterte, so daß das kleine Mädchen dachte, sie hätte Fieber. Sie befühlte die Stirn der Großmutter – sie war glutheiß. Darauf zog das kleine Mädchen das Tuch aus dem Korb, um der alten Frau daraus einen kalten Umschlag zu machen, und die Wolfspfote fiel zu Boden.

Aber die Wolfspfote war keine Wolfspfote mehr. Es war eine Hand, sauber am Gelenk abgehackt, eine Hand, rauh von der Arbeit und fleckig vom Alter. Am Mittelfinger steckte ein Ehering, und am Zeigefinger war eine Warze. An dieser Warze erkannte das kleine Mädchen, daß es die Hand der Großmutter war.

Sie zog die Bettdecke zurück, aber die alte Frau wachte davon auf und fing an, um sich zu schlagen und zu kreischen und zu schreien wie eine Besessene. Doch das kleine Mädchen war stark und bewaffnet mit dem Jagdmesser des Vaters. Es gelang ihr, die Großmutter lange genug niederzuhalten, um den Grund für das Fieber zu entdecken.

Dort, wo ihre rechte Hand hätte sein sollen, war ein blutiger und schon eiternder Stumpf.

Das kleine Mädchen bekreuzigte sich und schrie so laut, daß die Nachbarn sie hörten und herbeieilten. Sie erkannten die Warze an der Hand sogleich als Hexenmal. Mit Stöcken trieben sie die alte Frau im Hemd, wie sie war, in den Schnee hinaus, prügelten sie bis zum Waldrand und warfen mit Steinen nach ihr, bis sie tot umfiel.

Das kleine Mädchen lebte von nun an im Haus der Großmutter, herrlich und in Freuden.

Elfriede Czurda

## *Diotima oder Die Differenz des Glücks*

Wirklichkeit sickert ein

Wirklichkeit sickert ein, spürst du? Wirklichkeit, die meine Konstruktion zu überlagern beginnt, die die Intimität mit der konstruierten Wirklichkeit zurückdrängt – Wirklichkeit dringt ein wie eine feine Schicht Staub, die du zuerst gar nicht siehst – erst, wenn sie sich abgelagert hat, und zwischen Eindringen und Ablagern des Staubs verstreicht Zeit, eine Spanne Zeit: Ein Zeitkeil, betrügerisch, denn während man noch glaubt, man würde in ihr arbeiten, arbeitet sie unmerklich bereits gegen einen, macht die Konstruktion porös, durchlässig für eine andere Ebene von Wirklichkeit als sie selbst ist (für wirkliche Wirklichkeit?). Du beginnst mir zu entrücken, ich kann dich nicht mehr herbeireden, ich kann dich nicht mehr herbeiwünschen (mein Wunsch ist kraftlos). In meiner Vorstellung gibt es noch das Bild deines Gesichts, aber dein Gesicht hat seine Vertrautheit verloren, ist distanziert geworden, hat zwischen mir und dem, was es wirklich ist, all mein Unwissen über dich aufgehäuft, unabsehbar, unübergehbar und unüberwindbar. Dein Gesicht ist das faszinierende Gesicht eines Fremden, den ich gerne kennenlernen würde, und seine Faszination macht aus, daß ich nicht erraten kann, welche Eigenschaften es verbirgt, welche Wünsche es ausdrückt, welche Vergangenheit es zeichnet («ein Gesicht ohne Schatten»). Es ist das Gesicht einer Person, der ich Eigenschaften unterstelle, von denen ich weiß, daß sie unzutreffend sind oder unzureichend, einer Person, die ich zu kennen meine, weil ich eine Einfachheit unterstelle, die nicht zutreffen kann, weil mich diese Person sonst nicht faszinieren würde: eine vielschichtige Einfachheit?

Jetzt laß mich doch endlich in Ruh'! (brüllt Egbert). Dauernd hüpfst du mit Kochtöpfen und Nähmaschinen vor meiner Zeitung herum, das ist ja ein einziges Kochtopf- und Nähmaschinenleben in diesem Haus, draußen ist Sonne, die politische Lage ist nach wie vor gespannt, der Fußball-Europacup ist verloren, die lebensrettenden Blutkonserven sind mit Klebsiella-Bakterien verseucht, das Gericht hat in erster Instanz entschieden, daß dem Abschiebungsantrag gegen zwei Türken sofort stattzugeben ist, die Bürger dürfen das Gras im Park von Charlottenburg nicht mehr zertrampeln, der Untergang von Venedig ist nicht mehr aufzuhalten, die Subventionen der Oper werden um eine Million pro Tag aufgestockt, laß mich endlich in Ruhe! (brüllt Egbert), das Leben sieht von außen immer ganz anders aus als von innen, nichts stimmt überein, alles klafft auseinander, keinen Augenblick wird man in Ruhe gelassen, jeden Moment ereignet sich etwas, und du klapperst dauernd mit diesen Kochtöpfen! Wer will denn nicht seinen Frieden.

Dieser Einbruch von Wirklichkeit in meine Konstruktion, er wirkt wie der Anfang eines Gedankens, der über viele Verschlingungen hinweg jedesmal unweigerlich direkt zum Wünschen des Todes und der grenzenlosen Angst davor führt (diese unerbittliche Logik!): Das Heraushalten von Widerwärtigkeit aus meiner Glückskonstruktion mißlingt (der chancenlose Wille zu: Glück? oder Unglück?), der Briefkasten ist wie eh voll von Drucksachen: Der Himmel grenzt wieder an die Erde. In dieses sich schärfende Lebensgefühl hinein blitzt noch immer, immer blasser, immer seltener, immer hoffnungsloser, immer deprimierender in ihrer Ohnmacht, die Vorstellung von dir, die Hoffnung in dich, auf dich – die Erinnerung an deine Eigenschaften nimmt ab, das Gedächtnis von dir verliert sich. – Wirklichkeit, das sind die im Wind treibenden gelben Blätter des Akazienbaumes, das ist das Schlagen der Kuckucksuhr in der Nachbarwohnung, das ist der Anruf des Versicherungsagenten, das trostlose morgendliche Frühstück, das ist das spartanische Bett eines Weltverächters. Wenn ich Scriabins Sonate höre, gelingt es mir nicht mehr, ins Zentrum der Töne zu steigen: Ich bin im Nebenraum des Klavierzimmers und finde den Eingang nicht, nur in meiner Erinnerung existiert die Fähigkeit einzudringen. (Damals war offen, von selbst, ohne daß ich etwas dazutun mußte, die Barriere hat nicht bestanden, alles stand weit offen, einladend, anziehend, ohne Anstrengung war alles zugänglich.) Das war, als du versehentlich mit deiner unschönen Hand an meiner anstreiftest und mich deine Körperlichkeit wie ein Blitz durchfuhr, als du mich mit deinen Augen anfassen konntest, streicheln, liebkosen, mit einem Schwung vom Boden aufheben und um deine Achse wirbeln, als du mit deinen Augen meine Hand nehmen und auf deine legen konntest, ohne dabei deine mißmutige Miene zu verlieren (ein Magier, der Glas zersingt – oder ist es noch tollkühner, dreizehn Gläser zu jonglieren, ohne eins zu zerbrechen?), ich meine: Deine Körperlichkeit war auch Räumlichkeit, Sinn für Dimensionen (für mehr als drei: darüber hinaus für Dichte, verstehst du: nicht den Raum einfach ausspannen, hoch, breit, tief, den Raum auch ausfüllen, durchdringen, das, wovon der Raum sein spezifisches Gewicht bezieht), Sinn für Dimension im Sinn von Sinn für Sinnlichkeit: das Bewußtsein von der Macht deiner Hand, solange sie mich nicht berührt hat: Das Schiff, das am fernen Horizont vorüberzieht, in der Dämmerung, in morgendlichen Dunst gehüllt, als Vehikel unerfüllter oder unerfüllbarer Träume, das Schiff, zu dem das ganze Dorf in Booten aufbricht, um vage Lichtpfützen in einem vagen Umriß vorbeigleiten zu sehen, Kulisse, die vor einer zweiten Kulisse vorübergezogen wird. Vielleicht ist das mein wirklich großer Wunsch: Dir immer so fern zu bleiben, daß ich dich nur als vagen Umriß begreife und du, wie heute, mit Eigenschaften ausgestattet bist, die dich zu meinem bevorzugten Lieblingsmann machen: mein primärer Odalisk in meiner Tagtraumoase.

Betty Edwards

## *Garantiert zeichnen lernen*

### Zeichnen und die Kunst des Radfahrens

Einen Menschen in die Kunst des Zeichnens einzuführen ähnelt in vieler Hinsicht dem Versuch, Unterricht im Radfahren zu geben: Beides läßt sich mit Worten kaum beschreiben. Wenn Sie jemandem das Radfahren beibringen wollen, werden Sie vielleicht sagen: «Also, jetzt steig einfach auf, tritt immer feste auf die Pedale, halt die Balance, und ab geht's.»

Natürlich haben Sie damit überhaupt nicht erklärt, wie man radfährt, und so werden Sie schließlich sagen: «Laß mich mal aufsteigen, ich werd's dir zeigen. Guck zu, wie ich es mache.»

So ist es auch mit dem Zeichnen. Die meisten Zeichenlehrer und Verfasser von Zeichenlehrbüchern beschwören den Anfänger, seine «Sehweise zu verändern» und überhaupt erst einmal «sehen zu lernen». Die Schwierigkeit besteht jedoch darin, daß sich diese Sehweise ebenso schwer beschreiben läßt wie das Balancehalten beim Radfah-

«Zeichnen zu lernen ist in Wirklichkeit eine Sache des Sehenlernens – des richtigen Sehens –, und das bedeutet eine ganze Menge mehr, als lediglich mit den Augen zu sehen.»

Kimon Nicolaides
‹*The Natural Way to Draw*›

Gertrude Stein berichtet in ihrem Buch über Picasso, daß sie Henri Matisse gefragt habe, ob er eine Tomate auch beim Essen mit den Augen des Malers sehe. Seine Antwort: «Nein. Wenn ich eine Tomate essen will, sehe ich sie so, wie jeder andere auch. Will ich sie aber malen, sehe ich sie anders.»

Gertrude Stein
‹*Picasso*›

ren, und oft enden die Erklärungsversuche des Lehrers damit, daß er sagt: «Sehen Sie sich dies als Vorbild an und probieren Sie einfach drauflos. Wenn Sie fleißig üben, werden Sie schon eines Tages dahinterkommen.» Während fast jeder radfahren lernt, gibt es viele, die mit dem Problem des Zeichnens nicht fertig werden. Genauer gesagt: Die meisten Menschen lernen es nie, bewußt genug zu sehen, um zeichnen zu können.

Viele Künstler machen die Beobachtung, daß sie die Gegenstände beim Zeichnen anders sehen und dabei eine leichte Veränderung ihres Bewußtseinszustandes empfinden. In diesem subjektiven Zustand fühlen sie sich geistig abwesend; sie sind «mit ihrer Arbeit eins». Sie erfassen und entdecken Beziehungen und Zusammenhänge, die ihnen im alltäglichen Leben entgangen waren. Sie verlieren jedes Zeitgefühl, ihre Gedanken lassen sich kaum noch in Worte kleiden. Sie sind vollkommen wach und konzentriert und dennoch entspannt und gelöst – ein Zustand, den sie als lustvolle, fast mystische Aktivierung des Geistes empfinden.

Der leicht veränderte, mit dem Gefühl des Abwesendseins verbundene Bewußtseinszustand, den fast alle beim Zeichnen, Malen oder

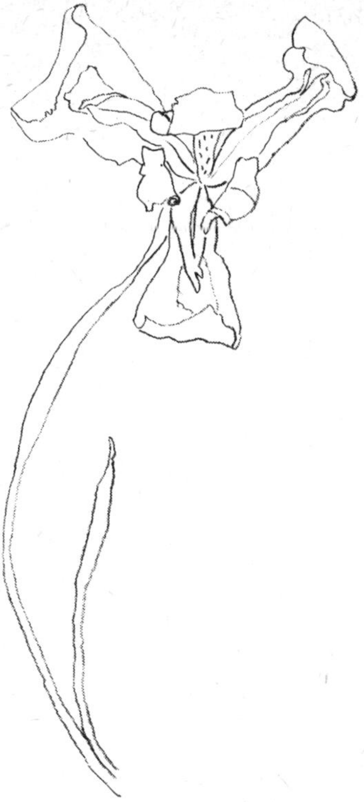

«Der Künstler ist der *Vertraute* der Natur. Durch die anmutige Biegung ihrer Stiele, durch die harmonischen Nuancen ihrer Blüten halten die Blumen Zwiesprache mit ihm. Jede trägt ein bestärkendes Wort in sich, das die Natur an ihn richtet.»

Auguste Rodin

Modellieren oder bei irgendeiner anderen kreativen, künstlerischen Tätigkeit empfinden, ist auch Ihnen vermutlich nicht ganz unbekannt. Auch Sie haben vielleicht schon einmal eine solche geringfügige Veränderung während einer ganz alltäglichen Handlung beobachtet.

Dafür gibt es Beispiele genug: etwa das gelegentliche Hinübergleiten vom gewohnten Wachbewußtsein zum Tagtraum oder die «Selbstvergessenheit» bei der Lektüre eines Buches. Auch das Fahren auf der Autobahn kann zu einer geringfügig veränderten geistigen Verfassung führen, die mit dem Bewußtseinszustand während des Zeichnens einige Ähnlichkeit hat. Immerhin haben wir es auf der Autobahn mit optischen Wahrnehmungen zu tun, müssen wir doch die ständig sich verändernden Verhältnisse erfassen und verarbeiten und viele komplizierte Situationen innerhalb der gesamten Verkehrslage überblicken. Viele Leute stellen fest, daß sie während des Fahrens kreative Denkarbeit leisten, oft jedes Zeitgefühl verlieren und eine angenehme Gelöstheit verspüren. Vielleicht aktivieren diese geistigen Tätigkeiten die gleichen Gehirnfunktionen, die wir auch beim Zeichnen benutzen. Wenn allerdings dichter Verkehr herrscht, wenn wir es eilig haben oder wenn der Beifahrer ständig auf uns einredet, stellt sich der andere Bewußtseinszustand nicht ein.

Was hindert nun einen Menschen daran, die Dinge so genau *anzusehen*, daß er sie zeichnen kann?

Zum Teil können wir diese Frage durch den Hinweis darauf beantworten, daß wir von Kindheit an gelernt haben, die Dinge als Wörter, als Begriffe zu erfassen und in unser Sprachsystem einzufügen: Wir benennen sie und eignen uns ein faktisches Wissen über sie an. Die unser Denken und Handeln beherrschende linke Hirn-Hemisphäre ist nicht an der ganzen Vielfalt der Informationen interessiert, die in unseren Wahrnehmungen enthalten sind. Sie möchte nur gerade so viel von den Dingen wissen, daß sie sie zu erkennen und zu kategorisieren vermag. Sie hat gelernt, einen raschen Blick auf das Objekt zu werfen und festzustellen: «Richtig, das ist ein Stuhl (oder ein Schirm, ein Vogel, ein Baum, ein Hund usw.).» Da unser Gehirn die meiste Zeit mit Informationen überfüttert wird, scheint eine seiner Funktionen darin zu bestehen, einen großen Teil der Wahrnehmungsvielfalt auszufiltern. Dies ist notwendig, damit wir unser Denken auf bestimmte Dinge konzentrieren können. Allgemein betrachtet, ist dieser Filter eine sehr wichtige, nützliche Einrichtung. Doch das *Zeichnen* erfordert ein langes, gründliches Hinsehen, bei dem eine große Zahl von Einzelheiten wahrgenommen, so viele Informationen wie möglich gespeichert werden – im Idealfall *alle*. Die folgende Abbildung zeigt einen Versuch Dürers, dieses Ideal zu verwirklichen.

Die linke Hirn-Hemisphäre bringt nicht die Geduld für eine solche detaillierte Wahrnehmung auf. Sie macht es sich in dieser Hinsicht leicht und versucht, ihre Kollegin zur Rechten von ihren Ansichten zu überzeugen: «Es ist ein Stuhl, und damit basta. Mehr brauchen wir doch gar nicht zu wissen. Hier hab ich ein fertiges Symbol für dich. Wenn du willst, kannst du ja noch ein paar Details hinzufügen, aber laß mich bitte mit diesem ganzen verdammten *Seh*kram zufrieden.»

Woher stammen diese Symbole? Sie sind in den Jahren der Kinderzeichnungen entstanden. Jeder Mensch entwickelt in dieser Zeit ein Symbolsystem. Die Symbole prägen sich dem Gedächtnis ein und können somit jederzeit abgerufen werden.

Ebenso stehen Symbole auf Abruf bereit, wenn Sie zum Beispiel ein Gesicht zeichnen. Das tüchtige linke Hirn sagt dann: «*Augen* – kein Problem. Hier hab ich das Symbol für Augen, das du schon immer

Studie zum ‹*Heiligen Hieronymus*› (1521) von Albrecht Dürer

benutzt hast. Und eine Nase? Schau hin, so macht man's.» Mund Haare, Wimpern? Für alles steht ein fertiges Bildsymbol bereit.

Um es zusammenzufassen: Erwachsene, die zeichnen lernen wollen, sind gewöhnlich nicht in der Lage, wirklich zu sehen, *was sich vor ihren Augen abspielt* – sie nehmen ihre Umwelt nicht auf die besondere Weise wahr, die allein sie zum Zeichnen befähigt. Sie registrieren,

Einen ähnlichen Übergang schildert Lewis Carroll in seinem Buch ‹*Alice hinter den Spiegeln*›: «Ach, Mieze! Wie schön das wäre, wenn wir in das Spiegelhaus hinüber könnten! Sicherlich gibt es dort, ach! so herrliche Dinge zu sehen! Tun wir doch so, als ob aus dem Glas ein weicher Schleier geworden wäre, daß man hindurchsteigen könnte. Aber es wird ja tatsächlich zu einer Art Nebel! Da kann man mit Leichtigkeit durch ...»

was sie erblicken, und übersetzen diese Wahrnehmung dann auf der Stelle in Wörter und Bildsymbole, die vorwiegend auf dem in ihrer Kindheit entwickelten Symbolsystem und auf ihrem *Wissen* über das wahrgenommene Objekt beruhen.

Wie können wir diese Schwierigkeit überwinden? Der Psychologe Robert Ornstein meint, der Künstler müsse die Dinge «spiegeln», wenn er sie zeichnen wolle, sie also genau so wahrnehmen, wie sie sind. Wenn Sie dieser Prämisse folgen, so müssen Sie Ihren dominanten L-Modus – den Wahrnehmungs- und Verarbeitungsmodus der linken Hemisphäre – «abschalten» und den Modus der rechten Gehirnhälfte, den R-Modus, «einschalten». So lernen Sie, *mit den Augen eines Künstlers zu sehen.*

Wieder lautet die Schlüsselfrage: Wie bringt man dieses Umschalten zustande? Dies scheint am besten zu gelingen, wenn man das Gehirn vor Aufgaben stellt, mit denen die linke Hemisphäre weder umgehen kann noch will.

Ich möchte an dieser Stelle noch einmal die Charakteristika des

R-Modus aufzählen. Zunächst einmal verlieren Sie das Gefühl für Zeit. Sie werden sich des Vergehens der Zeit nicht im Sinne der *Uhrzeit* bewußt. Zweitens widmen Sie Worten, die man an Sie richtet, keine Aufmerksamkeit. Sie mögen sie hören, können ihren Sinn jedoch nicht aufnehmen. Wenn jemand Sie anspricht, haben Sie das Gefühl, Sie müßten sich sehr anstrengen, um wieder umzuschalten, wieder in *Worten* zu denken und zu antworten. Zudem erscheint Ihnen alles, was Sie tun, enorm interessant. Sie sind aufmerksam und konzentriert bei der Sache und fühlen sich «eins» mit den Dingen, auf die Sie sich konzentrieren. Sie sind voller Energie, dabei ganz ruhig, aktiv und angstfrei. Sie spüren ein großes Selbstvertrauen und die Zuversicht, daß es Ihnen gelingen wird, die Aufgabe, mit der Sie beschäftigt sind, gut auszuführen. Sie denken nicht in Worten, sondern in Bildern, und zumal beim Zeichnen wird Ihr Denken von dem Objekt Ihrer Wahrnehmung «gefesselt». Es ist ein höchst angenehmer Zustand. Wenn Sie ihn verlassen, sind Sie nicht ermüdet, sondern erfrischt.

Wir stehen nun also vor der Aufgabe, diesen Zustand klarer erkennen und bewußter lenken zu lernen. Die Übungen sollen Sie tiefer in ihn hineinführen. Zugleich soll Ihre Fähigkeit, das Umschalten zu steuern, gefördert werden. Auf diese Weise lernen Sie, sich *bewußt und absichtlich* in einen Zustand zu versetzen, in dem sich dieses Hinübergleiten in den R-Modus wie von selbst vollzieht.

Ria Endres

## *Milena antwortet*

Du erinnerst Dich an meine Versessenheit auf das Schwimmen. Das Gefühl, sich im Wasser auszubreiten, gegen die Strömung zu schwimmen, über die Moldau zu kommen, obwohl alle gesagt haben, das schaffst du nicht; sogar in der Presse wurde mein Schwimmen über die Moldau groß herausgestrichen. Das Gefühl zu schwimmen, ins Wasser und in den Himmel zu sehen, den Himmel ganz nah am Wasser zu haben, den Horizont beinah mit dem Ufer zusammen anzufassen, genau dieses Gefühl hat mich zu Dir getragen, obwohl ich freilich keine Tiefseeschwimmerin war.

Deine Briefe liegen neben mir. Ich habe mir vorgenommen, jeden Tag nur soviel zu lesen, wie ich muß. Es genügt beinahe das Wörtchen *und*, um hineinzufallen. Ich habe mein Gesicht auf das Buch gelegt, in dem Deine Briefe an mich abgedruckt sind.

Erste belanglose Liebe zu einem Sänger. Dann sah mir ein Philosoph beim Konzert über die Schulter, aber mein Vater war Judenhasser. Sein Versuch, mich vor jener Liebe zu retten: er steckt mich ins Weleslawin, ein Irrenhaus für die höheren Stände. Fast ein Jahr. Dann zog ich mit dem Philosophen nach Wien. Sein Ziel war der Herrenhof, Frauen waren in diesem Café erwünscht als schönes Beiwerk von Männergesprächen. Ich saß in der Lerchenfelderstraße ohne Geld und schrieb: «Ihr hellen, weithingestreckten Landstraßen hinter der Stadt, ihr Feldwege, zu denen das Abendgeläute von ferne herübertönt! Kann einen das nicht glücklich machen?» Diesen Satz und viele andere Sätze schickte ich als kleine Feuilletons nach Prag. Gleichzeitig wagte ich mich an die Übersetzung Deiner frühen Prosastücke.

Nach Prag kehrte ich ein Jahr nach Deinem Tod zurück; im Herrenhof hatte ich nichts zu sagen gewußt. Im Metro wurde über meine Feuilletons gesprochen. Ich dachte nach über die Mode und das Innenleben und den Unterschied zwischen einer inneren Leere und den schönen Tuchen darüber und der lebendigen Schönheit, die auf feine Tuche trifft.

Auch ich bin nicht ins Schloß gekommen, obwohl ich mich abmühte nach meiner Art. Es hat sich um ein anderes Schloß gehandelt, auf das die Eiseskälte Deines Schlosses herüberstrahlte. Du hast mir einen guten Teil davon zukommen lassen auf die lange Bank, wo ich eine Zeitlang auf der äußersten Kante in der hintersten Ecke saß. Mir schien, als würde die Bank immer länger, bis ich, von Deiner Tür aus gesehen, in die gewünschte Verkleinerung gebracht worden war. So saß ich also auf der langen Bank. Unter mir ein Haufen Papier mit meiner Schrift. Die Seiten gerieten in Unordnung, weil ich immer wieder Ergänzungen anbrachte. In der feuchten Kälte zerfielen die Ränder der Seiten, und die aus Tinte geformten Buchstaben liefen auseinander. Für die Eiseskälte im Innern Deines Eisgebirges hast Du schon Dein ganzes Unglück aufbieten müssen, damit ich mich nicht über dieses Gebirge werfe, daß es Dir vor die Füße schmilzt. Ich wurde so schwach, daß ich jedem Landstreicher vertraut hätte, wäre er nur vorbeigekommen in der Absicht, Dir die Briefe zu bringen. Da aber fiel nach langer Zeit Schnee vom Dach und rüttelte mich mit einem dunklen Schlag wach. Ich glitt leise aus meiner Ecke und wankte ins Freie. Ein klarer Wintertag empfing mich. Es war Montag. Niemand zu sehen. An den Straßenrändern hohe Schneeberge. Wind kam auf in den Häuserlücken und mehr noch in der Nähe der Stadtgrenze. Auf meinem Gesicht hatten sich rasch Kristalle gebildet, Hauch aus meinem Mund. Ich lief aus der Stadt aufs freie Feld. Hinter mir stachen die Häuser scharf in den Himmel, denn die hellen Sonnenstrahlen lagen senkrecht auf ihnen. Hinter mir also: meine kalte Heimat. Vorn das weiße Feld. Und so wird dieser Brief immer von neuem geschrieben, solang die Unsterblichkeit dauert.

Luce d'Eramo

## *Gruppe ZERO*

### Der Entführte

Die Zelle ist immer noch in blaues Licht getaucht, aber Giacomo Perrino fühlt sich ausgeschlafen. Er bezweifelt nicht, daß das Lösegeld bezahlt worden ist. Dies hat er der Lektüre der Zeitungen entnommen, die Rotat am 27. und noch mehr am 28. Dezember grünes Licht gegeben haben. Von wenigen kritischen Stimmen abgesehen, hat die Presse die Ansicht vertreten, daß der Freikauf eines Menschenlebens mittels einer Geldsumme zwar ein Nachgeben gegenüber der Kriminalität bedeute, aber keinen Umsturz der Zivilordnung wie im Fall von Erpressungen mit politischer Zielsetzung. Fast alle scheinen erleichtert zu sein.

Es ist der 29. Dezember. Das Ultimatum der Kolonnen ist gestern um Mitternacht abgelaufen. Heute wird Giacomo Perrino freigelassen.

In seiner gestrigen Ausgabe hat ein Blatt des Rotat-Konzerns an das Verhalten Julius Cäsars erinnert, als dieser vor mehr als zweitausend Jahren von Piraten auf dem Mittelmeer gefangengenommen wurde (die Geschichte wiederholt sich, ergänzte der Verfasser). Damals bat der römische Patrizier jene Freibeuter um Erlaubnis, die bereits gewaltige Summe von Sesterzien, die diese für seine Freilassung verlangten, zu verdoppeln, da die Freiheit eines Julius Cäsar – wie er sagte – ein Imperium wert sei. Und zugleich warnte er sie: Sobald er nach Rom zurückgekehrt sei, würde er mit einer bewaffneten Flotte gegen sie aufbrechen und sich nicht nur jenes Geld zurückerobern, sondern das gesamte Piratentum zerschlagen. Was dann auch geschah.

Wenn der Rotat-Vorstand auf solche Weise vorbaut, muß die von den Kolonnen geforderte Summe tatsächlich gewaltig sein (zumindest in den Augen der Öffentlichkeit). Und im Licht von Julius Cäsar

– überlegt Perrino – wirkt die Aushändigung des verlangten Geldes nicht wie eine Kapitulation vor den Terroristen, sondern eher wie eine Etappe des gesellschaftlichen Kampfes, den Rotat gegen das Verbrechen und die Anarchie führt. Allerdings wird dieser Vergleich auch keinen Rückzieher seiner Entführer zur Folge haben. Ihr Anspruch, sich den Massen gegenüber glaubwürdig zu verhalten, zwingt sie in jedem Fall dazu, Wort zu halten. Im übrigen sind sie Drohungen gewohnt.

Ohne auf das warme Wasser zu warten, das sie ihm jeden Morgen vor dem Frühstück bringen, wäscht sich der Industrielle mit dem kalten Wasser des Vortages. Er seift sich von Kopf bis Fuß ein, reibt sich gründlich mit dem Waschlappen ab, den er immer wieder in den vollen Eimer taucht. Das eisige Wasser erfrischt seine Haut und läßt sie atmen.

Er war dreckig geworden angesichts des nahenden Todes – so wie es oft bei alten Leuten geschieht, die, übelriechend, sich mit der bevorstehenden Verwesung vertraut machen. Wie sich das Wildschwein, um den Jagdschweiß loszuwerden, im Schlamm wälzt und ihn dann auf seinem Körper in der Sonne trocknen läßt, hat er, Giacomo Perrino, um der polemischen Stimmung zu entgehen, sich so sehr in den Gestank seiner Zelle und seines ihm fremd gewordenen Körpers verkrochen, daß er sich (auf dem Eimer) sogar mit bedrucktem Papier, das er aus den Zeitungen herausriß, abwischte.

Das Ganze ist ihn teuer zu stehen gekommen.

Am Vormittag des Heiligabend haben seine Bewacher Fotos von ihm gemacht, nachdem sie ihn eine Zeitlang mit den Berichten, in denen ihr Ultimatum angekündigt war, alleingelassen hatten. Später hat er diese Fotos in den Zeitungen vom 27. Dezember gesehen: ein abgemagerter Alter mit einem wüsten Haarschopf, der vor dem Symbol der Kolonnen sitzt (die schwarze Faust scheint seine Wange zu streifen) und eine Tageszeitung mit deutlich erkennbarem Datum (Heiligabend) in den Händen hält. Sofort ist ihm der Verfall jenes Alten – gekrümmte Schultern, ausgedörrte und knochige Nase – auf den Magen geschlagen. Innerhalb von dreißig Tagen ist sein Gesicht um eine Generation gealtert.

Aber sein Blick ist immer noch der von einst geblieben – distanziert, höflich. Also hat Giacomo Perrino sich besser in der Kontrolle gehabt, als er glaubte. Seine größte Sorge hatte darin bestanden, das Gefühl innerster Erbärmlichkeit, das er empfand, zu verraten; diese Bedenken haben ihn wochenlang so sehr beschäftigt, daß er jetzt – angesichts der ungebrochenen Augen des Alten, der ihm aus der Zeitung entgegensieht – von einem inneren Frieden erfüllt wird.

Der Industrielle fährt sich mit der Hand über die Brust. Elastische Muskeln, erklärten seine Masseure. Diese Muskeln sind weg. Sie werden wiederkommen.

Jetzt, da der Alptraum vorbei ist, hat er die Empfindung, daß das Auftauchen von Schaben in seiner Zelle das heikelste Ereignis gewesen ist. Er kannte Riesenspinnen, groß wie eine Faust, die er auf seinen Safaris in Afrika gesehen hatte. Aber die schwarzen, stets präsenten Kulis, die ihn begleiteten, hatten sie immer sofort vernichtet. Das Zusammenleben mit diesem aalglatten, gepanzerten Ungeziefer war ihm also unbekannt. Die Kapuzenmänner haben die Fußleisten an den Wänden mit einem Insektenpulver besprüht, das die Schaben scharenweise aus dem Mauerwerk getrieben hat, so daß sie über das Gift hinweg wild in die Zimmermitte taumelten. Eine hat sich an der Decke festgeklammert, die vom Feldbett herunterhing, und Perrino hat, mit einem Würgen im Hals, krampfhaft das Tuch geschüttelt, bis das hartnäckige Tierchen den Halt verloren hat und heruntergefallen ist; es lag unbeweglich neben einem Tischbein auf dem Rücken. Kadaver von Schaben, zwischen denen Sterbende ihre schwarzen Körper noch weiterschleppten, lagen in der ganzen Zelle verteilt. Der entführte Industrielle war vor Ekel wie gelähmt. Er wollte dieses Schlachtfeld überqueren, um die Zeitungen vom Tisch zu holen. Nur ein Schritt hätte genügt. Aber der Gedanke, eventuell eines jener dikken Insekten mit einem Krachen unter der Schuhsohle zu zerquetschen, so daß an seinem Pantoffel schwarzer Schleim gehaftet hätte, machte es ihm unmöglich. Statt dessen hat er sich bäuchlings – den Kopf am Fußende und die Füße auf dem Kissen – auf das Bett gelegt. Und während er sich mit einem Ellbogen abstützte, hat er den anderen Arm zum Tisch ausgestreckt und dabei gleichzeitig die Körper der Schaben im Auge behalten, die über den Fußboden verstreut waren. In derselben Sekunde hat jedoch jenes Tier, das von seiner Decke gefallen war, angefangen, mit den Beinen in der Luft zu zappeln. Perrinos Arm hat mitten zwischen Bett und Tisch innegehalten. Die Schabe rührte sich nicht mehr. Da hat Perrino den Arm erneut bewegt, und prompt fing dieses Tier auf dem Rücken wieder an zu zappeln. Man hätte meinen können, daß ein Magnetismus die beiden verbinden würde. Dem Industriellen hat danach tagelang das Bild dieser auf den Rücken gefallenen Schabe nicht losgelassen, die mit all ihren Beinen nach ihm rief.

Jetzt ist dieser Dreck des Unterbewußtseins wieder untergetaucht. Der Entführte zieht sich an und streckt sich auf dem Bett aus, die Beine über Kreuz und die Hände unterm Nacken. Er wartet auf seine bevorstehende Freilassung.

Das Geräusch des Schlüssels, der ins Schloß dringt und ein-, zweimal gedreht wird, bereitet ihm Herzklopfen. Die Tür geht auf, das weiße Licht geht an, und da sind sie wieder. Bei ihrem Anblick entspannt sich Perrino.

Aber die Löcher in den Kapuzen wenden sich ihm nicht zu.

Sie übergehen ihn.

Sie fangen ganz normal an, die Zelle zu reinigen, ohne ein Wort zu sprechen, so wie an jedem Morgen seit dreißig Tagen, bevor sie ihm das Frühstück bringen.

Giacomo begreift. Er begreift, daß das Lösegeld nicht bezahlt worden ist, aber nicht in Form von Gedanken – sein Kopf bleibt leer –, sondern als (widerstandslos hingenommenes) Wissen um seinen baldigen Tod. Sie reinigen den Ort, an dem sie ihn hinrichten werden.

Vielleicht werden sie seine Leiche nie herausgeben. Sie werden ihn hier begraben, zusammen mit den Schaben.

Zum erstenmal verfolgt Perrino fasziniert ihre Bewegungen in der Zelle. Der Kleinere bleibt heute an der Tür, während der Große sauber macht. Er bückt sich und lenkt mit einer Hand die Schaufel, auf die er mit größter Sorgfalt die Krümel kehrt. Als er den feuchten Wischlappen über das Linoleum gleiten läßt, wirken seine Bewegungen fast elegant.

Das Schloß schnappt zu.

Kurz darauf kommen sie mit dem Frühstückstablett zurück. Perrino bleibt regungslos auf der Bettkante sitzen und stiert auf das anmaßende Pistaziengrün des Linoleumbelags, das ihm die Zähne zusammenzieht. Er hört, wie das Tablett auf den Tisch gestellt wird. Sein letztes Frühstück. Weder das Rascheln der Zeitungen noch der Geruch frischer Druckerschwärze dringen zu ihm (sie nützen ja auch nichts mehr).

Wieder wird der Schlüssel umgedreht. Das Geräusch erinnert ihn an das elektrische Festziehen der Schrauben, die den Sarg seines Vaters verschlossen.

Noch nicht. Zuerst müssen sie noch das Tablett abholen. Der Industrielle kneift die Augen zusammen – er will nichts sehen. Trotzdem schielt er mit halbgeschlossenen Augen zum Tisch: keine Zeitungen. Ihm wird übel, und gleich darauf überfällt ihn ein wilder Hunger, der ihn gewaltsam an den Tisch, zum Essen treibt. Seine Hand zittert, als er sich die dampfende Milch randvoll in die Tasse gießt. Heute morgen haben sie ihm sogar zwei Stück Panettone gebracht. Giacomo tunkt das erste in die heiße Milch, wie er es seit fünfzig Jahren nicht mehr getan hat. Und während die Tränen langsam hervorquellen, zerkaut er den triefenden Happen, dessen Geschmack ihn an seine Kindheit erinnert.

Er hat noch die leere Tasse in der Hand, als ihm ein neues Schnappen des Schlosses zu Ohren kommt. Der große Kapuzenmann tritt ein und legt die Zeitungen hin (den größten Stapel, den er je erhalten hat), nimmt das Tablett und verschwindet.

Bernhard Hüttenegger

## *Die sanften Wölfe*

Noch eine Geschichte!

Noch eine Geschichte!, fordert Karen leise.

Eine andere Frau im Dorf, erzählt Kainer (der fortfährt, die Signalpunkte der Augen, der Nase, der Ohren und des Nackens, der sich darob kräuselt, auf der Körperlandkarte mit dem Marderhaarpinsel zu streicheln), hat sich aus Menschenscheu fettgefressen, in ihre Depressionen hineinverfressen. Zu Elefantenformat geschwollen, leidet sie nun sowohl unter ihrer Fettleibigkeit als auch unter der Menschenangst, und verläßt die Wohnung überhaupt nicht mehr. Ihr Ehegespons schenkte ihr eine kleine Hammondorgel zum Zeitvertreib, die sich wie eine Mundharmonika mit Tasten ausnimmt, wenn sie in ihrer ganzen unglücklichen Fülle davor sitzt. Jetzt kann man täglich hören, wie sie ihre Angst vor der Angst vor den Menschen wegzuorgeln sich anstrengt, und immer mehr aufquillt dabei.

Kainer bemalt die Schultern, die ein Kribbeln von roten Ameisen sodann überläuft, in girlandesken Kurven und sichelförmigen Strichen, malt mit der Farbe der Luft, des Lichts, des schlafenden Windes auf der mikroskopisch-zuckenden blassen Sohlenhaut, die sich an den einzelnen Signalstellen kaum merklich zusammenzieht, dann wieder glättet, elektrisiert vom Tierhaar, als würde ein Summen von Hochspannungsleitungen angestimmt zwischen den einzelnen Organorten in Karens Innerem. Ein Vibrieren der Lungenflügel, ein Erzittern des Bronchialgeästs, als das Hügelgelände der vorderen Ballen erreicht, erfaßt wird von den Runenzeichnungen.

Der Ahornschatten ist größer geworden, erreicht beinahe die Lagerstätte auf der Wiese. Durch die Fensterrosette eines leerstehenden Stallgebäudes, einen Steinwurf weit entfernt, leuchtet der Himmel in pittoresker Künstlichkeit, zergliedert durch das Wölbeziegelornament zum stilisierten Querschnittmuster einer Orange. Anderswo, ganz in der Nähe: auf der Landstraße, unweit der Kreuzung mit dem Bildstock, prallen vereinzelte verirrte verwirrte Kukuruzräuber gegen die Windschutzscheiben vorbeifahrender Fahrzeuge. Visieren das spiegelnde Glas an mit ihren spitzen starken Schnäbeln, ihren schweren trägen Schwingen, stoßen auf das bodennah dahinrasende Ziel zu, zerhacken, zersplittern ihr Gegenbild, den Reflex ihrer eigenen Angriffswut, bevor sie verendend auf dem Asphalt zucken oder zu blutmatschigen, bald staubtrockenen Federtellern zermalmt werden: ihre weißen Flügelfinger dreckig zerrupft, zerbrochen und aufgeplatzt ihre prallen Bäuche, die sattgelben Maiskörner zerquetscht.

Die Katzen, die Wildkatzen, raunt Karen: direkt unter unserem Schlafzimmerfenster, ein furchtbares Kreischen, jede Nacht dieser grausliche Lärm, wenn sie miteinander, ich meine, sich paaren oder wie das heißt …

Kainer: Wildkatzen ranzen!

… dieses greuliche Gekreisch, wie bei einer Folterung; schreien sie, ich meine, diese grauenhafte Qual, während …?

Kainer: Soviel ich weiß, eine Art Vorspiel auf Distanz!

Fürchterlich!, wiederholt Karen: Es geht durch Mark und Bein. Letzte Nacht habe ich mir Brot in die Ohren gestopft!

Ja, sagt Kainer (pinselnd), wie ein Baby, auf eine heiße Herdplatte gesetzt!

Hör auf, bitte!

Nicht mehr lange, bald werden sie ausgerottet sein!, meint Kainer. Er bemalt das Gehöhle der dunklen Verdauungsgänge, die unter der feinen Berührung des Marderhaares zu vibrieren beginnen, mit seinen unlesbaren Arabesken und Moresken, das kaldaunische Schlauchlabyrinth mit unsichtbaren Hieroglyphen, rocaillehaften Zierformen und Akanthusschnörkeln, die Katakomben tiefster Leibestiefe mit seinen Kryptogrammen, Chiffren und Zeichen in der Höhlung des Fußgewölbes. Geschichten? Geheime Botschaften, Mitteilungen, Erzählungen für Karens Innenleben?

Sie hat ein Bein angezogen, liegt schlaff und träge, gelöst in ihrer Seitenlage. Kainer stellt sich ihren geschwollenen Schamhügel vor, unter all diesen Wölbungen, Hügeln, Kuppen und Rundungen ihrer Körperinnen- und -außenlandschaft. Der Ahornschatten hat die Lagerstätte erreicht; Kainers bloßer Oberkörper glättet sich unter der Kühle. Er entflicht Karens Sonnengeflecht mit den zarten Tastungen der samtenen Spitzen, streift, löst komplizierte Drüsenknoten, Schaltstellen des Begehrens und Verlangens, der Abscheu und Hingabe. Sie wird ganz weich und still, als er den unteren Rand der Innenlandkarte übermalt, den Fersenballen erreicht, der wieder leicht gerippt, gewellt ist, wie eine große Fingerbeere, eine Daumenkuppe. Was für ein Gemälde? Ein Wolkenbild, ein Fresko des Himmelsgewölbes, ein meteorologisches Diagramm? Oder skizziert Kainer den Zikadengesang auf Karens Fußsohlen, mit den zittrigen feinnervigen Fadenlinien eines hygrobarometrischen Schreibautomaten? Illustriert er einen Erlebnisbericht nach dem Aufenthalt in der *Aquabox*? Den Abenteuerroman von Jonas, nachdem dieser ausgespuckt wurde vom Wal? Überliefert Kainer die Murmelgespräche der Junggesellen? Das Orgelspiel des Krüppelmädchens oder die georgelte Menschenangst der Elefantenfrau? Eine Partitur des Gesangs der Wale? In einer revolutionären rätselhaften Notation? Ein pastorales Gemälde des Lebens auf dem Land, im Dorf, wie es sein sollte? Eine Schäferidylle auf Karens Füßen, die sie zertanzen könnte, verweben, verflechten mit den Ahornschattenornamenten ihrer eurhythmischen Bewegungen, wenn sie wieder tanzte? Oder malt Kainer das Reden ohne Worte, eine lautlose Sprache, eine Bildmusik, ein Augenkonzert? Eine Nachricht für Solveig, in der Farbe des Windes? Denn wie er den Herzpunkt trifft mit seinem stummen Zeichnen und Solveigs heimlichen Innenort, gibt Karen, elektrisiert von den Marderhaarspitzen, einen leisen Laut von sich, ein dunkles leibtiefes Gurren, wildkatzenähnliches Schnurren, als summte zartbebend sanftzitternd etwas in ihr, ein dunkler Wellenschauer, aber von innen her, scheint ihre Haut zu kräuseln, nicht bloß an den Fußsohlen (hatte Solveig die Botschaft gehört?), und Karens aufgelöste Glieder, die mild und weich verstreut lagerten auf der Wolldecke in der Wiese im Ahornschatten, werden gespannt für einen Moment, steif und starr, auch die Fußsohlen geglättet, verhärtet das hautene Linnen, als sie einen kleinen wollüstigen Seufzer ausstößt ... Solveigs Antwort?

Karen löst sich langsam wieder, indem ihre Zersplitterung sich sammelt. Fragt kleinlaut, ein wenig später: Magst du mich leiden?

Aus weitgeöffneten Augen schaut sie in den Himmel: Ich kann mich selber oft nicht leiden!

Ein bißchen Schweigen.

Falls es irgendwo einen Glücklichen gibt, meint Karen, sollte man ihn aufspüren und in einer Vitrine ausstellen, in einem Museum zu Schauzwecken, oder besser noch ein Paar, einen Mann und eine Frau, sie sollten ihr Glücklichsein herzeigen, öffentlich vorleben, ungestört, aber sichtbar, eine Existenz hinter Glas, damit alle anderen sich erinnern und vielleicht ein Beispiel nehmen können.

Die Beschreibung des Himmels. Vertikal aufgetürmter Cumulus

congestus im Zenit. Milchweiß die wattezerfransten Ränder. Faserspuren des Windes aus südwestlicher Richtung. Cirren-Gefieder.

Kainer, der Maler ohne Farbe, liegt im Gras und spielt seine Möglichkeiten durch. Das Gemeindestipendium. Das Hierbleiben an Ort und Stelle, um sich das Fortgehenkönnen zu bewahren. Das erfahrungsträchtige Ausharren, sein heimliches Duell mit dem Dorf. Das schöne tägliche Gefühl des Außerhalbseins. Das halbe Leben, um die kostbare andere Hälfte nicht anzutasten. Die Hoffnungshälfte. Aber halb leben heißt bloß dahinleben. Die bunte Glaskopfstecknadelkollektion der kleinen täglichen Verletzungen. Oder: Zupacken! Die Kollektivarbeit im Institut in der Landeshauptstadt. Revierkämpfe und Ellbogenspiele. Die Kür der Täuschungen und Selbsttäuschungen. Was man sich selbst zutraut, trauen einem auch die anderen zu! Ein Zerrspiegelkabinett wechselseitiger Selbst- und Fremdsuggestion. Das Wolfsmaskenspiel. Der Seelenflohmarkt. Die Herzlumpensammler. Die Grandezza eines Versehrtenballetts. Der freundliche Vernichtungskarneval. Der Fancy-dress verbindlichster Wichtigkeiten. Das Schmerzfigurenkabinett.

Karen steht auf und geht – auf bemalten Sohlen – zum Wollekessel, schürt das Feuer und rührt um in der Schafwolle. Sie kommt zurück, das Logbuch von Kainers Luftreisen an ihren Füßen, streift seine Schulter: Du bist in allem so unbeteiligt, bewegst dich, indem du dich kaum bewegst, wie eine von einem Schriftsteller erfundene Figur, immer sich selbst bewahrend, als würde jemand seine schützende sorgende Hand darüberhalten, damit sie nicht verlorengeht, denn dann wäre die Geschichte ja zuende. Du mußt dich mehr trauen!, sagt Karen, und lächelt.

Womöglich schenkt sie mir jetzt den Mondsteinring, um die Geschichten weiterrollen zu lassen!, denkt Kainer.

Er liegt in Seitenlage auf der Decke im Gras, schaut zur Frau des Lehrers hoch, die nahe seinem Kopf neben ihm steht und auf ihn hinunterblickt.

Was sein wird: Lichtgebleichtes Maisstengelkraut wird rascheln im Wind. Kunstdünger die gepflügten Felder wie Rauhreif bedecken. Die Bahndämme werden lodern im Herbst. Und die Schienen aufjaulen vor einem heranbrausenden Schnellzug in der schneestaubenden Eisluft.

Kainer schaut zu Karen hoch, wie sie vor ihm steht, in dem gefrorenen Bild dieses Augenblicks: von ihren bloßen Füßen, den Waden, auf deren Innenseiten feiner blonder Flaum schimmert, den Knien, dem Saum ihres Kleides, den zu ahnenden Wölbungen der Schenkel, des Gesäßes, über die prächtigste Wölbung namens Solveig und die minoische der Brüste zu ihrem blassen Hals – dringt ein in den Bereich ihres Lächelns, der Strauchdieb, und sagt: Ich werde über den Winter kommen.

Mit den Cirrus-Fäden aus Südwesten ziehen mittelhohe Schwadenwolken gegen die eintrübende Sonne, verdichten sich zu einem diffusen Gemisch, welches das Licht nur mehr in einzelnen spitzen Strahlenpfeilen zu durchbrechen vermag. Gegen Nordwesten scheint sich das Bilderbuchbeispiel eines Nimbostratus zu entwickeln, ein strukturloser diesiger Wolkenschleier, wie flüssiger Stein – was gewöhnlich Regen verheißt.

Wird es Steine regnen?

Karens leicht schattendunkles Gesicht oben vor diesem sphärischen Hintergrund. Aufkeimender Wind fächelt den Saum ihres Kleides. Ein Geruch von Wald und Farn und Staub und Asphalt, von Wolle und Wasser und Haut und Haar, von Hier und Anderswo weht daher, ein schwerer Geruch, der sich nähert in trägen Parabelflugbögen ähnlich denen der Kukuruzräubervögel.

Weggehen. Immer weggehen, sagt Kainer. Ich bleibe.

Hartmut Lange

## *Die Selbstverbrennung*

### Die Abberufung

Hohenemser war einer jener Seelsorger, von denen Eberhard behauptet hatte, sie verzichteten freiwillig auf ihren Intellekt, kämen nie auf abwegige Gedanken, fühlten sich geborgen in der Obhut des Herrn und wären im übrigen damit beschäftigt, ihr Leben in regelmäßigen sonntäglichen Predigten und in ihren zahlreichen Liebhabereien, zum Beispiel der Ornithologie, aufzubrauchen. Hohenemser war groß, breitschultrig, er war fünfundfünfzig Jahre alt, hatte ein vom Alter noch unberührtes Haar. Sein Gesicht war (wohl von einer ungeschickten Rasur) gerötet und wundgerieben, die große Nase, die vollen, herabhängenden Wangen, die Brille mit dem silbernen Rand gaben ihm ein barockes Aussehen. Er trank schweigend seinen Kaffee, sein Blick ruhte verständnisvoll, begütigend auf Elfriede Koldehoff, die ihm in der Stube am Tisch gegenübersaß. Und Hohenemsers entspannte Ruhe, dieses Schweigen, das sich selbst gleich war und nicht, wie bei Koldehoff, eine innere Zerrissenheit, einen Zustand übererregter Verzweiflung notdürftig verbergen wollte, diese Gelassenheit eines Menschen, der eben noch eine Achtzehnjährige mit eben der gleichen Ruhe, der gleichen Gelassenheit, mit Hinweis auf Gottes Fügung unter die Erde gebracht hatte, taten der Frau wohl. Aber ihre eigene Erregtheit löste sich deswegen nicht. Sie hielt die Hände fast wie verkrampft ineinandergefaltet und hatte Mühe, ein Zittern ihrer Knie, die sie gegen die untere Seite der Tischplatte preßte, zu unterdrücken.

«Sie wollten mir etwas sagen, Frau Koldehoff. Danke. Das wäre die dritte Tasse. Zuviel Kaffee geht aufs Herz», wehrte der Mann aus Ludwigslust ab. Und nun, nachdem Elfriede genötigt war, die Kanne endgültig auf den Tisch zurückzustellen, nachdem der Gast die leergetrunkene Tasse von sich geschoben hatte, begann sie zu sprechen. Leise anfangs, fast unhörbar, indem sie sich gegen einen Druck in ihrer Kehle, gegen ihr schlechtes Gewissen wehrte, denn sie war im Begriff, über die Befindlichkeiten ihres Mannes, die nur sie kannte, und die seine seelische Not berührten, öffentlich zu rechten.

«Ich möchte Sie bitten», sagte sie, «beraten Sie mit dem Bischof darüber, wie er meinen Mann als Seelsorger aus Bernede abberufen kann.»

«Wieso?» antwortete Hohenemser. «Pfarrer Koldehoff ist in dieser Gegend doch beliebt.»

«Aber er glaubt nicht an unseren Herrn.»

«Der Glaube an unseren Herrn ... Ich will mal sagen, Anfechtungen dieser oder jener Art ... Frau Koldehoff, es ist durchaus menschlich, in Gedanken an Gott nicht immer nur voller Hoffnung zu sein.»

«Aber nicht in einem Pfarrhaus.»

«Ja, haben Sie nie gezweifelt?»

«Nie.»

«Gut», antwortete Hohenemser, irritiert durch die harte, unbedingte, ja, wie ihm schien, verkrampfte Zuversicht dieser Frau. «Gut. Ich wollte damit nur sagen, natürlich hat ein Pfarrhaus keinen Platz für Zweifel. So sollte es wenigstens sein. Aber vergessen wir nicht: Gott, der allmächtig und allgegenwärtig ist, liebt es ebenso, wie sagt der große Pascal, sich vor unserem Angesicht zu verstecken.»

«Und wäre dies ein Grund, die Gemeinde aufzufordern, Gott seine Sünden zu vergeben?»

«Nein, natürlich nicht», antwortete Hohenemser erschrocken. «Wie kommen Sie darauf?»

«Dies tut Pfarrer Koldehoff seit Jahren», sagte Elfriede. Und da Hohenemser nun nicht mehr in der Lage war, seine ihm angeborene Gelassenheit zur Geltung zu bringen, nachdem er, sozusagen aus seinem Naturell gerissen, ungläubig, aufs äußerste irritiert auf diese Frau sah und weil Elfriede Koldehoff zum erstenmal spürte, daß hier jemand, worauf sie jahrelang vergebens gehofft hatte, ihre Fassungslosigkeit, ja Empörung, die Überspanntheit ihres Mannes betreffend, teilte, verschwand ihre Verkrampftheit. Sie begann gelöst und immer gelöster zu sprechen und über Dinge, die angetan waren, jedem, sogar dem der Normalität, den angenehmen Dingen des Lebens zugeneigten Pfarrer Hohenemser, den Atem zu verschlagen.

Sie sprach von Koldehoffs selbstzerstörerischem Wesen, und wie er vor allem auf seinen Verstand fixiert sei, und wie er es überhaupt darauf anlege, den Verstand des Menschen als das einzige Licht in der Finsternis darzustellen. Und wie ihn dies in die Verzweiflung treiben würde, da er ja eben kraft dieses Verstandes einsehen müsse, daß ihm und allen anderen dieses Licht mit dem Tode ein für allemal verlöschen müsse. Und wie unfähig er sei, dies als seinen Hochmut zu erkennen, und daß er lieber, statt nun in Demut von seinem Verstand zu lassen, Gott, den Herrn, für dessen Unzulänglichkeit und für seine Verzweiflung haftbar machen wolle. Und wie er dies auch seiner Gemeinde predige, die, so viel könne sie sagen, von alledem nichts verstünde, außer eben Koldehoffs, wie sie zugeben müsse, eindringlich und mit ehrlichem Herzen geäußerte Verzweiflung. Aber von der Verzweiflung allein könne der Mensch doch nicht leben! Und wie ihn dieser Zustand, und das sei das schlimmste, nicht nur an der Demut, sondern an der Liebe zum Allernächsten, an der Barmherzigkeit hindern würde. Denn so sei doch der Mensch: Er könne nur, wenn er mit sich selber in gutem Einvernehmen sei, auch anderen Gutes tun. Aber er, Koldehoff, sitze ununterbrochen entweder auf dem Dachboden, um den nächtlichen Himmel mit gottlosen Augen zu betrachten, um dann, wenn ihn der Anblick des Himmels ohne Gott (was ja jedes Kind begreifen würde) trostlos und immer trostloser gemacht hätte, um dann in die Sakristei vor das Bildnis des Heilands zu flüchten, wo er ebenso ununterbrochen, ebenso Stunde um Stunde bewegungslos dasitze, in dem Versuch (aber es sei immer nur ein Versuch), den Anblick des Himmels oder besser: seine sich selber zugefügte Gottlosigkeit wieder zu vergessen. Und sie wolle nicht davon sprechen, wie sich dieser Zustand auf das Leben der Familie auswirken würde. Dazu hätte sie kein Recht. Sie hätte vielmehr die Pflicht (das wisse sie, ja, das wisse sie durchaus), sich um einen Mann, der derart unglücklich und unverbesserlich immer nur sich selbst, immer nur seinen Verstand als Zentrum aller Dinge zu sehen imstande sei, besonders zu kümmern. Aber wie könne sie dies tun, wenn er sich auf besonders heimtückische Weise entziehe. Sie gelte ja nichts in seinen Augen! Und man rede seit Jahren kaum noch ein Wort miteinander! Er hätte es nicht einmal für nötig befunden, ihr den Zustand der eigenen Tochter mitzuteilen. Nein, was rede sie: Er hätte sie wissentlich getäuscht, so daß sie außerstande gewesen wäre, an dem Sterben ihres eigenen Kindes Anteil zu nehmen. Und nun würde er Annemaries Namen notieren, so wie er die Namen aller Toten, die auf dem Kirchhof begraben lägen, auf eine große, hölzerne Tafel notiert und diese Tafel in der Sakristei aufgehängt hätte. Dies könne ihm niemand verbieten, aber wer leben will, dürfe nicht nur die Gesellschaft der Toten aufsuchen. Und wie seine Augen glühten in Momenten, wenn von der Vergeblichkeit des Daseins die Rede sei. So hätte sie sich des Eindrucks nicht erwehren können, daß ihn der frühe Tod seiner Tochter mit Genugtuung erfüllt und daß er sich an ihrer, der Mutter Ahnungslosigkeit geweidet hätte. Sie wisse, was sie sage, und sie wisse auch, wie unfaßbar, wie ungeheuerlich ihre Behauptungen seien. Aber da er zur Demut, die einzig den Menschen sicher leitet, außerstande sei, da er außerstande sei, sein Dasein, wie jede Kreatur es täte, als Geschenk Gottes anzunehmen und einfach zu leben, würde seine Verzweiflung, seine Todesbezogenheit sich weiter und weiter bis zur Unerträglichkeit steigern, besonders jetzt, da seine Tochter ihm diesen Weg, den er fürchte, aber als einzige Bestimmung des Menschen setze, vorausgegangen sei. Und daran würde ihn weder der Talar noch die Bibel hindern, im Gegenteil: Koldehoff begänne ja jetzt schon von der Kanzel herab nur noch von der Selbstverbrennung jenes Menschen aus Zeitz, den einen Seelsorger zu nennen sie sich weigere, zu predigen, und sie selber sei am Ende ihrer Kraft. Sie könne, und dies solle er dem Bischof sagen, keinem Pfarrer, auch wenn dies ihr Mann und der Vater ihrer Kinder sei, länger zusehen und schweigend dabeisitzen, wenn er den Sinn der Worte Gottes derart verdrehe und derart dazu benutze, seine Gemeinde, die seiner zerstörerischen Gewalt hilflos ausgeliefert sei, zu ängstigen und zu verwirren.

Hohenemser schwieg erschüttert. Er verzog keine Miene, er hielt sich ganz unbeweglich, und seine Augen hinter den Brillengläsern waren wie gebannt ausschließlich auf die Lippen dieser Frau gerichtet.

«Tja», sagte er dann leise, nachdem Elfriede Koldehoff ihren Redefluß unterbrochen hatte und ihren Kopf gegen die Brust niedergebeugt hielt, als würde sie sich dessen, was nun als Konsequenz aus ihrer Rede abgeleitet werden mußte, schämen.

«Tja», sagte er, wobei er seine linke Hand wie hilflos von der Tischplatte hob und wieder sinken ließ. «Alles, was wir sind, liegt, dies ist auch mein Glaube, in guter Obhut. Nur die Gedanken, ja natürlich ... In unseren Gedanken sind wir allerdings frei.»

Horst E. Richter
## *Zur Psychologie des Friedens*

### Psychologie im Widerspruch zum gesellschaftlichen Entinnerlichungs-Prozeß

Noch immer gilt es für viele als ein eisernes Tabu, psychologischen Faktoren in der Politik überhaupt ernsthaft Beachtung zu schenken. Und so scheint es nötig, zunächst dieses Tabu als solches kritisch in Augenschein zu nehmen, ehe weitere Überlegungen speziell zur Psychologie der Abschreckung anzustellen sein werden.

Warum scheuen wir uns so sehr, Politik zu «psychologisieren»? Zur gründlichen Beantwortung hätte man sehr tief anzusetzen und weit auszuholen. Denn die letzte Antwort steckt in der einseitigen Ausrichtung unseres Selbst- und Weltverständnisses auf Stärke, Aktivität und Macht. Diese kulturell verankerte Perspektive läßt uns glauben, wir könnten unser Leben stetig mehr erweitern und zugleich sichern, indem wir außer uns und in uns alles beherrschen, wovon wir fürchten, daß es uns beherrschen könnte. Fortschritt verwechseln wir mit einem ewig erfolgreichen Bemächtigungsdrang, der sich auch unmittelbar in der gigantischen Atomrüstung ausdrückt.

Später sollen die psychologischen Aspekte dieses Bemächtigungsdranges noch differenzierter betrachtet werden. An dieser Stelle geht es vorerst darum zu erkennen, daß Psychologie schon durch sich selbst einen Widerspruch zu dieser kulturellen Grundhaltung bedeutet. Denn wenn man sie im Sinne Freuds versteht, verfolgt sie eine genau entgegengesetzte Richtung. Sie rehabilitiert allein schon durch ihre Betrachtungsweise, was sonst eher geächtet ist: nämlich Emotionalität, Passivität, Sanftheit. Sie zeigt, daß die Öffnung für diese in uns angelegten Möglichkeiten nicht gleichbedeutend ist mit unerträglicher Schwäche oder tödlicher Ohnmacht. Daß es vielmehr in einem anderen als im üblichen Sinne mehr Stärke, mehr Freiheit, mehr Lebensfreude und mehr sozialen Halt vermittelt, wenn man diese üblicherweise krampfhaft unterdrückten Qualitäten in sich zuläßt und im Zusammenleben zur Geltung bringt. Aber es wäre töricht zu verkennen, daß die gesellschaftlich herrschenden Kräfte noch immer dabei sind, unsere Welt nach dem konträren Prinzip zu verändern. Wir werden immer mehr in anonyme Datenbündel verwandelt, verrechnet und verplant, um möglichst reibungslos in den von den Zentren wirtschaftlicher und politischer Macht programmierten Betrieb eingepaßt zu werden. Wie es dabei in uns aussieht, wie wir uns persönlich und in den Beziehungen miteinander fühlen, gilt als irrelevant, als reine Privatsache. Am besten funktionieren wir, wenn wir uns überhaupt so weit abzustumpfen oder zu verhärten vermögen, daß uns gar keine gefühlshaften Impulse, keine Sehnsüchte oder Ängste mehr in die Quere kommen. Totale Entemotionalisierung, Kühle und Glätte machen uns am brauchbarsten. Dann «schalten», «spuren», «tikken» wir wie technische Apparate, die man störungsfrei bedienen kann.

Zu einem gewissen Teil hat die Psychologie diese Unterdrückung des Psychischen, also die Verleugnung ihrer ureigenen Aufgabe, willig mitvollzogen. Es gibt heute auch schon eine Psychologie ohne Psyche, wo nur äußeres Verhalten in Analogie zu technischen Systemen und Prozessen beschrieben wird. In einer weniger offenkundigen, aber nicht minder effektiven Form geschieht diese Unterdrückung dadurch, daß man sagt, Psychisches spiele sich allein im Gehäuse der privaten Innerlichkeit ab und habe in den überindividuellen Lebensformen der Gesellschaft keine Bedeutung mehr. Man warnt geradezu davor, in Wirtschaft oder Politik nach psychischen Einflußkräften zu suchen, die angeblich nur in der Innenwelt des einzelnen ihr Unwesen treiben. Politik etwa werde nur von materiellen Fakten bestimmt und habe nichts mit den Motiven zu tun, die Psychologen im Behandlungszimmer oder in Forschungsinstituten studiert haben.

Freilich läßt sich die Gesellschaft auch nur von ihrer Außenseite her beschreiben. Da schrumpfen die Menschen zu Teilen sozialer Strukturen, die wiederum allein durch ökonomische und organisationssoziologische Faktoren gelenkt werden. Was ich fühle, denke und will, scheint nur noch mich allein oder meine intimen persönlichen Beziehungen zu betreffen. Aber es soll nichts mehr zu tun haben, was den Lauf der Gesellschaft steuert.

Dieser Standpunkt folgt nicht aus wissenschaftlicher Erkenntnis. Wir müßten vielmehr alles vergessen, was FREUD entdeckt hat, wenn wir nicht allenthalben die Wirksamkeit unbewußter Motive auch und gerade in politischen Prozessen annehmen würden. Seit FREUDS psychoanalytischen Beiträgen zur Kulturkritik und zur Massenpsychologie sollte es eigentlich keiner weiteren Begründung dafür bedürfen, Psychologie in die Politikforschung einzubringen. Aber der Widerstand kommt ja auch aus einer Wurzel, die gar keinen rationalen Begründungen zugänglich ist. Es ist ein natürliches Interesse der Machtelite, die in der Politikszene vorherrschenden Motive des Expansionismus und des egozentrischen Rivalisierens zu verleugnen und das eigene Tun als nüchterne Regelung von Sachfragen zu beschreiben. Es sind also selbst emotionale Motive, die eben die Bedeutung solcher Motive in der Politik bestreiten und die Psychologie auf den Privatbereich der Individuen und der Familien verweisen wollen. Mit der Unterwerfung unter diese Vorschrift würde man indessen einen wesentlichen Aspekt ausblenden, dessen Klärung zur Heilung der «psychischen Krankheit Friedlosigkeit»* von zentraler Bedeutung ist.

Kurt Tucholsky

## *Unser ungelebtes Leben*

Briefe an Mary

[12. 11. 17]

Man ist begierig, die Stimme noch einmal länger und ausführlicher zu hören und bittet um Benachrichtigung, ob man Sie heute abend um 7 Uhr zu ein klein wenig Sekt erwarten darf. – Ein kurzer Besuch im Geschäftszimmer der Leihbibliothek – am besten um 12 Uhr – ist willkommen.

Mit einem schönen Gruß in ein Paar lustiger Augen –.

den 13. 11. 17

Mein sehr verehrtes gnädiges Fräulein,
ich glaube nicht, daß es eine Gelegenheit für einen strafenden Blick war. –

Ich weiß sehr wohl, daß der kleine Zettel für geordnete Verhältnisse eine Unmöglichkeit war – daß es nicht angeht, einer Dame zu winken, so wie der Großsultan seiner Favoritin das seidene Taschentuch zuwirft, was dann soviel bedeutet, wie: «Komm!» – Aber Sie wollen bitte bedenken, daß Autz kein Salon ist und die hiesigen Verhältnisse nicht mit denen in einer großen Friedensstadt verglichen werden kön-

* «Friedlosigkeit als psychische Krankheit» ist eine Kapitel-Überschrift in C. F. v. Weizsäckers Buch: «Der bedrohte Frieden».

nen. Der Zettel war ein bißchen gradeaus – aber er war der einzig denkbare Ausweg im Augenblick.

Sie sagen, es liege kein Grund für dergleichen Geschichten vor. Ich weiß doch nicht. (Sie auch nicht.) Sie sagen, ich kenne Sie nicht. Das ist ein Fehler, der behoben werden kann. – Und erlauben Sie mir, Ihnen zu sagen, daß es noch keine Herabsetzung für ein junges Mädchen ist, wenn man ihr sagt, es liege einem daran, sie kennenzulernen. Und ich will hiermit feierlich und ein wenig reumütig (mit dem bewußten Spitzbubengesicht) die ganze Einladung zurücknehmen. Bis auf die «lustigen Augen» – davon kann ich nichts ablassen – das steht einmal geschrieben und ist schon so. –

Und so bitte ich Sie denn, mir heute abend zu erlauben, Sie zu fragen, ob Sie dem festen, aber bösen Vorsatz, heute abend ganz und gar solide zu sein, nicht für zwanzig Minuten untreu sein wollen. Wir wollen die lange Friedenspfeife rauchen und ich glaube, ein kleiner Gang auf dem östlichen Kriegsschauplatz wird manches wieder gut machen, was in einer unbedachten, aber fröhlichen Minute geschrieben wurde. –

Mit einer formvollendeten Verbeugung, die auch vor den Augen der strengsten Großtante bestehen würde –

der bekannte Unbekannte

Manche gehen ja niemals in die Leihbibliothek …

13. [11. 17] abends

Mein sehr verehrtes gnädiges Fräulein,
Sie haben mich gefragt, was man denn um Gottes willen von Haus zu Haus schreiben könnte, und noch dazu ein – wildfremder Mensch dem andern. Doch einiges.

Ich schreibe diese Zeilen ganz frisch unter dem Eindruck des kleinen Nebelspazierganges, der so hübsch zu den Gesprächen paßte: die Konturen aller Dinge waren ein bißchen verwischt, man konnte nicht genau erkennen, was eigentlich einem entgegenkam, man ahnte es nur … Der Nebel verwischte alles. Ich liebe dieses Wetter. Es ist so schön unbestimmt.

Und nur ein Tolpatsch tappt bei Nebel – wir andern wissen auch dann uns zu bewegen, und es ist viel amüsanter, zum Ziel zu kommen, wenn das Gestein ein wenig schlüpfrig ist und die Luft undurchsichtig, behängt mit kleinen Regentropfen und dick wie Watte. Wer die Richtung im Blut hat, braucht keine Augen.

Ich denke, ich habe sie. Und ich bin sehr einverstanden, dieses Spiel mit Ihnen zu spielen – es erinnert an große Stadt, Friedensmenschen, Frauen, wie sie sein sollen ... alte Erinnerungen tauchen auf. Es ist eines der feinsten Spiele, und es wird mit den Fingerspitzen gespielt.

Nun – der Spaziergang. Ich habe, soweit das in der Dunkelheit möglich war, erkannt: Temperament, kein Blut in den Adern, sondern Gott sei Dank und endlich einmal Champagner, kribbelnde Nerven, Gefühl für Rhythmus – Sie tanzen gut – und im ganzen jemand, der nicht den üblichen Liebhaber verdient, der nach der ersten Nacht recht gnädig: «Na, mein Kleinchen –!» sagt. (Sie würden ihn auch sofort abschütteln.) – Resultat?

Resultat: nein, «ich liebe Sie» – das sind nicht die richtigen Worte. Aber: ich möchte gerne lernen, Sie zu lieben. («Aber Sie wissen ja gar nicht – –» wollen Sie nun sagen.) Doch, ein bißchen weiß ich. Zum Beispiel: daß wir uns schon deshalb niemals zanken werden, weil Sie dazu ein zu guter Kamerad sind. Daß ich den Rhythmus, der in einem Wippen Ihrer Beine ist, so tief im Blute habe, daß es mitzuckt, daß Sie mit Recht eine bis zur Raserei gehende Abneigung gegen handgreifliche Liebenswürdigkeiten haben – die zwischen uns wegfallen – nein: wir zanken uns nicht.

Sie meinen, ich sollte mich demaskieren? Den Galanteriedegen ablegen und endlich sagen ... Sie wissen schon, was? Ich habe keine Maske abzulegen, me voilà – ich kann mich nur höflich verbeugen und beim Aufsehen lächeln. Lächeln – und nun nicht – Herrgott! wenn Sie sich *das* abgewöhnen wollten, zu glauben – lächeln, nicht aus einer vermeintlichen Überlegenheit heraus – ich dächte, wir sind uns gleich – sondern, weil ich froh bin, einen Partner gefunden zu haben, der mitspielt. Der Nuancen empfindet. Der halbe, viertel Töne hört. Der Nerven hat.

Ernst machen? – Wenn es Ihnen recht ist, lassen wir die bunten Bälle ein Weilchen hin und her fliegen – wir wollen warten. – Wenn ich Ihnen aber sagen darf, daß ein Zimmer angenehmer ist als eine schmutzige Straße, und daß Sie, gerade Sie, auch in dem abgeschlossensten chambre séparée sicherer sind als jede andere – dann werden Sie nicht wieder böse sein, wenn ich Sie zu mir bitte. Sie überrumpelt man nicht.

Ich bin mir genau bewußt, am Anfang eines sehr steilen, sehr schwierigen Weges zu stehen. Weil ich aber weiß, daß am Ende etwas sehr Hübsches liegt – allons! Ich will ihn gehen, und Sie erlauben es sicherlich

Ihrem ganz ergebenen
Tucholsky

[29. II. 17]

Kleiner *erlaubter* Zettel

Wie ist es zum Beispiel mit heute abend?
(Antwort: «Ja-a – vielleicht ... vielleicht auch nicht ...»)
Ich bin für ja.

Für Mary, obgleich sie abends nicht gekommen ist.

Wagenfahrt

Der Kutscher schnalzt mit der Zunge – die Pferde ziehen an. Wir fahren.

Baltischer Herbst – das ist der dritte, den ich erlebe – aber immer ist einer schöner als der andere. Nicht nur, weil der Herbst die einzig mögliche Jahreszeit ist – was will gegen ihn der Frühling, dieser süßliche Junge mit den himmelblauen Beinen und den seidigen Locken, Zuckerwasser, Syrup, pfui! – nicht nur deswegen. Immer weht es über die Hügel, kalt und klar ist die Luft – fast übertrieben scharf stehen die Farben nebeneinander. Da und dort sind kleine Baumgruppen hingepflanzt – wie Fackeln lodern sie in dem welligen Land. Und ich atme tief –

Der Leutnant neben mir sitzt still und sagt nichts. Wie gut, daß er nicht spricht. Ich verliere mich in den Herbst –

Es ist kurz vor der Dämmerung, die Sonne treibt sich irgendwo am Horizont herum, der Himmel ist flaschengrün. Ein ungeheures Wolkenband liegt wie ein dunkler Strich am Himmel – es dunkelt, aber nichts verschwimmt, alles behält diese göttliche Klarheit ... Äste knistern, der Sand rauscht unter den Rädern, der Rauch von des Kutschers Tabakspfeife steigt in die Luft – Und ich sehe plötzlich, im Fahren, ohne jede Veranlassung, ohne daß ich etwas dazu getan habe, ihren Kopf: haarscharf, genau, jeden Zug, zum Erschrecken greifbar. Wie war das doch –? Ich schließe halb die Augen, ja so: sie lachte in den Stuhl hintenübergelehnt, ihre Hände lagen leicht auf den Lehnen, der weiße Stoff hinter den schwarzen Spitzen-Blumen auf ihrer Brust schlug eine kleine Falte – Und sie lachte. Da ist ein Feld, ein Acker, Krähen stolpern darauf herum – gewiß, ich weiß, wo ich bin. Aber ich sehe doch alles: sie lachte, und ihr Mund ließ die Zähne ein wenig frei, die Haare zitterten lustig und ihre Augen ... Der Leutnant hat etwas gesagt. «Gewiß, Herr Leutnant», sage ich. «Gewiß –» Ihre Augen lachten. Sie schwammen in einem Meer von Lustigkeit.

Der Wagen rollt. Wie schön ist dieses Land –! Der Wind weht über die kurzen Stoppelgräser, ein kühler Hauch geht über all die Wiesen – blutrot spiegelt sich der Himmel in einer Pfütze – es wird Abend, so wie es nur hier Abend werden kann. Was ist Abend, Herbst, Farben – ich sehe das nicht. Ich sehe:

Sie steht vor dem Tisch, vor dem Spiegel und ordnet sich mit gebogenen Armen das Haar, im Mund hält sie eine Lockennadel. Durch die Wäsche lugt ein Stellchen weiße Haut. Ich küsse das Stellchen. Und ihre Arme zucken, und weil sie die Nadel im Mund hat, kann sie erst nichts sagen, und dann will sie doch etwas tun und lacht, und dann fällt die Nadel klirrend auf den Tisch, natürlich. Nun lachen wir beide. Ein warmes, ruhiges Licht liegt im Zimmer, die Uhr tickt …

Wieder spricht der Leutnant. Zu mir oder zum Kutscher? Und ich soll zu den Leuten sprechen – es geht schließlich alles, aber meine Gedanken gehen spazieren – der Wagen macht eine scharfe Biegung, ein Ruck – wir sind da.

Jetzt ist das alles vorüber. Wir fahren zurück. Es ist stockdunkel. Ich habe gesprochen, es waren viele Soldaten da – erst ließen mich die Augen nicht los, die Augen – – Aber dann kam das, was immer kommt, wenn ich vor die Leute trete – es gibt so einen Stich, und ich muß sie ansehen, und dann «habe» ich sie. Man kann das nicht beschreiben – aber man fühlt beim Reden: die Zügel, du brauchst nur zu zupfen, dann gehen sie mit. Ich hatte sie, sie husteten nicht einmal (was immer ein böses Zeichen ist.) Ob ich recht gesprochen habe, weiß ich nicht – aber viele Augen sehen mir nach, als ich die Treppe heruntergehe. Es ist finster, der Kutscher will nach Hause und peitscht die Pferde durch das Dunkel.

Und ich sitze da, die Augen still in das Schwarze gerichtet, und ich kreise unablässig um das Eine, um das Eine. Es klingt, wie wenn man eine Saite angerührt hat. – Da tauchen Lichter auf, Häuser kommen, wacklige Straßen, hochauf spritzt eine Pfütze, der Marktplatz ist da, und die ganze kleine Residenz.

Gute Nacht, Prinzessin! –T.

# 1983

Simone de Beauvoir
## *Die Zeremonie des Abschieds*

«Ich habe geglaubt, ich wäre unsichtbar»

Am Sonntagmorgen, im Zug nach Avignon, war ich ängstlich: ich wußte nicht, welchen Sartre ich vorfinden würde. Als ich südlich von Valence die blühenden Bäume, die Zypressen wiedergesehen habe, ist es mir vorgekommen, als würde die Welt für immer umkippen, in den Tod kippen.

Sartre ist vor dem Hôtel de l'Europe, wo ich auf ihn wartete, aus einem Taxi gestiegen: schlecht rasiert, die Haare zu lang, wirkte er sehr gealtert. Ich habe ihn in sein Zimmer gebracht, habe ihm Bücher gegeben (eine Raymond Roussel-Biographie, den Briefwechsel von Joyce). Ich habe kurz mit ihm gesprochen und habe ihn sich ausruhen lassen.

Bei Einbruch der Dunkelheit sind wir zur nahegelegenen Place de l'Horloge gegangen. «Wir müssen links abbiegen», hat er zu mir gesagt, das war richtig. Auf ein Hotel zeigend hat er hinzugefügt: «Heute morgen habe ich vor diesem Hotel auf Sie gewartet, während Sie in ein Geschäft gegangen sind.» Ich habe ihm geantwortet, daß wir noch nicht in Avignon herumgelaufen seien. «Dann war es Arlette.» Aber Arlette hatte das Taxi nicht verlassen. Sartre gelang es nicht, diese falsche Erinnerung einzuordnen, aber er blieb dabei. Wir haben ausgezeichnet zu Abend gegessen und Châteauneuf-du-Pape dazu getrunken. In seinem Zimmer habe ich ihm einen Scotch mit viel Eis gegeben, und wir haben ein bißchen Dame gespielt: aber es fiel ihm schwer, sich zu konzentrieren.

Am nächsten Morgen, als wir in seinem Zimmer gefrühstückt haben, war er sehr munter. Ein Taxi hat uns nach Villeneuve-lès-Avignon gebracht. Ich hatte einige Jahre zuvor drei Wochen in dem Hotel gewohnt, in dem wir zu Mittag gegessen haben, und die junge Wirtin hat mich wiedererkannt. Sie hat zu Sartre gesagt, ihr siebenjähriger Sohn hätte sich gefreut, ihn zu sehen, weil er in der Schule Gedichte von ihm lernte. Wir waren erstaunt darüber. Als wir aufgestanden sind, um zu gehen, hat sie Sartre das Gästebuch hingehalten: «Ihre Unterschrift, bitte, Monsieur Prévert.» – «Ich bin nicht Monsieur Prévert», hat Sartre gesagt, und sie war ganz entgeistert.

Wir haben das Fort Saint-André wiederbesichtigt. Ein starker Wind wehte, der Sartres Haare zerzauste: wie zerbrechlich er wirkte! Wir haben uns eine Weile ins Gras, dann am Tor des Forts auf eine Bank gesetzt, von wo aus man die Rhône und Avignon sah. Der Frühling war herrlich: blühende Bäume in Hülle und Fülle. Es war mild. Das war beinahe so etwas wie Glück.

Vom Platz in Villeneuve sind wir im Taxi ins Hotel zurückgefahren. Der Portier hat uns zu Nonnen begleitet, die Sartre jeden Tag eine Spritze geben sollten. Das war zwanzig Meter vom Hotel entfernt, und ich habe ihn dort zurückgelassen; er ist ohne Schwierigkeiten allein zurückgekommen. Nachdem wir an der Place de l'Horloge zu Abend gegessen haben, haben wir Dame gespielt, und Sartre war geistig ganz auf der Höhe.

Am nächsten Morgen haben wir ein Auto mit Chauffeur gemietet, um Les Baux wiederzusehen. Die Ankunft war grandios: eine Steinwüste bei strahlendem Wetter. Sartre lächelte vor Freude und sagte glücklich zu mir: «Wenn wir beide diesen Sommer verreisen ...» Ich habe ihn verbessert: «Sie meinen: wenn wir in Rom sind.» – «Ja», hat er gesagt. Aber er hat mehrmals wiederholt: «Wenn wir beide diesen Sommer verreisen ...» Wir haben im Oustau de Baumanière, wo wir zu Mittag gegessen haben, draußen in der Sonne etwas getrunken. Wir sind durch die tote Stadt spaziert. Wir sind über Saint-Rémy und durch eine schöne blühende Landschaft zurückgefahren. Sartre sah auf die Uhr. Ich habe im Scherz zu ihm gesagt: «Haben Sie ein Rendezvous?» – «Ja, Sie wissen doch, mit dieser Frau, die wir heute morgen in einer Brasserie getroffen haben.» Ich habe gesagt, daß wir in keiner Brasserie gewesen wären. «Doch, als wir abfuhren, an der Landstraße.» Er hat gezögert: «Oder das war gestern.» Ich habe ihn davon überzeugt, daß wir keine Verabredung hatten. Später hat er mir gesagt, daß das ein unbestimmter Eindruck war, daß er aber, auch sich selbst überlassen, auf direktem Weg ins Hotel zurückgekehrt wäre. Danach haben wir Seite an Seite in seinem Zimmer gelesen. Er las sehr langsam. Er hat zwei Tage gebraucht, um den *Nouvel Observateur* durchzulesen. Doch er war geistig wieder ganz wach. Im Verlauf des Abends hat er zu mir gesagt: «Sie müssen trotzdem wieder anfangen zu schreiben.» – «Einverstanden», habe ich gesagt, «wenn Sie wieder ganz gesund sind.»

Der folgende Tag, der 21. März, war wieder strahlend. «Der Frühling ist da!» hat Sartre fröhlich gesagt. Wir sind im Auto zum Pont du Gard gefahren. Als wir auf der sonnigen Terrasse der Auberge du Vieux Moulin einen Whisky tranken, hat er mich gefragt: «Ist das eine Brücke aus dem 19. Jahrhundert?» Ich habe es mit beklommenem Herzen richtiggestellt. Nach dem Essen sind wir ein bißchen durch die Alleen gegangen, die hinter der Brücke verlaufen. Sartre setzte sich auf alle Bänke: das Essen hätte ihn schwerfällig gemacht, sagte er. Als er bei der Rückkehr nach Avignon wieder auf die Uhr sah, habe ich gesagt: «Wir haben keine Verabredung.» – «Doch», hat er geantwortet, «mit diesem jungen Mädchen ...» Aber er hat nicht darauf beharrt. Am Vortag, als er sich seine Spritze geben lassen ging, war er einem Lehrerehepaar begegnet, das einem Komitee von *Libération* angehörte; auf dem Rückweg hatte die junge Frau an der Straßenecke auf ihn gewartet, und er hatte mit ihr gesprochen. Der Gedanke einer Verabredung hing mit dieser Episode zusammen. Abends habe ich Sartre seinen Tagesablauf rekapitulieren lassen, und er erinnerte sich sehr genau. Wir haben Dame gespielt und haben uns unterhalten.

Am nächsten Tag ist er um zehn Uhr aufgewacht, gerade als unser Frühstück gebracht wurde. «Wir haben gestern einen schönen Abend verbracht», habe ich zu ihm gesagt. Er hat gezögert: «Ja. Aber gestern abend habe ich geglaubt, ich wäre unsichtbar.» – «Sie haben mir nichts davon gesagt.» – «Das ist seit meiner Ankunft so. Ich habe mich in bezug auf die Menschen in Gefahr gefühlt. Da habe ich mich für unsichtbar gehalten.» Als ich in ihn drang, hat er mir gesagt, daß er vor niemandem im Besonderen Angst hätte, sondern daß er den Eindruck habe, ein Objekt ohne Beziehung zu den Menschen zu sein. «Aber Sie haben doch Beziehungen zu ihnen.» – «Wenn ich sie existieren lasse.» Er hat behauptet, daß, außer dem Wein, immer ich das Essen bestellen würde, was nicht stimmte. Ich habe daraus geschlossen, daß er vollständig verwirrt war, daß er nicht begriff, was ihm geschah. Er bagatellisierte seine Gedächtnislücken und seine kleinen Verwirrungszustände. Er sagte von sich, er wäre «erschöpft» oder sogar krank. Während dieser Reise wiederholte er zweimal niedergeschlagen: «Ich werde bald achtundsechzig!» Einmal, in Paris, kurz vor seinem Anfall, hatte er zu mir gesagt: «Zuletzt wird man mir die Beine amputieren.» Und als ich protestierte, hatte er hinzugefügt: «Ach, die Beine! Darauf kann ich verzichten.» Offensichtlich litt er unter einer diffusen Unruhe in bezug auf seinen Körper, sein Alter, auf den Tod.

An jenem Tag sind wir in Arles gewesen. Nach dem Mittagessen im Jules César haben wir Saint-Trophime, das Theater, die Arena wiedergesehen. Sartre wirkte abgespannt. In der Arena hat er mich gefragt: «Haben wir das wiedergefunden, was wir verloren haben?» – «Was denn?» – «Das, was wir brauchten, um die Arena zu besichtigen. Heute morgen haben wir es verloren.» Er verlor den Faden und brachte alles durcheinander. In Saint-Trophime hatten wir eine nur für die Kirche gültige Eintrittskarte gekauft, dann im Theater eine für alles gültige Karte: ging ihm das durch den Kopf? Auf jeden Fall war er verwirrt. Wir sind über Tarascon, wo wir das Schloß wiederbesichtigt haben, zurückgefahren. Als wir ankamen, hat Sartre zum Fahrer gesagt: «Also, wir bezahlen Sie wie vereinbart morgen.» – «Aber nein», habe ich gesagt, «morgen reisen wir ab, wir sehen uns nicht mehr.» Sartre hat bezahlt und ein riesiges Trinkgeld gegeben. Die Nonne, die ihm die Spritzen gab, hatte ihm gesagt, daß er alle zusammen am letzten Tag bezahlen sollte. Wahrscheinlich hatte er es damit verwechselt.

Am nächsten Morgen hat er gesagt, er wäre von seinem Aufenthalt in Avignon entzückt, aber nach Paris zurückzukehren, käme ihm «normal» vor. Er hatte Michèle Vian keine Adresse hinterlassen, und ich habe ihn gefragt, ob sie deshalb nicht böse sein würde: «Aber nein», hat er gesagt, «sie weiß ja, daß Sie wegen dieses Mannes, der Sie belästigt hat, abreisen mußten, ohne eine Adresse anzugeben.» – «Der mich belästigt hat?» – «Ja. Weil er Informationen über meine Krankheit haben wollte.» Ich habe das verneint, und Sartre hat erstaunt gesagt: «Das habe ich immer geglaubt.» Seine Fehlerinnerungen, die sich auf die ersten Tage des Anfalls bezogen, beunruhigten mich nicht allzusehr.

Am gleichen Vormittag haben Journalisten angerufen, und Sartre hat sich geweigert, sie zu empfangen. Wir haben auf der Place de l'Horloge in der Sonne etwas getrunken und haben im ersten Stock eines Restaurants gegessen: Sartre machte es Spaß, die Leute zu beobachten, die auf der Straße vorbeigingen. Wir haben einen langen Weg durch die Stadt gemacht, ohne daß er Anzeichen von Müdigkeit zeigte. Um sechs Uhr haben wir uns in den Zug gesetzt und haben dort zu Abend gegessen. Liliane Siegel und ihr Sohn haben uns um halb zwölf am Bahnhof erwartet und haben uns zu mir nach Hause gefahren.

Am nächsten Tag ließ Sartre sich die Haare schneiden, wodurch er viel jünger aussah, und aß mit Arlette zu Mittag. Er sagte mir, sie wäre nicht zufrieden mit ihm gewesen, aber ohne zu erklären, warum. Sie hat mich am Telefon aufgeklärt. Sartre hatte ihr erzählt, seine Zigarettenpäckchen wären im Rinnstein verbrannt, und als sie ihn daraufhin mit zweifelnder Miene ansah, hatte er hinzugefügt: «Du hältst mich für senil, aber es stimmt trotzdem.» Er behauptete auch, er hätte einem Engländer ein Interview gegeben.

Am Nachmittag habe ich ihm seinen Koffer gebracht. Er hat seine

Post durchgesehen und Bücher angeschaut, die er geschickt bekommen hatte. Abends bei mir mit Sylvie war er unfähig, ein Gespräch zu führen. Er ist gegen halb zwölf hinauf ins Bett gegangen.

Roald Dahl

*Konfetti*

Schneewittchen und die sieben Zwerge

Als klein Schneewittchens Mutter starb
Da weinte erst ihr Vater arg
Ein König ohne Königin
Was hat so'n Leben noch für Sinn?
Dann hörte man ihn leise fluchen:
«Jetzt muß ich nach 'ner Neuen suchen!»
Der König sucht 'ne Königin,
Stand bald in allen Blättern drin,
Dann trafen tausend Briefe ein,
Denn jede wollte Braut da sein.
Der König lächelte verrucht,
Gern hätt' er jede mal versucht.
Am Ende aber wählte er
'Ne Dame namens von der Kehr.
Und die besaß ein Wunderding
An dem sie ganz besonders hing:
'Nen Wunderspiegel, der, befragt,
Der Königin die Wahrheit sagt.
Was immer ihr an Fragen wichtig.
Die Antwort, die war immer richtig.
Zum Beispiel konnte sie ihn fragen,
Was denn zu Tisch wird aufgetragen.
Dann sprach das Spieglein an der Wand:
«Nun, heute gibt es Huhn in Schmand.»
Doch eine Frage fehlte nie,
Die sie ihm stets entgegenschrie:
«Oh, Spieglein, Spieglein an der Wand,
Wer ist die Schönste denn im Land?»
Und stets gab er zur Antwort ihr:
«Madame, Sie sind die Schönste hier!

Ja, Sie sind super, kein Alarm,
Sie bleiben Trumpf mit Ihrem Charme.»
Zehn Jahre lief das reibungslos
Und ward halt bald Routine bloß,
Doch eines Tags (ihr war schon schlecht)
Spricht er – verdammt, hört sie denn recht? –
«Von jetzt an sind Sie Nummer zwei.
Schneewittchen ist der letzte Schrei.»
Die Königin, die brüllt wie wild:
«Da sorg' ich für, daß man die killt!
Aus dieser anmaßenden Kuh
Macht man mir bald ein Wildragout.»
Den grünen Jäger ruft sie eilig
Und schreit: «Ist Dir Dein Leben heilig,
Dann mach Dich an die Göre ran
Und leg sie um, mein lieber Mann.
Dann schneid sie auf von Brust zu Sterz
Und bring mir hierher schnell ihr Herz.»
Und so schleppt in den tiefen Wald
Der Jäger drauf das Mädchen bald.
Schneewittchen fürchtet sich und fleht:
«Gib mir 'ne Chance, wenn es geht!»
Das Messer blinkt, der Arm ist stark,
Und wieder weint sie: «Bin ohn' Arg!»
Des Jägers Herz hat fast 'ne Panne
und schmilzt wie Butter in der Pfanne.
Er murmelt: «Also, hau schon ab!»
Das tat sie auch und zwar im Trab.
Doch auch der Jäger eilig rannte
Zu einem Schlächter, den er kannte,
Dort kaufte er in kluger List
Ein Stierherz und ein Steak vom Rist,
Rief: «Majestät, oh Königin,
Die kleine Schlampe, die ist hin!
Und hier auch zum Beweise gleich
Bring ich Euch das bestellte Fleisch.»
Die Königin: «Bravissimo!
Ich sehe, Ihr wart kalt und roh.»
Dann (das ist nun das schlimmste dran)
Fing sie sogleich zu essen an.
(Ich hoff, sie hat es gut gebraten,
Denn zähes Herz ist nicht geraten!)

Und während sie so saß und schlang,
Wo ging Schneewittchen da wohl lang?
Da ihr an Schönheit keine gleicht,
Tat sie beim Hitchhiken sich leicht.
Und in der Stadt, da fand sie bald
'Nen Job, wenn auch nur unbezahlt
Als Köchin und als Magd für alles
Bei sieben Herrn, die arg im Dalles,
Und Ex-Jockey war da ein jeder,
Nicht größer als so einen Meter.
Sie lebten alle lieb und gütig,
Doch war'n sie leider Rennplatz-wütig.
Ihr Geld blieb in den Wettbüros,
Beim Wetten wurden sie es los.
Wenn sie mal wieder ganz schief lagen,
Dann büßten sie's mit ihrem Magen.
Da sprach Schneewittchen: «Hört mal, he!
Ich habe da 'ne Pfundsidee!
Ihr laßt erst mal das Wetten sein,
Bis ich Euch sage, jetzt steigt ein.»
Und gleich am nächsten Morgen schon
Fuhr sie per Hitchhike flott davon.
Und dann war's doch schon Abend fast,
Als sie durchs Tor schlich vom Palast.
Der König in der Münze zählte
Gerad sein Geld, weil welches fehlte.
Die Königin konnt man vergessen,
Die saß da grad beim Abendessen.
Die Dienerschaft, die Zofe schlief,
So sah sie niemand, wie sie lief
Auf Zehenspitzen unerkannt
Zu jenem Spiegel an der Wand.
Den hängt sie ab und schleppt ihn heim,
Den Seniorzwerg, den weiht sie ein.
Nun also frage, faß ein Herz!
Er spricht: «Oh, Spiegel, keinen Scherz!
Wir sind schon pleite, wenn nicht pleiter,
Uns rettet nur ein Außenseiter,
Oh, Spiegel kannst Du uns verraten
Wie's morgen läuft in Baden-Baden?»
Da flüstert ihm der Spiegel zu:
«Beim Großen Preis siegt Winnetou.»

Die Zwerge, ganz berauscht vom Wissen,
Erstickten sie mit tausend Küssen,
Dann strebten sie dem Leihhaus zu,
Um Bargeld für den Winnetou,
Versetzten Uhren und den Wagen
Und borgten Geld, was soll man sagen!
Fürs meiste schuldeten sie Dank
Den Herren von der Deutschen Bank.
Nach Baden-Baden ging's – und klar,
Daß Winnetou Gewinner war.
So ging's denn weiter alle Tage
Und nur den Buchmachern zur Klage.
Und weiß es Gott, bei meiner Ehre,
Sie wurden alle Millionäre!
Und die Moral von der Geschicht:
Wer nicht gewinnt, der wette nicht!

Übersetzung: H. M. Ledig-Rowohlt

Heinar Kipphardt

## *Bruder Eichmann*

Niemals tut man so vollständig und so gut das Böse,
als wenn man es mit gutem Gewissen tut.
Pascal

Die örtlichen Umstände

*Um Eichmann in Israel sicher zu verwahren, wurde ein abseits gelegenes Untersuchungsgefängnis so verändert, daß es den Sicherheitsbedürfnissen entsprach. Die einsitzenden sechs Untersuchungsgefangenen wurden verlegt, das Wachpersonal ausgewechselt. Das Untersuchungsgefängnis bekam einen neuen Namen «Mahano Iyar», Iyar heißt hebräisch Mai, der Monat von Eichmanns Kidnapping. Man konnte in das Untersuchungsgefängnis nur durch zwei hintereinander gelegene Tore gelangen. Erst auf das Losungswort des Postens am äußeren Tor wurde das innere Tor geöffnet. Zu dem Trakt, wo Eichmann gefangengehalten wurde, konnte man nur durch einen Gang kommen, der durch doppelten Stacheldraht und einem zusätzlichen Maschendraht gesichert war. Dieser Gang war in regelmäßigen Ab-*

*ständen durch Eisentore unterbrochen. Jedes Tor mußte verriegelt sein, ehe das nächste geöffnet werden konnte.*
*Eichmanns Zelle war ein größerer Raum, 3,65 m x 3 m und 3,65 m hoch. Eine mannshohe Mauer teilte einen Waschraum ab und ein Klosett. Die Wände waren weiß gekalkt. In einer Wand befand sich hoch oben ein großes vergittertes Fenster, auch vom Waschraum geht ein vergittertes Fenster in einen Innenhof. Im Grundriß glich die Zelle einem großen L.*
*Die Einrichtung bestand aus einer eisernen Bettstelle mit Matratze, einem Stuhl und einem kleinen Tisch zum Schreiben. Die Bettstelle konnte an die Wand geklappt werden. In einer Ecke stand ein Stuhl für die Wache. In dem geräumigen Waschraum gab es eine Dusche und ein tiefes Waschbecken mit fließendem Wasser. Hier wusch Eichmann seine Kleidungsstücke und seine Wäsche. Er hängte sie über die Außengitter des Waschraumfensters oder die Mauer zur Zelle hin zum Trocknen auf. Im gleichen Trakt befand sich ein Vernehmungszimmer, ein Besucherzimmer mit Trennscheibe und ein Untersuchungsraum.*
*Eichmann wurde ständig von vier Leuten bewacht, die alle vier Stunden abgelöst wurden. Die Wachen waren unbewaffnet, aber sportlich trainiert und befähigt, Eichmann auch unbewaffnet zu überwältigen. Eine der Wachen war immer in Eichmanns Nähe, sie saß in seiner Zelle und begleitete ihn, wohin er auch ging. Die Wachen hatten die Anweisung, niemals mit Eichmann zu sprechen. Der Posten in Eichmanns Zelle wurde mit ihm eingeschlossen, ohne einen Schlüssel zu besitzen. Durch eine vergitterte Tür beobachtete ein zweiter Posten Eichmann und die erste Wache. Eine dritte Wache war an der vergitterten Tür zum Innenhof postiert und beobachtete die zweite Wache. Der vierte Posten bewegte sich auf dem flachen Dach des Gefängnisgebäudes. Er konnte den zweiten und dritten Posten sehen und von einer bestimmten Stelle aus auch die Tür in Eichmanns Zelle beobachten.*
*Um einen Überfall von außen abzuwehren, hielten schwerbewaffnete Fallschirmjäger das Gebäude umstellt.*
*Um die Möglichkeit einer Vergiftung auszuschalten, erhielt Eichmann das gleiche Essen wie seine Wachen. Zur Essenszeit wurden fünf Schüsseln mit Essen aus der Küche in Eichmanns Trakt gebracht. Der wachhabende Offizier wählte eine Schüssel für Eichmann aus. Eichmann nahm seine Mahlzeiten im Beisein dieses Offiziers ein. Zu jeder Wache gehörte ein Schreiber, der über Eichmanns Tageslauf Buch führte.*
*Die Freistunde verbrachte Eichmann auf dem Flachdach des Gefäng-*

*nisgebäudes, das durch hohe Matten und Maschendraht gesichert war. Die persönliche Wache ging neben ihm. Die Wache war durch zwei weitere unbewaffnete Leute verstärkt, bestand also aus sechs Mann.*

## 1. Szene

*Die Zelle. Morgens.*
*Eichmann wischt die Zelle. Aufwischbesen, Aufwischlappen, Putzeimer. Er hat eine weite, dunkle Hose an, dunklen Pullover, dunkles Hemd, karierte Pantoffeln.*
*Die gewöhnliche Anordnung der Überwachung. Persönliche Wache in der Zelle, Wache an der Zellentür mit dem Gitterfenster. Diese Wache sitzt auf einer Klappleiter, sie notiert auch Eichmanns Tagesablauf. Die dritte Wache beobachtet durch die vergitterte Tür vom Innenhof her die zweite Wache und wird ihrerseits von der Wache auf dem Dach gesehen. Eichmann arbeitet sorgfältig und spricht dabei leise mit sich, eine Art innerer Monolog, dem man nicht immer folgen kann, von langen Pausen unterbrochen, in denen er stumm arbeitet.*

Eichmann: Gehen, gehen, zählen, gehen, gehen, zählen, Onkel Josef, Schrittezähler am Bein, versuchte beim Morgenspaziergang mit zweitausend Schritten auszukommen, zählen, vergleichen, zählen, Knöchelsülze, der Vater aß immer sehr gern Knöchelsülze, Zahlenbestandsaufnahme, Argentinien – *auf Wischbewegungen bezogen* – fünf, vier, drei, zwo, eins, nicht auf die Striche treten, Steinplatten, auch wir waren in einem totalen Krieg, in Linz, Kinderzeiten, Gehen im Gras, Pilzesuchen, «wie scharf die jungen Leute sehen können», Olga, Großtante Olga, Waschkörbe Wiesenchampignons, die modernen Kriege werden noch totaler werden, sprechen, sprechen, sprechen, ich habe einmal sechs Monate nicht gesprochen *wringt den Waschlappen aus* Freund und Feind persönlich korrekt behandelt, Rädchen im Getriebe.
*Er geht an den zur Seite geschobenen Tisch, um sich ein Notiz zu machen, fährt in der Putzarbeit fort, wendet sich an die Wache.*
Wissen Sie, wann mich der Arzt heute untersuchen wollte?
*Die in der Zelle befindliche Wache sieht zu ihm hin, reagiert aber nicht.*
– Heute oder morgen? Ist heute Dienstag? Wie spät ist es? Wie spät?
*Keine Reaktion.*

Verstehen Sie mich nicht, oder ist es Ihnen verboten, mit mir zu sprechen? – *Folgt spanische Entschuldigung.* –

*Keine Reaktion.*

Verstehn mich, glaub ich, ganz fabelhaft, meine athletischen Ölgötzen. Hören, ohne gehört zu werden, sehen und nicht gesehen werden, kennt man, kennt man, ich habe weder Krieg noch Deportationen befohlen, konnte auch beides nicht stoppen, weder ich noch meine Männer haben je getötet. «Momentissimo», dieses idiotische Momentissimo, als sie mich kidnappten, Momento, Momentissimo.

*Eichmann amüsiert sich in der Erinnerung über das falsche Spanisch. Er beendet das Aufwischen der Zelle, verschwindet mit Eimer und Gerät hinter der mannshohen Mauerblende, die Waschraum und Toilette von der übrigen Zelle abteilt. Die Wache begleitet Eichmann, beobachtet dessen Tätigkeiten im Waschraum und sagt neuhebräisch, was Eichmann dort tut. Die Wache an der vergitterten Zellentür notiert das wie alle bisherigen Tätigkeiten Eichmanns.*

1. WACHE *neuhebräisch*: Er schüttet den Eimer aus. Er uriniert. Er wäscht sich die Hände. Er reinigt seine Zahnprothese.

*Der Gefängnisdirektor Ofer in Begleitung eines Beamten, der Eichmann Frühstück bringt. Auch die absolvieren pedantisch die Sicherheitsmaßnahmen, Schleusen, Türen etc. Ofer ist ein Offizier, der sich sehr englisch gibt, er trägt auch gerne das Offiziersstöckchen zu seiner Uniform und stottert gelegentlich leicht.*

OFER: Wir bringen Ihnen das Frühstück, Herr Eichmann.

*Eichmann kommt aus dem Waschraum und nimmt Haltung an.*

EICHMANN: Jawohl.

OFER: Es ist eine beliebige Portion unseres Mannschaftsfrühstücks und von dem Lebensmittelchemiker freigegeben.

EICHMANN: Jawohl.

*Der Gefängnisbeamte stellt das Frühstück auf den Zellentisch.*

OFER: Ich habe Ihnen zwei Brillen zu übergeben, die unseren Sicherheitsvorschriften entsprechen, eine Fernbrille und eine Lesebrille mit Kunststoffgläsern.

*Eichmann probiert die Brillen.*

Haben Sie Wünsche, Herr Eichmann?

EICHMANN: Wenn es sich einrichten ließ, daß ich gelegentlich mit irgend jemandem sprechen kann. Mit Ihnen, oder einer anderen amtlichen Persönlichkeit.

OFER: Worüber sprechen?

EICHMANN: Über alles, was mich betrifft. Ich möchte mir über alles klarwerden, mich erinnern und offen darlegen, welche Rolle ich tatsächlich gespielt habe.

OFER: Ich gebe das an das Polizeibüro 06 weiter, an Oberst Hofstädter, der Sie identifiziert hat. 06 ist da zuständig.

EICHMANN: Jawohl.

Toni Morrison

## *Teerbaby*

### Die Flucht

Er dachte, er wäre in Sicherheit. Er stand an der Reling der HMS *Stor Konigsgaarten* und sog in großen Zügen Luft in sich hinein; sein Herz schlug schneller, als er voller Erwartung auf den Hafen starrte. Queen de France errötete ein wenig in dem nachlassenden Licht und senkte vor seinem Blick die Lider. Sieben mädchenhaft weiße Segelschiffe schaukelten im Hafen, aber zwei oder drei Kilometer weiter, wenn man der Strömung folgte, war eine verlassene Pier. Betont ungezwungen ging er nach unten zu den Quartieren, die er mit den schon an Land gegangenen Kameraden teilte, und da er nichts besaß, was er hätte mitnehmen können – kein Briefmarkenalbum, kein Rasiermesser, keinen Schlüssel zu irgendeiner Tür –, schlug er nur noch einmal etwas exakter die Decke unter der Matratze seiner Koje ein. Er zog seine Schuhe aus und knotete die Schnürsenkel an der Gürtelschlaufe seiner Hose fest. Dann, nachdem er sich in aller Ruhe noch einmal umgeschaut hatte, verdrückte er sich mit eingezogenem Kopf durch die Zwischendeckpassage und ging auf das Oberdeck zurück. Er schwang ein Bein über die Reling, zögerte und überlegte, ob er einen Kopfsprung machen sollte; da er seinen Füßen aber mehr vertraute als seinen Händen, machte er einfach einen Schritt weg vom Schiff. Das Wasser war so weich, daß er es erst wahrnahm, als es ihm schon bis zu den Achselhöhlen reichte. Rasch zog er die Knie an und schoß davon. Er war ein guter Schwimmer. Bei jedem vierten Schwimmstoß drehte er sich um und hob den Kopf, um sich zu vergewissern, ob er seinen Kurs parallel zur Küste auch beibehielt und ihr nicht zu nahe kam. Obwohl sich seine Haut kaum von dem dunklen Wasser unterschied, achtete er darauf, daß seine Arme nicht zu weit aus den Wellen tauchten. Die

Pier kam näher, und er stellte zufrieden fest, daß seine Schuhe immer noch an seinen Hüften baumelten.

Nach einer Weile beschloß er, zum Land zu schwimmen – auf die Pier zu. Als er die Beine grätschte, um zu drehen, legte sich ein Ring aus Wasser um sie und zog ihn in einen weiten, leeren Tunnel. Er versuchte, sich daraus zu befreien und wurde dreimal herumgewirbelt. Gerade als er unter Wasser hätte atmen müssen, wurde er wieder an die samtene Luft befördert und lag ausgestreckt auf der glatten Oberfläche des Meeres. Er trat ein paar Minuten lang Wasser und versuchte, gleichmäßig zu atmen, dann nahm er wieder Kurs auf die Pier. Wieder legte sich der Ring um seine Fußgelenke, und der nasse Schlund schluckte ihn. Er sank tiefer und tiefer, landete jedoch nicht, wie er erwartet hatte, auf dem Meeresboden, sondern wurde in einem Strudel herumgewirbelt. Sein einziger Gedanke war, ich bewege mich gegen den Uhrzeigersinn. Kaum hatte er das gedacht, beruhigte sich die See und spülte ihn nach oben. Wieder trat er Wasser, hustete, spuckte und schüttelte den Kopf, um seine Ohren vom Wasser zu befreien. Als er sich etwas ausgeruht hatte, beschloß er es im Schmetterlingsstil zu versuchen, um seine Füße vor dem Sog zu schützen, den er beide Male von rechts verspürt hatte. Als er jedoch die Wasserfläche vor sich aufriß, fühlte er einen sanften, beharrlichen Druck auf Brust und Bauch, bis hinunter zu den Schenkeln. Als bedränge ihn die Hand einer Frau, die nicht locker ließ. Er wehrte sich mit aller Kraft, aber es nützte nichts. Die Hand schob ihn immer weiter, weg vom Land. Er drehte den Kopf, um zu sehen, was hinter ihm lag. Er sah nur Wasser, das die Sonne, die wie ein blutendes Herz in ihm versank, purpurrot färbte. In weiter Ferne, zu seiner Rechten, lag die in ganzer Länge erleuchtete *Stor Konigsgaarten.*

Seine Kräfte ließen nach, und ihm war bewußt, daß er sie nicht im Kampf gegen die Strömung vergeuden durfte. Er beschloß, sich eine Weile treiben zu lassen. Vielleicht würde der Sog nachlassen. Zumindest konnte er neue Kräfte sammeln. Er trieb so gut er konnte im Wasser, das sich hob und senkte und in der nach Ammoniak riechenden Luft pulsierte und immer dunkler wurde. Er wußte, daß er sich in einem Teil der Welt befand, der keine Dämmerung kannte und nie kennenlernen würde und daß er jeden Augenblick in einem pechschwarzen Meer dem Horizont entgegentreiben könnte. In Queen de France gingen schon die ersten Lichter an, tropften wie Tränen aus einem weinenden Himmel, der von der scharfen Spitze eines frühen Sterns aufgerissen worden war. Die Wasserfrau hielt ihn immer noch in ihrer hohlen Hand und schubste ihn hinaus aufs Meer. Plötzlich sah er neue Lichter – vier an der Zahl – zu seiner Linken. Er konnte die Entfernung nicht abschätzen, aber er wußte, daß sie gerade eben auf einem kleinen Boot angegangen waren. Die Wasserfrau zog genauso plötzlich ihre Hand zurück, und der Mann schwamm auf das Boot zu, das im blauen, nicht im grünen Wasser ankerte.

Als er näher herankam, umkreiste er es. Er hörte nichts und sah niemanden. Auf der Hafenseite entdeckte er den Namen *Seabird II* und eine kurze, etwa einen Meter lange Strickleiter, die sacht gegen den Bug schlug. Er hielt sich an einer Sprosse fest und hievte sich an Bord des Schiffes. Keuchend kroch er über das Deck. Die Sonne war verschwunden, und seine Segeltuchschuhe hingen auch nicht mehr an seinem Gürtel.

Er schob sich seitlich über das Deck, preßte sich an die Wand des Ruderhauses und schaute in die gewölbten Fenster. Niemand war zu sehen, aber er hörte von unten Musik, und es roch nach kräftig mit Curry gewürztem Essen. Er wußte nicht, was er sagen sollte, falls plötzlich jemand auftauchte. Es wäre besser, wenn er es nicht im voraus plante, da solche Geschichten doch immer wie Lügen klangen, auch wenn sie noch so schlüssig waren. Er würde sich davon inspirieren lassen, ob dieser Jemand ein Mann oder eine Frau war, ob er groß oder klein war, wie er sich verhielt.

Er ging zum Achterdeck und stieg vorsichtig eine kurze Treppe hinunter. Die Musik wurde lauter und der Currygeruch stärker. Die Tür am andern Ende stand offen und aus ihr kamen das Licht, die Musik und der Currygeruch. In seiner Nähe befanden sich zwei geschlossene Türen. Er entschied sich für die erste; sie führte in einen dunklen Wandschrank. Er kroch hinein und schloß leise die Tür hinter sich. Es roch stark noch Zitrusfrüchten und Öl. Da er nichts erkennen konnte, hockte er sich einfach dort, wo er stand, auf den Boden und hörte der Musik zu, die aus einem Radio oder Plattenspieler zu kommen schien. Langsam streckte er die Hand im Dunkeln vor, sein ausgestreckter Arm stieß aber nirgends auf Widerstand. Als er nach rechts tastete, berührten seine Finger eine Wand. Er kroch darauf zu und setzte sich, mit dem Rücken zur Wand, auf den Boden.

Er wollte unter allen Umständen wach bleiben, aber die Wasserfrau fuhr ihm mit ihren knöchernen Fingern über die Lider, und er fiel wie ein Stein in Schlaf.

Der Motor weckte ihn nicht – er hatte jahrelang beim Geräusch stärkerer Motoren geschlafen. Und auch das Rollen des Schiffs machte ihm nichts aus. Stärker als die Geräusche des Motors war der ungewohnte Klang einer Frauenstimme – so ungewohnt und verheißungsvoll, daß sie seine Traumwelt zum Platzen brachte. Er wachte auf und dachte an eine kurze Straße mit gelben Häusern und offenen weißen Türen, in denen Frauen standen, die ihm zuriefen, «Komm rein, Süßer, komm», und ihr Gelächter breitete sich wie eine Daunendecke über den Befehl. In der Stimme dieser Frau lag jedoch nichts dergleichen.

«Ich bin nie einsam», sagte sie, «nie.»

Die Kopfhaut des Mannes juckte. Er fuhr sich mit der Zunge über die Lippen und schmeckte das Salz in seinem Schnurrbart.

«Nie?» Es war die Stimme einer andern Frau – heller, halb zweifelnd, halb bewundernd.

«Nein, nie», sagte die erste Frau. Ihre Stimme schien an den Rändern kalt, innen jedoch warm zu sein. Oder war es gerade umgekehrt?

«Ich beneide dich», sagte die zweite Stimme, aber sie klang schon ferner, nach oben entschwebend, begleitet von Schritten auf einer Treppe und dem Geräusch sich reibenden Stoffes – Kordsamt gegen Kordsamt oder Segeltuch gegen Segeltuch – einem Geräusch, das nur Frauenschenkel machen können. Eine wundervolle Herbsteinladung, sich aus dem Regen an den häuslichen Herd zu flüchten und es sich dort bequem zu machen.

Der Mann konnte den Rest des Gespräches nicht verstehen – die Frauen waren inzwischen an Deck. Er lauschte noch eine Zeit und richtete sich dann langsam und vorsichtig auf und tastete nach dem Türknopf. Der Gang war hell erleuchtet – aber die Musik hatte aufgehört, der Currygeruch hatte sich verflüchtigt. Durch den Spalt zwischen Türrahmen und Tür sah er ein Bullauge und in ihm spiegelte sich tiefe Nacht. Irgend etwas fiel aufs Deck, und einen Augenblick später rollte etwas auf die Türschwelle zu und blieb in dem fingerbreiten Lichtstreifen vor seinem Fuß liegen. Es war eine Flasche, auf deren Etikett er mit Mühe *Bain de Soleil* entziffern konnte. Er rührte sich nicht. Dachte an nichts, wartete nur. Er hatte niemanden die Treppe herunterkommen hören, aber plötzlich wurde eine Frauenhand sichtbar. Wunderbar geformte, rosa lackierte Fingernägel, elfenbeinfarbene Finger, Ehering. Sie hob die Flasche auf, und er hörte die Frau leise seufzen, als sie sich bückte. Sie richtete sich auf und ihre Hand verschwand. Ihre Füße bewegten sich lautlos auf den Teakbohlen, aber kurz darauf hörte er, wie eine Tür – wahrscheinlich die Kombüsentür – auf- und zuging.

Er war der einzige Mann an Bord. Er fühlte es – irgend etwas fehlte, wie er erleichtert feststellte. Die zwei oder drei Frauen – er wußte nicht, wie viele es waren –, die das Schiff manövrierten, würden sicher bald an einer privaten Anlegestelle festmachen, wo es keinen

Zollbeamten gab, der Stempel in die Pässe drückte und dabei bedeutsam die Brauen zusammenzog.

Das Licht vom Gang erlaubte es ihm, sich im Wandschrank umzusehen. Es war eine Abstellkammer mit Regalen, auf denen Taucherausrüstungen, Angelgeräte und sonstige Bootsutensilien lagen. Ein offener, auf dem Boden stehender Korb nahm den meisten Platz ein. In ihm standen zwölf winzige Orangenbäumchen, die alle Früchte trugen. Er riß eine der Miniaturorangen, die nicht größer war als eine Erdbeere, ab und aß sie. Das Fruchtfleisch war weich, faserfrei und bitter. Er aß noch eine. Und noch eine. Und während er aß, tat sich wie eine Wunde ein bohrender Hunger in ihm auf. Er hatte seit der letzten Nacht nichts mehr gegessen, aber der Hunger, der ihn jetzt durchschnitt, war ebenso unerklärlich wie plötzlich.

Das Boot war unterwegs, und er merkte sehr schnell, daß es auf die offene See zuhielt, nicht auf Queen de France. Aber es wird wohl nicht allzuweit davon entfernt sein, dachte er, Frauen mit lackierten Fingernägeln, die Sonnenöl brauchten, werden nicht in die Nacht hinausfahren, wenn sie einen weiten Weg vor sich haben. Er kaute weiter bittere Orangen, blieb im Wandschrank hocken und wartete ab. Als das Boot endlich anlegte und der Motor abgestellt wurde, war sein Hunger nicht mehr zu bändigen; er mußte die Finger zu Fäusten ballen, um nicht aus dem Wandschrank in die Küche zu stürzen. Aber er wartete, bis die leichten Schritte nicht mehr zu hören waren. Dann ging er auf den Gang, auf den an zwei Stellen Mondlicht fiel. Vom Deck aus sah er zwei Gestalten, die dem Lichtstrahl einer starken Taschenlampe folgten. Als er den Motor eines Autos aufheulen hörte, ging er wieder nach unten. Er fand sofort die Kombüse, aber da das Licht nicht ausreichte, tastete er die Anrichte nach Streichhölzern ab. Es waren keine da, und der Herd war elektrisch. Er öffnete einen kleinen Kühlschrank und fand eine Flasche Mineralwasser und eine halbe Limone. Irgendwo im schwachen Licht des Kühlschranks machte er noch einen Topf Dijon-Senf ausfindig, aber von dem Curryessen war offenbar nichts übriggeblieben. Die Teller und der weiße Behälter waren abgewaschen. Die Frauen hatten nicht selbst *gekocht* – sie hatten ein Fertiggericht mit an Bord gebracht und heiß gemacht. Der Mann fuhr mit dem Finger in die Ecken des weißen Behälters und an den Kanten entlang. Sie mußten die Reste an die Möwen verfüttert haben. Er schaute in die Schränke: Gläser, Tassen, Teller, ein Mixer, Kerzen, Plastikstrohhalme, bunte Zahnstocher und schließlich eine Packung norwegisches Fladenbrot. Er bestrich das Brot mit Senf, aß es und trank das Mineralwasser aus, bevor er wieder an Deck ging. Er sah die Sterne und tauschte lange Blicke mit dem Mond aus; aber er konnte kaum etwas von der Küste sehen, und das war auch besser so, denn er starrte auf die Küste einer Insel, bei deren Anblick vor dreihundert Jahren eine ganze Schiffsladung Sklaven mit Blindheit geschlagen worden war.

Peter Rühmkorf

## *Der Hüter des Misthaufens (Aufgeklärte Märchen)*

### Blaubarts letzte Reise

Wie des Teufels Tintenfaß stand es hoffärtig gegen den Abendhimmel, das aus groben Basaltblöcken aufgeführte Chateaumauve sur Mer, in dem der Blaubart mit seinem uralten Mütterchen wohnte. Daß der Bart des finsteren Mannes schon vom ersten Frühlingsflaum an diesen unverkennbaren Stich ins fliederbeerfarben-kobaltene besessen habe, ist freilich nichts als eine dumme Barbierslegende. Wirklich rührte die weltabweisende Farbe vom jahrelangen Studieren in lichtlosen Bibliotheksräumen her und hatte über den langen Weg mit dem Herzenswunsch einer Mutter zu tun, die lieber einen frommen Kirchenmann als einen wilden Heiducken und Schlagetot zum Sohne wollte. Nun hängen die lieben Mütter oft länger an den Schürzenbändern der Kinder als denen gut tut, und auch des Blaubarts Mutter hatte ihren Sohn so fest in ihr Herz geschlossen, daß sie ihn um nichts in der Welt in fremde Hände hätte geben mögen, schon gar nicht in die Fänge eines fremden Frauenzimmers. Als der Blaubart noch ein richtiger Milchbart war, aber doch schon den Häschen auf dem Felde und den Mägden auf den Melkschemeln nachzustellen begann, wußte ihm die besorgte Mama die Ohren so nachhaltig langzuziehen, daß die Lust an den schönen Fräuleins sich unauflöslich mit der Furcht vor Nasenstübern und Kopfnüssen verband, ja daß jeder Gedanke an ein verrutschtes Miederlätzchen und die ihm zu Grunde liegenden Pfirsichballen alsobald die heiligste Sündenangst heraufbeschwor.

Das schleppte sich eine Weile so hin. Der Jüngling, dessen wetterfester Vater früh das Zeitliche gesegnet hatte, wurde bei einigen bibelkundigen und in der unbefleckten Empfängnis bewanderten Herren in die Lehre gegeben, die auftragsgemäß an ihm herumerzogen, der eine eher mit scheelen Blicken auf die sieben Todsünden und die ewige

Höllenpein, der andere mehr mit handfesten Rutenhieben, aber wie sehr sich der in die Enge getriebene Zögling auch biestete, giftete, so wenig wagte er doch, sich gegen den einmal in Gang geratenen Erziehungsfeldzug zur Wehr zu setzen. «Wenn *das* das Mütterchen wüßte», hieß es oft schon bei einer geringen Verfehlung, «das Herz im Leibe täte ihr zerreißen!» Oder man malte ihm gar die unauslöschlichen Tränen Ihrer Majestät Mariae Himmelskönigin mit so lebensechten Perlmuttfarben, daß die Verfolgerschatten des schlechten Gewissens sich noch an seine harmlosesten Begierden hefteten, er bekam schon den Schlucken, wenn er sich eine leckere Milchsemmel vorstellte oder an einem Löwenmäulchen roch. Wie es mit den menschlichen Leidenschaften aber einmal so geht und schon die kleinen Kinder sich vor Wut verfärben können, wenn ihnen ein Wunsch verweigert wird, schossen die aus der Bahn gebrachten Triebe dem Burschen Tropfen um Tropfen in den Bart, bis es schließlich zu jener unaussprechlichen Farbe kam, die dem Mann den Namen und seiner Geschichte ihren Titel gab.

Und er war ja auch wirklich von keiner Seite her zu übersehen, der das spitzige Kinn majestätisch verlängernde Tintenquast. Er verlieh einer elfenbeinbleichen Erscheinung die Würde oder Strenge eines Inquisitors – so jedenfalls meinte die Mutter, die den jungen Mann bereits in der Rolle des obersten Hexenrichters sah – und sie ging ihm mit aller Fürsorge, deren sie fähig war, um den Bart und nannte ihn «mein liebes Tinterle» oder auch «unsern kleinen Himmelspinsel» und «mein Ultramarienkind», bis der Blaubart sich schließlich selbst für eine unwiderstehliche Kratzbürste hielt und allen Ernstes meinte, an ihm müsse die Welt noch einmal ihr blaues Wunder erleben. Nur die Mädchen und Damen bei Hofe schüttelten sich bei seinem Anblick wie vor einer Spukgestalt, und der Gedanke, daß der Finsterling um ihre Hand anhalten könne, ließ ihnen das Blut in den Adern augenblicklich zu Laugensalz erstarren. So etwas Herrisches und Linkisches hatte die Welt noch nicht gesehn! Mit seinem kannegroßen Tintenfaß in der einen Hand und einer frisch geschärften Gänsefeder in der andern, hastete der junge Herr Blaubart wie ein päpstlicher Bußgeldeintreiber durch die Gänge und Säle des Schlosses, und wehe dem Küferburschen oder dem Küchenjungen, die er etwa im verfänglichen Beieinander mit dem Gänseliesel oder mit der Aufwischfrau fand, oh da stach er aber sofort mit der unerbittlichen Feder zu! Nach einem einzigen Jahr seiner Herrschaft war bereits das halbe Personal mit häßlich dunkelvioletten Kritzern tatauiert, was die Gezeichneten für alle Zeiten als unbotsame Bedienstete auf Chateaumauve auswies und sie wie gebrandmarktes Vieh an die Stätte ihrer Leiden kettete.

Was den Edeldamen des Hofes ein unbeschreibliches Grauen einflößte, sah sich aus ein paar Meilen Entfernung und aus den Augenwinkeln begehrlicher Adelsfamilien freilich nur noch halb so gräsig an. Im Gegenteil, «wer eine so fromme Frau zur Mutter hat und ein so gottgefälliges Regiment führt», konnte man sagen hören, «der kann doch kein bloßer Gumpelmann sein», was zur Folge hatte, daß Chateaumauve außerhalb seiner Grenzen schon bald für eine erobernswürdige Feste galt.

Die Mutter, die sehr wohl sah, daß der väterliche Haudegen allenthalben durchschlug – wenn auch auf ungesunde Art – und Chateaumauve nicht bis ans Ende ihrer Tage zu halten war, beschloß im stillen, dem Schicksal ein paar Schritte entgegenzugehen. So wandte sie sich denn an den in den höheren Hochzeitskünsten noch unerfahrenen Sohn und sprach zu ihm: «Da wir in die Jahre gekommen sind, wo wir ans Heiraten denken müssen, laß uns beizeiten an die Zurüstung einer Probierkammer denken, denn wer am Ende die Hosen anhat, läßt sich nicht durch den Brautrock erkennen.» Der Blaubart, der den Gedanken an ein belebtes Ehebett schon lange heimlich mit sich herumgetragen hatte, obwohl er ihn eigentlich eher mit Ingrimm als mit Zärtlichkeit verfolgte, erblaute sogleich bis in die äußersten Nackenborsten. «Ja, laß es uns klug anfangen, damit es uns nicht wie dem stolzen Hauptmann Potiphar ergeht oder dem großmächtigen Feldherrn Holofernes oder dem unbesiegbaren Herkules», und dann malte sie ihrem Sohn in allen Einzelheiten aus, welche Helden und Heilige sämtlich durch die Ränkespiele eines schlauen Weibs zu Schanden gekommen wären. – «Aber wie kann ein Mann von schlichtem Wesen und geradem Sinn ihren teuflischen Schlingen entkommen, wenn sie sie mit soviel arglistigem Bedacht auslegen?» – «Indem wir sie an den Spinneweben ihrer Neugier in die Falle locken.» – «Ei, da werden sie sich wohl schön hüten, sich in ihr eigenes Garn verlocken zu lassen.» – «Nicht wenn wir den richtigen Leim draufgeben, lieber Sohn, denn so wahr wie die Menschenmutter Eva der Stimme der Schlange nicht widerstehen konnte, wird noch die klügste ihrer Töchter sich von ihrer unbezähmbaren Ausspählust verleiten lassen.» – So bereitete die Mutter des Blaubart mit aller Umsicht dessen Hochzeit vor und empfahl ihm ein unfehlbares Mittel, das sie «Das dreizehnte Zimmer» nannte.

Gedacht – getan – und ehe noch ein Jahr vergangen war, war aus dem sperrigen Hagestolz ein nach der neuesten venezianischen Mode gekleideter Hochzeiter geworden mit geschlitzten und golden hinterfütterten Pluderhosen und einem ellenlangen Biberschwanz am Brabanter Ausgehhut, da schien denn der Tintenbausch an seinem Kinn gerade das Tüpfelchen auf dem i. Kaum daß er aber um die Hand einer reifen bretonischen Jungfrau angehalten und ehe er noch das erste Beilager an ihr vollzogen hatte, gab der Blaubart auch schon vor, auf Inspektionsfahrt zu müssen und händigte der ihm Angetrauten neben einhundertzwanzig hochherrschaftlich klimpernden Zimmerschlüsseln den einen unscheinbaren aus, der zu dem besagten Probierstübchen führte. – «So hüte mir denn die Schlüssel zu meinen einhundertzwanzig Kammern und Sälen sehr wohl, vor dem dreizehnten Zimmerchen aber hüte Dich selber!» – «Sehr wohl, mein Herr Gemahl, ganz wie Ihr befehlt, mein lieber Herr Blaubart», und ihre Blikke glitten neugierig tastend über die mächtigen Schlüsselbünde hin. – «So wahr Dir Dein Leben lieb ist und ein Wort Deines Gatten Dir so viel wie ein Befehl.» – «So wahr das Gesetz auf Chateaumauve in Deine starke Hand gegeben ist» – aber ihre Gedanken weilten bereits in verborgen verbotenen Tiefen, und der sich lässig verneigende Blaubart sah voller Freude, daß der kleine Nothelfer seinen Weg zu ihrem Auge schon gefunden hatte. Dann war er auf einmal aus der Tür, aus dem Saal, aus dem Haus – kein Mensch konnte sagen, wie er so schnell die Kehre genommen –, aber als er nach einigen Tagen wieder an das Schloßtor pochte, meldete ihm eine zeternde Dienerschaft, daß die neue Herrin seit dem Tag seiner Abreise unauffindbar verschwunden sei. «So wird sie der kleinen Versuchung wohl nicht widerstanden haben», murmelte er gedankenverloren vor sich hin, und seine Frau Mama setzte noch einen siebendeutigen Vers darauf: «Die alte Wahrheit zeigt sich neu: Verläßlich ist das Weib, die Neugier bleibt ihr treu.»

Da es auch bei der zweiten und dritten Ehe nicht sehr viel länger dauerte, bis die Neue sich in Nichts auflöste, begann es sich im Lande herumzusprechen, daß dem Blaubart die Frauen wegstarben, man mußte schon sagen «auweia». Trotzdem fanden sich, wo der Herr auf Chateaumauve erst einmal ins Heiraten gekommen war, immer noch genügend heruntergekommene Adelshäuser, die gern die eine oder andere Tochter in dieser Höhe vermählt gesehen hätten. Bis dem mehrfachen Witwer eines besonders schön veilchenblauen Tages eine ganz besonders fein kontrastierende Apfelblüte zuwehte, das Fräulein Anna von Calvados, die hatte ein schwebendes Wesen und einen Stich ins Lockere, den der Blaubart nicht auf der Rechnung hatte. Als er nämlich zum soundsovielten Male mit seinen einhundertzwanzig Schlüsseln klingelte und sein probates Sprüchlein aufsagte, antwortete sie nicht einfach wie ihre unseligen Vorgängerinnen «Zu Befehl, mein Gemahl» und «Ganz wie Ihr wünscht, mein Herr und Gebieter», sondern sie ließ sich die Sperrhaken mit ihren abenteuerlich gezähnten Bärten alle im einzelnen vorführen, bis die Reihe schließlich an den kleinen verkrumpelten kam, da möge der Blaubart sich aber ein bißchen näher erklären. Je unverschämter das Ännchen ihn freilich mit ihren Fragen bedrängte, um so tiefer verkroch sich der Herr Gemahl in seinem Bickbeerbart. Dann klappte er auf einmal unvermittelt mit den Eisenschuhen, knickte zu einem mechanischen Diener zusammen, hauchte einen leblosen Kuß über ihren apfelblütenfarbenen Handrücken hin, und ehe das wißbegierige Ännchen sich dessen versah, war der eiserne Kerl auch schon die Treppe heruntergerasselt. «Alter Geheimniskrämer!» dachte sie, «meint wohl, wir wären aus Dummsdorf und hätten noch nie ein Märchenbuch gelesen.» Weil sie aber ein echtes Gewächs des Landes Calvados war und das Tiefgrübeln nicht erfunden hatte, machte sie sich sogleich mit Sachverstand und Sinnenlust an die Arbeit.

Ja und das war nun allerdings märchenhaft! Aus Kammern und Kellern, aus Kisten und Kästen und Schachteln und Truhen und Tüten quoll ihr entgegen was ein sammelwütiges Geschlecht an Hausrat und Unrat zusammengekerschelt hatte, aquitanische Liederhandschriften und alemannische Bierzipfel, glasgeblasene Wellensittiche und Flamingos aus Murano und hölzerne Backmodeln aus dem gefräßigen Flandern, zierliche Brüsseler Spitzen voller Fliegenschiß und Mottenstaub und getrocknetes Lübecker Marzipan, ausgestopfte Schlangen und Gürteltiere von jenseits des großen Meeres und ostereierbunte Bilderbögen aus Neuruppin und Epinal, es war eine Lust so zu wühlen, und als eine Woche herum war, hatte sie noch nicht einmal ein Fünftel der einhundertzwanzig bis an die Decke vollgepfropften Zimmer durch. «Ei, da wolln wir doch einmal sehen, wer von uns zweibeiden die besseren Nerven hat», dachte sie mit der angemessenen Biestigkeit, denn das war ja nun weltweit bekannt, daß die Rätsel sich krümmten in Erwartung ihrer Entdecker und die Geheimnisse an ihrer eigenen Neugier zerplatzen konnten. In seinem Dreizehnten Zimmer indessen, in seiner Schlachterstube, seinem Hochzeitsloch lauerte zähneknirschend und sinnlos die Feder schärfend der Blaubart. Die zahlreichen Kerzen waren bereits bis auf eine letzte winzige niedergebrannt. Das Fleisch war verzehrt und der Käse auseinandergelaufen. Das Brot vertrocknet, der Rotwein sauer geworden. So lange hatte der ungeduldige Mann wohl noch niemals auf ein angetrautes Weib gewartet, und er lauschte mit brettsteifen Ohren gegen die Tür, wenn das Ännchen lustig auf dem Flur herumramenterte und er sackte in sich zusammen wie ein ertrinkender Docht, wenn sie sich auf ihren frechen Klapperlatschen wieder entfernte. Dabei gingen ihm seine mehreren Ehen fadenziehend durch den Kopf, angefangen bei seiner etwas zu kurz geratenen ersten bis zu dieser nun schon viel zu langen letzten, und die Lider wurden ihm schwer. Oh die hochgeschaffene und ihres augenanziehenden Wesens eitel bewußte Chantal, wie herrscherlich war sie doch schon in der ersten halben Stunde herangerauscht und wie im ganzen kläglich mitten in der Fahrt erstarrt, als sie nach einem Hüftstoß gegen die sperrige Tür auf einmal *ihn* erblickte! Oder die tief taillierte Conchita, oh du meine spanische Fliege, mein wandelndes Stundenglas, das sich im Augenblick des sehnsuchtsvoll erwarteten Entsetzens um eine unsichtbare Achse drehte und ihm, dem unbeweglich Hockenden, wie eine abgelaufene Aufziehpuppe in die Arme fiel. Oder auch Du-nur-Du-Genevieve, mit dem Ziegengeruch der Dordogne am Hals und dem scheppernden Glockenstimmchen, wie lebendig klang ihm noch heute ihr Armesünderläuten im Ohr, denn das war ja der süßeste Sinn seiner nächtlichen Inquisitionen, daß die Unschuld sich schuldig bekannte und sich nach allerlei Gewese schließlich selbst das Urteil sprach. Bis auf die laufende Woche, den heutigen Tag, die sämig verrinnende Stunde, wo nur die Bilder der Erinnerung ihm seinen trüben Kopf ein wenig lichteten.

Eine Katze hat gemeinhin wohl mehr Erfahrung im Umgang mit Mäusen als eine Maus mit den Katzen – sie macht die Bekanntschaft nur einmal. Mit solchen Wahrheiten und ähnlichen hatte das Ännchen sich rechtzeitig eingedeckt, ehe sie aus dem lichtgrünen Calvados in das blaubasaltene Chateaumauve übersiedelte und sie war auch eisern entschlossen, sich an diese Sprüche zu halten. Andererseits, wer war hier die Katze und wer war die Maus, wo die Leimrute und wer der Vogelsteller, und weil sie nicht auf den Kopf gefallen war, dachte sie bei sich selbst: den Speck zu dem Spiel kann ich auch auslegen. Nachdem sie das Schlüsselchen zu dem dreizehnten Zimmer schön auffällig auf dem Fußabkratzer plaziert und sich selbst in einem gegenüberliegenden Käfterchen verborgen hatte, ließ sie sich mit gespitzten Ohren vor dem Schlüsselloch nieder und harrte der Dinge, die da kommen würden. Wie groß war indes ihr Erstaunen und wie unwiderstehlich zerrte die Neugier an Auge und Ohr, als sie statt eines eisernen Marschtritts auf einmal einen schlurchenden, schleifenden vernahm, und ehe sie ihr Auge noch richtig mit dem Schlüsselloch zur Deckung gebracht, hatte des Blaubarts uraltes Mütterchen sich nach dem Köder gebückt und war bereits dabei, die Türe aufzuschließen.

Der Blaubart, der längst nicht mehr wußte, wie Tag und Nacht zusammenhingen, schreckte auf aus verwunschenen Kinderträumen. Andächtig in einen grünrotgelben Christbaumapfel vertieft, den er liebreich mit Mandelsplitterchen spickte, hätte er um ein Haar die kurze Sekunde der Wahrheit verschlafen, aber wie gern er das leuchtende Bild auch festgehalten hätte, das rauhe Gestocher im Schloß zog seine Sinne augenblicklich wie ein Sprenggeschoß zusammen. So war sie denn doch noch gekommen, wirklich, richtiggehend da. So hatte das Warten ein Ende und der Haken zu seinem Fischchen gefunden. Beinah so was wie ein Gefühl der Dankbarkeit wogte für einen Augenblick durch seine menschenleere Seele, und als er rechts und links nach Tintenfaß und Feder griff, war es, als breite eine unbekannte Macht in ihm die Flügel aus. Ja, das war Heimkehr, Wiedersehen, Weite, Luft in seine Grabesenge, Auf- und Ausatmen zugleich. Zum erstenmal in seinem tintentraurigen Leben wurde ihm ganz richtig marineblau zumut und er seufzte gegen die quietschenden Scharniere hin: «Oh du, mein lustiges Luder, mein freches Üz!» – da tat die Tür sich auf einmal sperrangelweit und alle seine guten Träume auseinanderkrächzend auf, und mit dem viel zu vielen Licht fuhr ihm zugleich ein Schatten über die Seele, eine kleine schwarze Ungestalt an die Brust, er konnte gerade noch abwehrend seinen Federkiel zükken und den Irrwisch von sich abhalten – so – so – und so! – und während das Phantom lautlos in sich zusammenfiel, entwich ein unendlich dünnes, stahlsaitenscharfes «ffffffrrrrrrei fffffffffrrrrrrrei» seinen spaltweit geöffneten Lippen.

Trompeten und lustige Hörner, Trommeln, Pfeifen, Zymbeln, alles durcheinander, dann aber ganz deutlich die Erkennungsmelodie der Grafschaft Calvados, und mit dreihundert rappelvollen Obstkisten und an die hundert Gallonen vom feinsten Apfelwein drängte sich eine kunterbunte Menge in den Schloßhof. Das waren des Ännchens lebenslustige Brüder, die unbedingt Winzerfest feiern und ihre Schwester zur Äppelwoikönigin küren wollten. Das war ein ziemlich verlotterter Haufe, der offensichtlich schon beim heimatlichen Rauscher aufgebrochen und allmählich beim guten Cidre angelangt war, gierig darauf erpicht, den weltberühmten Heiratskünstler kennenzulernen und ihm eine rauschende Ovation darzubringen. «Blaubart – Blaubart komm heraus, sonst versaufen wir dein Haus» scholl es ausgelassen über den engen Hof und dann die finsteren Wände hoch, aber als der Zitierte schließlich zittrig aus der Türe trat – die Hände vorgestreckt für die Ketten, den Nacken niedergebeugt wie für den Richtblock – erkannte ihn hierzuland kein Mensch mehr und auch das Ännchen nicht, das ihn sich noch gar nicht richtig angesehen hatte: so abendhimmelbleich war auf einmal sein Bart, so dämmerungsfahl sein Gesicht, so heringsfarben sein Haar, und vielleicht, wenn man ihn selbst nach dem Blaubart gefragt hätte, hätte er auch nur grau-in-grau mit seinen Achseln gezuckt.

# Chronologisches Gesamtverzeichnis der Veröffentlichungen des Rowohlt Verlages 1963–1983

*Vorbemerkung*

Dieses Verzeichnis führt die Veröffentlichungen des Rowohlt Verlages (einschließlich des Frühjahrsprogramms 1983) unter dem Jahr ihres Erscheinens auf und schließt die der Taschenbuch-Verlags-Reihen *Rowohlt Paperback* und *das neue buch* ein. Neuauflagen sind nur berücksichtigt, wenn sie verändert oder als Sonderausgaben erschienen sind. Von anderen Verlagen übernommene Titel sind mit einem (ü) gekennzeichnet.

Nicht aufgenommen wurden die Veröffentlichungen des Rowohlt Theater-Verlages (s. a. S. 563).

## 1963

ALEIXANDRE, VICENTE *Nackt wie der glühende Stein.* Ausgewählte Gedichte. Spanisch und Deutsch. Herausgegeben und mit einem Nachwort versehen von Erich Arendt. Nachdichtung von Erich Arendt und Katja Haydek Arendt. Einbandgestaltung Werner Rebhuhn. = Rowohlt Paperback. Band 28.

AMADO, JORGE *Gabriela wie Zimt und Nelken.* Roman. Übersetzt von Gerhard Lazarus und E.-A. Nicklas. Schutzumschlag- und Einbandentwurf von Werner Rebhuhn.

BALDWIN, JAMES *Giovannis Zimmer.* Roman. Übersetzt von Axel Kaun und Hans-Heinrich Wellmann. Schutzumschlag- und Einbandentwurf von Werner Rebhuhn.

BALDWIN, JAMES *Schwarz und Weiß oder Was es heißt, ein Amerikaner zu sein.* 11 Essays. Übersetzt von Leonharda Gescher-Ringelnatz. Einbandgestaltung Werner Rebhuhn. = Rowohlt Paperback. Band 22.

BISCHOFF, BENGTA *6 Richtige.* Roman. Faksimile-Ausgabe nach dem Original-Manuskript.

CAMUS, ALBERT *Tagebuch* (I) Mai 1935–Februar 1942. Übersetzt von Guido G. Meister. Schutzumschlag- und Einbandentwurf von Werner Rebhuhn.

CÉLINE, LOUIS-FERDINAND *Tod auf Kredit.* Roman. Autoris. von Werner Bökenkamp bearbeitete Übertragung. Schutzumschlag- und Einbandentwurf von Werner Rebhuhn.

CHPALTINE, GUILLAUME *Die nichtgespielte Karte.* Roman. Übersetzt von Martin Boor. Schutzumschlag- und Einbandentwurf von Hans Hermann Hagedorn.

DAHL, ROALD *... und noch ein Küßchen!* Weitere ungewöhnliche Geschichten. Übersetzt von Hans-Heinrich Wellmann. Schutzumschlag- und Einbandentwurf von Werner Rebhuhn.

DOS PASSOS, JOHN *Jahrhundertmitte.* Roman. Eine zeitgenössische Chronik. Übersetzt von Paul Baudisch. Schutzumschlag- und Einbandentwurf von Werner Rebhuhn.

DURRELL, LAWRENCE *Schwarze Oliven.* Korfu – Insel der Phäaken. Übersetzt von Peter Bermbach in Zusammenarbeit mit Herbert Zand. Entwurf für Einband und Cellophanumschlag von Hans Hermann Hagedorn.

FLANAGAN, GERALDINE LUX *Die ersten neun Monate des Lebens.* Mit einem Nachwort von Adolf Portmann. Übersetzt von Gisela Jessel. Schutzumschlag- und Einbandentwurf von Werner Rebhuhn.

HOLMES, JOHN CLELLON *Der Saxophonist.* Roman. Mit einem Nachwort von Werner Burkhardt. Übersetzt von Horst Dölvers und Werner Burkhardt. Einbandgestaltung Werner Rebhuhn. = Rowohlt Paperback. Band 29.

LAUTRÉAMONT (ISIDORE LUCIEN DUCASSE) *Das Gesamtwerk.* (Die Gesänge des Maldoror. Dichtungen. Briefe) Aus dem Französischen mit einem Nachwort und einer Bibliographie von Ré Soupault. Einbandgestaltung Werner Rebhuhn. = Rowohlt Paperback. Band 26.

LAWRENCE, DAVID HERBERT *Mexikanischer Morgen und Italienische Dämmerung.* Übersetzt von Alfred Kuoni, Georg Goyert, Oswalt von Nostitz. Schutzumschlag- und Einbandentwurf von Werner Rebhuhn.

LOWRY, MALCOLM *Unter dem Vulkan.* Roman. Mit einem Nachwort von Rudolf Haas. Aus dem Amerikanischen übertragen von Susanna Rademacher. Schutzumschlag- und Einbandentwurf von Werner Rebhuhn.

MARAINI, DACIA *Zeit des Unbehagens.* Roman. Autorisierte Übertragung aus dem Italienischen. Schutzumschlag- und Einbandentwurf von Werner Rebhuhn.

MOURÃO, GERARDO MELLO *Pikbube.* Roman. Mit einem Nachwort von Goffredo Jommi. Übersetzt von Curt Meyer-Clason. Einbandgestaltung Werner Rebhuhn. = Rowohlt Paperback. Band 24.

NABOKOV, VLADIMIR *Vladimir Nabokov Bibliographie des Gesamtwerks* von Dieter E. Zimmer. – Privatdruck. Den Freunden Vladimir Nabokovs und des Rowohlt Verlages als Weihnachts- und Neujahrsgruß zugeeignet.

PEYNET, RAYMOND *In den Armen der Liebe.* Deutsche Texte von H. M. Ledig-Rowohlt. Einbandgestaltung von Werner Rebhuhn unter Verwendung einer farbigen Zeichnung von Raymond Peynet.

PORTER, KATHERINE ANNE *Das Narrenschiff.* Roman. Übersetzt von Susanna Rademacher. Gestaltung des Schutzumschlages unter Verwendung eines Holzschnittes der Erstausgabe von Sebastian Brants «Stultifera Navis» und Einbandentwurf von Werner Rebhuhn.

[PORTER, KATHERINE ANNE] *Marginalien zu Katherine Anne Porter, Das Narrenschiff.* (Enthält Beiträge von Barbara Thompson, Mark Schorer, Vernon A. Young, Glenway Wescott und Robert Penn Warren.)

PURDY, JAMES *Malcolm.* Roman. Übersetzt von Erwin Duncker. Einbandgestaltung Werner Rebhuhn. = Rowohlt Paperback. Band 21.

REZZORI, GREGOR VON *Idiotenführer durch die Deutsche Gesellschaft.* Band 3. *Schickeria.* Das Paradies auf Erden, Hier und Heute, Wesenszüge und Merkmale der führenden und treibenden Kräfte des Bundesdeutschen High Life. Mit 56 Zeichnungen, 7 Initiale und Illustration des Vorsatzblattes vom Verfasser. Einbandzeichnung vom Autor. Schrift für Schutzumschlag und Einband von Werner Rebhuhn.

SALOMON, CHARLOTTE *Ein Tagebuch in Bildern 1917–1943.* Vorwort von Paul Tillich. Einleitung von Emil Straus. Schrift für Schutzumschlag und Einband von Werner Rebhuhn.

SCHMIDT, ARNO *Nobodaddy's Kinder.* Trilogie: Aus dem Leben eines Fauns. Brand's Haide. Schwarze Spiegel. Einbandgestaltung Werner Rebhuhn. = Rowohlt Paperback. Band 23.

SONNEMANN, ULRICH *Die Dickichte und die Zeichen.* Roman. Schutzumschlag- und Einbandentwurf von Werner Rebhuhn.

STATLER, OLIVER *Das Gasthaus am Tokaido.* Übersetzt von Roger Goepper. Gestaltung des Schutzumschlages unter Verwendung eines Farbholzschnittes von Hiroshige sowie Entwürfe für Einband und Karte von Werner Rebhuhn.

WAUGH, AUBERON *Die Foxglove Saga.* Übersetzt von Josef Barth. Schutzumschlag- und Einbandentwurf von Werner Rebhuhn.

WECHSBERG, JOSEPH *Lebenskunst und andere Künste.* Ausgewählte Feuilletons. Entwürfe für Schutzumschlag, Einband und Vignetten von Werner Rebhuhn.

## 1964

ARPINO, GIOVANNI *Aus gekränkter Ehre.* Roman. Übersetzt von Marlies Ingenmey. Schutzumschlag- und Einbandentwurf von Werner Rebhuhn.

BALZAC, HONORÉ DE *Maître Cornélius – Der verstoßene Sohn.* Zwei Novellen. Übersetzt von Sigrid von Massenbach.

BAUSINGER, WILHELM *Studien zu einer historisch-kritischen Ausgabe von Robert Musils Roman ‹Der Mann ohne Eigenschaften›.* Inaugural-Dissertation zur Erlangung des Doktorgrades einer Hohen Philosophischen Fakultät der Eberhard-Karls-Universität zu Tübingen. Mit Zeilenzähler und Übersichtsblatt als Beilagen (Interimsband).

BIBBY, GEOFFREY *Zu Abrahams Zeiten.* Mensch und Kultur vor 4000 Jahren. Übersetzt von Karl-Ulrich von Hutten. Mit 85 Abbildungen im Text und auf 32 Kunstdruck-Tafeln. Schutzumschlag- und Einbandentwurf von Werner Rebhuhn.

BOORSTIN, DANIEL J. *Das Image oder Was wurde aus dem Amerikanischen Traum?* Übersetzt von Manfred Delling und Dr. Renate Voretzsch. Einbandgestaltung Werner Rebhuhn. = Rowohlt Paperback. Band 35.

[BUCHENAU, SIEGFRIED] *Begegnung mit Siegfried Buchenau.* Blätter des Gedenkens. Herausgegeben von Heinz Sarkowski. – Privatdruck. Den Freunden Siegfried Buchenaus und des Rowohlt Verlages.

CARLETON, JETTA *Wenn die Mondwinden blühen.* Roman. Übersetzt von Eva Schönfeld. Schutzumschlag- und Einbandentwurf von Werner Rebhuhn.

Durrell, Lawrence *Drei dramatische Dichtungen.* Sappho / Actis / Ein irischer Faust. Mit einem Vorwort von Oscar Fritz Schuh. Übersetzt von Ursula Schuh, Oscar Fritz Schuh und Robert Schnorr. Einbandgestaltung Werner Rebhuhn. = Rowohlt Paperback. Band 27.

DURRELL, LAWRENCE *Leuchtende Orangen.* Rhodos – Insel des Helios. Übersetzt von Herbert Zand. Entwurf für Einband und Cellophanumschlag von Hans Hermann Hagedorn.

ELSNER, GISELA *Die Riesenzwerge.* Ein Beitrag. Schutzumschlag- und Einbandentwurf von Jan Bernd Enns.

EPTON, NINA *Amor und die Engländer.* Berechtigte Übertragung aus dem Englischen nach der Originalausgabe. 24 Kunstdrucktafeln. Schutzumschlag- und Einbandentwurf von Werner Rebhuhn unter Verwendung einer Illustration von William Hogarth.

FUKAZAWA, SHICHIRO *Schwierigkeiten beim Verständnis der Narayama-Lieder.* Mit einem Nachwort von Bernard Frank. Übersetzt nach der französischen Ausgabe ‹Étude à propos des chansons de Narayama› von Klaudia Rheinhold, die Bernard Frank aus dem Japanischen übertragen hat. Schutzumschlag- und Einbandentwurf von Werner Rebhuhn.

HAY, JULIUS *Dramen. I.* Attilas Nächte / Das Pferd / Der Putenhirt / Haben. Einbandgestaltung Werner Rebhuhn. = Rowohlt Paperback. Band 36.

HOCHHUTH, ROLF *Die Berliner Antigone.* Novelle. Zeichnungen von Werner Klemke. – Privatdruck. Den Freunden Rolf Hochhuths und des Rowohlt Verlages als Weihnachts- und Neujahrsgruß zugeeignet.

[HUELSENBECK, RICHARD (HG.)] *Dada*. Eine literarische Dokumentation. Herausgegeben (und mit einer Einleitung) von Richard Huelsenbeck. Bibliographie von Bernard Karpel. Einbandgestaltung Werner Rebhuhn. = Rowohlt Paperback. Band 33.

JOUHANDEAU, MARCEL *Gesammelte Werke in Einzelausgaben*. Band I. *Chaminadour*. Erzählungen. Herausgegeben und mit einem Nachwort von Friedhelm Kemp. Übersetzt von Friedhelm Kemp, Hans Hennecke, Walter Benjamin, Kurt Wagenseil, Christoph Schwerin, B. Guillemin, Fritz Schweitzer, Wolfgang von Einsiedel. Schutzumschlag- und Einbandentwurf von Werner Rebhuhn.

KEMPSKI, JÜRGEN V. *Brechungen*. Kritische Versuche zur Philosophie der Gegenwart. Einbandgestaltung Werner Rebhuhn. = Rowohlt Paperback. Band 31.

KERN, ALFRED *Das zerbrechliche Glück*. Roman. Übersetzt von Eva Rechel-Mertens. Schutzumschlag- und Einbandentwurf von Werner Rebhuhn.

KUSENBERG, KURT *Zwischen unten und oben* und andere Geschichten. Farbige Zeichnung für den Umschlag von Raymond Peynet. Schriftgestaltung für Schutzumschlag und Einband von Werner Rebhuhn.

LIEPMAN, HEINZ *Karlchen* oder Die Tücken der Tugend. Schutzumschlag- und Einbandentwurf von Werner Rebhuhn.

MATTHIAS, L. L. *Die Kehrseite der USA*. Einbandgestaltung Werner Rebhuhn. = Rowohlt Paperback. Band 37.

MILLER, HENRY *Wendekreis des Steinbocks*. Roman. Übersetzt von Kurt Wagenseil. Neu durchgesehene Ausgabe. Schutzumschlag- und Einbandentwurf von Werner Rebhuhn.

MISHIMA, YUKIO *Geständnis einer Maske*. Roman. Nach der amerikanischen Fassung ‹Confessions of a Mask› übersetzt von Helmut Hilzheimer. Einbandgestaltung Werner Rebhuhn. = Rowohlt Paperback. Band 30.

MOHRT, MICHEL *Vom Meere gefangen*. Roman. Übersetzt von Elisabeth Schneider. Seemännische Fachausdrücke übersetzte Bern Hardy. Schutzumschlag- und Einbandentwurf von Werner Rebhuhn.

NABOKOV, VLADIMIR *Andere Ufer*. Ein Buch der Erinnerung. Nach der amerikanischen Paperback-Ausgabe ‹Speak, Memory› übersetzt von Dieter E. Zimmer. Schutzumschlag- und Einbandentwurf von Werner Rebhuhn.

PHILIPE, ANNE *Nur einen Seufzer lang*. Übersetzt von Margarete Bormann. Schutzumschlag- und Einbandentwurf von Werner Rebhuhn.

PURDY, JAMES *Der Neffe*. Roman. Übersetzt von Erwin Duncker in Zusammenarbeit mit Peter Bermbach. Schutzumschlag- und Einbandentwurf von Werner Rebhuhn.

SANDERS, RINO *Kardiogramme*. Gedichte. Typographie und Einbandgestaltung von Manfred Waller.

SANSOM, WILLIAM *Das Gesicht am Fenster*. (15) Erzählungen. Übersetzt von Hans-Heinrich Wellmann, Susanna Rademacher, Nelly Harriet Reimers, Eva Schönfeld und Kurt Wagenseil. Einbandgestaltung Werner Rebhuhn. = Rowohlt Paperback. Band 38.

SARTRE, JEAN-PAUL *Die Transzendenz des Ego*. Drei Essays. Übersetzt von Herbert Schmitt, Abelle Christaller, Alexa Wagner. Einbandgestaltung Werner Rebhuhn. = Rowohlt Paperback. Band 40.

SEMPRUN, JORGE *Die große Reise.* Roman. Übersetzt von Abelle Christaller. Schutzumschlag- und Einbandentwurf von Werner Rebhuhn.

SPARK, MURIEL *Mädchen mit begrenzten Möglichkeiten.* Roman. Übersetzt von Kyra Stromberg. Schutzumschlag- und Einbandentwurf von Werner Rebhuhn.

STALIN, J. W. / CHURCHILL, WINSTON S. *Die unheilige Allianz.* Stalins Briefwechsel mit Churchill 1941–1945. Mit einer Einleitung und Erläuterungen zum Text von Manfred Rexin. Übersetzt aus dem Englischen (Churchill-Briefe) und aus dem Russischen (Stalin-Briefe). Redaktion der deutschen Fassung: Gerhard Schoenberner. Einbandgestaltung Werner Rebhuhn. = Rowohlt Paperback. Band 34.

[STEINBERG, SAUL] *Steinberg's Paperback.* Mit 200 Zeichnungen. = Rowohlt Paperback. Band 25.

TANIZAKI, JUNICHIRO *Die Schwestern Makioka.* Roman. Übersetzt von Sachiko Yatsushiro unter Mitarbeit von Ulla Hengst. Schutzumschlag- und Einbandentwurf von Werner Rebhuhn.

[THURBER, JAMES] *Lachen mit Thurber.* 75 ausgewählte Erzählungen und Fabeln von James Thurber. Mit einem Vorwort von Reinhard Lettau. Übersetzt von Peter Düllberg. H. M. Ledig-Rowohlt, Beate Möhring, Hilde Quack-Mentzel, Hans Reisiger, Leonore Schlaich-Kauffmann, Kurt Wagenseil. Einmalige Sonderausgabe in der Reihe «Die Bücher der Neunzehn» Band 110. Schutzumschlag- und Einbandentwurf von Werner Rebhuhn.

[TUCHOLSKY, KURT] *Deutschland, Deutschland über alles.* Ein Bilderbuch von Kurt Tucholsky und vielen Fotografen. Montiert von John Heartfield. Faksimiledruck nach der Ausgabe von 1929. (Mit einer Beilage «Herbert Ihering – Kurt Tucholsky 1929 über ‹Deutschland, Deutschland über alles›.) Einbandentwurf, Fotomontagen sowie Text- und Bildanordnung John Heartfield.

WILLETT, JOHN *Das Theater Bertolt Brechts.* Eine Betrachtung. Übersetzt von Ernst Schumacher. Mit 16 Kunstdruck-Tafeln. Einbandgestaltung Werner Rebhuhn. = Rowohlt Paperback. Band 32.

WECHSBERG, JOSEPH *Forelle blau und schwarze Trüffeln.* Die Wanderungen eines Epikureers. Übersetzt von Gerda v. Uslar. Im Anhang ‹Gastronomisches Lexikon› von Ulrich Klever. Entwürfe für Schutzumschlag, Einband und Vignetten von Werner Rebhuhn.

[WIEGENSTEIN, ROLAND H. / RADDATZ, FRITZ J.] *Interview mit der Presse.* 12 internationale Zeitungen stellen sich. Herausgegeben von Roland H. Wiegenstein und Fritz J. Raddatz. Umschlagentwurf Werner Rebhuhn. = Rowohlt Paperback. Band 39.

## 1965

BALDWIN, JAMES *Eine andere Welt.* Roman. Übersetzt von Hans Wollschläger. Schutzumschlag- und Einbandentwurf von Werner Rebhuhn.

BEAUVOIR, SIMONE DE *Ein sanfter Tod.* Übersetzt von Paul Mayer. Schutzumschlag- und Einbandentwurf von Werner Rebhuhn.

[BECKER, JÜRGEN / VOSTELL, WOLF]

*Happenings*. Fluxus, Pop Art, Nouveau Réalisme. Eine Dokumentation. Herausgegeben von Jürgen Becker und Wolf Vostell. Übersetzungen von Manon Maren-Grisebach, Tomas Schmit, Carlos F. Reinecke, Eckart Rahn. Layout und Umschlagentwurf Wolf Vostell. = Rowohlt Paperback. Band 45

BLANCH, LESLEY *Die Säbel des Paradieses*. Autorisierte Übersetzung, Epilog, Lebensdaten, Danksagung. Namenregister im Anhang. Mit 17 Abbildungen auf 8 Kunstdruck-Tafeln. Schutzumschlag- und Einbandentwurf von Werner Rebhuhn unter Verwendung einer Zeichnung von Fürst Gagarin.

CERAM, C. W. (Kurt W. Marek) *Eine Archäologie des Kinos* (Mit Literaturangaben und Register im Anhang). Mit 293 Abbildungen auf 168 Tafeln.

CERAM, C. W. (Kurt W. Marek) *Götter, Gräber und Gelehrte in Dokumenten* / späterer Titel ab 1966: *Ruhmestaten der Archäologie*. Ausgewählt und herausgegeben von C. W. Ceram. Übersetzt von Arno Dohm, Walter Hilsbecher, Gustav Kilpper, Gerda Peters, Willi Rickmer Rickmers, Hartmut Schmökel und Walther Schürenberg. Mit Quellenverzeichnis, Personen- und Sachregister. Schutzumschlag- und Einbandentwurf von Werner Rebhuhn.

CÉSPEDES, ALBA DE *Die Reue*. Roman. Deutsch von Gerda v. Uslar. Schutzumschlag- und Einbandentwurf von Werner Rebhuhn.

CHOTJEWITZ, PETER O. *Hommage à Frantek*. Nachrichten für seine Freunde. Einbandentwurf von Wolf Vostell.

EFFEL, JEAN *Heitere Schöpfungsgeschichte für fröhliche Erdenbürger*. Mit einem Vorwort von Kurt Kusenberg. Deutsche Texte von Kurt Kusenberg, H. M. Ledig-Rowohlt und Martin Peters. Mit 182 Bildern. Farbige Umschlagzeichnung von Jean Effel. Schriftgestaltung für Schutzumschlag und Einband von Werner Rebhuhn. = Nachttischbändchen.

ELLIOTT, SUMNER LOCKE *Leise, er könnte dich hören*. Roman. Übersetzt von Eva Schönfeld. Schutzumschlag- und Einbandentwurf von Werner Rebhuhn.

FICHTE, HUBERT *Das Waisenhaus*. Roman. Schutzumschlagentwurf von Christian Chruxin.

FRIEDLÄNDER, SAUL *Pius XIII. und das Dritte Reich*. Eine Dokumentation. Mit einem Nachwort von Alfred Grosser. Die deutsche Ausgabe besorgten Rainer Specht (Text) und Eberhard Jäckel (Dokumente). Dokumente deutschen Ursprungs erscheinen im Originalwortlaut. Englische und amerikanische Dokumente wurden nach den Originaltexten übersetzt. Einbandgestaltung Werner Rebhuhn. = Rowohlt Paperback. Band 43.

GENET, JEAN *Querelle*. Roman. Übersetzt von Ruth Uecker-Lutz. Schutzumschlag- und Einbandentwurf von Werner Rebhuhn.

[GENET, JEAN] *Marginalien zu Jean Genet, Querelle*. (Enthält Beiträge von Jean-Paul Sartre, François Mauriac, Jean Cocteau, Maurice Nadeau und anderen.)

GOVER, ROBERT *Ein Hundertdollar Mißverständnis*. Roman. Deutsch von Hans Wollschläger. Schutzumschlag- und Einbandentwurf von Jürgen und Cornelia Wulff.

HEMINGWAY, ERNEST *Paris – ein Fest fürs Leben*. Übersetzt von Annemarie Horschitz-Horst. Schutzumschlag- und Einbandentwurf von Werner Rebhuhn unter Verwendung der Wiedergabe einer Zeichnung von Serebrekov ‹Le Carrefour Vavin en 1930›.

JACOBSOHN, SIEGFRIED *Jahre der Bühne.* Theaterkritische Schriften. Herausgegeben von Walther Karsch unter Mitarbeit von Gerhart Göhler. Einbandgestaltung Werner Rebhuhn. = Rowohlt Paperback. Band 42.

KAISER, JOACHIM *Kleines Theatertagebuch.* Einbandgestaltung Werner Rebhuhn. = Rowohlt Paperback. Band 44.

KUSENBERG, KURT *Der ehrbare Trinker.* Eine bacchische Anthologie. Arrangiert und kommentiert von Kurt Kusenberg. Mit 24 Bildern von Franz Josef Tripp. Schutzumschlag- und Einbandentwurf von Franz Josef Tripp.

LOWRY, MALCOLM *Hör uns, o Herr, der Du im Himmel wohnst.* Erzählungen. Übersetzt von Susanna Rademacher. Durchsicht der nautischen Fachausdrücke von Ernst Schnabel. Schutzumschlag- und Einbandentwurf von Werner Rebhuhn.

MARTENS-GOETZ, VALÉRIE VON *Die wunderbare und spannende Geschichte des Herrn Blau.* Schutzumschlag- und Einbandentwurf von Werner Rebhuhn.

MILLER, HENRY / MIRÓ, JOAN *Das Lächeln am Fuße der Leiter.* Erzählung. Mit Illustrationen von Joan Miró. Übersetzt von Herbert Zand. Mit 4 einseitigen, 1 doppelseitigen Farbtafel und farbigen Vorsätzen. Joan Miró schuf eigens für dieses Buch die Vorlagen für die Farbtafeln, die Vorsatzpapiere, den Titel, den Einbandbezug und den Schutzumschlag. Die Gestaltung des Buches betreuten Werner Rebhuhn und Manfred Waller.

NASH, OGDEN *Gute Vorsätze.* Eine erste Auswahl / *Good Intentions.* A First Selection. Deutsche Nachdichtungen von Walter Mehring, Heinrich Maria Ledig-Rowohlt, Ulrich Sonnemann. – Privatdruck. Den Freunden des Rowohlt Verlages gewidmet zum Jahresende.

PIEYRE DE MANDIARGUES, ANDRÉ *Das Motorrad.* Roman. Deutsch von Hanns Grössel. Schutzumschlag- und Einbandentwurf von Wolf Vostell.

PIWITT, HERMANN PETER *Herdenreiche Landschaften.* Zehn Prosastücke. Schutzumschlag- und Einbandentwurf von Günter Grass.

POWERS, JAMES F. *Gottes Schrift ist schwer zu lesen.* Roman. Deutsch von Carl Amery. Schutzumschlag- und Einbandentwurf von Werner Rebhuhn.

REZZORI, GREGOR VON *Idiotenführer durch die Deutsche Gesellschaft.* Band 4. *Prominenz.* Vom Tun und Sein der Illüstren aus den Illustrierten ein Maßstab für das Übermaß des Mittelmaßes. Mit 84 Zeichnungen, 10 Initialen und Illustrationen des Vorsatzblattes vom Verfasser. Einbandgestaltung von Hanna von Rezzori. Schrift für den Einband von Werner Rebhuhn.

ROTH, PHILIP *Anderer Leute Sorgen.* Roman. Deutsch von Paul Baudisch. Schutzumschlag- und Einbandentwurf von Werner Rebhuhn.

SALOMON, ERNST VON *Die schöne Wilhelmine.* Ein Roman aus Preußens galanter Zeit. Schutzumschlag- und Einbandentwurf von Werner Rebhuhn.

SARTRE, JEAN-PAUL *Situationen.*

Essays. Vom Verfasser autorisierte Auswahl aus den französischen Originalen. Berechtigte Übertragung von Werner Bökenkamp, Hans Georg Brenner, Abelle Christaller, Günther Scheel und Christoph Schwerin. Einbandgestaltung Werner Rebhuhn. = Rowohlt Paperback. Band 46.

SARTRE, JEAN-PAUL *Die Wörter.* Aus dem Französischen mit einer Nachbemerkung von Hans Mayer. Schutzumschlag- und Einbandentwurf von Werner Rebhuhn.

SINGER, ISAAC BASHEVIS *Jakob der Knecht.* Roman. Deutsch von Wolfgang von Einsiedel. Mit einem Nachwort von Salcia Landmann. Schutzumschlag- und Einbandentwurf von Werner Rebhuhn.

SINZIG, ECKARD *Idyllmalerei auf Monddistanz.* Roman. Schutzumschlag- und Einbandentwurf von Ursula Lefkes.

TAYLOR, JOHN RUSSELL *Zorniges Theater.* Eine Analyse des englischen Dramas seit Osborne. Mit einem Nachwort von Ivan Nagel. Übersetzt von Hans Georg Heepe. Einbandgestaltung Werner Rebhuhn. = Rowohlt Paperback. Band 41.

TUCHOLSKY, KURT *Ausgewählte Werke.* Band 1 und Band 2. Ausgewählt und zusammengestellt von Fritz J. Raddatz. Einmalige Sonderausgabe in der Reihe «Die Bücher der Neunzehn» Band 128. Schutzumschlag- und Einbandentwurf von Werner Rebhuhn.

UXKULL, BORIS *Armeen und Amouren.* Ein Tagebuch aus napoleonischer Zeit. Bearbeitet und herausgegeben von Jürgen-Detlev Freiherr von Uexküll. Überblick und Register. 18 Abbildungen auf 16 Kunstdruck-Tafeln, 4 Textzeichnungen und 1 Faltkarte. Schutzumschlag- und Einbandentwurf von Werner Rebhuhn.

WILSON, EDMUND *Erinnerungen an Hekates Land.* Erzählungen. Deutsch von Susanna Rademacher. Schutzumschlag- und Einbandentwurf von Werner Rebhuhn.

## 1966

ARENDT, ERICH *Unter den Hufen des Winds.* Ausgewählte Gedichte 1926–1965. Herausgegeben und mit einem Vorwort von Volker Klotz. Einbandgestaltung Werner Rebhuhn. = Rowohlt Paperback. Band 51.

ARPINO, GIOVANNI *Im Schatten der Hügel.* Roman. Deutsch von Charlotte Birnbaum. Schutzumschlag- und Einbandentwurf von Werner Rebhuhn.

BALDWIN, JAMES *Gehe hin und verkünde es vom Berge.* Roman. Deutsch von Jürgen Manthey. Schutzumschlag- und Einbandentwurf von Werner Rebhuhn.

BAYER, KONRAD *Der sechste Sinn.* Texte. Herausgegeben von Gerhard Rühm. Mit einem sechsfarbigen Frontispiz von Friedrich Hundertwasser. Schutzumschlag- und Einbandentwurf von Walter Pichler.

BEAUVOIR, SIMONE DE *Der Lauf der Dinge.* (Memoiren III.) Deutsch von Paul Baudisch. Mit Hinweisen als Anhang. Schutzumschlag- und Einbandentwurf von Werner Rebhuhn.

BRASSAÏ *Gespräche mit Picasso.* Übersetzt von Edmond Lutrand. Mit 45 Abbildungen auf 32 Tafeln und 1 Foto. Einbandgestaltung

Werner Rebhuhn. = Rowohlt Paperback. Band 52.

BRINITZER, CARL *Liebeskunst – ganz prosaisch.* Variationen über ein Thema von Ovid. Mit (35) Illustrationen von Franziska Bilek. Schutzumschlag- und Einbandentwurf von Werner Rebhuhn unter Verwendung zweier Zeichnungen von Franziska Bilek. = Nachttischbändchen.

CABANIS, JOSÉ *Trugbild der Nacht.* Die Geschichte einer Liebe. Deutsch von Abelle Christaller. Schutzumschlag- und Einbandentwurf von Werner Rebhuhn.

CAMUS, ALBERT *Gesammelte Erzählungen.* Deutsch von Guido G. Meister. Einmalige Sonderausgabe. Schutzumschlag- und Einbandentwurf von Werner Rebhuhn.

CARTER, JOHN STEWART *Fünf Faden tief.* Roman. Übersetzt von Susanna Rademacher. Schutzumschlag- und Einbandentwurf von Werner Rebhuhn.

CHAGALL, BELLA *Brennende Lichter.* Mit 39 Zeichnungen von Marc Chagall. Übersetzt von Lia Bernstein und Theodora Von der Mühll. Die Gestaltung des Schutzumschlages und des Einbandes besorgte für diese Ausgabe Marc Chagall.

FISCHER, ERNST *Kunst und Koexistenz.* Beitrag zu einer modernen marxistischen Ästhetik. Einbandgestaltung Werner Rebhuhn. = Rowohlt Paperback. Band 53.

FRIEDAN, BETTY *Der Weiblichkeitswahn oder Die Mystifizierung der Frau.* «Ein vehementer Protest gegen das Wunschbild von der Frau.» (Die deutsche Ausgabe, die im Einverständnis mit der Autorin leicht gekürzt ist, enthält ein zusätzliches Kapitel «Zwischen Wahn und Wirklichkeit». Eine Lesart der deutschen Situation von Arianna Giachi. Übersetzt von Margaret Carroux. Schutzumschlag- und Einbandentwurf von Werner Rebhuhn.

FRISÉ, MARIA *Hühnertag und andere Geschichten.* Erzählungen. Schutzumschlag- und Einbandentwurf von Werner Rebhuhn.

GRAU, SHIRLEY ANN *Die Hüter des Hauses.* Roman. Deutsch von Gerda v. Uslar. Schutzumschlag- und Einbandentwurf von Werner Rebhuhn.

GROSZ, GEORGE *Ecce Homo.* (Faksimile-Ausgabe.) Mit einem Vorwort von Günther Anders. Mit 84 Zeichnungen und 16 Seiten Aquarellen.

HAY, JULIUS *Dramen II:* Gott, Kaiser und Bauer / Gáspár Varrós Recht / Der Barbar / Mohács. (Mit einer Vorbemerkung des Autors.) Einbandgestaltung Werner Rebhuhn. = Rowohlt Paperback. Band 49.

HEMINGWAY, ERNEST *Sämtliche Erzählungen.* Deutsch von Annemarie Horschitz-Horst. Einmalige Sonderausgabe. Schutzumschlag- und Einbandentwurf von Werner Rebhuhn.

JOUHANDEAU, MARCEL *Gesammelte Werke in Einzelausgaben.* Herausgegeben von Friedhelm Kemp. Band II. *Herr Godeau.* Übersetzt und mit einem Nachwort von Friedhelm Kemp. Schutzumschlag- und Einbandentwurf von Werner Rebhuhn.

KLOSSOWSKI, PIERRE *Die Gesetze der Gastfreundschaft.* (Romantrilogie) Der Widerruf des Edikts von Nantes / Heute abend, Roberte / Der Souffleur. Übersetzt von Sigrid v. Massenbach. Schutzumschlag- und Einbandentwurf von Werner Rebhuhn.

[KLOSSOWSKI, PIERRE] *Pierre Klossowski oder Die Sprache des Kör-*

*pers.* Marginalien zu ‹Die Gesetze der Gastfreundschaft›. Übersetzt von Sigrid v. Massenbach und Gilbert Strasmann.

KUSENBERG, KURT *Lob des Bettes.* Eine klinophile Anthologie. Mit vielen Bettgeschichten und schönen Bettgedichten. Herausgegeben von Kurt Kusenberg. Mit 26 Bildern von Raymond Peynet. ‹Im Bett zu lesen›. Farbiges Umschlagbild nach einer Zeichnung von Raymond Peynet. Schriftgestaltung für Schutzumschlag und Einband von Werner Rebhuhn = Nachttischbändchen.

LÉAUTAUD, PAUL *Literarisches Tagebuch 1893–1956.* Eine Auswahl. Herausgegeben und übersetzt von Hanns Grössel. Mit Einleitung, Bibliographie und Namenregister. Einbandgestaltung Werner Rebhuhn. = Rowohlt Paperback. Band 48.

MAYRÖCKER, FRIEDERIKE *Tod durch Musen.* Poetische Texte. Mit einem Nachwort von Eugen Gomringer. Einbandentwurf von Christian Chruxin.

NABOKOV, VLADIMIR *Frühling in Fialta.* Dreiundzwanzig Erzählungen. Herausgegeben von Dieter E. Zimmer. Übersetzt nach ‹Nabokov's Dozen› von Dieter E. Zimmer, Wassilij Berger, René Drommert und Renate Gerhardt. Schutzumschlag- und Einbandentwurf von Werner Rebhuhn.

O'BRIEN, FLANN *Zwei Vögel beim Schwimmen.* Roman. Deutsch von Lore Fiedler. Schutzumschlag- und Einbandentwurf von Ursula Lefkes.

PEYNET, RAYMOND *Mit den Augen der Liebe.* Ein Bilderbuch für zärtliche Leute. Vorwort von Kurt Kusenberg. Deutsche Texte von H. M. Ledig-Rowohlt. Farbige Umschlagzeichnung von Raymond Peynet. Schriftgestaltung von Schutzumschlag und Einband von Werner Rebhuhn. = Nachttischbändchen.

PROKOSCH, FREDERIC *Und kalt glänzte der Marmor.* Ein Roman um das Tadsch Mahal. Übersetzt von Margaret Carroux. Schutzumschlag- und Einbandentwurf von Werner Rebhuhn.

REZZORI, GREGOR VON *Die Toten auf ihre Plätze!* Tagebuch des Films ‹Viva Maria›. Schutzumschlag- und Einbandentwurf von Werner Rebhuhn.

SALOMON, ERNST VON *Glück in Frankreich.* Mit (23) Zeichnungen von Wilhelm M. Busch. Farbige Umschlagzeichnung von Wilhelm M. Busch. Schriftgestaltung für Schutzumschlag und Einband von Werner Rebhuhn. = Nachttischbändchen.

SARTRE, JEAN-PAUL *Dramen II:* Die Troerinnen des Euripides / Die Eingeschlossenen / Nekrassow / Kean. Übersetzt von Hans Mayer, Herbert Liebmann, Renate Gerhardt, Susanne Lepsius, Willi Wolfradt und Marianne Wentzel. Schutzumschlag- und Einbandentwurf von Werner Rebhuhn.

SCHNECK, STEPHEN *Der Nachtportier* oder dessen völlig wahre Beichte. Roman. Deutsch von Uwe Friesel. Entwurf für Einband und Ultraphan-Umschlag von Wolf Vostell.

SHAW, IRWIN *Stimmen eines Sommertages.* Roman. Deutsch von Paul Baudisch. Übersetzt nach der englischen Ausgabe. Schutzumschlag- und Einbandentwurf von Werner Rebhuhn.

SONTAG, SUSAN *Der Wohltäter.* Roman. Deutsch von Louise Eisler-Fischer. Schutzumschlag- und Einbandentwurf von Werner Rebhuhn.

TANIZAKI, JUNICHIRO *Tagebuch eines alten Narren*. Roman. Deutsch von Oscar Benl. Schutzumschlag- und Einbandentwurf von Werner Rebhuhn.

TUCCI, NICCOLÒ *Die Despotin*. Ein Roman aus dem alten Europa. Deutsch von Günther Danehl. Schutzumschlag- und Einbandentwurf von Werner Rebhuhn.

VARGAS LLOSA, MARIO *Die Stadt und die Hunde*. Roman. Übersetzt von Wolfgang A. Luchting. Schutzumschlag- und Einbandentwurf von Werner Rebhuhn.

WALDECK, R. G. *Venus am Abendhimmel*. Talleyrands letzte Liebe. Roman. Sonderausgabe. Übersetzt von Maria Wolff. Schutzumschlag- und Einbandentwurf von Werner Rebhuhn.

WERNER, DIETRICH *Bemühungen in der Luft und andere Ungelegenheiten*. Erzählungen. Schutzumschlag- und Einbandentwurf von Manfred Waller.

WILDE, OSCAR *Briefe*. Band 1. Briefe. Herausgegeben von Rupert Hart-Davis. Deutsch von Hedda Soellner. Einleitung, Briefeigentümer und Quellen, Zeittafel, Anhang, Verzeichnis der Briefempfänger und der Abbildungen. Mit 40 Abbildungen auf 30 Kunstdruck-Tafeln und 9 Zeichnungen im Text. Schutzumschlag- und Einbandentwurf von Werner Rebhuhn.

WILDE, OSCAR *Briefe*. Band 2. Anmerkungen. Herausgegeben von Rupert Hart-Davis. Deutsch von Hedda Soellner. Für die deutsche Ausgabe bearbeitet und ergänzt von Peter Funke. Mit Bibliographie, Namenregister und Sachregister. Die Bibliographie besorgte Helmut Riege. Schutzumschlag- und Einbandentwurf von Werner Rebhuhn.

WITTIG, MONIQUE *Opoponax*. Roman. Deutsch von Elmar Tophoven. Schutzumschlag- und Einbandentwurf von Werner Rebhuhn unter Verwendung von Zeichnungen von Fiametta Ortéga.

## 1967

ABE, KOBO *Die Frau in den Dünen*. Roman. Deutsch von Oscar Benl und Mieko Osaki. Schutzumschlag- und Einbandentwurf von Werner Rebhuhn.

AMERY, CARL *Fragen an Welt und Kirche*. 12 Essays. Einbandgestaltung Werner Rebhuhn. = Rowohlt Paperback. Band 54.

BAKER, CARLOS *Ernest Hemingway. Der Schriftsteller und sein Werk*. Deutsch von Helmut Hirsch. Mit Bibliographie der Werke Hemingways, Namenregister, Werke von Ernest Hemingway, Personen in Hemingways Werken und Titelregister im Anhang. Schutzumschlag- und Einbandentwurf von Werner Rebhuhn.

BERNE, DR. MED. ERIC *Spiele der Erwachsenen*. Psychologie der menschlichen Beziehungen. Deutsch von Wolfram Wagmuth. Im Anhang: Anmerkungen, Erklärendes Wörterverzeichnis, Register für Zeitvertreib und Spiele, Sachwort- und Namenregister. Schutzumschlag- und Einbandentwurf von Werner Rebhuhn.

CAMUS, ALBERT *Tagebuch* (II.) Januar 1942–März 1951. Deutsch von Guido G. Meister. Schutzumschlag- und Einbandentwurf von Werner Rebhuhn.

CERAM, C. W. (KURT W. MAREK) *Götter, Gräber und Gelehrte*. Roman der Archäologie. Sonderausgabe. Mit 51 Abbildungen im Text und 43 Abbildungen auf 32 Kunstdruck-Tafeln. Zeit- und Stammtafel. Literaturhinweise, 4 Karten, Personen- und Sachregister im Anhang. Schutzumschlag- und Einbandentwurf von Werner Rebhuhn. Die vier ganzseitigen Karten zeichnete Heinrich Hartmann, Schwalldorf bei Tübingen.

CHEEVER, JOHN *Die schlimmen Wapshots.* Roman. Deutsch von Paul Baudisch. Schutzumschlag- und Einbandentwurf von Jürgen und Cornelia Wulff.

COLLIER, JOHN *Mitternachtsblaue Geschichten.* Deutsch von Susanna Rademacher. Schutzumschlag- und Einbandentwurf von Manfred Waller unter Verwendung einer Zeichnung von Charles Addams.

DURRELL, LAWRENCE / MILLER, HENRY *Briefe 1935–1959.* Herausgegeben von Georges Wickes. Deutsch von Herbert Zand. Mit den erwähnten Werken von Durrell und Miller sowie einem Register im Anhang. Schutzumschlag- und Einbandentwurf von Werner Rebhuhn.

EFFEL, JEAN *Adam und Eva im Paradies* für die fröhlichen Nachkommen aufgezeichnet. Mit einem Vorwort von Kurt Kusenberg. Zusammenstellung und deutsche Texte von H. M. Ledig-Rowohlt. Farbige Umschlagzeichnung von Jean Effel. = Nachttischbändchen.

FALLADA, HANS *Gesammelte Erzählungen.* Sonderausgabe. Schutzumschlag- und Einbandentwurf von Werner Rebhuhn.

FALLADA, HANS *Zwei zarte Lämmchen weiß wie Schnee.* Eine kleine Liebesgeschichte. Mit 23 Illustrationen von Wilhelm M. Busch. Farbiges Umschlagbild von Wilhelm M. Busch. Schriftgestaltung für Schutzumschlag und Einband von Werner Rebhuhn. = Nachttischbändchen.

FRITSCH, GERHARD *Fasching.* Roman. Schutzumschlag- und Einbandentwurf von Walter Pichler.

GINSBURG, JEWGENIJA SEMJONOWNA *Marschroute eines Lebens.* Deutsch von Swetlana Geier. Schutzumschlag- und Einbandentwurf von Werner Rebhuhn.

GOVER, ROBERT *Kitten in der Klemme.* Roman. Deutsch von Hans Wollschläger. Schutzumschlag- und Einbandentwurf von Jürgen und Cornelia Wulff.

HOCHHUTH, ROLF *Soldaten.* Nekrolog auf Genf. Tragödie. Einbandgestaltung Werner Rebhuhn. = Rowohlt Paperback. Band 59.

JHERING, HERBERT *Von Reinhardt bis Brecht.* Eine Auswahl der Theaterkritiken von 1909–1932. Herausgegeben und mit einem Vorwort von Rolf Badenhausen. Einbandgestaltung Werner Rebhuhn. = Rowohlt Paperback. Band 55.

KIAULEHN, WALTHER *Mein Freund der Verleger.* Ernst Rowohlt und seine Zeit. Mit Namen- und Titelregister im Anhang. Mit 49 Abbildungen auf 16 Kunstdruck-Tafeln. Schutzumschlag- und Einbandentwurf von Werner Rebhuhn.

KRESSING, HARRY *Der Koch.* Roman. Deutsch von Ursula Grawe. Schutzumschlag- und Einbandentwurf von Jürgen und Cornelia Wulff.

LENGYEL, JÓZSEF *Die Attraktionen des Herrn Tördeky* und andere Erzählungen. Deutsch von Friederika und Elemer Schag. Schutzumschlag- und Einbandentwurf von Werner Rebhuhn.

[Lukács, Georg] *Gespräche mit Georg Lukács*, Hans Heinz Holz, Leo Kofler, Wolfgang Abendroth. Herausgegeben von Theo Pinkus. Mit Bibliographie, Namenregister und Sachregister im Anhang. Umschlagentwurf Werner Rebhuhn. = Rowohlt Paperback. Band 57.

Malpass, Eric *Morgens um sieben ist die Welt noch in Ordnung*. Roman. Deutsch von Brigitte Roeseler. Schutzumschlag- und Einbandentwurf von Eva Kausche-Kongsbak.

Mayer, Hans *Zur deutschen Literatur der Zeit*. Zusammenhänge – Schriftsteller – Bücher. Schutzumschlag- und Einbandentwurf von Werner Rebhuhn.

[Mayer, Hans] *Hans Mayer zum 60. Geburtstag*. Eine Festschrift. Herausgegeben von Walter Jens und Fritz J. Raddatz. – Privatdruck.

Merleau-Ponty, Maurice *Das Auge und der Geist*. Philosophische Essays. Herausgegeben und übersetzt von Hans Werner Arndt. Einbandgestaltung Werner Rebhuhn. = Rowohlt Paperback. Band 56.

Mickel, Karl *Vita nova mea*. Gedichte. Schutzumschlag- und Einbandentwurf von Christian Chruxin.

Mishima, Yukio *Nach dem Bankett*. Roman. Deutsch von Sachiko Yatsushiro. Umschlag- und Einbandentwurf von Werner Rebhuhn.

Moore, John *Die Wasser unter der Erde*. Roman. Deutsch von Hermann Stiehl. Schutzumschlag- und Einbandentwurf von Jillian Willett.

Musil, Robert *Der deutsche Mensch als Symptom*. Aus dem Nachlaß herausgegeben von der Vereinigung Robert-Musil-Archiv Klagenfurt. Textbearbeitung: Karl Corino und Elisabeth Albertsen unter Mitwirkung von Karl Dinklage. Umschlagentwurf von Pacher-Winter unter Verwendung einer Büste des Autors von Marion Wotruba.

*Nachrichten aus Deutschland*. Lyrik – Prosa – Dramatik. Eine Anthologie der neueren DDR-Literatur. Herausgegeben und eingeleitet von Hildegard Brenner. Mit Bio-Bibliographie und Quellenangabe im Anhang. Einbandgestaltung Werner Rebhuhn. = Rowohlt Paperback. Band 50.

Novac, Ana *Die schönen Tage meiner Jugend*. Deutsch von Barbara Frischmuth. Einbandgestaltung Werner Rebhuhn. = Rowohlt Paperback. Band 58.

O'Brien, Edna *Der lasterhafte Monat*. Roman. Deutsch von Inge Wiskott. Schutzumschlag- und Einbandentwurf von Werner Rebhuhn.

Purdy, James *Cabot Wright legt los*. Roman. Deutsch von Gisela Stege. Schutzumschlagentwurf unter Verwendung einer Zeichnung von Guy Peelaert aus dem Buch ‹Les Aventures de Jodelle›.

[Rehn, Jens] *Die Zehn Gebote*. Exemplarische Erzählungen. Herausgegeben von Jens Rehn. Einmalige Sonderausgabe in der Reihe «Die Bücher der Neunzehn» Band 147. Schutzumschlag- und Einbandentwurf von Werner Rebhuhn.

Rezzori, Gregor von *1001 Jahr Maghrebinien*. Eine Festschrift. Herausgegeben zur Feier der Wiederauferstehung des maghrebinischen Geistes. Mit 78 Zeichnungen vom Verfasser. Schutzumschlag- und Einbandentwurf von

Werner Rebhuhn unter Verwendung von Zeichnungen des Verfassers.

ROGGENBUCK, ROLF *Der Nämlichkeitsnachweis*. Roman. Im Anhang fünf Anmerkungen zu: Rolf Roggenbuck, Der Nämlichkeitsnachweis von Peter O. Chotjewitz. Schutzumschlag- und Einbandentwurf von Rolf Baars.

[ROWOHLT, ERNST] *Ernst Rowohlt in Selbstzeugnissen und Bilddokumenten*. Dargestellt von Paul Mayer. – Privatdruck. Zum 80. Geburtstag Ernst Rowohlts am 23. Juni 1967. Gedruckt für seine Freunde und die Freunde seines Verlages.

RÜHMKORF, PETER *Über das Volksvermögen*. Exkurse in den literarischen Untergrund. Schutzumschlag- und Einbandentwurf von Werner Rebhuhn.

SARTRE, JEAN-PAUL *Kritik der dialektischen Vernunft*. 1. Band. Theorie der gesellschaftlichen Praxis. Übersetzt von Traugott König. Im Anhang: Zur Entstehung der ‹Kritik der dialektischen Vernunft›. Nachwort des Übersetzers, Glossar und Namenregister. Schutzumschlag- und Einbandentwurf von Werner Rebhuhn.

SCHOONOVER, SHIRLEY *Kein Baum, der nicht leidet*. Roman. Deutsch von Hella Schröter. Schutzumschlag- und Einbandentwurf von Werner Rebhuhn.

SINGER, ISAAC BASHEVIS *Der Zauberer von Lublin*. Roman. Deutsch von Susanna Rademacher. Schutzumschlag- und Einbandentwurf von Werner Rebhuhn.

SOUTHERN, TERRY / HOFFENBERG, MASON *Candy oder Die sexte der Welten*. Roman. Mit einem Nachwort von Martin Esslin. Deutsch von Kai Molvig. Schutzumschlag- und Einbandentwurf von Werner Rebhuhn.

SPARK, MURIEL *Das Mandelbaumtor*. Roman. Autorisierte Übertragung [von Hans Wollschläger]. Schutzumschlag- und Einbandentwurf von Werner Rebhuhn.

SVEVO, ITALO *Kurze sentimentale Reise*. Erzählungen und Fragmente aus dem Nachlaß. Herausgegeben mit einem Nachwort von Piero Rismondo. Übersetzung von Piero Rismondo und Karl Hellwig. Schutzumschlag und Einband von Werner Rebhuhn.

THURBER, JAMES *75 Fabeln für Zeitgenossen*. Den unverbesserlichen Sündern gewidmet. Übersetzt von Ulla Hengst, Hans Reisiger und H. M. Ledig-Rowohlt. Mit 62 Zeichnungen des Autors. Farbiges Umschlagbild nach einer Zeichnung von James Thurber. Schriftgestaltung für Schutzumschlag und Einband von Werner Rebhuhn. = Nachttischbändchen.

TROTZIG, BIRGITTA *Die Ausgesetzten*. Eine Legende. Deutsch von Solita Feltscher. Schutzumschlag- und Einbandentwurf von Werner Rebhuhn.

*Wiener Gruppe*. Achleitner, Artmann, Bayer, Rühm, Wiener. Texte, Gemeinschaftsarbeiten, Aktionen. Herausgegeben und mit einem Vorwort von Gerhard Rühm. Mit Anmerkungen und Bibliographie im Anhang. Mit 32 Abbildungen auf 16 Kunstdruck-Tafeln. Einbandgestaltung Werner Rebhuhn. = Rowohlt Paperback. Band 60.

WOLFE, THOMAS *Sämtliche Erzählungen*. Sonderausgabe. Übersetzt von Hans Schiebelhuth und Susanna Rademacher. Schutzumschlag- und Einbandentwurf von Werner Rebhuhn.

ZUCKMAYER, CARL *Der Seelenbräu*.

Eine Geschichte aus dem Salzburgischen Land. Mit 20 Illustrationen von Otto Schauer. Farbiges Umschlagbild und Einbandvignette von Otto Schauer. = Nachttischbändchen.

## 1968

[BAHR, HANS-ECKEHARD (HG.)] *Weltfrieden und Revolution.* Neun politisch-theologische Analysen. Herausgegeben von Hans-Eckehard Bahr. Umschlagentwurf Werner Rebhuhn. = Rowohlt Paperback. Band 65.

BALDWIN, JAMES *Gesammelte Erzählungen.* Sonderausgabe. Deutsch von Gisela Stege. Schutzumschlag- und Einbandentwurf von Werner Rebhuhn.

BEAUVOIR, SIMONE DE *Die Welt der schönen Bilder.* Roman. Deutsch von Hermann Stiehl. Schutzumschlag- und Einbandentwurf von Werner Rebhuhn.

BRETON, ANDRÉ *Die Manifeste des Surrealismus.* Deutsch von Ruth Henry. Einbandgestaltung Werner Rebhuhn. = Rowohlt Paperback. Band 63.

BURSCHELL, FRIEDRICH *Schiller.* Mit Zeittafel, Bibliographie und Namenregister im Anhang. Schutzumschlag- und Einbandentwurf von Werner Rebhuhn.

CABANIS, JOSÉ *Gabrielle und die Schlacht von Toulouse.* Roman. Deutsch von Abelle Christaller. Schutzumschlag- und Einbandentwurf von Werner Rebhuhn.

CAPOTE, TRUMAN *Frühstück bei Tiffany.* Silhouette eines Mädchens. Mit 30 Zeichnungen von Karl Staudinger. Neu durchgesehene Übersetzung von Hansi Bochow-Blüthgen. Farbiges Umschlagbild von Karl Staudinger. = Nachttischbändchen.

CAVANAUGH, ARTHUR *Als die Kinder verschwanden.* Roman. Deutsch von Ulla Hengst. Schutzumschlag- und Einbandentwurf von Eva Kausche-Kongsbak.

CHOTJEWITZ, PETER O. *Die Insel.* Erzählungen auf dem Bärenauge. Schutzumschlag- und Einbandentwurf von Wolf Vostell.

DURRELL, LAWRENCE *Esprit de Corps oder Diplomaten unter sich.* Mit 16 Illustrationen von Nicolas Bentley. Übersetzt von Susanne Lepsius. Farbiges Umschlagbild von Nicolas Bentley, London. = Nachttischbändchen.

ELSNER, GISELA *Der Nachwuchs.* Roman. Schutzumschlag- und Einbandentwurf von Jan Bernd Enns.

FICHTE, HUBERT *Die Palette.* Roman. Schutzumschlag- und Einbandentwurf von Werner Rebhuhn.

FISCHER, ERNST *Auf den Spuren der Wirklichkeit.* Sechs Essays. Mit Namen- und Titelregister im Anhang. Einbandgestaltung Werner Rebhuhn. = Rowohlt Paperback. Band 62.

FRIEDMANN, GEORGES *Das Ende des jüdischen Volkes?* Deutsch von Gilbert Strasmann. Einbandgestaltung Werner Rebhuhn. = Rowohlt Paperback. Band 67.

FRISÉ, ADOLF *Reise-Journal.* Schutzumschlagentwurf von Werner Rebhuhn. Einband und Typographie H. P. Willberg.

GIESE, HANS / SCHMIDT, GUNTER *Studenten-Sexualität.* Verhalten und Einstellung. Eine Umfrage an 12 westdeutschen Universitäten. Eine Veröffentlichung des Instituts für Sexualforschung an der Universität Hamburg. Mit Bibliographie, Personen- und Sachregister im Anhang. Schutzumschlag- und Einbandentwurf von Werner Rebhuhn.

GRAU, SHIRLEY ANN *Ein Mädchen aus New Orleans*. Roman. Deutsch von Gerda v. Uslar. Schutzumschlag- und Einbandentwurf von Werner Bürger.

JOUHANDEAU, MARCEL *Gesammelte Werke in Einzelausgaben*. Herausgegeben von Friedhelm Kemp. Band III. *Elise*. Übersetzt von Friedhelm Kemp. Schutzumschlag- und Einbandentwurf von Werner Rebhuhn.

KLOSSOWSKI, PIERRE *Der Baphomet*. Roman. Deutsch von Gerhard Goebel. Schutzumschlag- und Einbandentwurf von Werner Rebhuhn.

[KLOSSOWSKI, PIERRE] Marginalien zu Pierre Klossowski ‹Der Baphomet›. Gilles Deleuze, ‹Pierre Klossowski oder Die Sprache des Körpers›. Übersetzt von Sigrid v. Massenbach.

KOFLER, LEO *Perspektiven des revolutionären Humanismus*. Einbandgestaltung Werner Rebhuhn. = Rowohlt Paperback. Band 70.

KUNZE, REINER *sechs variationen über das thema ‹die post› und drei gedichte*. – Privatdruck. Den Freunden des Rowohlt Verlages zum Jahresende.

*Lateinamerika. Ein zweites Vietnam?* Texte von Douglas Bravo, Fidel Castro, Régis Debray, Ernesto Che Guevara u. a. Herausgegeben von Giangiacomo Feltrinelli. Umschlagentwurf Werner Rebhuhn. = Rowohlt Paperback. Band 66.

LAWRENCE, DAVID HERBERT *Gesammelte Erzählungen*. Sonderausgabe. Deutsch von Martin Beheim-Schwarzbach. Schutzumschlag- und Einbandentwurf von Werner Rebhuhn.

MALPASS, ERIC *Wenn süß das Mondlicht auf den Hügeln schläft*. Roman. Deutsch von Margret Schmitz. Schutzumschlag- und Einbandentwurf von Eva Kausche-Kongsbak.

MAYRÖCKER, FRIEDERIKE *Minimonsters Traumlexikon*. Texte in Prosa. Mit einem Nachwort von Max Bense. Schutzumschlag- und Einbandentwurf von Christian Chruxin.

MILLER, HENRY *Briefe an Anaïs Nin*. Herausgegeben (und eingeleitet) von Gunther Stuhlmann. Deutsch von Mark W. Rien. Mit einer Vorbemerkung von Mark W. Rien. Namen- und Titelregister im Anhang. Umschlag- und Einbandentwurf von Werner Rebhuhn.

MILLER, HENRY *Stille Tage in Clichy*. Roman. Deutsch von Kurt Wagenseil. Mit 28 Fotos von Brassaï. Mit einem Vorwort von Toni Miller. Schutzumschlag- und Einbandentwurf von Werner Rebhuhn.

MILLER, HENRY *Sämtliche Erzählungen*. Sonderausgabe. Übersetzt aus dem Amerikanischen von Kurt Wagenseil und Herbert Zand. Schutzumschlag- und Einbandentwurf von Werner Rebhuhn.

MUSIL, ROBERT *Sämtliche Erzählungen*. Sonderausgabe. Schutzumschlag- und Einbandentwurf von Werner Rebhuhn.

NABOKOV, VLADIMIR *Fahles Feuer*. Roman. Deutsch von Uwe Friesel. Schutzumschlag- und Einbandentwurf von Werner Rebhuhn.

[NABOKOV, VLADIMIR] *Marginalien zu Vladimir Nabokov ‹Fahles Feuer›*. Ausgewählt und übersetzt von Uwe Friesel. Pale Fire / Fahles Feuer. Ein Gedicht in vier Gesängen. Englisch und Deutsch. Andrew Field. Uwe Friesel. Pressestimmen.

PAGE, BRUCE / LEITCH, DAVID / KNIGHTLEY, PHILLIP *Philby. Der Spion, der seine Generation verriet.* Vorwort von John le Carré. Übersetzt von Anne Uhde und Reinhard Spilker. Mit Namenregister und Anhang. Mit 23 Abbildungen auf 16 Tafeln. Schutzumschlagentwurf von Edwin Taylor.

PHILIPE, ANNE *Morgenstunden des Lebens.* Deutsch von Helene Henze. Schutzumschlag- und Einbandentwurf von Werner Rebhuhn.

PODHORETZ, NORMAN *Getan und vertan.* Amerikanische Literatur in der Zeit des Kalten Krieges. 14 Essays. Deutsch von Mark W. Rien. Mit einer Vorbemerkung von Mark W. Rien. Namen- und Titelregister im Anhang. Einbandgestaltung Werner Rebhuhn. = Rowohlt Paperback. Band 61.

POLGAR, ALFRED *Auswahl.* Prosa aus vier Jahrzehnten. Sonderausgabe. Herausgegeben von Bernt Richter. Mit einem Vorwort von Siegfried Melchinger. Schutzumschlag- und Einbandentwurf von Werner Rebhuhn.

POWERS, J. F. *Gesammelte Erzählungen.* Übersetzt von Elisabeth Schnack und Ulla Hengst. Schutzumschlag- und Einbandentwurf von Werner Rebhuhn.

RÜHM, GERHARD *Fenster.* Texte. Umschlagentwurf von Gerhard Rühm und Elke Enns.

SARTRE, JEAN-PAUL *Kolonialismus und Neokolonialismus.* Sieben Essays. Übersetzt von Monika Kind und Traugott König. Einbandgestaltung Werner Rebhuhn. = Rowohlt Paperback. Band 68.

SARTRE, JEAN-PAUL *Porträts und Perspektiven.* Übersetzt von Abelle Christaller, Hans-Heinz Holz, Elmar Tophoven und Gilbert Strasmann. Schutzumschlag- und Einbandentwurf von Werner Rebhuhn.

SELBY, HUBERT *Letzte Ausfahrt Brooklyn.* Roman. Deutsch von Kai Molvig. Schutzumschlag- und Einbandentwurf von Werner Rebhuhn.

[SELBY, HUBERT] *Marginalien zu Hubert Selby, Letzte Ausfahrt Brooklyn.* Deutsch von Kai Molvig.

SHAW, IRWIN *Liebe auf dunklen Straßen.* Erzählungen. Deutsch von Paul Baudisch. Schutzumschlag- und Einbandentwurf von Werner Rebhuhn.

SINGER, ISAAC BASHEVIS *Gimpel der Narr.* Ausgewählte Erzählungen. Deutsch von Wolfgang von Einsiedel. Schutzumschlag- und Einbandentwurf von Werner Rebhuhn.

SONTAG, SUSAN *Kunst und Antikunst.* 24 literarische Analysen. Deutsch von Mark W. Rien. Mit einer Nachbemerkung von Mark W. Rien. Namen- und Titelregister im Anhang. Einbandgestaltung Werner Rebhuhn. = Rowohlt Paperback. Band 69.

TÖPFFER, RODOLPHE *Der kühle Bräutigam.* Die Abenteuer des Herrn Cryptogam zu Wasser und zu Lande erzählt und gezeichnet von Rodolphe Töpffer. Herausgegeben und mit einem Nachwort von Kurt Kusenberg. Farbiges Umschlagbild nach einer Zeichnung von Rodolphe Töpffer. = Nachttischbändchen.

TUCHOLSKY, KURT *Wenn die Igel in der Abendstunde.* Gedichte, Lieder und Chansons. Mit (15) Zeichnungen von Werner Klemke. Zusammengestellt von Fritz J. Raddatz. Farbiges Umschlagbild von Werner Klemke. = Nachttischbändchen.

[UNSELD, SIEGFRIED] *Heinrich Ma-*

*ria Ledig-Rowohlt zuliebe*. Festschrift zu seinem 60. Geburtstag am 12. März 1968 herausgegeben von Siegfried Unseld. – Privatdruck.

VARGAS LLOSA, MARIO *Das Grüne Haus*. Roman. Deutsch von Wolfgang A. Luchting. Schutzumschlag- und Einbandentwurf von Werner Rebhuhn.

WINSOR, KATHLEEN *Rauher Osten – wilder Westen*. Roman. Übersetzt von Gerda v. Uslar und Gisela Stege. Schutzumschlag- und Einbandentwurf von Manfred Waller.

WOLFE, THOMAS *Es führt kein Weg zurück*. Roman. Deutsch von Susanna Rademacher. Einmalige Sonderausgabe in der Reihe «Die Bücher der Neunzehn». Schutzumschlag- und Einbandentwurf von Werner Rebhuhn.

WOLFE, TOM *Das bonbonfarbene tangarinrot-gespritzte Stromlinienbaby*. Deutsch von Lil Picard. Der Schutzumschlag- und Einbandentwurf ist eine Gemeinschaftsarbeit von Gisela Nolte, Arnd Bentlin und Harry Rowohlt.

## 1969

BALDWIN, JAMES *Sag mir, wie lange ist der Zug schon fort*. Roman. Deutsch von Gisela Stege. Schutzumschlag- und Einbandentwurf von Werner Rebhuhn.

BAYER, KONRAD *Der sechste Sinn*. Roman. Herausgegeben von Gerhard Rühm. Schutzumschlag- und Einbandentwurf von Jan Bernd Enns.

BEAUVOIR, SIMONE DE *Eine gebrochene Frau*. Deutsch von Ulla Hengst. Schutzumschlag- und Einbandentwurf von Werner Rebhuhn.

BECHER, ULRICH *Murmeljagd*. Roman. Schutzumschlag- und Einbandentwurf von Werner Rebhuhn.

[BECKER, ROLF (HG.)] *Literatur im Spiegel*. Eingeleitet und herausgegeben von Rolf Becker. Schutzumschlag- und Einbandentwurf von Werner Rebhuhn.

BOMPIANI, GINEVRA *Bàrtelemi im Schatten*. Roman. Deutsch von Iris von Kaschnitz. Schutzumschlag- und Einbandentwurf von Werner Rebhuhn.

CÉLINE, LOUIS-FERDINAND *Norden*. Roman. Deutsch von Werner Bökenkamp. Schutzumschlag- und Einbandentwurf von Werner Rebhuhn.

*Club Voltaire I* Jahrbuch für kritische Aufklärung. Herausgegeben von Gerhard Szczesny. Einbandgestaltung Werner Rebhuhn. = Rowohlt Paperback. Band 73.

*Club Voltaire II* Jahrbuch für kritische Aufklärung. Herausgegeben von Gerhard Szczesny. Einbandgestaltung Werner Rebhuhn. = Rowohlt Paperback. Band 74.

*Club Voltaire III* Jahrbuch für kritische Aufklärung. Herausgegeben von Gerhard Szczesny. Einbandgestaltung Werner Rebhuhn. = Rowohlt Paperback. Band 75.

DAUMIER, HONORÉ *Vereint in Freud und Leid*. Ein Ehespiegel. Nachwort von G. A. Narciss. Deutsche Texte von H. M. Ledig-Rowohlt, Gisela Nolte und E. Ch. Merwick. Umschlagbild: zeitgenössisch kolorierte Lithographie von Honoré Daumier. = Nachttischbändchen.

DOS PASSOS, JOHN *Die schönen Zeiten*. Jahre mit Freunden und Fremden. Deutsch von Paul Baudisch. Schutzumschlag- und Einbandentwurf von Werner Rebhuhn.

DURRELL, GERALD *Eine Verwandte*

*namens Rosy.* Eine fast wahre Geschichte. Deutsch von Anne Uhde. Schutzumschlagbild von Horst Lemke. Typographie für Schutzumschlag und Einband von Manfred Waller.

DURRELL, LAWRENCE *Tunc.* Roman. Deutsch von Susanne Lepsius. Schutzumschlag- und Einbandentwurf von Werner Rebhuhn.

FAIRBAIRN, ANN *... und wählte fünf glatte Steine.* Roman. Deutsch von Mark W. Rien. Schutzumschlag- und Einbandentwurf von Werner Rebhuhn.

FISCHER, ERNST *Erinnerungen und Reflexionen.* Schutzumschlag- und Einbandentwurf von Werner Rebhuhn.

GOMRINGER, EUGEN *Worte sind Schatten.* Die Konstellationen 1951–1968. Herausgegeben und eingeleitet von Helmut Heißenbüttel. Umschlagentwurf von Max Bill.

GORSEN, PETER *Das Bild Pygmalions.* Kunstsoziologische Essays. Mit einer Vorbemerkung von Prof. Dr. Hans Bürger-Prinz. Mit Bausteine zur Bibliographie, Notiz, Namen- und Sachregister, Personenregister zum Abbildungsteil im Anhang. Mit 175 Abbildungen auf 64 Kunstdrucktafeln. Einbandgestaltung Werner Rebhuhn. = Rowohlt Paperback. Band 76.

GUEVARA, ERNESTO CHE *Aufzeichnungen aus dem kubanischen Befreiungskrieg 1956–1959.* Mit einem einleitenden Text von Fidel Castro. Deutsch von Reinhold Neumann-Hoditz. Im Anhang Briefe Che Guevaras, Übersichtskarte und Zeittafel. Einbandgestaltung Werner Rebhuhn. = Rowohlt Paperback. Band 71.

[HÄSLER, ALFRED A. (HG.)] *Leben mit dem Haß.* 21 Gespräche. Herausgegeben von Alfred A. Häsler. Übersetzt aus dem Amerikanischen von George W. Wronkow und aus dem Französischen von Miriam Josephson und Hugo Meier. Umschlagentwurf von Jan Bernd Enns.

HEMINGWAY, ERNEST *49 Depeschen.* Ausgewählte Zeitungsberichte und Reportagen aus den Jahren 1920–1956. Herausgegeben von Ernst Schnabel. Übersetzt von Ernst Schnabel unter Mitarbeit von Elisabeth Plessen. Schutzumschlag- und Einbandentwurf von Werner Rebhuhn.

HILLER, KURT *Leben gegen die Zeit. Logos.* Schutzumschlag- und Einbandgestaltung von Werner Rebhuhn.

KELEN, BETTY *Mätressen.* Skandale an europäischen Fürstenhöfen des 19. Jahrhunderts. Deutsch von Sigrid Stahlmann. Schutzumschlag- und Einbandentwurf von Werner Rebhuhn.

KEMPOWSKI, WALTER *Im Block.* Ein Haftbericht. Schutzumschlag- und Einbandentwurf von Uwe Baer, Thilo Leppin, Uwe Reher.

KUNZE, REINER *Sensible Wege.* Achtundvierzig Gedichte und ein Zyklus. Schutzumschlag- und Einbandentwurf von Gisela Nolte.

KUSENBERG, KURT *Gesammelte Erzählungen.* Sonderausgabe. Schutzumschlag- und Einbandentwurf von Werner Rebhuhn.

LUTTWAK, EDWARD *Der Coup d'Etat oder Wie inszeniert man einen Staatsstreich.* Mit einer Einführung von S. E. Finer. Übersetzt von Marianne und Friedrich A. Kloth. Mit 13 schematischen Darstellungen und 19 Tabellen. Schutzumschlag- und Einbandentwurf von Werner Rebhuhn.

MALPASS, ERIC *Fortinbras ist ent-*

*wischt*. Eine Gaylord-Geschichte. Mit (28) Zeichnungen von Wilhelm M. Busch. Übersetzt von Susanne Lepsius. Umschlagbild unter Verwendung einer farbigen Zeichnung von Wilhelm M. Busch und eines Fotos von Pan Books Ltd., London. = Nachttischbändchen.

MAYER, PAUL *Lebendige Schatten*. Aus den Erinnerungen eines Rowohlt-Lektors. – Privatdruck. Dr. Paul Mayer, dem Lektor Ernst Rowohlts (1919–1938) zum 80. Geburtstag am 1. November 1969. Gedruckt für seine Freunde und die des Verlages.

MENKE-GLÜCKERT, PETER *Friedensstrategien*. Wissenschaftliche Techniken beeinflussen die Politik. Einbandgestaltung Werner Rebhuhn. = Rowohlt Paperback. Band 77.

MILLER, ARTHUR *Gesammelte Erzählungen*. Sonderausgabe. Übersetzt von Hermann Stiehl. Schutzumschlag- und Einbandentwurf von Werner Rebhuhn.

NABOKOV, VLADIMIR *Gesammelte Erzählungen*. Sonderausgabe des 1966 erschienenen Bandes «Frühling in Fialta». Herausgegeben (mit einem Nachwort und bibliographischen Hinweisen) von Dieter E. Zimmer. Übersetzt nach Nabokov's «Dozen» von Dieter E. Zimmer, Wassilij Berger, René Drommert und Renate Gerhardt. Schutzumschlag- und Einbandentwurf von Werner Rebhuhn.

NASH, OGDEN *Ich bin leider hier auch fremd / I'm a Stranger Here Myself*. Ausgewählte Gedichte / Selected Poems. Nachdichtungen von Christian Enzensberger, Walter Mehring und Ulrich Sonnemann. Herausgegeben und mit einem Nachwort versehen von Ulrich Sonnemann. Schutzumschlagentwurf von Manfred Waller.

NIZAN, PAUL *Aden / Die Wachhunde*. Zwei Pamphlete. Vorwort von Jean-Paul Sartre. Dossier zum «Fall Nizan». Herausgegeben und übersetzt von Traugott König. Einbandgestaltung Werner Rebhuhn. = Rowohlt Paperback. Band 84.

O'BRIEN, EDNA *Mädchen im Eheglück*. Roman. Deutsch von Margaret Carroux. Schutzumschlag- und Einbandentwurf von Werner Rebhuhn.

PERRAULT, GILLES *Auf den Spuren der Roten Kapelle*. Übersetzt von E. und R. Thomsen. Mit 38 Abbildungen auf 16 Kunstdrucktafeln. Schutzumschlag- und Einbandentwurf von Werner Rebhuhn.

PIEYRE DE MANDIARGUES, ANDRÉ *Die Monstren von Bomarzo*. Aufsätze zu Literatur und bildender Kunst. Ausgewählt und übersetzt von Hanns Grössel. Einbandgestaltung Werner Rebhuhn. = Rowohlt Paperback. Band 83.

PLAT, WOLFGANG *Begegnung mit den anderen Deutschen*. Gespräche in der Deutschen Demokratischen Republik. Mit 86 Abbildungen. Einbandgestaltung Werner Rebhuhn. = Rowohlt Paperback. Band 79.

PORTIS, CHARLES *Die mutige Mattie*. Roman. Deutsch von Richard K. Flesch. Schutzumschlag- und Einbandentwurf von Werner Rebhuhn.

[RADDATZ, FRITZ J. (HG.)] *Marxismus und Literatur*. Eine Dokumentation in drei Bänden. Herausgegeben von Fritz J. Raddatz. *Band I*. Einbandgestaltung Werner Rebhuhn. = Rowohlt Paperback. Band 80.

[RADDATZ, FRITZ J. (HG.)] *Marxismus und Literatur*. Eine Dokumentation in drei Bänden. Herausgegeben von Fritz J. Raddatz. *Band II.* Einbandgestaltung Werner Rebhuhn. = Rowohlt Paperback. Band 81.

[RADDATZ, FRITZ J. (HG.)] *Marxismus und Literatur.* Eine Dokumentation in drei Bänden. Herausgegeben von Fritz J. Raddatz. *Band III.* Einbandgestaltung Werner Rebhuhn. = Rowohlt Paperback. Band 82.

REVENTLOW, FRANZISKA GRÄFIN ZU *Von Paul zu Pedro oder Von der Schwierigkeit, nur einen Mann zu lieben.* Mit einem Nachwort von Christian Ferber. (28) Illustrationen von Eva Kausche-Kongsbak. Farbiges Umschlagbild von Eva Kausche-Kongsbak. = Nachttischbändchen.

RÜHMKORF, PETER *Was heißt hier Volsinii?* Bewegte Szenen aus dem klassischen Wirtschaftsleben. Umschlagentwurf von Manfred Waller.

SARTRE, JEAN-PAUL *Gesammelte Dramen.* Sonderausgabe. Übersetzt von Gritta Baerlocher, Harry Kahn, Robert Blum, Ettore Cella, Eva Rechel-Mertens, Hans Mayer, Herbert Liebmann, Renate Gerhardt, Susanne Lepsius, Willi Wolfradt und Marianne Wentzel. Schutzumschlag- und Einbandentwurf von Werner Rebhuhn.

SERVADIO, GAIA *Melinda.* Roman. Deutsch von Arianna Giachi. Schutzumschlag- und Einbandentwurf von Jan Buchholz und Reni Hinsch.

SINGER, ISAAC BASHEVIS *Satan in Goraj.* Roman. Deutsch von Ulla Hengst. Schutzumschlag- und Einbandentwurf von Werner Rebhuhn.

SONNEMANN, ULRICH *Negative Anthropologie.* Vorstudien zur Sabotage des Schicksals. Schutzumschlag- und Einbandentwurf von Werner Rebhuhn.

SONTAG, SUSAN *Reise nach Hanoi.* Deutsch von Anne Uhde. Umschlagentwurf von Jan Bernd Enns.

SPARK, MURIEL *In den Augen der Öffentlichkeit.* Roman. Deutsch von Christian Ferber. Schutzumschlag- und Einbandentwurf von Karow & Mack.

TORRES, CAMILO *Vom Apostolat zum Partisanenkampf.* Artikel und Proklamationen. Übersetzt von Titus Heydenreich und Hildegard Schulz. Mit einer Vorbemerkung von Traugott König. Einbandgestaltung Werner Rebhuhn. = Rowohlt Paperback. Band 78.

TUCHOLSKY, KURT *Rheinsberg.* Ein Bilderbuch für Verliebte und andere Bilderbuchblätter. Neu illustriert von Werner Klemke. Farbiges Umschlagbild von Werner Klemke. = Nachttischbändchen.

UPDIKE, JOHN *Ehepaare.* Roman. Deutsch von Maria Carlsson. Schutzumschlag- und Einbandentwurf von Werner Rebhuhn.

WATSON, JAMES D. *Die Doppel-Helix.* Ein persönlicher Bericht über die Entdeckung der DNS-Struktur. Mit einer Einführung von Prof. Dr. Heinz Haber. Übersetzt von Vilma Fritsch. Mit 32 Abbildungen und schematischen Darstellungen im Text. Schutzumschlag und Einbandentwurf von Werner Rebhuhn.

WIENER, OSWALD *Die Verbesserung von Mitteleuropa.* Roman. Umschlagentwurf Oswald Wiener und Elke Enns.

## 1970

ACHLEITNER, FRIEDRICH *Prosa, Konstellationen, Montagen, Dialektgedichte, Studien.* Schutzumschlag- und Einbandentwurf von Gisela Nolte, unter Verwendung einer Seite aus der o-i-Studie von Friedrich Achleitner.

BALDWIN, JAMES *Eine andere Welt.* Sonderausgabe. Roman. Deutsch von Hans Wollschläger. Schutzumschlag- und Einbandentwurf von Werner Rebhuhn.

BARTH, JOHN *Der Tabakhändler.* Roman. Deutsch von Susanna Rademacher. Schutzumschlagentwurf von Owen Wood.

BENN, GOTTFRIED *Sämtliche Erzählungen.* Sonderausgabe. Schutzumschlag- und Einbandentwurf von Werner Rebhuhn.

BERNE, ERIC *Sprechstunden für die Seele.* Psychiatrie und Psychoanalyse verständlich gemacht. Deutsch von Wolfram Wagmuth. Mit einem Geleitwort von A. A. Brill. Schutzumschlag- und Einbandentwurf von Werner Rebhuhn.

BONO, EDWARD DE *In 15 Tagen Denken lernen.* Mit einem Vorwort von Isaac Asimov. Deutsch von Margaret Carroux. Als Beilage ein mehrfarbiges Spiel. Einbandentwurf von Werner Rebhuhn.

[BRINITZER, CARL] *Amor's Gesammelte Werke.* Ins Alphabet gebracht von Carl Brinitzer. Mit 26 Initialen von Karel Svolinský. Schutzumschlag- und Einbandentwurf von Werner Rebhuhn. = Nachttischbändchen.

CAMUS, ALBERT *Fragen der Zeit.* Sonderausgabe. Deutsch von Guido G. Meister. Ausgewählt und zusammengestellt von Albert Camus. Mit einem Vorwort zur italienischen Ausgabe. Schutzumschlag- und Einbandentwurf von Werner Rebhuhn.

CAPOTE, TRUMAN *Gesammelte Erzählungen.* Sonderausgabe. Übersetzt von Liselotte Fassbinder, Elisabeth Schnack, Helen Ryhenstroth, Marion F. Steipe, Hansi Bochow-Blüthgen, Marguerite Schlüter, Raymond G. May und Kurt Oppermann-Kostra. Schutzumschlag- und Einbandentwurf von Werner Rebhuhn.

CLARK, KENNETH *Zivilisation.* Von den Gedanken, Bauten, Büchern, Kunstwerken und Genies, die den Glanz des Abendlandes schufen. Deutsch von Thomas Monrad. Mit 48 Farbtafeln und 238 Abbildungen. Schutzumschlag- und Einbandentwurf vom Atelier Mahler, Hamburg.

CLEAVER, ELDRIDGE *Nach dem Gefängnis.* Aufsätze und Reden. Herausgegeben und eingeleitet von Robert Scheer. Übersetzt von Ursula Bahn, Friedrich A. Kloth, Friedrich Rethmayer und Mark W. Rien. Schutzumschlagentwurf von Werner Rebhuhn.

*Club Voltaire IV* Jahrbuch für kritische Aufklärung. Herausgegeben von Gerhard Szczesny. Einbandgestaltung Werner Rebhuhn. = Rowohlt Paperback. Band 86.

COMFORT, ALEX *Natur und menschliche Natur.* Die Selbstbefreiung des Menschen aus den Zwängen der Instinkte. Deutsch von Johanna Schiche. Schutzumschlag- und Einbandentwurf von Werner Rebhuhn.

CONNELL, EVAN S. *Tagebuch eines Triebverbrechers.* Roman. Deutsch von Hans-Dieter Schwarz. Schutzumschlag- und Einbandentwurf von Werner Rebhuhn.

COUTEAUX, ANDRÉ *Frau für Vater*

*und Sohn gesucht.* Roman. Deutsch von Elisabeth Stader. Schutzumschlag- und Einbandentwurf von Jürgen Wulff.

DAHL, ROALD *Gesammelte Erzählungen.* Sonderausgabe. Übersetzt von Wolfheinrich von der Mülbe, Hans-Heinrich Wellmann und Fritz Güttinger. Schutzumschlag- und Einbandentwurf von Werner Rebhuhn.

DURRELL, LAWRENCE *Nunquam.* Roman. Deutsch von Susanne Lepsius. Schutzumschlag- und Einbandentwurf von Werner Rebhuhn.

ELLIOTT, SUMNER LOCKE *Der Apfel rötet sich in Eden.* Roman. Deutsch von Ulla Hengst. Schutzumschlag- und Einbandentwurf von Werner Rebhuhn.

ELSNER, GISELA *Das Berührungsverbot.* Roman. Ausstattung nach einer Idee von Gisela Elsner.

FRICK, HANS *Henri.* Schutzumschlag- und Einbandentwurf von Werner Rebhuhn.

GALLICO, PAUL *Die silbernen Schwäne.* Fünf Geschichten von der Liebe. Mit (13) Zeichnungen von Horst Lemke. Übersetzt von Jutta und Theodor Knust. Farbiges Umschlagbild unter Verwendung einer farbigen Zeichnung von Horst Lemke. = Nachttischbändchen.

GARAUDY, ROGER *Kann man heute noch Kommunist sein?* Eine historisch-dialektische Analyse. Übersetzt nach der überarbeiteten Taschenbuchausgabe «Pour un modèle français du socialisme» von Stefan Reisner, Traugott König und Gilbert Strasmann. Einbandgestaltung Werner Rebhuhn. = Rowohlt Paperback. Band 72.

GREENE, GRAHAM *Heirate nie in Monte Carlo.* Ein Flitterwochen-Roman. Mit (15) Zeichnungen von Marianne Weingärtner. Neu durchgesehene Übersetzung von Ernst Laue. Farbiges Umschlagbild unter Verwendung einer Zeichnung von Villemot. = Nachttischbändchen.

HERSEY, JOHN *Zwischenfall im Motel.* Deutsch von Paul Baudisch. Schutzumschlag- und Einbandentwurf von Werner Rebhuhn.

HIMES, CHESTER *Blind, mit einer Pistole.* Ein Rowohlt-Thriller. Deutsch von Hella von Spies. Schutzumschlag- und Einbandentwurf von Werner Rebhuhn.

HOCHHUTH, ROLF *Guerillas.* Tragödie in 5 Akten. Umschlagzeichnung von Hans Geisen («Nationalzeitung», Basel).

JELINEK, ELFRIEDE *Wir sind Lockvögel Baby!* Roman. Einbandentwurf von Elke Enns.

KEMELMAN, HARRY *Am Sonntag blieb der Rabbi weg.* Ein Rowohlt-Thriller. Deutsch von Eva Rottenberg. Schutzumschlag- und Einbandentwurf von Werner Rebhuhn.

KLOSSOWSKI, PIERRE *Das Bad der Diana.* Ein Essay. Deutsch von Sigrid v. Massenbach. Umschlagentwurf von Werner Rebhuhn.

KRÜGER, HARDY *Eine Farm in Afrika.* Mit 16 Zeichnungen von Francesca Krüger und 6 Karten von Georg Meyer. Schutzumschlagfoto: Jochen Blume, Hamburg. Schriftgestaltung für Schutzumschlag und Einband von Manfred Waller.

LEE, HARPER *Wer die Nachtigall stört ...* Roman. Übersetzt von Claire Malignon. Einmalige Sonderausgabe in der Reihe «Die Bücher der Neunzehn». Band 184. Schutzumschlag- und Einbandentwurf von Werner Rebhuhn.

[LEVINE, DAVID] *Levines lustiges Literarium.* Vorgestellt von John

Updike. Mit 133 Zeichnungen. Schutzumschlag- und Einbandgestaltung von Gisela Nolte unter Verwendung einer Zeichnung von David Levine, die Günter Grass zeigt.

MATTHIAS, L. L. *Es hing an einem Faden*. Meine Jahre in Lateinamerika und in Europa. Schutzumschlag- und Einbandentwurf von Werner Rebhuhn.

MILLER, HENRY *Sexus*. Roman. Deutsch von Kurt Wagenseil. Schutzumschlag- und Einbandentwurf von Werner Rebhuhn.

MILLER, HENRY *Stille Tage in Clichy*. Roman. Sonderausgabe zum Film. Deutsch von Kurt Wagenseil. Mit 28 Fotos von Brassaï. Mit einem Vorwort von Toni Miller. Schutzumschlag- und Einbandentwurf von Werner Rebhuhn.

MISHIMA, YUKIO *Der Seemann, der die See verriet*. Roman. Deutsch von Sachiko Yatsushiro. Schutzumschlag- und Einbandentwurf von Werner Rebhuhn.

MOORE, BRIAN *Ich bin Mary Dunne*. Roman. Deutsch von Hermann Stiehl. Schutzumschlag- und Einbandentwurf von Jan Buchholz und Reni Hinsch.

MUSIL, ROBERT *Der Mann ohne Eigenschaften*. Roman. Sonderausgabe. Herausgegeben von Adolf Frisé. Schutzumschlag- und Einbandentwurf von Werner Rebhuhn.

MUSIL, ROBERT *Studien zu seinem Werk*. Im Auftrag der Vereinigung Robert-Musil-Archiv, Klagenfurt. Herausgegeben von Karl Dinklage zusammen mit Elisabeth Albertsen und Karl Corino. Schutzumschlag- und Einbandentwurf von Werner Rebhuhn.

NABOKOV, VLADIMIR *Einladung zur Enthauptung*. Roman. Deutsch von Dieter E. Zimmer. Schutzumschlag- und Einbandentwurf von Werner Rebhuhn.

NEILL, ALEXANDER SUTHERLAND *Theorie und Praxis der antiautoritären Erziehung*. Das Beispiel Summerhill. Übersetzt von Herman Schroeder und Paul Horstrup. Schutzumschlag- und Einbandentwurf von Jürgen und Cornelia Wulff.

PETER, LAURENCE J. & HULL, RAYMOND *Das Peter Prinzip oder Die Hierarchie der Unfähigen*. Deutsch von Michael Jungblut. Schutzumschlag- und Einbandentwurf von Werner Rebhuhn.

PINTER, HAROLD *Dramen*. Neu durchgesehene Fassung nach den Übersetzungen von Willy H. Thiem. ‹Landschaft› und ‹Schweigen› übersetzt von Renate und Martin Esslin. Schutzumschlag- und Einbandentwurf von Werner Rebhuhn.

PURDY, JAMES *Die Preisgabe*. Roman. Deutsch von Kai Molvig. Schutzumschlag- und Einbandentwurf von Bernd Koether.

RICHTER, HORST-EBERHARD *Patient Familie*. Entstehung, Struktur und Therapie von Konflikten in Ehe und Familie. Schutzumschlag- und Einbandentwurf von Werner Rebhuhn.

ROTH, PHILIP *Portnoys Beschwerden*. Roman. Deutsch von Kai Molvig. Schutzumschlag- und Einbandentwurf von Bentley / Farrell / Burnett.

RÜHM, GERHARD *Gesammelte Gedichte und visuelle Texte*. Umschlagentwurf von Gerhard Rühm.

SARTRE, JEAN-PAUL *Gesammelte Erzählungen*. Sonderausgabe. Übersetzt von Hans Reisiger und Heinrich Wallfisch. Schutzumschlag- und Einbandentwurf von Werner Rebhuhn.

TUCHOLSKY, KURT *Briefe an eine Katholikin.* 1929–1931. Mit einem Vorwort von Marierose Fuchs. Umschlagentwurf von Werner Rebhuhn.

VOSTELL, WOLF *Aktionen.* Happenings und Demonstrationen seit 1965. Eine Dokumentation. Visualisiert und herausgegeben von Wolf Vostell. Umschlagentwurf Wolf Vostell.

WEIDLICH, HANSJÜRGEN *Liebesgeschichten für Schüchterne.* Mit (18) Illustrationen von Werner Labbé. Farbiges Bild des Schutzumschlages und Einbandvignette von Werner Labbé. = Nachttischbändchen.

YGLESIAS, JOSE *Kuba.* Bericht über eine Revolution. Deutsch von H. E. F. Besser. Einbandgestaltung Werner Rebhuhn. = Rowohlt Paperback. Band 85.

## 1971

ABE, KOBO *Das Gesicht des anderen.* Roman. Deutsch von Oscar Benl. Schutzumschlag- und Einbandentwurf von Werner Rebhuhn.

ARSAN, EMMANUELLE *Emmanuelle oder Die Schule der Lust.* Roman. Deutsch von Henri Holz-Fay. Schutzumschlag- und Einbandentwurf von Werner Rebhuhn.

BERNE, ERIC *Spielarten und Spielregeln der Liebe.* Psychologische Analyse der Partnerbeziehung. Deutsch von Edelgard und Gerd Stöhr. Schutzumschlag- und Einbandentwurf von Werner Rebhuhn.

BONO, EDWARD DE *Laterales Denken.* Ein Kursus zur Erschließung Ihrer Kreativitätsreserven. Deutsch von Margaret Carroux und Wolfgang Eisermann. Mit farbigem Trainingsbogen als Beilage. Schutzumschlag- und Einbandentwurf von Werner Rebhuhn.

BORNEMAN, ERNEST *Sex im Volksmund.* Die sexuelle Umgangssprache des deutschen Volkes. Wörterbuch und Thesaurus. Schutzumschlag- und Einbandentwurf von Werner Rebhuhn.

BRECHER, EDWARD M. *Vom Tabu zum Sex-Labor.* Die erste Geschichte der Sexualforschung. Mit einem Vorwort von Prof. William H. Masters und Virginia E. Johnson. Aus dem Amerikanischen von Edwin Ortmann. Schutzumschlag- und Einbandentwurf von Werner Rebhuhn.

CABANIS, JOSÉ *Die Gärten der Nacht.* Roman einer Liebe. Sonderausgabe. Übersetzt von Abelle Christaller. Schutzumschlag- und Einbandentwurf von Werner Rebhuhn.

CHAGALL, BELLA *Erste Begegnung.* Mit (38) Zeichnungen von Marc Chagall. Übersetzt von Theodora Von der Mühll und Bella Adler. Die Gestaltung des Schutzumschlages und des Einbandes besorgte für diese Ausgabe Marc Chagall.

*Chruschtschow erinnert sich.* Herausgegeben von Strobe Talbott. Eingeleitet und kommentiert von Edward Crankshaw. Übersetzt von Margaret Carroux, Hubert Deymann, Richard K. Flesch, Ulla Hengst, Eduard Linpinsel, Maja Reithmeier, Friedrich Rethmeyer. Reinhold Neumann-Hoditz bearbeitete und ergänzte die Kommentare, die Fußnoten und den Anhang für die deutsche Ausgabe. Mit Zeittafel und Personenregister. Schutzumschlag- und

Einbandentwurf von Werner Rebhuhn.

COUTEAUX, ANDRÉ *Man muß nur zu leben wissen.* Roman. Deutsch von Theodor Christaller. Schutzumschlag- und Einbandentwurf von Jürgen Wulff.

DICKEY, JAMES *Flußfahrt.* Roman. Deutsch von Jürgen Abel. Schutzumschlag- und Einbandentwurf von Werner Rebhuhn.

DÖBLIN, ALFRED *Gesammelte Erzählungen.* Sonderausgabe. In Verbindung mit den Söhnen des Dichters herausgegeben und mit einem Nachwort versehen von Prof. Dr. Walter Muschg. Schutzumschlag- und Einbandentwurf von Werner Rebhuhn.

DURRELL, GERALD *Eine Verwandte namens Rosy.* Eine fast wahre Geschichte. Sonderausgabe. Deutsch von Anne Uhde. Schutzumschlagentwurf von Werner Rebhuhn unter Verwendung einer Zeichnung von Horst Lemke.

DURRELL, GERALD *Vögel, Viecher und Verwandte.* Deutsch von Kai Molvig. Schutzumschlag- und Einbandentwurf von Horst Lemke.

EFFEL, JEAN *Der kleine Engel.* Heiteres zwischen Himmel und Erde. Mit einem Vorwort von Kurt Kusenberg. Deutsche Texte H. M. Ledig-Rowohlt. Farbige Umschlagzeichnung von Jean Effel. = Nachttischbändchen.

FAGYAS, MARIA *Der Leutnant und sein Richter.* Roman. Deutsch von Isabella Nadolny. Schutzumschlag- und Einbandentwurf von Werner Rebhuhn.

FAST, JULIUS *Körpersprache.* Deutsch von Jürgen Abel. Schutzumschlag- und Einbandentwurf von Jürgen und Cornelia Wulff.

FICHTE, HUBERT *Detlevs Imitationen ‹Grünspan›.* Roman. Schutzumschlag- und Einbandentwurf von Manfred Waller nach einer Idee von Hubert Fichte.

GOVER, ROBERT *Trip mit Kitten.* Roman. Deutsch von Hans Wollschläger. Schutzumschlag- und Einbandentwurf von Jürgen Wulff.

HEMINGWAY, ERNEST *Inseln im Strom.* Roman. Deutsch von Elisabeth Plessen und Ernst Schnabel. Schutzumschlag- und Einbandentwurf von Werner Rebhuhn.

HOCHHUTH, ROLF *Die Hebamme.* Komödie. Erzählungen, Gedichte, Essays. Einmalige Sonderausgabe in der Reihe «Die Bücher der Neunzehn», Band 203. Schutzumschlag- und Einbandentwurf von Werner Rebhuhn.

KELLOGG, MARJORIE *Sag mir, daß du mich liebst, Junie Moon.* Roman. Deutsch von Gisela Günther. Schutzumschlag- und Einbandentwurf von Michael Rompf.

LAWICK-GOODALL, JANE VAN *Wilde Schimpansen.* 10 Jahre Verhaltensforschung am Gombe-Strom. Mit 74 Aufnahmen von Hugo van Lawick. Übersetzt von Mark W. Rien. Mit 66 ein- und 8 mehrfarbigen Abbildungen auf 52 Kunstdruck-Tafeln, 20 Abbildungen im Text und 1 Karte. Schutzumschlag- und Einbandentwurf von Werner Rebhuhn.

*Literaturlexikon 20. Jahrhundert.* Herausgegeben von Helmut Olles. Redaktion Dr. Helmut Olles unter Mitarbeit von Renate Boldt, Günter Danmann, Rolf-Dieter Haering, Dr. Jochen Schöberl, Dr. Gilbert Strasmann. Schutzumschlag- und Einbandentwurf von Werner Rebhuhn.

LÜSCHER, PROF. DR. MAX *Der Lüscher-Test.* Persönlichkeitsbeurteilung durch Farbwahl. 8 farbige Karten als Beilage. Schutzumschlag- und Einbandentwurf von Werner Rebhuhn.

MALPASS, ERIC *Beefy ist an allem schuld.* Roman. Deutsch von Susanne Lepsius. Schutzumschlag- und Einbandentwurf von Eva Kausche-Kongsbak.

MAYRÖCKER, FRIEDERIKE *Fantom Fan.* Umschlagentwurf Alexis Akrithakis.

MILLER, HENRY *Wendekreis des Krebses.* Roman. Sonderausgabe. Übersetzt von Kurt Wagenseil. Neu durchgesehen unter Mitarbeit von Renate Gerhardt. Schutzumschlag- und Einbandentwurf von Werner Rebhuhn.

MISHIMA, YUKIO *Gesammelte Erzählungen.* Sonderausgabe. Mit einem Nachwort von Donald Keene. Übersetzt von Ulla Hengst, Gerda v. Uslar und Oscar Benl. Schutzumschlag- und Einbandentwurf von Werner Rebhuhn.

MUSIL, ROBERT *Briefe nach Prag.* Herausgegeben von Barbara Köpplová und Kurt Krolop. Frontispiz: Zeichnung von Frau Martha Musil. Umschlagentwurf Werner Rebhuhn.

NEILL, ALEXANDER SUTHERLAND *Die grüne Wolke.* Den Kindern von Summerhill erzählt. Deutsch von Harry Rowohlt. Illustriert von F. K. Waechter. Mit 12 Illustrationen im Text. Umschlagzeichnung von F. K. Waechter.

PEYNET, RAYMOND *Zärtliche Welt.* Ein Bilderbuch für Liebende und andere Optimisten. Deutsche Texte von H. M. Ledig-Rowohlt. Farbige Umschlagzeichnung von Raymond Peynet. = Nachttischbändchen.

POPENOE, JOSHUA *Schüler in Summerhill.* Übersetzt von Doris Maisch. Mit 53 Fotos. Für die Umschlaggestaltung wurden Fotos von Joshua Popenoe (Vorderseite) und von John Bulmer, Camera Press London, verwendet.

ROGGENBUCK, ROLF *Der achtfache Weg.* Umschlagentwurf Rolf Roggenbuck und Manfred Waller.

SARTRE, JEAN-PAUL *Das Imaginäre.* Phänomenologische Psychologie der Einbildungskraft. Deutsch von Hans Schöneberg. Mit einem Beitrag «Sartre über Sartre». Schutzumschlag- und Einbandentwurf von Werner Rebhuhn.

SCHUTZ, WILLIAM C. *Freude.* Abschied von der Angst durch Psycho-Training. Übersetzt von Wolfram von Wilmersdorf. Schutzumschlag- und Einbandentwurf von Werner Rebhuhn.

SINGER, ISAAC BASHEVIS *Mein Vater der Rabbi.* Deutsch von Otto F. Best. Schutzumschlag- und Einbandentwurf von Werner Rebhuhn.

SOUTHERN, TERRY *Der Super-Porno.* Roman. Deutsch von Kai Molvig. Schutzumschlag- und Einbandentwurf von Jürgen und Cornelia Wulff.

STEWART, RAMONA *Besessen.* Roman. Deutsch von Liselotte Julius. Schutzumschlag- und Einbandentwurf von Karow & Mack.

SZCZESNY, GERHARD *Das sogenannte Gute.* Vom Unvermögen der Ideologen. Schutzumschlag- und Einbandentwurf von Werner Rebhuhn.

THURBER, JAMES *Gesammelte Erzählungen.* Sonderausgabe. Übersetzt von Peter Düllberg, Hans Georg Heepe, H. M. Ledig-Rowohlt, Beate Möhring, Hilde Quack-Mentzel, Hans Reisiger, Leonore Schlaich-Kauffmann,

Kurt Wagenseil. Schutzumschlag- und Einbandentwurf von Werner Rebhuhn.

TURNER, STEVEN *Der dreizehnte Sommer.* Roman. Deutsch von Kai Molvig. Schutzumschlag- und Einbandentwurf von Manfred Waller.

UPDIKE, JOHN *Gesammelte Erzählungen.* Sonderausgabe. Übersetzt von Maria Carlsson, Susanna Rademacher und Hermann Stiehl. Schutzumschlag- und Einbandentwurf von Werner Rebhuhn.

WATSON, JAMES D. *Die Doppel-Helix.* Ein persönlicher Bericht über die Entdeckung der DNS-Struktur. Sonderausgabe. Mit einer Einführung von Prof. Dr. Heinz Haber. Deutsch von Vilma Fritsch. Schutzumschlag- und Einbandentwurf von Werner Rebhuhn.

WENDT, HERBERT *Der Affe steht auf.* Eine Bilddokumentation zur Vorgeschichte des Menschen. Mit 316 teils farbigen Abbildungen. Schutzumschlag- und Einbandentwurf von Werner Rebhuhn.

## 1972

AMERY, CARL *Das Ende der Vorsehung.* Die gnadenlosen Folgen des Christentums. Schutzumschlag- und Einbandentwurf von Werner Rebhuhn.

BATAILLE, GEORGES *Das obszöne Werk.* Mit einem Vorwort von François Bondy. Ins Deutsche übertragen und mit einem Nachwort versehen von Marion Luckow. Einbandentwurf von Werner Rebhuhn.

BEAUVOIR, SIMONE DE *Das Alter.* Essay. Deutsch von Ajuta Aigner-Dünnwald und Ruth Henry. Schutzumschlag- und Einbandentwurf von Werner Rebhuhn.

BONO, EDWARD DE *Die 4 richtigen und die 5 falschen Denkmethoden.* Deutsch von Margaret Carroux. Einbandentwurf von Werner Rebhuhn.

BONO, EDWARD DE *Laterales Denken für Führungskräfte.* Deutsch von Margaret Carroux. Mit 47 Abbildungen im Text. Schutzumschlag- und Einbandentwurf von Werner Rebhuhn.

BORN, NICOLAS *Das Auge des Entdeckers.* Gedichte. Mit (10) Zeichnungen von Dieter Masuhr. = das neue buch. Band 21.

BROWN, JOE DAVID *Die Geschichte von Addie und Long Boy und wie sie beide fröhlichen Herzens auf anderer Leute Kosten lebten.* Roman. Deutsch von Hermann Stiehl. Schutzumschlag- und Einbandentwurf von Dietrich Kirsch und Jutta Kirsch-Korn.

BUCH, HANS CHRISTOPH *Kritische Wälder.* Essays, Kritiken, Glossen. = das neue buch. Band 4.

[BUCH, HANS CHRISTOPH (HG.)] *Parteilichkeit der Literatur oder Parteiliteratur?* Materialien zu einer undogmatischen marxistischen Ästhetik. Herausgegeben von Hans Christoph Buch. = das neue buch. Band 15.

CAMUS, ALBERT *Der glückliche Tod.* Roman. Deutsch von Eva Rechel-Mertens. Nachwort und Anmerkungen von Jean Sarocchi. Nachwort und Anmerkungen wurden von Gertrude Harlass übersetzt. Schutzumschlag- und Einbandentwurf von Werner Rebhuhn.

CERAM, C. W. (KURT W. MAREK) *Der erste Amerikaner.* Das Rätsel des vor-kolumbischen Indianers. Mit 60 Zeichnungen im Text von

Hannelore Marek. Schutzumschlag- und Einbandentwurf von Werner Rebhuhn.

Chlebnikov, Velimir *Werke 1. Poesie*. Herausgegeben von Peter Urban. Übersetzungen, Umdichtungen von Hans Carl Artmann, Chris Bezzel, Gerald Bisinger, Hans Christoph Buch, Paul Celan, Hans Magnus Enzensberger, Rolf Fieguth, Ernst Jandl, Vladimir Markov, Friederike Mayröcker, Franz Mon, Otto Nebel, Oskar Pastior, Klaus Reichert, Gerhard Rühm, Luda Schnitzer, Peter Urban, Urs Widmer, Rosemarie Ziegler. Texte über Chlebnikov von Vladimir Majakovskij und Vladimir Tatlin. Bilder, Buchumschläge, Schrift, Zeichnungen von Paul Celan, Velimir Chlebnikov, Vasilij Ermilov, Vasilij Kamenskij, Aleksej Kručonych, Vladimir Majakovskij, Kazimir Malevič, Otto Nebel, Ivan Puni, Ksenija Sinjakova, Ilja Zdanevič, L. Žegin. = das neue buch. Band 8.

Chlebnikov, Velimir *Werke 2. Prosa Schriften Briefe*. Herausgegeben von Peter Urban. Deutsch von Peter Urban und Rosemarie Ziegler. Buchumschläge, Entwürfe, Fotos, Schrift, Zeichnungen von Jurij Annenkov, David Burljuk, Nikolaij Burljuk, Vladimir Burljuk, Velimir Chlebnikov, Sofia Dymšic, Pavel Filonov, Boris Grigorjev, Elena Guro, Vasilij Kamenskij, Valentin Katajev, Vasilij Katanjan, Ivan Kljun, Aleksej Kručonych, Nikolaj Kulbin, Georgij Kuzmin, Michail Larionov, Benedikt Livšic, Vladimir Majakovskij, Anatolij Mariengof, Filippo Tommaso Marinetti, Mejerzon, Pavel Miturič, Vladimir Tatlin, Igor Terentjev, Kirill Zdanevič, L. Žegin. = das neue buch. Band 9.

Cooper, David *Der Tod der Familie*. Deutsch von Edwin Ortmann. = das neue buch. Band 6.

Durrell, Gerald *Die Geburtstagsparty*. Eine heitere Familiengeschichte unter griechischer Sonne. Mit (26) Zeichnungen von Jutta Kirsch-Korn. Übersetzt von Ch. und L. Hohlwein. Einband und Schutzumschlag unter Verwendung einer Vignette und einer farbigen Zeichnung von Jutta Kirsch-Korn. = Nachttischbändchen.

Eysenck, Hans Jürgen *Intelligenztest*. Aus dem Englischen übertragen von Edelgard Stöhr. Für die deutsche Ausgabe neu standardisiert und eingerichtet von Gerd Stöhr. Umschlagentwurf Werner Rebhuhn.

Fohrbeck, Karla / Wiesand, Andreas J. *Der Autorenreport*. Mit einem Vorwort von Rudolf Augstein. = das neue buch. Band 11.

Fraser, Ronald *Im Versteck*. Deutsch von Teja Schwaner. = das neue buch. Band 29.

Gorsen, Peter *Sexualästhetik*. Zur bürgerlichen Rezeption von Obszönität und Pornographie. = das neue buch. Band 7.

Grau, Shirley Ann *Der Kondor*. Roman. Deutsch von Kurt Wagenseil. Schutzumschlag- und Einbandentwurf von Werner Rebhuhn.

Gruhl, Hans *Ehe auf krummen Beinen*. Roman. Mit (23) Illustrationen von Lilo Rasch-Nägele. Umschlagentwurf Lilo Rasch-Nägele. (ü)

Gruhl, Hans *Liebe auf krummen Beinen*. Roman. Mit (23) Illustrationen von Lilo Rasch-Nägele. Umschlagentwurf Lilo Rasch-Nägele. (ü)

Hochhuth, Rolf *Dramen*. Sonderausgabe. Mit Aufsätzen von

Clive Barnes, Jack Kroll, Golo Mann, Ludwig Marcuse, Walter Muschg, Erwin Piscator und H. C. N. Williams, Propst an der Kathedrale zu Coventry. Schutzumschlag und Einbandentwurf von Werner Rebhuhn.

JELINEK, ELFRIEDE *Michael.* Ein Jugendbuch für die Infantilgesellschaft. = das neue buch. Band 12.

LAING, RONALD D. *Knoten.* Deutsch von Herbert Elbrecht. = das neue buch. Band 25.

LAWICK-GOODALL, HUGO und JANE VAN *Unschuldige Mörder.* Bei den Raubrudeln in der Serengeti. Mit 103 Abbildungen auf 52 Kunstdruck-Tafeln von Hugo van Lawick-Goodall. Übersetzt von Margaret Carroux. Schutzumschlag- und Einbandentwurf von Werner Rebhuhn.

*Das Mädchen aus der Volkskommune.* Chinesische Comics. Mit einer Einleitung von Gino Nebiolo und Kommentaren von Jean Chesneaux und Umberto Eco. Deutsch von Arno Widmann. = das neue buch. Band 2.

MALPASS, ERIC *Die Gaylord-Romane.* Morgens um sieben ist die Welt noch in Ordnung / Wenn süß das Mondlicht auf den Hügeln schläft. Sonderausgabe. Übersetzt von Brigitte Röseler und Margret Schmitz. Schutzumschlag- und Einbandentwurf von Werner Rebhuhn.

MILLER, HENRY *Wendekreis des Steinbocks.* Roman. Sonderausgabe. Übersetzt von Kurt Wagenseil. Neu durchgesehene Ausgabe. Schutzumschlag- und Einbandentwurf von Werner Rebhuhn.

PARKER, DEREK und JULIA *Universum der Astrologie.* Übersetzt von Wolfgang Müller. Astrologische Fachberatung Friedel Dennemann. Im Anhang 56 Seiten Ephemeriden. Mit vierfarbigen und zweifarbigen Abbildungen. Entwurf für Einband und Schuber von Werner Rebhuhn.

PATURI, FELIX R. *Der Rolltreppeneffekt oder Wie man mühelos nach oben kommt.* Mit ergänzenden Beiträgen über inverse Logik. Schutzumschlag- und Einbandentwurf von Werner Rebhuhn.

PINTER, HAROLD *Alte Zeiten / Landschaft / Schweigen.* Drei Theaterstücke. Deutsch von Renate und Martin Esslin. = das neue buch. Band 20.

PIWITT, HERMANN PETER *Rothschilds.* Roman. = das neue buch. Band 16.

PLUNKETT, JAMES *Manche, sagt man, sind verdammt.* Roman. Deutsch von Annemarie Böll. Schutzumschlag- und Einbandentwurf von Werner Rebhuhn.

RICHTER, HORST E. *Die Gruppe.* Hoffnung auf einen neuen Weg, sich selbst und andere zu befreien. Psychoanalyse in Kooperation mit Gruppeninitiativen. Umschlagentwurf Werner Rebhuhn.

RITTER, PAUL und JEAN *Freie Kindererziehung in der Familie.* Mit einem aktuellen Beitrag zur deutschen Ausgabe. Wie sehen Eltern und Kinder der Familie Ritter ihr Experiment nach zwanzig Jahren? Übersetzt von Marita Dvořák und Gerd Stöhr. Umschlagentwurf Werner Rebhuhn.

ROTH, PHILIP *Unsere Gang.* Die Story von Trick E. Dixon und den Seinen. Deutsch von Irene Ohlendorf. = das neue buch. Band 10.

RÜHMKORF, PETER *Die Jahre, die Ihr kennt.* Anfälle und Erinnerungen. = das neue buch. Band 1.

SALOMON, ERNST VON *Die Kette der tausend Kraniche.* Schutzumschlag- und Einbandentwurf von Werner Rebhuhn.

SANDERS, ED *The Family.* Die Geschichte von Charles Manson und seiner Strand-Buggy-Streitmacht. Deutsch von Edwin Ortmann. = das neue buch. Band 14.

SELBY, HUBERT *Mauern.* Roman. Deutsch von Kai Molvig. Schutzumschlag- und Einbandentwurf von Hannes Jähn.

SHAW, IRWIN *Aller Reichtum dieser Welt.* Roman. Deutsch von Kurt Wagenseil. Schutzumschlag- und Einbandentwurf von Werner Rebhuhn.

THURBER, JAMES *Der Hund, der die Leute biß* und andere Geschichten für Freunde bellender Vierbeiner. Übersetzt von Johanna Prym, Peter Düllberg, Hans Reisiger und H. M. Ledig-Rowohlt. Farbiges Umschlagbild nach einer Zeichnung von James Thurber. = Nachttischbändchen.

TRETJAKOV, SERGEJ *Die Arbeit des Schriftstellers.* Aufsätze, Reportagen, Porträts. Herausgegeben von Heiner Boehncke. Deutsch von Karla Hielscher u. a. = das neue buch. Band 3.

TURRINI, PETER *Erlebnisse in der Mundhöhle.* Roman. = das neue buch. Band 18.

UPDIKE, JOHN *Auf der Farm.* Roman. Übersetzt von Fritz Lorch. Umschlagentwurf Hans Maier. (ü)

UPDIKE, JOHN *Das Fest am Abend.* Roman. Übersetzt von Maria Carlsson. Schutzumschlag- und Einbandentwurf von Kurt Wirth, Bern. (ü)

UPDIKE, JOHN *Glücklicher war ich nie.* Erzählungen. Aus dem Amerikanischen von Maria Carlsson. (ü)

UPDIKE, JOHN *Hasenherz.* Roman. Übersetzt von Maria Carlsson. (ü)

UPDIKE, JOHN *Der Zentaur.* Roman. Aus dem Amerikanischen von Maria Carlsson. (ü)

WAECHTER, F. K. / EILERT, BERND *Die Kronenklauer.* Mit 363 Abbildungen. Umschlag Friedrich Karl Waechter.

WALTER, OTTO F. *Die ersten Unruhen.* Ein Konzept. Schutzumschlag- und Einbandentwurf von Manfred Waller.

WOLFE, TOM *Radical Chic und Mau Mau bei der Wohlfahrtsbehörde.* Deutsch von Uwe Friesel und Mark W. Rien. = das neue buch. Band 5.

WUNDERLICH, HANS GEORG *Wohin der Stier Europa trug.* Kretas Geheimnis und das Erwachen des Abendlandes. Mit 97 Fotos und Zeichnungen im Text. Schutzumschlag- und Einbandentwurf von Werner Rebhuhn.

## 1973

BALDWIN, JAMES *Eine Straße und kein Name.* Deutsch von Irene Ohlendorf. = das neue buch. Band 23.

BARTH, JOHN *Ambrose im Juxhaus.* Fiktionen für den Druck, das Tonband und die menschliche Stimme. Deutsch von Susanna Rademacher. = das neue buch. Band 28.

BERGER, JOHN *Glanz und Elend des Malers Pablo Picasso.* Deutsch von Anna Stolz. = das neue buch. Band 45.

BIBBY, GEOFFREY *Dilmun.* Die Entdeckung der ältesten Hochkultur. Deutsch von Gustav Kilpper. Schutzumschlag- und Einbandentwurf von Werner Rebhuhn.

BRÜGGEMANN, HEINZ *Literarische Technik und soziale Revolution.* Versuche über das Verhältnis von Kunstproduktion, Marxismus und literarischer Tradition in den theoretischen Schriften Bertolt

Brechts. = das neue buch. Band 33.

CAMUS, ALBERT *Literarische Essays*. Sonderausgabe. (Licht und Schatten / Hochzeit des Lichts / Heimkehr nach Tipasa.) Übersetzt von Guido G. Meister, Peter Gan, Monique Lang. Schutzumschlag- und Einbandentwurf von Werner Rebhuhn.

CARLISLE, HENRY *Die Reise zum 1. Dezember*. Roman. Deutsch von Kurt Wagenseil. Schutzumschlag- und Einbandentwurf von Werner Rebhuhn.

DURRELL, GERALD *Mr. Zoo & Co*. Komisches hinter Gittern. Deutsch von Ulla Hengst. Einband- und Schutzumschlagentwurf von Werner Rebhuhn.

EFFEL, JEAN *Unter uns Tieren*, abgelauscht in 153 Zeichnungen von Jean Effel. Vorwort von Kurt Kusenberg. Texte von Jean Effel und H. M. Ledig-Rowohlt. Farbige Umschlagzeichnung von Jean Effel. = Nachttischbändchen.

EINSTEIN, CARL *Die Fabrikation der Fiktionen*. Gesammelte Werke in Einzelausgaben. Band 4. Herausgegeben von Sibylle Penkert. Eingeleitet von Helmut Heißenbüttel. Mit Beiträgen von Sibylle Penkert und Katrin Sello. = das neue buch. Band 17.

ELLIOTT, SUMNER LOCKE *Der Mann, der verschwand*. Roman. Deutsch von Susanne Lepsius. Schutzumschlag- und Einbandentwurf von Werner Rebhuhn.

EYSENCK, HANS JÜRGEN *Die Experimentiergesellschaft*. Soziale Innovationen durch angewandte Psychologie. Deutsch von Irmela Brender. Schutzumschlag- und Einbandentwurf von Werner Rebhuhn.

FAST, JULIUS *Typisch Frau! Typisch Mann!* Warum Mann und Frau so verschieden sind und trotzdem harmonieren können. Deutsch von Günther Weidle. Schutzumschlag- und Einbandentwurf von Werner Rebhuhn.

FULLER, R.(ICHARD) BUCKMINSTER *Bedienungsanleitung für das Raumschiff Erde und andere Schriften*. Herausgegeben und übersetzt von Joachim Krausse unter Mitarbeit von Ursula Bahn. = das neue buch. Band 13.

GODELIER, MAURICE *Ökonomische Anthropologie*. Untersuchungen zum Begriff der sozialen Struktur primitiver Gesellschaften. Aus dem Französischen von Wolf H. Leube und Hans-Horst Henschen. = das neue buch. Band 43.

GRASSI, ERNESTO *Humanismus und Marxismus*. Zur Kritik der Verselbständigung von Wissenschaft. Mit Texten von Francesco Petrarca, Coluccio Salutati, Christoforo Landino, Angelo Poliziano, Mario Nizolio, Lorenzo Valla und Giambattista Vico. Umschlagentwurf Werner Rebhuhn.

GRUPPE CINÉTHIQUE *Filmische Avantgarde und politische Praxis*. Herausgegeben und ins Deutsche übertragen von Beatrix Schumacher, Gloria Behrens, Leo Borchard und Rainer Gansera. = das neue buch. Band 24.

HARRIS, THOMAS A. *Ich bin o. k. – Du bist o. k.* Wie man über seinen Schatten springen lernt. Deutsch von Irmela Brender. Mit 33 Abbildungen im Text. Schutzumschlag- und Einbandentwurf von Werner Rebhuhn.

HEMINGWAY, ERNEST *Die Nick Adams Stories*. Mit einem Vorwort von Philip Young. Deutsch von Annemarie Horschitz-Horst und Richard K. Flesch. Schutzumschlag- und Einbandentwurf von Werner Rebhuhn.

HILLER, KURT *Leben gegen die Zeit Eros*. Mit Nachwort herausgegeben von Horst H. W. Müller. Schutzumschlag- und Einbandgestaltung von Werner Rebhuhn.

HOCHHUTH, ROLF *Lysistrate und die NATO*. Komödie. Mit einer Studie: Frauen und Mütter, Bachofen und Germaine Greer. = das neue buch. Band 46.

HOUSTON, JAMES *Weiße Dämmerung*. Roman. Deutsch von Ulla Hengst. Schutzumschlag- und Einbandentwurf von Werner Rebhuhn.

HSÜN, LU *Der Einsturz der Leifeng-Pagode*. Essays über Literatur und Revolution in China. Herausgegeben und übersetzt von Hans Christoph Buch und Wong May, auf der Grundlage des chinesischen Originals sowie unter Berücksichtigung bereits erschienener deutscher und englischer Übersetzungen. Mit 9 Fotografien und 2 Faksimiles. = das neue buch. Band 32.

JENCKS, CHRISTOPHER et al. *Chancengleichheit*. Mit einem Vorwort zur deutschen Ausgabe von Prof. Dr. h. c. Hellmut Becker, Direktor des Max-Planck-Instituts für Bildungsforschung, sowie einer erläuternden Einführung von Dr. Lothar Krappmann, Max-Planck-Institut für Bildungsforschung. Deutsch von Jürgen Abel. Umschlagentwurf Werner Rebhuhn.

JENCKS, CHRISTOPHER et al. *Chancengleichheit*. Appendix A, B, C Sonderdruck.

JOUHANDEAU, MARCEL *Gesammelte Werke in Einzelausgaben*. Herausgegeben von Friedhelm Kemp. Band IV. *Der Sohn des Schlächters*. Übersetzt von Friedhelm Kemp. Schutzumschlag- und Einbandentwurf von Werner Rebhuhn.

KYBER, MANFRED *Ambrosius Dauerspeck und Mariechen Knusperkorn*. Unter Tieren mit Manfred Kyber. Mit 20 Zeichnungen von Jan Brychta. Farbiges Umschlagbild von Jan Brychta. = Nachttischbändchen.

KYBER, MANFRED *Das Manfred Kyber Buch*. Tiergeschichten und Märchen. Sonderausgabe. Umschlaggestaltung Dieter Lange. (ü)

LANGE, HARTMUT *Die Revolution als Geisterschiff*. Massenemanzipation und Kunst. = das neue buch. Band 36.

LANGE, HARTMUT *Theaterstücke 1960–72*. = das neue buch. Band 22.

LEDIG-ROWOHLT, H. M. *Bei dieser Gelegenheit*. – Privatdruck.

*Literaturmagazin 1*. Für eine neue Literatur – gegen den spätbürgerlichen Literaturbetrieb. Herausgegeben von Hans Christoph Buch. = das neue buch. Band 38.

MACSWINEY OF MASHANAGLASS, MARQUIS *Sechs kamen geflogen*. Deutsch von Margaret Carroux. Mit 25 Abbildungen auf 16 Kunstdruck-Tafeln. Schutzumschlag- und Einbandentwurf von Werner Rebhuhn.

MALPASS, ERIC *Als Mutter streikte*. Roman. Deutsch von Anne Uhde. Schutzumschlag- und Einbandentwurf von Jürgen Wulff.

MÖBIUS, EBERHARD *Die Kinderrepublik*. Bemposta und die Muchachos. Mit 93 Abbildungen im Text und 2 Karten. Umschlagentwurf Werner Rebhuhn.

MOOR, PAUL *Die Freiheit zum Tode*. Ein Plädoyer für das Recht auf menschenwürdiges Sterben. Euthanasie und Ethik. Deutsch von Jürgen Abel. Umschlagentwurf Werner Rebhuhn.

NEILL, ALEXANDER SUTHERLAND *Neill, Neill, Birnenstiel!* Erinnerungen von A. S. Neill. Deutsch von Monika Kulow und Harry Rowohlt. Mit 8 Abbildungen auf 8 Kunstdruck-Tafeln. Umschlagentwurf Werner Rebhuhn.

NIZAN, PAUL *Für eine neue Kultur.* Aufsätze zu Literatur und Politik in Frankreich. Übersetzt, mit Anmerkungen und mit einem Nachwort von Delf Schmidt. = das neue buch. Band 27.

PADGETT, RON *Große Feuerbälle.* Gedichte, Prosa, Bilder. Zweisprachige Ausgabe. Aus dem Amerikanischen von Rolf Eckart John, Ralf-Rainer Rygulla, Anselm Hollo und Josephine Clare. = das neue buch. Band 34.

PETER, LAURENCE J. *Das Peter-Programm oder Der 66-Punkte-Plan, mit dem man Problemen, Pannen und Pleiten Paroli bieten kann.* Deutsch von Kurt Wagenseil. Schutzumschlag- und Einbandentwurf von Werner Rebhuhn.

PETERSEN, JULIUS ADOLF *Der Lord von Barmbeck.* Das Leben des berüchtigten Ein- und Ausbrechers Julius Adolf Petersen, von ihm selbst erzählt. Herausgegeben von Helmut Ebeling. Mit 1 Foto und 4 Abbildungen im Text. Schutzumschlag- und Einbandentwurf von Werner Rebhuhn.

PYNCHON, THOMAS *Die Versteigerung von N° 49.* Roman. Deutsch von Wulf Teichmann. = das neue buch. Band 42.

RASP, RENATE *Chinchilla.* Leitfaden zur praktischen Ausübung. = das neue buch. Band 39.

ROTH, PHILIP *Lucy Nelson oder Die Moral.* Roman. Deutsch von Gisela Günther. Schutzumschlag- und Einbandentwurf von Werner Rebhuhn.

SAMPSON, ANTHONY *Weltmacht ITT.* Die politischen Geschäfte eines multinationalen Konzerns. Übersetzt von Volker Bradke, Margaret Carroux, Freimut Duve und Christa Plath. Schutzumschlag- und Einbandentwurf von Werner Rebhuhn.

SARTRE, JEAN-PAUL *Die Wörter.* Sonderausgabe. Aus dem Französischen mit einer Nachbemerkung von Hans Mayer. Schutzumschlag- und Einbandentwurf von Werner Rebhuhn.

SCHNEIDER, MICHAEL *Neurose und Klassenkampf.* Materialistische Kritik und Versuch einer emanzipativen Neubegründung der Psychoanalyse. = das neue buch. Band 26.

SKINNER, B. F. (BYRRHUS FREDERIC) *Jenseits von Freiheit und Würde.* Deutsch von Edwin Ortmann. Schutzumschlag- und Einbandentwurf von Werner Rebhuhn.

STAECK, KLAUS *Die Reichen müssen noch reicher werden.* Politische Plakate. Herausgegeben von Ingeborg Karst. Mit einem Vorwort von Dieter Adelmann und einem Gespräch zwischen Klaus Staeck, Lothar Romain und Hanno Reuther. = das neue buch. Band 40.

STEINBERG, SAUL *Der Inspektor.* 220 Zeichnungen.

TUCHOLSKY, KURT *Deutschland, Deutschland über alles.* Ein Bilderbuch von Kurt Tucholsky und vielen Fotografen. Montiert von John Heartfield. Faksimiledruck nach der Ausgabe von 1929. Neuausgabe. Mit Anmerkungen von Fritz J. Raddatz und einer Beilage: «Herbert Ihering – Kurt Tucholsky 1929 über ‹Deutschland, Deutschland über alles›». Einbandentwurf, Fotomontagen sowie Text- und Bildanordnung John Heartfield.

TURNBULL, COLIN M. *Das Volk ohne Liebe.* Der soziale Untergang der IK. Übersetzt von Irene

Ohlendorf. Schutzumschlag- und Einbandentwurf von Werner Rebhuhn.

UPDIKE, JOHN *Unter dem Astronautenmond.* Roman. Deutsch von Kai Molvig. Schutzumschlag- und Einbandentwurf von Werner Rebhuhn.

WALLRAFF, GÜNTER / HAGEN, JENS *Was wollt ihr denn, ihr lebt ja noch.* Chronik einer Industrieansiedlung. Ein Lehrstück mit Originalaussagen, Dokumenten, Songs und Graphiken sowie einem Plakat von Klaus Staeck. = das neue buch. Band 37.

WARD, RITCHIE R. *Die biologischen Uhren.* Deutsch von Margaret Carroux. Mit 60 Abbildungen im Text. Schutzumschlag- und Einbandentwurf von Werner Rebhuhn.

WELTY, EUDORA *Die Tochter des Optimisten.* Roman. Übersetzt von Kai Molvig. Schutzumschlag- und Einbandentwurf von Werner Rebhuhn.

WIESER, STEFAN *Isolation.* Vom schwierigen Menschen zum hoffnungslosen Fall. Die soziale Karriere des psychisch Kranken. Herausgegeben und eingeleitet von Wolfgang Kirchesch. Umschlagentwurf Werner Rebhuhn.

## 1974

BALDWIN, JAMES *Beale Street Blues.* Roman. Deutsch von Nils Thomas Lindquist. Schutzumschlag- und Einbandentwurf von Hannes Jähn.

BEAUVOIR, SIMONE DE *Alles in allem.* (Memoiren IV) Deutsch von Eva Rechel-Mertens. Schutzumschlag- und Einbandentwurf von Werner Rebhuhn.

CÉLINE, LOUIS-FERDINAND *Rigodon.* Roman. Vorwort von François Gibault. Deutsch von Werner Bökenkamp. = das neue buch. Band 60.

CERAM, C. W. (KURT W. MAREK) *Wie zwei Weltbestseller entstanden.* Kurt W. Marek: Wie ‹Götter, Gräber und Gelehrte› entstand. Hannelore Marek: Wie ‹Der erste Amerikaner› entstand. Veröffentlicht zum 25jährigen Erscheinungsjubiläum von ‹Götter, Gräber und Gelehrte› und des 300sten Tausend der Rowohlt-Ausgabe von ‹Der erste Amerikaner›. – Privatdruck.

CHESLER, PHYLLIS *Frauen – das verrückte Geschlecht?* Mit einem Vorwort von Alice Schwarzer. Deutsch von Brigitte Stein. Mit 18 Abbildungen auf 16 Tafeln. Umschlagentwurf Werner Rebhuhn.

CRICHTON, ROBERT *Die Camerons.* Roman. Deutsch von Hermann Stiehl. Schutzumschlag- und Einbandentwurf von Werner Rebhuhn.

DRIEST, BURKHARD *Die Verrohung des Franz Bluhm.* Bericht. = das neue buch. Band 48.

[EMMERICH, WOLFGANG (HG.)] *Proletarische Lebensläufe.* Autobiographische Dokumente zur Entstehung der Zweiten Kultur in Deutschland. *Band 1.* Anfänge bis 1914. Herausgegeben von Wolfgang Emmerich. = das neue buch. Band 50.

FÄHNDERS, WALTER / RECTOR, MARTIN *Linksradikalismus und Literatur.* Untersuchungen zur Geschichte der sozialistischen Literatur in der Weimarer Republik. *Band 1.* = das neue buch. Band 52.

FÄHNDERS, WALTER / RECTOR, MARTIN *Linksradikalismus und Literatur.* Untersuchungen zur

Geschichte der sozialistischen Literatur in der Weimarer Republik. *Band 2.* = das neue buch. Band 58.

FAGYAS, MARIA *Der Leutnant und sein Richter.* Roman. Sonderausgabe. Deutsch von Isabella Nadolny. Schutzumschlag- und Einbandentwurf von Werner Rebhuhn.

FAGYAS, MARIA *Der Tanz der Mörder.* Roman. Übersetzt von Irene Ohlendorf. Schutzumschlag- und Einbandentwurf von Werner Rebhuhn.

FECHT, THOMAS (HG.) *Politische Karikatur in der BRD und Westberlin.* Rainer Hachfeld, Walter Kurowski, Arno Ploog, Chlodwig Poth, Stefan Siegert, Ernst Volland, Guido Zingerl. Herausgegeben von Thomas Fecht. Mit 370 Abbildungen im Text. = das neue buch. Band 59.

GREENWAY, JOHN *Verfluchte Wüste.* 15 Jahre Forscherabenteuer bei den letzten Steinzeitmenschen im Innern Australiens. Deutsch von Gustav Kilpper. Kartenzeichnung in Vorsatz und Umschlaginnenseite von Heinz Grischek. Mit 24 Abbildungen. Schutzumschlag- und Einbandentwurf von Werner Rebhuhn.

HALBERSTAM, DAVID *Die Elite.* The Best and the Brightest. Deutsch von Jürgen Abel und Friedrich Griese. Schutzumschlag- und Einbandentwurf von Werner Rebhuhn.

HARICH, WOLFGANG *Jean Pauls Revolutionsdichtung.* Versuch einer neuen Deutung seiner heroischen Romane. = das neue buch. Band 41.

HERRIOT, JAMES *Der Doktor und das liebe Vieh.* Als Tierarzt in den grünen Hügeln von Yorkshire. Deutsch von Friedrich A. Kloth. Umschlagzeichnung von Jan Brychta. Schriftgestaltung des Schutzumschlags und Einbandentwurf von Werner Rebhuhn.

HOCHHUTH, ROLF *Zwischenspiel in Baden-Baden.* Mit (15) Zeichnungen von Werner Klemke. Einband- und Schutzumschlag unter Verwendung einer farbigen Zeichnung von Werner Klemke. = Nachttischbändchen.

IVENS, JORIS *Die Kamera und ich.* Autobiographie eines Filmers. Aus dem Englischen und Holländischen von Teja Schwaner und Annelotte Piper. Mit 78 Abbildungen auf 48 Tafelseiten. = das neue buch. Band 47.

JAMES, MURIEL / JONGEWARD, DOROTHY *Spontan leben.* Übungen zur Selbstverwirklichung. Deutsch von Irmela Brender. Mit einem Vorwort von Stephen B. Karpman. Mit 39 Abbildungen im Text. Einbandentwurf Werner Rebhuhn.

KUSENBERG, KURT *Heiter bis tückisch.* 13 Geschichten von Kurt Kusenberg mit (39) Zeichnungen von Heinz Edelmann. Schutzumschlag und Layout Heinz Edelmann. = Nachttischbändchen.

LELCHUK, ALAN *Amerikanische Streiche.* Roman. Deutsch von Jürgen Abel und Klaus Birkenhauer. Schutzumschlag- und Einbandentwurf von Werner Rebhuhn.

LEWIS, SINCLAIR *Gesammelte Erzählungen.* Sonderausgabe. Übersetzt von Hermann Stiehl. Schutzumschlag- und Einbandentwurf von Werner Rebhuhn.

*Literaturmagazin 2.* Von Goethe lernen? Fragen der Klassikrezeption. Herausgegeben von Hans Christoph Buch. Mit 12 Abbildungen auf 12 Kunstdruck-Tafeln. = das neue buch. Band 49.

MALSPASS, ERIC *Liebt ich am Himmel einen hellen Stern.* Ein Roman um William Shakespeare und Anne Hathaway. Deutsch von Susanne Lepsius. Umschlagbild von Brian Knight. Umschlagtypographie und Einbandentwurf von Werner Rebhuhn.

MCBRIDE, ANGELA BARRON *Das normalverrückte Dasein als Hausfrau und Mutter.* Befreiung von der Mutter-Ideologie. Deutsch von Barbara Scriba-Sethe. Umschlag- und Einbandentwurf von Manfred Waller.

MILGRAM, STANLEY *Das Milgram-Experiment.* Zur Gehorsamsbereitschaft gegenüber Autorität. Deutsch von Roland Fleissner. Mit 25 Abbildungen im Text und auf 4 Tafeln. Umschlagentwurf Werner Rebhuhn.

MILLER, HENRY *Sexus.* Roman. Sonderausgabe. Deutsch von Kurt Wagenseil. Schutzumschlag- und Einbandentwurf von Werner Rebhuhn.

NABOKOV, VLADIMIR *Ada oder Das Verlangen.* Aus den Annalen einer Familie. Deutsch von Uwe Friesel und Marianne Therstappen. Schutzumschlag- und Einbandentwurf von Werner Rebhuhn.

PARKES, COLIN MURRAY *Vereinsamung.* Die Lebenskrise bei Partnerverlust. Psychologisch-soziologische Untersuchung des Trauerverhaltens. Vorwort von John Bowlby. Deutsch von Roland Fleissner. Schutzumschlag- und Einbandentwurf von Werner Rebhuhn.

PÖRKSEN, NIELS *Kommunale Psychiatrie.* Das Mannheimer Modell. Auf dem Wege zur Überwindung des Institutionalismus sozialer und psychiatrischer Einrichtungen. Umschlagentwurf Werner Rebhuhn.

RAUCH, HANS-GEORG *Die schweigende Mehrheit.* Kassette mit 2 signierten und numerierten Original-Radierungen. 80 Exemplare. 100 Seiten Zeichnungen und 2 Radierungen. Und als Leinenausgabe. Schutzumschlag- und Einbandentwurf von Thomas Bonnie unter Verwendung einer Zeichnung von Hans-Georg Rauch.

RENGGLI, FRANZ *Angst und Geborgenheit.* Soziokulturelle Folgen der Mutter-Kind-Beziehung im ersten Lebensjahr. Ergebnisse aus Verhaltensforschung, Psychoanalyse und Ethnologie. Mit 12 Abbildungen auf 4 Tafeln und 6 Karten im Text. Kartenskizzen von Heinz Grischek. Schutzumschlag- und Einbandentwurf von Werner Rebhuhn.

REZZORI, GREGOR VON *Die schönsten maghrebinischen Geschichten.* Mit 48 Zeichnungen vom Verfasser. Schutzumschlag- und Einbandentwurf unter Verwendung von Zeichnungen des Verfassers. = Nachttischbändchen.

RICHTER, HORST E. *Lernziel Solidarität.* Umschlagentwurf Werner Rebhuhn.

RUESCH, HANS *Iglus in der Nacht.* Roman. Schutzumschlag- und Einbandentwurf von Werner Rebhuhn.

SCHATZMAN, MORTON *Die Angst vor dem Vater.* Langzeitwirkung einer Erziehungsmethode. Eine Analyse am Fall Schreber. Deutsch von Nils Thomas Lindquist. Mit 8 Abbildungen im Text. Umschlagentwurf Werner Rebhuhn.

SCHULTZ, UWE (HG.) *Toleranz.* Die Krise der demokratischen Tugend und sechzehn Vorschläge zu ihrer Überwindung. Umschlagentwurf Manfred Waller.

SEUREN, GÜNTER *Der Jagdherr liegt im Sterben*. Gedichte. = das neue buch. Band 53.

STEFFEN, JOACHIM *Strukturelle Revolution*. Von der Wertlosigkeit der Sachen. Umschlagentwurf Hannes Jähn.

SZCZESNY, GERHARD *Die Disziplinierung der Demokratie oder Die vierte Stufe der Freiheit*. Schutzumschlag- und Einbandentwurf von Werner Rebhuhn.

THEOBALDY, JÜRGEN *Blaue Flekken*. Gedichte. Mit (11) Zeichnungen von Berndt Höppner. = das neue buch. Band 51.

WANGENHEIM, GUSTAV VON *Da liegt der Hund begraben und andere Stücke*. Aus dem Repertoire der «Truppe 31». = das neue buch. Band 44.

WUNDERLICH, HANS GEORG *Die Steinzeit ist noch nicht zu Ende*. Eine Psycho-Archäologie des Menschen. Mit 31 Abbildungen auf 16 Kunstdruck-Tafeln. Schutzumschlag- und Einbandentwurf von Werner Rebhuhn.

## 1975

AHRENS, UWE *Geburt*. Sehen und verstehen, wie ein Kind zur Welt kommt. Texte von Kai Ross. Vorwort von Horst E. Richter. Mit 40 mehrfarbigen und 88 einfarbigen Abbildungen. Umschlagentwurf Uwe Ahrens.

BARNET, RICHARD J. / MÜLLER, RONALD E. *Die Krisenmacher*. Die Multinationalen und die Verwandlung des Kapitalismus. Deutsch von Jürgen Abel und Margaret Carroux. Schutzumschlag- und Einbandentwurf von Werner Rebhuhn.

BRINKMANN, ROLF DIETER *Westwärts 1 & 2*. Gedichte. Mit (144) Fotos des Autors (auf 24 Tafeln). = das neue buch. Band 63.

CAUVIN, PATRICK *Blinde Liebe*. Roman. Deutsch von Hermann Stiehl. Umschlagbild von Holmes Lebel. Typographie des Schutzumschlages und Einbandentwurf von Werner Rebhuhn.

DAHL, ROALD *Kuschelmuschel*. Vier erotische Überraschungen. Übersetzt von Jürgen Abel, Werner Gronwald und Gisela Stege. Schutzumschlag- und Einbandentwurf von Jürgen Wulff.

EGGEBRECHT, AXEL *Der halbe Weg*. Zwischenbilanz einer Epoche. Schutzumschlag- und Einbandentwurf von Werner Rebhuhn.

[EMMERICH, WOLFGANG (HG.)] *Proletarische Lebensläufe*. Autobiographische Dokumente zur Entstehung der Zweiten Kultur in Deutschland. *Band* 2. 1914 bis 1945. Herausgegeben von Wolfgang Emmerich. = das neue buch. Band 61.

FLACH, FREDERIC F. *Depression als Lebenschance*. Deutsch von Nils Thomas Lindquist. Schutzumschlag- und Einbandentwurf von Werner Rebhuhn.

FRIEDMAN, MEYER / ROSENMAN, RAY H. *Der A-Typ und der B-Typ*. Deutsch von Jürgen Abel. Schutzumschlag- und Einbandentwurf von Werner Rebhuhn.

GALLICO, PAUL *Julian und die Seifenblasen*. Roman. Deutsch von Kai Molvig. Schutzumschlag- und Einbandentwurf von Beate Rebhuhn.

GIOVANNETTI, (PERICLE LUIGI) *Max oder Die Tücken des Objekts*. 40 Bildgeschichten. Farbiges Umschlagbild von Giovannetti. = Nachttischbändchen.

HARICH, WOLFGANG *Kommunismus ohne Wachstum?* Babeuf und

der ‹Club of Rome›. Sechs Interviews mit Freimut Duve und Briefe an ihn. Einführung von Freimut Duve. Umschlagentwurf Werner Rebhuhn.

HARRIS, THOMAS *Schwarzer Sonntag*. Roman. Übersetzt von Ulla H. de Herrera und Jürgen Abel. Schutzumschlag- und Einbandentwurf von Werner Rebhuhn.

HEMLEBEN, JOHANNES *Jenseits*. Ideen der Menschheit über das Leben nach dem Tode vom Ägyptischen Totenbuch bis zur Anthroposophie Rudolf Steiners. Schutzumschlag- und Einbandentwurf von Werner Rebhuhn.

HOFMANNSTHAL, RAIMUND VON *A Rosenkavalier*. 1906–1974. – Privatdruck.

ILLICH, IVAN *Die Enteignung der Gesundheit*. «Medical Nemesis». Deutsch von Nils Thomas Lindquist. Umschlagentwurf Werner Rebhuhn.

ILLICH, IVAN *Selbstbegrenzung*. Eine politische Kritik der Technik. Deutsch von Nils Thomas Lindquist. Umschlagentwurf Werner Rebhuhn.

JACOBSSON, OSCAR *Adamson*. 30 Bildgeschichten. Farbiges Umschlagbild nach einer Zeichnung von Oscar Jacobsson. = Nachttischbändchen.

JELINEK, ELFRIEDE *Die Liebhaberinnen*. Roman. = das neue buch. Band 64.

KAMPHOEVENER, ELSA SOPHIA VON *An Nachtfeuern der Karawan-Serail. Band 1*. Sonderausgabe. Märchen und Geschichten Alttürkischer Nomaden erzählt von Elsa Sophia von Kamphoevener. Schutzumschlag- und Einbandentwurf von Werner Rebhuhn. Buchschmuck Hans Hermann Hagedorn.

KAMPHOEVENER, ELSA SOPHIA VON *An Nachtfeuern der Karawan-Serail. Band 2*. Sonderausgabe. Märchen und Geschichten Alttürkischer Nomaden erzählt von Elsa Sophia von Kamphoevener. Schutzumschlag- und Einbandentwurf von Werner Rebhuhn. Buchschmuck Hans Hermann Hagedorn.

KAMPHOEVENER, ELSA SOPHIA VON *An Nachtfeuern der Karawan-Serail. Band 3*. Sonderausgabe. Märchen und Geschichten Alttürkischer Nomaden erzählt von Elsa Sophia von Kamphoevener. Schutzumschlag- und Einbandentwurf von Werner Rebhuhn. Buchschmuck Hans Hermann Hagedorn.

KENTLER, HELMUT *Eltern lernen Sexualerziehung*. Schutzumschlag- und Einbandentwurf von Werner Rebhuhn.

LESSING, DORIS *Der Sommer vor der Dunkelheit*. Roman. Deutsch von Jürgen Abel. Schutzumschlag- und Einbandentwurf von Werner Rebhuhn.

*Literaturmagazin 3*. ‹Die Phantasie an die Macht›. Literatur als Utopie. Herausgegeben von Nicolas Born. = das neue buch. Band 57.

*Literaturmagazin 4*. Die Literatur nach dem Tod der Literatur. Bilanz der Politisierung. Herausgegeben von Hans Christoph Buch. = das neue buch. Band 66.

MALPASS, ERIC *Unglücklich sind wir nicht allein*. Ein Roman um William Shakespeare und seine Zeit. Deutsch von Susanne Lepsius. Umschlagbild von Brian Knight. Umschlagtypographie und Einbandentwurf von Werner Rebhuhn.

[PIRELLA, AGOSTINO (HG.)] *Sozialisation der Ausgeschlossenen*. Praxis einer neuen Psychiatrie. Herausgegeben von Agostino Pirella. Zusammengestellt und dokumentarische Einleitung von Dieter Schlesak. Deutsch von Linde Birk. = das neue buch. Band 54.

PROSS, HELGE *Die Wirklichkeit der Hausfrau*. Die erste repräsentative Untersuchung über nichterwerbstätige Ehefrauen: Wie leben sie? Wie denken sie? Wie sehen sie sich selbst? Mit wissenschaftlichem Anhang als Sonderdruck. Umschlagentwurf Werner Rebhuhn.

[PROSS, HELGE] *Die Wirklichkeit der Hausfrau*. Die erste repräsentative Untersuchung über nichterwerbstätige Ehefrauen. Wissenschaftlicher Anhang als Sonderdruck (280 Exemplare).

RINGELNATZ, JOACHIM *Es wippt eine Lampe durch die Nacht*. Gedichte und Zeichnungen. Auswahl und Zusammenstellung Norbert Gescher. Mit 9 Zeichnungen. Schutzumschlag unter Verwendung von J. Ringelnatz' «Fasching im Schnee» (1926, Sammlung Andreas und Christoph Vowinckel). = Nachttischbändchen.

RÜHMKORF, PETER *Walther von der Vogelweide, Klopstock und ich*. = das neue buch. Band 65.

SANDERS, LAWRENCE *Die erste Todsünde*. Roman. Deutsch von Werner Peterich. Schutzumschlag- und Einbandentwurf von Werner Rebhuhn.

SCHNEIDER, MICHAEL *Die lange Wut zum langen Marsch*. Aufsätze zur sozialistischen Politik und Literatur. = das neue buch. Band 62.

SHAH, IDRIES *Die verblüffenden Weisheiten und Späße des unübertrefflichen Mullah Nasreddin*. Gesammelt von Idries Shah und ins Deutsche übertragen von Hermann Stiehl. Mit (35) Illustrationen von Richard Williams und Richard Purdum. Diesen Band hat Heinrich Maria Ledig-Rowohlt aus den im Verlag Jonathan Cape, London, erschienenen Bänden ausgewählt und zusammengestellt. Farbiges Umschlagbild nach Richard Williams. = Nachttischbändchen.

SHAW, IRWIN *Abend in Byzanz*. Roman. Deutsch von Cornelie v. Randow. Schutzumschlag- und Einbandentwurf von Werner Rebhuhn.

WELLS, DEE *Jane*. Roman. Deutsch von Marianne Therstappen. Schutzumschlag- und Einbandentwurf von Werner Rebhuhn.

WILLI, JÜRG *Die Zweierbeziehung*. Spannungsursachen – Störungsmuster – Klärungsprozesse – Lösungsmodelle. Analyse des unbewußten Zusammenspiels in Partnerwahl und Paarkonflikt: das Kollusions-Konzept. Umschlagentwurf Werner Rebhuhn.

## 1976

AMERY, CARL *Natur als Politik*. Die ökologische Chance des Menschen. Umschlagentwurf Werner Rebhuhn.

BORN, NICOLAS *Die erdabgewandte Seite der Geschichte*. Roman. Umschlag- und Einbandentwurf von Manfred Waller unter Verwendung einer Bleistiftzeichnung von Günther Knipp.

BOVERI, MARGRET *Der Verrat im 20. Jahrhundert*. Das Standardwerk in einer einbändigen preiswerten Sonderausgabe. Mit einem Geleitwort von Gustav W. Heinemann und einer Einleitung von Hellmut Becker. Umschlag- und Einbandentwurf von Werner Rebhuhn.

CHRIST, JAN *Asphaltgründe*. Erzählungen. = das neue buch. Band 70.

CRAVEN, MARGARET *Ich hörte die Eule, sie rief meinen Namen*. Roman. Deutsch von Kai Molvig. Schutzumschlag- und Einbandentwurf von Werner Rebhuhn.

CHRICHTON, MICHAEL *Der große Eisenbahnraub*. Roman. Deutsch von Hans-Joachim Maass. Umschlagbild von Brian Knight. Umschlagtypographie und Einbandentwurf von Werner Rebhuhn.

DOCTOROW, E. L. *Ragtime*. Roman. Deutsch von Angela Praesent. Schutzumschlaggraphik von Owen Wood. Typographie und Einbandentwurf von Werner Rebhuhn.

EVANS, CHRISTOPHER *Kulte des Irrationalen*. Deutsch von Mark W. Rien. Schutzumschlag- und Einbandentwurf von Werner Rebhuhn.

FERNANDEZ, DOMINIQUE *Porporino oder die Geheimnisse von Neapel*. Roman. Deutsch von Rita und Edmond Lutrand. Schutzumschlagentwurf von Owen Wood. Typographie und Einband von Werner Rebhuhn.

GALLICO, PAUL *Mrs. Harris fliegt nach Moskau*. Roman. Deutsch von Kai Molvig. Schutzumschlag- und Einbandentwurf von Eva Kausche-Kongsbak.

GILLÈS, DANIEL *Schlußakt in Salzburg*. Roman. Deutsch von Margaret Carroux. Schutzumschlag- und Einbandentwurf von Werner Rebhuhn.

HACKETHAL, JULIUS *Auf Messers Schneide*. Kunst und Fehler der Chirurgen. Umschlagentwurf Werner Rebhuhn.

HAGEN, VICTOR W. VON *Auf der Suche nach den Maya*. Die Geschichte von Stephens und Catherwood. Deutsch von Gustav Kilpper. Mit 44 Abbildungen auf 32 Kunstdruck-Tafeln. Schutzumschlag- und Einbandentwurf von Werner Rebhuhn.

HAŠEK, JAROSLAV *Die Abenteuer des braven Soldaten Schwejk*. Sonderausgabe. Illustriert von Josef Lada. Ungekürzte Originalausgabe. Übersetzt von Grete Reiner. Mit 84 Illustrationen. Schutzumschlag- und Einbandentwurf von Werner Rebhuhn unter Verwendung einer Zeichnung von Josef Lada.

HAUFS, ROLF *Die Geschwindigkeit eines einzigen Tages*. Gedichte. = das neue buch. Band 75.

HERRIOT, JAMES *Dr. James Herriot, Tierarzt*. Deutsch von Ulla H. de Herrera. Umschlagzeichnung von Brian Knight. Schriftgestaltung des Schutzumschlages und Einbandentwurf von Werner Rebhuhn.

HOCHHUTH, ROLF *Tod eines Jägers*. = das neue buch. Band 68.

KAISER, ROBERT G. *Alle Kinder Lenins*. Rußland heute – Alltag einer Weltmacht. Übersetzt von Reinhold Neumann-Hoditz, Jürgen Abel, Hubert Deymann, Hella Naura, Ulla H. de Herrera und Ursula Bahn. Schutzumschlag- und Einbandentwurf von Werner Rebhuhn.

KAMPHOEVENER, ELSA SOPHIA VON *Liebeslist*. Drei alttürkische Märchen. (10) Illustrationen sowie farbiges Umschlagbild von Jutta Kirsch-Korn. = Nachttischbändchen.

KOCH, KENNETH *Vielen Dank*. Gedichte und Spiele. Deutsch von Nicolas Born. = das neue buch. Band 73.

KUNZE, REINER *Sensible Wege*. Achtundvierzig Gedichte und ein

Zyklus. = das neue buch. Band 80.

*Literaturmagazin 5*. Das Vergehen von Hören und Sehen. Aspekte der Kulturvernichtung. Herausgegeben von Hermann Peter Piwitt und Peter Rühmkorf. = das neue buch. Band 72.

*Literaturmagazin 6*. Die Literatur und die Wissenschaften. Herausgegeben von Nicolas Born und Heinz Schlaffer. = das neue buch. Band 77.

MALPASS, ERIC *Hör ich im Glokkenschlag der Stunden Gang*. Ein Roman um William Shakespeares letzte Lebensjahre. Deutsch von Susanne Lepsius. Umschlagbild von Brian Knight. Umschlagtypographie und Einbandentwurf von Werner Rebhuhn.

MOORHOUSE, GEOFFREY *Fata Morgana*. Deutsch von Gustav Kilpper. Mit 2 Karten. Schutzumschlag- und Einbandentwurf von Werner Rebhuhn.

MOREHOUSE, LAURENCE E. / GROSS, LEONARD *Fitness für Faule*. Deutsch von Roland Fleissner. Einbandentwurf Jürgen Wulff.

MUSIL, ROBERT *Tagebücher I + II*. (im Schuber). Band II enthält Anmerkungen, Anhang, Register. Herausgegeben von Adolf Frisé. Schutzumschlag- und Einbandentwurf von Werner Rebhuhn.

[MUSIL, ROBERT] *Tagebücher I + II*. Herausgegeben von Adolf Frisé. *Vorwort* – Privatdruck.

NABOKOV, VLADIMIR *Lolita*. Roman. Sonderausgabe. Übersetzt von Helen Hessel unter Mitarbeit von Maria Carlsson, Kurt Kusenberg, H. M. Ledig-Rowohlt, Gregor von Rezzori. Schutzumschlag- und Einbandentwurf von Werner Rebhuhn.

NABOKOV, VLADIMIR *Maschenka*. Roman. Deutsch von Klaus Birkenhauer. Der deutschen Übersetzung liegt die von Michael Glenny in Zusammenarbeit mit dem Autor aus dem Russischen übersetzte englische Fassung zugrunde mit dem Titel «Mary». Schutzumschlag- und Einbandentwurf von Werner Rebhuhn.

PEARSON, DIANE *Csárdás*. Roman. Deutsch von Margaret Carroux. Umschlagbild Brian Knight. Schutzumschlag- und Einbandentwurf von Werner Rebhuhn.

PILHES, RENÉ-VICTOR *Panik in der rue Oberkampf*. Roman. Deutsch von Hermann Stiehl. Schutzumschlag- und Einbandentwurf von Werner Rebhuhn.

PINTER, HAROLD *Niemandsland*. Monolog / Die Geburtstagsfeier / Der Hausmeister / Die Heimkehr. Fünf Theaterstücke. Übersetzt von Renate und Martin Esslin. ‹The Birthday Party›, ‹The Caretaker› und ‹The Homecoming› neu durchgesehene Fassung nach der Übersetzung von Willy H. Thiem. = das neue buch. Band 69.

PIWITT, HERMANN PETER *Boccherini und andere Bürgerpflichten*. Essays. = das neue buch. Band 71.

PLAUEN, E. O. *Vater und Sohn*. 38 Bildgeschichten mit einem Vorwort von Kurt Kusenberg. Farbiges Umschlagbild nach einer Zeichnung von E. O. Plauen. = Nachttischbändchen.

PRICE, RICHARD *Scharfe Zeiten*. oman. Deutsch von Kai Molvig. Schutzumschlag- und Einbandentwurf von Werner Rebhuhn.

PYNCHON, THOMAS *V*. Roman. Nachwort Elfriede Jelinek. Deutsch von Dietrich Stössel und Wulf Teichmann. = das neue buch. Band 74. (ü)

RICHTER, HORST E. *Flüchten oder*

*Standhalten*. Umschlagentwurf Werner Rebhuhn.

[RICHTER, H. E. / STROTZKA, H. / WILLI, J. (HG.)] *Familie und seelische Krankheit*. Eine neue Perspektive der Psychologischen Medizin und der Sozialtherapie. Herausgegeben von H. E. Richter, H. Strotzka und J. Willi in Zusammenarbeit mit den übrigen Mitgliedern der Arbeitsgemeinschaft für Familienforschung und Familientherapie. Umschlagentwurf Werner Rebhuhn.

RUBINSTEIN, HILARY *Das Kopfkissenbuch für Schlaflose*. Deutsch von Jürgen Abel. Umschlagentwurf von Jean Effel. Umschlagtypographie und Einband von Werner Rebhuhn.

RÜHMKORF, PETER *Gesammelte Gedichte*. Umschlagentwurf Gisela Nolte.

SAMPSON, ANTHONY *Die Sieben Schwestern*. Die Ölkonzerne und die Verwandlung der Welt. Übersetzt von Irene Ohlendorff und Jürgen Abel. Schutzumschlag- und Einbandentwurf von Werner Rebhuhn.

SCHENK, JOHANNES *Jona*. = das neue buch. Band 67.

SCHWÄBISCH, LUTZ / SIEMS, MARTIN *Selbstentfaltung durch Meditation*. Eine praktische Anleitung. Umschlagentwurf Werner Rebhuhn.

SPEICHERT, HORST *Umgang mit der Schule*. Ein Eltern-Handbuch zur praktischen Lösung von Problemen mit Schülern und Lehrern. Umschlagentwurf Werner Rebhuhn.

STAECK, KLAUS / ADELMANN, DIETER *Die Kunst findet nicht im Saale statt*. Politische Plakate. Mit Literaturhinweisen und Bibliographie im Anhang. Mit 88 farbigen und 85 einfarbigen Abbildungen. Umschlagentwurf Staeck / Steidl.

[STEINBERG, SAUL] *Steinberg's Passeport*. (Dieser Band enthält Arbeiten aus «The Passport».) Unveränderter Nachdruck. Großformatiger Bildband mit 328 einfarbigen Zeichnungen.

STOPPARD, TOM *Travesties*. Schauspiel. Deutsch von Hilde Spiel. = das neue buch. Band 81.

SZCZESNY, GERHARD *Ein Buddha für das Abendland*. Bericht über das Auftreten und Wirken des Prinzen Lankavira sowie eine Aufzeichnung seiner Gespräche mit dem Ehrwürdigen Sugato Thera. Schutzumschlag- und Einbandentwurf von Werner Rebhuhn.

[THURBER, JAMES] *Zehn goldene Regeln für das Zusammenleben mit 100 warnenden Beispielen* aufgeschrieben und aufgezeichnet von James Thurber. Zusammenstellung und Bildunterschriften von H. M. Ledig-Rowohlt. Farbiges Umschlagbild nach einer Zeichnung von James Thurber. = Nachttischbändchen.

UPDIKE, JOHN *Der Sonntagsmonat*. Roman. Deutsch von Kurt Heinrich Hansen. Schutzumschlag- und Einbandentwurf von Werner Rebhuhn.

WINDHOFF-HÉRITIER, ADRIENNE *Sind Frauen so, wie Freud sie sah?* Bausteine zu einer neuen analytisch-sozialpsychologischen Theorie der weiblichen Psyche. Umschlagentwurf Werner Rebhuhn.

WUNDERLICH, HANS GEORG *Wohin der Stier Europa trug*. Sonderausgabe. Kretas Geheimnis und das Erwachen des Abendlandes. Mit 97 Fotos und Zeichnungen im Text. Schutzumschlag- und Einbandentwurf von Werner Rebhuhn.

## 1977

[ADDAMS, CHAS] *Schwarze Scherze.* Gruselgraphik von Chas Addams. Deutsche Texte von H. M. Ledig-Rowohlt. 100 Seiten Zeichnungen. Farbiges Umschlagbild von Chas Addams. = Nachttischbändchen.

ALEIXANDRE, VICENTE *Nackt wie der glühende Stein.* Ausgewählte Gedichte. Spanisch und Deutsch. Herausgegeben, übersetzt und mit einem Nachwort versehen von Erich Arendt. = das neue buch. Band 96.

ARSAN, EMMANUELLE *Laura.* Roman. Mit 8 Seiten Bildtafeln. Deutsch von Jürgen Abel. Schutzumschlag- und Einbandentwurf von Manfred Waller.

AYMÉ, MARCEL *Der Mann, der durch die Wand gehen konnte.* Vier Bürokratesken mit 12 Zeichnungen von Hans-Georg Rauch. Aus dem Französischen von Hildegard Fuchs. Farbiges Umschlagbild von Hans-Georg Rauch. = Nachttischbändchen.

BALDWIN, JAMES *Teufelswerk.* Betrachtungen zur Rolle der Farbigen im Film. Ein Essay. Übersetzt von Mark W. Rien. = das neue buch. Band 83.

BATAILLE, GEORGES *Das obszöne Werk.* Die Geschichte des Auges / Madame Edwarda / Meine Mutter / Der Kleine / Der Tote. Deutsche Übersetzung und Nachwort von Marion Luckow. = das neue buch. Band 93.

BAYER, KONRAD *Das Gesamtwerk.* Herausgegeben von Gerhard Rühm. = das neue buch. Band 76.

BECKER, STEPHEN *Der chinesische Bandit.* Roman. Deutsch von Wulf Teichmann. Schutzumschlag- und Einbandentwurf von Werner Rebhuhn.

BRETON, ANDRÉ *Die Manifeste des Surrealismus.* Deutsch von Ruth Henry. = das neue buch. Band 95.

BUCK, ELMAR / KREUTZER, LEO / PETERS, JÜRGEN *Die schöne Leiche aus der Rue Bellechasse.* Einiges über Schreiben Spielen Filmen. = das neue buch. Band 88.

CÉLINE, LOUIS-FERDINAND *Kanonenfutter.* Mit dem Notizbuch des Kürassiers Destouches. Übersetzt und mit einem Nachwort versehen von Christine Sautermeister-Noel und Gert Sautermeister. = das neue buch. Band 79.

CLARK, KENNETH *Glorie des Abendlandes.* ‹Civilisation›. Von den Gedanken, Bauten, Büchern, Kunstwerken und Genies unserer Zivilisation. Sonderausgabe. Deutsch von Thomas Monrad. Umschlagentwurf Werner Rebhuhn.

COLLIER, JOHN *Gesammelte Erzählungen.* Sonderausgabe. Deutsch von Susanna Rademacher. Schutzumschlag- und Einbandentwurf von Jürgen Wulff.

DAHL, ROALD *Danny oder Die Fasanenjagd.* Deutsch von Sybil Gräfin Schönfeldt. Bilder von Hansjörg Langenfass. Mit 32 Zeichnungen. Umschlagentwurf Hansjörg Langenfass.

DURRELL, LAWRENCE *Das Alexandria-Quartett.* Justine / Balthazar / Mountolive / Clea. Sonderausgabe. Es übersetzten Maria Carlsson, Gerda v. Uslar, Walter Schürenberg. Schutzumschlag- und Einbandentwurf von Werner Rebhuhn.

DURRELL, LAWRENCE *Monsieur oder Der Fürst der Finsternis.* Roman. Deutsch von Susanne Lepsius. Schutzumschlag- und Einbandentwurf von Werner Rebhuhn, farbige Zeichnung Owen Wood.

DYER, WAYNE W. *Der wunde Punkt.* 12 Therapieschritte zur Überwindung der seelischen Problemzonen. Deutsch von Lieselotte Mietzner. Schutzumschlag- und Einbandentwurf von Werner Rebhuhn.

ELSNER, GISELA *Der Punktsieg.* Roman. Schutzumschlag- und Einbandentwurf von Dieter Ziegenfeuter und Manfred Waller.

ERLENBERGER, MARIA *Der Hunger nach Wahnsinn.* Ein Bericht. = das neue buch. Band 84.

FAGYAS, MARIA *Die Zwillingsschwester.* Roman. Deutsch von Irene Ohlendorf. Schutzumschlag- und Einbandentwurf von Werner Rebhuhn.

FRIEDAN, BETTY *Das hat mein Leben verändert.* Beiträge und Reflexionen zur Frauenbewegung. Aus dem Amerikanischen von Angela Praesent und Hermann Gieselbusch. Schutzumschlagentwurf Werner Rebhuhn.

GARDNER, JOHN CHAMPLIN *Der Ruhestörer oder Die Gespräche mit dem Sonnen-Mann.* Roman. Deutsch von Hermann Stiehl. Schutzumschlag- und Einbandentwurf von Werner Rebhuhn.

GENAZINO, WILHELM *Abschaffel.* Roman. = das neue buch. Band 85.

GREEN, MAUREEN *Die Vater-Rolle.* Deutsch von Jürgen Abel. Schutzumschlagentwurf Werner Rebhuhn.

GREENE, GAEL *Blauer Himmel und kein Nachtisch.* Roman. Deutsch von Jürgen Abel. Schutzumschlag- und Einbandentwurf von Werner Rebhuhn.

GRUHL, HANS *Auf krummen Beinen.* Liebe auf krummen Beinen / Ehe auf krummen Beinen. Sonderausgabe. Schutzumschlag- und Einbandentwurf von Manfred Waller. Zeichnung von Eva Kausche-Kongsbak.

GUEST, JUDITH *Eine ganz normale Familie.* Roman. Deutsch von Karin Polz. Schutzumschlag- und Einbandentwurf von Werner Rebhuhn.

HAENSCHKE, FRANK *Modell Deutschland?* Die Bundesrepublik in der technologischen Krise. Mit einem Vorwort von Freimut Duve. Umschlagentwurf Manfred Waller.

HAGEN, VICTOR W. VON *Auf der Suche nach dem Goldenen Mann.* Die Geschichte von El Dorado. Deutsch von Gustav Kilpper. Schutzumschlag- und Einbandentwurf von Werner Rebhuhn, farbiger Stich von Theodor de Bry.

HARRIS, MACDONALD *Der Ballonfahrer.* Roman. Deutsch von Christel und Helmut Wiemken. Umschlagzeichnung von Brian Knight. Typographie für Schutzumschlag und Einband von Werner Rebhuhn.

HEMINGWAY, ERNEST *Gesammelte Werke.* Neu durchgesehene und überarbeitete Übersetzung (Übersetzungen von Paul Baudisch, Richard K. Flesch, Annemarie Horschitz-Horst, Elisabeth Plessen, Ernst Schnabel). Mit einem Geleitwort von Rolf Hochhuth. Chronik und Bibliographie von Prof. Martin Christadler. Mit 64 Bildtafeln. 6 Bände in Kassette. Schutzumschlag- und Einbandentwurf von Werner Rebhuhn.

HEMINGWAY, MARY WELSH *Wie es war.* Deutsch von Helmut Kossodo. Mit 49 Fotos auf 24 Seiten Tafelteil. Schutzumschlag- und Einbandentwurf von Werner Rebhuhn.

HERBURGER, GÜNTER *Ziele.* Gedichte. = das neue buch. Band 82.

HOCHHUTH, ROLF *Tell 38.* Dankrede für den Basler Kunstpreis 1976 am 2. Dezember in der Aula des Alten Museums. – Privatdruck. Den Freunden Rolf Hochhuths und des Rowohlt Verlages.

ILLICH, IVAN *Die Nemesis der Medizin*. Von den Grenzen des Gesundheitswesens. Überarbeitete und erweiterte Endfassung von «Die Enteignung der Gesundheit». Deutsch von Thomas Lindquist. Umschlagentwurf Werner Rebhuhn.

JOUHANDEAU, MARCEL *Gesammelte Werke in Einzelausgaben*. Band V. *Meine Freundschaften*. Herausgegeben und aus dem Französischen übertragen von Friedhelm Kemp. Schutzumschlag- und Einbandentwurf von Werner Rebhuhn.

LÉGER, JACK-ALAIN *Monsignore*. Roman. Deutsch von Erika und Karl A. Klewer. Schutzumschlag- und Einbandentwurf von Werner Rebhuhn.

*Literaturmagazin 7*. Sonderband. Nachkriegsliteratur. Spurensicherung des Krieges / Gab es eine Reeducation der Sprache? / Antifaschismus nach dem Faschismus / Das Pathos des Nullpunkts / Erste Gespräche über Bäume / Poesie nach Auschwitz. Herausgegeben von Nicolas Born und Jürgen Manthey. = das neue buch. Band 87.

*Literaturmagazin 8*. Die Sprache des Großen Bruders / Gibt es ein ostwestliches Kartell der Unterdrükkung? Herausgegeben von Nicolas Born und Jürgen Manthey. = das neue buch. Band 91.

MACCOBY, MICHAEL *Gewinner um jeden Preis*. Der neue Führungstyp in den Großunternehmen der Zukunftstechnologie. Deutsch von Hubert Deymann. Schutzumschlag- und Einbandentwurf von Werner Rebhuhn.

MALPASS, ERIC *Lieber Frühling, komm doch bald*. Roman. Deutsch von Anne Uhde. Schutzumschlag- und Einbandentwurf von Eva Kausche-Kongsbak.

MILLER, HENRY *Jugendfreunde*. Eine Huldigung an Freunde aus lang vergangenen Zeiten. Deutsch von Angela Praesent. Mit 7 Fotos. Schutzumschlag- und Einbandentwurf von Werner Rebhuhn.

MILLER, HENRY *Die Welt des Sexus*. Mit einer Vorbemerkung von Lawrence Durrell. Deutsch von Kurt Wagenseil. Die Vorbemerkung von Lawrence Durrell übertrug Maria Carlsson ins Deutsche. Schutzumschlag- und Einbandentwurf von Werner Rebhuhn.

MOODY, RAYMOND A. *Leben nach dem Tod*. Mit einem Vorwort von Elisabeth Kübler-Ross. Deutsch von Hermann Gieselbusch und Lieselotte Mietzner. Umschlagentwurf Werner Rebhuhn.

[NABOKOV, VLADIMIR] *Letters from Terra. Vladimir Nabokov zu Ehren*. Herausgegeben von Uwe Friesel. – Privatdruck. (Enthält Beiträge von John Updike, Dieter E. Zimmer, Hans J. Fröhlich, Rolf Becker, Uwe Friesel, Rolf Vollmann, Joachim Kaiser, Marcel Reich-Ranicki, Helmut Heißenbüttel, Hans Wollschläger, Heinrich Maria Ledig-Rowohlt.)

NABOKOV, VLADIMIR *Die Mutprobe*. Roman. Deutsch von Susanna Rademacher. Schutzumschlag- und Einbandentwurf von Werner Rebhuhn.

PEYNET, RAYMOND *Sprache des Herzens*. Ein Bilderbuch für Empfindsame. Deutsche Texte von H. M. Ledig-Rowohlt. Farbige Umschlagzeichnung von Raymond Peynet. = Nachttischbändchen.

RAUCH, HANS-GEORG *Schlachtli-*

*nien.* 80 Seiten Zeichnungen. Umschlagentwurf Charles Schüddekopf unter Verwendung einer Zeichnung von Hans-Georg Rauch.

ROCCO UND ANTONIA (MARCO LOMBARDO RADICE / LIDIA RAVERA) *Schweine mit Flügeln.* Sex + Politik: Ein Tagebuch. Mit einem Dialog a posteriori von Giaime Pintor und Annalisa Usai. Deutsch von Wolfgang Sebastian Baur. Umschlagzeichnung Pablo Echaurren. Umschlagtypographie Manfred Waller.

SAMPSON, ANTHONY *Die Waffenhändler.* Von Krupp bis Lockheed. Die Geschichte eines tödlichen Geschäfts. Deutsch von Margaret Carroux. Schutzumschlag- und Einbandentwurf von Werner Rebhuhn.

SARTRE, JEAN-PAUL *Der Idiot der Familie* (Band 1). Gustave Flaubert 1821–1857. *I. Die Konstitution.* Deutsch von Traugott König. = das neue buch. Band 78.

SARTRE, JEAN-PAUL *Der Idiot der Familie* (Band 2). Gustave Flaubert 1821–1857. *II. Die Personalisation 1.* Deutsch von Traugott König. = das neue buch. Band 89.

SCHÄDLICH, HANS JOACHIM *Versuchte Nähe.* Prosa. Umschlagzeichnung Günter Grass. Typographie für den Umschlag Manfred Waller.

SCHLEICH, CARL LUDWIG *Besonnte Vergangenheit.* Lebenserinnerungen 1859–1919. Sonderausgabe. Schutzumschlag- und Einbandentwurf von Werner Rebhuhn.

SCHMIDBAUER, WOLFGANG *Die hilflosen Helfer.* Über die seelische Problematik der helfenden Berufe. Umschlagentwurf Werner Rebhuhn.

SCHNEIDER, PETER *Atempause.* Versuch, meine Gedanken über Literatur und Kunst zu ordnen. = das neue buch. Band 86.

SCHORSCH, EBERHARD / BECKER, NIKOLAUS *Angst, Lust, Zerstörung.* Sadismus als soziales und kriminelles Handeln. Zur Psychodynamik sexueller Tötungen. Umschlagentwurf Werner Rebhuhn.

SCHULZ, PAUL *Ist Gott eine mathematische Formel?* Ein Pastor im Glaubensprozeß seiner Kirche. Umschlagentwurf Werner Rebhuhn.

SCHUMACHER, E. F. *Die Rückkehr zum menschlichen Maß.* Alternativen für Wirtschaft und Technik. «Small is Beautiful». Mit einem Beitrag Small is Possible – Mittlere Technologie in der Praxis von George McRobie. Deutsch von Karl A. Klewer. Umschlagentwurf Werner Rebhuhn.

SHAW, IRWIN *Den Seinen gibt's der Herr im Schlaf.* Roman. Deutsch von Irene Ohlendorf. Schutzumschlag- und Einbandentwurf von Werner Rebhuhn.

SHORTER, EDWARD *Die Geburt der modernen Familie.* Deutsch von Gustav Kilpper. Schutzumschlag- und Einbandentwurf von Werner Rebhuhn.

ŠKLOVSKIJ, VIKTOR *Ejzenštejn.* Deutsch von Manfred Dahlke. Mit 60 Seiten Abbildungen. = das neue buch. Band 55.

THURBER, JAMES *Das weiße Reh.* Ein Märchenspaß mit Illustrationen von James Thurber. Deutsch von Hans Georg Lenzen. Schutzumschlagzeichnung James Thurber; Kolorierung Georg Meyer. = Nachttischbändchen.

TUCHOLSKY, KURT *Briefe aus dem Schweigen 1932–1935.* Briefe an Nuuna. Herausgegeben von Mary Gerold-Tucholsky und Gustav Huonker. Schutzumschlag- und

Einbandentwurf von Werner Rebhuhn.

WALTER, OTTO F. *Die Verwilderung.* Roman. Schutzumschlag- und Einbandentwurf von Manfred Waller.

WOODHOUSE, MARTIN und ROSS, ROBERT *Die Kanonen der Medici.* Roman. Deutsch von Christel Wiemken. Schutzumschlagzeichnung Brian Knight. Typographie für Schutzumschlag und Einband von Werner Rebhuhn.

## 1978

[ADDAMS, CHAS] *Gespensterparade.* Gruselgraphik von Chas Addams. Deutsche Texte von H. M. Ledig-Rowohlt. Farbiges Umschlagbild von Chas Addams. 100 Seiten Zeichnungen. = Nachttischbändchen.

ANDREA, GUIDO, MARCELLO und ROBERTO *Der letzte Mann.* Machismus + Feminismus: die Krise der Rolle des Mannes. 4 Bekenntnisse. Herausgegeben und mit einem Vorwort von Marco Lombardo-Radice. Aus dem Italienischen von Wolfgang Sebastian Baur und Dieter Schwarz. Umschlagzeichnung von Pablo Echaurren. Typographie für den Umschlag von Manfred Waller.

AYCK, THOMAS und STOLTEN, INGE *Kinderlos aus Verantwortung.* Umschlagentwurf Werner Rebhuhn.

BORN, NICOLAS *Gedichte 1967–1978.* Schutzumschlag- und Einbandentwurf von Manfred Waller.

BRETÉCHER, CLAIRE *Die Frustrierten 1.* Deutsche Texte von Rita Lutrand und Wolfgang Mönninghoff. Umschlagentwurf Claire Bretécher. 64 Seiten Comics.

BRETÉCHER, CLAIRE *Die Frustrierten 2.* Deutsche Texte von Rita Lutrand und Wolfgang Mönninghoff. Umschlagentwurf Claire Bretécher. 64 Seiten Comics.

BROWN, RITA MAE *Rubinroter Dschungel.* Aus dem Amerikanischen von Barbara Scriba-Sethe. Umschlagbild Dietrich Lange. Umschlagtypographie Manfred Waller.

BRÜCK, HORST *Die Angst des Lehrers vor seinem Schüler.* Zur Problematik verbliebener Kindlichkeit in der Unterrichtsarbeit des Lehrers – ein Modell. Umschlagentwurf Werner Rebhuhn.

CERAM, C. W. (KURT W. MAREK) *Der erste Amerikaner.* Das Rätsel des vor-kolumbischen Indianers. Sonderausgabe. Mit 60 Zeichnungen im Text von Hannelore Marek und 8 Farb- und 36 Schwarzweiß-Tafeln. Schutzumschlag- und Einbandentwurf von Werner Rebhuhn.

CHANG, JOLAN *Das Tao der Liebe.* Unterweisungen in altchinesischer Liebeskunst. Vorwort und Nachwort Prof. Joseph Needham, Cambridge. Deutsch von Lilith Tannenbaum. Mit 16 Vignetten und 15 Abbildungen. Schutzumschlag- und Einbandentwurf von Werner Rebhuhn.

DAHL, ROALD *Das riesengroße Krokodil.* Aus dem Englischen übersetzt von Sybil Gräfin Schönfeldt. Mit Bildern von Quentin Blake. Umschlagbild Quentin Blake.

DITTBERNER, HUGO *Draußen im Dorf.* Erzählungen. = das neue buch. Band 105.

DURRELL, LAWRENCE *Griechische Inseln.* Deutsch von Edwin Ortmann. Mit 32 Vierfarbtafeln und 46 Schwarzweißfotos. Schutzumschlag- und Einbandentwurf von Werner Rebhuhn.

FIELDS, JEFF *Der Schrei der Engel.* Roman. Deutsch von Thomas Lindquist. Schutzumschlag- und Einbandentwurf von Werner Rebhuhn.

FIETKAU, WOLFGANG *Schwanengesang auf 1848.* Ein Rendezvous am Louvre: Baudelaire, Marx, Proudhon und Victor Hugo. Mit 38 Abbildungen. = das neue buch. Band 106.

FRENCH, MARILYN *Frauen.* Roman. Deutsch von Barbara Duden, Monika Schmid, Gesine Strempel. Schutzumschlag- und Einbandentwurf von Werner Rebhuhn.

GENAZINO, WILHELM *Die Vernichtung der Sorgen.* Roman. = das neue buch. Band 104.

GLUCKSMANN, ANDRÉ *Die Meisterdenker.* Aus dem Französischen von Jürgen Hoch. Schutzumschlag von Werner Rebhuhn.

HAGEN, VICTOR VON *Capac Ñan.* Die Schicksalsstraße der Inka. Deutsch von Gustav Kilpper. Mit 6 Zeichnungen, 6 Karten, 32 Schwarzweiß- und 16 Farbtafeln. Schutzumschlag- und Einbandentwurf von Werner Rebhuhn.

HAVEMANN, ROBERT *Ein deutscher Kommunist.* Rückblicke und Perspektiven aus der Isolation. Herausgegeben von Manfred Wilke. Mit einem Nachwort von Lucio Lombardo Radice. Umschlagentwurf Werner Rebhuhn.

HÉBRARD, FRÉDÉRIQUE *Ein Ehemann ist besser als keiner.* Roman. Deutsch von Brigitte Schenker. Schutzumschlag- und Einbandentwurf von Jürgen Wulff.

HOCHHUTH, ROLF *Eine Liebe in Deutschland.* Umschlagentwurf Werner Rebhuhn.

ILLICH, IVAN *Fortschrittsmythen.* Schöpferische Arbeitslosigkeit oder Die Grenzen der Vermarktung. Energie und Gerechtigkeit. Wider die Verschulung. Deutsch von Thomas Lindquist. Umschlagentwurf Werner Rebhuhn.

JAFFE, RONA *Die gefährlichen Jahre.* Roman. Deutsch von Susanna Rademacher. Schutzumschlag- und Einbandentwurf von Werner Rebhuhn.

KALÉKO, MASCHA *Das lyrische Stenogrammheft.* Mit (21) Zeichnungen von Werner Klemke. Farbiges Umschlagbild Werner Klemke. = Nachttischbändchen.

KAMPHOEVENER, ELSA SOPHIA VON *Von Allahs Tieren.* Am alten Brunnen des Bedesten. Sonderausgabe. Schutzumschlag- und Einbandentwurf von Werner Rebhuhn.

KIRSCH, RAINER *Auszog das Fürchten zu lernen.* Prosa, Gedichte, Komödie. Umschlagentwurf Manfred Waller.

KLABUND *Die Harfenjule.* Gedichte, Lieder und Chansons. Mit (20) Zeichnungen von Werner Klemke. Farbiges Umschlagbild Werner Klemke. = Nachttischbändchen.

KLAUSMEIER, FRIEDRICH *Die Lust, sich musikalisch auszudrücken.* Eine Einführung in sozio-musikalisches Verhalten. Umschlagentwurf Werner Rebhuhn.

KLOSSOWSKI, PIERRE *Die Gesetze der Gastfreundschaft.* Der Widerruf des Edikts von Nantes / Heute abend, Roberte / Der Souffleur. Deutsch von Sigrid v. Massenbach. = das neue buch. Band 102.

LÉAUTAUD, PAUL *Literarisches Tagebuch 1893–1956.* Eine Auswahl. Herausgegeben und übersetzt von Hanns Grössel. = das neue buch. Band 117.

LEVINSON, CHARLES *Wodka Cola.* Die gefährliche Kehrseite der wirtschaftlichen Zusammenarbeit zwischen Ost und West.

Deutsch von Hubert Gaethe und Karl A. Klewer. Umschlagentwurf Atelier Pascal Vercken / Manfred Waller.

LINDER, CHRISTIAN *Böll.* Mit 67 Seiten Fotos. = das neue buch. Band 109.

*Literaturmagazin 9.* Der neue Irrationalismus. Redaktion Nicolas Born, Jürgen Manthey, Delf Schmidt. = das neue buch. Band 100.

LOBE, JOCHEN *Augenaudienz.* Gedichte 1970–1977. = das neue buch. Band 99.

LOVINS, AMORY B. *Sanfte Energie.* Das Programm für die energie- und industriepolitische Umrüstung unserer Gesellschaft. Deutsch von Karl A. Klewer. Mit einem Vorwort von Klaus Traube. Umschlagentwurf Werner Rebhuhn.

MAGNANI, LUIGI *Beethovens Neffe.* Aus dem Italienischen von Dieter Schwarz. Schutzumschlag- und Einbandentwurf von Werner Rebhuhn.

MALPASS, ERIC *Schöne Zeit der jungen Liebe.* Roman. Deutsch von Anne Uhde. Schutzumschlag- und Einbandentwurf von Eva Kausche-Kongsbak.

MICHAELS, LEONARD *Trotzkis Garten.* Prosa. Deutsch von Mark W. Rien. = das neue buch. Band 98.

MILLER, HENRY *Der Koloß von Maroussi.* Eine Reise nach Griechenland. Sonderausgabe. Aus dem Amerikanischen übertragen von Carl Bach und Lola Humm-Sernau. Schutzumschlag- und Einbandentwurf von Werner Rebhuhn.

MOELLER, MICHAEL LUKAS *Selbsthilfegruppen.* Selbstbehandlung und Selbsterkenntnis in eigenverantwortlichen Kleingruppen. Umschlagentwurf Werner Rebhuhn.

MOODY, RAYMOND A. *Nachgedanken über das Leben nach dem Tod.* Deutsch von Hermann Gieselbusch. Umschlagentwurf Werner Rebhuhn.

MOORE, BRIAN *Die Frau des Arztes.* Roman. Deutsch von Jürgen Abel. Schutzumschlag- und Einbandentwurf von Werner Rebhuhn.

MORON, DR. JACQUES *dick & dünn.* Deutsch von Ulf und Geneviève Pitthan. Umschlagentwurf Jürgen Wulff.

MUSIL, ROBERT *Gesammelte Werke. Band 1:* Der Mann ohne Eigenschaften. Roman. Herausgegeben von Adolf Frisé. Schutzumschlag- und Einbandentwurf von Werner Rebhuhn.

MUSIL, ROBERT *Gesammelte Werke. Band 2:* Prosa und Stücke, Kleine Prosa, Aphorismen, Autobiographisches, Essays und Reden, Kritik. Herausgegeben von Adolf Frisé. Schutzumschlag- und Einbandentwurf von Werner Rebhuhn.

NASH, N. RICHARD *Ostwind und Regen.* Roman. Deutsch von Karl A. Klewer. Schutzumschlag- und Einbandentwurf von Werner Rebhuhn.

NIZAN, PAUL *Aden / Die Wachhunde.* Zwei Pamphlete. Vorwort von Jean-Paul Sartre. Dossier zum «Fall Nizan». Herausgegeben und übersetzt von Traugott König. = das neue buch. Band 103.

OVERBECK, GERD und ANNEGRET (HG.) *Seelischer Konflikt – körperliches Leiden.* Reader zur psychoanalytischen Psychosomatik. Umschlagentwurf Werner Rebhuhn.

PIERRE, JOSÉ *Thérèse oder Die Kastanienblüte.* Roman. Deutsch von Erika und Karl A. Klewer. Umschlagentwurf Werner Rebhuhn.

PROSS, HELGE *Die Männer.* Eine repräsentative Untersuchung über die Selbstbilder von Männern und ihre Bilder von der Frau. Umschlagentwurf Werner Rebhuhn.

[PROSS, HELGE] *Die Männer. Tabellenband.*

RAUCH, HANS-GEORG *Die Striche kommen.* Von der Lust zu zeichnen. Mit 50 ganzseitigen Zeichnungen. Umschlagbild Hans-Georg Rauch.

RICHTER, HORST E. *Engagierte Analysen.* Über den Umgang des Menschen mit dem Menschen. Reden, Aufsätze, Essays. Schutzumschlagentwurf Werner Rebhuhn.

RÜHMKORF, PETER *Strömungslehre 1.* Poesie. = das neue buch. Band 107.

*Sartre. Ein Film.* Von Alexandre Astruc und Michel Contat. Unter Mitwirkung von Simone de Beauvoir, Jacques-Laurent Bost, André Gorz und Jean Pouillon. Deutsch von Linde Birk. Autobiographische Schriften 3. Mit 12 Schwarzweißbildern. = das neue buch. Band 101.

SARTRE, JEAN-PAUL *Der Idiot der Familie* (Band 3). Gustave Flaubert 1821–1857. *II. Die Personalisation 2.* Deutsch von Traugott König. = das neue buch. Band 90.

SARTRE, JEAN-PAUL *Der Idiot der Familie* (Band 4). Gustave Flaubert 1821–1857. *III. Elbehnon oder Die letzte Spirale.* Deutsch von Traugott König. = das neue buch. Band 114.

SCHENK, JOHANNES *Der Schiffskopf.* Geschichten aus der Seefahrt. Umschlagbild «Seegang» von Joachim Ringelnatz. Umschlagtypographie Manfred Waller.

SCHULZ, PAUL *Weltliche Predigten.* Neun Texte des Hamburger Kirchenrebellen. Umschlagentwurf Werner Rebhuhn.

[SEARLE, RONALD] *Ronald Searle* (Album). Mit einer Einleitung von Henning Bock und einem Aufsatz von Pierre Dehaye. Mit 236 Zeichnungen, davon 104 in Farbe. Umschlagbild Ronald Searle.

SKINNER, B. F. *Was ist Behaviorismus?* Deutsch von Klaus Laermann. Umschlagentwurf Werner Rebhuhn.

SOGLOW, OTTO *Der kleine König.* 56 Bildgeschichten. Farbiges Umschlagbild nach Otto Soglow. = Nachttischbändchen.

SOLLIER, PAOLO *Ein Porträt des Fußballspielers als junger Mann.* Aus dem Italienischen von Dieter Schwarz. Umschlagzeichnung Pablo Echaurren. Typographie des Umschlages von Manfred Waller.

STILLER, NIKLAS *Der Tod und das Flugzeug.* Prosa, Essays, Gedichte. = das neue buch. Band 97.

SYBERBERG, HANS-JÜRGEN *Hitler, ein Film aus Deutschland.* = das neue buch. Band 108.

TRAUBE, KLAUS *Müssen wir umschalten?* Von den politischen Grenzen der Technik. Umschlagentwurf Werner Rebhuhn.

TRYON, THOMAS *Fedora oder Die Vergessenen.* Ein Roman in vier Episoden. Deutsch von Hermann Stiehl. Schutzumschlag- und Einbandentwurf von Werner Rebhuhn.

TUCHOLSKY, KURT *Die Q-Tagebücher 1934–1935.* Herausgegeben von Mary Gerold-Tucholsky und Gustav Huonker. Schutzumschlag- und Einbandentwurf von Werner Rebhuhn.

ULBRICHT, HORST *Kinderlitzchen.* Roman. = das neue buch. Band 115.

UPDIKE, JOHN *Heirate mich!* Eine Romanze. Deutsch von Angela Praesent. Schutzumschlag- und Einbandentwurf von Werner Rebhuhn.

WECK-ERLEN, L. VAN DER *Das goldene Buch der Liebe*. Umschlaggestaltung von Werner Rebhuhn.
WILLI, JÜRG *Therapie der Zweierbeziehung*. Analytisch orientierte Paartherapie. Anwendung des Kollusions-Konzeptes. Handhabung der therapeutischen Dreiecksbeziehung. Umschlagentwurf Werner Rebhuhn.
WILLIAMS, GWYN A. *Goya*. Deutsch von Wulf Teichmann. Mit 98 Abbildungen. = das neue buch. Band 92.
WOODHOUSE, MARTIN und ROSS, ROBERT *Der Smaragd der Medici*. Roman. Deutsch von Christel Wiemken. Umschlagzeichnung Brian Knight. Typographie für Schutzumschlag und Einband von Werner Rebhuhn.

## 1979

ARNOLD, HEINZ LUDWIG *Als Schriftsteller leben*. Gespräche mit Peter Handke, Franz Xaver Kroetz, Gerhard Zwerenz, Walter Jens, Peter Rühmkorf, Günter Grass. = das neue buch. Band 118.
ARSAN, EMMANUELLE *Von Kopf bis Fuß Emmanuelle*. Aus dem Französischen von Jürgen Abel. Schutzumschlag- und Einbandentwurf von Manfred Waller.
BALDWIN, JAMES *Beale Street Blues*. Roman. Sonderausgabe. Deutsch von Nils Thomas Lindquist. Schutzumschlag- und Einbandentwurf von Hannes Jähn.
BAPPERT, LIESELOTTE *Der Knoten*. Vertrauen und Verantwortung im Arzt-Patient-Verhältnis am Beispiel Brustkrebs. Umschlagentwurf Werner Rebhuhn.
BARTSCH, KURT *Kaderakte*. Gedichte und Prosa. = das neue buch. Band 128.
BEUYS, BARBARA *Der Große Kurfürst*. Der Mann, der Preußen schuf. Biographie. Mit 31 Schwarzweiß-Abbildungen auf 16 Tafeln. Schutzumschlag- und Einbandentwurf von Werner Rebhuhn.
BOLES, PAUL DARCY *Der Wandermaler*. Roman. Deutsch von Otto Bayer. Schutzumschlag- und Einbandentwurf von Büttner & Plümacher.
BORN, NICOLAS *Die Fälschung*. Roman. Schutzumschlag- und Einbandentwurf von Manfred Waller.
BREDSDORFF, JAN *Die große Wut des Genossen Li auf die Viererbande oder Das Ende einer Utopie?* Aus dem Dänischen von Reinhold Drey. Mit 20 Schwarzweiß-Fotos. (Fotos: Stine Heger und Jan Bredsdorff.) Umschlagentwurf Manfred Waller.
BRETÉCHER, CLAIRE *Frühlingserwachen*. Zwei Bildgeschichten für frustrierte Eltern. Deutscher Text Rita Lutrand und Wolfgang Mönninghoff. Umschlagbild Claire Bretécher, Kolorierung Georg Meyer. = Nachttischbändchen.
BRETÉCHER, CLAIRE *Die Frustrierten 3*. Deutsche Texte von Rita Lutrand und Wolfgang Mönninghoff. Umschlagentwurf Claire Bretécher.
BRINKMANN, ROLF DIETER *Rom, Blicke*. Mit über 100 Schwarzweiß-Fotos und Abbildungen. = das neue buch. Band 94.
CHESLER, PHYLLIS *Über Männer*. Deutsch von Klaus Laermann. Mit 48 Schwarzweiß-Fotos. Umschlagentwurf Werner Rebhuhn.
CHIARA, PIERO *Das Zimmer in der Villa Cleofe*. Roman. Aus dem Italienischen von Ragni Maria

Gschwend. Schutzumschlag- und Einbandentwurf von Werner Rebhuhn.

DAHL, ROALD *Der fantastische Mr. Fox*. Deutsch von Charles Schüddekopf. (30) Bilder von Irmtraut Teltau. Umschlagbild und Illustrationen von Irmtraut Teltau.

DESSAI, ELISABETH *Auf dem Weg in die kinderlose Gesellschaft*. Umschlagentwurf Werner Rebhuhn.

DITTBERNER, HUGO *Jacobs Sieg*. Roman. Umschlagentwurf Manfred Waller.

EGGEBRECHT, AXEL (HG.) *Die zornigen alten Männer*. Gedanken über Deutschland seit 1945. Mit Beiträgen von Wolfgang Abendroth, Heinrich Albertz, Jean Améry, Wolf Graf von Baudissin, Heinrich Böll, Axel Eggebrecht, Bernt Engelmann, Walter Fabian, Ossip K. Flechtheim, Eugen Kogon, Fritz Sänger. Umschlagentwurf Werner Rebhuhn.

ELEGANT, ROBERT S. *Die Dynastie*. Ein Handelshaus in Hongkong. Roman. Deutsch von Margaret Carroux. Schutzumschlag- und Einbandentwurf von Büttner & Plümacher.

ENDLER, ADOLF *Verwirrte klare Botschaften*. Gedichte. = das neue buch. Band 120.

ERLENBERGER, MARIA *Das Erlernen der Totgeburt*. Roman. = das neue buch. Band 124.

FALLADA, HANS *Der eiserne Gustav*. Roman. Sonderausgabe. Schutzumschlag- und Einbandentwurf von Werner Rebhuhn.

FAST, HOWARD *Die Einwanderer*. Roman. Deutsch von Karl A. Klewer. Umschlagbild Ben Stahl. Schriftgestaltung des Schutzumschlages von Manfred Waller.

FUCHS, JÜRGEN *Tagesnotizen*. Gedichte. = das neue buch. Band 126.

GENAZINO, WILHELM *Falsche Jahre*. Roman. = das neue buch. Band 127.

GRAU, SHIRLEY ANN *Der Kondor*. Roman. Einmalige Sonderausgabe. Deutsch von Kurt Wagenseil. Schutzumschlag- und Einbandentwurf von Werner Rebhuhn.

GREFFRATH, MATHIAS *Die Zerstörung einer Zukunft*. Gespräche mit emigrierten Sozialwissenschaftlern. Günter Anders, Hans Gerth, Marie Johoda, Leo Löwenthal, Adolph Lowe, Toni Oelsner, Alfred Sohn-Rethel, Karl August Wittfogel. = das neue buch. Band 123.

GROSZ, GEORGE *Briefe von 1913–1959*. Herausgegeben von Herbert Knust. Schutzumschlag- und Einbandentwurf von Werner Rebhuhn.

HAUFS, ROLF *Größerwerdende Entfernung*. Gedichte 1962–1979. = das neue buch. Band 130.

HEMINGWAY, ERNEST *Die Geschichte vom lieben Löwen*. Deutsch von Harry Rowohlt. Mit Bildern von Maria Enrica Agostinelli. Umschlagentwurf Maria Enrica Agostinelli.

HEMINGWAY, ERNEST *Der alte Mann und das Meer*. Sonderausgabe. Deutsch von Annemarie Horschitz-Horst. Schutzumschlag- und Einbandentwurf von Werner Rebhuhn.

HEMINGWAY, ERNEST *Vier Stories aus dem spanischen Bürgerkrieg*. Deutsch von Richard K. Flesch und Harry Rowohlt. Schutzumschlag- und Einbandentwurf von Werner Rebhuhn.

HERRIOT, JAMES *Der Tierarzt kommt*. Deutsch von Helmut Kossodo. Umschlagzeichnung von Brian Knight. Schriftgestaltung des Schutzumschlages und Einbandentwurf von Werner Rebhuhn.

HOCHHUTH, ROLF *Juristen*. Drei Akte für sieben Spieler. Umschlagentwurf Werner Rebhuhn.

HOCHHUTH, ROLF *Tell 38*. Dankrede für den Basler Kunstpreis 1976 am 2. Dezember in der Aula des Alten Museums. Anmerkungen und Dokumente. Umschlagentwurf Werner Rebhuhn.

IRVING, JOHN *Garp und wie er die Welt sah*. Roman. Deutsch von Jürgen Abel. Schutzumschlag- und Einbandentwurf von Werner Rebhuhn.

[KEIL, HARTMUT] *Sind oder waren Sie Mitglied?* Verhörprotokolle über unamerikanische Aktivitäten 1947–1956. Herausgegeben von Hartmut Keil. Aus dem Amerikanischen von Anita Eichholz, Thomas Piltz, Ruth Seifert, Christian Täubrich, Mylène Winkler. = das neue buch. Band 131.

KOMAROW, BORIS *Das große Sterben am Baikalsee*. Der geheime Bericht eines hohen Funktionärs über die Umweltkrise der Sowjetunion. Aus dem Russischen von Anne Herbst-Oltmanns. Umschlagentwurf Werner Rebhuhn.

KOTHARI, MANU L. und MEHTA, LOPA A. *Ist Krebs eine Krankheit?* Vom leidbringenden Mißverständnis der Krebsbehandlung. Mit einem Vorwort von Frederic Vester. Deutsch von Ullrich Schwarz. Umschlagentwurf Werner Rebhuhn.

-KY *Kein Reihenhaus für Robin Hood*. Ein Kriminalroman.

LEDERER, JIŘÍ *Tschechische Gespräche*. Schriftsteller geben Antwort. Ludvík Vaculík, Václav Havel, Pavel Kohout, Jiří Hanzelka und Miroslav Zikmund, Ivan Klíma, Pavel Landovský, Jiří Kolář, Jiří Gruša, Petr Chudožilov, Eva Kantouková, Frantisek Pavlicek, Josef Topol, Mojmír Klánský, Karol Sidon, Alexandr Kliment. Mit Beiträgen von Michaela Seiffe und Werner Paul. Übersetzt von Gabriel Laub, Hans Gaertner, Rudi Voigt, Marianne Pasetti-Swoboda, Ilse Löffer, Reiner Kunze. Umschlagentwurf Manfred Waller.

*Literaturmagazin 10*. Vorbilder. = das neue buch. Band 119.

*Literaturmagazin 11*. Schreiben oder Literatur. = das neue buch. Band 129.

LOWRY, MALCOLM *Hör uns, o Herr, der Du im Himmel wohnst*. Erzählungen. Deutsch von Susanna Rademacher. Durchsicht der nautischen Fachausdrücke von Ernst Schnabel. = das neue buch. Band 121.

LYNCH, JAMES L. *Das gebrochene Herz*. Deutsch von Jürgen Abel. Umschlagentwurf Werner Rebhuhn.

MALPASS, ERIC *Und der Wind bringt den Regen*. Roman. Deutsch von Anne Uhde. Schutzumschlag- und Einbandentwurf von Eva Kausche-Kongsbak.

MANDER, JERRY *Schafft das Fernsehen ab!* Eine Streitschrift gegen das Leben aus zweiter Hand. Deutsch von Walle Bengs. Umschlagentwurf Werner Rebhuhn.

MARTIN, HANSJÖRG *Dein Mord in Gottes Ohr*. Ein Kriminalroman.

MATTHIES, FRANK-WOLF *Morgen*. Gedichte und Prosa. = das neue buch. Band 122.

MCNEILL, ELIZABETH *Neun Wochen und drei Tage*. Erinnerungen an eine Liebeserfahrung. Deutsch von Kai Molvig. Schutzumschlagentwurf Manfred Waller.

*Miau, Miau, Miau*. Katzengedichte, Katzenbilder, Katzengeschichten. Mit (16) Zeichnungen von Leonardo da Vinci, T.-A. Steinlen, Felix Valloton, Paul Cézanne, Gottfried Mind, Olaf Gulbransson,

Pierre Bonnard, Rudyard Kipling, Ronald Searle, Hiroshige, Jean-Antoine Watteau, John Tenniel. Zusammenstellung Hans Georg Heepe. Übersetzungen von Erich Kästner, Erna Redtenbacher und Helena M. Reiff, W. Graf Kalckreuth, Annemarie Horschitz-Horst, Günter Eichel, Carl Zuckmayer, Carlo Schmid, Werner Bökenkamp, Hans Georg Heepe. Farbiges Umschlagbild «Ausgestreckte Katze» von Théophile-Alexander Steinlen. = Nachttischbändchen.

MOODY, RAYMOND A. *Lachen und Leiden.* Über die heilende Kraft des Humors. Aus dem Amerikanischen von Gustav Kilpper. Umschlagentwurf Werner Rebhuhn.

MORRISON, TONI *Solomons Lied.* Roman. Deutsch von Angela Praesent. Schutzumschlag- und Einbandentwurf von Werner Rebhuhn.

NABOKOV, VLADIMIR *Sieh doch die Harlekins!* Roman. Deutsch von Uwe Friesel. Schutzumschlag- und Einbandentwurf von Werner Rebhuhn.

PARSI, MARIA RITA *Abfall.* Marco und Maria, zwei Jugendliche aus dem Großstadtghetto, erzählen ihre Geschichte. Aus dem Italienischen von Pieke Biermann. Mit einem Nachwort von Pieke Biermann und Marina Cattaruzza. Umschlagzeichnung von Pablo Echaurren. Umschlagtypographie von Manfred Waller.

PATERSON, NEIL *Wettfahrt nach China.* Die Biographie meiner Urgroßmutter. Mit (16) Zeichnungen von Büttner & Plümacher. Ins Deutsche übertragen von Nelly Harriet Reimers. Schutzumschlag- und Einbandentwurf Büttner & Plümacher. = Nachttischbändchen.

PHILIPE, ANNE *Ein Sommer am Meer.* Roman. Deutsch von Rita und Edmond Lutrand. Schutzumschlag- und Einbandentwurf von Werner Rebhuhn.

PISAR, SAMUEL *Das Blut der Hoffnung.* Deutsch von Jürgen Abel. Umschlagentwurf Werner Rebhuhn.

PIWITT, HERMANN PETER *Die Gärten im März.* Roman. Schutzumschlag- und Einbandentwurf von Werner Rebhuhn.

[PROSS, HELGE (HG.)] *Familie – wohin?* Leistungen, Leistungsdefizite und Leistungswandlungen der Familien in hochindustrialisierten Gesellschaften. Umschlagentwurf Werner Rebhuhn.

RAVERA, LIDIA *Die Zeit totschlagen.* Aus dem Italienischen von Pieke Biermann. Umschlagbild Pablo Echaurren. Umschlagtypographie Manfred Waller.

REGENASS, RENÉ *Porträt eines Portiers.* Erzählung. = das neue buch. Band 125.

RICHTER, HORST E. *Der Gotteskomplex.* Die Geburt und die Krise des Glaubens an die Allmacht des Menschen. Umschlagentwurf Werner Rebhuhn.

RÜHMKORF, PETER *Haltbar bis Ende 1999.* Gedichte. Porträtzeichnung und Umschlagbild von Horst Janssen.

SATYANANDA, SWAMI (JÖRG ANDREES ELTEN) *Ganz entspannt im Hier und Jetzt.* Tagebuch über mein Leben mit Bhagwan in Poona. Umschlagentwurf Manfred Waller.

SCHENKER, WALTER *Professor Gifter.* Roman. Umschlagentwurf Werner Rebhuhn.

SCHUMACHER, E. F. *Rat für die Ratlosen.* Vom sinnerfüllten Leben. Deutsch von Karl A. Klewer und Robert A. Russell. Umschlagentwurf Werner Rebhuhn.

SEARLE, RONALD *Schneckereien.* Hundert graphische Phantasien über die Gastropoden. Farbiges Umschlagbild von Ronald Searle. = Nachttischbändchen.

SEUREN, GÜNTER *Die fünfte Jahreszeit.* Roman. Schutzumschlag- und Einbandentwurf von Werner Rebhuhn.

Saul Steinberg. Text von Harold Rosenberg. Deutsch von Dieter Schwarz. 274 Zeichnungen. Schutzumschlagentwurf R. D. Scudellari unter Verwendung von ‹Album› (Vorderseite) und ‹Gastgeberin-Maske› (Rückseite) von Saul Steinberg.

STOLLER, ROBERT J. *Perversion.* Die erotische Form von Haß. Aus dem Amerikanischen von Maria Poelchau unter wissenschaftlicher Beratung von Antje Haag. Umschlagentwurf Werner Rebhuhn.

WALTER, OTTO F. *Wie wird Beton zu Gras.* Fast eine Liebesgeschichte. Umschlagentwurf Berndt Höppner.

WEISBACH, CHRISTIAN / EBER-GÖTZ, MONIKA / EHRESMANN, SIMONE *Zuhören und Verstehen.* Eine praktische Anleitung mit Übungen. Umschlagentwurf Werner Rebhuhn.

WINKLER, HANS GÜNTHER *Springreiten.* Farbfotos von Horst Lichte. Mit 62 Fotos. Schutzumschlag- und Einbandentwurf von Werner Rebhuhn.

WINN, MARIE *Die Droge im Wohnzimmer.* Aus dem Amerikanischen von Brigitte Stein. Umschlagentwurf Werner Rebhuhn, Karikatur auf der Umschlagrückseite von Rainer Hachfeld.

WINSOR, KATHLEEN *Rauher Osten – wilder Westen.* Roman. Sonderausgabe. Übersetzt von Gerda v. Uslar und Gisela Stege. Schutzumschlag- und Einbandentwurf von Manfred Waller.

## 1980

ARSAN, EMMANUELLE *Vanna.* Deutsch von Jürgen Abel. Umschlagentwurf Manfred Waller.

BAPPERT, LIESELOTTE *Arzt und Patient als Rechtsuchende.* Das Vertrags- und Haftungsrecht des Arztes in Grundsatzentscheidungen bundesdeutscher Gerichte 1969–1980. Umschlagentwurf Werner Rebhuhn.

BARTSCH, KURT *Wadzeck.* Roman. = das neue buch. Band 141.

BECKER, ULI *Der letzte Schrei.* Gedichte. = das neue buch. Band 144.

BECKMANN, DIETER und MARTENS, KLAUS *Star-Club.* 266 Seiten mit Schwarzweiß-Fotos und dem Original-Star-Club-Poster. Umschlagentwurf und Gesamtlayout Peter Hildebrand.

BEUYS, BARBARA *Familienleben in Deutschland.* Neue Bilder aus der deutschen Vergangenheit. Schutzumschlag und Einbandentwurf von Werner Rebhuhn.

BIERMANN, PIEKE *«Wir sind Frauen wie andere auch!»* Prostituierte und ihre Kämpfe. Umschlagentwurf Manfred Waller.

BOK, SISSELA *Lügen.* Vom täglichen Zwang zur Unaufrichtigkeit. Deutsch von Ullrich Schwarz. Umschlagentwurf Werner Rebhuhn.

BORN, NICOLAS *Die Welt der Maschine.* Aufsätze und Reden. Herausgegeben von Rolf Haufs. Umschlagentwurf Manfred Waller.

BRETÉCHER, CLAIRE *Die Frustrierten 4.* Deutsche Texte von Rita Lutrand und Wolfgang Mönninghoff. Umschlagentwurf Claire Bretécher.

BRINKMANN, ROLF DIETER *Standphotos.* Gedichte 1962–1970. Umschlagentwurf Manfred Waller. Umschlagillustrationen Berndt Höppner.

BROWN, RITA MAE *Jacke wie Hose.* Roman. Aus dem Amerikanischen von Margarete Längsfeld. Umschlagentwurf Isa Petrikat-Velonis.

CAMUS, ALBERT *Reisetagebücher.* Herausgegeben und mit einer Einführung von Roger Quilliot. Deutsch von Guido G. Meister. Schutzumschlag- und Einbandentwurf von Werner Rebhuhn.

CORMAN, AVERY *Kramer gegen Kramer.* Roman. Deutsch von Jürgen Abel. Schutzumschlag- und Einbandentwurf von Manfred Waller.

COTTONWOOD, JOE *Famous Potatoes.* Amerika querbeet. Roman. Aus dem Amerikanischen von Anna Kamp. Umschlagzeichnung David Myers, Heart Arts. Umschlagtypographie Manfred Waller.

COUSSE, RAYMOND *Meine Zwei-Schinken-Strategie.* Betrachtungen eines Schweins. Deutsch von Rita und Edmond Lutrand. Umschlagentwurf Werner Rebhuhn.

CRAVEN, MARGARET *Ich hörte die Eule, sie rief meinen Namen.* Roman. Sonderausgabe. Deutsch von Kai Molvig. Schutzumschlag- und Einbandentwurf von Werner Rebhuhn.

CRICHTON, ROBERT *Die Camerons.* Roman. Sonderausgabe. Deutsch von Hermann Stiehl. Schutzumschlag- und Einbandentwurf von Werner Rebhuhn.

DAHL, ROALD *Ich sehe was, was du nicht siehst.* Acht unglaubliche Geschichten. Deutsch von Sybil Gräfin Schönfeldt. Schutzumschlag- und Einbandentwurf von Jürgen Wulff.

DEFORGES, RÉGINE *Lola.* Erotische Variationen. Deutsch von Laureen Carnevale. Umschlagentwurf Manfred Waller.

DENNENY, MICHAEL *Lovers.* Zwei Männer und ihre Geschichte. Interviews mit Philip Gefter und Neil Alan Marks. Aus dem Amerikanischen von Pieke Biermann und Wolfgang Sebastian Baur. Mit 38 Schwarzweiß-Fotos. Umschlagentwurf Nora Sheehan / Manfred Waller.

DITTBERNER, HUGO *Ruhe hinter Gardinen.* Gedichte 1971–1980. = das neue buch. Band 140.

DURRELL, LAWRENCE *Livia oder Lebendig begraben.* Roman. Deutsch von Susanne Lepsius. Schutzumschlag- und Einbandentwurf von Werner Rebhuhn.

EDWARDS, MARK *Christiania.* Versuche, anders zu leben. Deutsch von Niko Hansen und Ulrich Schwarz. Mit 359 Schwarzweiß-Fotos und 34 Farbtafeln. Umschlagentwurf und Layout Dennis Bailey.

ELSNER, GISELA *Die Zerreißprobe.* Erzählungen. Umschlagentwurf Christian Chruxin.

ERLENBERGER, MARIA *Ich will schuld sein.* Eine Gedankensammlung. = das neue buch. Band 134.

FAST, HOWARD *Die Nachkommen.* Roman. Deutsch von Karl A. Klewer. Schutzumschlag- und Einbandentwurf von Werner Rebhuhn.

FRENCH, MARILYN *Das blutende Herz.* Roman. Deutsch von Cornelia Holfelder-v. d. Tann und Gesine Strempel. Schutzumschlag- und Einbandentwurf von Manfred Waller.

Frisé, Adolf *Plädoyer für Robert Musil.* Hinweise und Essays 1931 bis 1980. = das neue buch. Band 147.

Gardner, John Champlin *Oktoberlicht.* Deutsch von Hermann Stiehl. Schutzumschlag- und Einbandentwurf von Werner Rebhuhn.

Grosz, George *Ecce Homo.* Mit 84 Zeichnungen und 16 Aquarellen. = das neue buch. Band 145.

Hebrard, Frédérique *Das Leben beginnt im Frühling.* Roman. Deutsch von Brigitte Schenker. Schutzumschlag- und Einbandentwurf von Manfred Waller.

Hemleben, Johannes *Diesseits.* Vom Lesen im Buche der Natur. Ein Beitrag zu dem Thema: Naturanschauung und Christentum. Schutzumschlag- und Einbandentwurf von Werner Rebhuhn.

Hirsch, Fred *Die sozialen Grenzen des Wachstums.* Eine ökonomische Analyse der Wachstumskrise. Deutsch von Udo Rennert. Eine Studie des Twentieth Century Fund. Umschlagentwurf Werner Rebhuhn.

Hochhuth, Rolf *Ärztinnen.* 5 Akte. Umschlagentwurf Werner Rebhuhn.

Jelinek, Elfriede *Die Ausgesperrten.* Roman. Umschlagentwurf Christian Chruxin.

[König, Traugott] *Sartres Flaubert lesen.* Essays zu «Der Idiot der Familie». Herausgegeben von Traugott König. = das neue buch. Band 116.

Kreutzer, Leo *Mein Gott Goethe.* Essays. Mit 15 Schwarzweiß-Fotos. = das neue buch. Band 136.

Lange, Claudio *Rückkehr ins Exil* und andere Gedichte. = das neue buch. Band 133.

Lao She *Das Teehaus.* Schauspiel. Herausgegeben von Volker Klöpsch. Deutsch von Volker Klöpsch, Liu Jen-kai und Pai Ying-lin. Mit 23 Schwarzweiß-Szenenfotos. = das neue buch. Band 139.

*Literaturmagazin 12* (Sonderband). Nietzsche. = das neue buch. Band 135.

*Literaturmagazin 13.* Wie halten wir es mit dem Neuen? Innovation und Restauration im Zeichen einer vergangenen Zukunft. = das neue buch. Band 146.

Marcks, Marie *Reinbeker Bilderbogen 1.* 9 einfarbige und 1 zweifarbiges Poster im Wellpappkarton mit Klemmschiene. Typographische Gestaltung des Umschlagkartons Manfred Waller.

Matthies, Frank-Wolf *Unbewohnter Raum mit Möbeln.* Prosa. = das neue buch. Band 148.

Musil, Robert *Beitrag zur Beurteilung der Lehren Machs und Studien zur Technik und Psychotechnik.* Umschlagentwurf Werner Rebhuhn.

Musil, Robert *Briefe 1901–1942.* Mit Briefen von Martha Musil, Alfred Döblin, Efraim Frisch, Hugo von Hofmannsthal, Robert Lejeune, Thomas Mann, Dorothy Norman, Victor Zuckerkandl und anderen. *Band 1.* Herausgegeben von Adolf Frisé unter Mithilfe von Murray G. Hall. Schutzumschlag- und Einbandentwurf von Werner Rebhuhn.

Musil, Robert *Briefe 1901–1942. Kommentar, Register. Band 2.* Herausgegeben von Adolf Frisé unter Mithilfe von Murray G. Hall. Schutzumschlag- und Einbandentwurf von Werner Rebhuhn.

Musil, Robert *Drei Frauen.* Sonderausgabe. Schutzumschlag- und Einbandentwurf von Werner Rebhuhn.

NABOKOV, VLADIMIR *Durchsichtige Dinge*. Roman. Deutsch von Dieter E. Zimmer. Schutzumschlag- und Einbandentwurf von Werner Rebhuhn.

OBHOLZER, KARIN *Gespräche mit dem Wolfsmann*. Eine Psychoanalyse und die Folgen. Umschlagentwurf Werner Rebhuhn. Umschlagfoto Karin Obholzer.

OLTMANNS, REIMAR *Du hast keine Chance, aber nutze sie*. Eine Jugend steigt aus. Umschlagentwurf Hannes Jähn.

PEARCE, MARY E. *Apfelbaum, neig deine Zweige*. Roman. Deutsch von Hermann Stiehl. Umschlagbild Brian Knight. Typographie für Umschlag und Einband Werner Rebhuhn.

RICHTER, HORST E. *Lernziel: Verantwortung für den Nächsten*. Festrede anläßlich der Verleihung des Theodor-Heuss-Preises am 1. März 1980 in München. – Privatdruck.

RODRIAN, IRENE *Schlaf, Bübchen, schlaf*. Ein Kriminalroman.

SANDERS, LAWRENCE *Die zweite Todsünde*. Roman. Deutsch von Werner Peterich. Schutzumschlag- und Einbandentwurf von Werner Rebhuhn.

SARTRE, JEAN-PAUL *Der Idiot der Familie*. (Band 5). Gustave Flaubert 1821–1857. *IV. Objektive und subjektive Neurose*. Deutsch von Traugott König. = das neue buch. Band 132.

SAVIANE, CATERINA *Verlorene Stunden*. Leben mit sechzehn. Aus dem Italienischen von Sigrid Vagt. Umschlaggestaltung Manfred Waller. Umschlagfoto Silvio Coppola.

SCHÄDLICH, HANS JOACHIM *Der Sprachabschneider*. Mit Zeichnungen von Amelie Glienke. Einbandzeichnung von Amelie Glienke.

SCHENK, JOHANNES *Für die Freunde an den Wasserstellen*. Gedichte. = das neue buch. Band 137.

SCHMIDBAUER, WOLFGANG *Alles oder nichts*. Über die Destruktivität von Idealen. Umschlagentwurf Werner Rebhuhn.

SCHUMACHER, E. F. *Das Ende unserer Epoche*. Reden und Aufsätze. Deutsch von Karl A. Klewer. Umschlagentwurf Werner Rebhuhn.

SCHUMANN, HANNA ELISABETH *Gezielt helfen*. Pragmatische Sozialtherapie. Umschlagentwurf Werner Rebhuhn.

SEARLE, RONALD *Die Mädchen von Montmartre und St. Pauli*. Vorwort von Roland Topor. 80 Seiten Schwarzweiß-Zeichnungen. Auswahl und Gestaltung Ronald Searle.

SEIDE, ADAM *Im Zustand wie gesehen*. Roman. Umschlagentwurf Ulf Herholz.

SELBY, HUBERT *Der Dämon*. Roman. Deutsch von Kai Molvig. Schutzumschlag- und Einbandentwurf von Dieter Ziegenfeuter.

SEUREN, GÜNTER *Abschied von einem Mörder*. Erzählung. = das neue buch. Band 142.

SHAW, IRWIN *Gott war hier, aber er ist schon wieder fort*. Erzählungen. Deutsch von Ursula Bahn und Karin Polz. Schutzumschlag- und Einbandentwurf von Werner Rebhuhn.

SIEBIG, KARL *«Ich geh' mit dem Jahrhundert mit»*. Ernst Busch. Eine Dokumentation. Mit 100 Schwarzweiß-Fotos und Abbildungen. = das neue buch. Band 149.

SIEMS, MARTIN *Coming out*. Hilfen zur homosexuellen Emanzipation. Umschlagentwurf Werner Rebhuhn. Illustrationen von Irmtraut Teltau.

THEOBALDY, JÜRGEN *Schwere Erde,*

*Rauch*. Gedichte. = das neue buch. Band 143.

TOWNSEND, PETER *Und wer rettet die Kinder*. Aus dem Englischen von Michael Venzky-Stalling. Schutzumschlag- und Einbandentwurf von Werner Rebhuhn.

VAILLANT, GEORGE E. *Werdegänge*. Erkenntnisse der Lebenslauf-Forschung. Deutsch von Lieselotte Mietzner. Umschlagentwurf Werner Rebhuhn.

VARGAS LLOSA, MARIO *Die ewige Orgie*. Flaubert und ‹Madame Bovary›. Deutsch von Maralde Meyer-Minnemann. = das neue buch. Band 138.

WALLECHINSKY, DAVID / WALLACE, IRVING & AMY *Rowohlts Bunte Liste*. Verantwortlich für die deutschen Beiträge: Christine Brinck. Übersetzung und Redaktion: Niko Hansen, Christine Brinck, Jens Petersen. Mit 58 Abbildungen. Umschlagentwurf Werner Rebhuhn.

WERREMEIER, FRIEDHELM *Trimmel und Isolde*. Ein Kriminalroman.

## 1981

BALDWIN, JAMES *Zum Greifen nah*. Roman. Deutsch von Thomas Lindquist. Schutzumschlag- und Einbandentwurf von Werner Rebhuhn.

BENARD, CHERYL und SCHLAFFER, EDIT *Liebesgeschichten aus dem Patriarchat*. Von der übermäßigen Bereitschaft der Frauen, sich mit dem Vorhandenen zu arrangieren. Umschlagentwurf Manfred Waller. Zeichnung Claire Bretécher.

BEYSE, JOCHEN *Der Ozeanriese*. Roman. = das neue buch. Band 161.

BRETÉCHER, CLAIRE *Die Frustrierten 5*. Deutsche Texte von Rita Lutrand und Wolfgang Mönninghoff. Umschlagentwurf Claire Bretécher.

CARTER, ANGELA *Sexualität ist Macht*. Die Frau bei de Sade. Aus dem Englischen von Lieselotte Mietzner. Umschlagbild Detail aus «Voyeuse» von Clovis Trouille / Umschlagtypographie Manfred Waller.

CHATWIN, BRUCE *In Patagonien*. Deutsch von Anna Kamp. Schutzumschlag- und Einbandentwurf von Werner Rebhuhn.

CLARK, T. J. (TIMOTHY J.) *Der absolute Bourgeois*. Künstler und Politik in Frankreich. 1848 bis 1851. Deutsch von Jürgen Abel. Mit 54 Seiten Schwarzweiß-Abbildungen. = das neue buch. Band 150.

CORMAN, AVERY *Ein Mann steigt aus*. Roman. Deutsch von Emil Bastuk. Schutzumschlag- und Einbandentwurf von Manfred Waller.

COUSINS, NORMAN *Der Arzt in uns selbst*. Anatomie einer Krankheit aus der Sicht des Betroffenen. Mit einer Einleitung von René Dubos. Aus dem Amerikanischen von Klaus Schomburg und Sylvia M. Schomburg-Scherff. Umschlagentwurf Werner Rebhuhn.

CRICHTON, MICHAEL *Expedition Kongo*. Roman. Deutsch von Karl A. Klewer. Umschlagentwurf Gil Funccius.

DAHL, ROALD *Charlie und die Schokoladenfabrik*. Mit Bildern von Joseph Schindelman. Ins Deutsche übersetzt von Inge M. Artl. Die Verse übersetzte Hans Georg Lenzen. Mit 58 Bildern im Text. Umschlagbild von Hans Poppel.

DAHL, ROALD *Onkel Oswald und*

*der Sudan-Käfer.* Eine haarsträubende Geschichte. Deutsch von Sybil Gräfin Schönfeldt. Schutzumschlag- und Einbandentwurf von Jürgen Wulff.

DAHL, ROALD *Die Zwicksstehenkopf.* Aus dem Englischen von Charles Schüddekopf. Mit Illustrationen von Quentin Blake. Schutzumschlagbild von Quentin Blake.

DAVIDSON, LIONEL *Unter dem Pflaumensee.* Eine Fantasie. Deutsch von Karin Polz. Illustrationen und Umschlagbild von Mike Wilks.

DELIUS, FRIEDRICH CHRISTIAN *Ein Held der inneren Sicherheit.* Roman. = das neue buch. Band 153.

DITTBERNER, HUGO *Die gebratenen Tauben.* Erzählungen. = das neue buch. Band 154.

DRIEST, BURKHARD *Mann ohne Schatten.* Roman. Umschlagentwurf Manfred Waller.

EFFEL, JEAN *Das Liebesleben von Adam und Eva* erforscht in 110 Bildern. Farbiges Umschlagbild von Jean Effel.

ELKIN, STANLEY *Himmel und Hölle.* Auch eine Göttliche Komödie. Deutsch von Charlotte Franke. Umschlagentwurf Birgit Rieger.

EPPLER, ERHARD *Wege aus der Gefahr.* Umschlagentwurf Manfred Waller.

D'ERAMO, LUCE *Der Umweg.* Roman. Deutsch von Sarah Michel. Umschlagentwurf Werner Rebhuhn.

ERLENBERGER, MARIA *Singende Erde.* Ein utopischer Roman. Umschlagentwurf Dieter Ziegenfeuter.

FAST, HOWARD *Die Arrivierten.* Roman. Deutsch von Karl A. Klewer. Schutzumschlag- und Einbandentwurf von Werner Rebhuhn.

FUCHS, JÜRGEN *Pappkameraden.* Gedichte. = das neue buch. Band 152.

GALLAS, HELGA *Das Textbegehren des ‹Michael Kohlhaas›.* Die Sprache des Unbewußten und der Sinn der Literatur. = das neue buch. Band 162.

GALLOWAY, DAVID und SABISCH, CHRISTIAN (HG.) *Calamus.* Männliche Homosexualität in der Literatur des 20. Jahrhunderts. Eine Anthologie. Umschlagbild Douglas James Johnson. Umschlagtypographie Manfred Waller.

GEDGE, PAULINE *Die Herrin vom Nil.* Roman einer Pharaonin. Deutsch von Ulla H. de Herrera. Schutzumschlag- und Einbandentwurf von Werner Rebhuhn.

GENAZINO, WILHELM *Die Ausschweifung.* Roman. Umschlagentwurf Ralf Buckendahl.

GUEST, JUDITH *Eine ganz normale Familie.* Roman. Sonderausgabe. Deutsch von Karin Polz. Schutzumschlag- und Einbandentwurf von Werner Rebhuhn.

HINCK, WALTER (HG.) *Rolf Hochhuth – Eingriff in die Zeitgeschichte.* Essays zum Werk. Umschlagentwurf Werner Rebhuhn.

ICKSTADT, HEINZ (HG.) *Ordnung und Entropie.* Zum Romanwerk von Thomas Pynchon. = das neue buch. Band 113.

JAFFE, RONA *Die Schulfreundinnen.* Roman. Deutsch von Margarete Längsfeld. Schutzumschlag- und Einbandentwurf von Werner Rebhuhn.

KINER, FERRUCCIO *Romanzo Comico.* Leonello und Pino und die ganz spontane Kultur-Guerilla. Aus dem Italienischen von Pieke Biermann. Umschlagzeichnung Dietrich Lange. Umschlagtypographie Manfred Waller.

LAZARRE, JANE *Über die Liebe zu*

*Männern*. Deutsch von Jutta Rosbach. Umschlagentwurf Werner Rebhuhn.

LINDER, CHRISTIAN *Die Träume der Wunschmaschine*. Essays über Hans Magnus Enzensberger, Max Frisch, Alexander Kluge, Peter Weiss und Dieter Wellershoff. = das neue buch. Band 163.

*Literaturmagazin 14*. Die Literatur blüht im Tag. Gespräche – Essays – Neue Prosa und Lyrik. = das neue buch. Band 156.

LOVINS, AMORY B. / LOVINS, L. HUNTER *Atomenergie und Kriegsgefahr*. Deutsch von Karl A. Klewer. Umschlagentwurf Werner Rebhuhn.

LOWRY, MALCOLM *Oktoberfähre nach Gabriola*. Roman. Herausgegeben von Margerie Lowry. Deutsch von Susanna Rademacher. Mit einer Einleitung von Wolf Wondratschek. = das neue buch. Band 157.

LÜTH, PAUL *Gerechtigkeit ohne Gericht*. Über das Denkbare und das Machbare. Umschlagentwurf Werner Rebhuhn.

MALPASS, ERIC *Liebe blüht zu allen Zeiten*. Roman. Deutsch von Anne Uhde. Schutzumschlag- und Einbandentwurf von Eva Kausche-Kongsbak.

MARTIN, HANSJÖRG *Das Zittern der Tenöre*. Ein Kriminalroman.

MATTHIES, FRANK-WOLF *Für Patricia im Winter*. Gedichte. = das neue buch. Band 160.

MINER, ROBERT *Danke, den Kindern geht's gut*. Roman. Deutsch von Margarete Längsfeld. Schutzumschlag- und Einbandentwurf von Werner Rebhuhn. Umschlagbild Claire Bretécher.

MOSLER, PETER *Die vielen Dinge machen arm*. Umschlagentwurf Manfred Waller.

MÜLLER-HEGEMANN, DIETFRIED *Autogene Psychotherapie*. Weiterentwicklungen des Autogenen Trainings. Umschlagentwurf Werner Rebhuhn.

MUSIL, ROBERT *Briefe 1901–1942*. Herausgegeben von Adolf Frisé unter Mithilfe von Murray G. Hall. Vorwort. – Privatdruck.

MUSIL, ROBERT *Der Mann ohne Eigenschaften*. Roman. Herausgegeben von Adolf Frisé. Nachwort. – Privatdruck.

MUSIL, ROBERT *Der Mann ohne Eigenschaften*. Roman. *Band 1:* Erstes und Zweites Buch. Herausgegeben von Adolf Frisé. Sonderausgabe. Dünndruckausgabe. Schutzumschlag- und Einbandentwurf von Werner Rebhuhn.

MUSIL, ROBERT *Der Mann ohne Eigenschaften*. Roman. *Band 2:* Aus dem Nachlaß. Herausgegeben von Adolf Frisé. Sonderausgabe. Dünndruckausgabe. Schutzumschlag- und Einbandentwurf von Werner Rebhuhn.

PYNCHON, THOMAS *Die Enden der Parabel*. Gravity's Rainbow. Roman. Dünndruck. Deutsch von Elfriede Jelinek und Thomas Piltz. = das neue buch. Band 112.

RANKE-GRAVES, ROBERT VON *Die Götter Griechenlands*. Die klassischen Mythen und Sagen. Autorisierte deutsche Übersetzung von Hugo Seinfeld unter Mitwirkung von Boris von Borresholm. Textredaktion für diese Ausgabe von John Buchanan-Brown. Mit zahlreichen farbigen und s/w Abb. Schutzumschlag- und Einbandentwurf von Werner Rebhuhn.

RICHTER, HORST E. *Alle redeten vom Frieden*. Versuch einer paradoxen Intervention. Umschlagentwurf Werner Rebhuhn.

ROBBINS, TOM *sogar cowgirls kriegen mal blues*. Roman. Aus dem Amerikanischen von Thomas

Lindquist. Umschlagbild Tilman Michalski. Umschlagtypographie Manfred Waller.

RÜHMKORF, PETER *agar agar – zaurzaurim*. Zur Naturgeschichte des Reims und der menschlichen Anklangsnerven. Mit 7 Abbildungen. Umschlagbild und Textillustrationen vom Autor. Typographie des Umschlags Manfred Waller.

SARTRE, JEAN-PAUL *Der Ekel*. Roman. Sonderausgabe. Mit einem Anhang, der die in der ersten französischen Ausgabe vom Autor gestrichenen Passagen enthält. Deutsch von Uli Aumüller. Schutzumschlag- und Einbandentwurf von Werner Rebhuhn.

SCHENKER, WALTER *Anaxagoras oder Der Nord-Süd-Konflikt*. Die Zwölf Bücher des Anaxagoras. Historisch-kritische Edition von Konstantinos Lampsides. Umschlagentwurf Werner Rebhuhn.

SCHLESAK, DIETER *Weiße Gegend – Fühlt die Gewalt in diesem Traum*. Gedichte. = das neue buch. Band 155.

SCHMIDBAUER, WOLFGANG *Die Ohnmacht des Helden*. Unser alltäglicher Narzißmus. Umschlagentwurf Werner Rebhuhn.

SELBY, HUBERT *Requiem für einen Traum*. Roman. Deutsch von Kai Molvig. Schutzumschlag- und Einbandentwurf von Dieter Ziegenfeuter.

SERRES, MICHEL *Carpaccio*. Ästhetische Zugänge. Deutsch von Ulrich Raulff. = das neue buch. Band 158.

STALDER, HEINZ *Das schweigende Gewicht*. Erzählung. = das neue buch. Band 159.

STEADMAN, RALPH *Sigmund Freud*. Übertragen von Dr. Giovanni Laudatore. Mit 71 Illustrationen. Umschlagentwurf Ralph Steadman.

TAUSCH, ANNE-MARIE *Gespräche gegen die Angst*. Krankheit – ein Weg zum Leben. Umschlagentwurf Werner Rebhuhn.

THEOBALDY, JÜRGEN *Spanische Wände*. Roman. Umschlagentwurf Christian Chruxin.

TUCHOLSKY, KURT *Wo kommen die Löcher im Käse her?* Glossen und Grotesken. (29) Zeichnungen von Werner Klemke. Zusammenstellung H. G. Heepe. Farbiges Umschlagbild Werner Klemke. = Nachttischbändchen.

UPDIKE, JOHN *Der Coup*. Roman. Deutsch von Jürgen Abel. Schutzumschlag- und Einbandentwurf von Werner Rebhuhn.

WALLACE, IRVING / WALLACE, AMY / WALLECHINSKY, DAVID / WALLACE, SYLVIA *Rowohlts indiskrete Liste*. Ehen, Verhältnisse, Amouren und Affären berühmter Frauen und Männer. Deutsch von Gitta Joost, Gustav Kilpper, Fritz Lehmann und Brigitte Westermeier. Umschlagentwurf Nikolaus Jungwirth.

WHITE, EDMUND *Notturno für den König von Neapel*. Roman. Deutsch von Manfred Ohl und Hans Sartorius. Schutzumschlag- und Einbandentwurf von Werner Rebhuhn.

ZAROULIS, NANCY *Und sie nannten das Dunkel licht*. Roman. Deutsch von Hermann Stiehl. Umschlagbild von Giovanni Mulazzani. Umschlagtypographie Manfred Waller.

ZUKAV, GARY *Die tanzenden Wu Li Meister*. Der östliche Pfad zum Verständnis der modernen Physik. Aus dem Amerikanischen von Fritz Lahmann. Schutzumschlag- und Einbandentwurf von Werner Rebhuhn.

## 1982

BAHR, EGON *Was wird aus den Deutschen?* Fragen und Antworten. Die Fragen an Egon Bahr stellten Günter Geschke und Ingke Brodersen. Umschlagentwurf Manfred Waller.

BECKER, ULI *Daß ich nicht lache.* Gedichte. Umschlagentwurf Konrad v. Homeyer.

BEUYS, BARBARA *Und wenn die Welt voll Teufel wär.* Luthers Glaube und seine Erben. Schutzumschlag- und Einbandentwurf von Werner Rebhuhn.

[BOND, SIMON] *Was tun mit toten Katzen?* 101 praktische Anregungen von Simon Bond. Zeichnungen. Umschlaggestaltung Simon Bond und Manfred Waller (Typographie).

BRANDEN, NATHANIEL *Verliebt fürs ganze Leben.* Psychologie der Zärtlichkeit. Deutsch von Lieselotte Mietzner. Schutzumschlag- und Einbandentwurf von Werner Rebhuhn.

BRETÉCHER, CLAIRE *Die eilige Heilige.* Deutsche Texte von Rita Lutrand. Umschlagentwurf Claire Bretécher.

BRINKMANN, ROLF DIETER *Der Film in Worten.* Prosa, Erzählungen, Essays, Hörspiele, Fotos, Collagen. Umschlagentwurf Rambow, Lienemeyer, van de Sand.

CARTER, ANGELA *Blaubarts Zimmer.* Märchen aus der Zwischenwelt. Deutsch von Sybil Gräfin Schönfeldt. Die Erzählung «Der Werwolf» wurde von Gudula Lorez übersetzt. Umschlagzeichnung Christine Bassery. Typographie für Umschlag und Einband von Manfred Waller.

CHATWIN, BRUCE *Der Vizekönig von Ouidah.* Deutsch von Anna Kamp. Umschlag- und Einbandentwurf von Werner Rebhuhn.

CZURDA, ELFRIEDE *Diotima oder Die Differenz des Glücks.* Prosa. = das neue buch. Band 165.

DAHL, ROALD *Kuschelmuschel.* Vier erotische Überraschungen. Sonderausgabe. Deutsch von Jürgen Abel, Werner Gronwald und Gisela Stege. Schutzumschlag- und Einbandentwurf von Jürgen Wulff.

DAHL, ROALD *Das Wundermittel.* Deutsch von Karin Polz. Umschlagbild Quentin Blake. Typographie für den Schutzumschlag Manfred Waller.

DOCTOROW, E. L. *Ragtime.* Roman. Sonderausgabe zum Film von Milos Forman. Deutsch von Angela Praesent. Schutzumschlag- und Einbandentwurf von Werner Rebhuhn.

DOCTOROW, E. L. *Sterntaucher.* Roman. Deutsch von Jürgen Abel. Schutzumschlag- und Einbandentwurf von Klaus Detjen.

DURRELL, GERALD *Der Spottvogel.* Roman. Deutsch von Charlotte Franke. Schutzumschlag- und Einbandentwurf von Reinhold Barsuhn.

EDWARDS, BETTY *Garantiert zeichnen lernen.* Das Geheimnis der rechten Hirn-Hemisphäre und die Befreiung unserer schöpferischen Gestaltungskräfte. Deutsch von Modeste zur Nedden. Umschlagentwurf Werner Rebhuhn.

EISFELD, DIETER *Karriere. Lohnt sich das?* Umschlagentwurf Hans Hillmann.

ELEGANT, ROBERT S. *Mandschu.* Roman. Deutsch von Margaret Carroux. Umschlagbild Tony Chen. Typographie für Schutzumschlag und Einband Manfred Waller.

ELLIOTT, SUMNER LOCKE *Die Wasser unter der Brücke.* Roman. Deutsch von Gisela Kirberg. Schutzumschlag- und Einbandentwurf von Werner Rebhuhn.

ELSNER, GISELA *Abseits.* Roman. Umschlagbild Ralf Buckendahl. Umschlagtypographie Manfred Waller.

ENDRES, RIA *Milena antwortet.* Ein Brief. Schutzumschlag- und Einbandentwurf von Klaus Detjen.

D'ERAMO, LUCE *Gruppe ZERO.* Roman. Deutsch von Evalouise Panzner. Schutzumschlag- und Einbandentwurf von Hannes Jähn.

ERLENBERGER, MARIA *Hoffnung auf Erinnern.* Erzählung. = das neue buch. Band 171.

FLICKENSCHILDT, ELISABETH *Pony und der liebe Gott.* Geschichten aus dem Nachlaß. Herausgegeben von Rolf Badenhausen. (15) Zeichnungen von Wilhelm M. Busch. Umschlagbild Wilhelm M. Busch. Umschlagtypographie Manfred Waller. = Nachttischbändchen.

FRIEDAN, BETTY *Der zweite Schritt.* Ein neues feministisches Manifest. Deutsch von Cornelia Holfelder-v. d. Tann und Anna Kamp. Umschlagentwurf Werner Rebhuhn.

HEMMINGER, HANSJÖRG *Kindheit als Schicksal?* Die Frage nach den Langzeitfolgen frühkindlicher seelischer Verletzungen. Umschlagentwurf Werner Rebhuhn.

HERRIOT, JAMES *Von Zweibeinern und Vierbeinern.* Neue Geschichten vom Tierarzt. Deutsch von Ursula Bahn. Schutzumschlag- und Einbandentwurf von Manfred Waller.

HOCHHUTH, ROLF *Räuber-Rede.* Drei deutsche Vorwürfe. Umschlagentwurf Werner Rebhuhn.

HOCHHUTH, ROLF *Spitze des Eisbergs.* Ein Reader. Herausgeber Dietrich Simon. Umschlagentwurf Werner Rebhuhn.

HÜTTENEGGER, BERNHARD *Die sanften Wölfe.* Roman. Schutzumschlagentwurf Klaus Detjen.

ILLICH, IVAN *Genus.* Zu einer historischen Kritik der Gleichheit. Deutsch von Günter Nenning. Umschlagentwurf Werner Rebhuhn.

KEPPEL, KARIN *John Lennon hat mir das Rauchen verboten.* Traumbuch einer Fünfzehnjährigen. Umschlagentwurf Michael Behr.

-KY *Feuer für den Großen Drachen.* Roman. Schutzumschlag- und Einbandentwurf von Manfred Waller.

KYBER, MANFRED *Das patentierte Krokodil.* Zeichnungen von Jan Brychta. Farbiges Umschlagbild von Jan Brychta. = Nachttischbändchen.

LANGE, HARTMUT *Die Selbstverbrennung.* Roman.

LAWRENCE, D. H. *Lady Chatterley.* Sonderausgabe zum Film mit Sylvia Kristel. Autorisierte Übertragung aus dem Englischen. Schutzumschlag- und Einbandentwurf von Werner Rebhuhn.

LAZARRE, JANE *Eine Art Unschuld.* Roman. Deutsch von Gesine Strempel. Schutzumschlag- und Einbandentwurf von Klaus Detjen.

LOWRY, MALCOLM *Ultramarin.* Roman. Deutsch von Helmut Schmitz. = das neue buch. Band 167.

MARCUS, MARIA *Die furchtbare Wahrheit.* Deutsch von Gisela Jensen. Umschlagentwurf Manfred Waller unter Verwendung des

Gemäldes «Jupiter und Thetis» von Ingres.

MATTENKLOTT, GERT *Der übersinnliche Leib.* Beiträge zur Metaphysik des Körpers. = das neue buch. Band 170.

MÜLLER, ERNST *Traumwüsten.* Ein Fortsetzungsroman. = das neue buch. Band 173.

PEARSON, DIANE *Csárdás.* Roman. Sonderausgabe. Deutsch von Margaret Carroux. Umschlagbild Brian Knight. Schutzumschlag- und Einbandentwurf von Werner Rebhuhn.

PEARSON, MICHAEL *Das Warenhaus.* Roman. Deutsch von Hermann Stiehl. Umschlag- und Einbandentwurf von Manfred Waller (Kolorierung Georg Meyer).

PETERS, UWE HENRIK *Hölderlin.* Wider die These vom edlen Simulanten. = das neue buch. Band 164.

POLGAR, ALFRED *Kleine Schriften. Band 1. Musterung.* Herausgegeben von Marcel Reich-Ranicki unter Mitarbeit von Ulrich Weinzierl. Schutzumschlag- und Einbandentwurf von Klaus Detjen.

PROSINGER, WOLFGANG *Laßt uns in Frieden.* Porträt einer Bewegung. Umschlagentwurf Hannes Jähn.

PROSS, HELGE *Was ist heute deutsch?* Wertorientierungen in der Bundesrepublik. Umschlagentwurf Werner Rebhuhn.

RAY, KAREN *Die Abtreibung.* Eine Liebesgeschichte. Deutsch von Gesine Strempel. Schutzumschlag- und Einbandentwurf von Werner Rebhuhn.

RICHTER, HORST E. *Zur Psychologie des Friedens.* Umschlagentwurf Werner Rebhuhn.

RIHOIT, CATHÉRINE *Die Debütantin oder Wie man das Leben beim Schwanz packt.* Deutsch von Anna Kamp. Umschlagbild Rainer W. Pflug. Umschlagtypographie Manfred Waller.

SAMPSON, ANTHONY *Die Geldverleiher.* Von der Macht der Banken und der Ohnmacht der Politik. Deutsch von Walle Bengs. Schutzumschlag- und Einbandentwurf von Werner Rebhuhn.

SARTRE, JEAN-PAUL *Saint Genet, Komödiant und Märtyrer.* Deutsche Erstausgabe. Deutsch von Ursula Dörrenbächer. Schutzumschlag- und Einbandentwurf von Werner Rebhuhn.

SARTRE, JEAN-PAUL *Die Transzendenz des Ego.* Philosophische Essays 1931–1939 (Erweiterte Neuausgabe). Herausgegeben und mit einem Nachwort von Bernd Schuppener. Deutsch von Uli Aumüller, Traugott König und Bernd Schuppener. Schutzumschlag- und Einbandentwurf von Werner Rebhuhn.

SCHMID, GEORG *Friedhof der Namenlosen.* Roman. = das neue buch. Band 168.

SCHMOECKEL, REINHARD *Die Hirten, die die Welt veränderten.* Der vorgeschichtliche Aufbruch der indoeuropäischen Völker. Schutzumschlag- und Einbandentwurf von Werner Rebhuhn.

SCHWARZER, ALICE *Mit Leidenschaft.* Texte 1968–1982. Umschlagentwurf Werner Rebhuhn.

SEUREN, GÜNTER *Der Angriff.* Erzählung. = das neue buch. Band 166.

SIMONTON, O. CARL / MATTHEWS-SIMONTON, STEPHANIE / CREIGHTON, JAMES *Wieder gesund werden.* Eine Anleitung zur Aktivierung der Selbstheilungskräfte für Krebspatienten und ihre Angehörigen. (Jedem Exemplar ist ein Übungsprogramm auf Ton-Cassette beigelegt.) Deutsch von

Modeste zur Nedden. Umschlagentwurf Werner Rebhuhn.

TUCHOLSKY, KURT *Unser ungelebtes Leben.* Briefe an Mary. Herausgegeben von Fritz J. Raddatz. Schutzumschlag- und Einbandentwurf von Klaus Detjen.

TWEEDIE, JILL *Die sogenannte Liebe.* Von den Zwängen der Zweisamkeit. Deutsch von Cornelia Holfelder-v. d. Tann. Umschlagentwurf Manfred Waller unter Verwendung des Gemäldes ‹Telephone› von Richard Lindner.

UPDIKE, JOHN *Der weite Weg zu zweit.* Szenen einer Liebe. Deutsch von Maria Carlsson, Inge Friederich, Karin Polz, Susanna Rademacher und Hermann Stiehl. Schutzumschlag- und Einbandentwurf von Werner Rebhuhn.

## 1983

1. Halbjahr

BEAUVOIR, SIMONE DE *Die Zeremonie des Abschieds und Gespräche mit Jean-Paul Sartre, August–September 1974.* Deutsch von Uli Aumüller und Eva Moldenhauer. Schutzumschlag- und Einbandentwurf von Klaus Detjen.

BIEGERT, CLAUS und WITTENBORN, RAINER *Der große Fluß ertrinkt im Wasser.* Umschlagentwurf Rainer Wittenborn.

BORN, NICOLAS *Gedichte.* Schutzumchlag- und Einbandentwurf von Klaus Detjen. – Jubiläumsbibliothek.

BRETÉCHER, CLAIRE *Die Mütter.* Deutsche Texte von Rita Lutrand und Wolfgang Mönninghoff. Umschlagentwurf Claire Bretécher.

BRINKMANN, ROLF DIETER *Erkundungen für die Präzisierung des Gefühls für einen Aufstand.* Träume – Aufstände / Gewalt / Morde – Zeit – Reise – Magazin (Tagebuch). = das neue buch. Band 169.

COMBE, ARNO *Alles Schöne kommt danach.* Die jungen Pädagogen – Lebensentwürfe und Lebensgeschichten. Umschlagentwurf Werner Rebhuhn.

DAHL, ROALD *Konfetti.* Ungemütliches + Ungezogenes. Deutsch von Barbara Uhl und Heinrich Maria Ledig-Rowohlt. Schutzumschlag- und Einbandentwurf von Hans Hillmann.

EPPLER, ERHARD *Die tödliche Utopie der Sicherheit.* Argumente für den Frieden. Umschlagentwurf Manfred Waller.

GROSS, LEONARD *Versteckt.* Wie Juden in Berlin die Nazi-Zeit überlebten. Schutzumschlag- und Einbandentwurf von Hannes Jähn.

HOCHHUTH, ROLF *Eine Liebe in Deutschland.* Schutzumschlag- und Einbandentwurf von Klaus Detjen. – Jubiläumsbibliothek.

JELINEK, ELFRIEDE *Die Klavierspielerin.* Roman. Schutzumschlag- und Einbandentwurf von Klaus Detjen.

KIPPHARDT, HEINER *Bruder Eichmann.* Schauspiel. Umschlagentwurf Klaus Detjen.

MALPASS, ERIC *Und doch singt die Amsel.* Roman. Deutsch von Susanne Lerche. Schutzumschlag- und Einbandentwurf von Eva Kausche-Kongsbak.

MORRISON, TONI *Teerbaby.* Roman. Deutsch von Uli Aumüller und Uta Goridis. Schutzumschlag- und Einbandentwurf von R. D. Scudelari und Manfred Waller.

MUSIL, ROBERT *Prosa und Stücke. Kleine Prosa. Aphorismen. Autobiographisches / Essays und Reden. Kritik.* Jubiläumsausgabe in

2 Bänden. Herausgegeben von Adolf Frisé. Schutzumschlag- und Einbandentwurf von Werner Rebhuhn.

NABOKOV, VLADIMIR *Ada oder Das Verlangen*. Deutsch von Uwe Friesel und Marianne Therstappen. Schutzumschlag- und Einbandentwurf von Klaus Detjen. – Jubiläumsbibliothek.

*Rowohlt Almanach* 2 zum 75jährigen Jubiläum des Verlages Hg. von H. M. Ledig-Rowohlt und H. G. Heepe. Mit einem Vorwort von Otto F. Walter. Umschlagentwurf Hans Hillmann.

RÜHMKORF, PETER *Der Hüter des Misthaufens*. Aufgeklärte Märchen. Schutzumschlag- und Einbandentwurf von Horst Janssen.

SARTRE, JEAN-PAUL *Die Wörter*. Deutsch und mit einer Nachbemerkung von Hans Mayer. Schutzumschlag- und Einbandentwurf von Klaus Detjen. – Jubiläumsbibliothek.

SCHMIDBAUER, WOLFGANG *Helfen als Beruf*. Die Ware Nächstenliebe. Umschlagentwurf Werner Rebhuhn.

SCHMIDT, MANFRED *Das schnellste Hotel der Welt*. Verschmidtstste Geschichten. Schutzumschlag- und Einbandentwurf von Manfred Waller und Georg Meyer unter Verwendung einer Zeichnung von Manfred Schmidt.

SCHWARZER, ALICE *Simone de Beauvoir heute*. Gespräche aus zehn Jahren. 1971–1982. Umschlagentwurf Werner Rebhuhn.

SOMMER-BODENBURG, ANGELA *Der kleine Vampir*. Alle vier Geschichten in einem Band. Bilder von Amelie Glienke. Schutzumschlag- und Einbandentwurf von Amelie Glienke.

SVEVO, ITALO *Die Geschichte vom guten alten Herrn und vom schönen Mädchen*. Deutsch von Piero Rismondo. Schutzumschlag- und Einbandentwurf von Klaus Detjen. – Jubiläumsbibliothek.

TAUSCH, REINHARD und ANNEMARIE *Wege zu uns selbst*. Umschlagentwurf Werner Rebhuhn unter Verwendung einer farbigen Zeichnung von Ralf Buckendahl.

THEOBALDY, JÜRGEN *Die Sommertour*. Gedichte. Umschlagentwurf Klaus Detjen.

TUCHOLSKY, KURT *Das Tucholsky-Chanson-Buch*. Texte und Noten. Umschlagentwurf Klaus Detjen.

UPDIKE, JOHN *Bessere Verhältnisse*. Roman. Deutsch von Barbara Henninges. Schutzumschlag- und Einbandentwurf von Hans Hillmann.

WALLECHINSKY, DAVID / WALLACE, AMY / WALLACE, IRVING *Rowohlts Liste der Weissagungen und Prognosen*. Deutsch von Gitta Joost. Umschlagentwurf Nikolaus Jungwirth und Horst Baerenz.

# *Rowohlt Theater-Verlag*
# *Notizen aus 25 Jahren*

1957 Ernst Rowohlt und Heinrich Maria Ledig-Rowohlt entschließen sich, ihrem Verlag eine Bühnen-Abteilung anzugliedern und übertragen Klaus Juncker, der bisher als Dramaturg in Düsseldorf und Wiesbaden tätig war, die Leitung des Rowohlt Theater-Verlages.
Es lagen zunächst vier Stücke vor, darunter Wolfgang Borcherts *Draußen vor der Tür* und Leo Tolstois *Krieg und Frieden* in der Bearbeitung von Erwin Piscator, Guntram Prüfer und Alfred Neumann.

1958 Unter den neuen Verlagsautoren befinden sich Dieter Meichsner (*Besuch aus der Zone*), Gerd Oelschlegel (*Romeo und Julia in Berlin*) und Erwin Sylvanus (*Korczak und die Kinder*).
Mit Harold Pinter wird auf Grund von zwei Einaktern – *Der stumme Diener* und *Das Zimmer* – ein Vertrag für die deutschsprachigen Rechte auch an seinen künftigen Stükken abgeschlossen.
An 6 Bühnen gemeinsam findet die deutsche Erstaufführung der *Modernen Nô-Spiele* von Yukio Mishima statt.
Heinz Hilpert inszeniert am Deutschen Theater in Göttingen Ulrich Bechers *Der Herr kommt aus Bahia*.

1959 In neuer und autorisierter Übertragung erscheint das dramatische Gesamtwerk von Albert Camus.
Die Tragikomödie *Der Schulfreund* von Johannes Mario Simmel wird beim Autoren-Wettbewerb des Nationaltheaters Mannheim preisgekrönt, von 18 Bühnen nachgespielt und später mit Heinz Rühmann verfilmt.

1959 bis 1963 Uraufführungen der drei Dramen *Sappho, Actis* und *Ein irischer Faust* von Lawrence Durrell am Deutschen Schauspielhaus in Hamburg in Inszenierungen von Gustaf Gründgens bzw. Oscar Fritz Schuh.

1962 Das Drama *Willkommen in Altamont* von Thomas Wolfe

wird am Schauspielhaus Zürich von Leopold Lindtberg als europäische Erstaufführung in Szene gesetzt.

1963 Erste Verbindung mit Václav Havel in Prag und Uraufführung von *Das Gartenfest*.

Rolf Hochhuths christliches Trauerspiel *Der Stellvertreter* kommt unter der Regie von Erwin Piscator an der Freien Volksbühne in Berlin zur Uraufführung und löst bis heute anhaltende, weltweite Diskussionen aus.

80 Inszenierungen in 26 Ländern. Buchauflage «Der Stellvertreter» über 500000 Exemplare.

«Das herausforderndste europäische Stück unserer Generation.» (Life, New York)

Kurt Tucholskys *Schloß Gripsholm* wird unter der Regie von Kurt Hoffmann verfilmt. Die Rolle des Ernst Rowohlt spielt Heinrich Maria Ledig-Rowohlt.

1964 Joe Orton in Hamburg anläßlich der deutschen Erstaufführung von *Seid nett zu Mr. Sloane* (Regie: Hans Lietzau).

Mit der Uraufführung von *Der Spleen des George Riley* am Hamburger Thalia-Theater kommt erstmalig ein Stück von Tom Stoppard auf die Bühne (Regie: Willy Maertens).

1965 Jean-Paul Sartre übergibt dem Rowohlt Theater-Verlag die Aufführungsrechte an allen seinen Stücken für die deutschsprachigen Länder.

Gleichzeitig wird das dramatische Gesamtwerk von Walter Hasenclever in das Verlagsprogramm aufgenommen. Hasenclevers Heiratsschwindler-Komödie *Ein besserer Herr* entwickelt sich zu einem festen Bestandteil des deutschen Bühnenrepertoires.

1966 Am Schauspielhaus Bochum wird Maximilian Schells Schauspiel *Herostrat* in der Inszenierung von Hans Schalla uraufgeführt.

Robert Musils Novelle *Die Verwirrungen des Zöglings Törleß* wird unter dem Titel ‹Der junge Törleß› verfilmt (Regie Volker Schlöndorff).

1967 Am Hamburger Thalia-Theater findet der deutsche Start von Alan Ayckbourns Komödie *Halbe Wahrheiten* statt, die von 59 Bühnen nachgespielt wird (Regie: Theo Lingen).

Das Wiener Burgtheater und das Berliner Schiller-Theater zeigen Tom Stoppards Schauspiel *Rosenkranz und Güldenstern*.

1968 Leon Epp inszeniert James Baldwins Schauspiel *Blues für Mr. Charlie* am Volkstheater in Wien.

1968 bis 1974 Nach den Romanen von Eric Malpass *Morgens um sieben ist die Welt noch in Ordnung, Wenn süß das Mondlicht auf den Hügeln schläft* und *Als Mutter streikte* entstehen Verfilmungen.

1969 Das einzige Theaterstück von Ernest Hemingway *Die fünfte Kolonne* kommt in Stuttgart und Wien zur Aufführung. Václav Havel erhält den «Österreichischen Staatspreis für Europäische Literatur».

1970 Der «Shakespeare-Preis der FVS-Stiftung» wird in Hamburg an Harold Pinter verliehen.

1971 *Die Augenbinde,* Schauspiel von Siegfried Lenz, am Düsseldorfer Schauspielhaus uraufgeführt, wird in einer Tournee mit Ewald Balser in 86 Städten gespielt.

1972 Peter Zadek nimmt am Schauspielhaus Bochum Thomas Valentins Dramatisierung des Kinderbuches *Die grüne Wolke* von A. S. Neill in den Spielplan.

1973 Rolf Hochhuths Komödie *Die Hebamme* ist das meistgespielte Stück des Jahres (insgesamt 32 Inszenierungen). Die Titelrolle spielten u. a. Maria Becker, Heidemarie Hatheyer, Ursula Herking und Inge Meysel.

1974 Gemeinsam in Bonn, Dortmund und Stuttgart wird das nach der Novelle von Kleist geschriebene Schauspiel *Michael Kohlhaas* von James Saunders (*Ein Eremit wird entdeckt, Ein Duft von Blumen*) zum erstenmal vorgestellt.

1975 Boy Gobert inszeniert am Thalia-Theater Hamburg, Hans Lietzau am Schiller-Theater Berlin Harold Pinters Drama *Niemandsland.*

1976 Václav Havel erfindet die Kunstfigur «Ferdinand Vaněk» – die Inkarnation des politisch verfemten Schriftstellers –, und das Wiener Burgtheater bringt Havels Vaněk-Einakter *Audienz* und *Vernissage,* später auch *Protest,* zur Uraufführung.

1977 Tom Stoppard wird in Hamburg der «Shakespeare-Preis der FVS-Stiftung» verliehen.

1978 Sándor Balassa komponierte eine Oper nach Wolfgang Borcherts *Draußen vor der Tür.* Uraufführung: Opernhaus Budapest.
Wolf-Dietrich Sprengers Kinderstück *Pinocchio* kommt nach der Uraufführung am Deutschen Schauspielhaus Hamburg an 20 Bühnen heraus.

Sartre hebt die Aufführungssperre für *Die schmutzigen Hände* auf. Das Stück erlebt 31 Neuinszenierungen.
Rainer Werner Fassbinder verfilmt Vladimir Nabokovs Roman *Verzweiflung*. (Filmtitel: ‹Eine Reise ins Licht›)

1979 Der Wiener Burgtheater-Direktor Achim Benning nimmt Robert Musils *Die Schwärmer* ins Programm (Inszenierung: Erwin Axer) und leitet damit eine internationale Renaissance für dieses Stück ein, das im Schloßpark-Theater Berlin von Hans Neuenfels in Szene gesetzt wird.

1980 Zwei neue Stücke von Rolf Hochhuth werden uraufgeführt: *Juristen* gleichzeitig in Göttingen, Hamburg und Heidelberg; *Ärztinnen* in Mannheim.

1981 Aus Anlaß des 60. Geburtstags von Wolfgang Borchert kommt es zu 26 Neuinszenierungen von *Draußen vor der Tür*.
Volker Schlöndorff verfilmt *Die Fälschung* von Nicolas Born.

1982 Alan Ayckbourn übergibt als 15. Stück innerhalb von 15 Jahren dem Rowohlt Theater-Verlag die Farce *Treppauf-Treppab*, die von den Wölffer-Bühnen in Berlin als 6. Inszenierung einer Ayckbourn-Komödie herausgebracht wird.
Das Moskauer Theater an der Malaja Bronnaja zeigt im Dezember 1982 Rolf Hochhuths *Ärztinnen* unter der Regie von Hanns Anselm Perten erstmalig in der UdSSR.
Märta Tikkanens Monodrama *Die Liebesgeschichte des Jahrhunderts* wird von 20 deutschsprachigen Bühnen angenommen.
Junge deutschsprachige Autoren mit neuen Stücken sind Wolf-Dietrich Sprenger, Heinz Stalder, Ivo Hirschler, Jürgen Fuchs und Rainer Lewandowski.

Im Jahre des fünfundzwanzigjährigen Bestehens zählen zum Programm des Rowohlt Theater-Verlages 165 Autoren und Bearbeiter mit insgesamt 352 Bühnenwerken.
Im Laufe dieser 25 Jahre sind 8695 Manuskripte von Bühnenwerken gelesen und geprüft worden.

# Verzeichnis der Übersetzer

Buch, Hans Christoph 1972 (Chlebnikov ‹Werke 1›), 1973 (Hsün)

Burkhardt, Werner 1963 (Holmes)

Carlsson, Maria 1969 (Updike), 1971 (Updike), 1972 (Updike ‹Das Fest am Abend›, Updike ‹Glücklicher war ich nie›, Updike ‹Hasenherz›, Updike ‹Zentaur›), 1976 (Nabokov ‹Lolita›), 1977 (Durrell ‹Das Alexandria-Quartett›, Miller ‹Die Welt des Sexus›), 1982 (Updike)

Carnevale, Laureen 1980 (Deforges)

Carroux, Margaret 1966 (Friedan, Prokosch), 1969 (O'Brien), 1970 (de Bono), 1971 (de Bono ‹Chruschtschow erinnert sich›), 1972 (de Bono ‹Laterales Denken für Führungskräfte›, de Bono ‹Die 4 richtigen und die 5 falschen Denkmethoden›), 1972 (Lawick-Goodall), 1973 (MacSwiney of Mashanaglass, Sampson, Ward), 1975 (Barnet/Müller), 1976 (Gillés, Pearson), 1977 (Sampson), 1979 (Elegant), 1982 (Elegant, Diane Pearson)

Celan, Paul 1972 (Chlebnikov ‹Werke 1›)

Cella, Ettore 1969 (Sartre)

Christaller, Abelle 1964 (Sartre, Semprun), 1965 (Sartre ‹Situationen›), 1966 (Cabanis), 1968 (Cabanis, Sartre ‹Porträts›), 1971 (Cabanis)

Christaller, Theodor 1971 (Couteaux)

Clare, Josephine 1973 (Padgett)

Dahlke, Manfred 1977 (Šklovskij)

Danehl, Günther 1966 (Tucci)

Delling, Manfred 1964 (Boorstin)

Deymann, Hubert 1971 (‹Chruschtschow erinnert sich›), 1976 (Kaiser), 1977 (Maccoby)

Dölvers, Horst 1963 (Holmes)

Dörrenbacher, Ursula 1982 (Sartre ‹Saint Genet›)

Dohm, Arno 1965 (Ceram)

Drey, Reinhold 1979 (Bredsdorff)

Drommert, René 1966 (Nabokov), 1969 (Nabokov)

Düllberg, Peter 1964 (Thurber), 1971 (Thurber), 1972 (Thurber)

Duden, Barbara 1978 (French)

Duncker, Erwin 1963 (Purdy), 1964 (Purdy)

Duve, Freimut 1973 (Sampson)

Dvořák, Marita 1972 (Ritter)

Effel, Jean 1973 (Effel)

Eichel, Günter 1979 (Miau, Miau, Miau)

Eichholz, Anita 1979 (Keil)

Einsiedel, Wolfgang von 1964 (Jouhandeau), 1965 (Singer), 1968 (Singer)

Eisermann, Wolfgang 1971 (de Bono)

Eisler-Fischer, Louise 1966 (Sontag)

Elbrecht, Herbert 1972 (Laing)

Enzensberger, Christian 1969 (Nash)

Enzensberger, Hans Magnus 1972 (Chlebnikov ‹Werke 1›)

Esslin, Renate und Martin 1970 (Pinter), 1972 (Pinter), 1976 (Pinter)

Fassbinder, Liselotte 1970 (Capote)

Feltscher, Solita 1967 (Trotzig)

Ferber, Christian 1969 (Spark)

Fiedler, Lore 1966 (O'Brien)

Fieguth, Rolf 1972 (Chlebnikov ‹Werke 1›)

Fleissner, Roland 1974 (Milgram, Parkes), 1976 (Morehouse/Gross)

Flesch, Richard K. 1969 (Portis), 1971 (‹Chruschtschow erinnert sich›), 1973 (Hemingway), 1977 (Hemingway ‹Gesammelte Werke›), 1979 (Hemingway ‹Vier Stories aus dem spanischen Bürgerkrieg›)

Schmid, Carlo 1979 (Miau, Miau, Miau)
Schmid, Monika 1978 (French)
Schmidt, Delf 1973 (Nizan)
Schmit, Tomas 1965 (Becker/Vostell)
Schmitt, Herbert 1964 (Sartre)
Schmitz, Helmut 1982 (Lowry)
Schmitz, Margret 1968 (Malpass), 1972 (Malpass)
Schmöckel, Hartmut 1965 (Ceram)
Schnabel, Ernst 1965 (Lowry), 1969 (Hemingway), 1971 (Hemingway), 1977 (Hemingway ‹Gesammelte Werke›), 1979 (Lowry)
Schnack, Elisabeth 1968 (Powers), 1970 (Capote)
Schneider, Elisabeth 1964 (Mohrt)
Schnitzer, Luda 1972 (Chlebnikov ‹Werke 1›)
Schnorr, Robert 1964 (Durrell ‹Drei dramatische Dichtungen›)
Schöneberg, Hans 1971 (Sartre)
Schönfeld, Eva 1964 (Carleton, Sansom), 1965 (Elliott)
Schönfeldt, Sybil Gräfin 1977 (Dahl), 1978 (Dahl), 1980 (Dahl), 1981 (Dahl ‹Onkel Oswald›), 1982 (Carter)
Schomburg, Klaus 1981 (Cousins)
Schomburg-Scherff, Sylvia M. 1981 (Cousins)
Schroeder, Herman 1970 (Neill)
Schröter, Hella 1967 (Schoonover)
Schüddekopf, Charles 1979 (Dahl), 1981 (Dahl ‹Die Zwicks stehen kopf›)
Schürenberg, Walther 1965 (Ceram), 1977 (Durrell ‹Das Alexandria-Quartett›)
Schuh, Oscar Fritz 1964 (Durrell ‹Drei dramatische Dichtungen›)
Schuh, Ursula 1964 (Durrell ‹Drei dramatische Dichtungen›)
Schulz, Hildegard 1969 (Torres)
Schumacher, Beatrix 1973 (Gruppe Cinéthique)
Schumacher, Ernst 1964 (Willett)
Schuppener, Bernd 1982 (Sartre ‹Die Transzendenz des Ego›)
Schwaner, Teja 1972 (Fraser), 1974 (Ivens)
Schwarz, Dieter 1978 (Andrea, Guido, Marcello und Roberto, Magnani, Sollier)
Schwarz, Hans-Dieter 1970 (Connell)
Schwarz, Ullrich 1979 (Kothari/Mehta), 1980 (Bok, Edwards)
Schweitzer, Fritz 1964 (Jouhandeau)
Schwerin, Christoph 1964 (Jouhandeau), 1965 (Sartre ‹Situationen›)
Stahlmann, Sigrid 1969 (Kelen)
Stader, Elisabeth 1970 (Couteaux)
Stege, Gisela 1967 (Purdy), 1968 (Baldwin, Winsor), 1969 (Baldwin), 1975 (Dahl), 1979 (Winsor), 1982 (Dahl ‹Kuschelmuschel›)
Stein, Brigitte 1974 (Chesler), 1979 (Winn)
Steipe, Marion F. 1970 (Capote)
Stiehl, Hermann 1967 (Moore), 1968 (Beauvoir), 1969 (Miller), 1970 (Moore), 1971 (Updike), 1972 (Brown), 1974 (Crichton), 1974 (Lewis), 1975 (Cauvin, Shah), 1976 (Pilhes), 1977 (Gardner), 1978 (Tryon), 1980 (Crichton, Gardner, Pearce), 1981 (Zaroulis), 1982 (Michael Pearson, Updike)
Stöhr, Edelgard 1972 (Eysenck)
Stöhr, Edelgard und Gerd 1971 (Berne)
Stöhr, Gerd 1972 (Ritter)
Stössel, Dietrich 1976 (Pynchon)
Stolz, Anna 1973 (Berger)

ZAND, HERBERT 1963 (Durrell), 1964 (Durrell), 1965 (Miller/Miró), 1967 (Durrell/Miller), 1968 (Miller ‹Sämtliche Erzählungen›)

ZIEGLER, ROSEMARIE 1972 (Chlebnikov ‹Werke 1 + 2›)

ZIMMER, DIETER E. 1964 (Nabokov), 1966 (Nabokov), 1969 (Nabokov), 1970 (Nabokov), 1980 (Nabokov)

ZUCKMAYER, CARL 1979 (Miau, Miau, Miau)

# Verzeichnis der Buchkünstler

1978 (Kaleko, Klabund), 1981 (Tucholsky)
Kljun, Ivan 1972 (Chlebnikov ‹Werke 2›)
Knight, Brian 1974 (Malpass), 1975 (Malpass), 1976 (Crichton, Herriot, Malpass, Pearson), 1977 (Harris, Woodhouse / Ross), 1978 (Woodhouse / Ross), 1979 (Herriot), 1980 (Pearce), 1982 (Diane Pearson)
Knipp, Günther 1976 (Born)
Koether, Bernd 1970 (Purdy)
Kručonych, Aleksej 1972 (Chlebnikov *‹Werke 1 + 2›)*
Krüger, Francesca 1970 (Krüger)
Kulbin, Nikolaj 1972 (Chlebnikov *‹Werke 2›)*
Kuzmin, Georgij 1972 (Chlebnikov *‹Werke 2›)*
Labbé, Werner 1970 (Weidlich)
Lada, Josef 1976 (Hašek)
Lange, Dieter 1973 (Kyber)
Lange, Dietrich 1978 (Brown), 1981 (Kiner)
Langenfass, Hansjörg 1977 (Dahl)
Larionov, Michail 1972 (Chlebnikov *‹Werke 2›)*
Lawick, Hugo 1971 (Lawick-Goodall)
Lawick-Goodall, Hugo van 1972 (Lawick-Goodall)
Lebel, Holmes 1975 (Cauvin)
Lefkes, Ursula 1965 (Sinzig), 1966 (O'Brien)
Lemke, Horst 1969 (Gerald Durrell), 1970 (Gallico), 1971 (Durrell *‹Verwandte›*, Durrell *‹Vögel›)*
Leppin, Thilo 1969 (Kempowski)
Levine, David 1970 (Levine)
Lichte, Horst 1979 (Winkler)
Lindner, Richard 1982 (Tweedie)
Livšic, Benedikt 1972 (Chlebnikov *‹Werke 2›)*
Atelier Mahler 1970 (Clark)
Maier, Hans 1972 (Updike)
Majakovskij, Vladimir 1972 (Chlebnikov *‹Werke 1 + 2›)*
Malevič, Kazimir 1972 (Chlebnikov *‹Werke 1›)*
Marek, Hannelore 1972 (Ceram), 1978 (Ceram)
Marienetti, Filippo Tommaso 1972 (Chlebnikov *‹Werke 2›)*
Mariengof, Anatolij 1972 (Chlebnikov *‹Werke 2›)*
Masuhr, Dieter 1972 (Born)
Mejerzon 1972 (Chlebnikov *‹Werke 2›)*
Meyer, Georg 1970 (Krüger), 1977 (Thurber), 1979 (Bretécher *‹Frühlingserwachen›)*, 1982 (Michael Pearson), 1983 (Schmidt)
Michalski, Tilman 1981 (Robbins)
Mind, Gottfried 1979 *(Miau, Miau, Miau)*
Miró, Joan 1965 (Miller / Miró)
Miturič, Pavel 1972 (Chlebnikov *‹Werke 2›)*
Mulazzani, Giovanni 1981 (Zaroulis)
Myers, David (Heart Arts) 1980 (Cottonwood)
Nebel, Otto 1972 (Chlebnikov ‹Werke 1›)
Nolte, Gisela 1968 (Wolfe), 1969 (Kunze), 1969 (Achleitner), 1970 (Levine), 1976 (Rühmkorf)
Obholzer, Karin 1980 (Obholzer)
Ortéga, Fiametta 1966 (Wittig)
Pacher-Winter 1967 (Musil)
Peelaert, Guy 1967 (Purdy)
Petrikat-Velonis, Isa 1980 (Brown)
Peynet, Raymond 1963 (Peynet), 1964 (Kusenberg), 1966 (Kusenberg, Peynet), 1971 (Peynet), 1977 (Peynet)
Pflug, Rainer W. 1982 (Rihoit)
Pichler, Walter 1966 (Bayer), 1967 (Fritsch)
Plauen, E. O. 1976 (Plauen)
Popenoe, Joshua 1971 (Popenoe)

Musil ‹*Studien*›, Nabokov, Peter & Hull, Pinter, Richter, Sartre, Tucholsky, Yglesias), 1971 (Abe, Arsan, Berne, de Bono, Borneman, Brecher, Cabanis, *Chruschtschow erinnert sich*, Dickey, Döblin, Durrell, Fagyas, Hemingway, Lawick-Goodall, *Literaturlexikon 20. Jahrhundert*, Lüscher, Miller, Mishima, Musil, Sartre, Schutz, Singer, Szczesny, Thurber, Updike, Watson, Wendt), 1972 (Amery, Bataille, Beauvoir, de Bono ‹*Denkmethoden*›, de Bono ‹*Laterales Denken*›, Camus, Ceram, Eysenck, Grau, Hochhuth, Malpass, Miller, Parker, Paturi, Plunkett, Richter, Ritter, Salomon, Shaw, Wunderlich), 1973 (Bibby, Camus, Carlisle, Durrell, Elliott, Eysenck, Fast, Grassi, Harris, Hemingway, Hiller, Houston, Jencks, Jouhandeau, MacSwiney, Möbius, Moor, Neill, Peter, Petersen, Roth, Sampson, Sartre, Skinner, Turnbull, Updike, Ward, Welty, Wieser), 1974 (Baldwin, Beauvoir, Chesler, Crichton, Fagyas ‹*Leutnant*›, Fagyas ‹*Tanz*›, Greenway, Halberstam, Herriot, James/Jongeward, Lelchuk, Lewis, Malpass, Milgram, Miller, Nabokov, Parkes, Pörksen, Renggli, Ruesch, Schatzman, Szeczesny, Wunderlich), 1975 (Barnet, Cauvin, Eggebrecht, Flach, Friedman, Harich, Harris, Hemleben, Illich ‹*Enteignung*›, Illich ‹*Selbstbegrenzung*›, *Kamphoevener Band 1–3*, Kempf, Lessing, Malpass, Pross, Sanders, Shaw, Wells, Willi), 1976 (Amery, Boveri, Craven, Chrichton, Doctorow, Evans, Fernandez, Gillés, Hackethal, Hagen, Hašek, Herriot, Kaiser, Malpass, Moorhouse, Musil, Nabokov ‹*Lolita*›, Nabokov ‹*Maschenka*›, Pearson, Pilhes, Price, Richter, Richter/Strotzka/Willi, Rubinstein, Sampson, Schwäbisch/Siems, Speichert, Szczesny, Updike, Windhoff-Héritier, Wunderlich), 1977 (Becker, Clark, Durrell ‹*Alexandria-Quartett*›, Durrell ‹Monsieur›, Dyer, Fagyas, Friedan, Gardner, Green, Greene, Guest, Hagen, Harris, Hemingway ‹*Gesammelte Werke*›, Mary Welsh Hemingway, Illich, Jouhandeau, Léger, Maccoby, Miller ‹*Jugendfreunde*›, Miller ‹*Die Welt des Sexus*›, Moody, Nabokov, Sampson, Schleich, Schmidbauer, Schorsch/Becker, Schulz, Schumacher, Shaw, Shorter, Tucholsky, Woodhouse/Ross), 1978 (Ayck/Stolten, Brück, Ceram, Chang, Durrell, Fields, French, Glucksmann, Hagen, Havemann, Hochhuth, Illich, Jaffe, Kamphoevener, Klausmeier, Lovins, Magnani, Miller, Moeller, Moody, Moore, *Musil 1 + 2*, Nash, Overbeck, Pierre, Pross, Richter, Schulz, Skinner, Traube, Tryon, Tucholsky, Updike, Weck-Erlen, Willi, Woodhouse/Ross), 1979 (Bappert, Beuys, Chesler, Chiara, Dessai, Eggebrecht, Fallada, Fast, Grau, Grosz, Hemingway ‹*Der alte Mann*›, Hemingway ‹*Vier Stories*›, Herriot, Hochhuth ‹Juristen›, Hochhuth ‹*Tell 38*›, Irving, Komarow, Kothari/Mehta, Lynch, Mander, Moody, Morrison, Nabokov, Philipe, Pisar, Piwitt, Pross, Richter, Schenker, Schumacher, Seuren, Stoller, Weisbach/Eber-Götz/Ehresmann, Winkler, Winn), 1980 (Bappert, Beuys, Bok, Camus, Cousse, Craven, Crichton, Durrell, Fast, Gardner, Hemleben, Hirsch, Hochhuth, Musil ‹*Beitrag*›, Musil ‹*Briefe 1 + 2*›,

Vostell, Chotjewitz, Pieyre de Mandiargues), 1966 (Schneck), 1968 (Chotjewitz), 1970 (Vostell)

WAECHTER, F. K. 1971 (Neill), 1972 (Waechter/Eilert)

WALLER, MANFRED 1964 (Sanders), 1965 (Miller/Miró), 1969 (Gerald Durrell, Nash, Rühmkorf), 1970 (Krüger), 1971 (Fichte, Roggenbuck, Turner), 1972 (Walter), 1974 (McBride, Schultz), 1976 (Born), 1977 (Arsan, Elsner, Gruhl, Haenschke, Rocco und Antonia, Schädlich, Walter), 1978 (Andrea, Guido/Marcello und Roberto, Born, Brown, Kirsch, Levinson, Schenk, Sollier), 1979 (Arsan, Born, Bredsdorff, Dittberner, Lederer, McNeill, Parsi, Ravera, Satyananda [Elten], Winsor), 1980 (Arsan, Biermann, Born, Brinkmann, Corman, Cottonwood, Deforges, Denneny, French, Hebrard, Marcks, Saviane), 1981 (Benard/Schlaffer, Carter, Corman, Driest, Eppler, Galloway/Sabisch, Kiner, Mosler, Robbins, Rühmkorf, Zaroulis), 1982 (Bahr, Bond, Carter, Dahl ‹Das Wundermittel›, Elegant, Elsner, Flickenschildt, Her riot, -ky, Lange, Marcus, Michael, Pearson, Rihoit, Tweedie), 1983 (Eppler, Morrison, Schmidt)

WATTEAU, JEAN-ANTOINE 1979 *(Miau, Miau, Miau)*

WEINGÄRTNER, MARIANNE 1970 (Greene)

WIENER, OSWALD 1969 (Wiener)

WILKS, MIKE 1981 (Davidson)

WILLBERG, H. P. 1968 (Frisé), 1969 (Frisé)

WILLETT, JILLIAN 1967 (Moore)

WILLIAMS, RICHARD 1975 (Shah)

WINTER, HANS GERT 1972 (Ausstattung der dnb-Umschläge)

WIRTH, KURT 1972 (Updike)

WITTENBORN, RAINER 1983 (Biegert/Wittenborn)

WOOD, OWEN 1970 (Barth), 1976 (Doctorow, Fernandez), 1977 (Durrell ‹*Monsieur*›)

WULFF, JÜRGEN 1970 (Couteaux), 1971 (Couteaux, Gover), 1973 (Malpass), 1975 (Dahl), 1976 (Morehouse/Gross), 1977 (Collier), 1978 (Hebrard, Moron), 1980 (Dahl), 1981 (Dahl ‹*Onkel Oswald*›), 1982 (Dahl ‹*Kuschelmuschel*›)

WULFF, JÜRGEN UND CORNELIA 1965 (Gover), 1967 (Cheever, Gover, Kressing), 1970 (Neill), 1971 (Fast, Southern)

ZDANEVIČ, ILJA 1972 (Chlebnikov ‹*Werke 1*›)

ZDANEVIČ, KIRILL 1972 (Chlebnikov ‹*Werke 2*›)

ZEGIN, L. 1972 (Chlebnikov ‹*Werke 1 + 2*›)

ZIEGENFEUTER, DIETER 1977 (Elsner), 1980 (Selby), 1981 (Erlenberger, Selby)

# Autoren-Register

In diesem Register sind alle im Chronologischen Gesamtverzeichnis genannten Autoren aufgeführt. Die Jahreszahlen verweisen auf das Erscheinen eines oder mehrerer Werke. Mit einem Stern versehene Jahreszahlen besagen, daß zudem von diesem Autor im Verlags-Almanach unter dem betreffenden Jahr eine Leseprobe zu finden ist. Ist im Titel ein weiterer Verfasser oder ein Herausgeber genannt, so wird auch dieser im Register aufgeführt und der Autor, unter dessen Namen das betreffende Werk im Chronologischen Verzeichnis zu finden ist, nach der Jahreszahl in Klammern hinzugefügt.

Das Werk einiger Autoren, die der Rowohlt Verlag erstmals veröffentlichte und von dem deswegen Textproben in diesem Almanach Aufnahme fanden, wird inzwischen von anderen Verlagen betreut; wir sind für die Genehmigung zum Abdruck den befreundeten Verlagshäusern dankbar.

Hubert Fichte, *Die Palette*, S. Fischer Verlag, Frankfurt a. M.
Friederike Mayröcker, Suhrkamp Verlag, Frankfurt a. M.
Hermann Peter Piwitt, *Herdenreiche Landschaften*, Pendragon Verlag, Bielefeld.

# Inhalt

# Rowohlt-Almanach 1908–1962

Herausgegeben von Mara Hintermeier und Fritz J. Raddatz. Mit einem Vorwort von Kurt Pinthus und der vollständigen Bibliographie von 1908–1962.

Rowohlt Paperback Band 9. 692 Seiten mit 16 Kunstdrucktafeln und 13 Abbildungen im Text.

Von den frühen Leipziger Jahren an, da Ernst Rowohlt gemeinsam mit Kurt Wolff Autoren wie Georg Heym, Arnold Zweig und Franz Kafka unter dem ERV-Signet verlegte, spannt sich der Bogen über die revolutionäre Epoche des Nachkriegsexpressionismus, deren führender Verleger Ernst Rowohlt dann mit Walter Hasenclever, Johannes R. Becher, Carl Sternheim, Albert Ehrenstein und Robert Musil wurde, bis zu jenen Jahren, in denen er die neue amerikanische Literatur mit den Werken der Nobelpreisträger Sinclair Lewis, Ernest Hemingway und William Faulkner entdeckte, bis schließlich auch zu jenen schlimmen Jahren des Widerstandes, in denen Bernard von Brentanos ‹Der Beginn der Barbarei in Deutschland›, Weigand von Miltenbergs ‹Adolf Hitler – Wilhelm III.› und Konrad Heidens ‹Nationalsozialismus – Karriere einer Idee› Seismographen der Zeit waren, aber auch erster Anlaß zur späteren Schließung des Verlages. Zeugnis wird hier auch abgelegt über die 15 Jahre des Wiederaufbaus nach 1945, die durch Namen wie Henry Miller, Vladimir Nabokov, Jean-Paul Sartre und Albert Camus gekennzeichnet sind.
Der erste Almanach enthält Leseproben aus 54 Jahren und ein vollständiges Verzeichnis aller Veröffentlichungen von 1908–1962; die Bibliographie im Rowohlt-Almanach 2 schließt nahtlos daran an.
Eine Einführung von Kurt Pinthus, dem lebenslangen Freund und Berater, zeichnet das Bild Ernst Rowohlts und seines Werkes.

1908–1983
ROWOHLT
fünfundsiebzig!